■ 政府会计制度培训用书

政府会计实务及案例解析

王晨明 周欣 ◎ 主编

政府会计实务　会计制度信息化　预算管理一体化

案例解析 | 以丰富、详实的案例对政府会计业务进行解析

图书在版编目（CIP）数据

政府会计实务及案例解析：2024年版 / 王晨明，周欣主编 .—上海：立信会计出版社，2024.5
ISBN 978-7-5429-7613-0

Ⅰ.①政… Ⅱ.①王… ②周… Ⅲ.①预算会计—案例—中国 Ⅳ.① F812.3

中国国家版本馆 CIP 数据核字（2024）第 051459 号

责任编辑　蔡伟莉

政府会计实务及案例解析（2024 年版）
ZHENGFU KUAIJI SHIWU JI ANLI JIEXI

出版发行	立信会计出版社			
地　　址	上海市中山西路 2230 号	邮政编码	200235	
电　　话	（021）64411389	传　　真	（021）64411325	
网　　址	www.lixinph.com	电子邮箱	lixinaph2019@126.com	
网上书店	http：//lixin.jd.com		http：//lxkjcbs.tmall.com	
经　　销	各地新华书店			

印　　刷	北京鑫海金澳胶印有限公司
开　　本	787 毫米 ×1092 毫米　1/16
印　　张	41.5
字　　数	958 千字
版　　次	2024 年 5 月第 1 版
印　　次	2024 年 5 月第 1 次
书　　号	ISBN 978-7-5429-7613-0 /F
定　　价	98.00 元

如有印订差错，请与本社联系调换

编委会

主　编

王晨明　周　欣

副主编

司惠菊　詹　敏　魏　娟　崔　悦　姜　琳

编写委员

孙守昊　马　娜　董　楠　何少平　范伟琳
席　楠　李双辰　戴　璐　柴百川

前　言

政府会计准则制度是权责发生制政府综合财务报告制度改革的前提和基础，是全面贯彻落实党的十八届三中全会精神和《国务院关于批转财政部权责发生制政府综合财务报告制度改革方案的通知》的重要成果。2015年以来，财政部按照党中央、国务院的部署，积极推进政府会计改革，构建财务会计和预算会计适度分离又相互衔接的政府会计核算模式，基本建立起一套具有中国特色的政府会计标准体系，并在全国各级各类行政事业单位积极推进该体系的有效实施。自2019年施行《政府会计制度——行政事业单位会计科目和报表》以后，财政部根据实施中的问题又相继出台了7项政府会计准则制度解释，以及《政府会计准则第10号——政府和社会资本合作项目合同》及其应用指南、《政府会计准则第11号——文物资源》及其应用指南。2020年，财政部开始试点推行预算管理一体化建设，使得预算单位对财政资金的会计核算也发生了变化。为了更好地让行政事业单位财会人员掌握新政策，在具体工作中系统把握和运用政府会计准则制度，提供高质量的会计信息，我们组织有关人员，依据新的政府会计准则及其应用指南、政府会计准则制度解释以及相关财政和财务管理规定，对《政府会计实务及案例解析》（2019年版）进行了修订、完善，从而形成了本书。

本书共分十章。第一章为总论，对政府会计准则制度、政府会计要素、会计核算、会计报表以及平行记账法进行概述。第二章至第八章分别从行政单位和事业单位的角度对政府会计五要素进行了详细阐述，一是对新旧制度进行了详细对比；二是对财务会计与预算会计的衔接进行了描述；三是以丰富、详实的案例对各类经济业务进行平行记账举例。由于各单位预算一体化实施进程不一，本书区分单位实行和不实行财政预算一体化两种情况，在介绍账务处理时采取备注的方式，对日常财务核算实务操作进行了详细解读。第九章介绍预算管理一体化，主要讲述了中央预算管理一体化系统和资金支付环节的控制机制变化，并通过案例介绍了预算的编制、执行及调剂。第十章讲述了行政事业单位政府会计制度信息化，分别从行政事业单位政府会计信息化概述、信息系统架构体系以及数据共享信息化解决三个方面进行阐述，并结合相关案例进行较为详细的介绍。

本书由中国财政科学研究院、中国气象局系统单位的专家和财务人员编写。编写团队结合最新财政改革要求，围绕政府会计制度具体业务解决和账务核算体系构架，对政府会计准则制度做了较为详细的介绍，为广大财会人员提供了较详实的操作指南和实践样本。本书力求内容新颖，注重实用性和针对性，适宜作为政府单位（行政事业单位）会计人员的会计核算业务学习用书，也可以作为政府单位（行政事业单位）会计人员业务培训课程授课教师和高等学校政府会计课程（本科生和高职生）授课教师的教学参考用书，还可以作为高等学校会计专业研究生的学习参考用书。

由于我们水平有限，加之编写时间仓促，本书难免存在不足，恳请专家、学者以及广大读者批评、指正，以便再版时予以修正。

编　者
2024 年 4 月

目 录

第一章 总论 ... 001
- 第一节 政府会计准则制度概述 ... 001
- 第二节 政府会计要素、会计核算与会计报表 ... 008
- 第三节 平行记账法 ... 016

第二章 资产类业务（1） ... 018
- 第一节 资产概述 ... 018
- 第二节 货币资金类 ... 033
- 第三节 应收账款类 ... 055
- 第四节 存货类 ... 084
- 第五节 待摊费用类 ... 096
- 第六节 对外投资类 ... 100

第三章 资产类业务（2） ... 118
- 第一节 对内投资类 ... 118
- 第二节 公管类 ... 167
- 第三节 其他资产类 ... 194

第四章 负债类业务 ... 205
- 第一节 负债概述 ... 205
- 第二节 借款类 ... 211
- 第三节 应付及预收款项类 ... 218
- 第四节 暂收款项类 ... 264
- 第五节 其他负债类 ... 270

第五章 收入/预算收入类业务 ... 276
- 第一节 收入/预算收入概述 ... 276

  第二节 收入类科目核算内容 …………………………………………… 283
  第三节 预算收入类科目核算内容 ………………………………………… 288
  第四节 收入／预算收入平行记账 ………………………………………… 292

第六章 费用／预算支出类业务 …………………………………………… 337
  第一节 费用／预算支出概述 ……………………………………………… 337
  第二节 费用类科目核算内容 ……………………………………………… 344
  第三节 预算支出类科目核算内容 ………………………………………… 346
  第四节 费用／预算支出平行记账 ………………………………………… 349

第七章 净资产／预算结余类业务 …………………………………………… 402
  第一节 净资产／预算结余概述 …………………………………………… 402
  第二节 净资产平行记账账务处理 ………………………………………… 408
  第三节 预算结余平行记账账务处理 ……………………………………… 431

第八章 政府财务报告和决算报告 …………………………………………… 494
  第一节 政府财务报告和决算报告简介 …………………………………… 494
  第二节 报表格式 …………………………………………………………… 496
  第三节 报表编制方法与调整 ……………………………………………… 505
  第四节 报表编制举例 ……………………………………………………… 540

第九章 预算管理一体化 …………………………………………………… 570
  第一节 预算管理一体化概述 ……………………………………………… 570
  第二节 中央预算管理一体化系统 ………………………………………… 574
  第三节 资金支付环节的控制机制变化 …………………………………… 578
  第四节 预算编制案例 ……………………………………………………… 582
  第五节 预算执行及调剂案例 ……………………………………………… 591

第十章 行政事业单位政府会计制度信息化 ………………………………… 603
  第一节 行政事业单位政府会计信息化概述 ……………………………… 603
  第二节 行政事业单位政府会计制度信息系统架构体系 ………………… 608
  第三节 数据共享信息化解决 ……………………………………………… 644

第一章 总　　论

第一节　政府会计准则制度概述

党的十八届三中全会《国务院关于深化预算管理制度改革的决定》（国发〔2014〕45号）作出了"建立权责发生制的政府综合财务报告制度"的重要战略部署。《中华人民共和国预算法》（以下简称《预算法》）也对各级政府财政部门按年度编制以权责发生制为基础的政府综合财务报告提出了明确要求。2014年12月，国务院以国发〔2014〕63号批转了财政部制定的《权责发生制政府综合财务报告制度改革方案》（以下简称《改革方案》），确立了政府会计改革的指导思想、总体目标、基本原则、主要任务、具体内容、配套措施、实施步骤和组织保障。《改革方案》提出，权责发生制政府综合财务报告制度改革是基于政府会计规则的重大改革，其前提和基础就是要构建统一、科学、规范的政府会计准则体系，包括制定政府会计基本准则、具体准则及应用指南、健全完善政府会计制度、制定政府财务报告编制办法和操作指南以及建立健全政府财务报告审计和公开制度。2015年10月起，财政部陆续出台政府会计基本准则、具体准则及应用指南、政府会计制度及衔接规定、准则制度解释，并于2019年1月1日起在全国各级各类行政事业单位全面施行。

一、政府会计准则制度体系介绍

《改革方案》指出，我国的政府会计标准体系由政府会计基本准则、具体准则及应用指南，政府会计制度和政府会计准则制度解释组成。会计准则和会计制度相互补充，共同规范政府会计主体的会计核算，保证会计信息质量。按照《改革方案》确定的目标，应当在2020年之前建立起具有中国特色的政府会计标准体系。

（一）政府会计基本准则

2015年10月23日，财政部第78号令公布《政府会计准则——基本准则》（以下称《基本准则》），该准则自2017年1月1日起施行。《基本准则》作为政府会计的"概念框架"，统驭政府会计具体准则和政府会计制度的制定，并为政府会计实务问题提供处理原则，为编制政府财务报告提供基础标准。《基本准则》主要对政府会计目标、会计主体、会计信息质量要求、会计核算基础，以及会计要素定义、确认和计量原则、列报要求等做出规定。《基本准则》共六章六十二条，分别为总则、政府会计信息质量要求、政府预算会计要素、政府财务会计要素、政府决算报告和财务报告以及附则。

（二）政府会计具体准则及应用指南

2016年7月以后，财政部根据《基本准则》陆续制定印发相关政府会计具体准则及应用指南。政府会计具体准则主要规定政府发生的经济业务或事项的会计处理原则，规定经济业务或事项引起的会计要素变动的确认、计量和报告。应用指南主要对具体准则的实际应用作出操作性规定。截至2023年11月30日，财政部已经陆续发布了《政府会计准则第1号——存货》《政府会计准则第2号——投资》《政府会计准则第3号——固定资产》《政府会计准则第4号——无形资产》《政府会计准则第5号——公共基础设施》《政府会计准则第6号——政府储备物资》《政府会计准则第7号——会计调整》《政府会计准则第8号——负债》《政府会计准则第9号——财务报表编制和列报》《政府会计准则第10号——政府和社会资本合作项目合同》《政府会计准则第11号——文物资源》11项具体准则，以及《〈政府会计准则第3号——固定资产〉应用指南》《〈政府会计准则第10号——政府和社会资本合作项目合同〉应用指南》《〈政府会计准则第11号——文物资源〉应用指南》3项应用指南。

（三）政府会计制度

2017年10月24日，财政部以财会〔2017〕25号印发了《政府会计制度——行政事业单位会计科目和报表》（以下简称《政府会计制度》或"新制度"），该制度自2019年1月1日起施行。《政府会计制度》明确规定，该制度适用于各级各类行政单位和事业单位，特别说明的除外。纳入企业财务管理体系执行企业会计准则或小企业会计准则的单位，不执行政府会计制度。该制度尚未规范的有关行业事业单位的特殊经济业务或事项的会计处理，由财政部另行规定。

2018年2月1日，为了确保新旧制度顺利衔接、平稳过渡，促进新制度的有效贯彻实施，财政部以财会〔2018〕3号发布了《关于印发〈政府会计制度——行政事业单位会计科目和报表〉与〈行政单位会计制度〉〈事业单位会计制度〉有关衔接问题处理规定的通知》并以附件的形式发布了《〈政府会计制度——行政事业单位会计科目和报表〉与〈行政单位会计制度〉有关衔接问题的处理规定》和《〈政府会计制度——行政事业单位会计科目和报表〉与〈事业单位会计制度〉有关衔接问题的处理规定》（以下简称《两个衔接》）。同时，财政部陆续下发了国有林场和苗圃、测绘事业单位、地质勘查事业单位、高等学校、中小学校、科学事业单位、医院、基层医疗卫生机构、彩票机构等执行《政府会计制度》的相关补充规定和衔接规定。

《政府会计制度》主要规定政府会计科目及其使用说明、会计报表格式及其编制说明等，便于会计人员进行日常核算。

（四）政府会计准则制度解释

2019年至今，财政部陆续发布了多项政府会计准则制度解释。2019年7月16日，财政部发布了《关于印发〈政府会计准则制度解释第1号〉的通知》（财会〔2019〕13号），自2019年1月1日起施行；2019年12月17日，发布了《关于印发〈政府会计准则制度解释第2号〉的通知》（财会〔2019〕24号），该解释第十项和第十一项自2019年1月1日起施行，第一项至第八项自2020年1月1日起施行；2020年10月20日，发布了《关于印发〈政府会计准则制度解释第3号〉的通知》（财会〔2020〕15号），自公布之日起施行；2021年12月22日，发布了《关于印发〈政府会计准则制度解释第4号〉的通知》（财会〔2021〕33号），其中，"关于财政国库集中支付结余不再按权责发生制列支的相关会计处理"适用于2021年及以后年度，"关于部门（单位）合并财务报表范围中所属事业单位的确认"适用于编制2021年及以后年度的部门（单位）合并财务报表，"关于部门（单位）合并财务报表的编制程序和抵销事项的处理"适用于编制2022年及以后年度的部门（单位）合并财务报表，其余规定自2022年1月1日起施行；2022年9月21日，发布了《关于印发〈政府会计准则制度解释第5号〉的通知》（财会〔2022〕25号），自公布之日起施行；2023年10月31日，发布了《关于印发〈政府会计准则制度解释第6号〉的通知》（财会〔2023〕18号），自公布之日起施行；2024年1月26日，发布了《关于印发〈政府会计准则制度解释第7号〉的通知》（财会〔2023〕32号），自公布之日起施行。

二、政府会计制度主要内容及适用范围

（一）政府会计制度主要内容

《政府会计制度》由正文和附录组成，正文包括五部分内容。

第一部分为总说明，主要规范《政府会计制度》的制定依据、适用范围、会计核算模式和会计要素、会计科目设置要求、报表编制要求、会计信息化工作要求和施行日期等内容。

第二部分为会计科目名称和编号，主要列出了财务会计和预算会计两类科目表，共计104个一级会计科目。其中，在财务会计下，资产、负债、净资产、收入和费用5个要素共包含78个一级科目；在预算会计下，预算收入、预算支出和预算结余3个要素共包含26个一级科目。一级科目中新增代建项目相关的1个资产类科目。

第三部分为会计科目使用说明，主要对106个一级会计科目的核算内容、明细核算要求、主要账务处理等进行详细规定，是《政府会计制度》的核心内容。

第四部分为报表格式，主要规定财务报表和预算会计报表的格式。其中，财务报表包括资产负债表、收入费用表、净资产变动表、现金流量表及报表附注，预算会计报表包括预算收入支出表、预算结转结余变动表和财政拨款预算收入支出表。

第五部分为报表编制说明，主要规定了第四部分列出的 7 张报表的编制说明，以及报表附注应披露的内容。

附录为主要业务和事项账务处理举例。本部分采用列表方式，以《政府会计制度》第三部分规定的会计科目使用说明为依据，按照会计科目顺序对单位通用业务或共性业务和事项的账务处理进行举例说明。

（二）政府会计制度的适用范围

根据《政府会计制度》和《关于贯彻实施政府会计准则制度的通知》（财会〔2018〕21 号）以及政府会计准则制度解释规定，《政府会计制度》的适用范围如下：

（1）政府会计制度适用于各级各类行政单位和事业单位，特别说明的除外。

（2）企业集团中纳入部门预算编报范围的事业单位（不含执行《军工科研事业单位会计制度》的事业单位，下同）应当按照《政府会计制度》进行会计核算；企业集团中未纳入部门预算编报范围的事业单位，可以不执行《政府会计制度》中的预算会计内容，只执行财务会计内容。

（3）军队、已纳入企业财务管理体系执行企业会计准则或小企业会计准则的事业单位和执行《民间非营利组织会计制度》的社会团体，不执行《政府会计制度》。

（4）在通常情况下，参照公务员法管理的事业单位执行《行政单位财务规则》的，应当使用《政府会计制度》中适用于行政单位的会计科目；执行《事业单位财务规则》的，应当使用《政府会计制度》中适用于事业单位的会计科目。

（5）县级及以上总工会和基层工会组织应当执行《工会会计制度》（财会〔2021〕7 号印发），工会所属事业单位应当执行《政府会计制度》。

（6）纳入部门预决算管理的社会组织，原执行《事业单位会计制度》的，应当执行《政府会计制度》；原执行《民间非营利组织会计制度》的，仍然执行《民间非营利组织会计制度》。

（7）《政府会计制度》尚未规范的有关行业事业单位的特殊经济业务或事项的会计处理，由财政部另行规定。

自 2019 年 1 月 1 日起执行《政府会计制度》的单位，不再执行《行政单位会计制度》《事业单位会计准则》《事业单位会计制度》《医院会计制度》《基层医疗卫生机构会计制度》《高等学校会计制度》《中小学校会计制度》《科学事业单位会计制度》《彩票机构会计制度》《地质勘查单位会计制度》《测绘事业单位会计制度》《国有林场与苗圃会计制度（暂行）》《国有建设单位会计制度》等制度。

三、政府会计制度意义及创新

（一）重要意义

制定出台《基本准则》是财政部积极贯彻落实党的十八届三中全会精神和《改革方案》

的重要成果，是全面深化财税体制改革的重要举措，对于构建统一、科学、规范的政府会计准则体系具有重要的基础性作用，在我国政府会计改革进程中具有重要的里程碑意义。《基本准则》是政府会计领域一次重大的制度变革，实施《基本准则》对于行政事业单位财务和会计管理方面的意义重大，具体体现在：一是进一步规范单位会计行为，提高会计信息质量；二是有助于夯实财务管理基础，提升财务管理水平；三是能准确反映单位运行成本，科学评价单位绩效；四是全面反映单位预算执行信息和财务信息，提高财务透明度。政府会计具体准则及应用指南的陆续发布是财政部贯彻落实党中央、国务院关于建立权责发生制政府综合财务报告制度的决策部署的重要举措，标志着政府会计准则体系建设工作继《基本准则》出台后又迈出了坚实的一步，对于进一步规范政府会计主体的会计核算，提高会计信息质量，夯实国有资产管理基础，保障权责发生制政府综合财务报告制度改革顺利推进具有重要的意义。《政府会计制度》和《两个衔接》是财政部全面贯彻落实党的十八届三中全会精神和《改革方案》的重要成果，是服务全面深化财税体制改革的重要举措，对于提高政府会计信息质量、提升行政事业单位财务和预算管理水平、全面实施绩效管理、建立现代财政制度具有重要的政策支撑作用，在我国政府会计发展进程中具有划时代的重要意义。

（二）重大创新及带来的变化

1. 基本准则

《基本准则》是多年来我国政府会计理论研究和改革成果的重要体现，其重大制度理论创新主要有以下几点：

（1）构建了政府预算会计和财务会计适度分离并相互衔接的政府会计核算体系。相对于施行多年的预算会计核算体系，《基本准则》强化了政府财务会计核算，即政府会计由预算会计和财务会计构成，前者一般实行收付实现制，后者实行权责发生制。通过预算会计核算形成的决算报告，通过财务会计核算形成的财务报告，全面、清晰地反映政府预算执行信息和财务信息。

（2）确立了"3+5要素"的会计核算模式。《基本准则》规定预算收入、预算支出和预算结余3个预算会计要素和资产、负债、净资产、收入和费用5个财务会计要素。其中，首次提出收入、费用两个要素，有别于现行预算会计中的收入和支出要素，主要是为了准确反映政府会计主体的运行成本，科学地评价政府资源管理能力和绩效；同时，《基本准则》按照政府会计改革最新理论成果对资产、负债要素进行了重新定义。

（3）科学地界定了会计要素的定义和确认标准。《基本准则》针对每个会计要素，规范了其定义和确认标准，为在政府会计具体准则和政府会计制度层面规范政府发生的经济业务或事项的会计处理提供了基本原则，保证了政府会计标准体系的内在一致性。特别是《基本准则》在对政府资产和负债进行界定时，充分考虑了当前财政管理的需要，例如，在界定政府资产时，特别强调了"服务潜力"，除了自用的固定资产等，将公共基础设施、政府储备资产、文物资源、保障性住房和自然资源资产等纳入政府会计核算范围；对政府负债进行界定时，强调了"现时义务"，将政府因承担担保责任而产生的预计负债也纳入会计核算范围。

（4）明确了资产和负债的计量属性及其应用原则。《基本准则》提出，资产的计量属性主要包括历史成本、重置成本、现值、公允价值和名义金额，负债的计量属性主要包括历史成本、现值和公允价值。同时，《基本准则》强调了历史成本计量原则，即政府会计主体对资产和负债进行计量时，一般应当采用历史成本。采用其他计量属性的，应当保证所确定的金额能够持续、可靠地计量。这样规定，既体现了资产负债计量的前瞻性，也充分考虑了政府会计实务的现状。

（5）构建了政府财务报告体系。《基本准则》要求政府会计主体除按财政部要求编制决算报表外，至少还应编制资产负债表、收入费用表和现金流量表，并按规定编制合并财务报表。《基本准则》同时强调，政府财务报告包括政府综合财务报告和政府部门财务报告，构建了满足现代财政制度需要的政府财务报告体系。

2. 政府会计制度

《政府会计制度》继承了我国多年来行政事业单位会计改革的有益经验，反映了当前政府会计改革发展的内在需要和发展方向，相对于现行制度有以下重大变化与创新：

（1）重构了政府会计核算模式。在系统总结分析传统单系统预算会计体系的利弊基础上，《政府会计制度》按照《改革方案》和《基本准则》的要求，构建了财务会计和预算会计适度分离并相互衔接的会计核算模式。

"适度分离"是指适度分离政府预算会计和财务会计功能，决算报告和财务报告功能，全面反映政府会计主体的预算执行信息和财务信息。适度分离主要体现在以下几个方面：一是"双功能"，即在同一会计核算系统中实现财务会计和预算会计双重功能，通过资产、负债、净资产、收入、费用五个要素进行财务会计核算，通过预算收入、预算支出和预算结余三个要素进行预算会计核算；二是"双基础"，财务会计以权责发生制为基础，预算会计以收付实现制为基础，国务院另有规定的，依照其规定；三是"双报告"，通过财务会计核算形成财务报告，通过预算会计核算形成决算报告。

"相互衔接"是指在同一会计核算系统中政府预算会计要素和相关财务会计要素相互协调，决算报告和财务报告相互补充，共同反映政府会计主体的预算执行信息和财务信息。相互衔接主要体现在以下几个方面：一是对纳入部门预算管理的现金收支进行"平行记账"，对于纳入部门预算管理的现金收支业务，在进行财务会计核算的同时也应当进行预算会计核算。对于其他业务，仅需要进行财务会计核算；二是财务报表与预算会计报表之间存在勾稽关系，这是指通过编制"本期预算结余与本期盈余差异调节表"并在附注中进行披露，反映单位财务会计和预算会计因核算基础和核算范围不同所产生的本年盈余数（即本期收入与费用之间的差额）与本年预算结余数（本年预算收入与预算支出的差额）之间的差异，从而揭示财务会计和预算会计的内在联系。

这种会计核算模式兼顾了现行部门决算报告制度的需要，又能满足部门编制权责发生制财务报告的要求，对于规范政府会计行为，夯实政府会计主体预算和财务管理基础，强化政府绩效管理具有深远的影响。

（2）统一了现行各项单位会计制度。《政府会计制度》有机整合了《行政单位会计制度》《事业单位会计制度》和医院、基层医疗卫生机构、高等学校、中小学校、科学事业单位、彩票机构、地勘单位、测绘单位、林业（苗圃）等行业事业单位会计制度的内容。在科目设置、科目和报表项目说明中，在一般情况下，《政府会计制度》不再区分行政和事业单位，也不再区分行业事业单位；在核算内容方面，基本保留了现行各项制度中的通用业务和事项，同时根据改革需要增加各级各类行政事业单位的共性业务和事项；在会计政策方面，对同类业务尽可能作出同样的处理规定。会计制度的统一，大大提高了政府各部门、各单位会计信息的可比性，为合并单位、部门财务报表和逐级汇总编制部门决算奠定了坚实的制度基础。

（3）强化了财务会计功能。《政府会计制度》在财务会计核算中全面引入了权责发生制，在会计科目设置和账务处理说明中着力强化财务会计功能。例如，《政府会计制度》增加了收入和费用两个财务会计要素的核算内容，并在原则上要求按照权责发生制进行核算。又如，《政府会计制度》增加了应收款项和应付款项的核算内容，对长期股权投资采用权益法核算，确认自行开发形成的无形资产的成本，要求对固定资产、公共基础设施、保障性住房和无形资产计提折旧或摊销，引入坏账准备等减值概念，确认预计负债、待摊费用和预提费用等。在政府会计核算中强化财务会计功能，对于科学编制权责发生制政府财务报告、准确反映单位财务状况和运行成本等情况具有重要的意义。

（4）扩大了政府资产负债核算范围。《政府会计制度》在现行制度基础上，扩大了资产负债的核算范围。除了按照权责发生制核算原则增加有关往来账款的核算内容，在资产方面，增加了公共基础设施、政府储备物资、文物资源、保障性住房和受托代理资产的核算内容，以全面核算单位控制的各类资产；增加了"研发支出"科目，以准确反映单位自行开发无形资产的成本；在负债方面，增加了预计负债、受托代理负债等核算内容，以全面反映单位所承担的现时义务。此外，为了准确反映单位资产扣除负债之后的净资产状况，《政府会计制度》立足单位会计核算需要，借鉴国际公共部门会计准则相关规定，将净资产按照主要来源分类为累计盈余和专用基金，并根据净资产其他来源设置了权益法调整、无偿调拨净资产等会计科目。资产负债核算范围的扩大，有利于全面规范政府单位各项经济业务和事项的会计处理，准确反映政府"家底"信息，为相关决策提供更加有用的信息。

（5）改进了预算会计功能。根据《改革方案》要求，《政府会计制度》对预算会计科目及其核算内容进行了调整和优化，以进一步完善预算会计功能。在核算内容上，预算会计仅需核算预算收入、预算支出和预算结余；在核算基础上，预算会计除《预算法》要求的权责发生制事项外，均采用收付实现制核算，有利于避免现在制度下存在的虚列预算收支的问题；在核算范围上，为了体现《预算法》的精神和部门综合预算的要求，《政府会计制度》将依法纳入部门预算管理的现金收支均纳入预算会计核算范围，如增设了债务预算收入、债务还本支出、投资支出等。调整完善后的预算会计，能够更好地贯彻落实《预算法》的相关规定，更加准确地反映部门和单位预算收支情况，更加满足部门、单位预算和决算管理的需要。

（6）整合了基建会计核算。按照现行制度的规定，单位对于基本建设投资的会计核算除遵循相关会计制度规定外，还应当按照国家有关基本建设会计核算的规定单独建账、单独核算，但同时应将基建账相关数据按期并入单位"大账"。《政府会计制度》依据《基本建设财务规则》和相关预算管理规定，在充分吸收《国有建设单位会计制度》合理内容的基础上对单位建设项目会计核算进行了规定。单位对基本建设投资按照《政府会计制度》的规定统一进行会计核算，不再单独建账，这大大地简化了单位基本建设业务的会计核算，有利于提高单位会计信息的完整性。

（7）完善了报表体系和结构。《政府会计制度》将报表分为预算会计报表和财务报表两大类。预算会计报表由预算收入表、预算结转结余变动表和财政拨款预算收入支出表组成，是编制部门决算报表的基础；财务报表由会计报表和附注构成，会计报表由资产负债表、收入费用表、净资产变动表和现金流量表组成，其中，单位可自行选择编制现金流量表。此外，《政府会计制度》针对新的核算内容和要求对报表结构进行了调整和优化，对报表附注应当披露的内容进行了细化，对会计报表重要项目说明提供了可参考的披露格式，要求按经济分类披露费用信息，要求披露本年预算结余和本年盈余的差异调节过程等。调整完善后的报表体系，对于全面反映单位财务信息和预算执行信息，提高部门、单位会计信息的透明度和决策有用性具有重要的意义。

（8）增强了制度的可操作性。《政府会计制度》在附录中采用列表方式，以《政府会计制度》中规定的会计科目使用说明为依据，按照会计科目顺序对单位通用业务或共性业务和事项的账务处理进行了举例说明；在举例说明时，对同一项业务或事项，除在表格中列出财务会计分录外，还平行列出相对应的预算会计分录（如果有）；通过对经济业务和事项举例说明，充分反映《政府会计制度》所要求的财务会计和预算会计"平行记账"的核算要求，便于会计人员学习和理解政府会计八要素的记账规则，也有利于单位会计核算信息系统的开发或升级改造。

第二节　政府会计要素、会计核算与会计报表

一、政府会计要素

政府会计要素包括政府财务会计要素和政府预算会计要素。具体内容如下：
（1）政府财务会计要素包括资产、负债、净资产、收入和费用。
（2）政府预算会计要素包括预算收入、预算支出与预算结余。

二、政府会计科目及核算规则

政府会计科目分为财务会计和预算会计两类科目表，共计104个一级会计科目。其

中，在财务会计下，资产、负债、净资产、收入和费用 5 个要素共包含 78 个一级科目；在预算会计下，预算收入、预算支出和预算结余 3 个要素共包含 26 个一级科目。

（一）财务会计科目

《政府会计制度》中，财务会计一级科目共计 78 个［包括 77 个一般会计科目及 1 个"代建项目"科目，不包括"PPP 项目资产""PPP 项目资产累计折旧（摊销）""PPP 项目净资产"科目］。按会计要素可分为五类：资产类会计科目、负债类会计科目、净资产类会计科目、收入类会计科目、费用类会计科目。

（1）资产类一级会计科目有 36 个，包括"库存现金""银行存款""零余额账户用款额度""其他货币资金""短期投资""财政应返还额度""应收票据""应收账款""预付账款""应收股利""应收利息""其他应收款""坏账准备""在途物品""库存物品""加工物品""待摊费用""长期股权投资""长期债券投资""固定资产""固定资产累计折旧""工程物资""在建工程""代建项目""无形资产""无形资产累计摊销""研发支出""公共基础设施""公共基础设施累计折旧（摊销）""政府储备物资""文物资源""保障性住房""保障性住房累计折旧""受托代理资产""长期待摊费用""待处理财产损溢"科目。

（2）负债类一级会计科目有 16 个，包括"短期借款""应交增值税""其他应交税费""应缴财政款""应付职工薪酬""应付票据""应付账款""应付政府补贴款""应付利息""预收账款""其他应付款""预提费用""长期借款""长期应付款""预计负债""受托代理负债"科目。

（3）净资产类一级会计科目有 7 个，包括"累计盈余""专用基金""权益法调整""本期盈余""本年盈余分配""无偿调拨净资产""以前年度盈余调整"科目。

（4）收入类一级会计科目有 11 个，包括"财政拨款收入""事业收入""上级补助收入""附属单位上缴收入""经营收入""非同级财政拨款收入""投资收益""捐赠收入""利息收入""租金收入""其他收入"科目。

（5）费用类一级会计科目有 8 个，包括"业务活动费用""单位管理费用""经营费用""资产处置费用""上缴上级费用""对附属单位补助费用""所得税费用""其他费用"科目。

（二）预算会计科目

在《政府会计制度》中，预算会计一级科目共计 26 个，按会计要素可分为预算收入类会计科目、预算支出类会计科目、预算结余类会计科目 3 类。

（1）预算收入类一级会计科目有 9 个，包括"财政拨款预算收入""事业预算收入""上级补助预算收入""附属单位上缴预算收入""经营预算收入""债务预算收入""非同级财政拨款预算收入""投资预算收益""其他预算收入"科目。

（2）预算支出类一级会计科目有 8 个，包括"行政支出""事业支出""经营支出""上缴上级支出""对附属单位补助支出""投资支出""债务还本支出""其他支出"科目。

（3）预算结余类一级会计科目有9个，包括"资金结存""财政拨款结转""财政拨款结余""非财政拨款结转""非财政拨款结余""专用结余""经营结余""其他结余""非财政拨款结余分配"科目。

政府会计科目名称和编号，如表1-1所示。

表1-1 政府会计科目名称和编号

序号	科目编码	科目名称
一、财务会计科目		
（一）资产类		
1	1001	库存现金
2	1002	银行存款
3	1011	零余额账户用款额度
4	1021	其他货币资金
5	1101	短期投资
6	1201	财政应返还额度
7	1211	应收票据
8	1212	应收账款
9	1214	预付账款
10	1215	应收股利
11	1216	应收利息
12	1218	其他应收款
13	1219	坏账准备
14	1301	在途物品
15	1302	库存物品
16	1303	加工物品
17	1401	待摊费用
18	1501	长期股权投资
19	1502	长期债券投资
20	1601	固定资产
21	1602	固定资产累计折旧

（续表）

序号	科目编码	科目名称
22	1611	工程物资
23	1613	在建工程
24	1615	代建项目
25	1701	无形资产
26	1702	无形资产累计摊销
27	1703	研发支出
28	1801	公共基础设施
29	1802	公共基础设施累计折旧（摊销）
30	1811	政府储备物资
31	1821	文物资源
32	1831	保障性住房
33	1832	保障性住房累计折旧
34	1891	受托代理资产
35	1901	长期待摊费用
36	1902	待处理财产损溢
（二）负债类		
37	2001	短期借款
38	2101	应交增值税
39	2102	其他应交税费
40	2103	应缴财政款
41	2201	应付职工薪酬
42	2301	应付票据
43	2302	应付账款
44	2303	应付政府补贴款
45	2304	应付利息
46	2305	预收账款
47	2307	其他应付款
48	2401	预提费用
49	2501	长期借款

（续表）

序号	科目编码	科目名称
50	2502	长期应付款
51	2601	预计负债
52	2901	受托代理负债
（三）净资产类		
53	3001	累计盈余
54	3101	专用基金
55	3201	权益法调整
56	3301	本期盈余
57	3302	本年盈余分配
58	3401	无偿调拨净资产
59	3501	以前年度盈余调整
（四）收入类		
60	4001	财政拨款收入
61	4101	事业收入
62	4201	上级补助收入
63	4301	附属单位上缴收入
64	4401	经营收入
65	4601	非同级财政拨款收入
66	4602	投资收益
67	4603	捐赠收入
68	4604	利息收入
69	4605	租金收入
70	4609	其他收入
（五）费用类		
71	5001	业务活动费用
72	5101	单位管理费用
73	5201	经营费用
74	5301	资产处置费用

（续表）

序号	科目编码	科目名称
75	5401	上缴上级费用
76	5501	对附属单位补助费用
77	5801	所得税费用
78	5901	其他费用
二、预算会计科目		
（一）预算收入类		
1	6001	财政拨款预算收入
2	6101	事业预算收入
3	6201	上级补助预算收入
4	6301	附属单位上缴预算收入
5	6401	经营预算收入
6	6501	债务预算收入
7	6601	非同级财政拨款预算收入
8	6602	投资预算收益
9	6609	其他预算收入
（二）预算支出类		
10	7101	行政支出
11	7201	事业支出
12	7301	经营支出
13	7401	上缴上级支出
14	7501	对附属单位补助支出
15	7601	投资支出
16	7701	债务还本支出
17	7901	其他支出
（三）预算结余类		
18	8001	资金结存
19	8101	财政拨款结转
20	8102	财政拨款结余

(续表)

序号	科目编码	科目名称
21	8201	非财政拨款结转
22	8202	非财政拨款结余
23	8301	专用结余
24	8401	经营结余
25	8501	其他结余
26	8701	非财政拨款结余分配

（三）政府会计核算规则

（1）单位应当根据政府会计准则（包括基本准则和具体准则）规定的原则和政府会计制度的要求，对其发生的各项经济业务或事项进行会计核算。

（2）对基本建设投资应当按照政府会计制度规定统一进行会计核算，不再单独建账，但是应当按项目单独核算，并保证项目资料完整。

（3）执行政府会计制度的单位会计核算应当具备财务会计与预算会计双重功能，即实行平行记账法，实现财务会计与预算会计适度分离并相互衔接，全面、清晰反映单位财务信息和预算执行信息。单位财务会计核算实行权责发生制，单位预算会计核算实行收付实现制；国务院另有规定的，依照其规定执行。单位对于纳入部门预算管理的现金收支业务，在采用财务会计核算的同时应当进行预算会计核算；对于其他业务，仅需进行财务会计核算。

（4）实行预算管理一体化单位的科目设置和使用。实行预算管理一体化的中央预算单位在会计核算时不再使用"零余额账户用款额度"科目，而是通过"财政拨款收入"科目（使用本年度预算指标）或"财政应返还额度"科目（使用以前年度预算指标）；"财政应返还额度"科目和"资金结存——财政应返还额度"科目下不再设置"财政直接支付""财政授权支付"明细科目。省级及以下地方预算单位在预算管理一体化下的有关会计处理参照执行。

（四）政府会计核算信息质量要求

（1）客观性要求。政府会计主体应当以实际发生的经济业务或者事项为依据进行会计核算，如实反映各项会计要素的情况和结果，应保证会计信息真实可靠。

政府会计主体应当按照经济业务或者事项的经济实质进行会计核算，不限于以经济业务和事项的法律形式为依据。

（2）相关性要求。政府会计主体应当将发生的各项经济业务或者事项统一纳入会计核算，确保会计信息能够全面反映政府会计主体预算执行情况和财务状况、运行情况、现金流量等。

政府会计主体提供的会计信息，应当与反映政府会计主体公共受托责任履行情况以及报告使用者决策或者监督、管理的需要相关，有助于报告使用者对政府会计主体过去、现在或者未来的情况作出评价或者预测。

（3）及时性要求。政府会计主体对已经发生的经济业务或者事项，应当及时进行会计核算，不得提前或者延后。

（4）可比性要求。政府会计主体提供的会计信息应当具有可比性。不同政府会计主体发生的相同或者相似的经济业务或者事项，应当采用一致的会计政策，确保政府会计信息口径一致，相互可比。

（5）一贯性要求。同一政府会计主体不同时期发生的相同或者相似的经济业务或者事项，应当采用一致的会计政策，不得随意变更；确需变更的，应当将变更的内容、理由及其影响在附注中予以说明。

（6）明晰性要求。政府会计主体提供的会计信息应当清晰明了，便于报告使用者理解和使用。

三、财务报表和预算会计报表

单位应当按照下列规定编制财务报表和预算会计报表：

（1）财务报表的编制主要以权责发生制为基础，以单位财务会计核算生成的数据为准；预算会计报表的编制主要以收付实现制为基础，以单位预算会计核算生成的数据为准。

（2）财务报表由会计报表及其附注构成。会计报表一般包括资产负债表、收入费用表和净资产变动表。单位可根据实际情况自行选择编制现金流量表。

（3）预算会计报表至少包括预算收入支出表、预算结转结余变动表和财政拨款预算收入支出表。

（4）单位应当至少按照年度编制财务报表和预算会计报表。

（5）单位应当根据《政府会计制度》的规定编制真实、完整的财务报表和预算会计报表，不得违反《政府会计制度》的规定随意改变财务报表和预算会计报表的编制基础、编制依据、编制原则和方法，不得随意改变《政府会计制度》规定的财务报表和预算会计报表有关数据的会计口径。

（6）财务报表和预算会计报表应当根据登记完整、核对无误的账簿记录和其他有关资料编制，做到数字真实、计算准确、内容完整、编报及时。

（7）财务报表和预算会计报表应当由单位负责人和主管会计工作的负责人、会计机构负责人（会计主管人员）签名并盖章。

四、政府会计信息化应用

开展会计信息化工作，应当符合财政部制定的相关会计信息化工作规范和标准，确保利用现代信息技术手段开展会计核算及生成的会计信息符合《政府会计制度》的规定。

第三节 平行记账法

《政府会计制度》明确了行政事业单位会计核算应当具备财务会计与预算会计双重功能，实现财务会计与预算会计适度分离并相互衔接。平行记账法是财务会计与预算会计适度分离并相互衔接核算模式的最重要的表现形式。

一、平行记账的基本原理

《政府会计制度》规定，单位对于纳入部门预算管理的现金收支业务，在采用财务会计核算的同时应当进行预算会计核算；对于其他业务，仅需进行财务会计核算。

二、平行记账的特点

（1）平行记账在同一会计信息系统中进行，即平行记账是为了满足单位在一个会计信息系统中同时进行财务会计和预算会计核算的需要。

（2）平行记账针对的是纳入部门预算管理的现金收支业务。这就明确了预算会计核算的经济业务范围。根据这一规定，在实务中，经济业务事项是否需要在预算会计中核算可以按照以下两点判断：一是该业务是否现金收支业务；二是该业务是否纳入部门预算管理。只有同时满足以上两点的，在采用财务会计核算的同时才需要进行预算会计核算。

（3）不需要平行记账的其他业务只需要进行财务会计核算。在实务工作中，典型的不纳入预算管理的现金收支业务包括应当上缴国库或财政专户的款项、应当转拨其他单位的款项、受托代理的款项、暂收款业务等，这些款项收到或支付时仅作财务会计核算，不需要进行预算会计核算。

财务会计与预算会计的平行记账如图1-1所示。

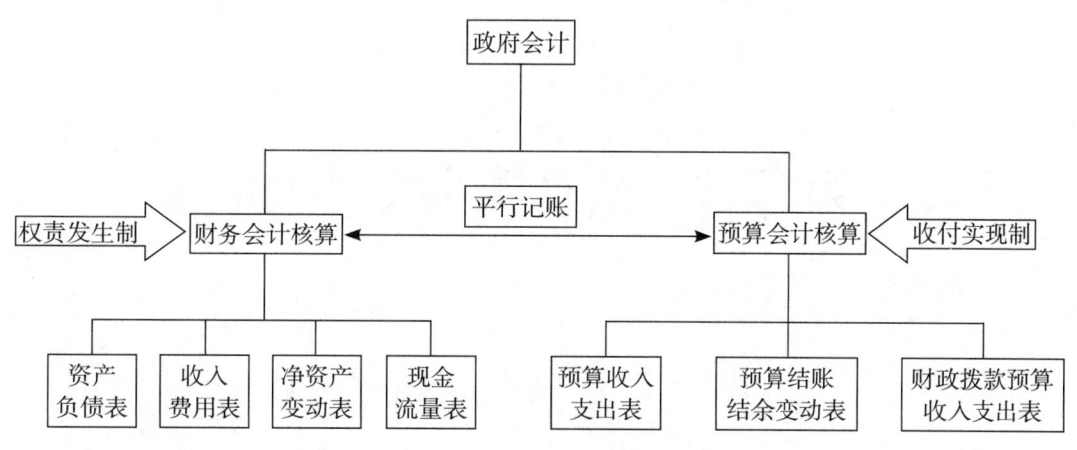

图 1-1 平行记账图示

三、平行记账法举例

这里以收到财政拨款以及购进固定资产为例介绍平行记账法，如图 1-2 所示。

1. 财政直接支付方式下，收到"财政直接支付入账通知书"及相关原始凭证时： 借：库存物品/固定资产/ 　　业务活动费用/单位 　　管理费用/应付职工 　　薪酬等　　　　　××× 　　贷：财政拨款收入　　××× 2. 购入不需要安装的固定资产时： 借：固定资产　　　　　××× 　　贷：财政拨款收入/零余额 　　　　用款额度/应付账款/ 　　　　银行存款等　　××× 3. 按月计提折旧时： 借：业务活动费用/单位管理 　　费用/经营费用等　××× 　　贷：固定资产累计折旧　×××	1. 财政直接支付方式下，收到"财政直接支付入账通知书"及相关原始凭证时： 借：行政支出/事业支出　××× 　　贷：财政拨款预算收入　××× 2. 购入不需要安装的固定资产时： 借：行政支出/事业支出/ 　　经营支出等　　　　××× 　　贷：财政拨款预算收入/ 　　　　资金结存　　　××× 3. 按月计提折旧时： 预算会计不作账务处理

图 1-2 收到财政拨款以及购进固定资产的平行记账法

第二章 资产类业务（1）

第一节 资产概述

一、资产的定义、会计科目、分类与计量

（一）资产的定义

资产是指政府会计主体过去的经济业务或事项形成的，由政府会计主体控制的，预期能够产生服务潜力或者带来经济利益流入的经济资源。其中，服务潜力是指政府会计主体利用资产提供公共产品和服务以履行政府职能的潜在能力；经济利益流入表现为现金及现金等价物的流入，或者现金及现金等价物流出的减少。

（二）资产的会计科目

（1）《政府会计制度》中资产类科目有36个，其中，行政单位和事业单位共同使用的科目有28个；事业单位单独使用的科目有8个，单独使用的科目分别为"短期投资""应收票据""应收股利""应收利息""坏账准备""长期股权投资""长期债券投资""代建项目"科目。

（2）按照《政府会计准则制度解释第5号》规定，实行预算管理一体化的中央预算单位在会计核算时不再使用"零余额账户用款额度"科目，"财政应返还额度"科目和"资金结存——财政应返还额度"科目下不再设置"财政直接支付""财政授权支付"明细科目。具体内容如表2-1所示。

第二章 资产类业务（1）

表 2-1 资产类会计科目使用范围表

序号	科目编码	科目名称	行政单位	事业单位	科目使用范围
1	1001	库存现金	√	√	行政单位、事业单位
2	1002	银行存款	√	√	行政单位、事业单位
3	1011	零余额账户用款额度	√	√	行政单位、事业单位（实行预算管理一体化的中央预算单位不使用）
4	1021	其他货币资金	√	√	行政单位、事业单位
5	1101	短期投资		√	事业单位
6	1201	财政应返还额度	√	√	行政单位、事业单位
7	1211	应收票据		√	事业单位
8	1212	应收账款	√	√	行政单位、事业单位
9	1214	预付账款	√	√	行政单位、事业单位
10	1215	应收股利		√	事业单位
11	1216	应收利息		√	事业单位
12	1218	其他应收款	√	√	行政单位、事业单位
13	1219	坏账准备		√	事业单位
14	1301	在途物品	√	√	行政单位、事业单位
15	1302	库存物品	√	√	行政单位、事业单位
16	1303	加工物品	√	√	行政单位、事业单位
17	1401	待摊费用	√	√	行政单位、事业单位
18	1501	长期股权投资		√	事业单位
19	1502	长期债券投资		√	事业单位
20	1601	固定资产	√	√	行政单位、事业单位
21	1602	固定资产累计折旧	√	√	行政单位、事业单位
22	1611	工程物资	√	√	行政单位、事业单位
23	1613	在建工程	√	√	行政单位、事业单位
24	1615	代建项目		√	事业单位
25	1701	无形资产	√	√	行政单位、事业单位
26	1702	无形资产累计摊销	√	√	行政单位、事业单位
27	1703	研发支出	√	√	行政单位、事业单位

(续表)

序号	科目编码	科目名称	行政单位	事业单位	科目使用范围
28	1801	公共基础设施	√	√	行政单位、事业单位
29	1802	公共基础设施累计折旧（摊销）	√	√	行政单位、事业单位
30	1811	政府储备物资	√	√	行政单位、事业单位
31	1821	文物资源	√	√	行政单位、事业单位
32	1831	保障性住房	√	√	行政单位、事业单位
33	1832	保障性住房累计折旧	√	√	行政单位、事业单位
34	1891	受托代理资产	√	√	行政单位、事业单位
35	1901	长期待摊费用	√	√	行政单位、事业单位
36	1902	待处理财产损溢	√	√	行政单位、事业单位

注：实行预算管理一体化的单位不再使用"零余额账户用款额度"科目。

（三）资产的分类与计量

1. 资产的分类

资产按照流动性分为流动资产和非流动资产。

流动资产是指预计在1年内（含1年）耗用或者可以变现的资产。它包括货币资金、短期投资、应收及预付款项、存货等。其中，货币资金包括库存现金、银行存款、其他货币资金、零余额账户用款额度（实行预算管理一体化的中央预算单位不使用）；应收及预付款项包括财政应返还额度、应收票据、应收账款、其他应收款等应收款项和预付账款。

非流动资产是指流动资产以外的资产。它包括固定资产、在建工程、代建项目、无形资产、长期投资、公共基础设施、政府储备资产、文物资源、保障性住房和自然资源资产等。

2. 资产的确认和计量

1）资产的确认

将一项资源确认为资产，需要符合资产的定义，还应同时满足以下两个条件：

（1）与该经济资源相关的服务潜力很可能实现或者经济利益很可能流入政府会计主体。从资产的定义来看，能够产生服务潜力或者带来经济利益是资产的一个本质特征，但在现实生活中，经济环境瞬息万变，与资源有关的服务潜力能否实现或经济利益是否流入单位或者能够流入多少实际上带有很大的不确定性，因此，资产的确认还应与对服务潜力实现或经济利益流入的不确定性的判断结合起来。如果根据编制财务报表时所取得的证据，与资源有关的服务潜力很可能实现或者经济利益很可能流入单位，那么就应当将其作为资产予以确认；反之，则不能确认为资产。

（2）该经济资源的成本或者价值能够可靠地计量。只有当相关资源的成本或者价值能够可靠地计量时，资产才能予以确认。在实务中，政府会计主体取得的许多资产都是发生了实际成本的，如行政事业单位购买的存货，或者购置的厂房及设备等。这些资产，只要实际发生的购买成本能够可靠地计量，就视为符合了资产确认的可计量条件。

2）资产的计量

资产的计量属性主要包括历史成本、重置成本、现值、公允价值和名义金额。

（1）在历史成本计量属性下，资产按照取得时支付的现金金额或者支付对价的公允价值计量。

（2）在重置成本计量属性下，资产按照现在购买相同或者相似资产所需支付的现金金额计量。

（3）在现值计量属性下，资产按照预计从其持续使用和最终处置中所产生的未来净现值流入量的折现金额计量。

（4）在公允价值计量属性下，资产按照市场参与者在计量日发生的有序交易中，出售资产所能收到的价格计量。

（5）无法采用上述计量属性的，采用名义金额（即人民币1元）计量。

二、资产类科目新旧制度对比

新旧科目对比，主要是指《政府会计制度》下执行的资产类会计科目（以下简称"新科目"）与原《行政单位会计制度》和《事业单位会计制度》下执行的资产类会计科目（以下简称"旧科目"）进行的对比。《政府会计制度》下行政单位资产类会计科目共28个，事业单位资产类会计科目共计36个，新制度对行政事业单位资产类会计科目进行了新增、拆分及合并整合。

（一）行政单位新旧制度资产类会计科目对比

（1）核算内容未发生变化的科目："库存现金""零余额账户用款额度""财政应返还额度""应收账款""无形资产""无形资产累计摊销（旧科目为"累计摊销"）""公共基础设施""政府储备物资""受托代理资产""待处理财产损溢"。

（2）拆分核算的会计科目："银行存款""其他应收款""存货""固定资产""累计折旧""在建工程"。根据新制度对资产类会计科目的定义，对以上会计科目核算的内容重新界定，分别对科目中拆分出来的经济事项用新增科目或归集到原有的科目进行核算。

（3）合并核算的科目：原在"在建工程"中核算的"预付备料款""预付工程款""其

他预付款"明细科目合并统一为"预付账款"。

（4）新增加的科目：根据核算内容分别新增了"其他货币资金""在途物品""库存物品""加工物品""待摊费用""文物资源""保障性住房""固定资产累计折旧""公共基础设施累计折旧（摊销）""保障性住房累计折旧""工程物资""研发支出""长期待摊费用"。

具体对比如表2-2所示。

表2-2　行政单位资产类新旧会计科目差异对比表

原行政单位会计制度		政府会计制度（财务会计）		
科目编码	科目名称	科目编码	科目名称	科目说明
1001	库存现金	1001	库存现金	核算单位的库存现金
1002	银行存款	1002	银行存款	核算单位存入银行或者其他金融机构的各种存款
		1021	其他货币资金	新增科目，核算单位的外埠存款、银行本票存款、银行汇票存款、信用卡存款等其他货币资金
1011	零余额账户用款额度	1011	零余额账户用款额度	核算实行国库集中支付的单位根据财政部门批复的用款计划收到和支用的零余额账户用款额度
1021	财政应返还额度	1201	财政应返还额度	核算实行国库集中支付的单位应收财政返还的资金额度，包括可以使用的以前年度财政直接支付资金额度和财政应返还的财政授权支付资金额度
1212	应收账款	1212	应收账款	核算行政单位因出租资产、出售物资等应收取的款项
1213	预付账款	1214	预付账款	核算单位按照购货、服务合同或协议规定预付给供应单位（或个人）的款项，以及按照合同规定向承包工程的施工企业预付的备料款和工程款
1511	在建工程			
1215	其他应收款	1218	其他应收款	核算单位除财政应返还额度、应收票据、应收账款、预付账款、应收股利、应收利息以外的其他各项应收及暂付款项，如职工预借的差旅费、已经偿还银行尚未报销的本单位公务卡欠款、拨付给内部有关部门的备用金、应向职工收取的各种垫付款项、支付的可以收回的订金或押金、应收的上级补助和附属单位上缴款项等

（续表）

原行政单位会计制度		政府会计制度（财务会计）		
科目编码	科目名称	科目编码	科目名称	科目说明
1215	其他应收款	1301	在途物品	新增科目，核算单位采购材料等物资时货款已付或已开出商业汇票但尚未验收的在途物品的采购成本
1301	存货	1302	库存物品	新增科目，核算单位在开展业务活动及其他活动中为耗用或出售而储存的各种材料、产品、包装物、低值易耗品，以及达不到固定资产标准的用具、装具、动植物等的成本
		1303	加工物品	新增科目，核算单位自制或委托外单位加工的各种物品的实际成本
		1811	政府储备物资	核算单位控制的政府储备物资的成本
		1401	待摊费用	新增科目，核算单位已经支付，但应当由本期和以后各期分别负担的分摊期在1年以内（含1年）的各项费用，如预付航空保险费、预付租金等
1501	固定资产	1601	固定资产	核算单位固定资产的原值
		1801	公共基础设施	核算单位控制的公共基础设施的原值
		1811	政府储备物资	核算单位控制的政府储备物资的成本
		1821	文物资源	新增科目，核算由政府会计主体承担管理收藏职责的文物资源，包括符合《政府会计准则第11号——文物资源》第二条规定的文物和第二十一条规定的其他藏品
		1831	保障性住房	新增科目，核算单位为满足社会公共需求而控制的保障性住房的原值
1502	累计折旧	1602	固定资产累计折旧	新增科目，核算单位计提的固定资产累计折旧
		1802	公共基础设施累计折旧（摊销）	新增科目，核算单位计提的公共基础设施累计折旧和累计摊销
		1832	保障性住房累计折旧	新增科目，核算单位计提的保障性住房的累计折旧
1511	在建工程	1611	工程物资	新增科目，核算单位为在建工程准备的各种物资的成本，包括工程用材料、设备等
		1613	在建工程	核算单位在建的建设项目工程的实际成本
1601	无形资产	1701	无形资产	核算单位无形资产的原值
1602	累计摊销	1702	无形资产累计摊销	核算单位对使用年限有限的无形资产计提的累计摊销

(续表)

原行政单位会计制度		政府会计制度（财务会计）		
科目编码	科目名称	科目编码	科目名称	科目说明
		1703	研发支出	新增科目，核算单位自行研究开发项目研究阶段和开发阶段发生的各项支出
1802	公共基础设施	1801	公共基础设施	核算单位控制的公共基础设施的原值
1801	政府储备物资	1811	政府储备物资	核算单位控制的政府储备物资的成本
1901	受托代理资产	1891	受托代理资产	核算单位接受委托方委托管理的各项资产，包括受托指定转赠的物资、受托存储保管的物资等的成本
		1901	长期待摊费用	新增科目，核算单位已经支出，但应由本期和以后各期负担的分摊期限在1年以上（不含1年）的各项费用，如以经营租赁方式租入的固定资产发生的改良支出等
1701	待处理财产损溢	1902	待处理财产损溢	核算单位在资产清查过程中查明的各种资产盘盈、盘亏和报废、毁损的价值

注：实行预算管理一体化的单位不再使用"零余额账户用款额度"科目。

（二）事业单位新旧制度资产类会计科目对比

（1）核算内容未发生变化的科目："库存现金""零余额账户用款额度""财政应返还额度""短期投资""应收票据""应收账款""无形资产""无形资产累计摊销（旧科目为"累计摊销"）""待处理财产损溢"。

（2）拆分核算的会计科目："银行存款""其他应收款""存货""长期投资""固定资产""累计折旧""在建工程"。根据新制度对资产类会计科目的定义，对以上会计科目核算的内容重新界定，分别对科目中拆分出来的经济事项用新增科目或归集到原有的科目进行核算。

（3）合并核算的科目：原在"在建工程"中核算的"预付备料款""预付工程款""其他预付款"明细科目合并统一为"预付账款"。

（4）新增加的科目：根据核算内容分别新增了"其他货币资金""坏账准备""应收股利""应收利息""在途物品""库存物品""加工物品""工程物资""公共基础设施""政府储备物资""受托代理资产""文物资源""保障性住房""固定资产累计折旧""公共基础设施累计折旧（摊销）""保障性住房累计折旧""研发支出""长期股权投资""长期债券投资""待摊费用""长期待摊费用""代建项目"。

具体对比如表 2-3 所示。

表 2-3 事业单位资产类新旧会计科目差异对比表

原事业单位会计制度		政府会计制度（财务会计）		
科目编码	科目名称	科目编码	科目名称	科目说明
1001	库存现金	1001	库存现金	核算单位的库存现金
1002	银行存款	1002	银行存款	核算单位存入银行或者其他金融机构的各种存款
		1021	其他货币资金	新增科目，核算单位的外埠存款、银行本票存款、银行汇票存款、信用卡存款等其他货币资金
1011	零余额账户用款额度	1011	零余额账户用款额度	核算实行国库集中支付的单位根据财政部门批复的用款计划收到和支用的零余额账户用款额度
1201	财政应返还额度	1201	财政应返还额度	核算实行国库集中支付的单位应收财政返还的资金额度，包括可以使用的以前年度财政直接支付资金额度和财政应返还的财政授权支付资金额度
1101	短期投资	1101	短期投资	核算事业单位按照规定取得的，持有时间不超过 1 年（含 1 年）的投资
1211	应收票据	1211	应收票据	核算事业单位因开展经营活动销售产品、提供有偿服务等而收到的商业汇票，包括银行承兑汇票和商业承兑汇票
1212	应收账款	1212	应收账款	核算事业单位提供服务、销售产品等应收取的款项，以及单位因出租资产、出售物资等应收取的款项
		1219	坏账准备	新增科目，核算事业单位对收回后不需上缴财政的应收账款和其他应收款提取的坏账准备
1213	预付账款	1214	预付账款	核算单位按照购货、服务合同或协议规定预付给供应单位（或个人）的款项，以及按照合同规定向承包工程的施工企业预付的备料款和工程款
1511	在建工程			
		1215	应收股利	新增科目，核算事业单位持有长期股权投资应当收取的现金股利或应当分得的利润

（续表）

原事业单位会计制度		政府会计制度（财务会计）		
科目编码	科目名称	科目编码	科目名称	科目说明
		1216	应收利息	新增科目，目核算事业单位长期债券投资应当收取的利息
1215	其他应收款	1218	其他应收款	核算单位除财政应返还额度、应收票据、应收账款、预付账款、应收股利、应收利息以外的其他各项应收及暂付款项，如职工预借的差旅费、已经偿还银行尚未报销的本单位公务卡欠款、拨付给内部有关部门的备用金、应向职工收取的各种垫付款项、支付的可以收回的订金或押金、应收的上级补助和附属单位上缴款项等
1301	存货	1301	在途物品	新增科目，核算单位采购材料等物资时货款已付或已开出商业汇票但尚未验收的在途物品的成本
		1302	库存物品	新增科目，核算单位在开展业务活动及其他活动中为耗用或出售而储存的各种材料、产品、包装物、低值易耗品，以及达不到固定资产标准的用具、装具、动植物等的成本
		1303	加工物品	新增科目，核算单位自制或委托外单位加工的各种物品的实际成本
		1611	工程物资	新增科目，核算单位为在建工程准备的各种物资的成本，包括工程用材料、设备等
		1811	政府储备物资	新增科目，核算单位控制的政府储备物资的成本
		1891	受托代理资产	新增科目，核算单位接受委托方委托管理的各项资产，包括受托指定转赠的物资、受托存储保管的物资等的成本
		1401	待摊费用	新增科目，核算单位已经支付，但应当由本期和以后各期分别负担的分摊期在1年以内（含1年）的各项费用，如预付航空保险费、预付租金等
1401	长期投资	1501	长期股权投资	新增科目，核算事业单位按照规定取得的，持有时间超过1年（不含1年）的股权性质的投资。
		1502	长期债券投资	新增科目，核算事业单位按照规定取得的，持有时间超过1年（不含1年）的债券投资

(续表)

原事业单位会计制度		政府会计制度（财务会计）		
科目编码	科目名称	科目编码	科目名称	科目说明
1501	固定资产	1601	固定资产	核算单位固定资产的原值
		1801	公共基础设施	新增科目，核算单位控制的公共基础设施的原值
		1811	政府储备物资	新增科目，核算单位控制的政府储备物资的成本
		1821	文物资源	新增科目，核算由政府会计主体承担管理收藏职责的文物资源，包括符合《政府会计准则第11号——文物资源》第二条规定的文物
		1831	保障性住房	新增科目，核算单位为满足社会公共需求而控制的保障性住房的原值
1502	累计折旧	1602	固定资产累计折旧	新增科目，核算单位计提的固定资产累计折旧
		1802	公共基础设施累计折旧（摊销）	新增科目，核算单位计提的公共基础设施累计折旧和累计摊销
		1832	保障性住房累计折旧	新增科目，核算单位计提的保障性住房的累计折旧
1511	在建工程	1611	工程物资	新增科目，核算单位为在建工程准备的各种物资的成本，包括工程用材料、设备等
		1613	在建工程	核算单位在建的建设项目工程的实际成本
		1615	代建项目	新增科目，核算所承担的代建项目建设成本，全面反映工程的资金资源消耗情况
1601	无形资产	1701	无形资产	核算单位无形资产的原值
1602	累计摊销	1702	无形资产累计摊销	核算单位对使用年限有限的无形资产计提的累计摊销
		1703	研发支出	新增科目，核算单位自行研究开发项目研究阶段和开发阶段发生的各项支出
		1891	受托代理资产	新增科目，核算单位接受委托方委托管理的各项资产，包括受托指定转赠的物资、受托存储保管的物资等的成本

（续表）

原事业单位会计制度		政府会计制度（财务会计）		
科目编码	科目名称	科目编码	科目名称	科目说明
		1901	长期待摊费用	新增科目，核算单位已经支出，但应由本期和以后各期负担的分摊期限在1年以上（不含1年）的各项费用，如以经营租赁方式租入的固定资产发生的改良支出等
1701	待处置资产损溢	1902	待处理财产损溢	核算单位在资产清查过程中查明的各种资产盘盈、盘亏和报废、毁损的价值

注：实行预算管理一体化的单位不再使用"零余额账户用款额度"科目。

（三）资产类科目与预算会计科目衔接

《政府会计制度》的一个重大创新是重构政府会计模式，即构建了"财务会计和预算会计适度分离并相互衔接"的会计核算模式（双体系平行记账模式）。《政府会计制度》对纳入部门预算管理的现金收支业务进行平行记账，即对于纳入部门预算管理的现金收支业务，在进行财务会计核算的同时也应当进行预算会计核算；对于其他业务，仅需要进行财务会计核算。下面通过表2-4来分别反映行政单位与事业单位在发生涉及资产类科目核算业务时，如何与预算会计科目对应衔接进行平行记账。

表2-4 资产类科目与预算类科目衔接关系表（行政事业单位）

旧制度会计科目				新制度会计科目			
行政单位		事业单位		财务会计		预算会计	
科目编码	科目名称	科目编码	科目名称	科目编码	科目名称	科目编码	对应的科目名称
1001	库存现金	1001	库存现金	1001	库存现金	8001	资金结存（纳入单位部门预算管理的资金流入、流出、调整和滚存等情况的经济业务事项）
1002	银行存款	1002	银行存款	1002	银行存款		
1011	零余额账户用款额度	1011	零余额账户用款额度	1011	零余额账户用款额度		
				1021	其他货币资金		
1021	财政应返还额度	1201	财政应返还额度	1201	财政应返还额度		
		1101	短期投资	1101	短期投资	7601	投资支出（取得投资支付的费用以及收到购买时已到付息期但尚领取的利息）

(续表)

旧制度会计科目				新制度会计科目			
行政单位		事业单位		财务会计		预算会计	
科目编码	科目名称	科目编码	科目名称	科目编码	科目名称	科目编码	对应的科目名称
		1211	应收票据	1211	应收票据	6401	经营预算收入（持未到期的商业汇票向银行贴现、收回商业汇票）
1212	应收账款	1212	应收账款	1212	应收账款	6101/6401/6609/8202	事业预算收入/经营预算收入/其他预算收入（应收账款收回后不需上缴财政）/非财政拨款结余（事业单位收回已核销不需上缴财政的应收账款）
1213	预付账款	1213	预付账款	1214	预付账款	7101/7201/8101/8102	行政支出/事业支出（发生预付账款）/财政拨款结余/财政拨款结转（收回以前年度预付账款）
				1215	应收股利	7601/6602	投资支出（投资款中包含的已宣告但尚未发放的现金股利或利润）/投资预算收益（持有投资期间收到股利或利润）
				1216	应收利息	7601/6602	投资支出（投资款中包含的已到期但尚未领取的利息）/投资预算收益（持有投资期间收到利息）
1215	其他应收款	1215	其他应收款	1218	其他应收款	7101/7201/6201/6301/6609	行政支出/事业支出（实际报销）/上级补助预算收入/附属单位上缴预算收入/其他预算收入（收到其他应收款项、收回已核销的其他应收款）
				1219	坏账准备	8202	非财政拨款结余等（后期收回已核销不需上缴财政的应收款项）
1301	存货	1301	存货				
				1301	在途物品	7101/7201/7301	行政支出/事业支出/经营支出（购入材料等物资，结算凭证收到货还未到，款已付或已开出商业汇票）

(续表)

旧制度会计科目				新制度会计科目			
行政单位		事业单位		财务会计		预算会计	
科目编码	科目名称	科目编码	科目名称	科目编码	科目名称	科目编码	对应的科目名称
				1302	库存物品	7101/7201/7301/7901	行政支出/事业支出/经营支出（购入的库存物品已验收入库）/其他支出（在置换、接受捐赠、无偿调入、对外捐赠、无偿调出库存物品时实际支付或收到补价和其他相关支出）
				1303	加工物品	7101/7201/7301	行政支出/事业支出/经营支出（自制物品发生的直接与间接费用、委托加工物品支付的费用）
				1401	待摊费用	7101/7201/7301	行政支出/事业支出/经营支出（发生摊销费用）
		1401	长期投资	1501	长期股权投资	7601/8501/7901/6602	投资支出/其他结余（发生投资实际支付的价款及处置以现金取得的长期股权投资）/其他支出（支付相关的税费）/投资预算收益（收到被投资单位发放的现金股利、处置投资发生的相关收入及费用）
				1502	长期债券投资	7601/8501/7901/6602	投资支出/其他结余（发生投资实际支付的价款及到期收回和出售的成本）投资预算收益（收到被投资/单位发放的现金股利、处置投资发生的相关收入及费用）
1501	固定资产	1501	固定资产	1601	固定资产	7101/7201/7301/7901	行政支出/事业支出/经营支出（购置、融资租入资产时的实际支付的金额）/其他支出（接受捐赠、无偿调入、处置、对外捐出支付的相关税费、运输费等相关费用）
1502	累计折旧	1502	累计折旧	1602	固定资产累计折旧	7901	其他支出（处置、对外捐出支付的相关税费、运输费等相关费用）

（续表）

旧制度会计科目				新制度会计科目			
行政单位		事业单位		财务会计		预算会计	
科目编码	科目名称	科目编码	科目名称	科目编码	科目名称	科目编码	对应的科目名称
				1611	工程物资	7101/7201/7301	行政支出/事业支出/经营支出（取得时实际支付款项）
1511	在建工程	1511	在建工程	1613	在建工程	7101/7201/6609	行政支出/事业支出（按照进度结算工程款、自行施工小型建筑安装工程、购入设备支付的款项、发生构成待摊投资的各类费用、发生的其他投资以及发生的各类待核销基建支出）/其他预算收入（建设过程中试生产、设备调试产生的收入）
				1615	代建项目	—	发生代建项目时，建设单位不使用"代建项目"科目；代建单位发生代建项目时，收到代建工程款、按工程进度结算工程款或确认工程成本、项目完工交付使用、涉及补付资金时时预算会计不做处理，在确认代建费收入时，预算会计借记"资金结存"科目，贷记"××预算收入"科目
1601	无形资产	1601	无形资产	1701	无形资产	7101/7201/7301/7901/6609	行政支出/事业支出/经营支出（外购、委托、自行研究尚未进行开发阶段而取得无形资产所发生的费用）/其他支出（接受捐赠、无偿调入、对外捐赠、无偿调出等所发生的相关费用）/其他预算收入（出售转让无形资产取得的收入）
1602	累计摊销	1602	累计摊销	1702	无形资产累计摊销	—	
				1703	研发支出	7201/7301	事业支出/经营支出（自行研究项目阶段实际支付款项）

（续表）

旧制度会计科目				新制度会计科目			
行政单位		事业单位		财务会计		预算会计	
科目编码	科目名称	科目编码	科目名称	科目编码	科目名称	科目编码	对应的科目名称
1802	公共基础设施			1801	公共基础设施	7901	其他支出（外购实际付款，接受捐赠、无偿调入时支付的归属于接受方所承担的相关费用）
				1802	公共基础设施累计折旧（摊销）	—	
1801	政府储备物资			1811	政府储备物资	7101/7201/7901/6609	行政支出/事业支出（购入时的实际支付款项）/其他支出（接受捐赠、无偿调入时支付的归属于接受方所承担的相关费用）/其他预算收入（按照规定物资销售收入纳入本单位预算的）
				1821	文物资源	7101/7201/7901	行政支出/事业支出（征集购买）/其他支出（调出被依法拆除或发生毁损、丢失）
				1831	保障性住房	7101/7201/7901	行政支出/事业支出（外购的实际支付款项）/其他支出（无偿调入时支付的相关税费）
				1832	保障性住房累计折旧	—	
1901	受托代理资产			1891	受托代理资产	—	
				1901	长期待摊费用	7101/7201	行政支出/事业支出（发生长期待摊费用）
1701	待处理财产损溢	1701	待处置资产损溢	1902	待处理财产损溢	7901	其他支出（处理收支结清，处理收入小于相关费用的）

注：实行预算管理一体化的单位不再使用"零余额账户用款额度"科目。

第二节 货币资金类

一、库存现金

（一）"库存现金"科目核算的内容

库存现金是指行政事业单位存放在其财务部门的可以随时支取的现金。它主要用于行政事业单位的日常零星开支。

为核算库存现金，行政事业单位应设置"库存现金"科目。"库存现金"科目期末借方余额反映行政事业单位实际持有的库存现金。单位有外币现金的，应当分别按人民币、外币种类设置"库存现金日记账"进行明细核算。同时，"库存现金"科目应当设置"受托代理资产"明细科目，核算单位受托代理、代管的现金。

（二）"库存现金"科目平行记账账务处理

1. 现金的提现和存现

具体账务处理如表2-5所示。

表2-5　库存现金平行记账账务处理Ⅰ

情形	财务会计		预算会计	
	行政单位	事业单位	行政单位	事业单位
提现	借：库存现金 　贷：银行存款		—	
存现	借：银行存款 　贷：库存现金		—	

2. 因内部职工出差借出或报销现金

具体账务处理如表2-6所示。

表 2-6　库存现金平行记账账务处理 Ⅱ

情形	财务会计		预算会计	
	行政单位	事业单位	行政单位	事业单位
职工出差等借出现金	借：其他应收款 　　贷：库存现金		—	—
出差人员报销差旅费	借：业务活动费用［实际报销金额］ 　　库存现金［实际报销金额小于借款金额的差额］ 　　贷：其他应收款 或： 借：业务活动费用［实际报销金额］ 　　贷：其他应收款 　　　库存现金［实际报销金额大于借款金额的差额］	借：业务活动费用/单位管理费用［实际报销金额］ 　　库存现金［实际报销金额小于借款金额的差额］ 　　贷：其他应收款 或： 借：业务活动费用［实际报销金额］ 　　贷：其他应收款 　　　库存现金［实际报销金额大于借款金额的差额］	借：行政支出［实际报销金额］ 　　贷：资金结存——货币资金	借：事业支出［实际报销金额］ 　　贷：资金结存——货币资金

3. 因开展业务等事项收到或者支付现金以及对外捐赠现金

具体账务处理如表 2-7 所示。

表 2-7　库存现金平行记账账务处理 Ⅲ

情形	财务会计		预算会计	
	行政单位	事业单位	行政单位	事业单位
因开展业务等其他事项收到现金	—	借：库存现金 　　贷：事业收入/应收账款等	—	借：资金结存——货币资金 　　贷：事业预算收入等
因购买服务、商品或其他事项支出现金	借：业务活动费用/其他费用/应付账款等 　　贷：库存现金	借：业务活动费用/单位管理费用/其他费用/应付账款等 　　贷：库存现金	借：行政支出/其他支出等 　　贷：资金结存——货币资金	借：事业支出/其他支出等 　　贷：资金结存——货币资金
对外捐赠现金资产	借：其他费用 　　贷：库存现金		借：其他支出 　　贷：资金结存——货币资金	

4. 受托代理、代管现金

具体账务处理如表 2-8 所示。

表 2-8　库存现金平行记账账务处理 Ⅳ

情形	财务会计		预算会计	
	行政单位	事业单位	行政单位	事业单位
收到现金	借：库存现金——受托代理资产 　　贷：受托代理负债		—	
支付现金	借：受托代理负债 　　贷：库存现金——受托代理资产		—	

5. 现金溢余

具体账务处理如表 2-9 所示。

表 2-9　库存现金平行记账账务处理 Ⅴ

情形	财务会计		预算会计	
	行政单位	事业单位	行政单位	事业单位
按照溢余金额转入待处理财产损溢	借：库存现金 　　贷：待处理财产损溢		借：资金结存——货币资金 　　贷：其他预算收入	
属于应支付给有关人员或单位的部分	借：待处理财产损溢 　　贷：其他应付款 借：其他应付款 　　贷：库存现金		借：其他预算收入 　　贷：资金结存——货币资金	
属于无法查明原因的部分，报经批准后	借：待处理财产损溢 　　贷：其他收入		—	

6. 现金短缺

具体账务处理如表 2-10 所示。

表 2-10　库存现金平行记账账务处理 Ⅵ

情形	财务会计		预算会计	
	行政单位	事业单位	行政单位	事业单位
按照短缺金额转入待处理财产损溢	借：待处理财产损溢 　　贷：库存现金		借：其他支出 　　贷：资金结存——货币资金	
属于应由责任人赔偿的部分	借：其他应收款 　　贷：待处理财产损溢 借：库存现金 　　贷：其他应收款		借：资金结存——货币资金 　　贷：其他支出	

(续表)

情形	财务会计		预算会计	
	行政单位	事业单位	行政单位	事业单位
属于无法查明原因的部分，报经批准后	借：资产处置费用 　　贷：待处理财产损溢		—	

7. 收取差旅伙食费和市内交通费

（1）单位不承担支出责任的具体账务处理如表2-11所示。

表2-11　库存现金平行记账账务处理Ⅶ

情形	财务会计		预算会计	
	行政单位	事业单位	行政单位	事业单位
应当按照收到的款项金额	借：库存现金 　　贷：其他应付款/其他应收款［前期已垫付资金的］		—	
向其他会计主体转付款时	借：其他应付款 　　贷：库存现金		—	

（2）单位承担支出责任的具体账务处理如表2-12所示。

表2-12　库存现金平行记账账务处理Ⅷ

情形	财务会计		预算会计	
	行政单位	事业单位	行政单位	事业单位
应当按照收到的款项金额	借：库存现金 　　贷：业务活动费用	借：库存现金 　　贷：业务活动费用/单位活动费用	借：资金结存 　　贷：行政支出	借：资金结存 　　贷：事业支出

（三）行政单位平行记账业务举例

【例2-1】　某行政单位6月8日收到出差人员交到财务部门差旅伙食费和市内交通费100元，并出具了相关票据的。平行记账账务处理如下：

（1）本单位不承担支出责任。

A. 财务会计账务处理如下：

收到款项金额时：

第二章 资产类业务（1）

借：库存现金 100
　　贷：其他应付款 100
向其他会计主体转付款时：
借：其他应付款 100
　　贷：库存现金 100
B.预算会计不涉及账务处理。
（2）本单位承担支出责任。
A.财务会计账务处理如下：
收到款项金额时：
借：库存现金 100
　　贷：业务活动费用 100
B.预算会计账务处理如下：
借：资金结存 100
　　贷：行政支出 100

【例2-2】　某行政单位3月1日从银行基本户提取现金6 000元。3月6日，存入自有账户2 300元。平行记账账务处理如下：
（1）财务会计账务处理如下：
A.3月1日提取现金：
借：库存现金 6 000
　　贷：银行存款 6 000
B.3月6日存入现金：
借：银行存款 2 300
　　贷：库存现金 2 300
（2）预算会计不涉及账务处理。

【例2-3】　某行政单位职工王某出差，借用现金500元。平行记账账务处理如下：
（1）财务会计账务处理如下：
借：其他应收款——王某 500
　　贷：库存现金 500
（2）预算会计不涉及账务处理。

【例2-4】　承［例2-3］，职工王某出差回来报销差旅费，实际支出450元，退回现金50元。平行记账账务处理如下：
（1）财务会计账务处理如下：
借：业务活动费用 450
　　库存现金 50
　　贷：其他应收款——王某 500

037

（2）预算会计账务处理如下：
借：行政支出 450
　　贷：资金结存——货币资金 450

【例2-5】 某事业单位收到职工交来的转赠地震灾区的捐款30 000元（现金）。平行记账账务处理如下：

（1）财务会计账务处理如下：
借：库存现金——受托代理资产 30 000
　　贷：受托代理负债 30 000

（2）预算会计不涉及账务处理。

【例2-6】 某行政单位年末盘点现金，发现短缺100元。平行记账账务处理如下：

（1）财务会计账务处理如下：
借：待处理财产损溢 100
　　贷：库存现金 100

（2）预算会计账务处理如下：
借：其他支出 100
　　贷：资金结存——货币资金 100

【例2-7】 承〔例2-6〕，如经查明，现金短缺是由出纳人员工作失误造成的，由其赔偿。平行记账账务处理如下：

（1）财务会计账务处理如下：
借：其他应收款 100
　　贷：待处理财产损溢 100
借：库存现金 100
　　贷：其他应收款 100

（2）预算会计账务处理如下：
借：资金结存——货币资金 100
　　贷：其他支出 100

（四）事业单位平行记账业务举例

【例2-8】 某事业单位3月份提供技术服务取得收入1 000元，增值税税率为6%，计56.60元。在本月因开展爱心捐赠活动，单位捐赠现金500元。购买办公用品花费400元。平行记账账务处理如下：

（1）财务会计账务处理如下：

A. 提供技术服务取得收入：
借：库存现金 1 000.00
　　贷：事业收入 943.40
　　　　应交增值税——应交税金（销项税额） 56.60
B. 捐赠现金：
借：其他费用 500
　　贷：库存现金 500
C. 购买办公用品：
借：单位管理费用 400
　　贷：库存现金 400
（2）预算会计账务处理如下：
A. 提供技术服务取得收入：
借：资金结存——库存现金 1 000
　　贷：事业预算收入 1 000
B. 捐赠现金：
借：其他支出 500
　　贷：资金结存——货币资金 500
C. 购买办公用品：
借：事业支出 400
　　贷：资金结存——货币资金 400

【例2-9】　某事业单位将职工为地震灾区的捐款30 000元汇往灾区。平行记账账务处理如下：
（1）财务会计账务处理如下：
借：受托代理负债 30 000
　　贷：库存现金——受托代理资产 30 000
（2）预算会计不涉及账务处理。

【例2-10】　某事业单位某月末盘点现金，发现现金溢余200元。平行记账账务处理如下：
（1）财务会计账务处理如下：
借：库存现金 200
　　贷：待处理财产损溢 200
（2）预算会计账务处理如下：
借：资金结存——货币资金 200
　　贷：其他预算收入 200

【例2-11】　承［例2-10］，现金溢出款经查明属于职工王某的报销尾款，并支付给本人，则：

（1）财务会计账务处理如下：

A. 将损溢调整为应付款：

借：待处理财产损溢　　　　　　　　　　　　200
　　贷：其他应付款　　　　　　　　　　　　　　　200

B. 支付个人报销尾款：

借：其他应付款　　　　　　　　　　　　　　200
　　贷：库存现金　　　　　　　　　　　　　　　　200

（2）预算会计账务处理如下：

借：其他预算收入　　　　　　　　　　　　　200
　　贷：资金结存——货币资金　　　　　　　　　　200

二、银行存款

（一）"银行存款"科目核算的内容

银行存款是行政事业单位存入银行或者其他金融机构的各种存款。

为核算存入银行或其他金融机构的各种存款，行政事业单位应设置"银行存款"科目。"银行存款"科目期末借方余额反映单位实际存放在银行或其他金融机构的款项。同时，"银行存款"科目应当设置"受托代理资产"明细科目，核算单位受托代理、代管的银行存款。

（二）"银行存款"科目平行记账账务处理

1. 将款项存入银行或其他金融机构

具体账务处理如表2-13所示。

表2-13　银行存款平行记账账务处理 I

情形	财务会计		预算会计	
	行政单位	事业单位	行政单位	事业单位
存入银行	借：银行存款 　　贷：库存现金/其他收入等	借：银行存款 　　贷：库存现金/事业收入/其他收入等	借：资金结存——货币资金 　　贷：其他预算收入等	借：资金结存——货币资金 　　贷：事业预算收入/其他预算收入等

2. 提现

具体账务处理如表2-14所示。

表 2-14　银行存款平行记账账务处理 Ⅱ

情形	财务会计		预算会计	
	行政单位	事业单位	行政单位	事业单位
提现	借：库存现金 　　贷：银行存款		—	

3. 支付款项

具体账务处理如表 2-15 所示。

表 2-15　银行存款平行记账账务处理 Ⅲ

情形	财务会计		预算会计	
	行政单位	事业单位	行政单位	事业单位
支付	借：业务活动费用/其他费用等 　　贷：银行存款	借：业务活动费用/单位管理费用/其他费用等 　　贷：银行存款	借：行政支出/其他支出等 　　贷：资金结存——货币资金	借：事业支出/其他支出等 　　贷：资金结存——货币资金

4. 银行存款账户收到及支付款项

具体账务处理如表 2-16 所示。

表 2-16　银行存款平行记账账务处理 Ⅳ

情形	财务会计		预算会计	
	行政单位	事业单位	行政单位	事业单位
收到银行存款利息	借：银行存款 　　贷：利息收入		借：资金结存——货币资金 　　贷：其他预算收入	
支付银行手续费等	借：业务活动费用等 　　贷：银行存款	借：业务活动费用/单位管理费用等 　　贷：银行存款	借：行政支出等 　　贷：资金结存——货币资金	借：事业支出等 　　贷：资金结存——货币资金

5. 受托代理、代管银行存款

具体账务处理如表 2-17 所示。

表 2-17　银行存款平行记账账务处理 Ⅴ

情形	财务会计		预算会计	
	行政单位	事业单位	行政单位	事业单位
收到	借：银行存款——受托代理资产 　　贷：受托代理负债		—	

(续表)

情形	财务会计		预算会计	
	行政单位	事业单位	行政单位	事业单位
支付	借：受托代理负债 　　贷：银行存款——受托代理资产		—	

6. 外币业务

具体账务处理如表2-18所示。

表2-18　银行存款平行记账账务处理Ⅵ

情形	财务会计		预算会计	
	行政单位	事业单位	行政单位	事业单位
以外币购买物资、劳务等	借：在途物品/库存物品等 　　贷：银行存款[外币账户]/应付账款等[外币账户]		借：行政支出等 　　贷：资金结存——货币资金	借：事业支出等 　　贷：资金结存——货币资金
以外币收取相关款项等	借：银行存款[外币账户]/应收账款等[外币账户] 　　贷：其他收入等	借：银行存款[外币账户]/应收账款等[外币账户] 　　贷：事业收入等	借：资金结存——货币资金 　　贷：其他预算收入	借：资金结存——货币资金 　　贷：事业预算收入
期末，根据各外币账户按照期末的即期汇率调整后的人民币余额与原账面人民币余额的差额，作为汇兑损益	借：业务活动费用等[汇兑损失] 　　贷：银行存款/应收账款/应付账款等	借：业务活动费用/单位管理费用等[汇兑损失] 　　贷：银行存款/应收账款/应付账款等	借：资金结存——货币资金 　　贷：行政支出等[汇兑收益] 借：行政支出等[汇兑损失] 　　贷：资金结存——货币资金	借：资金结存——货币资金 　　贷：事业支出等[汇兑收益] 借：事业支出等[汇兑损失] 　　贷：资金结存——货币资金

（三）行政单位平行记账业务举例

【例2-12】　某行政单位开出转账支票支付购买办公用品款5 000元。平行记账账务处理如下：

（1）财务会计账务处理如下：

借：业务活动费用　　　　　　　　　　　　　　　　　　　　　　　　5 000
　　贷：银行存款　　　　　　　　　　　　　　　　　　　　　　　　5 000

（2）预算会计账务处理如下：

借：行政支出　　　　　　　　　　　　　　　　　　　　　　　　　　5 000
　　贷：资金结存——货币资金　　　　　　　　　　　　　　　　　　5 000

【例2-13】 某行政单位4月3日收到基本户银行一季度结息的单据156元，并于4月15日支付账户管理费300元。平行记账账务处理如下：

（1）财务会计账务处理如下：

A.4月3日收到利息：

借：银行存款 156
　　贷：利息收入 156

B.4月15日支付账户管理费：

借：业务活动费用 300
　　贷：银行存款 300

（2）预算会计账务处理如下：

A.4月3日收到利息：

借：资金结存——货币资金 156
　　贷：其他预算收入 156

B.4月15日支付账户管理费：

借：行政支出 300
　　贷：资金结存——货币资金 300

【例2-14】 某行政单位银行存款基本户收到A单位转赠贫困地区灾区的捐款50 000元。平行记账账务处理如下：

（1）财务会计账务处理如下：

借：银行存款——受托代理资产 50 000
　　贷：受托代理负债 50 000

（2）预算会计不涉及账务处理。

【例2-15】 承[例2-14]，该行政单位将A单位转赠贫困地区的捐款50 000元通过银行汇往贫困地区。平行记账账务处理如下：

（1）财务会计账务处理如下：

借：受托代理负债 50 000
　　贷：银行存款——受托代理资产 50 000

（2）预算会计不涉及账务处理。

（四）事业单位平行记账业务举例

【例2-16】 某事业单位3月份因提供技术服务，银行账户收到30 000元。平行记账账务处理如下：

（1）财务会计账务处理如下：

借：银行存款　　　　　　　　　　　　　　　　　　　　　　　30 000
　　贷：事业收入　　　　　　　　　　　　　　　　　　　　　　30 000
（2）预算会计账务处理如下：
借：资金结存——货币资金　　　　　　　　　　　　　　　　　30 000
　　贷：事业预算收入　　　　　　　　　　　　　　　　　　　30 000

【例 2-17】 某事业单位购买实验用原材料，银行基本户支付 50 000 美元。当日美元对人民币的汇率为：1 美元 = 6.398 08 元人民币。平行记账账务处理如下：

（1）财务会计账务处理如下：
借：库存物品　　　　　　　　　　　　　　　　　　　　　　319 904
　　贷：银行存款——美元户（50 000×6.398 08）　　　　　319 904
（2）预算会计账务处理如下：
借：事业支出　　　　　　　　　　　　　　　　　　　　　　319 904
　　贷：资金结存——货币资金　　　　　　　　　　　　　　319 904

【例 2-18】 承[例 2-17]，月末，该事业单位的"银行存款——美元户"账面余额为 20 000 美元，合人民币 130 566.20 元。月末美元对人民币的汇率为：1 美元 = 6.513 81 元人民币。平行记账账务处理如下：

汇兑损益 = 20 000×6.513 81 − 130 566.20 = −290（元）

（1）财务会计账务处理如下：
借：业务活动费用　　　　　　　　　　　　　　　　　　　　　　290
　　贷：银行存款——美元户　　　　　　　　　　　　　　　　　290
（2）预算会计账务处理如下：
借：事业支出　　　　　　　　　　　　　　　　　　　　　　　　290
　　贷：资金结存——货币资金　　　　　　　　　　　　　　　　290

三、零余额账户用款额度

（一）"零余额账户用款额度"科目核算的内容

（1）零余额账户用款额度核算实行国库集中支付的单位根据财政部门批复的用款计划收到和支用的零余额账户用款额度，具有与银行存款相同的支付结算功能。零余额账户用款额度由财政部门按政府收支分类科目中的类、款、项，分基本支出和项目支出分别下达，类、款、项及基本支出和项目支出之间的用款额度不得调剂使用。

零余额账户用款额度在年度内可累加使用。该账户的代理银行在用款额度累计余额内，根据行政事业单位支付指令，办理资金支付业务，并在规定时间内与国库单一账户清算。

第二章 资产类业务（1）

为了核算实行国库集中支付的行政事业单位根据财政部门批复的用款计划收到和支用的零余额账户用款额度情况，各单位应设置"零余额账户用款额度"科目。"零余额账户用款额度"科目期末借方余额反映单位尚未支用的零余额账户用款额度。年末注销单位零余额账户用款额度后，"零余额账户用款额度"科目应无余额。

（2）单位在某些特定情况下按规定从本单位零余额账户向本单位实有资金账户划转资金用于后续相关支出的，可在"银行存款"或"资金结存——货币资金"科目下设置"财政拨款资金"明细科目，或采用辅助核算等形式，核算反映按规定从本单位零余额账户转入实有资金账户的资金金额。

（3）实行预算管理一体化的中央预算单位在会计核算时不再使用"零余额账户用款额度"科目。

（二）"零余额账户用款额度"科目平行记账账务处理

1. 未实行预算管理一体化的单位

1）收到额度

此类业务的会计处理为行政与事业单位共用，具体账务处理如表 2-19 所示。

表 2-19　零余额账户用款额度平行记账账务处理 I

情形	财务会计	预算会计
收到《财政授权支付到账通知书》	借：零余额账户用款额度 　　贷：财政拨款收入	借：资金结存——零余额账户用款额度 　　贷：财政拨款预算收入

2）按规定支出额度

具体账务处理如表 2-20 所示。

表 2-20　零余额账户用款额度平行记账账务处理 II

情形	财务会计		预算会计	
	行政单位	事业单位	行政单位	事业单位
支付日常活动费用	借：业务活动费用 　　贷：零余额账户用款额度	借：业务活动费用/单位管理费等 　　贷：零余额账户用款额度	借：行政支出 　　贷：资金结存——零余额账户用款额度	借：事业支出 　　贷：资金结存——零余额账户用款额度
购买库存物品或购建固定资产等	借：库存物品/固定资产/在建工程等 　　贷：零余额账户用款额度	借：库存物品/固定资产/在建工程等 　　贷：零余额账户用款额度	借：行政支出等 　　贷：资金结存——零余额账户用款额度	借：事业支出等 　　贷：资金结存——零余额账户用款额度

045

3）提现

具体账务处理如表 2-21 所示。

表 2-21　零余额账户用款额度平行记账账务处理 III

情形	财务会计		预算会计	
	行政单位	事业单位	行政单位	事业单位
从零余额账户提取现金	借：库存现金 　贷：零余额账户用款额度		借：资金结存——货币资金 　贷：资金结存——零余额账户用款额度	
将现金退回单位零余额账户	借：零余额账户用款额度 　贷：库存现金		借：资金结存——零余额账户用款额 　贷：资金结存——货币资金	

4）因购货退回等发生国库授权支付额度退回

具体账务处理如表 2-22 所示。

表 2-22　零余额账户用款额度平行记账账务处理 IV

情形	财务会计		预算会计	
	行政单位	事业单位	行政单位	事业单位
本年度授权支付的款项	借：零余额账户用款额度 　贷：库存物品等		借：资金结存——零余额账户用款额度 　贷：行政支出等	借：资金结存——零余额账户用款额度 　贷：事业支出等
以前年度授权支付的款项	借：零余额账户用款额度 　贷：库存物品/以前年度盈余调整等		借：资金结存——零余额账户用款额 　贷：财政拨款结转——年初余额调整/ 　　　财政拨款结余——年初余额调整	

5）年末注销额度

具体账务处理如表 2-23 所示。

表 2-23　零余额账户用款额度平行记账账务处理 V

情形	财务会计		预算会计	
	行政单位	事业单位	行政单位	事业单位
根据代理银行提供的对账单注销财政授权支付额度	借：财政应返还额度——财政授权支付 　贷：零余额账户用款额度		借：资金结存——财政应返还额度 　贷：资金结存——零余额账户用款额度	
本年度财政授权根据代理银行提供的对账单注销财政授权支付额度	借：财政应返还额度——财政授权支付 　贷：财政拨款收入		借：资金结存——财政应返还额度 　贷：财政拨款预算收入	

6）下年初恢复额度

具体账务处理如表 2-24 所示。

表 2-24　零余额账户用款额度平行记账账务处理 Ⅵ

情形	财务会计		预算会计	
	行政单位	事业单位	行政单位	事业单位
根据代理银行提供的额度恢复到账通知书恢复财政授权支付额度	借：零余额账户用款额度 　　贷：财政应返还额度——财政授权支付		借：资金结存——零余额账户用款额 　　贷：资金结存——财政应返还额度	
收到财政部门批复的上年年末未下达零余额账户用款额度	借：零余额账户用款额度 　　贷：财政应返还额度——财政授权支付		借：资金结存——零余额账户用款额 　　贷：资金结存——财政应返还额度	

2. 实行预算管理一体化的单位

具体账务处理如表 2-25 所示。

表 2-25　零余额账户用款额度平行记账账务处理 Ⅶ

情形	财务会计		预算会计	
	行政单位	事业单位	行政单位	事业单位
按照从本单位零余额账户向实有资金账户划转资金金额	借：银行存款——财政拨款资金 　　贷：财政拨款收入/财政应返还额度		借：资金结存——货币资金——财政拨款资金 　　贷：财政拨款预算收入/资金结存——财政应返还额度	
将本单位实有资金账户中从零余额账户划转的资金用于相关支出时，按照实际支付的金额	借：应付职工薪酬/其他应交税费等 　　贷：银行存款——财政拨款资金		借：行政支出等 　　贷：资金结存——货币资金——财政拨款资金	借：事业支出等 　　贷：资金结存——货币资金——财政拨款资金
已支付的财政资金退回的账务处理（发生当年资金退回时）	借：财政拨款收入/财政应返还额度［支付时使用以前年度预算指标］ 　　贷：业务活动费用/库存物品		借：财政拨款预算收入/资金结存——财政应返还额度［支付时使用以前年度预算指标］ 　　贷：行政支出	借：财政拨款预算收入/资金结存——财政应返还额度［支付时使用以前年度预算指标］ 　　贷：事业支出
已支付的财政资金退回的账务处理（发生项目未结束的跨年资金退回时）	借：财政应返还额度 　　贷：以前年度盈余调整/库存物品		借：资金结存——财政应返还额度 　　贷：财政拨款结转——年初余额调整	
因项目结束或收回结余资金，中央预算单位按照规定通过实有资金账户汇总相关资金统一上缴国库的	借：累计盈余 　　贷：银行存款		借：财政拨款结余——归集上缴 　　贷：资金结存——货币资金	

(续表)

情形	财务会计		预算会计	
	行政单位	事业单位	行政单位	事业单位
中央预算单位根据财政部批准的本年度预算指标数大于当年实际支付数的差额中允许结转使用的金额（财政国库集中支付结余不再按权责发生制列支的地区不执行此年末结转处理）	借：财政应返还额度 　　贷：财政拨款收入		借：资金结存——财政应返还额度 　　贷：财政拨款预算收入	
注销原零余额账户用款额度新旧账务衔接	借：财政拨款收入［本年度预算指标］/财政应返还额度［以前年度预算指标］ 　　贷：零余额账户用款额度		借：财政拨款预算收入［本年度预算指标］/资金结存——财政应返还额度［以前年度预算指标］ 　　贷：资金结存——零余额账户用款额度	

（三）行政单位平行记账业务举例

1. 未实行预算管理一体化的单位

1）财政授权支付额度的下达

【例 2-19】 某行政单位收到《财政授权支付额度到账通知书》，列明本月直接支付额度为 1 500 000 元。平行记账账务处理如下：

（1）财务会计账务处理如下：

借：零余额账户用款额度　　　　　　　　　　　　　　　　　　　1 500 000
　　贷：财政拨款收入　　　　　　　　　　　　　　　　　　　　　　1 500 000

（2）预算会计账务处理如下：

借：资金结存——零余额账户用款额度　　　　　　　　　　　　　1 500 000
　　贷：财政拨款预算收入　　　　　　　　　　　　　　　　　　　　1 500 000

2）按规定支出额度及提现

【例 2-20】 某行政单位从零余额账户中取款购买打印机一台，价款为 13 000 元，打印机直接交付使用。平行记账账务处理如下：

（1）财务会计账务处理如下：

借：固定资产　　　　　　　　　　　　　　　　　　　　　　　　　13 000
　　贷：零余额账户用款额度　　　　　　　　　　　　　　　　　　　　13 000

（2）预算会计账务处理如下：

借：行政支出 13 000
　　贷：资金结存——零余额账户用款额度 13 000

【例2-21】 某行政单位从零余额账户提取现金1 200元，并支付管理部门保洁费用，价款为1 500元，采用转账汇款方式。平行记账账务处理如下：

（1）财务会计账务处理如下：

A. 提现时：

借：库存现金 1 200
　　贷：零余额账户用款额度 1 200

B. 支付时：

借：业务活动费用 1 500
　　贷：零余额账户用款额度 1 500

（2）预算会计账务处理如下：

A. 提现时：

借：资金结存——货币资金 1 200
　　贷：资金结存——零余额账户用款额度 1 200

B. 支付时：

借：行政支出 1 500
　　贷：资金结存——零余额账户用款额度 1 500

【例2-22】 某行政单位购买的实验用原材料因质量问题退回，购买价格为2 400元，已经退回到零余额账户，原支付时属于本年的授权支付额度。平行记账账务处理如下：

（1）财务会计账务处理如下：

借：零余额账户用款额度 2 400
　　贷：库存物品 2 400

（2）预算会计账务处理如下：

借：资金结存——零余额账户用款额度 2 400
　　贷：行政支出 2 400

【例2-23】 某行政单位某项目2023年已结束，结余资金15 000元，该单位按照规定通过实有资金账户汇总上缴国库。平行记账账务处理如下：

（1）财务会计账务处理如下：

借：累计盈余 15 000
　　贷：银行存款 15 000

（2）预算会计账务处理如下：

借：财政拨款结余——归集上缴 15 000
　　贷：资金结存——货币资金 15 000

2. 实行预算管理一体化的单位

【例2-24】 某行政单位2023年12月31日根据财政部批准的本年度预算指标数100 000元大于当年实际支付数95 000元的差额，允许结转下年继续使用。平行记账账务处理如下：

（1）财务会计账务处理如下：
注销财政授权支付额度时：
借：财政应返还额度——财政授权支付 5 000
　　贷：财政拨款收入 5 000
（2）预算会计账务处理如下：
注销财政授权支付额度时：
借：资金结存——财政应返还额度 5 000
　　贷：财政拨款预算收入 5 000

（四）事业单位平行记账业务举例

1. 未实行预算管理一体化的单位

【例2-25】 某事业单位2023年12月31日注销财政授权支付额度18 000元，未下达的用款额度为20 000元。平行记账账务处理如下：
（1）财务会计账务处理如下：
A.注销财政授权支付额度时：
借：财政应返还额度——财政授权支付 18 000
　　贷：零余额账户用款额度 18 000
B.未下达的用款额度：
借：财政应返还额度——财政授权支付 20 000
　　贷：财政拨款收入 20 000
（2）预算会计账务处理如下：
A.注销财政授权支付额度时：
借：资金结存——财政应返还额度 18 000
　　贷：资金结存——零余额账户用款额度 18 000
B.未下达的用款额度：
借：资金结存——财政应返还额度 20 000
　　贷：财政拨款预算收入 20 000

第二章 资产类业务（1）

【例 2-26】 承［例 2-25］，2024 年 1 月 1 日，恢复财政授权支付额度 18 000 元，恢复未下达用款额度 20 000 元。平行记账账务处理如下：

（1）财务会计账务处理如下：

A. 恢复财政授权支付额度时：

借：零余额账户用款额度　　　　　　　　　　　　　　　　　　　18 000
　　贷：财政应返还额度——财政授权支付　　　　　　　　　　　　　　18 000

B. 恢复未下达用款额度时：

借：零余额账户用款额度　　　　　　　　　　　　　　　　　　　20 000
　　贷：财政应返还额度——财政授权支付　　　　　　　　　　　　　　20 000

（2）预算会计账务处理如下：

A. 恢复财政授权支付额度时：

借：资金结存——零余额账户用款额度　　　　　　　　　　　　　18 000
　　贷：资金结存——财政应返还额度　　　　　　　　　　　　　　　　18 000

B. 恢复未下达用款额度时：

借：资金结存——零余额账户用款额度　　　　　　　　　　　　　20 000
　　贷：资金结存——财政应返还额度　　　　　　　　　　　　　　　　20 000

【例 2-27】 某事业单位将每月的职工工资划转到实拨账户 100 000 元，发放同期工资。平行记账账务处理如下：

（1）财务会计账务处理如下：

A. 按照划转的当月职工工资金额时：

借：银行存款——财政拨款资金　　　　　　　　　　　　　　　　100 000
　　贷：零余额账户用款额度　　　　　　　　　　　　　　　　　　　　100 000

B. 发放工资时：

借：应付职工薪酬　　　　　　　　　　　　　　　　　　　　　　100 000
　　贷：银行存款——财政拨款资金　　　　　　　　　　　　　　　　　100 000

（2）预算会计账务处理如下：

A. 按照划转的当月职工工资金额时：

借：资金结存——货币资金——财政拨款资金　　　　　　　　　　100 000
　　贷：资金结存——零余额账户用款额度　　　　　　　　　　　　　　100 000

B. 发放工资时：

借：事业支出　　　　　　　　　　　　　　　　　　　　　　　　100 000
　　贷：资金结存——货币资金——财政拨款资金　　　　　　　　　　　100 000

2. 实行预算管理一体化的单位

【例 2-28】 某事业单位收到已支付的当年财政资金退回资金 8 000 元，单位在支

付时使用以前年度预算指标。平行记账账务处理如下:

(1) 财务会计账务处理如下:

借:财政拨款收入/财政应返还额度　　　　　　　　　　　　8 000
　　贷:业务活动费　　　　　　　　　　　　　　　　　　　　8 000

(2) 预算会计账务处理如下:

借:资金结存——财政应返还额度　　　　　　　　　　　　　8 000
　　贷:事业支出　　　　　　　　　　　　　　　　　　　　　8 000

四、其他货币资金

(一) "其他货币资金"科目核算的内容

其他货币资金是指核算单位的外埠存款、银行本票存款、银行汇票存款、信用卡存款等其他货币资金。

外埠存款是指单位到外地进行临时或零星采购时,汇往采购地银行开立采购专户的款项。单位汇出款项时,须填写汇款委托书;汇入银行对于汇入的采购款项,按汇款单位开设采购专户。采购专户存款只付不收,款项付完后结束账户。

银行本票存款是指单位为取得银行本票,按规定存入银行的款项。单位向银行提交"银行本票申请书"并将款项交存银行,取得银行本票。

银行汇票存款是指单位为取得银行汇票,按规定存入银行的款项。单位向银行提交"银行汇票委托书"并将款项交存银行,取得银行汇票。

信用卡存款是指单位为取得信用卡而存入银行信用卡专户的款项。单位申领信用卡,应按规定填制申请表,并按银行要求缴存备用金。银行开立信用卡存款账户,单位取得信用卡。

为了核算单位的外埠存款、银行本票存款、银行汇票存款、信用卡存款等其他货币资金,单位应设置"其他货币资金"科目。"其他货币资金"科目期末借方余额反映单位实际持有的其他货币资金。同时,"其他货币资金"科目应当设置"外埠存款""银行本票存款""银行汇票存款""信用卡存款"等明细科目,进行明细核算。

单位应当加强对其他货币资金的管理,及时办理结算,对于逾期尚未办理结算的银行汇票、银行本票等,应当按照规定及时转回,并按照规定进行相应账务处理。

(二) "其他货币资金"科目平行记账账务处理

1. 取得其他货币资金

具体账务处理如表2-26所示。

表 2-26　其他货币资金平行记账账务处理 I

情形	财务会计		预算会计	
	行政单位	事业单位	行政单位	事业单位
取得银行本票、银行汇票、信用卡时	借：其他货币资金——银行本票存款 　　　　　　　——银行汇票存款 　　　　　　　——信用卡存款 　贷：银行存款		—	

2. 发生支付时

具体账务处理如表 2-27 所示。

表 2-27　其他货币资金平行记账账务处理 II

情形	财务会计		预算会计	
	行政单位	事业单位	行政单位	事业单位
用银行本票、银行汇票、信用卡时	借：在途物品/库存物品等 　贷：其他货币资金——银行本票存款 　　　　　　　　——银行汇票存款 　　　　　　　　——信用卡存款		借：行政支出等［实际支付金额］ 　贷：资金结存——货币资金	借：事业支出等［实际支付金额］ 　贷：资金结存——货币资金

3. 余款退回时

具体账务处理如表 2-28 所示。

表 2-28　其他货币资金平行记账账务处理 III

情形	财务会计		预算会计	
	行政单位	事业单位	行政单位	事业单位
银行本票、银行汇票、信用卡的余款退回时	借：银行存款 　贷：其他货币资金——银行本票存款 　　　　　　　　——银行汇票存款 　　　　　　　　——信用卡存款		—	

4. 第三方支付平台账户资金

具体账务处理如表 2-29 所示。

表 2-29 其他货币资金平行记账账务处理 Ⅳ

情形	财务会计		预算会计	
	行政单位	事业单位	行政单位	事业单位
单位通过支付宝、微信等方式取得相关收入的，对于尚未转入银行存款的支付宝、微信收付款等第三方支付平台账户的余额	借：其他货币资金 　　贷：其他收入等 或： 借：业务活动费用 　　贷：其他货币资金	借：其他货币资金 　　贷：其他收入等 或： 借：单位管理费用 　　贷：其他货币资金	借：资金结存——货币资金 　　贷：其他预算收入等 或： 借：行政支出 　　贷：其他货币资金	借：资金结存——货币资金 　　贷：其他预算收入等 或： 借：事业支出 　　贷：其他货币资金

（三）行政单位平行记账业务举例

【例 2-29】 某行政单位信用卡在使用过程中，由于业务需要，需向其账户续存资金 100 000 元。平行记账账务处理如下：

（1）财务会计账务处理如下：

借：其他货币资金——信用卡存款　　　　　　　　　　　　　100 000
　　贷：银行存款　　　　　　　　　　　　　　　　　　　　　100 000

（2）预算会计不涉及账务处理。

（四）事业单位平行记账业务举例

【例 2-30】 某事业单位使用银行本票来购买一批库存物品，款项共计 50 000 元。平行记账账务处理如下：

（1）财务会计账务处理如下：

借：库存物品　　　　　　　　　　　　　　　　　　　　　　50 000
　　贷：其他货币资金——银行本票存款　　　　　　　　　　　50 000

（2）预算会计账务处理如下：

借：事业支出　　　　　　　　　　　　　　　　　　　　　　50 000
　　贷：资金结存——货币资金　　　　　　　　　　　　　　　50 000

【例 2-31】 承［例 2-30］，该事业单位购买的库存物品因销售折扣，退回 2 500 元。平行记账账务处理如下：

（1）财务会计账务处理如下：

借：银行存款　　　　　　　　　　　　　　　　　　　　　　2 500
　　贷：其他货币资金——银行本票存款　　　　　　　　　　　2 500

（2）预算会计不涉及账务处理。

第三节 应收账款类

一、财政应返还额度

(一)"财政应返还额度"科目核算的内容

财政应返还额度核算实行国库集中支付的单位应收财政返还的资金额度。实行国库集中支付的行政事业单位,在年度支出预算被批准后,其年度的财政直接支付和财政授权支付的预算指标被确定下来。预算年度内单位对这些财政资金预算指标的使用,全部实行用款计划管理,以财政直接支付和财政授权支付两种方式实现支付。在财政直接支付方式下,财政应返还额度(年末未使用资金额度)是指当年财政直接支付预算指标数与财政直接支付实际支出数的差额;在财政授权支付方式下,财政应返还额度(年末尚未使用资金额度)包括未下达授权支付额度和未使用授权支付额度两个部分,其中,未下达授权支付额度是当年财政授权支付预算指标数与零余额账户用款额度下达数的差额,未使用授权支付额度是当年零余额账户用款额度下达数与零余额账户用款额度支用数的差额。年度终了时,对于上述的国库集中支付尚未使用资金额度和尚未下达授权支付额度,各单位应先返还财政部门,下年度初再由财政部门予以恢复或下达。

为了核算实行国库集中支付的单位应收财政返还的资金额度,单位应设置"财政应返还额度"科目。"财政应返还额度"科目期末借方余额反映单位应收财政返还的资金额度。同时,"财政应返还额度"科目应当设置"财政直接支付""财政授权支付"两个明细科目进行明细核算。实行预算管理一体化的中央预算单位在"财政应返还额度"科目会计核算时不再设置"财政直接支付""财政授权支付"明细科目。

(二)"财政应返还额度"科目平行记账账务处理

1. 未实行预算管理一体化的单位
1)财政直接支付方式
具体账务处理如表2-30所示。

表 2-30 财政应返还额度平行记账账务处理 I

情形	财务会计		预算会计	
	行政单位	事业单位	行政单位	事业单位
年末本年度预算指标数与当年实际支付数的差额	借：财政应返还额度——财政直接支付 贷：财政拨款收入		借：资金结存——财政应返还额度 贷：财政拨款预算收入	
下年度使用以前年度财政直接支付额度支付款项时	借：业务活动费用/库存物品等 贷：财政应返还额度——财政直接支付	借：业务活动费用/单位管理费用/库存物品等 贷：财政应返还额度——财政直接支付	借：行政支出等 贷：资金结存——财政应返还额度	借：事业支出等 贷：资金结存——财政应返还额度

注：实行预算管理一体化的单位不再设置"财政直接支付"明细科目。

2）财政授权支付方式

具体账务处理如表 2-31 所示。

表 2-31 财政应返还额度平行记账账务处理 II

情形	财务会计		预算会计	
	行政单位	事业单位	行政单位	事业单位
年末本年度预算指标数大于额度下达数的，根据未下达的用款额度	借：财政应返还额度——财政授权支付 贷：财政拨款收入		借：资金结存——财政应返还额度 贷：财政拨款预算收入	
年末根据代理银行提供的对账单作注销额度处理	借：财政应返还额度——财政授权支付 贷：零余额账户用款额度		借：资金结存——财政应返还额度 贷：资金结存——零余额账户用款额度	
下年初额度恢复和下年初收到财政部门批复的上年年末未下达零余额账户用款额	借：零余额账户用款额度 贷：财政应返还额度——财政授权支付		借：资金结存——零余额账户用款额度 贷：资金结存——财政应返还额度	

注：实行预算管理一体化的预算单位不再设置"零余额账户用款额度"科目和"财政授权支付"明细科目。

2. 实行预算管理一体化的单位

具体账务处理如表 2-32 所示。

表 2-32 财政应返还额度平行记账账务处理 Ⅲ

情形	财务会计		预算会计	
	行政单位	事业单位	行政单位	事业单位
年末本年度预算指标数大于额度下达数的,根据未下达的用款额度	借：财政应返还额度 　贷：财政拨款收入	借：财政应返还额度 　贷：财政拨款收入	借：财政应返还额度 　贷：财政拨款预算收入	借：财政应返还额度 　贷：财政拨款预算收入
使用以前年度预算指标,根据收到的国库集中支付凭证及相关原始凭证,按照凭证上的国库集中支付入账金额	借：业务活动费用/库存物品等 　贷：财政应返还额度	借：业务活动费用/单位管理费用/库存物品等 　贷：财政应返还额度	借：行政支出等 　贷：资金结存——财政应返还额度	借：事业支出等 　贷：资金结存——财政应返还额度

（三）行政单位平行记账业务举例

1. 未实行预算管理一体化的单位

【例 2-32】 某行政单位是实行国库集中支付的单位，年度终了时通过对账确认本年度财政直接支付预算指标数为 1 000 000 元，当年财政直接支付实际支出数为 950 000 元。本年度财政直接支付预算指标数与当年财政直接支付实际支出数的差额为 50 000 元。平行记账账务处理如下：

（1）财务会计账务处理如下：

借：财政应返还额度——财政直接支付　　　　　　　　　　　　　50 000
　　贷：财政拨款收入　　　　　　　　　　　　　　　　　　　　　50 000

（2）预算会计账务处理如下：

借：资金结存——财政应返还额度　　　　　　　　　　　　　　　50 000
　　贷：财政拨款预算收入　　　　　　　　　　　　　　　　　　　50 000

【例 2-33】 承［例 2-32］，该行政单位下一年度年初收到代理银行转来的《财政直接支付入账通知书》，使用上年尚未使用的财政直接支付额度 50 000 元购买办公用品。平行记账账务处理如下：

（1）财务会计账务处理如下：

借：业务活动费用　　　　　　　　　　　　　　　　　　　　　　50 000
　　贷：财政应返还额度——财政直接支付　　　　　　　　　　　50 000

（2）预算会计账务处理如下：

借：行政支出 50 000
　　贷：资金结存——财政应返还额度 50 000

2. 实行预算管理一体化的单位

【例2-34】 某行政单位为中央预算单位，于2023年8月应用预算管理一体化系统后，财政资金通过财政中央预算管理一体化系统支付。2024年1月2日，后勤管理部门职工王某住院借款50 000元，经单位领导审批后，使用以前年度预算指标（中央财政以前年度安排的基本支出经费）支付，会计人员通过预算管理一体化系统直接向王某支付借款。平行记账账务处理如下：

（1）财务会计账务处理如下：
借：其他应收款 50 000
　　贷：财政应返还额度 50 000
（2）预算会计账务处理如下：
借：行政支出 50 000
　　贷：资金结存——财政应返还额度 50 000

（四）事业单位平行记账业务举例

1. 未实行预算管理一体化的单位

【例2-35】 2023年年末，某事业单位收到代理银行转来的《财政授权支付注销额度到账通知书》，列示应注销的额度为100 000元。平行记账账务处理如下：

（1）财务会计账务处理如下：
借：财政应返还额度——财政授权支付 100 000
　　贷：零余额账户用款额度 100 000
（2）预算会计账务处理如下：
借：资金结存——财政应返还额度 100 000
　　贷：资金结存——零余额账户用款额度 100 000

【例2-36】 承［例2-35］，该事业单位2024年年初收到代理银行转来的《财政授权支付额度恢复到账通知书》100 000元。平行记账账务处理如下：

（1）财务会计账务处理如下：
借：零余额账户用款额度 100 000
　　贷：财政应返还额度——财政授权支付 100 000
（2）预算会计账务处理如下：
借：资金结存——零余额账户用款额度 100 000
　　贷：资金结存——财政应返还额度 100 000

2.实行预算管理一体化的单位

【例2-37】 中央预算单位2024年实行预算管理一体化管理,1月份使用以前年度预算指标支付后勤管理人员职工工资50 000元。平行记账账务处理如下:

(1)财务会计账务处理如下:

借:单位管理费用　　　　　　　　　　　　　　　　50 000
　　贷:应付职工薪酬　　　　　　　　　　　　　　　　50 000
借:应付职工薪酬　　　　　　　　　　　　　　　　50 000
　　贷:财政应返还额度　　　　　　　　　　　　　　　50 000

(2)预算会计账务处理如下:

借:事业支出　　　　　　　　　　　　　　　　　　50 000
　　贷:资金结存——财政应返还额度　　　　　　　　　50 000

二、应收票据

(一)"应收票据"科目核算的内容

应收票据核算事业单位因开展经营活动销售产品、提供有偿服务等而收到的商业汇票。商业汇票是由出票人签发的、指定付款人在一定日期支付一定金额给收款人或持票人的票据,通常涉及出票人、付款人和收款人三方。

商业汇票按其承兑人不同,分为商业承兑汇票和银行承兑汇票两种。商业承兑汇票是由付款人承兑的汇票。它可以由收款人签发,也可以由付款人签发,但必须由付款人承兑。商业承兑汇票到期时,如付款人账户不足支付,银行则将商业承兑汇票退给收款人,由购销双方自行解决,银行不负责任。银行承兑汇票是由收款人或承兑申请人签发,并由承兑申请人向银行申请,银行审查同意承兑的票据。银行承兑汇票到期时,如购货单位未能将应收票据交存银行,则银行向收款人或贴现银行无条件支付票款。

应收票据按是否计息,分为带息票据和不带息票据。带息票据是指注明利率及付息日期的票据,带息票据可在票据到期时一次付息;不带息票据是指到期只按面额支付,无需支付利息的票据。无论票据是否带息,应收票据都应于收到或开出并承兑时,以其票面金额入账。

为核算事业单位因开展经营活动销售产品、提供有偿服务等而收到的商业汇票,事业单位应设置"应收票据"科目。"应收票据"科目期末借方余额反映事业单位持有的商业汇票票面金额。同时,"应收票据"科目应当按照开出、承兑商业汇票的单位等进行明细核算。

事业单位应当设置"应收票据备查簿",逐笔登记每一应收票据的种类、号数、出票日期、到期日、票面金额、交易合同号和付款人、承兑人、背书人姓名或单位名称、背书转让日、贴现日期、贴现率和贴现净额、收款日期、收回金额和退票情况等。应收票据到期结清票款或退票后，应当在备查簿内逐笔注销。

（二）"应收票据"科目平行记账账务处理

"应收票据"科目仅适用于事业单位，行政单位不涉及此业务。

1. 收到商业汇票

具体账务处理如表 2-33 所示。

表 2-33　应收票据平行记账账务处理 I

情形	财务会计	预算会计
	事业单位	事业单位
销售产品、提供服务等收到商业汇票	借：应收票据 　贷：经营收入等	—

2. 商业汇票向银行贴现

具体账务处理如表 2-34 所示。

表 2-34　应收票据平行记账账务处理 II

情形	财务会计	预算会计
	事业单位	事业单位
持未到期的商业汇票向银行贴现	借：银行存款［贴现净额］ 　　经营费用等［贴现利息］ 　贷：应收票据［不附追索权］ 　　短期借款［附追索权］	借：资金结存——货币资金 　贷：经营预算收入等［贴现净额］
附追索权的商业汇票到期未发生追索事项	借：短期借款 　贷：应收票据	—

3. 商业汇票背书转让

具体账务处理如表 2-35 所示。

表 2-35　应收票据平行记账账务处理 III

情形	财务会计	预算会计
	事业单位	事业单位
持未到期的商业汇票向银行贴现	借：银行存款［贴现净额］ 　　经营费用等［贴现利息］ 　贷：应收票据［不附追索权］ 　　短期借款［附追索权］	借：资金结存——货币资金 　贷：经营预算收入等［贴现净额］

（续表）

情形	财务会计 事业单位	预算会计 事业单位
附追索权的商业汇票到期未发生追索事项	借：短期借款 　　贷：应收票据	—

4. 商业汇票到期

具体账务处理如表 2-36 所示。

表 2-36　应收票据平行记账账务处理Ⅳ

情形	财务会计 事业单位	预算会计 事业单位
商业汇票到期，收回应收票据	借：银行存款 　　贷：应收票据	借：资金结存——货币资金 　　贷：经营预算收入等
商业汇票到期，付款人无力支付票款时	借：应收账款 　　贷：应收票据	—

（三）事业单位平行记账业务举例

【例 2-38】　某事业单位销售 A 产品一批给甲公司，货已发出，价款为 20 000 元，增值税款为 2 600 元。双方按合同约定 2 个月后付款，甲公司交给该事业单位一张 2 个月到期的商业承兑汇票，面值为 22 600 元。平行记账账务处理如下：

（1）财务会计账务处理如下：

借：应收票据　　　　　　　　　　　　　　　　　　　　　22 600
　　贷：经营收入　　　　　　　　　　　　　　　　　　　　　　20 000
　　　　应交增值税——应交税金（销项税额）　　　　　　　　　2 600

（2）预算会计不涉及账务处理。

【例 2-39】　某事业单位持有 1 个月之前收到的甲公司一张 2 个月到期的商业承兑无息汇票（无追索权）到银行贴现。该汇票票面金额为 5 000 元，银行贴现率为 12%。平行记账账务处理如下：

（1）财务会计账务处理如下：

贴现息 = 5 000×12%×1÷12 = 50（元）

扣除贴现息后的净额 = 5 000 − 50 = 4 950（元）

借：银行存款　　　　　　　　　　　　　　　　　　4 950
　　经营费用　　　　　　　　　　　　　　　　　　　50
　　贷：应收票据　　　　　　　　　　　　　　　　　　　5 000
（2）预算会计账务处理如下：
借：资金结存——货币资金　　　　　　　　　　　　4 950
　　贷：经营预算收入　　　　　　　　　　　　　　　　4 950

【例2-40】 某事业单位将持有的账面价值为46 800元的商业承兑汇票背书转让以取得50 000元、增值税额为6 500元的库存物品一批，差价款以银行存款支付。平行记账账务处理如下：

（1）财务会计账务处理如下：
借：库存物品　　　　　　　　　　　　　　　　　　50 000
　　应交增值税——应交税金（进项税额）　　　　　　6 500
　　贷：应收票据　　　　　　　　　　　　　　　　　　46 800
　　　　银行存款　　　　　　　　　　　　　　　　　　9 700
（2）预算会计账务处理如下：
借：经营支出　　　　　　　　　　　　　　　　　　9 700
　　贷：资金结存——货币资金　　　　　　　　　　　　9 700

【例2-41】 承[例2-38]，该事业单位持有的商业承兑汇票到期，甲公司因资金困难无法按时支付票款，该事业单位收到银行退回的商业承兑汇票，与甲公司协商后同意其延期支付货款。平行记账账务处理如下：

（1）财务会计账务处理如下：
借：应收账款　　　　　　　　　　　　　　　　　　22 600
　　贷：应收票据　　　　　　　　　　　　　　　　　　22 600
（2）预算会计不涉及账务处理。

三、应收账款

（一）"应收账款"科目核算的内容

应收账款核算事业单位提供服务、销售产品等应收取的款项，以及单位因出租资产、出售物资等应收取的款项。

为核算事业单位提供服务、销售产品等应收取的款项，以及单位因出租资产、出售物资等应收取的款项，单位应设置"应收账款"科目。"应收账款"科目期末借方余额反映单位尚未收回的应收账款。同时，"应收账款"科目应当按照债务单位（或个人）进行明细核算。

（二）"应收账款"科目平行记账账务处理

"应收账款"科目仅适用于事业单位，行政单位不涉及此业务。

1. 发生应收账款

具体账务处理如表2-37所示。

表2-37　应收账款平行记账账务处理 Ⅰ

情形	财务会计	预算会计
	事业单位	事业单位
应收账款收回后不需上缴财政	借：应收账款 　　贷：事业收入/经营收入/其他收入等	—
应收账款收回后需上缴财政	借：应收账款 　　贷：应缴财政款	—

2. 收回应收账款

具体账务处理如表2-38所示。

表2-38　应收账款平行记账账务处理 Ⅱ

情形	财务会计	预算会计
	事业单位	事业单位
应收账款收回后不需上缴财政	借：银行存款等 　　贷：应收账款	借：资金结存——货币资金等 　　贷：事业预算收入/经营预算收入/其他预算收入等
应收账款收回后需上缴财政	借：银行存款等 　　贷：应收账款	—

3. 逾期无法收回的应收账款

具体账务处理如表2-39所示。

表2-39　应收账款平行记账账务处理 Ⅲ

情形	财务会计	预算会计
	事业单位	事业单位
报批后予以核销	借：坏账准备/应缴财政款 　　贷：应收账款	—

（续表）

情形	财务会计	预算会计
	事业单位	事业单位
事业单位已核销不需上缴财政的应收账款在以后期间收回	借：应收账款 　　贷：坏账准备 借：银行存款 　　贷：应收账款	借：资金结存——货币资金 　　贷：非财政拨款结余等
单位已核销需上缴财政的应收账款在以后期间收回	借：银行存款等 　　贷：应缴财政款	—

（三）事业单位平行记账业务举例

【例2-42】 某事业单位2月1日通过向甲公司销售商品获得收入50 000元，增值税税额为6 500元。按照合同规定，为了鼓励甲公司早日付款，该单位提供的现金折扣条件为"2/10，1/20，N/30"（计算现金折扣时不考虑增值税税额）。2月16日，甲公司支付了这笔款项。平行记账账务处理如下：

（1）财务会计账务处理如下：

A.2月1日销售商品确认收入时：

借：应收账款——甲公司　　　　　　　　　　　　　　　　　56 500
　　贷：经营收入　　　　　　　　　　　　　　　　　　　　　50 000
　　　　应交增值税——应交税金（销项税额）　　　　　　　　6 500

B.2月16日收到款项时：

现金折扣 = 56 500×1% = 565（元）

借：银行存款　　　　　　　　　　　　　　　　　　　　　　55 935
　　经营费用　　　　　　　　　　　　　　　　　　　　　　　565
　　贷：应收账款——甲公司　　　　　　　　　　　　　　　　56 500

（2）预算会计账务处理如下：

借：资金结存——货币资金　　　　　　　　　　　　　　　　55 935
　　贷：经营预算收入　　　　　　　　　　　　　　　　　　　55 935

【例2-43】 某单位2月份出售物资获得收入30 000元，款项暂未收到。按照规定，该项收入在收到后应全部上缴财政。平行记账账务处理如下：

（1）财务会计账务处理如下：

借：应收账款　　　　　　　　　　　　　　　　　　　　　　30 000
　　贷：应缴财政款　　　　　　　　　　　　　　　　　　　　30 000

收到款项后：

借：银行存款 30 000
　　贷：应收账款 30 000

（2）预算会计不涉及账务处理。

【例2-44】 承［例2-43］，如果该项收入在收到时不需要上缴财政。在收到款项时，平行记账账务处理如下：

（1）财务会计账务处理如下：

借：银行存款 30 000
　　贷：应收账款 30 000

（2）预算会计账务处理如下：

借：资金结存——货币资金 30 000
　　贷：经营预算收入 30 000

【例2-45】 某单位对应收账款的账龄进行分析，发现超过规定年限尚未收回的应收账款余额为 27 000 元。经调查，B 公司因破产所欠房租款 14 600 元已经无法收回。将无法收回的应收账款余额上报财政部门审批，予以核销。该房租属于需上缴财政的收入。平行记账账务处理如下：

（1）财务会计账务处理如下：

借：应缴财政款 14 600
　　贷：应收账款——B 公司 14 600

（2）预算会计不涉及账务处理。

【例2-46】 承［例2-45］，如果该应收款项在某年度收回 5 000 元。平行记账账务处理如下：

（1）财务会计账务处理如下：

借：银行存款 5 000
　　贷：应缴财政款 5 000

（2）预算会计不涉及账务处理。

【例2-47】 某事业单位对应收账款的账龄进行分析，发现超过规定年限尚未收回的应收账款余额为 27 000 元。经调查，B 公司因拖欠货款 5 000 元已经无法收回，将无法收回的应收账款余额上报财政部门审批，予以核销。该货款属于不需上缴财政的收入。平行记账账务处理如下：

（1）财务会计账务处理如下：

借：坏账准备 5 000
　　贷：应收账款——B 公司 5 000

（2）预算会计不涉及账务处理。

【例 2-48】 承［例 2-47］，如果该应收款项在某年度收回 5 000 元。平行记账账务处理如下：

（1）财务会计账务处理如下：

借：应收账款　　　　　　　　　　　　　　　　　　　　5 000
　　贷：坏账准备　　　　　　　　　　　　　　　　　　　　5 000
借：银行存款　　　　　　　　　　　　　　　　　　　　5 000
　　贷：应收账款　　　　　　　　　　　　　　　　　　　　5 000

（2）预算会计账务处理如下：

借：资金结存——货币资金　　　　　　　　　　　　　　5 000
　　贷：非财政拨款结余　　　　　　　　　　　　　　　　　5 000

【例 2-49】 某事业单位经批准对外出租一处房产，合同约定租金每半年支付一次 20 000 元。按照本级预算管理等有关规定，该单位取得的租金收入应全额上缴财政。因某种不可抗力影响，承租单位自 2023 年起未按期支付租金，后续因政策原因对承租人 1 年的租金进行减免。平行记账账务处理如下：

（1）财务会计账务处理如下：

A. 该单位出租资产发生应收未收租金款项时：

借：应收账款　　　　　　　　　　　　　　　　　　　　20 000
　　贷：应缴财政款　　　　　　　　　　　　　　　　　　　20 000

B. 取得租金收入时，按照实际收到的金额：

借：银行存款　　　　　　　　　　　　　　　　　　　　20 000
　　贷：应收账款　　　　　　　　　　　　　　　　　　　　20 000

C. 将租金上缴财政部门时：

借：应缴财政款　　　　　　　　　　　　　　　　　　　　20 000
　　贷：银行存款　　　　　　　　　　　　　　　　　　　　20 000

D. 后续因政策原因对承租人租金进行减免，核销此前已经确认的应收账款和应缴财政款：

借：应缴财政款　　　　　　　　　　　　　　　　　　　　20 000
　　贷：应收账款　　　　　　　　　　　　　　　　　　　　20 000

（2）预算会计不作账务处理。

四、预付账款

（一）"预付账款"科目核算的内容

预付账款核算单位按照购货、服务合同或协议规定预付给供应单位（或个人）的款项，以及按照合同规定向承包工程的施工企业预付的备料款和工程款。它包括单位依据合同规定支付的定金，但不包括单位支付的可以收回的订金。

为核算单位按照购货、服务合同或协议规定预付给供应单位（或个人）的款项，以及按照合同规定向承包工程的施工企业预付的备料款和工程款，单位应设置"预付账款"科目。"预付账款"科目期末借方余额反映单位实际预付但尚未结算的款项。同时，"预付账款"科目应当按照供应单位（或个人）及具体项目进行明细核算；对于基本建设项目发生的预付账款，还应当在"预付账款"科目所属基建项目明细科目下设置"预付备料款""预付工程款""其他预付款"等明细科目，进行明细核算。

（二）"预付账款"科目平行记账账务处理

1. 发生预付账款

具体账务处理如表 2-40 所示。

表 2-40　预付账款平行记账账务处理 I

情形	财务会计		预算会计	
	行政单位	事业单位	行政单位	事业单位
发生预付账款时	借：预付账款 　　贷：财政拨款收入/零余额账户用款额度/银行存款等		借：行政支出等 　　贷：财政拨款预算收入/资金结存	借：事业支出等 　　贷：财政拨款预算收入/资金结存

注：实行预算管理一体化的预算单位不再设置"零余额账户用款额度"科目。

2. 收到所购物资或劳务，以及根据工程进度结算工程价款等

具体账务处理如表 2-41 所示。

表 2-41　预付账款平行记账账务处理 II

情形	财务会计		预算会计	
	行政单位	事业单位	行政单位	事业单位
收到所购物资或劳务，以及根据工程进度结算工程价款时	借：业务活动费用/库存物品/固定资产/在建工程等 　　贷：预付账款 　　　　零余额账户用款额度/财政拨款收入/银行存款等[补付款项]	借：业务活动费用/单位管理费用/库存物品/固定资产/在建工程等 　　贷：预付账款 　　　　零余额账户用款额度/财政拨款收入/银行存款等[补付款项]	借：行政支出等[补付款项] 　　贷：财政拨款预算收入/资金结存	借：事业支出等[补付款项] 　　贷：财政拨款预算收入/资金结存

注：实行预算管理一体化的预算单位不再设置"零余额账户用款额度"科目。

3. 预付账款退回

具体账务处理如表 2-42 所示。

表 2-42 预付账款平行记账账务处理Ⅲ

情形	财务会计		预算会计	
	行政单位	事业单位	行政单位	事业单位
当年预付账款退回	借：财政拨款收入/零余额账户用款额度/银行存款等 　　贷：预付账款	借：财政拨款预算收入/资金结存 　　贷：行政支出等	借：财政拨款预算收入/资金结存 　　贷：事业支出等
以前年度预付账款退回	借：财政应返还额度/零余额账户用款额度/银行存款等 　　贷：预付账款	借：资金结存 　　贷：财政拨款结余——年初余额调整/财政拨款结转——年初余额调整等

4. 逾期无法收回的预付账款

具体账务处理如表 2-43 所示。

表 2-43 预付账款平行记账账务处理Ⅳ

情形	财务会计		预算会计	
	行政单位	事业单位	行政单位	事业单位
逾期无法收回的预付账款	借：其他应收款 　　贷：预付账款		—	

（三）行政单位平行记账业务举例

1. 未实行预算管理一体化的单位

【例 2-50】　某行政单位与某会展中心签订合同，为拟举办的大型会议预定场地。根据合同规定，场地租金共计 50 000 元，预定时交纳定金 10 000 元，其余部分在会议结束后支付。单位通过零余额账户予以支付定金。平行记账账务处理如下：

（1）财务会计账务处理如下：

借：预付账款——会展中心　　　　　　　　　　　　　　　　10 000
　　贷：零余额账户用款额度　　　　　　　　　　　　　　　　　　10 000

（2）预算会计账务处理如下：

借：行政支出　　　　　　　　　　　　　　　　　　　　　　10 000
　　贷：资金结存　　　　　　　　　　　　　　　　　　　　　　　10 000

【例2-51】 承［例2-50］，会议结束后，该单位通过零余额账户予以支付差额款40 000元。平行记账账务处理如下：

（1）财务会计账务处理如下：

借：业务活动费用　　　　　　　　　　　　　　　　　　50 000
　　贷：预付账款——会展中心　　　　　　　　　　　　10 000
　　　　零余额账户用款额度　　　　　　　　　　　　　40 000

（2）预算会计账务处理如下：

借：行政支出　　　　　　　　　　　　　　　　　　　　40 000
　　贷：资金结余——零余额账户用款额度　　　　　　　40 000

2. 实行预算管理一体化的单位

【例2-52】 某行政单位为中央预算单位，于2022年8月应用预算管理一体化系统后，财政资金通过财政中央预算管理一体化系统支付。2023年7月1日根据合同规定，该单位因采购某物资通过银行存款预付款项5万元。平行记账账务处理如下：

（1）财务会计账务处理如下：

借：预付账款　　　　　　　　　　　　　　　　　　　　50 000
　　贷：财政拨款收入　　　　　　　　　　　　　　　　50 000

（2）预算会计账务处理如下：

借：行政支出　　　　　　　　　　　　　　　　　　　　50 000
　　贷：财政拨款预算收入　　　　　　　　　　　　　　50 000

（四）事业单位平行记账业务举例

1. 未实行预算管理一体化的单位

【例2-53】 某事业单位的一项基本建设项目进入第一次工程结算阶段，按照工程进度应结算的金额为1 000 000元，工程建设初期已预付部分工程款300 000元，补付的价款通过银行存款支付。平行记账账务处理如下：

（1）财务会计账务处理如下：

借：在建工程　　　　　　　　　　　　　　　　　　　1 000 000
　　贷：预付账款——预付工程款　　　　　　　　　　　300 000
　　　　银行存款　　　　　　　　　　　　　　　　　　700 000

（2）预算会计账务处理如下：

借：事业支出　　　　　　　　　　　　　　　　　　　　700 000
　　贷：资金结存——货币资金　　　　　　　　　　　　700 000

【例2-54】 某事业单位去年向A公司预付的工程款10 000元,因合同内容变更,于今年退回。去年用零余额用款额度支付。平行记账账务处理如下:

(1)财务会计账务处理如下:

借:财政应返还额度 10 000
　　贷:预付账款 10 000

(2)预算会计账务处理如下:

借:资金结存——财政应返还额度 10 000
　　贷:财政拨款结转——年初余额调整 10 000

【例2-55】 某事业单位经核查确认,4年之前向A公司预付的采购技术设备款100 000元因其被撤销已无望再收到所购物资,也确实无法收回预付账款。平行记账账务处理如下:

(1)财务会计账务处理如下:

借:其他应收款 100 000
　　贷:预付账款——A公司 100 000

(2)预算会计不涉及账务处理。

2. 实行预算管理一体化的单位

【例2-56】 某事业单位1月份向B公司预付设备款8 000元,因项目内容变更,需要更换设备,预付账款于8月份退回。用零余额用款额度支付。平行记账账务处理如下:

(1)财务会计账务处理如下:

借:财政拨款收入 8 000
　　贷:预付账款 8 000

(2)预算会计账务处理如下:

借:财政拨款预算收入 8 000
　　贷:事业支出 8 000

五、应收股利

(一)"应收股利"科目核算的内容

应收股利核算事业单位持有长期股权投资应当收取的现金股利或应当分得的利润。

为核算事业单位持有长期股权投资应当收取的现金股利或应当分得的利润,事业单位应设置"应收股利"科目。"应收股利"科目期末借方余额反映事业单位应当收取但尚未收到的现金股利或利润。同时,"应收股利"科目应当按照被投资单位等进行明细核算。

(二)"应收股利"科目平行记账账务处理

"应收股利"科目仅适用于事业单位,行政单位不涉及此业务。

1. 取得长期股权投资所支付价款中包含的已宣告但尚未发放的股利或利润

具体账务处理如表 2-44 所示。

表 2-44 应收股利平行记账账务处理 I

情形	财务会计	预算会计
	事业单位	事业单位
取得长期股权投资	借:长期股权投资 　　应收股利[取得投资支付价款中包含的已宣告但尚未发放的现金股利或利润] 　贷:银行存款[取得投资支付的全部价款]	借:投资支出[取得投资支付的全部价款] 　贷:资金结存——货币资金
收到取得长期股权投资所支付价款中包含的已宣告但尚未发放的股利或利润时	借:银行存款 　贷:应收股利	借:资金结存——货币资金 　贷:投资支出等

2. 持有投资期间的应收股利

具体账务处理如表 2-45 所示。

表 2-45 应收股利平行记账账务处理 II

情形	财务会计	预算会计
	事业单位	事业单位
被投资单位宣告发放现金股利或利润	借:应收股利 　贷:投资收益/长期股权投资	—
收到现金股利或利润时	借:银行存款 　贷:应收股利	借:资金结存——货币资金 　贷:投资预算收益

（三）事业单位平行记账业务举例

【例2-57】 某事业单位2024年1月购买甲企业10%股权，支付的价款2 100 000元中所包含的已宣告但尚未发放的现金股利为100 000元，6月1日收到现金股利100 000元，平行记账账务处理如下：

（1）财务会计账务处理如下：

A.1月购买股权时：

借：长期股权投资　　　　　　　　　　　　　　　　2 000 000
　　应收股利　　　　　　　　　　　　　　　　　　　 100 000
　　贷：银行存款　　　　　　　　　　　　　　　　　　　　　2 100 000

B.6月1日收到现金股利时：

借：银行存款　　　　　　　　　　　　　　　　　　　 100 000
　　贷：应收股利　　　　　　　　　　　　　　　　　　　　　 100 000

（2）预算会计账务处理如下：

A.1月购买股权时：

借：投资支出　　　　　　　　　　　　　　　　　　2 100 000
　　贷：资金结存——货币资金　　　　　　　　　　　　　　　2 100 000

B.6月1日收到现金股利时：

借：资金结存——货币资金　　　　　　　　　　　　　 100 000
　　贷：投资支出　　　　　　　　　　　　　　　　　　　　　 100 000

【例2-58】 某事业单位采用成本法核算其对于甲公司的长期股权投资，持股比例为80%。2023年6月，甲公司经股东大会批准，宣告发放现金股利100 000元。平行记账账务处理如下：

（1）财务会计账务处理如下：

A.宣告发放现金股利时：

借：应收股利——甲公司　　　　　　　　　　　　　　 80 000
　　贷：投资收益　　　　　　　　　　　　　　　　　　　　　　80 000

B.实际收到上述现金股利时：

借：银行存款　　　　　　　　　　　　　　　　　　　　80 000
　　贷：应收股利——甲公司　　　　　　　　　　　　　　　　　80 000

（2）预算会计账务处理如下：

A.宣告发放现金股利时：

不作账务处理。

B. 实际收到上述现金股利时：
借：资金结存——货币资金　　　　　　　　　　　　　　　　　　　　80 000
　　贷：投资预算收益　　　　　　　　　　　　　　　　　　　　　　　　80 000

六、应收利息

（一）"应收利息"科目核算的内容

应收利息核算事业单位长期债券投资应当收取的利息，但不包括事业单位购入的到期一次还本付息的长期债券投资持有期间的利息。

为核算事业单位长期债券投资应当收取的利息，事业单位应当设置"应收利息"科目。"应收利息"科目期末借方余额反映事业单位应收未收的长期债券投资利息。同时，"应收利息"科目应当按照被投资单位等进行明细核算。

事业单位购入的到期一次还本付息的长期债券投资持有期间的利息，应当通过"长期债券投资——应计利息"科目核算，不通过"应收利息"科目核算。

（二）"应收利息"科目平行记账账务处理

"应收利息"科目仅适用于事业单位，行政单位不涉及此业务。

1. 取得长期债券投资支付价款中包含的已到付息期但尚未领取的利息

具体账务处理如表 2-46 所示。

表 2-46　应收利息平行记账账务处理 Ⅰ

情形	财务会计	预算会计
	事业单位	事业单位
取得长期债券投资	借：长期债券投资 　　应收利息［取得投资支付价款中包含的已到付息期但尚未领取的利息］ 　　贷：银行存款［取得投资支付的全部价款］	借：投资支出［取得投资支付的全部价款］ 　　贷：资金结存——货币资金
收到取得投资所支付价款中包含的已到付息期但尚未领取的利息时	借：银行存款 　　贷：应收利息	借：资金结存——货币资金 　　贷：投资支出等

2. 持有投资期间的应收利息

具体账务处理如表 2-47 所示。

表 2-47　应收利息平行记账账务处理 II

情形	财务会计	预算会计
	事业单位	事业单位
按期计提利息	借：应收利息［分期付息、到期还本债券计提的利息］ 　　贷：投资收益	—
实际收到利息	借：银行存款 　　贷：应收利息	借：资金结存——货币资金 　　贷：投资预算收益

（三）事业单位平行记账业务举例

【例 2-59】　某事业单位以银行存款购入为期 5 年的国债，实际支付价款 1 000 000 元，其中包含已到付息期但尚未领取的利息 20 000 元。平行记账账务处理如下：

（1）财务会计账务处理如下：

A. 购入国债时：

借：长期债券投资——国债　　　　　　　　　　　　980 000
　　应收利息——国债　　　　　　　　　　　　　　 20 000
　　贷：银行存款　　　　　　　　　　　　　　　　　　　　1 000 000

B. 实际收到上述利息时：

借：银行存款　　　　　　　　　　　　　　　　　　20 000
　　贷：应收利息——国债　　　　　　　　　　　　　　　　20 000

（2）预算会计账务处理如下：

A. 购入国债时：

借：投资支出　　　　　　　　　　　　　　　　　1 000 000
　　贷：资金结存——货币资金　　　　　　　　　　　　　1 000 000

B. 实际收到上述利息时：

借：资金结存——货币资金　　　　　　　　　　　　20 000
　　贷：投资支出　　　　　　　　　　　　　　　　　　　　20 000

【例 2-60】　某事业单位购买 5 年期国债 500 000 元，票面利率为 4%，每年计息，到期还本付息，平行记账账务处理如下：

（1）财务会计账务处理如下：

A. 每年年末计息：

借：应收利息　　　　　　　　　　　　　　　　　　　　　20 000
　　贷：投资收益　　　　　　　　　　　　　　　　　　　　　　20 000
B.5 年到期收到利息时：
借：银行存款　　　　　　　　　　　　　　　　　　　　　100 000
　　贷：应收利息　　　　　　　　　　　　　　　　　　　　　100 000
（2）预算会计账务处理如下：
A.每年年末计息：
不作账务处理。
B.5 年到期收到利息时：
借：资金结存——货币资金　　　　　　　　　　　　　　100 000
　　贷：投资预算收益　　　　　　　　　　　　　　　　　　　100 000

七、其他应收款

（一）"其他应收款"科目核算的内容

其他应收款核算单位除财政应返还额度、应收票据、应收账款、预付账款、应收股利、应收利息以外的其他各项应收及暂付款项，如职工预借的差旅费、已经偿还银行尚未报销的本单位公务卡欠款、拨付给内部有关部门的备用金、应向职工收取的各种垫付款项、支付的可以收回的订金或押金、应收的上级补助和附属单位上缴款项以及行政事业单位按规定报经财政部门审核批准，在财政授权支付用款额度或财政直接支付用款计划下达之前，用本单位实有资金账户资金垫付相关支出再通过财政授权支付方式或财政直接支付方式将资金归还原垫付资金账户的款项等。

为核算其他各项应收及预付款项，单位应设置"其他应收款"科目。"其他应收款"科目期末借方余额反映单位尚未收回的其他应收款。同时，"其他应收款"科目应当按照其他应收款的类别以及债务单位（或个人）进行明细核算。

（二）"其他应收款"科目平行记账账务处理

1.发生暂付款项（包括偿还未报销的公务卡款项）
具体账务处理如表 2-48 所示。

表 2-48 其他应收款平行记账账务处理 I

情形	财务会计		预算会计	
	行政单位	事业单位	行政单位	事业单位
暂付款项时	借：其他应收款 　　贷：银行存款/库存现金/零余额账户用款额度等		—	
报销时	借：业务活动费用等［实际报销金额］ 　　贷：其他应收款	借：业务活动费用/单位管理费用等［实际报销金额］ 　　贷：其他应收款	借：行政支出等［实际报销金额］ 　　贷：资金结存	借：事业支出等［实际报销金额］ 　　贷：资金结存
年末结账前，对尚未结算报销的暂付款项进行全面清理	—	—	借：行政支出等 　　贷：资金结存	借：行政支出/事业支出等 　　贷：资金结存
以后年度，实际结算或报销金额与已计入预算支出的金额不一致的	—	—	借：年初余额调整［实际报销金额大于已记入支出数］ 　　贷：资金结存 或： 借：资金结存 　　贷：年初余额调整［实际报销金额小于已记入支出数］	
收回不纳入部门预算管理的暂付款项（如应上缴、应转拨或应退回的资金）	借：库存现金/银行存款等 　　贷：其他应收款		—	

注：实行预算管理一体化的单位不再使用"零余额账户用款额度"科目。

2.发生其他各种应收款项

具体账务处理如表 2-49 所示。

表 2-49 其他应收款平行记账账务处理 II

情形	财务会计		预算会计	
	行政单位	事业单位	行政单位	事业单位
确认其他应收款时	借：其他应收款 　　贷：其他收入等	借：其他应收款 　　贷：上级补助收入/附属单位上缴收入/其他收入等	—	

（续表）

情形	财务会计		预算会计	
	行政单位	事业单位	行政单位	事业单位
收到其他应收款项时	借：银行存款/库存现金等 贷：其他应收款		借：资金结存——货币资金 　　贷：其他预算收入等	借：资金结存——货币资金 　　贷：上级补助预算收入/附属单位上缴预算收入/其他预算收入等

3.拨付给内部有关部门的备用金

具体账务处理如表2-50所示。

表2-50　其他应收款平行记账账务处理Ⅲ

情形	财务会计		预算会计	
	行政单位	事业单位	行政单位	事业单位
财务部门核定并发放备用金时	借：其他应收款 　　贷：库存现金		—	
根据报销数用现金补足备用金定额时	借：业务活动费用等 　　贷：库存现金	借：业务活动费用/单位管理费用等 　　贷：库存现金	借：行政支出等 　　贷：资金结存——货币资金	借：事业支出等 　　贷：资金结存——货币资金

4.逾期无法收回的其他应收款

具体账务处理如表2-51所示。

表2-51　其他应收款平行记账账务处理Ⅳ

情形	财务会计		预算会计	
	行政单位	事业单位	行政单位	事业单位
经批准核销时	借：资产处置费用 　　贷：其他应收款	借：坏账准备 　　贷：其他应收款	—	
已核销的其他应收款在以后期间收回	借：银行存款等 　　贷：其他收入	借：其他应收款 　　贷：坏账准备 借：银行存款等 　　贷：其他应收款	借：资金结存——货币资金 　　贷：其他预算收入	

5.由财政归还垫付资金

具体账务处理如表2-52所示。

表 2-52 其他应收款平行记账账务处理 V

情形	财务会计		预算会计	
	行政单位	事业单位	行政单位	事业单位
用本单位实有资金账户资金垫付相关支出时，按照垫付的资金金额	借：其他应收款 　贷：银行存款		—	
通过财政直接支付方式或授权支付方式将资金归还原垫付资金账户时，按照归垫的资金金额	借：银行存款 　贷：财政拨款收入 借：业务活动费用等 　贷：其他应收款	借：银行存款 　贷：财政拨款收入 借：业务活动费用/单位管理费用等 　贷：其他应收款	借：行政支出等 　贷：财政拨款预算收入	借：事业支出等 　贷：财政拨款预算收入

6. 对公务卡相关业务的账务处理

（1）具体账务处理如表 2-53 所示。

表 2-53　公务卡业务平行记账账务处理 Ⅵ

情形	财务会计		预算会计	
	行政单位	事业单位	行政单位	事业单位
单位向银行偿还公务卡欠款时公务卡持卡人还未报销	借：其他应收款 　贷：零余额账户用款额度/银行存款		—	
当持卡人报销时，按照报销金额	借：业务活动费用 　贷：其他应收款	借：业务活动费用/单位管理费用 　贷：其他应收款	借：行政支出等 　贷：资金结存	借：事业支出等 　贷：资金结存

注：实行预算管理一体化的单位不再设置"零余额账户用款额度"科目。

（2）具体账务处理如表 2-54 所示。

表 2-54　公务卡业务平行记账账务处理 Ⅶ

情形	财务会计		预算会计	
	行政单位	事业单位	行政单位	事业单位
公务卡持卡人报销时单位还未向银行偿还公务卡欠款	借：业务活动费用 　贷：其他应付款	借：业务活动费用/单位管理费用 　贷：其他应付款	—	

（续表）

情形	财务会计		预算会计	
	行政单位	事业单位	行政单位	事业单位
当单位偿还公务卡欠款时	借：其他应付款 　贷：零余额账户用款额度/银行存款	借：其他应付款 　贷：零余额账户用款额度/银行存款	借：行政支出等 　贷：资金结存	借：事业支出等 　贷：资金结存

注：实行预算管理一体化的单位不再设置"零余额账户用款额度"科目。

（三）行政单位平行记账业务举例

1. 未实行预算管理一体化的单位

【例2-61】 某行政单位职工刘某因公务外出预借差旅费3 000元，通过零余额账户予以支付。平行记账账务处理如下：

（1）财务会计账务处理如下：

借：其他应收款——刘某　　　　　　　　　　　　　　　　　　　　　3 000
　　贷：零余额账户用款额度　　　　　　　　　　　　　　　　　　　　　3 000

（2）预算会计不涉及账务处理。

【例2-62】 承［例2-61］，刘某出差回来报销差旅费，根据审核后的差旅费票据，报销金额为3 500元，报销差额500元以现金补付。平行记账账务处理如下：

（1）财务会计账务处理如下：

借：业务活动费用　　　　　　　　　　　　　　　　　　　　　　　　3 500
　　贷：其他应收款——刘某　　　　　　　　　　　　　　　　　　　　　3 000
　　　　库存现金　　　　　　　　　　　　　　　　　　　　　　　　　　500

（2）预算会计账务处理如下：

借：行政支出　　　　　　　　　　　　　　　　　　　　　　　　　　3 500
　　贷：资金结存——零余额账户用款额度　　　　　　　　　　　　　　　3 500

【例2-63】 某行政单位年初经核查确认3年前以非财政拨款收入为职工张某代垫的房租5 000元因其下落不明确实无法收回，这笔款项按规定报经批准后予以核销。平行记账账务处理如下：

（1）财务会计账务处理如下：

借：资产处置费用　　　　　　　　　　　　　　　　　　　　　　　　5 000
　　贷：其他应收款——张某　　　　　　　　　　　　　　　　　　　　　5 000

假如张某年末回来归还上述款项：

借：银行存款　　　　　　　　　　　　　　　　　　　　　　　5 000
　　贷：其他收入　　　　　　　　　　　　　　　　　　　　　　5 000
（2）预算会计账务处理如下：
经批准核销时，预算会计不涉及账务处理。假如张某年末回来归还上述款项：
借：资金结存——货币资金　　　　　　　　　　　　　　　　　5 000
　　贷：其他预算收入　　　　　　　　　　　　　　　　　　　 5 000

2. 实行预算管理一体化的单位

【例2-64】　某行政单位按规定报经财政部门审核批准，在财政直接支付用款计划下达之前，用本单位实有资金账户资金垫付职工养老金20 000元，额度到达后再通过国库财政直接支付方式将资金归还原垫付资金账户。平行记账账务处理如下：
（1）财务会计账务处理如下：
借：银行存款　　　　　　　　　　　　　　　　　　　　　　　20 000
　　贷：财政拨款收入　　　　　　　　　　　　　　　　　　　 20 000
（2）预算会计账务处理如下：
借：行政支出　　　　　　　　　　　　　　　　　　　　　　　20 000
　　贷：财政拨款预算收入　　　　　　　　　　　　　　　　　 20 000

（四）事业单位平行记账业务举例

【例2-65】　某事业单位内部实行备用金制度，其财务部门以库存现金发放备用金30 000元。月末根据报销情况，该单位用现金10 000元补足备用金定额30 000元。平行记账账务处理如下：
（1）财务会计账务处理如下：
A. 以库存现金发放备用金时：
借：其他应收款——备用金　　　　　　　　　　　　　　　　　30 000
　　贷：库存现金　　　　　　　　　　　　　　　　　　　　　 30 000
B. 用现金补足备用金时：
借：单位管理费用　　　　　　　　　　　　　　　　　　　　　10 000
　　贷：库存现金　　　　　　　　　　　　　　　　　　　　　 10 000
（2）预算会计账务处理如下：
A. 以库存现金发放备用金时：
不涉及账务处理。
B. 用现金补足备用金时：
借：事业支出　　　　　　　　　　　　　　　　　　　　　　　10 000
　　贷：资金结存——货币资金　　　　　　　　　　　　　　　 10 000

【例 2-66】 某事业单位经核查发现 3 年前为职工张某垫付的水电费 30 000 元,因其离开本单位不知去向确实无法收回,这笔款项按规定报经批准后予以核销,已知单位在此之间已将该笔款项全额计提减值准备。平行记账账务处理如下:

(1)财务会计账务处理如下:

借:坏账准备　　　　　　　　　　　　　　　　　　　　　　　　30 000
　　贷:其他应收款——张某　　　　　　　　　　　　　　　　　　　　30 000

假如张某年末回来归还上述款项:

借:其他应收款——张某　　　　　　　　　　　　　　　　　　　30 000
　　贷:坏账准备　　　　　　　　　　　　　　　　　　　　　　　　　30 000
借:银行存款　　　　　　　　　　　　　　　　　　　　　　　　30 000
　　贷:其他应收款——张某　　　　　　　　　　　　　　　　　　　　30 000

(2)预算会计账务处理如下:

经批准核销时,预算会计不涉及账务处理。假如张某年末回来归还上述款项:

借:资金结存——货币资金　　　　　　　　　　　　　　　　　30 000
　　贷:其他预算收入　　　　　　　　　　　　　　　　　　　　　　　30 000

【例 2-67】 某事业单位在年末结账前,对于纳入本年度部门预算管理的张某暂付款项进行清理,共计 10 000 元。平行记账账务处理如下:

(1)财务会计不做账务处理。
(2)预算会计账务处理如下:

借:事业支出　　　　　　　　　　　　　　　　　　　　　　　10 000
　　贷:资金结存——货币资金　　　　　　　　　　　　　　　　　　　10 000

【例 2-68】 承[例 2-67],张某在下一年度进行报销时与已计入预算支出的金额不一致,小于暂付款金额的 2 000 元,同时现金缴回财务部门。平行记账账务处理如下:

(1)财务会计处理账务如下:

借:库存现金　　　　　　　　　　　　　　　　　　　　　　　2 000
　　贷:其他应收款　　　　　　　　　　　　　　　　　　　　　　　　2 000

(2)预算会计账务处理如下:

借:资金结存——货币资金　　　　　　　　　　　　　　　　　2 000
　　贷:年初余额调整　　　　　　　　　　　　　　　　　　　　　　　2 000

八、坏账准备

(一)"坏账准备"科目核算的内容

坏账准备核算事业单位对收回后不需上缴财政的应收账款和其他应收款提取的坏账准备。

为核算事业单位对收回后不需上缴财政的应收账款和其他应收款提取的坏账准备，事业单位应设置"坏账准备"科目。"坏账准备"科目期末贷方余额反映事业单位提取的坏账准备金额。同时，"坏账准备"科目应当分别对应收账款和其他应收款进行明细核算。

事业单位应当于每年年末，对收回后不需上缴财政的应收账款和其他应收款进行全面检查，分析其可收回性，对预计可能产生的坏账损失计提坏账准备、确认坏账损失。

事业单位可以采用应收款项余额百分比法、账龄分析法、个别认定法等方法计提坏账准备。坏账准备计提方法一经确定，不得随意变更；如需变更，应当按照规定报经批准，并在财务报表附注中予以说明。

当期应补提或冲减的坏账准备金额的计算公式如下：

$$\text{当期应补提或冲减的坏账准备} = \text{按照期末应收账款和其他应收款计算应计提的坏账准备金额} - \text{"坏账准备"科目期末贷方余额}\left(\text{或}:+\text{"坏账准备"科目期末借方余额}\right)$$

（二）"坏账准备"科目平行记账账务处理

"坏账准备"科目仅适用于事业单位，行政单位不涉及此业务。

1. 年末全面分析不需上缴财政的应收账款和其他应收款

具体账务处理如表 2-55 所示。

表 2-55　坏账准备平行记账账务处理 Ⅰ

情形	财务会计	预算会计
	事业单位	事业单位
计提坏账准备，确认坏账损失	借：其他费用 　贷：坏账准备	—
冲减坏账准备	借：坏账准备 　贷：其他费用	—

2. 逾期无法收回的应收账款和其他应收款

具体账务处理如表 2-56 所示。

表 2-56　坏账准备平行记账账务处理 Ⅱ

情形	财务会计	预算会计
	事业单位	事业单位
报批后予以核销	借：坏账准备 　贷：应收账款/其他应收款	—

（续表）

情形	财务会计	预算会计
	事业单位	事业单位
已核销不需上缴财政的应收款项在以后期间收回	借：应收账款/其他应收款 　　贷：坏账准备 借：银行存款 　　贷：应收账款/其他应收款	借：资金结存——货币资金等 　　贷：非财政拨款结余等

（三）事业单位平行记账业务举例

【例2-69】 某事业单位按照应收款项余额百分比法计提坏账准备，坏账提取比例为应收款项的10%。该单位年初应收款项余额为200 000元，已计提坏账准备20 000元，当年新增应收账款50 000元，收回应收账款100 000元，新增其他应收款80 000元，无其他影响应收款项变动的事项。平行记账账务处理如下：

（1）财务会计账务处理如下：

当年末应补提的坏账准备＝（200 000＋50 000－100 000＋80 000）×10%－20 000＝3 000（元）

借：其他费用　　　　　　　　　　　　　　　　　　　　　　　3 000
　　贷：坏账准备　　　　　　　　　　　　　　　　　　　　　　　3 000

（2）预算会计不涉及账务处理。

【例2-70】 某事业单位年末发现坏账准备账面有50 000元，其中一笔有5 000元，经核实无收回的可能，报经批准后核销了5 000元。而在去年核销的坏账准备3 000元，当年又收回了500元。平行记账账务处理如下：

（1）财务会计账务处理如下：

借：坏账准备　　　　　　　　　　　　　　　　　　　　　　　5 000
　　贷：其他应收款　　　　　　　　　　　　　　　　　　　　　　5 000
借：其他应收款　　　　　　　　　　　　　　　　　　　　　　　500
　　贷：坏账准备　　　　　　　　　　　　　　　　　　　　　　　500
借：银行存款　　　　　　　　　　　　　　　　　　　　　　　　500
　　贷：其他应收款　　　　　　　　　　　　　　　　　　　　　　500

（2）预算会计账务处理如下：

借：资金结存——货币资金　　　　　　　　　　　　　　　　　500
　　贷：非财政拨款结余　　　　　　　　　　　　　　　　　　　　500

第四节 存货类

存货核算单位在开展业务活动及其他活动中为耗用或出售而储存的资产，如材料、产品、包装物和低值易耗品等，以及未达到固定资产标准的用具、装具、动植物等。

新制度取消了"存货"会计科目的设置，新设置"在途物品""库存物品""加工物品""工程物资""政府储备物资""受托代理资产"五个科目，用于对单位在开展业务活动及其他活动中为耗用或出售而储存的各种资产进行分类核算。本章将对"在途物品""库存物品""加工物品"进行详细介绍，单位在原账的"存货"科目中核算的属于新制度规定的"工程物资""政府储备物资""受托代理资产"。"工程物资""政府储备物资""受托代理资产"科目的内容将在本书第三章进行介绍。

一、在途物品

（一）"在途物品"科目核算的内容

在途物品核算单位采购材料等物资时货款已付或已开出商业汇票但尚未验收入库的在途物品的采购成本。

为核算单位采购材料等物资时货款已付或已开出商业汇票但尚未验收入库的在途物品的采购成本，单位应设置"在途物品"科目。"在途物品"科目期末借方余额反映单位在途物品的采购成本。同时，"在途物品"科目可按照供应单位和物品种类进行明细核算。

（二）"在途物品"科目平行记账账务处理

1. 购入材料等物资，结算凭证收到货未到，款已付或已开出商业汇票

具体账务处理如表 2-57 所示。

表 2-57 在途物品平行记账账务处理 Ⅰ

情形	财务会计		预算会计	
	行政单位	事业单位	行政单位	事业单位
购入材料等物资，结算凭证收到货未到，款已付或已开出商业汇票	借：在途物品 　贷：财政拨款收入/零余额账户用款额度/银行存款/应付票据等	借：在途物品 　贷：财政拨款收入/零余额账户用款额度/银行存款/应付票据等	借：行政支出 　贷：财政拨款预算收入/资金结存	借：事业支出/经营支出等 　贷：财政拨款预算收入/资金结存

注：实行预算管理一体化的单位不再使用"零余额账户用款额度"科目。

2. 所购材料等物资到达验收入库

具体账务处理如表 2-58 所示。

表 2-58　在途物品平行记账账务处理 Ⅱ

情形	财务会计		预算会计	
	行政单位	事业单位	行政单位	事业单位
所购材料等物资到达验收入库	借：库存物品 　　贷：在途物品		—	

（三）行政单位平行记账业务举例

【例 2-71】 某行政单位采购一批专用物资，价款为 100 000 元，增值税额为 13 000 元，款项全部使用零余额账户进行支付，该商品尚未验收入库。不考虑其他税费因素的影响，平行记账账务处理如下：

（1）财务会计账务处理如下：

借：在途物品——专用物资　　　　　　　　　　　　　　　　　100 000
　　应交增值税——应交税金（进项税额）　　　　　　　　　　　 13 000
　　　贷：零余额账户用款额度　　　　　　　　　　　　　　　　113 000

（2）预算会计账务处理如下：

借：行政支出　　　　　　　　　　　　　　　　　　　　　　　113 000
　　贷：资金结存——零余额账户用款额度　　　　　　　　　　　113 000

【例 2-72】 承［例 2-71］，该批物资已全部验收入库。平行记账账务处理如下：

（1）财务会计账务处理如下：

借：库存物品——专用物资　　　　　　　　　　　　　　　　　100 000
　　贷：在途物品——专用物资　　　　　　　　　　　　　　　　100 000

（2）预算会计不涉及账务处理。

（四）事业单位平行记账业务举例

【例 2-73】 某事业单位为增值税一般纳税人，其非独立核算部门为专门活动采购一批专用物资，价款为 100 000 元，发生增值税 13 000 元，款项全部使用零余额账户进行支付，该商品尚未验收入库。不考虑其他税费因素的影响，平行记账账务处理如下：

（1）财务会计账务处理如下：

借：在途物品——专用物资　　　　　　　　　　　　　　　　　　100 000
　　　应交增值税——应交税金（进项税额）　　　　　　　　　　　13 000
　　贷：零余额账户用款额度　　　　　　　　　　　　　　　　　113 000
（2）预算会计账务处理如下：
借：事业支出　　　　　　　　　　　　　　　　　　　　　　　　113 000
　　贷：资金结存——零余额账户用款额度　　　　　　　　　　　113 000

【例 2-74】 承［例 2-73］，该批物资已全部验收入库。平行记账账务处理如下：
（1）财务会计账务处理如下：
借：库存物品——专用物资　　　　　　　　　　　　　　　　　　100 000
　　贷：在途物品——专用物资　　　　　　　　　　　　　　　　100 000
（2）预算会计不涉及账务处理。

二、库存物品

（一）"库存物品"科目核算的内容

"库存物品"科目核算单位在开展业务活动及其他活动中为耗用或出售而储存的各种材料、产品、包装物、低值易耗品，以及达不到固定资产标准的用具、装具、动植物等的成本。已完成的测绘、地质勘查、设计成果等的成本，也通过"库存物品"科目核算。库存物品可具体分为以下4类：

（1）原材料是指使用以后即消耗或逐渐消耗不能复原的各种物资，如燃料、实验室材料、改装使用的原件、零配件等。

（2）低值易耗品是指不能满足固定资产条件的各种可重复使用的劳动资料，如某些仪器仪表、工具、量具、器皿、一般用具和劳保用品等。

（3）办公用品是指单位在办公活动中使用的各种物料，如纸张、笔墨等。

（4）产成品类是指单位生产完工并已验收入库的产成品。

为核算单位在开展业务活动及其他活动中为耗用或出售而储存的各种资产，单位应设置"库存物品"科目。"库存物品"科目期末借方余额反映单位库存物品的实际成本。

单位随买随用的零星办公用品，可以在购进时直接列作费用，不通过"库存物品"科目核算。

单位控制的政府储备物资，应当通过"政府储备物资"科目核算，不通过"库存物品"科目核算。

单位受托存储保管的物资和受托转赠的物资，应当通过"受托代理资产"科目核算，不通过"库存物品"科目核算。

单位为在建工程购买和使用的材料物资，应当通过"工程物资"科目核算，不通过"库存物品"科目核算。

"库存物品"科目期末借方余额反映单位库存物品的实际成本。同时,"库存物品"科目应当按照库存物品的种类、规格、保管地点等进行明细核算。单位储存的低值易耗品、包装物较多的,可以在"库存物品"科目(低值易耗品、包装物)下按照"在库""在用"和"摊销"等明细科目进行明细核算。

(二)"库存物品"科目平行记账账务处理

1. 取得库存物品

具体账务处理如表2-59所示。

表2-59　库存物品平行记账账务处理 I

情形	财务会计		预算会计	
	行政单位	事业单位	行政单位	事业单位
外购的库存物品验收入库	借:库存物品 　　贷:财政拨款收入/财政应返还额度/零余额账户用款额度/银行存款/应付账款等		借:行政支出 　　贷:财政拨款预算收入/资金结存	借:事业支出/经营支出等 　　贷:财政拨款预算收入/资金结存
自制的库存物品加工完成、验收入库	借:库存物品——相关明细科目 　　贷:加工物品——自制物品		—	
委托外单位加工收回的库存物品	借:库存物品——相关明细科目 　　贷:加工物品——委托加工物品		—	
置换换入的库存物品	借:库存物品[换出资产评估价值+其他相关支出] 　　　固定资产累计折旧/无形资产累计摊销 　　　资产处置费用[借差] 　　贷:库存物品/固定资产/无形资产等[账面余额] 　　　银行存款等[其他相关支出] 　　　其他收入[贷差]		借:其他支出[实际支付的其他相关支出] 　　贷:资金结存	
涉及补价的: ①支付补价的	借:库存物品[换出资产评估价值+其他相关支出+补价] 　　　固定资产累计折旧/无形资产累计摊销 　　　资产处置费用[借差] 　　贷:库存物品/固定资产/无形资产等[账面余额] 　　　银行存款等[其他相关支出+补价] 　　　其他收入[贷差]		借:其他支出[实际支付的补价和其他相关支出] 　　贷:资金结存	

（续表）

情形	财务会计		预算会计	
	行政单位	事业单位	行政单位	事业单位
②收到补价的	借：库存物品［换出资产评估价值＋其他相关支出－补价］ 　　银行存款等［补价］ 　　固定资产累计折旧／无形资产累计摊销 　　资产处置费用［借差］ 　贷：库存物品／固定资产／无形资产等［账面余额］ 　　银行存款等［其他相关支出］ 　　应缴财政款［补价－其他相关支出］ 　　其他收入［贷差］		借：其他支出［其他相关支出大于收到的补价的差额］ 　贷：资金结存	
接受捐赠的库存物品	借：库存物品［按照确定的成本］ 　贷：银行存款等［相关税费］ 　　捐赠收入		借：其他支出［实际支付的相关税费］ 　贷：资金结存	
无偿调入的库存物品	借：库存物品［按照确定的成本］ 　贷：银行存款等［相关税费］ 　　无偿调拨净资产		借：其他支出［实际支付的相关税费］ 　贷：资金结存	
按照名义金额入账的接收捐赠、无偿调入的库存物品及发生的相关税费、运输费等	借：库存物品［名义金额］ 　贷：捐赠收入［接受捐赠］ 　　无偿调拨净资产［无偿调入］		—	
	借：其他费用 　贷：银行存款等		借：其他支出 　贷：资金结存	

注：实行预算管理一体化的单位不再使用"零余额账户用款额度"科目。

2.发出库存物品

具体账务处理如表2-60所示。

表2-60　库存物品平行记账账务处理Ⅱ

情形	财务会计		预算会计	
	行政单位	事业单位	行政单位	事业单位
开展业务活动、按照规定自主出售或加工物品等领用、发出库存物品时	借：业务活动费用／加工物品等 　贷：库存物品［按照领用、发出成本］	借：业务活动费用／单位管理费用／经营费用／加工物品等 　贷：库存物品［按照领用、发出成本］	—	

（续表）

情形	财务会计		预算会计	
	行政单位	事业单位	行政单位	事业单位
经批准对外捐赠的库存物品发出时	借：资产处置费用 　　贷：库存物品［账面余额］ 　　　　银行存款［归属于捐出方的相关费用］		借：其他支出［实际支付的相关费用］ 　　贷：资金结存	
经批准无偿调出的库存物品发出时	借：无偿调拨净资产 　　贷：库存物品［账面余额］ 借：资产处置费用 　　贷：银行存款等［归属于调出方的相关费用］		借：其他支出［实际支付的相关费用］ 　　贷：资金结存	
经批准对外出售［自主出售除外］的库存物品发出时	借：资产处置费用 　　贷：库存物品［账面余额］ 借：银行存款等［收到的价款］ 　　贷：银行存款等［发生的相关税费］ 　　　　应缴财政款		—	
经批准置换换出库存物品	参照置换换入库存物品的处理			

3. 库存物品定期盘点及毁损、报废

具体账务处理如表 2-61 所示。

表 2-61　库存物品平行记账账务处理Ⅲ

情形	财务会计		预算会计	
	行政单位	事业单位	行政单位	事业单位
盘盈的库存物品	借：库存物品 　　贷：待处理财产损溢		—	
盘亏或者毁损、报废的库存物品转入待处理资产	借：待处理财产损溢 　　贷：库存物品［账面余额］		—	
增值税一般纳税人购进的非自用材料发生盘亏或者毁损、报废的	借：待处理财产损溢 　　贷：应交增值税——应交税金（进项税额转出）		—	

（三）行政单位平行记账业务举例

【例 2-75】　某行政单位为小规模纳税人，购买专业实验用 A 材料 2 000 千克，每千克价格为 500 元，增值税税额为 130 000 元，材料款项实行财政直接支付。平行记账

账务处理如下：

（1）财务会计账务处理如下：

借：库存物品——A 材料　　　　　　　　　　　　　　　1 130 000
　　贷：财政拨款收入　　　　　　　　　　　　　　　　　　　1 130 000

（2）预算会计账务处理如下：

借：行政支出　　　　　　　　　　　　　　　　　　　　1 130 000
　　贷：财政拨款预算收入　　　　　　　　　　　　　　　　　1 130 000

【例 2-76】　某行政单位委托外单位加工专用 B 材料 5 000 元，专用材料加工完成，验收合格并入库。平行记账账务处理如下：

（1）财务会计账务处理如下：

借：库存物品——B 材料　　　　　　　　　　　　　　　　　5 000
　　贷：加工物品——委托加工物品　　　　　　　　　　　　　　5 000

（2）预算会计不涉及账务处理。

【例 2-77】　某行政单位接收甲公司捐赠的装具一批，价值 50 000 元，运输过程中发生相关费用 400 元，以现金支付。平行记账账务处理如下：

（1）财务会计账务处理如下：

借：库存物品——装具　　　　　　　　　　　　　　　　　50 400
　　贷：库存现金　　　　　　　　　　　　　　　　　　　　　　400
　　　　捐赠收入　　　　　　　　　　　　　　　　　　　　　50 000

（2）预算会计账务处理如下：

借：其他支出　　　　　　　　　　　　　　　　　　　　　　400
　　贷：资金结存——货币资金　　　　　　　　　　　　　　　　400

【例 2-78】　某行政单位接收兄弟单位无偿调入一批材料验收入库，双方确定的成本是 31 000 元，发生运输费 1 000 元，用基本户资金支付。平行记账账务处理如下：

（1）财务会计账务处理如下：

借：库存物品——材料　　　　　　　　　　　　　　　　　31 000
　　贷：银行存款　　　　　　　　　　　　　　　　　　　　　1 000
　　　　无偿调拨净资产　　　　　　　　　　　　　　　　　　30 000

（2）预算会计账务处理如下：

借：其他支出　　　　　　　　　　　　　　　　　　　　　1 000
　　贷：资金结存——货币资金　　　　　　　　　　　　　　　1 000

【例 2-79】　某行政单位在资产盘点中发现了一批未入账的库存材料，没有相关凭据、但按照规定经过资产评估，其成本按照评估价值确定 8 000 元。平行记账财务处理如下：

(1) 财务会计账务处理如下：

A. 将盘点材料入账：

借：库存物品——材料　　　　　　　　　　　　　　8 000
　　贷：待处理财产损溢　　　　　　　　　　　　　　　8 000

B. 按照规定报经批准后处理时：

借：待处理财产损溢　　　　　　　　　　　　　　　8 000
　　贷：业务活动费用　　　　　　　　　　　　　　　　8 000

(2) 预算会计不做账务处理。

（四）事业单位平行记账业务举例

【例2-80】　某事业单位与兄弟单位置换一批专用材料，用本单位的A材料换入兄弟单位的B材料。换入的B材料价值为4 000元，换出的A材料账面余额5 000元，评估价值为3 000元，支付补价1 000元，发生运输费用500元，用基本户资金支付。平行记账账务处理如下：

(1) 财务会计账务处理如下：

借：库存物品——B材料　　　　　　　　　　　　　4 500
　　资产处置费用　　　　　　　　　　　　　　　　2 000
　　贷：库存物品——A材料　　　　　　　　　　　　5 000
　　　　银行存款　　　　　　　　　　　　　　　　　1500

(2) 预算会计账务处理如下：

借：其他支出　　　　　　　　　　　　　　　　　　1 500
　　贷：资金结存——货币资金　　　　　　　　　　　1 500

【例2-81】　某事业单位领用专业活动用甲材料500千克，每千克价格为980元；领用管理活动用丙材料500千克，每千克价格为480元。平行记账账务处理如下：

(1) 财务会计账务处理如下：

借：业务活动费用　　　　　　　　　　　　　　　490 000
　　单位管理费用　　　　　　　　　　　　　　　240 000
　　贷：库存物品——甲材料（500×980）　　　　　490 000
　　　　　　　　　——丙材料（500×480）　　　　240 000

(2) 预算会计不涉及账务处理。

【例2-82】　某事业单位的一批库存物品经批准后对外出售，取得价款300 000元，出售过程中发生相关费用10 000元，用基本户资金支付。已知出售前该批库存物品的账面余额为280 000元。平行记账账务处理如下：

(1) 财务会计账务处理如下：

```
借：资产处置费用                           280 000
    贷：库存物品                           280 000
借：银行存款                               290 000
    贷：应缴财政款                         290 000
借：应缴财政款                              10 000
    贷：银行存款                            10 000
```

（2）预算会计不涉及账务处理。

【例 2-83】 某事业单位的一批库存物品经批准后对外捐赠，捐赠过程中发生相关费用 10 000 元，用基本户资金支付。已知该批库存物品的账面余额为 280 000 元。平行记账账务处理如下：

（1）财务会计账务处理如下：

```
借：资产处置费用                           290 000
    贷：库存物品                           280 000
        银行存款                            10 000
```

（2）预算会计账务处理如下：

```
借：其他支出                                10 000
    贷：资金结存——货币资金                 10 000
```

【例 2-84】 某事业单位为增值税一般纳税人，准备将之前购入的甲非自用材料无偿调给兄弟单位。该材料账面余额为 50 000 元，购入时增值税专用发票上注明的增值税税额为 6 500 元。调出过程中用支付相关费用 10 000 元，用基本户资金支付。平行记账账务处理如下：

（1）财务会计账务处理如下：

```
借：无偿调拨净资产                          56 500
    贷：库存物品——甲材料                   50 000
        应交增值税——应交税金（进项税额转出） 6 500
借：资产处置费用                            10 000
    贷：银行存款                            10 000
```

（2）预算会计账务处理如下：

```
借：其他支出                                10 000
    贷：资金结存——货币资金                 10 000
```

【例 2-85】 某事业单位为增值税小规模纳税人，在年终盘点库存材料时，发现事业用甲材料溢余 20 千克，该类材料的市场价格为每千克 1 000 元，尚未入账。平行记账账务处理如下：

（1）财务会计账务处理如下：

借：库存物品——甲材料	20 000	
贷：待处理财产损溢		20 000

（2）预算会计不涉及账务处理。

【例2-86】 某事业单位为增值税一般纳税人，在年终盘点库存材料时，发现A非自用材料发生毁损。该材料的账面余额为5 000元，增值税进项税额为650元。平行记账账务处理如下：

（1）财务会计账务处理如下：

借：待处理财产损溢	5 650	
贷：库存物品——A材料		5 000
应交增值税——应交税金（进项税额转出）		650

（2）预算会计不涉及账务处理。

【例2-87】 某事业单位自行加工专用材料，领用B材料5 000元，以现金支付人工费1 500元，专用材料加工完成，验收合格并入库。平行记账账务处理如下：

（1）财务会计账务处理如下：

A. 支付料工费时：

借：加工物品——自制物品——专用材料	6 500	
贷：库存物品——B材料		5 000
库存现金		1 500

B. 加工完成验收入库时：

借：库存物品——自制物品——专用材料	6 500	
贷：加工物品——自制物品——专用材料		6 500

（2）预算会计账务处理如下：

A. 支付料工费时：

借：事业支出	1 500	
贷：资金结存——货币资金		1 500

B. 加工完成验收入库时：

不涉及账务处理。

三、加工物品

（一）"加工物品"科目核算的内容

"加工物品"科目核算单位自制或委托外单位加工的各种物品的实际成本。未完成的测绘、地质勘查、设计成果的实际成本，也通过"加工物品"科目核算。

为核算单位自制或委托外单位加工的各种物品的实际成本，单位应设置"加工物品"科目。"加工物品"科目期末借方余额反映单位自制或委托外单位加工但尚未完工的各种物品的实际成本。同时，"加工物品"科目应当设置"自制物品""委托加工物品"两个一级明细科目，并按照物品类别、品种、项目等设置明细账，进行明细核算。

"自制物品"一级明细科目下应当设置"直接材料""直接人工""其他直接费用"等二级明细科目归集自制物品发生的直接材料、直接人工（专门从事物品制造人员的人工费）等直接费用；对于自制物品发生的间接费用，应当在"加工物品"科目"自制物品"一级明细科目下单独设置"间接费用"二级明细科目予以归集，期末，再按照一定的分配标准和方法，分配计入有关物品的成本。

（二）"加工物品"科目平行记账账务处理

1. 自制物品

具体账务处理如表 2-62 所示。

表 2-62　加工物品平行记账账务处理Ⅰ

情形	财务会计		预算会计	
	行政单位	事业单位	行政单位	事业单位
为自制物品领用材料时	借：加工物品——自制物品（直接材料） 　贷：库存物品（相关明细科目）		—	
专门从事物资制造的人员发生的直接人工费用	借：加工物品——自制物品（直接人工） 　贷：应付职工薪酬		—	
为自制物品发生其他直接费用和间接费用	借：加工物品——自制物品（其他直接费用、间接费用） 　贷：财政拨款收入/零余额账户用款额度/银行存款等		借：行政支出[实际支付金额] 　贷：财政拨款预算收入/资金结存	借：事业支出/经营支出等[实际支付金额] 　贷：财政拨款预算收入/资金结存
自制加工完成、验收入库	借：库存物品（相关明细科目） 　贷：加工物品——自制物品（直接材料、直接人工、其他直接费用、间接费用）		—	

2. 委托加工物品

具体账务处理如表 2-63 所示。

表 2-63　加工物品平行记账账务处理Ⅱ

情形	财务会计		预算会计	
	行政单位	事业单位	行政单位	事业单位
发给外单位加工的材料	借：加工物品——委托加工物品 　贷：库存物品（相关明细科目）		—	

（续表）

情形	财务会计		预算会计	
	行政单位	事业单位	行政单位	事业单位
支付加工费用	借：加工物品——委托加工物品 　　贷：财政拨款收入/零余额账户用款额度/银行存款等		借：行政支出 　　贷：财政拨款预算收入/资金结存	借：事业支出/经营支出等 　　贷：财政拨款预算收入/资金结存
委托加工完成的物品验收入库	借：库存物品（相关明细科目） 　　贷：加工物品——委托加工物品		—	

（三）行政单位平行记账业务举例

【例2-88】 某行政单位委托加工专用材料，共使用原材料甲5 000元，应支付委托加工费用15 000元。委托加工完成后验收入库。平行记账账务处理如下：

（1）财务会计账务处理如下：

A. 发出委托加工商品：

借：加工物品——委托加工物品　　　　　　　　　　　　　　　　5 000
　　贷：库存物品——甲材料　　　　　　　　　　　　　　　　　　5 000

B. 支付委托加工费：

借：加工物品——委托加工物品　　　　　　　　　　　　　　　　15 000
　　贷：银行存款　　　　　　　　　　　　　　　　　　　　　　　15 000

C. 委托加工完成后验收入库：

借：库存物品　　　　　　　　　　　　　　　　　　　　　　　　20 000
　　贷：加工物品——委托加工物品　　　　　　　　　　　　　　　20 000

（2）预算会计账务处理如下：

借：行政支出　　　　　　　　　　　　　　　　　　　　　　　　15 000
　　贷：资金结存——货币资金　　　　　　　　　　　　　　　　　15 000

（四）事业单位平行记账业务举例

【例2-89】 某事业单位自行加工专用材料，共领用原材料甲5 000元，应支付生产工人工资10 000元，以银行存款支付其他直接费用4 000元，专用于生产该材料的设备在此期间累计发生折旧1 000元。加工完成后验收入库。平行记账账务处理如下：

（1）财务会计账务处理如下：

A. 领用材料进行加工：

借：加工物品——自制物品——直接材料　　　　　　　　　5 000
　　　　　　　　　　——直接人工　　　　　　　　　　10 000
　　　　　　　　　　——其他直接费用　　　　　　　　 4 000
　　　　　　　　　　——间接费用　　　　　　　　　　 1 000
　　贷：库存物品——甲材料　　　　　　　　　　　　　 5 000
　　　　应付职工薪酬　　　　　　　　　　　　　　　　10 000
　　　　银行存款　　　　　　　　　　　　　　　　　　 4 000
　　　　固定资产累计折旧　　　　　　　　　　　　　　 1 000
B. 该专用材料制造完成并验收入库时：
借：库存物品——自制物品　　　　　　　　　　　　　　20 000
　　贷：加工物品——自制物品　　　　　　　　　　　　20 000
（2）预算会计账务处理如下：
借：事业支出　　　　　　　　　　　　　　　　　　　　 4 000
　　贷：资金结存——货币资金　　　　　　　　　　　　 4 000

第五节　待摊费用类

一、待摊费用

（一）"待摊费用"科目核算的内容

待摊费用核算单位已经支付，但应当在本期和以后各期分别负担的分摊期在1年以内（含1年）的各项费用，如预付航空保险费、预付租金等，但不包括摊销期限在1年以上的租入固定资产改良支出和其他费用等。

待摊费用应当在其受益期限内分期平均摊销。例如，预付的航空保险费应在保险期的有效期内、预付租金应在租赁期内分期平均摊销，计入当期费用。

为核算单位已经支付，但应当在本期和以后各期分别负担的分摊期在1年以内（含1年）的各项费用，单位应设置"待摊费用"科目。"待摊费用"科目期末借方余额反映单位各种已支付但尚未摊销的分摊期在1年以内（含1年）的费用。同时，"待摊费用"科目应当按照待摊费用种类进行明细核算。

（二）"待摊费用"科目平行记账账务处理

1. 发生待摊费用
具体账务处理如表2-64所示。

表 2-64 待摊费用平行记账账务处理 I

情形	财务会计		预算会计	
	行政单位	事业单位	行政单位	事业单位
发生待摊费用时	借：待摊费用 　贷：财政拨款收入/零余额账户用款额度/银行存款等		借：行政支出 　贷：财政拨款预算收入/资金结存	借：事业支出等 　贷：财政拨款预算收入/资金结存

2. 按照受益期限分期平均摊销

具体账务处理如表 2-65 所示。

表 2-65 待摊费用平行记账账务处理 II

情形	财务会计		预算会计	
	行政单位	事业单位	行政单位	事业单位
按照受益期限分期平均摊销时	借：业务活动费用 　贷：待摊费用［每期摊销金额］	借：业务活动费用/单位管理费用/经营费用等 　贷：待摊费用［每期摊销金额］	—	

3. 将摊余金额一次全部转入当期费用

具体账务处理如表 2-66 所示。

表 2-66 待摊费用平行记账账务处理 III

情形	财务会计		预算会计	
	行政单位	事业单位	行政单位	事业单位
将摊余金额一次全部转入当期费用时	借：业务活动费用 　贷：待摊费用［全部未摊销金额］	借：业务活动费用/单位管理费用/经营费用等 　贷：待摊费用［全部未摊销金额］	—	

（三）行政单位平行记账业务举例

【例 2-90】　某行政单位使用自有资金预付 1 年的办公用房租金 1 200 000 元。平行记账账务处理如下：

（1）财务会计账务处理如下：

借：待摊费用——办公用房租金 1 200 000
　　贷：银行存款 1 200 000
（2）预算会计账务处理如下：
借：行政支出 1 200 000
　　贷：资金结存——货币资金 1 200 000

（四）事业单位平行记账业务举例

【例 2-91】 某事业单位在第 1 个月摊销所租租赁预付的办公用房租金为 100 000 元（1 年租金共计 1 200 000 元）。平行记账账务处理如下：

（1）财务会计账务处理如下：
借：单位管理费用 100 000
　　贷：待摊费用——办公用房租金 100 000

（2）预算会计不涉及账务处理。

【例 2-92】 承［例 2-91］，该事业单位在第 7 个月的时候决定将剩余的租金一次性全部转入当期费用。平行记账账务处理如下：

（1）财务会计账务处理如下：
借：单位管理费用 600 000
　　贷：待摊费用——办公用房租金 600 000

（2）预算会计不涉及账务处理。

二、长期待摊费用

（一）"长期待摊费用"科目核算的内容

长期待摊费用核算单位已经支出，但应由本期和以后各期负担的分摊期限在 1 年以上（不含 1 年）的各项费用，如以经营租赁方式租入的固定资产发生的改良支出等。

"长期待摊费用"科目期末借方余额反映单位尚未摊销完毕的长期待摊费用。同时，"长期待摊费用"科目应当按照费用项目进行明细核算。

（二）"长期待摊费用"科目平行记账账务处理

具体账务处理如表 2-67 所示。

表 2-67 长期待摊费用平行记账账务处理

情形	财务会计		预算会计	
	行政单位	事业单位	行政单位	事业单位
发生长期待摊费用	借：长期待摊费用 　　贷：财政拨款收入/零余额账户用款额度/银行存款等		借：行政支出 　　贷：财政拨款预算收入/资金结存	借：事业支出等 　　贷：财政拨款预算收入/资金结存
按期摊销或一次转销长期待摊费用剩余账面余额	借：业务活动费用 　　贷：长期待摊费用	借：业务活动费用/单位管理费用/经营费用等 　　贷：长期待摊费用	—	

（三）行政单位平行记账业务举例

【例 2-93】 某行政单位以经营租赁的方式租入甲设备一套，以出包方式发生改良支出 60 000 元，租赁期为 2 年，以基本户资金支付，采用租赁期每年摊销的方式。平行记账账务处理如下：

（1）财务会计账务处理如下：

A. 租入甲设备时：

借：长期待摊费用　　　　　　　　　　　　　　　　　　　　　　60 000
　　贷：银行存款　　　　　　　　　　　　　　　　　　　　　　　60 000

B. 每年摊销时：

借：业务活动费用　　　　　　　　　　　　　　　　　　　　　　30 000
　　贷：长期待摊费用　　　　　　　　　　　　　　　　　　　　　30 000

（2）预算会计账务处理如下：

A. 租入甲设备时：

借：行政支出　　　　　　　　　　　　　　　　　　　　　　　　60 000
　　贷：资金结存——货币资金　　　　　　　　　　　　　　　　60 000

B. 每年摊销时不涉及账务处理。

（四）事业单位平行记账业务举例

【例 2-94】 某事业单位以经营租赁的方式租入甲设备一套，以出包方式发生改良支出 200 000 元，租赁期为 5 年，以基本户资金支付。平行记账账务处理如下：

（1）财务会计账务处理如下：

A. 发生长期待摊费用：

借：长期待摊费用　　　　　　　　　　　　　　　　　　　200 000
　　贷：银行存款　　　　　　　　　　　　　　　　　　　　200 000
B. 按期摊销长期待摊费用剩余账面余额：
借：单位管理费用　　　　　　　　　　　　　　　　　　　 40 000
　　贷：长期待摊费用　　　　　　　　　　　　　　　　　　 40 000
（2）预算会计账务处理如下：
A. 发生长期待摊费用：
借：事业支出　　　　　　　　　　　　　　　　　　　　　200 000
　　贷：资金结存——货币资金　　　　　　　　　　　　　　200 000
B. 按期摊销长期待摊费用剩余账面余额，不涉及账务处理。

第六节　对外投资类

一、短期投资

（一）"短期投资"科目核算的内容

短期投资核算事业单位按照规定取得的，持有时间不超过1年（含1年）的投资。事业单位为了使多余的货币资金获得比银行存款利息更高的收益，往往选择购买有公开市场的可随时抛售的有价证券。而持有时间不超过1年的其他投资一般是指以货币资金、材料、固定资产等向其他单位的投资，这种投资可以在1年内收回。在事业单位，短期投资主要是国债投资，一般按照国债投资的种类进行明细核算。

短期投资相对于长期债券投资和长期股权投资，具有以下三个特征：

（1）投资目的明确。短期投资是事业单位为了提高暂时闲置资金的使用效率而进行的对外投资，也包括以赚取差价为目的的投资。

（2）投资时间短。事业单位为了能够实现及时变现的目的，通常投资于二级市场上公开交易的股票、债券、基金等，这些资产在市场上极易变现。

（3）事业单位对短期投资的核算，应严格遵守国家法律、行政法规以及财政部门、主管部门关于对外投资的有关规定。

为核算事业单位按照规定取得的，持有时间不超过1年（含1年）的投资，事业单位应设置"短期投资"科目。"短期投资"科目期末借方余额反映事业单位持有短期投资的成本。同时，"短期投资"科目应当按照投资的种类等进行明细核算。

(二)"短期投资"科目平行记账账务处理

"短期投资"科目仅适用于事业单位,行政单位不涉及此业务。

1. 取得短期投资

具体账务处理如表2-68所示。

表2-68　短期投资平行记账账务处理Ⅰ

情形	财务会计	预算会计
	事业单位	事业单位
取得短期投资并支付投资成本时	借:短期投资 　　贷:银行存款等	借:投资支出 　　贷:资金结存——货币资金
收到购买时已到付息期但尚未领取的利息时	借:银行存款 　　贷:短期投资	借:资金结存——货币资金 　　贷:投资支出

2. 收到短期投资持有期间的利息

具体账务处理如表2-69所示。

表2-69　短期投资平行记账账务处理Ⅱ

情形	财务会计	预算会计
	事业单位	事业单位
短期投资持有期间收到利息	借:银行存款 　　贷:投资收益	借:资金结存——货币资金 　　贷:投资预算收益

3. 出售短期投资或到期收回短期投资(国债)本息

具体账务处理如表2-70所示。

表2-70　短期投资平行记账账务处理Ⅲ

情形	财务会计	预算会计
	事业单位	事业单位
出售短期投资或到期收回短期投资(国债)本息	借:银行存款[实际收到的金额] 　　投资收益[借差] 　贷:短期投资[账面余额] 　　投资收益[贷差]	借:资金结存——货币资金[实收款] 　　投资预算收益[实收款小于投资成本的差额] 　贷:投资支出[出售或收回当年投资的] 　　其他结余[出售或收回以前年度投资的] 　　投资预算收益[实收款大于投资成本的差额]

（三）事业单位平行记账业务举例

【例2-95】 某事业单位于2月1日以银行存款购买50 000元的有价债券（其中包括已到付息期但尚未领取的利息5 000元），准备10个月之内出售。平行记账账务处理如下：

（1）财务会计账务处理如下：

A.2月1日购买债券时：

借：短期投资　　　　　　　　　　　　　　　　50 000
　　贷：银行存款　　　　　　　　　　　　　　　　50 000

B.3月1日收到利息存入银行：

借：银行存款　　　　　　　　　　　　　　　　5 000
　　贷：短期投资　　　　　　　　　　　　　　　　5 000

（2）预算会计账务处理如下：

A.2月1日购买债券时：

借：投资支出　　　　　　　　　　　　　　　　50 000
　　贷：资金结存——货币资金　　　　　　　　　　50 000

B.3月1日收到利息存入银行：

借：资金结存——货币资金　　　　　　　　　　5 000
　　贷：投资支出　　　　　　　　　　　　　　　　5 000

【例2-96】 承［例2-95］，该单位9月30日收到三季度利息2 000元。平行记账账务处理如下：

（1）财务会计账务处理如下：

借：银行存款　　　　　　　　　　　　　　　　2 000
　　贷：投资收益　　　　　　　　　　　　　　　　2 000

（2）预算会计账务处理如下：

借：资金结存——货币资金　　　　　　　　　　2 000
　　贷：投资预算收益　　　　　　　　　　　　　　2 000

【例2-97】 承［例2-96］，该事业单位于10月2日出售该债券，收到50 500元。平行记账账务处理如下：

（1）财务会计账务处理如下：

借：银行存款　　　　　　　　　　　　　　　　50 500
　　贷：短期投资　　　　　　　　　　　　　　　　45 000
　　　　投资收益　　　　　　　　　　　　　　　　5 500

（2）预算会计账务处理如下：

借：资金结存——货币资金　　　　　　　　　　　　　　　　50 500
　　贷：投资支出　　　　　　　　　　　　　　　　　　　　　　45 000
　　　　投资预算收益　　　　　　　　　　　　　　　　　　　　5 500

二、长期股权投资

（一）"长期股权投资"科目核算的内容

长期股权投资核算事业单位按照规定取得的，持有时间超过1年（不含1年）的股权性质的投资。事业单位进行长期股权投资的主要目的是获取较长时间的、较高的投资收益。

为核算事业单位按照规定取得的，持有时间超过1年（不含1年）的股权性质的投资，事业单位应设置"长期股权投资"科目。"长期股权投资"科目期末借方余额反映事业单位持有的长期股权投资的价值。同时，"长期股权投资"科目应当按照被投资单位和长期股权投资取得方式等进行明细核算。

长期股权投资采用权益法核算的，还应当分"成本""损益调整""其他权益变动"设置明细科目，进行明细核算。

《政府会计准则制度解释第3号》规定，根据国务院和地方人民政府授权、代表本级人民政府对国家出资企业履行出资人职责的单位，与其履行出资人职责的国家出资企业之间不存在股权投资关系，不作为单位的投资进行会计处理。通过单位账户对国家出资企业投入货币资金，纳入本单位预算管理的，应当按照《政府会计制度》中"其他费用（支出）"科目相关规定处理；不纳入本单位预算管理的，应当按照《政府会计制度》中"其他应付款"科目相关规定处理。

（二）"长期股权投资"科目平行记账账务处理

"长期股权投资"科目仅适用于事业单位，行政单位不涉及此业务。

1. 取得长期股权投资

具体账务处理如表2-71所示。

表2-71　长期股权投资平行记账账务处理 I

情形	财务会计	预算会计
	事业单位	事业单位
以现金取得的长期股权投资	借：长期股权投资——成本/长期股权投资——应收股利［实际支付价款中包含的已宣告但尚未发放的股利或利润］ 　　贷：银行存款等［实际支付的价款］	借：投资支出［实际支付的价款］ 　　贷：资金结存——货币资金

（续表）

情形	财务会计	预算会计
	事业单位	事业单位
收到取得投资时实际支付价款中所包含的已宣告但尚未发放的股利或利润时	借：银行存款 　　贷：应收股利	借：资金结存——货币资金 　　贷：投资支出等
以现金以外的其他资产置换取得长期股权投资	参照"库存物品"科目中置换取得库存物品的账务处理	—
以未入账的无形资产取得的长期股权投资	借：长期股权投资 　　贷：银行存款／其他应交税费／其他收入	借：其他支出［支付的相关税费］ 　　贷：资金结存
接受捐赠的长期股权投资	借：长期股权投资——成本 　　贷：银行存款等［相关税费］ 　　　　捐赠收入	借：其他支出［支付的相关税费］ 　　贷：资金结存
无偿调入的长期股权投资	借：长期股权投资 　　贷：无偿调拨净资产 　　　　银行存款等［相关税费］	借：其他支出［支付的相关税费］ 　　贷：资金结存
以持有的科技成果取得的长期股权投资（假设科技成果价值与市场评估相等）	借：长期股权投资［按照评估价值加相关税费作为投资成本］ 　　贷：无形资产——科技成果 　　　　银行存款等［相关税费］	借：其他支出［支付的相关税费］ 　　贷：资金结存

2．持有长期股权投资期间

1）成本法

A．持有收益归属本单位的账务处理如表 2-72 所示。

表 2-72　长期股权投资平行记账账务处理 Ⅱ

情形	财务会计	预算会计
	事业单位	事业单位
被投资单位宣告发放现金股利或利润时	借：应收股利 　　贷：投资收益	—
收到被投资单位发放的现金股利时	借：银行存款 　　贷：应收股利	借：资金结存——货币资金 　　贷：投资预算收益

B．持有收益上缴本级财政的账务处理如表 2-73 所示。

表 2-73　长期股权投资平行记账账务处理 Ⅲ

情形	财务会计	预算会计
	事业单位	事业单位
被投资单位宣告发放现金股利或利润时	借：应收股利 　　贷：投资收益	—
收到被投资单位发放的现金股利时	借：银行存款 　　贷：应缴财政款 借：投资收益／累计盈余［此前确认的投资收益已经结转的］ 　　贷：应收股利	—
将取得的现金股利或利润上缴财政时	借：应缴财政款 　　贷：银行存款	—

2）权益法

A. 持有收益归属本单位的账务处理如表 2-74 所示。

表 2-74　长期股权投资平行记账账务处理 Ⅳ

情形	财务会计	预算会计
	事业单位	事业单位
被投资单位实现净利润的，按照其份额	借：长期股权投资——损益调整 　　贷：投资收益	—
被投资单位发生净亏损的，按照其份额	借：投资收益 　　贷：长期股权投资——损益调整	—
被投资单位发生净亏损，但以后年度又实现净利润的，按规定恢复确认投资收益的	借：长期股权投资——损益调整 　　贷：投资收益	—
被投资单位宣告发放现金股利或利润的，按照其份额	借：应收股利 　　贷：长期股权投资——损益调整	—
被投资单位除净损益和利润分配以外的所有者权益变动时，按照其份额	借：长期股权投资——其他权益变动 　　贷：权益法调整 或： 借：权益法调整 　　贷：长期股权投资——其他权益变动	—
权益法下收到被投资单位发放的现金股利	借：银行存款 　　贷：应收股利	借：资金结存——货币资金 　　贷：投资预算收益

B. 持有收益上缴本级财政的账务处理如表 2-75 所示。

表 2-75　长期股权投资平行记账账务处理 V

情形	财务会计	预算会计
	事业单位	事业单位
被投资单位实现净利润的，按照其享有的份额	借：长期股权投资——损益调整 　　贷：投资收益	—
被投资单位宣告发放现金股利或利润的，按照享有的份额	借：应收股利 　　贷：长期股权投资——损益调整	—
权益法下收到被投资单位发放的现金股利	借：银行存款 　　贷：应缴财政款 借：投资收益/累计盈余［此前确认的投资收益已经结转的］ 　　贷：应收股利	—
将取得的现金股利或利润上缴财政时	借：应缴财政款 　　贷：银行存款	—

3. 追加投资成本法改为权益法

具体账务处理如表 2-76 所示。

表 2-76　长期股权投资平行记账账务处理 VI

情形	财务会计	预算会计
	事业单位	事业单位
追加投资成本法改为权益法	借：长期股权投资——成本 　　贷：长期股权投资［成本法下账面余额］ 　　　　银行存款等［追加投资］	借：投资支出［实际支付的金额］ 　　贷：资金结存——货币资金

4. 权益法改为成本法

具体账务处理如表 2-77 所示。

表 2-77　长期股权投资平行记账账务处理 VII

情形	财务会计	预算会计
	事业单位	事业单位
权益法改为成本法	借：长期股权投资 　　贷：长期股权投资——成本 　　　　　　　　　　——损益调整 　　　　　　　　　　——其他权益变动	—

5. 出售（转让）长期股权投资

1）处置以现金取得的长期股权投资

具体账务处理如表 2-78 所示。

表 2-78　长期股权投资平行记账账务处理Ⅷ

情形	财务会计	预算会计
	事业单位	事业单位
处置以现金取得的长期股权投资	借：银行存款［实际取得价款］ 　　投资收益［借差］ 　贷：长期股权投资［账面余额］ 　　　应收股利［尚未领取的现金股利或利润］ 　　　银行存款等［支付的相关税费］ 　　　投资收益［贷差］	借：资金结存——货币资金［取得价款扣减支付的相关税费后的金额］ 　贷：投资支出/其他结余［投资款］ 　　　投资预算收益

2）处置以现金以外的其他资产取得的长期股权投资

具体账务处理如表 2-79 所示。

表 2-79　长期股权投资平行记账账务处理Ⅸ

情形	财务会计	预算会计
	事业单位	事业单位
处置净收入上缴财政的（不含科技成果转化形成的）	借：资产处置费用 　贷：长期股权投资 借：银行存款［实际取得价款］ 　贷：应收股利［尚未领取的现金股利或利润］ 　　　银行存款等［支付的相关税费］ 　　　应缴财政款	借：资金结存——货币资金 　贷：投资预算收益［获得的现金股利或利润］
权益法下，长期股权投资的账面余额大于其投资成本的，按照规定投资收益纳入单位预算管理的（不含科技成果转化形成的）	借：资产处置费用 　贷：长期股权投资——成本 借：银行存款［实际取得价款］ 　贷：应收股利［尚未领取的现金股利或利润］ 　　　长期股权投资——损益调整/其他权益变动［按照长期股权投资的账面余额减去其投资成本的差额；如果为贷方余额的，借记相关明细科目］ 　　　银行存款［支付的相关税费］ 　　　投资收益［按照实际取得的价款与被处置长期股权投资账面余额、应收股利账面余额和相关税费支出合计数的差额］ 　　　应缴财政款［贷差］	借：资金结存——货币资金 　贷：投资预算收益［取得价款减去投资成本和相关税费后的金额］

（续表）

情形	财务会计	预算会计
	事业单位	事业单位
权益法下，长期股权投资的账面余额小于或等于其投资成本的，按照规定投资收益纳入单位预算管理的（不含科技成果转化形成的）	借：资产处置费用［投资账面余额］ 　　长期股权投资——损益调整\其他权益变动［部分明细科目余额也可能在贷方］ 　贷：长期股权投资——成本 借：银行存款［实际取得价款］ 　贷：应收股利［如有］ 　　银行存款等［支付的相关税费］ 　　投资收益［取得价款大于投资成本、应收股利账面余额和相关税费支出合计数的差额］ 　　应缴财政款	借：资金结存——货币资金 　贷：投资预算收益［取得价款减去投资成本和相关税费后的金额］
按规定处置以科技成果转化形成的长期股权投资所取得的收入全部留归本单位的	借：银行存款［实际取得价款］ 　贷：应收股利［尚未领取的现金股利或利润］ 　　长期股权投资 　　银行存款等［支付的相关税费］ 　　投资收益［按照借贷方差额或借记本科目］	借：资金结存——货币资金 　贷：投资预算收益［按照处置时确认的投资收益金额］ 　　其他预算收入［按照贷方差额］

6. 权益法改为成本法

具体账务处理如表 2-80 所示。

表 2-80　长期股权投资平行记账账务处理 X

情形	财务会计	预算会计
	事业单位	事业单位
按照规定核销时	借：资产处置费用 　贷：长期股权投资［账面余额］	—
置换转出时	参照"库存物品"科目中置换取得库存物品的账务处理	

7. 权益法下，处置时结转原直接计入净资产的相关金额

具体账务处理如表 2-81 所示。

表 2-81　长期股权投资平行记账账务处理 XI

情形	财务会计	预算会计
	事业单位	事业单位
权益法下，处置时结转原直接计入净资产的相关金额	借：权益法调整 　贷：投资收益 或作相反分录	—

8.将国家出资企业计入本单位长期股权投资的

将国家出资企业计入本单位长期股权投资的,不作为单位的投资进行会计处理,具体调整账务处理如表 2-82 所示。

表 2-82 长期股权投资平行记账账务处理Ⅹ

情形	财务会计	预算会计
	事业单位	事业单位
自《政府会计准则制度解释第 3 号》施行之日,将原"长期股权投资"科目余额中的相关账面余额转出	借:累计盈余[以前年度出资]/其他费用[本年度出资] 　　贷:长期股权投资[原"长期股权投资"科目余额中的相关账面余额转出] 借:累计盈余 　　贷:权益法调整[如有科目余额]	—
单位按规定出资成立非营利法人单位,如事业单位、社会团体、基金会等,出资时应当按照出资金额(单位应当对出资成立的非营利法人单位设置备查簿进行登记)	借:其他费用 　　贷:银行存款	借:其他支出 　　贷:资金结存
自《政府会计准则制度解释第 3 号》施行之日,将单位出资成立非营利法人单位的出资金额计入长期股权投资的出资金额转出	借:累计盈余[以前年度出资]/其他费用[本年度出资] 　　贷:长期股权投资	

9.因被投资单位破产清算等原因,有确凿证据表明长期股权投资发生损失

具体账务处理如表 2-83 所示。

表 2-83 长期股权投资平行记账账务处理Ⅺ

情形	财务会计	预算会计
	事业单位	事业单位
事业单位持的长期股权投资,被投资企业已宣告破产,且有确凿证据表明该笔长期股权投资全部发生损失。无需将长期股权投资账面余额先转入"待处理财产损溢"科目	借:资产处置费用 　　贷:长期股权投资	—

(三)事业单位平行记账业务举例

【例 2-98】 某事业单位以银行存款 10 000 000 元在公开市场买入甲公司 5% 的股份(含

已宣告但尚未发放的现金股利100 000元），在购买过程中支付手续费25 000元。平行记账账务处理如下：

（1）财务会计账务处理如下：

A. 买入甲公司股份时：

借：长期股权投资——成本——甲公司　　　　　　　　9 925 000
　　应收股利　　　　　　　　　　　　　　　　　　　　100 000
　　贷：银行存款　　　　　　　　　　　　　　　　　　　　　10 025 000

B. 实际收到现金股利时：

借：银行存款　　　　　　　　　　　　　　　　　　　　100 000
　　贷：应收股利　　　　　　　　　　　　　　　　　　　　　100 000

（2）预算会计账务处理如下：

A. 买入甲公司股份时：

借：投资支出　　　　　　　　　　　　　　　　　　　10 025 000
　　贷：资金结存——货币资金　　　　　　　　　　　　　　10 025 000

B. 实际收到现金股利时：

借：资金结存——货币资金　　　　　　　　　　　　　　100 000
　　贷：投资支出　　　　　　　　　　　　　　　　　　　　　100 000

【例2-99】　某事业单位2022年购入一台机器设备，原始价值为1 000 000元，预计使用年限为10年。2023年该设备已经计提折旧100 000元，该单位将该设备用于对甲公司的长期股权投资，持股比例为10%，双方协商作价700 000元。平行记账账务处理如下：

（1）财务会计账务处理如下：

借：长期股权投资——成本——甲公司　　　　　　　　700 000
　　固定资产累计折旧　　　　　　　　　　　　　　　　100 000
　　资产处置费用　　　　　　　　　　　　　　　　　　200 000
　　贷：固定资产　　　　　　　　　　　　　　　　　　　　　1 000 000

（2）预算会计不涉及账务处理。

【例2-100】　某事业单位以接受捐赠的一套价值1 000万元的进口设备用于对甲公司的长期股权投资，持股比例为5%，发生相关税费10万元。平行记账账务处理如下：

（1）财务会计账务处理如下：

借：长期股权投资——成本　　　　　　　　　　　　　10 100 000
　　贷：银行存款　　　　　　　　　　　　　　　　　　　　　100 000
　　　　捐赠收入　　　　　　　　　　　　　　　　　　　　　10 000 000

（2）预算会计账务处理如下：

借：其他支出	100 000	
贷：资金结存——货币资金		100 000

【例2-101】 某事业单位收到投资下属企业发放的现金股利1 000 000元，采用成本法核算。平行记账账务处理如下：

（1）财务会计账务处理如下：

A.下属企业宣告发放现金股利时：

借：应收股利	100 000	
贷：投资收益		100 000

B.收到现金股利时：

借：银行存款	100 000	
贷：应收股利		100 000

（2）预算会计账务处理如下：

A.下属企业宣告发放现金股利时：

不涉及账务处理。

B.收到现金股利时：

借：资金结存——货币资金	100 000	
贷：投资预算收益		100 000

【例2-102】 某事业单位投资的下属企业2023年的净利润为1 000 000元，投资比例为30%，采用权益法核算。平行记账账务处理如下：

（1）财务会计账务处理如下：

A.被投资企业实现利润时：

借：长期股权投资——损益调整（1 000 000×30%）	300 000	
贷：投资收益		300 000

B.如果投资的该下属企业宣告发放现金股利500 000元，则：

借：应收股利	150 000	
贷：长期股权投资——损益调整		150 000

（2）预算会计不涉及账务处理。

【例2-103】 某事业单位2021年投资下属企业100 000元，占该企业股权10%，采用成本法核算。2023年，该单位追加投资100 000元，于是占该企业股权20%，改用权益法核算。平行记账账务处理如下：

（1）财务会计账务处理如下（追加投资成本法改为权益法）：

借：长期股权投资——成本	200 000	
贷：长期股权投资		100 000
银行存款		100 000

（2）预算会计账务处理如下：

借：投资支出 100 000
　　贷：资金结存——货币资金 100 000

【例 2-104】 某事业单位将 3 年前以不动产投资入股所持有的乙单位 1% 的股权转让，该股权投资的账面余额为 205 000 元，实际转让时收到价款为 220 000 元，支付手续费 10 000 元。平行记账账务处理如下：

（1）财务会计账务处理如下：

A. 处置资产：

借：资产处置费用 205 000
　　贷：长期股权投资——乙单位 205 000

B. 处置净收入上缴财政：

借：应缴财政款 220 000
　　贷：银行存款 10 000
　　　　投资收益 5 000
　　　　资产处置费用 205 000

（2）预算会计账务处理如下：

借：资金结存——货币资金 5 000
　　贷：投资预算收益 5 000

【例 2-105】 某事业单位持有 A 公司 3% 的股权，此长期股权投资的账面余额为 200 000 元，因 A 公司经营不善实行破产清算准备予以核销。报经批准予以核销后，平行记账账务处理如下：

（1）财务会计账务处理如下：

借：资产处置费用 200 000
　　贷：长期股权投资——A 公司 200 000

（2）预算会计不涉及账务处理。

【例 2-106】 某事业单位经批准后向某企业进行长期股权投资，投资比例为 5%，采用成本法核算，按规定该单位需将长期股权投资持有期间取得的投资收益上缴本级财政的。2023 年被投资企业的净利润为 1 000 000 元，同年宣告发放现金股利 100 000 元，该单位于 12 月 30 日收到被投资企业发放的股利并及时上缴财政。平行记账账务处理如下：

（1）财务会计账务处理如下：

A. 被投资单位宣告发放现金股利时：

借：应收股利 100 000
　　贷：投资收益 100 000

B. 收到现金股利时：

借：银行存款　　　　　　　　　　　　　　　　　　　　　　　　　100 000
　　贷：应缴财政款　　　　　　　　　　　　　　　　　　　　　　　　100 000
同时，
借：投资收益　　　　　　　　　　　　　　　　　　　　　　　　　　100 000
　　贷：应收股利　　　　　　　　　　　　　　　　　　　　　　　　　100 000
C. 将取得的现金股利或利润上缴财政时：
借：应缴财政款　　　　　　　　　　　　　　　　　　　　　　　　　100 000
　　贷：银行存款　　　　　　　　　　　　　　　　　　　　　　　　　100 000
（2）预算会计不涉及账务处理。

【例 2-107】　某事业单位经批准后向某企业进行长期股权投资，投资比例为 25%，采用权益法核算，按规定该单位需将长期股权投资持有期间取得的投资收益上缴本级财政的。2023 年被投资企业的净利润为 1 000 000 元，同年宣告发放现金股利 100 000 元，该单位于 12 月 30 日收到被投资企业发放的股利并及时上缴财政。平行记账账务处理如下：

（1）财务会计账务处理如下：
A. 被投资企业实现利润时：
借：长期股权投资——损益调整　　　　　　　　　　　　　　　　　250 000
　　贷：投资收益　　　　　　　　　　　　　　　　　　　　　　　　　250 000
B. 被投资单位宣告发放现金股利时：
借：应收股利　　　　　　　　　　　　　　　　　　　　　　　　　　100 000
　　贷：长期股权投资——损益调整　　　　　　　　　　　　　　　　　100 000
C. 收到现金股利时：
借：银行存款　　　　　　　　　　　　　　　　　　　　　　　　　　100 000
　　贷：应缴财政款　　　　　　　　　　　　　　　　　　　　　　　　100 000
同时，
借：投资收益　　　　　　　　　　　　　　　　　　　　　　　　　　100 000
　　贷：应收股利　　　　　　　　　　　　　　　　　　　　　　　　　100 000
D. 将取得的现金股利或利润上缴财政时：
借：应缴财政款　　　　　　　　　　　　　　　　　　　　　　　　　100 000
　　贷：银行存款　　　　　　　　　　　　　　　　　　　　　　　　　100 000
（2）预算会计不涉及账务处理。

【例 2-108】　某事业单位在以前年度按规定出资成立非营利法人单位学会组织，出资额 200 000 元，记入"长期股权投资"科目进行会计核算。现按《政府会计准则制度解释第 3 号》要求，按照出资金额转出"长期股权投资"科目，同时对出资成立的非营利法人单位设置备查簿进行登记。平行记账账务处理如下：

（1）财务会计账务处理如下：
借：累计盈余 200 000
　　贷：长期股权投资 200 000
（2）预算会计不涉及账务处理。

【例 2-109】 某部门因改革需要，按规定将由所属甲单位持有的长期股权投资500 000元无偿划转给所属乙单位持有，长期股权投资划转前后均采用权益法核算，期间权益增加100 000元。平行记账账务处理如下：

（1）财务会计账务处理如下：
A. 对于甲单位而言，按规定无偿调出长期股权投资时：
借：无偿调拨净资产 600 000
　　贷：长期股权投资——成本 500 000
　　　　　　　　　　——损益调整 100 000
借：投资收益 100 000
　　贷：权益法调整 100 000
B. 对于乙单位而言，按规定接受无偿调入的长期股权投资时：
借：长期股权投资——成本 600 000
　　贷：无偿调拨净资产 600 000
（2）预算会计不涉及账务处理。

三、长期债券投资

（一）"长期债券投资"科目核算的内容

长期债券筹资核算事业单位按照规定取得的，持有时间超过1年（不含1年）的债券投资。

为核算事业单位按照规定取得的，持有时间超过1年（不含1年）的债券投资，事业单位应设置"长期债券投资"科目。"长期债券投资"科目期末借方余额反映事业单位持有的长期债券投资的价值。同时，"长期债券投资"科目应当设置"成本""应计利息"明细科目，并按照债券投资的种类进行明细核算。

（二）"长期债券投资"科目平行记账账务处理

"长期债券投资"科目仅适用于事业单位，行政单位不涉及此业务。
1. 取得长期债券投资
具体账务处理如表2-84所示。

表2-84　长期债券投资平行记账账务处理 I

情形	财务会计	预算会计
	事业单位	事业单位
取得长期债券投资时	借：长期债券投资——成本 　　应收利息［实际支付价款中包含的已到付息期但尚未领取的利息］ 　贷：银行存款等［实际支付价款］	借：投资支出［实际支付价款］ 　贷：资金结存——货币资金
收到取得投资所支付价款中包含的已到付息期但尚未领取的利息时	借：银行存款 　贷：应收利息	借：资金结存——货币资金 　贷：投资支出等

2.持有长期债券投资期间

具体账务处理如表2-85所示。

表2-85　长期债券投资平行记账账务处理 II

情形	财务会计	预算会计
	事业单位	事业单位
按期以票面金额与票面利率计算确认利息收入时	借：应收利息［分期付息、到期还本］ 　　长期债券投资——应计利息［到期一次还本付息］ 　贷：投资收益	—
实际收到分期支付的利息时	借：银行存款 　贷：应收利息	借：资金结存——货币资金 　贷：投资预算收益

3.到期收回长期债券投资本息

具体账务处理如表2-86所示。

表2-86　长期债券投资平行记账账务处理 III

情形	财务会计	预算会计
	事业单位	事业单位
到期收回长期债券投资本息	借：银行存款等 　贷：长期债券投资［账面余额］ 　　应收利息 　　投资收益	借：资金结存——货币资金 　贷：投资支出/其他结余［投资成本］ 　　投资预算收益

4.对外出售长期债券投资

具体账务处理如表2-87所示。

表 2-87　长期债券投资平行记账账务处理Ⅳ

情形	财务会计	预算会计
	事业单位	事业单位
对外出售长期债券投资	借：银行存款等［实际收到的款项］ 　　投资收益［借差］ 　贷：长期债券投资［账面余额］ 　　　应收利息 　　　投资收益［贷差］	借：资金结存——货币资金 　贷：投资支出/其他结余［投资成本］ 　　　投资预算收益

（三）事业单位平行记账业务举例

【例 2-110】 某事业单位购入 3 年期的国债，实际支付价款 505 000 元（包含已到付息期但尚未领取的利息 5 000 元），款项以银行存款支付。平行记账账务处理如下：

（1）财务会计账务处理如下：

A．购入国债时：

借：长期债券投资——成本——国债　　　　　　　　　　　　　　　500 000
　　应收利息　　　　　　　　　　　　　　　　　　　　　　　　　　5 000
　贷：银行存款　　　　　　　　　　　　　　　　　　　　　　　　505 000

B．实际收到上述已到付息期但尚未领取的利息时：

借：银行存款　　　　　　　　　　　　　　　　　　　　　　　　　5 000
　贷：应收利息　　　　　　　　　　　　　　　　　　　　　　　　5 000

（2）预算会计账务处理如下：

A．购入国债时：

借：投资支出　　　　　　　　　　　　　　　　　　　　　　　　505 000
　贷：资金结存——货币资金　　　　　　　　　　　　　　　　　　505 000

B．实际收到上述已到付息期但尚未领取的利息时：

借：资金结存——货币资金　　　　　　　　　　　　　　　　　　　5 000
　贷：投资支出　　　　　　　　　　　　　　　　　　　　　　　　5 000

【例 2-111】 某事业单位购入 3 年期分期计息、到期一次还本付息的国债，实际成本为 200 000 元，持有该国债满 1 年后计提利息 10 000 元。平行记账账务处理如下：

（1）财务会计账务处理如下：

借：长期债券投资——应计利息——国债　　　　　　　　　　　　　10 000
　贷：投资收益　　　　　　　　　　　　　　　　　　　　　　　　10 000

（2）预算会计不涉及账务处理。

【例2-112】 承[例2-111]，若该国债为分期付息、到期一次还本的债券，则平行记账账务处理如下：

（1）财务会计账务处理如下：

借：应收利息 10 000
　　贷：投资收益 10 000

（2）预算会计不涉及账务处理。

【例2-113】 承[例2-112]，该单位实际收到分期支付的利息时，平行记账账务处理如下：

（1）财务会计账务处理如下：

借：银行存款 10 000
　　贷：应收利息 10 000

（2）预算会计账务处理如下：

借：资金结存——货币资金 10 000
　　贷：投资预算收益 10 000

【例2-114】 某事业单位因资金周转困难，将持有的未到期的国债转让，该国债的账面余额为21 000元（其中投资成本为20 000元，应计利息为1 000元），转让价款为19 000元，款项已存入银行。平行记账账务处理如下：

（1）财务会计账务处理如下：

借：银行存款 19 000
　　投资收益 2 000
　　贷：长期债券投资——成本——国债 20 000
　　　　　　　　　　——应计利息——国债 1 000

（2）预算会计账务处理如下：

借：资金结存——货币资金 19 000
　　投资预算收益 2 000
　　贷：投资支出 21 000

第三章 资产类业务（2）

第一节 对内投资类

一、固定资产

（一）"固定资产"科目核算的内容

"固定资产"科目核算单位固定资产的原值。"固定资产"科目应当按照固定资产类别和项目进行明细核算。

固定资产一般分为房屋及构筑物、设备、陈列品、图书和档案、家具和用具、特种动植物六类。

单位在进行固定资产核算时，应当考虑以下情况：

（1）购入需要安装的固定资产，应当先通过"在建工程"科目核算，安装完毕交付使用时再转入"固定资产"科目核算。

（2）以借入、经营租赁租入方式取得的固定资产，不通过"固定资产"科目核算，应当设置备查簿进行登记。

（3）采用融资租入方式取得的固定资产，通过"固定资产"科目核算，并在"固定资产"科目下设置"融资租入固定资产"明细科目。

（4）经批准在境外购买具有所有权的土地，作为固定资产，通过"固定资产"科目核算；单位应当在"固定资产"科目下设置"境外土地"明细科目，进行相应明细核算。

"固定资产"科目期末借方余额反映单位固定资产的原值。

（二）"固定资产"科目平行记账账务处理

1. 固定资产取得

（1）外购的固定资产，具体账务处理如表3-1所示。

表 3-1 固定资产平行记账账务处理 Ⅰ

情形	财务会计		预算会计	
	行政单位	事业单位	行政单位	事业单位
不需安装的	借：固定资产 　　贷：财政拨款收入/零余额账户用款额度/应付账款/银行存款等		借：行政支出 　　贷：财政拨款预算收入/资金结存	借：事业支出/经营支出等 　　贷：财政拨款预算收入/资金结存
需要安装的固定资产先通过"在建工程"科目核算	借：在建工程 　　贷：财政拨款收入/零余额账户用款额度/应付账款/银行存款等		借：行政支出 　　贷：财政拨款预算收入/资金结存	借：事业支出/经营支出等 　　贷：财政拨款预算收入/资金结存
安装完工交付使用时	借：固定资产 　　贷：在建工程		—	
购入固定资产且扣留质量保证金的	借：固定资产［不需安装］/在建工程［需要安装］ 　　贷：财政拨款收入/零余额账户用款额度/应付账款/银行存款等 　　　　其他应付款［扣留期在1年以内（含1年）］ 　　　　长期应付款［扣留期超过1年］		借：行政支出 　　贷：财政拨款预算收入/资金结存	借：事业支出/经营支出等［购买固定资产实际支付的金额］ 　　贷：财政拨款预算收入/资金结存
质保期满支付质量保证金时	借：其他应付款/长期应付款 　　贷：财政拨款收入/零余额账户用款额度/银行存款等		借：行政支出 　　贷：财政拨款预算收入/资金结存	借：事业支出/经营支出等 　　贷：财政拨款预算收入/资金结存

注：实行预算管理一体化的单位不再使用"零余额账户用款额度"科目。

（2）自行建造的固定资产，工程完工交付使用时的具体账务处理如表3-2所示。

表 3-2 固定资产平行记账账务处理 Ⅱ

情形	财务会计		预算会计	
	行政单位	预算单位	行政单位	预算单位
工程完工交付使用	借：固定资产 　　贷：在建工程		—	

（3）融资租入（或跨年度分期付款购入）的固定资产具体账务处理如表3-3所示。

表 3-3　固定资产平行记账账务处理 Ⅲ

情形	财务会计		预算会计	
	行政单位	事业单位	行政单位	事业单位
融资租入（或跨年度分期付款购入）的固定资产	借：固定资产[不需安装]/在建工程[需安装] 　　贷：长期应付款[协议或合同确定的租赁价款] 　　　　财政拨款收入/零余额账户用款额度/银行存款等[实际支付的相关税费、运输费等]		借：行政支出[实际支付的相关税费、运输费等] 　　贷：财政拨款预算收入/资金结存	借：事业支出/经营支出等[实际支付的相关税费、运输费等] 　　贷：财政拨款预算收入/资金结存
定期支付租金（或分期付款）时	借：长期应付款 　　贷：财政拨款收入/零余额账户用款额度/银行存款等		借：行政支出 　　贷：财政拨款预算收入/资金结存	借：事业支出/经营支出等 　　贷：财政拨款预算收入/资金结存

注：实行预算管理一体化的单位不再使用"零余额账户用款额度"科目。

（4）接受捐赠的固定资产，具体账务处理如表 3-4 所示。

表 3-4　固定资产平行记账账务处理 Ⅳ

情形	财务会计		预算会计	
	行政单位	事业单位	行政单位	事业单位
接受捐赠的固定资产	借：固定资产[不需安装]/在建工程[需安装] 　　贷：银行存款/零余额账户用款额度等[发生的相关税费、运输费等] 　　　　捐赠收入[差额]		借：其他支出[支付的相关税费、运输费等] 　　贷：资金结存	
接受捐赠的固定资产按照名义金额入账的	借：固定资产[名义金额] 　　贷：捐赠收入 借：其他费用 　　贷：银行存款/零余额账户用款额度等[发生的相关税费、运输费等]		借：其他支出[支付的相关税费、运输费等] 　　贷：资金结存	

注：实行预算管理一体化的单位不再使用"零余额账户用款额度"科目。

（5）无偿调入的固定资产，具体账务处理如表 3-5 所示。

表 3-5　固定资产平行记账账务处理 Ⅴ

情形	财务会计		预算会计	
	行政单位	事业单位	行政单位	事业单位
无偿调入固定资产	借：固定资产[不需安装]/在建工程[需安装] 　　贷：银行存款/零余额账户用款额度[发生的相关税费、运输费等] 　　　　无偿调拨净资产[差额]		借：其他支出[支付的相关税费、运输费等] 　　贷：资金结存	

（续表）

情形	财务会计		预算会计	
	行政单位	事业单位	行政单位	事业单位
无偿调入资产在调出方的账面价值为零	借：固定资产［账面余额］ 　　其他费用 　贷：固定资产累计折旧 　　　银行存款/零余额账户用款额度［发生的相关税费、运输费等］		借：其他支出［支付的相关税费、运输费等］ 　贷：资金结存	
无偿调入资产在调出方的账面余额为名义金额	借：固定资产［名义金额］ 　　其他费用 　贷：无偿调拨净资产［名义金额］ 　　　银行存款/零余额账户用款额度［发生的相关税费、运输费等］		借：其他支出［支付的相关税费、运输费等］ 　贷：资金结存	

注：实行预算管理一体化的单位不再使用"零余额账户用款额度"科目。

（6）置换取得的固定资产。参照"库存物品"科目中置换取得库存物品的账务处理。

2.与固定资产有关的后续支出

具体账务处理如表3-6所示。

表3-6　固定资产平行记账账务处理Ⅵ

情形	财务会计		预算会计	
	行政单位	事业单位	行政单位	事业单位
符合固定资产确认条件的，增加固定资产使用效能或延长其使用年限而发生的改建、扩建、大型维修改造等后续支出；列入部门预算支出经济分类科目中资本性支出的后续支出	借：在建工程［固定资产账面价值］ 　　固定资产累计折旧 　贷：固定资产［账面余额］		—	
	借：在建工程 　贷：财政拨款收入/零余额账户用款额度/应付账款/银行存款等		借：行政支出 　贷：财政拨款预算收入/资金结存	借：事业支出/经营支出等 　贷：财政拨款预算收入/资金结存
不符合固定资产确认条件的	借：业务活动费用 　贷：财政拨款收入/零余额账户用款额度/银行存款等	借：业务活动费用/单位管理费用/经营费用等 　贷：财政拨款收入/零余额账户用款额度/银行存款等	借：行政支出 　贷：财政拨款预算收入/资金结存	借：事业支出/经营支出等 　贷：财政拨款预算收入/资金结存

注：实行预算管理一体化的单位不再使用"零余额账户用款额度"科目。

3. 固定资产处置

具体账务处理如表 3-7 所示。

表 3-7　固定资产平行记账账务处理Ⅶ

情形	财务会计		预算会计	
	行政单位	事业单位	行政单位	事业单位
出售、转让固定资产	借：资产处置费用 　　固定资产累计折旧 　贷：固定资产［账面余额］ 借：银行存款［处置固定资产收到的价款］ 　贷：应缴财政款 　　　银行存款等［发生的相关费用］		—	
对外捐赠固定资产	借：资产处置费用 　　固定资产累计折旧 　贷：固定资产［账面余额］ 　　　银行存款等［归属于捐出方的相关费用］		按照对外捐赠过程中发生的归属于捐出方的相关费用： 借：其他支出 　贷：资金结存	
无偿调出固定资产	借：无偿调拨净资产 　　固定资产累计折旧 　贷：固定资产［账面余额］ 借：资产处置费用 　贷：银行存款等［归属于调出方的相关费用］		— 借：其他支出 　贷：资金结存	
置换换出固定资产	参照"库存物品"科目中置换取得库存物品的规定进行账务处理			

4. 固定资产定期盘点清查

具体账务处理如表 3-8 所示。

表 3-8　固定资产平行记账账务处理Ⅷ

情形	财务会计		预算会计	
	行政单位	事业单位	行政单位	事业单位
盘盈的固定资产	借：固定资产 　贷：待处理财产损溢		—	
盘亏、毁损或报废的固定资产	借：待处理财产损溢［账面价值］ 　　固定资产累计折旧 　贷：固定资产［账面余额］		—	

（三）行政单位平行记账业务举例

1. 固定资产取得

【例3-1】 某行政单位用零余额用款额度购买电脑5台，共计24 000元。平行记账账务处理如下：

（1）财务会计账务处理如下：

借：固定资产	24 000
贷：零余额账户用款额度	24 000

（2）预算会计账务处理如下：

借：行政支出	24 000
贷：资金结存——零余额账户用款额度	24 000

【例3-2】 某行政单位3月1日用财政拨款购买需要安装的专用设备一台，价款为400 000元。3月31日设备安装完毕并验收合格。购入时，该单位扣留质量保证金20 000元，约定质保期1年后支付。款项均通过财政直接支付方式支付。平行记账账务处理如下：

（1）财务会计账务处理如下：

A.3月1日购买设备时：

借：在建工程	400 000
贷：财政拨款收入	380 000
其他应付款	20 000

B.3月31日安装完毕时：

借：固定资产	400 000
贷：在建工程	400 000

C.1年后支付质量保证金时：

借：其他应付款	20 000
贷：财政拨款收入	20 000

（2）预算会计账务处理如下：

A.3月1日购买设备时：

借：行政支出	380 000
贷：财政拨款预算收入	380 000

B.3月31日安装完毕时：
不涉及账务处理。

C.1年后支付质量保证金时：

借：行政支出	20 000
贷：财政拨款预算收入	20 000

【例3-3】 某行政单位融资租入一台进口实验设备,合同约定的租赁期为5年,价款为2 000 000元,支付相关税费和运输费100 000元,用零余额用款额度支付,该设备不需要安装即可使用。平行记账账务处理如下:

(1)财务会计账务处理如下:

借:固定资产　　　　　　　　　　　　　　　　　　　　　　2 100 000
　　贷:长期应付款　　　　　　　　　　　　　　　　　　　　　2 000 000
　　　　零余额账户用款额度　　　　　　　　　　　　　　　　　　100 000

(2)预算会计账务处理如下:

借:行政支出　　　　　　　　　　　　　　　　　　　　　　　100 000
　　贷:资金结存——零余额账户用款额度　　　　　　　　　　　　100 000

【例3-4】 承[例3-3],如果每年支付租金时,该单位用零余额用款额度支付:

(1)财务会计账务处理如下:

借:长期应付款　　　　　　　　　　　　　　　　　　　　　　400 000
　　贷:零余额账户用款额度　　　　　　　　　　　　　　　　　　400 000

(2)预算会计账务处理如下:

借:行政支出　　　　　　　　　　　　　　　　　　　　　　　400 000
　　贷:资金结存——零余额账户用款额度　　　　　　　　　　　　400 000

【例3-5】 某社会团体向某行政单位捐赠一台设备,价值50 000元,发生运输等相关费用10 000元,以银行存款的方式支付。平行记账账务处理如下:

(1)财务会计账务处理如下:

借:固定资产　　　　　　　　　　　　　　　　　　　　　　　60 000
　　贷:捐赠收入　　　　　　　　　　　　　　　　　　　　　　　50 000
　　　　银行存款　　　　　　　　　　　　　　　　　　　　　　　10 000

(2)预算会计账务处理如下:

借:其他支出　　　　　　　　　　　　　　　　　　　　　　　10 000
　　贷:资金结存——货币资金　　　　　　　　　　　　　　　　　10 000

【例3-6】 某行政单位向另外一家单位无偿调入一台设备,价值100 000元,发生运输等相关费用20 000元,以银行存款的方式支付。平行记账账务处理如下:

(1)财务会计账务处理如下:

借:固定资产　　　　　　　　　　　　　　　　　　　　　　　120 000
　　贷:无偿调拨净资产　　　　　　　　　　　　　　　　　　　100 000
　　　　银行存款　　　　　　　　　　　　　　　　　　　　　　　20 000

(2)预算会计账务处理如下:

借：其他支出 20 000
　　贷：资金结存 20 000

2. 与固定资产有关的后续支出

【例3-7】 某行政单位对一处办公楼进行了改扩建，发生相关支出500 000元，以银行存款的方式支付。平行记账账务处理如下：
（1）财务会计账务处理如下：
借：在建工程 500 000
　　贷：银行存款 500 000
（2）预算会计账务处理如下：
借：行政支出 500 000
　　贷：资金结存——货币资金 500 000

【例3-8】 某行政单位将办公室的灯带进行了更换，发生了材料及人工费3 000元，用银行存款方式支付。平行记账账务处理如下：
（1）财务会计账务处理如下：
借：业务活动费用 3 000
　　贷：银行存款 3 000
（2）预算会计账务处理如下：
借：行政支出 3 000
　　贷：资金结存——货币资金 3 000

【例3-9】 某行政单位因工作需要，经批准以经营租赁方式租用其他单位一处办公用房，并对该房屋进行装修改造，装修改造费用为50 000元。平行记账账务处理如下：
（1）财务会计账务处理如下：
借：长期待摊费用 50 000
　　贷：银行存款 50 000
（2）预算会计账务处理如下：
借：行政支出 50 000
　　贷：资金结存——货币资金 50 000

【例3-10】 承［例3-9］，行政单位因工作需要对其批准租赁办公用房进行部分维修，维修费用为700元，支出不符合资产的确认条件。平行记账账务处理如下：
（1）财务会计账务处理如下：
借：业务活动费用 700
　　贷：银行存款 700

（2）预算会计账务处理如下：
借：行政支出　　　　　　　　　　　　　　　　　　　　700
　　贷：资金结存——货币资金　　　　　　　　　　　　　　　　700

3. 固定资产处置

【例 3-11】 某行政单位转让办公室的一台设备，该设备账面余额为 500 000 元，累计折旧为 300 000 元，处置固定资产收到价款 50 000 元。平行记账账务处理如下：

（1）财务会计账务处理如下：
借：资产处置费用　　　　　　　　　　　　　　　　200 000
　　固定资产累计折旧　　　　　　　　　　　　　　300 000
　　贷：固定资产　　　　　　　　　　　　　　　　　　　　500 000
借：银行存款　　　　　　　　　　　　　　　　　　　50 000
　　贷：应缴财政款　　　　　　　　　　　　　　　　　　　50 000

（2）预算会计不涉及账务处理。

【例 3-12】 某行政单位将办公室的一台设备无偿捐赠给 A 单位使用，该设备账面余额为 500 000 元，累计折旧为 300 000 元，发生相关的运输费用 10 000 元，用银行存款支付，平行记账账务处理如下：

（1）财务会计账务处理如下：
借：资产处置费用　　　　　　　　　　　　　　　　200 000
　　固定资产累计折旧　　　　　　　　　　　　　　300 000
　　贷：固定资产　　　　　　　　　　　　　　　　　　　　500 000
借：资产处置费用　　　　　　　　　　　　　　　　 10 000
　　贷：银行存款　　　　　　　　　　　　　　　　　　　　 10 000

（2）预算会计账务处理如下：
借：其他支出　　　　　　　　　　　　　　　　　　 10 000
　　贷：资金结存——货币资金　　　　　　　　　　　　　　 10 000

【例 3-13】 某行政单位将办公室的一台设备无偿调拨给下属单位使用，该设备账面余额为 500 000 元，累计折旧为 300 000 元，发生相关的运输费用 10 000 元，用银行存款支付。平行记账账务处理如下：

（1）财务会计账务处理如下：
借：无偿调拨资产　　　　　　　　　　　　　　　　200 000
　　固定资产累计折旧　　　　　　　　　　　　　　300 000
　　贷：固定资产　　　　　　　　　　　　　　　　　　　　500 000

借：资产处置费用 10 000
　　贷：银行存款 10 000
（2）预算会计账务处理如下：
借：其他支出 10 000
　　贷：资金结存——货币资金 10 000

4. 固定资产定期盘点清查

【例3-14】 某行政单位在年末盘点固定资产时发现办公室的一台设备已经毁损，无法再继续使用，该设备账面余额为500 000元，累计折旧为300 000元。平行记账账务处理如下：

（1）财务会计账务处理如下：
借：待处理财产损溢 200 000
　　固定资产累计折旧 300 000
　　贷：固定资产 500 000
（2）预算会计不涉及账务处理。

（四）事业单位平行记账业务举例

1. 固定资产取得

【例3-15】 某事业单位用零余额用款额度购买不需要安装的打印机5台，共计38 000元。平行记账账务处理如下：
（1）财务会计账务处理如下：
借：固定资产 38 000
　　贷：零余额账户用款额度 38 000
（2）预算会计账务处理如下：
借：事业支出 38 000
　　贷：资金结存——零余额账户用款额度 38 000

【例3-16】 某事业单位3月5日用财政拨款购买需要安装的电梯一台，价款为3 000 000元。3月31日，电梯安装完毕并验收合格。购入时，该单位扣留质量保证金50 000元，约定质保期1年后支付。以上款项均通过财政直接支付方式支付。平行记账账务处理如下：
（1）财务会计账务处理如下：
A. 3月5日购买电梯时：
借：在建工程 3 000 000
　　贷：财政拨款收入 2 950 000
　　　　其他应付款 50 000

B.3 月 31 日安装完毕时：
借：固定资产　　　　　　　　　　　　　　　　　　　　　　　　3 000 000
　　贷：在建工程　　　　　　　　　　　　　　　　　　　　　　　　3 000 000
C.1 年后支付质量保证金时：
借：其他应付款　　　　　　　　　　　　　　　　　　　　　　　　50 000
　　贷：财政拨款收入　　　　　　　　　　　　　　　　　　　　　　50 000
（2）预算会计账务处理如下：
A.3 月 5 日购买电梯时：
借：事业支出　　　　　　　　　　　　　　　　　　　　　　　　2 950 000
　　贷：财政拨款预算收入　　　　　　　　　　　　　　　　　　　2 950 000
B.3 月 31 日安装完毕时不涉及账务处理。
C.1 年后支付质量保证金时：
借：事业支出　　　　　　　　　　　　　　　　　　　　　　　　50 000
　　贷：财政拨款预算收入　　　　　　　　　　　　　　　　　　　50 000

【例 3-17】　某事业单位融资租入一台进口实验设备，合同约定的租赁期为 5 年，价款为 1 000 000 元，支付相关税费和运输费 200 000 元，用零余额用款额度支付，该设备不需要安装即可使用。平行记账账务处理如下：

（1）财务会计账务处理如下：
借：固定资产　　　　　　　　　　　　　　　　　　　　　　　　1 200 000
　　贷：长期应付款　　　　　　　　　　　　　　　　　　　　　　1 000 000
　　　　零余额账户用款额度　　　　　　　　　　　　　　　　　　　200 000
（2）预算会计账务处理如下：
借：事业支出　　　　　　　　　　　　　　　　　　　　　　　　200 000
　　贷：资金结存——零余额账户用款额度　　　　　　　　　　　　200 000

【例 3-18】　承[例 3-17]，如果每年支付租金时，该事业单位用零余额用款额度支付：

（1）财务会计账务处理如下：
借：长期应付款　　　　　　　　　　　　　　　　　　　　　　　200 000
　　贷：零余额账户用款额度　　　　　　　　　　　　　　　　　　200 000
（2）预算会计账务处理如下：
借：事业支出　　　　　　　　　　　　　　　　　　　　　　　　200 000
　　贷：资金结存——零余额账户用款额度　　　　　　　　　　　　200 000

【例 3-19】　某社会团体向某事业单位捐赠一台设备，价值 50 000 元，发生运输等相关费用 10 000 元。平行记账账务处理如下：

第三章 资产类业务（2）

（1）财务会计账务处理如下：
借：固定资产　　　　　　　　　　　　　　　　　　　　60 000
　　贷：捐赠收入　　　　　　　　　　　　　　　　　　　50 000
　　　　银行存款　　　　　　　　　　　　　　　　　　　10 000
（2）预算会计账务处理如下：
借：其他支出　　　　　　　　　　　　　　　　　　　　10 000
　　贷：资金结存——货币资金　　　　　　　　　　　　　10 000

【例 3-20】　某事业单位向另外一家单位无偿调入一台设备，价值 100 000 元，发生运输等相关费用 20 000 元，以银行存款的方式支付。平行记账账务处理如下：
（1）财务会计账务处理如下：
借：固定资产　　　　　　　　　　　　　　　　　　　　120 000
　　贷：无偿调拨净资产　　　　　　　　　　　　　　　　100 000
　　　　银行存款　　　　　　　　　　　　　　　　　　　20 000
（2）预算会计账务处理如下：
借：其他支出　　　　　　　　　　　　　　　　　　　　20 000
　　贷：资金结存——货币资金　　　　　　　　　　　　　20 000

2. 与固定资产有关的后续支出

【例 3-21】　某事业单位将一处实验室进行了改扩建，发生了 500 000 元的改扩建支出，用银行存款的方式支付。平行记账账务处理如下：
（1）财务会计账务处理如下：
借：在建工程　　　　　　　　　　　　　　　　　　　　500 000
　　贷：银行存款　　　　　　　　　　　　　　　　　　　500 000
（2）预算会计账务处理如下：
借：事业支出　　　　　　　　　　　　　　　　　　　　500 000
　　贷：资金结存——货币资金　　　　　　　　　　　　　500 000

【例 3-22】　某事业单位将管理办公室的灯带进行了更换，发生了材料及人工费 3 000 元，用银行存款方式支付。平行记账账务处理如下：
（1）财务会计账务处理如下：
借：单位管理费用　　　　　　　　　　　　　　　　　　3 000
　　贷：银行存款　　　　　　　　　　　　　　　　　　　3 000
（2）预算会计账务处理如下：
借：事业支出　　　　　　　　　　　　　　　　　　　　3 000
　　贷：资金结存——货币资金　　　　　　　　　　　　　3 000

3. 固定资产处理

【例3-23】 某事业单位转让实验室的一台设备,该设备账面余额为500 000元,累计折旧为300 000元,处置固定资产收到价款50 000元。平行记账账务处理如下:

(1)财务会计账务处理如下:

借:资产处置费用　　　　　　　　　　　　　　　　　　200 000
　　固定资产累计折旧　　　　　　　　　　　　　　　　300 000
　　　贷:固定资产　　　　　　　　　　　　　　　　　　　　500 000
借:银行存款　　　　　　　　　　　　　　　　　　　　　50 000
　　　贷:应缴财政款　　　　　　　　　　　　　　　　　　　50 000

(2)预算会计不涉及账务处理。

【例3-24】 某事业单位将实验室的一台设备无偿捐赠给某单位使用,该设备账面余额为500 000元,累计折旧为300 000元,发生相关的运输费用10 000元,用银行存款支付。平行记账账务处理如下:

(1)财务会计账务处理如下:

借:资产处置费用　　　　　　　　　　　　　　　　　　200 000
　　固定资产累计折旧　　　　　　　　　　　　　　　　300 000
　　　贷:固定资产　　　　　　　　　　　　　　　　　　　　500 000
借:资产处置费用　　　　　　　　　　　　　　　　　　　10 000
　　　贷:银行存款　　　　　　　　　　　　　　　　　　　　10 000

(2)预算会计账务处理如下:

借:其他支出　　　　　　　　　　　　　　　　　　　　10 000
　　　贷:资金结存——货币资金　　　　　　　　　　　　　　10 000

【例3-25】 某事业单位将实验室的一台设备无偿调拨给下属单位使用,该设备账面余额为500 000元,累计折旧为300 000元,发生相关的运输费用10 000元,用银行存款支付。平行记账账务处理如下:

(1)财务会计账务处理如下:

借:无偿调拨资产　　　　　　　　　　　　　　　　　　200 000
　　固定资产累计折旧　　　　　　　　　　　　　　　　300 000
　　　贷:固定资产　　　　　　　　　　　　　　　　　　　　500 000
借:资产处置费用　　　　　　　　　　　　　　　　　　　10 000
　　　贷:银行存款　　　　　　　　　　　　　　　　　　　　10 000

(2)预算会计账务处理如下:

借:其他支出　　　　　　　　　　　　　　　　　　　　10 000
　　　贷:资金结存——货币资金　　　　　　　　　　　　　　10 000

4. 固定资产定期盘点清查

【例 3-26】 某事业单位在年末盘点固定资产时,发现实验室的一台设备已经毁损,无法继续使用,该设备账面余额为 500 000 元,累计折旧为 300 000 元。平行记账账务处理如下:

(1) 财务会计账务处理如下:

借:待处理财产损溢　　　　　　　　　　　　　　200 000
　　固定资产累计折旧　　　　　　　　　　　　　300 000
　　贷:固定资产　　　　　　　　　　　　　　　　　　500 000

(2) 预算会计不涉及账务处理。

二、固定资产累计折旧

(一)"固定资产累计折旧"科目核算的内容

"固定资产累计折旧"科目核算单位计提的固定资产累计折旧。公共基础设施和保障性住房计提的累计折旧,应当分别通过"公共基础设施累计折旧(摊销)"科目和"保障性住房累计折旧"科目核算,不通过"固定资产累计折旧"科目核算。

"固定资产累计折旧"科目应当按照所对应固定资产的明细分类进行明细核算。

单位计提融资租入固定资产折旧时,应当采用与自有固定资产相一致的折旧政策。能够合理确定租赁期届满时将会取得租入固定资产所有权的,单位应当在租入固定资产尚可使用年限内计提折旧;无法合理确定租赁期届满时能够取得租入固定资产所有权的,应当在租赁期与租入固定资产尚可使用年限两者中较短的期间内计提折旧。

根据《政府会计准则第 3 号——固定资产》(财会〔2016〕12 号印发)的规定,政府会计主体应当对固定资产计提折旧,但该准则第十七条规定的固定资产(文物和陈列品,动植物,图书、档案,单独计价入账的土地,以名义金额计量的固定资产)除外。此外,固定资产提足折旧后,无论是否继续使用,均不再计提折旧;提前报废的固定资产,也不再补提折旧。除上述情形外,固定资产都需要计提折旧。因此,单位购入的固定资产虽未启用,但不符合不计提折旧的条件,需要按规定计提折旧。

根据《政府会计准则第 3 号——固定资产》(财会〔2016〕12 号印发)的规定,已交付使用但尚未办理竣工财务决算手续的固定资产,应当按照估计价值入账。单位应当对暂估入账的固定资产计提折旧(根据政府会计准则制度规定无需计提折旧的除外)。如单位对已交付使用的资产未计提折旧,应作为前期差错,根据《政府会计准则第 7 号——会计调整》(财会〔2018〕28 号印发)的相关规定进行会计处理。

单位对暂估入账的固定资产,实际成本确定后不需调整原已计提的折旧额。单位按实际成本调整暂估价值后,应当以相关资产的账面价值(实际成本减去已提折旧后的金额)

作为应计提折旧额,在规定的折旧年限扣除已计提折旧年限的剩余年限内计提折旧。

原会计制度只要求事业单位提取修购基金,并未要求提取折旧。

"固定资产累计折旧"科目期末为贷方余额,反映单位计提的固定资产折旧累计数。

(二)"固定资产累计折旧"科目平行记账账务处理

具体账务处理如表 3-9 所示。

表 3-9　固定资产累计折旧平行记账账务处理

情形	财务会计		预算会计	
	行政单位	事业单位	行政单位	事业单位
按月计提固定资产折旧时	借:业务活动费用 　贷:固定资产累计折旧	借:业务活动费用/单位管理费用/经营费用等 　贷:固定资产累计折旧	—	
处置固定资产时	借:待处理财产损溢/无偿调拨净资产/资产处置费用等 　　固定资产累计折旧 　贷:固定资产[账面余额]		涉及资金支付的,参照"固定资产"科目相关账务处理	

(三)行政单位平行记账业务举例

【例 3-27】　某行政单位购入一台进口设备,价值 1 200 000 元,预计使用年限为 10 年,按月计提折旧。平行记账账务处理如下:

(1)财务会计账务处理如下:

每月计提折旧时:

借:业务活动费用　　　　　　　　　　　　　　　　　　　　　10 000
　　贷:固定资产累计折旧　　　　　　　　　　　　　　　　　　　10 000

(2)预算会计不涉及账务处理。

【例 3-28】　承[例 3-27],在使用 6 年后,由于该设备无法满足需求,该单位欲将该设备处置掉,目前存入仓库中,暂停使用。平行记账账务处理如下:

(1)财务会计账务处理如下:

借:待处理财产损溢　　　　　　　　　　　　　　　　　　　　600 000
　　固定资产累计折旧　　　　　　　　　　　　　　　　　　　600 000
　　贷:固定资产　　　　　　　　　　　　　　　　　　　　　1 200 000

(2)预算会计不涉及账务处理。

（四）事业单位平行记账业务举例

【例 3-29】 某事业单位购入一台进口设备，价值 1 200 000 元，供实验研究使用，预计使用年限为 10 年，按月计提折旧。平行记账账务处理如下：

（1）财务会计账务处理如下：

每月计提折旧时：

借：业务活动费用　　　　　　　　　　　　　　　　　　　　　10 000

　　贷：固定资产累计折旧　　　　　　　　　　　　　　　　　　　　10 000

（2）预算会计不涉及账务处理。

【例 3-30】 承［例 3-29］，在使用 6 年后，由于该设备无法满足实验研究需求，该单位欲将该设备处置掉，目前存入仓库中，暂停使用。平行记账账务处理如下：

（1）财务会计账务处理如下：

借：待处理财产损溢　　　　　　　　　　　　　　　　　　　　600 000

　　固定资产累计折旧　　　　　　　　　　　　　　　　　　　　600 000

　　贷：固定资产　　　　　　　　　　　　　　　　　　　　　　1 200 000

（2）预算会计不涉及账务处理。

【例 3-31】 某事业单位购入一批无需安装的固定资产，已支付款项 60 000 元。该批固定资产已收到并入账，预计使用年限为 10 年，但因某种不可抗力原因，该批固定资产在收到后一直存于仓库并未启用，这期间固定资产需要计提折旧。平行记账账务处理如下：

（1）财务会计账务处理如下：

每月计提折旧时：

借：业务活动费用（60 000÷10÷12）　　　　　　　　　　　　　500

　　贷：固定资产累计折旧　　　　　　　　　　　　　　　　　　　　500

（2）预算会计不涉及账务处理。

三、工程物资

（一）"工程物资"科目核算的内容

"工程物资"科目核算单位为在建工程准备的各种物资的成本，包括工程用材料、设备等。

"工程物资"科目可按照"库存材料""库存设备"等工程物资类别进行明细核算。

"工程物资"科目期末借方余额反映单位为在建工程准备的各种物资的成本。

（二）"工程物资"科目平行记账账务处理

1.取得、领用、剩余工程物资

具体账务处理如表 3-10 所示。

表 3-10　工程物资平行记账账务处理 I

情形	财务会计		预算会计	
	行政单位	事业单位	行政单位	事业单位
购入工程物资	借：工程物资 　贷：财政拨款收入/零余额账户用款额度/银行存款/应付账款/其他应付款等		借：行政支出［实际支付的款项］ 　贷：财政拨款预算收入/资金结存	借：事业支出/经营支出等［实际支付的款项］ 　贷：财政拨款预算收入/资金结存

注：实行预算管理一体化的单位不再使用"零余额账户用款额度"科目。

2. 领用工程物资

具体账务处理如表 3-11 所示。

表 3-11　工程物资平行记账账务处理 II

情形	财务会计		预算会计	
	行政单位	事业单位	行政单位	事业单位
发出工程物资	借：在建工程 　贷：工程物资		—	

3. 剩余工程物资

具体账务处理如表 3-12 所示。

表 3-12　工程物资平行记账账务处理 III

情形	财务会计		预算会计	
	行政单位	事业单位	行政单位	事业单位
剩余工程物资转为存货	借：库存物品 　贷：工程物资		—	

（三）行政单位平行记账业务举例

【例 3-32】　某行政单位将对办公大楼进行加固整修。3 月 5 日，该单位购入工程物资，价值 1 000 000 元，采用零余额用款额度进行支付。3 月 20 日，该单位领用了 800 000 元。9 月 30 日，办公楼加固整修完成，剩下的工程物资价值为 10 000 元，该单位决定不再退回，转为存货。平行记账账务处理如下：

（1）财务会计账务处理如下：

A.3月5日,购入工程物资时:

借:工程物资　　　　　　　　　　　　　　　　　　　　　　1 000 000
　　贷:零余额账户用款额度　　　　　　　　　　　　　　　　　　1 000 000

B.3月20日,发出工程物资时:

借:在建工程　　　　　　　　　　　　　　　　　　　　　　　800 000
　　贷:工程物资　　　　　　　　　　　　　　　　　　　　　　　800 000

C.9月30日,剩下工程物资转入存货时:

借:库存物品　　　　　　　　　　　　　　　　　　　　　　　　10 000
　　贷:工程物资　　　　　　　　　　　　　　　　　　　　　　　　10 000

(2)预算会计账务处理如下:

A.3月5日,购入工程物资时:

借:行政支出　　　　　　　　　　　　　　　　　　　　　　1 000 000
　　贷:资金结存——零余额账户用款额度　　　　　　　　　　　　1 000 000

B.3月20日,发出工程物资时:

不涉及账务处理。

C.9月30日,剩下工程物资转入存货时:

不涉及账务处理。

(四)事业单位平行记账业务举例

【例3-33】 某事业单位将对办公大楼进行加固整修。3月5日,该单位购入工程物资,价值为1 000 000元,采用零余额用款额度进行支付。3月20日,该单位领用了800 000元。9月30日,办公楼加固整修完成,剩下的工程物资价值为10 000元,该单位决定不再退回,转为存货。平行记账账务处理如下:

(1)财务会计账务处理如下:

A.3月5日,购入工程物资时:

借:工程物资　　　　　　　　　　　　　　　　　　　　　　1 000 000
　　贷:零余额账户用款额度　　　　　　　　　　　　　　　　　　1 000 000

B.3月20日,发出工程物资时:

借:在建工程　　　　　　　　　　　　　　　　　　　　　　　800 000
　　贷:工程物资　　　　　　　　　　　　　　　　　　　　　　　800 000

C.9月30日,剩下工程物资转入存货时:

借:库存物品　　　　　　　　　　　　　　　　　　　　　　　　10 000
　　贷:工程物资　　　　　　　　　　　　　　　　　　　　　　　　10 000

(2)预算会计账务处理如下:

A.3月5日,购入工程物资时:

借：事业支出　　　　　　　　　　　　　　　　　　　1 000 000
　　贷：资金结存——零余额账户用款额度　　　　　　　　　　1 000 000
B.3月20日，发出工程物资时：
不涉及账务处理。
C.9月30日，剩下工程物资转入存货时：
不涉及账务处理。

四、在建工程

（一）"在建工程"科目核算的内容

"在建工程"科目核算单位在建的建设项目工程的实际成本。

单位在建的信息系统项目工程、公共基础设施项目工程、保障性住房项目工程的实际成本，也通过"在建工程"科目核算。

"在建工程"科目应当设置"建筑安装工程投资""设备投资""待摊投资""其他投资""待核销基建支出""基建转出投资"等明细科目，并按照具体项目进行明细核算。

"建筑安装工程投资"明细科目核算单位发生的构成建设项目实际支出的建筑工程和安装工程的实际成本，不包括被安装设备本身的价值以及按照合同规定支付给施工单位的预付备料款和预付工程款。"建筑安装工程投资"明细科目应当设置"建筑工程"和"安装工程"两个明细科目进行明细核算。

"设备投资"明细科目核算单位发生的构成建设项目实际支出的各种设备的实际成本。

"待摊投资"明细科目核算单位发生的构成建设项目实际支出的、按照规定应当分摊计入有关工程成本和设备成本的各项间接费用和税费支出。"待摊投资"明细科目的具体核算内容包括以下方面：

（1）勘察费、设计费、研究试验费、可行性研究费及项目其他前期费用。

（2）土地征用及迁移补偿费、土地复垦及补偿费、森林植被恢复费及其他为取得土地使用权、租用权而发生的费用。

（3）土地使用税、耕地占用税、契税、车船税、印花税及按照规定缴纳的其他税费。

（4）项目建设管理费、代建管理费、临时设施费、监理费、招投标费、社会中介审计（审查）费及其他管理性质的费用。其中，项目建设管理费是指项目建设单位从项目筹建之日起至办理竣工财务决算之日止发生的管理性质的支出，包括不在原单位发工资的工作人员工资及相关费用、办公费、办公场地租用费、差旅交通费、劳动保护费、工具用具使用费、固定资产使用费、招募生产工人费、技术图书资料费（含软件）、业务招待费、施工现场津贴、竣工验收费等。

（5）项目建设期间发生的各类专门借款利息支出或融资费用。

（6）工程检测费、设备检验费、负荷联合试车费及其他检验检测类费用。

（7）固定资产损失、器材处理亏损、设备盘亏及毁损、单项工程或单位工程报废、毁损净损失及其他损失。

（8）系统集成等信息工程的费用支出。

（9）其他待摊性质支出。

"待摊投资"明细科目应当按照上述费用项目进行明细核算，其中有些费用（如项目建设管理费等），还应当按照更为具体的费用项目进行明细核算。

"其他投资"明细科目核算单位发生的构成建设项目实际支出的房屋购置支出，基本畜禽、林木等购置、饲养、培育支出，办公生活用家具、器具购置支出，软件研发和不能计入设备投资的软件购置等支出。单位为进行可行性研究而购置的固定资产，以及取得土地使用权支付的土地出让金，也通过"其他投资"明细科目核算。"其他投资"明细科目应当设置"房屋购置""基本畜禽支出""林木支出""办公生活用家具、器具购置""可行性研究固定资产购置""无形资产"等明细科目。

"待核销基建支出"明细科目，核算建设项目发生的江河清障、航道清淤、飞播造林、补助群众造林、水土保持、城市绿化、取消项目的可行性研究费以及项目整体报废等不能形成资产部分的基建投资支出。"待核销基建支出"明细科目应按照待核销基建支出的类别进行明细核算。

"基建转出投资"明细科目，核算为建设项目配套而建成的、产权不归属本单位的专用设施的实际成本。"基建转出投资"明细科目应按照转出投资的类别进行明细核算。

"在建工程"科目期末借方余额反映单位尚未完工的建设项目工程发生的实际成本。

（二）"在建工程"科目平行记账账务处理

1. 建筑安装工程投资

具体账务处理如表 3-13 所示。

表 3-13　在建工程平行记账账务处理 Ⅰ

情形	财务会计		预算会计	
	行政单位	事业单位	行政单位	事业单位
将固定资产等转入改建、扩建时	借：在建工程——建筑安装工程投资 　　固定资产累计折旧等 贷：固定资产等		—	
发包工程预付工程款时	借：预付账款——预付工程款 贷：财政拨款收入/零余额账户用款额度/银行存款等		借：行政支出 贷：财政拨款预算收入/资金结存	借：事业支出等 贷：财政拨款预算收入/资金结存

(续表)

情形	财务会计		预算会计	
	行政单位	事业单位	行政单位	事业单位
按照进度结算工程款时	借：在建工程——建筑安装工程投资 　　贷：预付账款——预付工程款 　　　财政拨款收入/零余额账户用款额度/银行存款/应付账款等		借：行政支出［补付款项］ 　　贷：财政拨款预算收入/资金结存	借：事业支出等［补付款项］ 　　贷：财政拨款预算收入/资金结存
自行施工小型建筑安装工程发生支出时	借：在建工程——建筑安装工程投资 　　贷：工程物资/零余额账户用款额度/银行存款/应付职工薪酬等		借：行政支出［实际支付的款项］ 　　贷：资金结存等	借：事业支出等［实际支付的款项］ 　　贷：资金结存等
改扩建过程中替换（拆除）原资产某些组成部分的	借：待处理财产损溢 　　贷：在建工程——建筑安装工程投资		—	
工程竣工验收交付使用时	借：固定资产等 　　贷：在建工程——建筑安装工程投资		—	
已交付使用但尚未办理竣工财务决算手续，按估计价值转为固定资产	借：固定资产等［估计价值］ 　　贷：在建工程——建筑安装工程投资		—	
按照估计价值转为固定资产之后、办理竣工财务决算之前，发生影响估计价值的支出时	借：在建工程——建筑安装工程投资 　　贷：财政拨款收入/零余额账户用款额度/银行存款/应付账款等		借：行政支出 　　贷：财政拨款预算收入/资金结存	借：事业支出等 　　贷：财政拨款预算收入/资金结存
单位办理竣工财务决算后，按实际成本调整资产暂估价值	借/贷：固定资产等［实际成本与暂估价值的差额］ 　　贷/借：以前年度盈余调整		—	

注：实行预算管理一体化的单位不再使用"零余额账户用款额度"科目。

2. 设备投资

具体账务处理如表3-14所示。

第三章 资产类业务（2）

表 3-14 在建工程平行记账账务处理 II

情形	财务会计		预算会计	
	行政单位	事业单位	行政单位	事业单位
购入设备时	借：在建工程——设备投资 　贷：财政拨款收入/零余额账户用款额度/应付账款/银行存款等		借：行政支出［实际支付的款项］ 　贷：财政拨款预算收入/资金结存	借：事业支出等［实际支付的款项］ 　贷：财政拨款预算收入/资金结存
安装完毕，交付使用时	借：固定资产等 　贷：在建工程——设备投资 　　　　　——建筑安装 　　　　　——工程投资 　　　　　——安装工程		—	—
将不需要安装设备和达不到固定资产标准的工具器具交付使用时	借：固定资产/库存物资 　贷：在建工程——设备投资		—	—

注：实行预算管理一体化的单位不再使用"零余额账户用款额度"科目。

3. 待摊投资

具体账务处理如表 3-15 所示。

表 3-15 在建工程平行记账账务处理 III

情形	财务会计		预算会计	
	行政单位	事业单位	行政单位	事业单位
发生构成待摊投资的各类费用时	借：在建工程——待摊投资 　贷：财政拨款收入/零余额账户用款额度/银行存款/应付利息/长期借款/其他应交税费等		借：行政支出［实际支付的款项］ 　贷：财政拨款预算收入/资金结存	借：事业支出等［实际支付的款项］ 　贷：财政拨款预算收入/资金结存
对于建设过程中试生产、设备调试等产生的收入	借：银行存款等 　贷：在建工程——待摊投资［按规定冲减工程成本的部分］ 　　　应缴财政款/其他收入［差额］		借：资金结存 　贷：其他预算收入	
经批准将单项工程或单位工程报废净损失计入继续施工的工程成本的	借：在建工程——待摊投资 　银行存款/其他应收款等［残料变价收入、赔款等］ 　贷：在建工程——建筑安装工程投资［毁损报废工程成本］		—	—

（续表）

情形	财务会计		预算会计	
	行政单位	事业单位	行政单位	事业单位
工程交付使用时，按照一定的分配方法进行待摊投资分配	借：在建工程——建筑安装工程投资 　　　　　——设备投资 　　贷：在建工程——待摊投资		—	

注：实行预算管理一体化的单位不再使用"零余额账户用款额度"科目。

4. 其他投资

具体账务处理如表 3-16 所示。

表 3-16　在建工程平行记账账务处理 IV

情形	财务会计		预算会计	
	行政单位	事业单位	行政单位	事业单位
发生其他投资支出时	借：在建工程——其他投资 　　贷：财政拨款收入/零余额账户用款额度/银行存款等		借：行政支出［实际支付的款项］ 　　贷：财政拨款预算收入/资金结存	借：事业支出等［实际支付的款项］ 　　贷：财政拨款预算收入/资金结存
资产交付使用时	借：固定资产/无形资产等 　　贷：在建工程——其他投资		—	

注：实行预算管理一体化的单位不再使用"零余额账户用款额度"科目。

5. 基建转出投资

具体账务处理如表 3-17 所示。

表 3-17　在建工程平行记账账务处理 V

情形	财务会计		预算会计	
	行政单位	事业单位	行政单位	事业单位
建造的产权不归属本单位的专用设施转出时	借：在建工程——基建转出投资 　　贷：在建工程——建筑安装工程投资		—	
冲销转出的在建工程时	借：无偿调拨净资产 　　贷：在建工程——基建转出投资		—	

6. 待核销基建支出

具体账务处理如表 3-18 所示。

表 3-18 在建工程平行记账账务处理Ⅵ

情形	财务会计		预算会计	
	行政单位	事业单位	行政单位	事业单位
发生各类待核销基建支出时	借：在建工程——待核销基建支出 贷：财政拨款收入/零余额账户用款额度/银行存款等		借：行政支出[实际支付的款项] 贷：财政拨款预算收入/资金结存	借：事业支出[实际支付的款项] 贷：财政拨款预算收入/资金结存
取消的项目发生的可行性研究费	借：在建工程——待核销基建支出 贷：在建工程——待摊投资		—	
由于自然灾害等原因发生的项目整体报废所形成的净损失	借：在建工程——待核销基建支出 银行存款/其他应收款等[残料变价收入、保险赔款等] 贷：在建工程——建筑安装工程投资等		—	
经批准冲销待核销基建支出时	借：资产处置费用 贷：在建工程——待核销基建支出		—	

注：实行预算管理一体化的单位不再使用"零余额账户用款额度"科目。

（三）行政单位平行记账业务举例

【例 3-34】 某行政单位建造一新办公楼，将建筑工程部分外包给建筑公司。根据合同约定，2 月 1 日签订合同时，该单位预付合同款 1 000 000 元；按照工程进度，4 月份结算工程款，并支付 1 000 000 元；5 月份支付人员薪酬 200 000 元，购买空气净化设备 2 000 000 元。上述款项均采用零余额账户支付。平行记账账务处理如下：

(1) 财务会计账务处理如下：

A.2 月 1 日签订合同时：

借：预付账款   1 000 000
  贷：零余额账户用款额度   1 000 000

B.4 月份结算工程款时：

借：在建工程——建筑安装工程投资   2 000 000
  贷：预付账款   1 000 000
    零余额账户用款额度   1 000 000

C.5 月份计提并支付职工薪酬时：

政府会计实务及案例解析

```
借：在建工程——建筑安装工程投资                    200 000
    贷：应付职工薪酬                                      200 000
借：应付职工薪酬                                    200 000
    贷：零余额账户用款额度                                200 000
```
D.5月份购买空气净化设备时：
```
借：在建工程——设备投资                          2 000 000
    贷：零余额账户用款额度                              2 000 000
```
（2）预算会计账务处理如下：

A.2月1日签订合同时：
```
借：行政支出                                      1 000 000
    贷：资金结存——零余额账户用款额度                  1 000 000
```
B.4月份结算工程款时：
```
借：行政支出                                      1 000 000
    贷：资金结存——零余额账户用款额度                  1 000 000
```
C.5月份计提职工薪酬时：
```
借：行政支出                                        200 000
    贷：资金结存——零余额账户用款额度                    200 000
```
D.5月份购买空气净化设备时：
```
借：行政支出                                      2 000 000
    贷：资金结存——零余额账户用款额度                  2 000 000
```

【例3-35】 承［例3-34］，10月份，工程竣工验收，购买的空气设备也安装完毕。平行记账账务处理如下：

（1）财务会计账务处理如下：
```
借：固定资产                                      4 200 000
    贷：在建工程——建筑安装工程投资                    2 200 000
              ——设备投资                              2 000 000
```
（2）预算会计不涉及账务处理。

【例3-36】 某行政单位在2月份决定对现有的仓库进行改扩建，该仓库原账面余额为800 000元，累计折旧为600 000元。该单位将原仓库的通风设备进行了拆除，变卖取得收入50 000元，用于更换购买新的通风设备。平行记账账务处理如下：

（1）财务会计账务处理如下：

A.将固定资产等转入改扩建时：
```
借：在建工程——建筑安装工程投资                    200 000
    固定资产累计折旧                                600 000
    贷：固定资产                                        800 000
```

B. 取得变价收入时：
借：银行存款　　　　　　　　　　　　　　　　　　　50 000
　　贷：在建工程——待摊投资　　　　　　　　　　　　　　50 000
（2）预算会计账务处理如下：
A. 将固定资产等转入改扩建时，不涉及账务处理。
B. 取得变价收入时：
借：资金结存——货币资金　　　　　　　　　　　　　50 000
　　贷：其他预算收入　　　　　　　　　　　　　　　　　 50 000

【例3-37】　某行政单位进行小型基建工程，发生待摊投资50 000元。在工程交付使用时，该单位将40 000元分摊在建筑安装工程投资，将10 000元分摊在设备投资中。平行记账账务处理如下：

（1）财务会计账务处理如下：
借：在建工程——建筑安装工程投资　　　　　　　　　40 000
　　　　　　　——设备投资　　　　　　　　　　　　10 000
　　贷：在建工程——待摊投资　　　　　　　　　　　　　 50 000
（2）预算会计不涉及账务处理。

【例3-38】　某行政单位2023年开展的基建项目因为可研不通过被取消，共发生前期费用200 000元，经财政部门批准项目取消并冲销支出。平行记账账务处理如下：

（1）财务会计账务处理如下：
借：在建工程——待核销基建支出　　　　　　　　　 200 000
　　贷：在建工程——待摊投资　　　　　　　　　　　　　200 000
借：资产处置费用　　　　　　　　　　　　　　　　　200 000
　　贷：在建工程——待核销基建支出　　　　　　　　　　200 000
（2）预算会计不涉及账务处理。

【例3-39】　某行政单位对办公楼进行大修，发生改建支出3 000 000元，并安装专用设备1 500 000元，项目管理费为200 000元，该办公楼产权属于地方政府。平行记账账务处理如下：

（1）财务会计账务处理如下：
借：在建工程——建筑安装工程投资　　　　　　　　 200 000
　　贷：在建工程——待摊投资　　　　　　　　　　　　　200 000
借：在建工程——基建转出投资　　　　　　　　　　4 700 000
　　贷：在建工程——建筑安装工程投资　　　　　　　　3 200 000
　　　　　　　——设备投资　　　　　　　　　　　1 500 000

借：无偿调拨净资产 4 700 000
　　贷：在建工程——基建转出投资 4 700 000

（2）预算会计不涉及账务处理。

（四）事业单位平行记账业务举例

【例3-40】 某事业单位建造一个小型实验室，将建筑工程部分外包给建筑公司。根据合同约定，2月1日签订合同时，该单位预付合同款1 000 000元；按照工程进度，4月份结算工程款，并支付1 000 000元，该单位5月份支付人员薪酬200 000元，购买实验室的空气净化设备2 000 000元。上述款项均采用零余额用款额度支付。平行记账账务处理如下：

（1）财务会计账务处理如下：

A.2月1日签订合同时：

借：预付账款 1 000 000
　　贷：零余额账户用款额度 1 000 000

B.4月份结算工程款时：

借：在建工程——建筑安装工程投资 2 000 000
　　贷：预付账款 1 000 000
　　　　零余额账户用款额度 1 000 000

C.5月份计提职工薪酬时：

借：在建工程——建筑安装工程投资 200 000
　　贷：应付职工薪酬 200 000

借：应付职工薪酬 200 000
　　贷：零余额账户用款额度 200 000

D.5月份购买空气净化设备时：

借：在建工程——设备投资 2 000 000
　　贷：零余额账户用款额度 2 000 000

（2）预算会计账务处理如下：

A.2月1日签订合同时：

借：事业支出 1 000 000
　　贷：资金结存——零余额账户用款额度 1 000 000

B.4月份结算工程款时：

借：事业支出 1 000 000
　　贷：资金结存——零余额账户用款额度 1 000 000

C.5月份计提职工薪酬时：

借：事业支出 200 000
　　贷：资金结存——零余额账户用款额度 200 000
D.5 月份购买空气净化设备时：
借：事业支出 2 000 000
　　贷：资金结存——零余额账户用款额度 2 000 000

【例 3-41】 承[例 3-40]，10 月份，工程竣工验收，购买的空气设备也安装完毕。平行记账账务处理如下：

（1）财务会计账务处理如下：
借：固定资产 4 200 000
　　贷：在建工程——建筑安装工程投资 2 200 000
　　　　　　　　——设备投资 2 000 000

（2）预算会计不涉及账务处理。

【例 3-42】 某事业单位 2023 年 2 月份决定对现有的仓库进行改扩建，从银行贷款 1 000 000 元，约定的年利率为 6%，按年支付，贷款期为 2 年。3 月份款项到账，立即开工，该仓库原账面余额为 800 000 元，累计折旧为 600 000 元。该单位将原仓库的通风设备进行了拆除，变卖取得收入 50 000 元，用于更换购买新的通风设备，12 月份支付利息 50 000 元。平行记账账务处理如下：

（1）财务会计账务处理如下：
A.3 月银行贷款到账时：
借：在建工程——待摊投资 1 000 000
　　贷：长期借款 1 000 000
B.将固定资产等转入改扩建时：
借：在建工程——建筑安装工程投资 200 000
　　固定资产累计折旧 600 000
　　贷：固定资产 800 000
C.取得变价收入时：
借：银行存款 50 000
　　贷：在建工程——待摊投资 50 000
D.支付利息时：
借：在建工程——待摊投资 50 000
　　贷：银行存款 50 000

（2）预算会计账务处理如下：
A.3 月银行贷款到账时：

借：事业支出	1 000 000	
贷：资金结存——货币资金		1 000 000

B. 将固定资产等转入改扩建时，不涉及账务处理。

C. 取得变价收入时：

借：资金结存——货币资金	50 000	
贷：其他预算收入		50 000

D. 支付利息时：

借：事业支出	50 000	
贷：资金结存——货币资金		50 000

【例3-43】 某事业单位进行小型基建工程，发生待摊投资50 000元，在工程交付使用时，将40 000元分摊在建筑安装工程投资，将10 000元分摊在设备投资中。平行记账账务处理如下：

（1）财务会计账务处理如下：

借：在建工程——建筑安装工程投资	40 000	
——设备投资	10 000	
贷：在建工程——待摊投资		50 000

（2）预算会计不涉及账务处理。

【例3-44】 某事业单位2023年开展的基础设施建设项目因为自然灾害报废，共发生支出如下：其他待摊投资350 000元，土建部分500 000元，不需要安装设备投资120 000元，获得残值收入100 000元，经审批同意冲销该项目。平行记账账务处理如下：

（1）财务会计账务处理如下：

借：在建工程——建筑安装工程投资	350 000	
贷：在建工程——待摊投资		350 000
借：在建工程——待核销基建支出	870 000	
银行存款	100 000	
贷：在建工程——建筑安装工程投资		850 000
——设备投资		120 000
借：资产处置费用	870 000	
贷：在建工程——待核销基建支出		870 000

（2）预算会计不涉及账务处理。

【例3-45】 某事业单位对办公楼进行大修，发生改建支出3 000 000元，并安装专用设备1 500 000元，项目管理费为200 000元，该办公楼产权属于地方政府。平行记

账账务处理如下：

（1）财务会计账务处理如下：

借：在建工程——建筑安装工程投资　　　　　　　　　　　200 000
　　贷：在建工程——待摊投资　　　　　　　　　　　　　　200 000
借：在建工程——基建转出投资　　　　　　　　　　　　4 700 000
　　贷：在建工程——建筑安装工程投资　　　　　　　　3 200 000
　　　　　　　　——设备投资　　　　　　　　　　　　1 500 000
借：无偿调拨净资产　　　　　　　　　　　　　　　　　4 700 000
　　贷：在建工程——基建转出投资　　　　　　　　　　4 700 000

（2）预算会计不涉及账务处理。

【例3-46】 某事业单位以出包方式建造办公楼，该楼现已达到预定可使用状态并交付使用，还尚未办理竣工财务决算。该单位工程的工程预估价值为5 000 000元，均已取得发票并记入"在建工程"科目。该单位按照管理要求以暂估价入账。平行记账账务处理如下：

（1）财务会计账务处理如下：

借：固定资产　　　　　　　　　　　　　　　　　　　　5 000 000
　　贷：在建工程——建筑安装工程投资　　　　　　　　5 000 000

（2）预算会计不涉及账务处理。

【例3-47】 承[例3-46]，该单位在建工程按照估计价值转入固定资产之后、办理竣工财务决算之前，又发生调整已确认的应付工程价款100 000元。平行记账账务处理如下：

（1）财务会计账务处理如下：

借：在建工程——建筑安装工程投资　　　　　　　　　　　100 000
　　贷：银行存款　　　　　　　　　　　　　　　　　　　　100 000
借：固定资产　　　　　　　　　　　　　　　　　　　　　　100 000
　　贷：在建工程——建筑安装工程投资　　　　　　　　　　100 000

（2）预算会计账务处理。

借：事业支出　　　　　　　　　　　　　　　　　　　　　　100 000
　　贷：资金结存——货币资金　　　　　　　　　　　　　　100 000

【例3-48】 承[例3-47]，单位办理竣工财务决算后，工程实际成本与资产暂估价值相差300 000元，该单位将实际成本与暂估价值的差额计入净资产。平行记账账务处理如下：

（1）财务会计账务处理如下：

```
借：固定资产                                    300 000
    贷：以前年度盈余调整                          300 000
借：以前年度盈余调整                              300 000
    贷：累计盈余                                  300 000
```

（2）预算会计不涉及账务处理。

五、代建项目

（一）"代建项目"科目核算的内容

建设项目实行代建制的，建设单位应当要求代建单位通过工程结算或年终对账确认在建工程成本的方式，提供项目明细支出、建设工程进度和项目建设成本等资料，归集"在建工程"成本，及时核算所形成的"在建工程"资产，全面核算项目建设成本等情况。

代建单位为事业单位的，应当设置"1615代建项目"一级科目，并与建设单位相对应，按照工程性质和类型设置"建筑安装工程投资""设备投资""待摊投资""其他投资""待核销基建支出""基建转出投资"等明细科目，对所承担的代建项目建设成本进行会计核算，全面反映工程的资金资源消耗情况；同时，在"代建项目"科目下设置"代建项目转出"明细科目，通过工程结算或年终对账确认在建工程成本的方式，将代建项目的成本转出，体现在建设单位相应"在建工程"账上。年末，"代建项目"科目应无余额。

（二）"代建项目"科目平行记账账务处理

（1）建设单位具体账务处理如表3-19所示。

表3-19　建设单位平行记账账务处理Ⅶ

情形	财务会计		预算会计	
	行政单位	事业单位	行政单位	事业单位
拨付代建单位工程款时	借：预付账款——预付工程款 　　贷：财政拨款收入/零余额账户用款额度/银行存款等		借：行政支出［拨付的款项］ 　　贷：财政拨款预算收入/资金结存	借：事业支出［拨付的款项］ 　　贷：财政拨款预算收入/资金结存
按照工程进度结算工程款或年终代建单位对账确认在建工程成本时	借：在建工程——建筑安装工程投资等 　　贷：预付账款——预付工程款等		—	—
确认代建管理费时	借：在建工程——待摊投资 　　贷：预付账款——预付工程款等		—	—

（续表）

情形	财务会计		预算会计	
	行政单位	事业单位	行政单位	事业单位
项目完工交付使用资产时	借：在建工程——建筑安装工程投资等 　贷：预付账款——预付工程款等 借：固定资产/公共基础设施等 　贷：在建工程		—	
工程结算、确认代建费或竣工决算时涉及补付资金的	借：在建工程——待摊投资等 　贷：财政拨款收入/零余额账户用款额度/银行存款等		借：行政支出［补付的资金］ 　贷：财政拨款预算收入/资金结存	借：事业支出［补付的资金］ 　贷：财政拨款预算收入/资金结存

注：实行预算管理一体化的单位不再使用"零余额账户用款额度"科目。

（2）代建单位具体账务处理如表3-20所示。

表3-20　代建单位平行记账账务处理Ⅷ

情形	财务会计	预算会计
	事业单位	事业单位
收到建设单位拨付的建设项目资金时	借：银行存款等 　贷：预付账款——预付工程款	—
工程项目使用资金或发生其他耗费时	借：代建项目——建筑安装工程投资等 　贷：银行存款/应付职工薪酬/工程物资/累计折旧等	—
按工程进度与建设单位结算工程款或年终与建设单位对账确认在建工程成本并转出时	借：代建项目——代建项目转出 　贷：代建项目——建筑安装工程投资等 借：预收账款——预收工程款等 　贷：代建项目——代建项目转出	—
确认代建费收入时	借：预收账款——预收工程款 　贷：其他收入等	借：资金结存 　贷：其他预算收入
项目完工交付使用资产时	借：代建项目——代建项目转出 　贷：代建项目——建筑安装工程投资等 借：预收账款——预收工程款 　贷：代建项目——代建项目转出	—
工程竣工决算时收到补付资金的	借：银行存款等 　贷：预收账款——预收工程款等	—

注：实行预算管理一体化的单位不再使用"零余额账户用款额度"科目。

(三)事业单位平行记账业务举例

【例3-49】 2022年3月,经相关部门批准A省政府立项W建造省政府政务中心大楼,该建设项目实行代建制,A省机关事务管理局是建设单位,机关事务管理局下属项目办B为代建单位。2022年5月20日,A省机关事务管理局拨付B项目办代建工程款4 000 000元,通过实有资金账户支付。平行记账账务处理如下:

(1)A省机关事务管理局财务会计账务处理如下:

借:预付账款——预付工程款　　　　　　　　　　4 000 000
　　贷:银行存款　　　　　　　　　　　　　　　　4 000 000

(2)A省机关事务管理局预算会计账务处理如下:

借:行政支出——非财政专项支出——资本性支出　　4 000 000
　　贷:资金结存——货币资金　　　　　　　　　　4 000 000

(3)B项目办财务会计账务处理如下:

借:银行存款　　　　　　　　　　　　　　　　　4 000 000
　　贷:预收账款——预收工程款　　　　　　　　　4 000 000

(4)B项目办预算会计不涉及账务处理。

【例3-50】 承[例3-49],2022年8月,B项目办通过银行转账支付工程项目设计费200 000元,勘察费300 000元,监理费150 000元。平行记账账务处理如下:

(1)B项目办财务会计账务处理如下:

借:代建项目——待摊投资　　　　　　　　　　　650 000
　　贷:银行存款　　　　　　　　　　　　　　　　650 000

(2)B项目办预算会计不涉及账务处理。

【例3-51】 承[例3-50],2022年9月,B项目办支付施工单位工程款,通过银行转账支付资金1 500 000元。平行记账账务处理如下:

(1)B项目办财务会计账务处理如下:

借:代建项目——建设安装工程投资　　　　　　　1 500 000
　　贷:银行存款　　　　　　　　　　　　　　　　1 500 000

(2)B项目办预算会计不涉及账务处理。

【例3-52】 承[例3-51],2022年12月,B项目办采购设备一批,价款为2 000 000元,发生与采购相关的差旅费5 000元,项目设备验收会议费1 000元,项目达到预定使用用途安装费7 500元,款项通过银行转账支付。平行记账账务处理如下:

(1)B项目办财务会计账务处理如下:

借：代建项目——设备投资　　　　　　　　　　　　　　　　2 000 000
　　　　　　——待摊投资（差旅费）　　　　　　　　　　　　5 000
　　　　　　——待摊投资（会议费）　　　　　　　　　　　　1 000
　　　　　　——建设安装工程投资　　　　　　　　　　　　　7 500
　　贷：银行存款　　　　　　　　　　　　　　　　　　　　2 013 500

（2）B项目办预算会计不涉及账务处理。

【例3-53】 承[例3-52]，2022年12月，B项目办与A省机关事务管理局年终对账确认在建工程成本并转出时，确定的金额为：建筑安装工程投资1 507 500元，设备投资2 000 000元。平行记账账务处理如下：

（1）A省机关事务管理局财务会计账务处理如下：

借：在建工程——建设安装工程投资　　　　　　　　　　　　1 507 500
　　　　　　——设备投资　　　　　　　　　　　　　　　　2 000 000
　　贷：预付账款——预付工程款　　　　　　　　　　　　　3 507 500

（2）A省机关事务管理局预算会计不涉及账务处理。

（3）B项目办财务会计账务处理如下：

借：代建项目——代建项目转出　　　　　　　　　　　　　　3 507 500
　　贷：代建项目——建设安装工程投资　　　　　　　　　　1 507 500
　　　　　　　　——设备投资　　　　　　　　　　　　　　2 000 000

（4）B项目办预算会计不涉及账务处理。

【例3-54】 承[例3-53]，2022年12月，B项目办与A省机关事务管理局确认代建管理费时，确定的金额为100 000元。B项目办确认代建费收入。平行记账账务处理如下：

（1）A省机关事务管理局财务会计账务处理如下：

借：在建工程——待摊投资　　　　　　　　　　　　　　　　100 000
　　贷：预付账款——预付工程款　　　　　　　　　　　　　100 000

（2）A省机关事务管理局预算会计不涉及账务处理。

（3）B项目办财务会计账务处理如下：

借：预收账款——预收工程款　　　　　　　　　　　　　　　100 000
　　贷：事业收入　　　　　　　　　　　　　　　　　　　　100 000

（4）B项目办预算会计账务处理如下：

借：资金结存——货币资金　　　　　　　　　　　　　　　　100 000
　　贷：事业预算收入　　　　　　　　　　　　　　　　　　100 000

【例3-55】 承[例3-54]，2023年3月，B项目办购置政务中心所需一批办公家具，价款为100 000元，通过银行转账支付。平行记账账务处理如下：

（1）B项目办财务会计账务处理如下：

借：代建项目——其他投资　　　　　　　　　　　　　　　　　100 000
　　贷：银行存款　　　　　　　　　　　　　　　　　　　　　100 000

（2）B项目办预算会计不涉及账务处理。

【例3-56】 承［例3-55］，2023年6月，B项目办为正在建设施工的政务中心，开展周边城市河道清障工作，发生相关费用100 000元，通过银行转账支付。平行记账账务处理如下：

（1）B项目办财务会计账务处理如下：

借：代建项目——待核销基建支出　　　　　　　　　　　　　　100 000
　　贷：银行存款　　　　　　　　　　　　　　　　　　　　　100 000

（2）B项目办预算会计不涉及账务处理。

【例3-57】 承［例3-56］，2023年9月，因自然灾害，B项目办正在建设施工的政务中心项目W部分单项工程发生毁损，该部分单项工程成本为450 000元，B项目办收到保险理赔款200 000元，经批准将该单项工程报废净损失计入继续施工的工程成本。平行记账账务处理如下：

（1）B项目办财务会计账务处理如下：

借：代建项目——待摊投资　　　　　　　　　　　　　　　　　250 000
　　其他应收款　　　　　　　　　　　　　　　　　　　　　200 000
　　贷：代建项目——建设安装工程投资　　　　　　　　　　　450 000
借：银行存款　　　　　　　　　　　　　　　　　　　　　　　200 000
　　贷：其他应收款　　　　　　　　　　　　　　　　　　　　200 000

（2）B项目办预算会计不涉及账务处理。

【例3-58】 承［例3-57］，2023年12月，W项目竣工验收交付使用时，B项目办转出代建项目未转出的在建工程成本：待摊投资1 006 000元；其他投资100 000元；待核销基建支出100 000元。工程竣工决算时，A省机关事务管理局需补付资金13 500元，已通过银行转账支付。平行记账账务处理如下：

（1）A省机关事务管理局财务会计账务处理如下：

借：在建工程——待摊投资　　　　　　　　　　　　　　　　1 006 000
　　　　　　——其他投资　　　　　　　　　　　　　　　　　100 000
　　　　　　——待核销基建支出　　　　　　　　　　　　　　100 000
　　　　　　——建设安装工程投资　　　　　　　　　　　　　 13 500
　　贷：预付账款——预付工程款　　　　　　　　　　　　　1 206 000
　　　　银行存款　　　　　　　　　　　　　　　　　　　　　 13 500

（2）A省机关事务管理局预算会计账务处理如下：

借：行政支出——非财政拨款支出——资本性支出　　　　　　　13 500
　　贷：资金结存——货币资金　　　　　　　　　　　　　　　　13 500

（3）B项目办财务会计账务处理如下：

借：代建项目——代建项目转出　　　　　　　　　　　　　　1 206 000
　　贷：代建项目——待摊投资　　　　　　　　　　　　　　　1 006 000
　　　　　　　　——其他投资　　　　　　　　　　　　　　　　100 000
　　　　　　　　——待核销基建支出　　　　　　　　　　　　　100 000
借：预收账款——预收工程款　　　　　　　　　　　　　　　1 206 000
　　贷：代建项目——代建项目转出　　　　　　　　　　　　　1 206 000
借：银行存款　　　　　　　　　　　　　　　　　　　　　　　13 500
　　贷：预收账款——预收工程款　　　　　　　　　　　　　　　13 500

（4）B项目办预算会计不涉及账务处理。

【例3-59】承[例3-58]，2023年12月，W项目竣工验收交付使用。A省机关事务管理局按照合理的分配方法分配待摊投资：分配到建筑安装工程投资的金额为900 000元；按规定应当分摊到待核销基建支出为195 000元；W项目配套建成的、产权不属于A省机关事务管理局的专用设施M，成本为11 000元，应将设施M按成本转出。A省机关事务管理局对发生的全部待核销基建支出进行冲销。平行记账账务处理如下：

（1）A省机关事务管理局财务会计账务处理如下：

分配到建筑安装工程投资900 000元：

借：在建工程——建设安装工程投资　　　　　　　　　　　　900 000
　　贷：在建工程——待摊投资　　　　　　　　　　　　　　　900 000

按规定应当分摊到待核销基建支出195 000元：

借：在建工程——待核销基建支出　　　　　　　　　　　　　195 000
　　贷：在建工程——待摊投资　　　　　　　　　　　　　　　195 000

待摊投资中按规定应当分摊计入转出投资价值11 000元：

借：在建工程——基建转出投资　　　　　　　　　　　　　　　11 000
　　贷：在建工程——待摊投资　　　　　　　　　　　　　　　　11 000
借：无偿调拨净资产　　　　　　　　　　　　　　　　　　　　11 000
　　贷：在建工程——基建转出投资　　　　　　　　　　　　　　11 000

建设项目竣工验收交付使用时，对发生的待核销基建支出进行冲销：

借：资产处置费用　　　　　　　　　　　　　　　　　　　　295 000
　　贷：在建工程——待核销基建支出　　　　　　　　　　　　295 000

在建工程转固定资产：

```
借：固定资产                                    4 507 500
    贷：在建工程                                4 507 500
```

（2）A省机关事务管理局预算会计不涉及账务处理。

六、无形资产

（一）"无形资产"科目核算的内容

"无形资产"科目核算单位无形资产的原值。非大批量购入、单价小于1 000元的无形资产，可以于购买的当期将其成本直接计入当期费用。"无形资产"科目应当按照无形资产的类别、项目等进行明细核算。旧政府会计制度对无形资产的定义倾向于专利权、版权、专有技术等方面。新政府会计制度对无形资产的描述更符合当今社会的发展情况，具体核算案例与固定资产的取得、处置等类似，不再一一举例描述。

根据《政府会计准则制度解释第4号》，对自行研究开发项目应当同时满足以下条件：

（1）该项目以科技成果创造和运用为目的，预期形成至少一项科技成果。科技成果是指通过科学研究与技术开发所产生的具有实用价值的成果。

（2）该项目的研发活动起点可以明确。例如，利用财政资金等单位外部资金设立的科研项目，可以将立项之日作为起点；利用单位自有资金设立的科研项目，可以将单位决策机构批准同意立项之日，或科研人员将研发计划书提交单位科研管理部门审核通过之日作为起点。

自行研究开发项目的支出，包括从事研究开发及其辅助活动（以下简称"研发活动"）人员计提的薪酬，研发活动领用的库存物品，研发活动使用的固定资产和无形资产计提的折旧和摊销，为研发活动支付的其他各类费用等。其中，计提的薪酬根据《政府会计制度》，包括基本工资、国家统一规定的津贴补贴、规范津贴补贴（绩效工资）、改革性补贴、社会保险费、住房公积金等；为研发活动支付的其他各类费用包括业务费、劳务费、水电气暖费用等。

不属于自行研究开发项目所发生的支出，应当在实际发生时计入当期费用。

单位自行研究开发项目的支出，应当区分研究阶段支出与开发阶段支出。对于研究阶段的支出，应当计入当期费用。对于开发阶段的支出，先按合理方法进行归集，最终形成无形资产的，应当确认为无形资产；最终未形成无形资产的，应当计入当期费用。

当单位自行研究开发项目预期形成的无形资产同时满足以下条件时，可以认定该自行研究开发项目进入开发阶段：

（1）单位预期完成该无形资产以使其能够使用或出售在技术上具有可行性。

（2）单位具有完成该无形资产并使用或出售的意图。

（3）单位预期该无形资产能够为单位带来经济利益或服务潜能。该无形资产自身或运用该无形资产生产的产品存在市场，或该无形资产在内部使用具有有用性。

（4）单位具有足够的技术、财务资源和其他资源支持，以完成该无形资产的开发，并有能力使用或出售该无形资产。

（5）归属于该无形资产开发阶段的支出能够可靠地计量。

在通常情况下，单位可以将样品样机试制成功、可行性研究报告通过评审等作为自行研究开发项目进入开发阶段的标志，但该时点不满足上述进入开发阶段 5 个条件的除外。

"无形资产"科目期末借方余额反映单位无形资产的成本。

（二）"无形资产"科目平行记账账务处理

1. 无形资产取得

具体账务处理如表 3-21 所示。

表 3-21　无形资产平行记账账务处理 I

情形		财务会计		预算会计	
		行政单位	事业单位	行政单位	事业单位
外购的无形资产入账时		借：无形资产 　贷：财政拨款收入/零余额账户用款额度/应付账款/银行存款等		借：行政支出 　贷：财政拨款预算收入/资金结存	借：事业支出/经营支出等 　贷：财政拨款预算收入/资金结存
委托软件公司开发的软件，按照合同约定预付开发费时		借：预付账款 　贷：财政拨款收入/零余额账户用款额度/银行存款等		借：行政支出［预付的款项］ 　贷：财政拨款预算收入/资金结存	借：事业支出/经营支出等［预付的款项］ 　贷：财政拨款预算收入/资金结存
委托开发的软件交付使用，并支付剩余或全部软件开发费用时		借：无形资产［开发费总额］ 　贷：预付账款 　　　财政拨款收入/零余额账户用款额度/银行存款等［支付的剩余款项］		按照支付的剩余款项金额： 借：行政支出 　贷：财政拨款预算收入/资金结存	按照支付的剩余款项金额： 借：事业支出/经营支出等 　贷：财政拨款预算收入/资金结存
自行开发	开发完成，达到预定用途形成无形资产的	借：无形资产 　贷：研发支出——开发支出		—	
	自行研究开发无形资产尚未进入开发阶段，或者确实无法区分研究阶段支出和开发阶段支出，但按照法律程序已申请取得无形资产的	借：无形资产［依法取得时发生的注册费、聘请律师费等费用］ 　贷：财政拨款收入/零余额账户用款额度/银行存款等		借：行政支出 　贷：财政拨款预算收入/资金结存	借：事业支出/经营支出等 　贷：财政拨款预算收入/资金结存
置换取得的无形资产		参照"库存物品"科目中置换取得库存物品的规定进行账务处理			

（续表）

情形	财务会计		预算会计	
	行政单位	事业单位	行政单位	事业单位
接受捐赠的无形资产	借：无形资产 　　贷：银行存款/零余额账户用款额度等［发生的相关税费等］ 　　　　捐赠收入［差额］		借：其他支出［支付的相关税费等］ 　　贷：资金结存	
接受捐赠的无形资产按照名义金额入账的	借：无形资产［名义金额］ 　　贷：捐赠收入 借：其他费用 　　贷：银行存款/零余额账户用款额度等［发生的相关税费等］		借：其他支出［支付的相关税费等］ 　　贷：资金结存	
无偿调入的无形资产	借：无形资产 　　贷：银行存款/零余额账户用款额度等［发生的相关税费等］ 　　　　无偿调拨净资产［差额］		借：其他支出［支付的相关税费等］ 　　贷：资金结存	

注：实行预算管理一体化的单位不再使用"零余额账户用款额度"科目。

2. 与无形资产有关的后续支出

具体账务处理如表3-22所示。

表 3-22　无形资产平行记账账务处理 Ⅱ

情形	财务会计		预算会计	
	行政单位	事业单位	行政单位	事业单位
符合无形资产确认条件的后续支出（如为增加无形资产的使用效能而发生的后续支出）	借：在建工程 　　　无形资产累计摊销 　　贷：无形资产 借：在建工程/无形资产［无需暂停计提摊销的］ 　　贷：财政拨款收入/零余额账户用款额度/银行存款等		借：行政支出［实际支付的资金］ 　　贷：财政拨款预算收入/资金结存	借：事业支出/经营支出等［实际支付的资金］ 　　贷：财政拨款预算收入/资金结存
不符合无形资产确认条件的后续支出（为维护无形资产的正常使用而发生的后续支出）	借：业务活动费用 　　贷：财政拨款收入/零余额账户用款额度/银行存款等	借：业务活动费用/单位管理费用/经营费用等 　　贷：财政拨款收入/零余额账户用款额度/银行存款等	借：行政支出 　　贷：财政拨款预算收入/资金结存	借：事业支出/经营支出等 　　贷：财政拨款预算收入/资金结存

注：实行预算管理一体化的单位不再使用"零余额账户用款额度"科目。

3. 无形资产处置

具体账务处理如表 3-23 所示。

表 3-23 无形资产平行记账账务处理 III

情形	财务会计		预算会计	
	行政单位	事业单位	行政单位	事业单位
出售、转让无形资产	借：资产处置费用 　　无形资产累计摊销 　贷：无形资产 借：银行存款等［收到的价款］ 　贷：银行存款等［发生的相关费用］ 　　　应缴财政款/其他收入		如转让收入按照规定纳入本单位预算： 借：资金结存 　贷：其他预算收入	
对外捐赠无形资产	借：资产处置费用 　　无形资产累计摊销 　贷：无形资产［账面余额］ 　　　银行存款等［归属于捐出方的相关费用］		借：其他支出［归属于捐出方的相关费用］ 　贷：资金结存	
无偿调出无形资产	借：无偿调拨净资产 　　无形资产累计摊销 　贷：无形资产［账面余额］ 借：资产处置费用 　贷：银行存款等［相关费用］		借：其他支出［归属于调出方的相关费用］ 　贷：资金结存	
置换换出无形资产	参照"库存物品"科目中置换取得库存物品的规定进行账务处理			
经批准核销无形资产时	借：资产处置费用 　　无形资产累计摊销 　贷：无形资产［账面余额］		—	

（三）行政单位平行记账业务举例

【例 3-60】 某行政单位购入一项专利权，价格为 20 000 元，发生相关手续费 4 000 元，款项从银行存款支付。平行记账账务处理如下：

（1）财务会计账务处理如下：

借：无形资产——专利权　　　　　　　　　　　　　　　　　　　　24 000
　贷：银行存款　　　　　　　　　　　　　　　　　　　　　　　　　24 000

（2）预算会计账务处理如下：

借：行政支出　　　　　　　　　　　　　　　　　　　　　　　　　24 000
　贷：资金结存——货币资金　　　　　　　　　　　　　　　　　　　24 000

【例3-61】 某行政单位委托软件公司开发一款软件，按照合同约定，签订时支付50%，计50 000元，待交付使用的时候，再支付剩下的50%，计50 000元，款项从零余额用款额度支付。平行记账账务处理如下：

（1）财务会计账务处理如下：

A. 合同签订时：

借：预付账款　　　　　　　　　　　　　　　　　　　50 000
　　贷：零余额账户用款额度　　　　　　　　　　　　　　　50 000

B. 交付使用并支付余款时：

借：无形资产　　　　　　　　　　　　　　　　　　　100 000
　　贷：预付账款　　　　　　　　　　　　　　　　　　　　50 000
　　　　零余额账户用款额度　　　　　　　　　　　　　　　50 000

（2）预算会计账务处理如下：

A. 合同签订时：

借：行政支出　　　　　　　　　　　　　　　　　　　50 000
　　贷：资金结存——零余额账户用款额度　　　　　　　　　50 000

B. 交付使用并支付余款时：

借：行政支出　　　　　　　　　　　　　　　　　　　50 000
　　贷：资金结存——零余额账户用款额度　　　　　　　　　50 000

【例3-62】 某单位自行研究开发配套软件，开发完成后，达到预定用途形成无形资产发生的研发支出为50 000元。平行记账账务处理如下：

（1）财务会计账务处理如下：

借：无形资产　　　　　　　　　　　　　　　　　　　50 000
　　贷：研发支出——开发支出　　　　　　　　　　　　　　50 000

（2）预算会计不涉及账务处理。

【例3-63】 某行政单位将其拥有的一款软件使用权以100 000元转让给某公司，该专利权账面余额为500 000元，累计摊销额为400 000元。平行记账账务处理如下：

（1）财务会计账务处理如下：

借：资产处置费用　　　　　　　　　　　　　　　　　100 000
　　无形资产累计摊销　　　　　　　　　　　　　　　　400 000
　　贷：无形资产　　　　　　　　　　　　　　　　　　　　500 000

借：银行存款　　　　　　　　　　　　　　　　　　　100 000
　　贷：其他收入　　　　　　　　　　　　　　　　　　　　100 000

（2）预算会计账务处理如下：

借：资金结存——货币资金　　　　　　　　　　　　　100 000
　　贷：其他预算收入　　　　　　　　　　　　　　　　　　100 000

第三章 资产类业务（2）

【例 3-64】 某行政单位因为升级新的软件系统，导致拥有的一款软件使用权不再具有使用价值。该软件使用权账面余额为 300 000 元，累计摊销为 280 000 元，经批准核销该专利使用权。平行记账账务处理如下：

（1）财务会计账务处理如下：

借：资产处置费用　　　　　　　　　　　　　　　　　　20 000
　　无形资产累计摊销　　　　　　　　　　　　　　　　280 000
　　贷：无形资产　　　　　　　　　　　　　　　　　　　　　300 000

（2）预算会计不涉及账务处理。

（四）事业单位平行记账业务举例

【例 3-65】 某事业单位购入一项专利权，价格为 20 000 元，发生相关手续费 4 000 元，款项从银行存款支付。平行记账账务处理如下：

（1）财务会计账务处理如下：

借：无形资产——专利权　　　　　　　　　　　　　　　24 000
　　贷：银行存款　　　　　　　　　　　　　　　　　　　　　24 000

（2）预算会计账务处理如下：

借：事业支出　　　　　　　　　　　　　　　　　　　　24 000
　　贷：资金结存——货币资金　　　　　　　　　　　　　　　24 000

【例 3-66】 某事业单位委托软件公司开发一款软件，按照合同约定，签订时支付 50%，计 50 000 元，待交付使用的时候，再支付剩下的 50%，计 50 000 元，款项从零余额用款额度支付。平行记账账务处理如下：

（1）财务会计账务处理如下：

A. 合同签订时：

借：预付账款　　　　　　　　　　　　　　　　　　　　50 000
　　贷：零余额账户用款额度　　　　　　　　　　　　　　　　50 000

B. 交付使用并支付余款时：

借：无形资产　　　　　　　　　　　　　　　　　　　　100 000
　　贷：预付账款　　　　　　　　　　　　　　　　　　　　　50 000
　　　　零余额账户用款额度　　　　　　　　　　　　　　　　50 000

（2）预算会计账务处理如下：

A. 合同签订时：

借：事业支出　　　　　　　　　　　　　　　　　　　　50 000
　　贷：资金结存——零余额账户用款额度　　　　　　　　　　50 000

B. 交付使用并支付余款时：

借：事业支出　　　　　　　　　　　　　　　　　　　　　　50 000
　　贷：资金结存——零余额账户用款额度　　　　　　　　　　　　50 000

【例3-67】 某事业单位自行研究开发办公软件，开发完成后，达到预定用途形成无形资产发生的研发支出为50 000元。平行记账账务处理如下：

（1）财务会计账务处理如下：

借：无形资产　　　　　　　　　　　　　　　　　　　　　　50 000
　　贷：研发支出——开发支出　　　　　　　　　　　　　　　　　50 000

（2）预算会计不涉及账务处理。

【例3-68】 某事业单位委托一家公司设计开发一款应用程序，并由该公司负责后期维护，合同约定开发期限为1年，后期维护期限为5年。该事业单位支付了开发价格100 000元、后期维护价格30 000元，该公司开具了发票，发票内容为"技术服务费"。但合同虽然区分了开发价格和后期维护价格，但后期维护与该应用程序高度相关、无法作为一项单独服务对外出售，该事业单位按照合同价格确认为无形资产。平行记账账务处理如下：

（1）财务会计账务处理如下：

借：无形资产　　　　　　　　　　　　　　　　　　　　　　130 000
　　贷：银行存款　　　　　　　　　　　　　　　　　　　　　　　130 000

（2）预算会计账务处理如下：

借：事业支出　　　　　　　　　　　　　　　　　　　　　　130 000
　　贷：资金结存——货币资金　　　　　　　　　　　　　　　　　130 000

【例3-69】 某事业单位将其拥有的一款软件使用权以100 000元转让给某公司，该专利权账面余额为500 000元，累计摊销额为400 000元。平行记账账务处理如下：

（1）财务会计账务处理如下：

借：资产处置费用　　　　　　　　　　　　　　　　　　　　100 000
　　无形资产累计摊销　　　　　　　　　　　　　　　　　　　400 000
　　贷：无形资产　　　　　　　　　　　　　　　　　　　　　　　500 000
借：银行存款　　　　　　　　　　　　　　　　　　　　　　100 000
　　贷：其他收入　　　　　　　　　　　　　　　　　　　　　　　100 000

（2）预算会计账务处理如下：

借：资金结存　　　　　　　　　　　　　　　　　　　　　　100 000
　　贷：其他预算收入　　　　　　　　　　　　　　　　　　　　　100 000

【例3-70】 某事业单位因为升级新的软件系统,导致拥有的一款软件使用权不再具有使用价值。该软件使用权账面余额为300 000元,累计摊销额为280 000元,经批准核销该专利使用权。平行记账账务处理如下:

(1)财务会计账务处理如下:

借:资产处置费用　　　　　　　　　　　　　　　　　20 000
　　无形资产累计摊销　　　　　　　　　　　　　　　280 000
　　贷:无形资产　　　　　　　　　　　　　　　　　　　　　　300 000

(2)预算会计不涉及账务处理。

七、无形资产累计摊销

(一)"无形资产累计摊销"科目核算的内容

"无形资产累计摊销"科目核算单位对使用年限有限的无形资产计提的累计摊销。

"无形资产累计摊销"科目应当按照所对应无形资产的明细分类进行明细核算。旧政府会计制度以事业单位是否为内部成本核算单位为依据具体摊销方式分为受益期内摊销和一次摊销。

"无形资产累计摊销"科目期末贷方余额反映单位计提的无形资产摊销累计数。

(二)"无形资产累计摊销"科目平行记账账务处理

具体账务处理如表3-24所示。

表3-24　无形资产累计摊销平行记账账务处理

情形	财务会计		预算会计	
	行政单位	事业单位	行政单位	事业单位
按照月进行无形资产摊销时	借:业务活动费用/加工物品等 　贷:无形资产累计摊销	借:业务活动费用/单位管理费用/加工物品等 　贷:无形资产累计摊销	—	
处置无形资产时	借:资产处置费用/无偿调拨净资产等 　　无形资产累计摊销 　贷:无形资产[账面余额]		—	

(三)行政单位平行记账业务举例

【例3-71】 某行政单位购入一项专利权,价格为150 000元,发生相关费用30 000元,款项通过零余额账户支付，该专利权预计使用年限为10年，按月进行摊销。平行记账账务处理如下：

（1）财务会计账务处理如下：

A. 购入专利权：

借：无形资产 180 000
　　贷：零余额账户用款额度 180 000

B. 每月计提摊销：

借：业务活动费用 1 500
　　贷：无形资产累计摊销 1 500

（2）预算会计账务处理如下：

A. 购入专利权：

借：行政支出 180 000
　　贷：资金结存——零余额账户用款额度 180 000

B. 每月计提摊销不涉及账务处理。

【例3-72】 承［例3-70］，使用5年后，该行政单位欲将该专利权无偿调拨给下属单位使用。平行记账账务处理如下：

（1）财务会计账务处理如下：

借：无偿调拨净资产 90 000
　　无形资产累计摊销 90 000
　　贷：无形资产 180 000

（2）预算会计不涉及账务处理。

（四）事业单位平行记账业务举例

【例3-73】 某事业单位购入业务活动用的一项专利权，价格为150 000元，发生相关费用30 000元。该专利权预计使用年限为10年，按月进行摊销。平行记账账务处理如下：

（1）财务会计账务处理如下：

A. 购入专利权：

借：无形资产 180 000
　　贷：零余额账户用款额度 180 000

B. 每月计提摊销：

借：业务活动费用 1 500
　　贷：无形资产累计摊销 1 500

（2）预算会计账务处理如下：

A. 购入专利权：

借：事业支出　　　　　　　　　　　　　　　　　　　　　　180 000
　　贷：资金结存——零余额账户用款额度　　　　　　　　　　180 000

B. 每月计提摊销：不涉及账务处理。

【例 3-74】　承［例 3-73］，使用 5 年后，该事业单位欲将该专利权无偿调拨给下属单位使用。平行记账账务处理如下：

（1）财务会计账务处理如下：

借：无偿调拨净资产　　　　　　　　　　　　　　　　　　90 000
　　无形资产累计摊销　　　　　　　　　　　　　　　　　90 000
　　贷：无形资产　　　　　　　　　　　　　　　　　　　　180 000

（2）预算会计不涉及账务处理。

八、研发支出

（一）"研发支出"科目核算的内容

"研发支出"科目核算单位自行研究开发项目研究阶段和开发阶段发生的各项支出。建设项目中的软件研发支出，应当通过"在建工程"科目核算，不通过"研发支出"科目核算。

"研发支出"科目应当按照自行研究开发项目，分"研究支出""开发支出"进行明细核算。

"研发支出"科目期末借方余额反映单位预计能达到预定用途的研究开发项目在开发阶段发生的累计支出数。

（二）"研发支出"科目平行记账账务处理

具体账务处理如表 3-25 所示。

表 3-25　研发支出平行记账账务处理

情形		财务会计		预算会计	
		行政单位	事业单位	行政单位	事业单位
自行研究开发项目研究阶段的支出	应当按照合理的方法预先归集	借：研发支出——研究支出 　　贷：应付职工薪酬/库存物品/财政拨款收入/零余额账户用款额度/银行存款等		借：行政支出等［实际支付的款项］ 　　贷：财政拨款预算收入/资金结存	借：事业支出/经营支出等［实际支付的款项］ 　　贷：财政拨款预算收入/资金结存

（续表）

情形		财务会计		预算会计	
		行政单位	事业单位	行政单位	事业单位
自行研究开发项目研究阶段的支出	期（月）末转入当期费用	借：业务活动费用等 　　贷：研发支出——研究支出		—	
自行研究开发项目开发阶段的支出		借：研发支出——开发支出 　　贷：应付职工薪酬 　　　　库存物品 　　　　财政拨款收入／零余额账户用款额度／银行存款等		借：行政支出等［实际支付的款项］ 　　贷：财政拨款预算收入／资金结存	借：事业支出／经营支出等［实际支付的款项］ 　　贷：财政拨款预算收入／资金结存
自行研究开发项目完成，达到预定用途，形成无形资产		借：无形资产 　　贷：研发支出——开发支出		—	
年末经评估，研发项目预计不能达到预定用途		借：业务活动费用等 　　贷：研发支出——开发支出		—	

注：实行预算管理一体化的单位不再使用"零余额账户用款额度"科目。

（三）行政单位平行记账业务举例

【例3-75】 某行政单位自行研究开发一套软件系统，目前该系统研制属于研究阶段。3月5日，该行政单位共计提职工薪酬50 000元，领用实验用材料30 000元。平行记账账务处理如下：

（1）财务会计账务处理如下：
A. 发生各项支出时：
借：研发支出——研究支出　　　　　　　　　　　　　　　　80 000
　　贷：应付职工薪酬　　　　　　　　　　　　　　　　　　　50 000
　　　　库存物品　　　　　　　　　　　　　　　　　　　　　30 000
B. 期（月）末，结转研究阶段的各项支出时：
借：业务活动费用　　　　　　　　　　　　　　　　　　　　80 000
　　贷：研发支出——研究支出　　　　　　　　　　　　　　　80 000
（2）预算会计不涉及账务处理。

【例3-76】 承［例3-75］，9月，该项目进入开发阶段，计提职工薪酬80 000元，

领用实验材料 50 000 元,财政直接支付委托的合同款 200 000 元。平行记账账务处理如下:

(1) 财务会计账务处理如下:

借:研发支出——开发支出		330 000
贷:应付职工薪酬		80 000
库存物品		50 000
财政拨款收入		200 000

(2) 预算会计账务处理如下:

借:行政支出　　　　　　　　　　　　　　　　　　　　　200 000
　　贷:财政拨款预算收入　　　　　　　　　　　　　　　　200 000

【例 3-77】 承[例 3-76],12 月,经评估,该套系统已经完成,达到预定用途并形成无形资产。平行记账账务处理如下:

(1) 财务会计账务处理如下:

借:无形资产　　　　　　　　　　　　　　　　　　　　　330 000
　　贷:研发支出——开发支出　　　　　　　　　　　　　　330 000

(2) 预算会计不涉及账务处理。

【例 3-78】 承[例 3-77],如果年末评估,研发项目预计不能达到预定用途。平行记账账务处理如下:

(1) 财务会计账务处理如下:

借:业务活动费用　　　　　　　　　　　　　　　　　　　330 000
　　贷:研发支出——开发支出　　　　　　　　　　　　　　330 000

(2) 预算会计不涉及账务处理。

(四)事业单位平行记账业务举例

【例 3-79】 某事业单位自行研究开发一套软件系统,目前该系统研制属于研究阶段。3 月 5 日,该事业单位共计提职工薪酬 50 000 元,领用实验用材料 30 000 元。平行记账账务处理如下:

(1) 财务会计账务处理如下:

A. 发生各项支出:

借:研发支出——研究支出　　　　　　　　　　　　　　　80 000
　　贷:应付职工薪酬　　　　　　　　　　　　　　　　　　50 000
　　　　库存物品　　　　　　　　　　　　　　　　　　　　30 000

B. 期(月)末,结转各项支出:

```
借：业务活动费用                                    80 000
    贷：研发支出——研究支出                              80 000
```
（2）预算会计不涉及账务处理。

【例3-80】 承［例3-79］，9月，该项目进入开发阶段，计提职工薪酬80 000元，领用实验材料50 000元，财政直接支付委托的合同款200 000元。平行记账账务处理如下：

（1）财务会计账务处理如下：
```
借：研发支出——开发支出                             330 000
    贷：应付职工薪酬                                    80 000
        库存物品                                        50 000
        财政拨款收入                                   200 000
```
（2）预算会计账务处理如下：
```
借：事业支出                                       200 000
    贷：财政拨款预算收入                              200 000
```

【例3-81】 承［例3-80］，12月，经评估，该套系统已经完成，达到预定用途并形成无形资产。平行记账账务处理如下：

（1）财务会计账务处理如下：
```
借：无形资产                                       330 000
    贷：研发支出——开发支出                            330 000
```
（2）预算会计不涉及账务处理。

【例3-82】 承［例3-81］，如果年末评估，研发项目预计不能达到预定用途，平行记账账务处理如下：

（1）财务会计账务处理如下：
```
借：业务活动费用                                   330 000
    贷：研发支出——开发支出                            330 000
```
（2）预算会计不涉及账务处理。

第二节 公 管 类

一、公共基础设施

(一)"公共基础设施"科目核算的内容

"公共基础设施"科目核算单位控制的公共基础设施的原值。

"公共基础设施"科目应当按照公共基础设施的类别、项目等进行明细核算。具体核算方法与固定资产类似,以下不一一举例描述。

单位应当根据行业主管部门对公共基础设施的分类规定,制定适合本单位管理的公共基础设施目录、分类方法,作为进行公共基础设施核算的依据。

根据《政府会计准则制度解释第4号》,已交付使用但尚未办理竣工财务决算手续的公共基础设施,应当按照估计价值入账,待办理竣工财务决算后再按实际成本调整原来的暂估价值。估计价值应当根据"在建工程"科目相关明细科目的账面余额确定。

"在建工程"科目按照估计价值转固定资产之后、办理竣工财务决算之前,发生调整已确认的应付工程价款等影响估计价值的事项,单位应当先通过"在建工程"科目进行会计处理,再由"在建工程"科目转入"公共基础设施"科目。

单位办理竣工财务决算后,按实际成本调整资产暂估价值时,应当将实际成本与暂估价值的差额计入净资产,借记或贷记"公共基础设施"科目,贷记或借记"以前年度盈余调整"科目。经上述调整后,单位应将"以前年度盈余调整"科目的余额转入"累计盈余"科目。

根据《政府会计准则第3号——固定资产》《政府会计准则第5号——公共基础设施》,单位应当对暂估入账的公共基础设施计提折旧(根据政府会计准则制度规定无需计提折旧的除外),实际成本确定后不需调整原已计提的折旧额。单位按实际成本调整暂估价值后,应当以相关资产的账面价值(实际成本减去已提折旧后的金额)作为应计提折旧额,在规定的折旧年限扣除已计提折旧年限的剩余年限内计提折旧。

"公共基础设施"科目期末借方余额反映公共基础设施的原值。

(二)"公共基础设施"科目平行记账账务处理

1. 取得公共基础设施

具体账务处理如表3-26所示。

表 3-26 公共基础设施平行记账账务处理 I

情形	财务会计		预算会计	
	行政单位	事业单位	行政单位	事业单位
自行建造公共基础设施完工交付使用时	借：公共基础设施 　　贷：在建工程		—	
接受无偿调拨入的公共基础设施	借：公共基础设施 　　贷：无偿调拨净资产 　　　　财政拨款收入/零余额账户用款额度/银行存款等[发生的归属于调入方的相关费用] 如无偿调入的公共基础设施成本无法可靠取得的： 借：其他费用[发生的归属于调入方的相关费用] 　　贷：财政拨款收入/零余额账户用款额度/银行存款等		借：其他支出[支付的归属于调入方的相关费用] 　　贷：财政拨款预算收入/资金结存	
接受捐赠的公共基础设施	借：公共基础设施 　　贷：捐赠收入 　　　　财政拨款收入/零余额账户用款额度/银行存款等[发生的归属于捐入方的相关费用] 如接受捐赠的公共基础设施成本无法可靠取得的： 借：其他费用[发生的归属于捐入方的相关费用] 　　贷：财政拨款收入/零余额账户用款额度/银行存款等		借：其他支出[支付的归属于捐入方的相关费用] 　　贷：财政拨款预算收入/资金结存	
外购的公共基础设施	借：公共基础设施 　　贷：财政拨款收入/零余额账户用款额度/应付账款/银行存款等		借：行政支出 　　贷：财政拨款预算收入/资金结存	借：事业支出 　　贷：财政拨款预算收入/资金结存

注：实行预算管理一体化的单位不再使用"零余额账户用款额度"科目。

2. 与公共基础设施有关的后续支出

具体账务处理如表 3-27 所示。

表 3-27 公共基础设施平行记账账务处理 II

情形	财务会计		预算会计	
	行政单位	事业单位	行政单位	事业单位
为增加公共基础设施使用效能或延长其使用年限而发生的改建、扩建等后续支出	借：在建工程 　　公共基础设施累计折旧（摊销） 　　贷：公共基础设施[账面余额] 借：在建工程[发生的相关后续支出] 　　贷：财政拨款收入/零余额账户用款额度/应付账款/银行存款等		借：行政支出[实际支付的款项] 　　贷：财政拨款预算收入/资金结存	借：事业支出[实际支付的款项] 　　贷：财政拨款预算收入/资金结存

（续表）

情形	财务会计		预算会计	
	行政单位	事业单位	行政单位	事业单位
为维护公共基础设施的正常使用而发生的日常维修、养护等后续支出	借：业务活动费用 　　贷：财政拨款收入/零余额账户用款额度/银行存款等		借：行政支出［实际支付的款项］ 　　贷：财政拨款预算收入/资金结存	借：事业支出［实际支付的款项］ 　　贷：财政拨款预算收入/资金结存

注：实行预算管理一体化的单位不再使用"零余额账户用款额度"科目。

3. 与公共基础设施有关的后续支出

具体账务处理如表3-28所示。

表3-28　公共基础设施平行记账账务处理Ⅲ

情形	财务会计		预算会计	
	行政单位	事业单位	行政单位	事业单位
对外捐赠公共基础设施	借：资产处置费用 　　公共基础设施累计折旧（摊销） 　　贷：公共基础设施［账面余额］ 　　　银行存款等［归属于捐出方的相关费用］		借：其他支出［支付的归属于捐出方的相关费用］ 　　贷：资金结存等	
无偿调出公共基础设施	借：无偿调拨净资产 　　公共基础设施累计折旧（摊销） 　　贷：公共基础设施［账面余额］ 借：资产处置费用 　　贷：银行存款等［归属于调出方的相关费用］		借：其他支出［支付的归属于调出方的相关费用］ 　　贷：资金结存等	

4. 报废、毁损的公共基础设施

具体账务处理如表3-29所示。

表3-29　公共基础设施平行记账账务处理Ⅳ

情形	财务会计		预算会计	
	行政单位	事业单位	行政单位	事业单位
报废、毁损的公共基础设施	借：待处理财产损溢 　　公共基础设施累计折旧（摊销） 　　贷：公共基础设施（账面余额）		—	

（三）行政单位平行记账业务举例

【例3-83】 某行政单位应上级主管部门通知，于2月接管一条公路。该公路目前的账面价值为20 000 000元，相关手续办理花费50 000元，用银行存款方式支付。3月，为延长该公路使用年限，该行政单位对其进行扩建，花费8 000 000元，用财政直接方式支付。8月，该扩建竣工验收。平行记账账务处理如下：

（1）财务会计账务处理如下：

A.2月接管公路：

借：公共基础设施	20 050 000
贷：无偿调拨净资产	20 000 000
银行存款	50 000

B.3月进行扩建：

借：在建工程	8 000 000
贷：财政拨款收入	8 000 000
借：在建工程	20 050 000
贷：公共基础设施	20 050 000

C.8月竣工验收：

借：公共基础设施	20 850 000
贷：在建工程	20 850 000

（2）预算会计账务处理如下：

A.2月接管公路：

借：其他支出	50 000
贷：资金结存——货币资金	50 000

B.3月进行扩建：

借：行政支出	8 000 000
贷：财政拨款预算收入	8 000 000

C.8月竣工验收，不涉及账务处理。

【例3-84】 某行政单位负责管理广场健身器材，为维护器材使用，每年花费保养费用100 000元，用零余额账户额度支付。平行记账账务处理如下：

（1）财务会计账务处理如下：

借：业务活动费用	100 000
贷：零余额账户用款额度	100 000

（2）预算会计账务处理如下：

借：行政支出	100 000
贷：资金结存——零余额账户用款额度	100 000

【例3-85】 某事业单位管理的广场健身器材,由于广场规划,被该单位无偿调拨给某小区使用。该器材的账面原值为500 000元,已计提折旧200 000元,拆卸花费支出5 000元,用银行存款支付,报废无法使用的器材价值10 000元。平行记账账务处理如下:

(1) 财务会计账务处理如下:

借:待处理财产损溢 10 000
  无偿调拨净资产 290 000
  公共基础设施累计折旧(摊销) 200 000
  贷:公共基础设施 500 000

借:资产处置费用 5 000
  贷:银行存款 5 000

(2) 预算会计账务处理如下:

借:其他支出 5 000
  贷:资金结存——货币资金 5 000

(四)事业单位平行记账业务举例

【例3-86】 某事业单位应上级主管部门通知,于2月接管一座桥梁,该桥梁目前的账面价值为20 000 000元,相关手续办理花费50 000元,用银行存款方式支付。3月,为延长该桥梁使用年限,该事业单位对其进行扩建,花费8 000 000元,用财政直接支付方式支付。8月,该扩建竣工验收。平行记账账务处理如下:

(1) 财务会计账务处理如下:

A.2月接管桥梁:

借:公共基础设施 20 050 000
  贷:无偿调拨净资产 20 000 000
    银行存款 50 000

B.3月进行扩建:

借:在建工程 8 000 000
  贷:财政拨款收入 8 000 000

借:在建工程 20 050 000
  贷:公共基础设施 20 050 000

C.8月竣工验收:

借:公共基础设施 20 850 000
  贷:在建工程 20 850 000

(2) 预算会计账务处理如下:

A.2月接管桥梁:

借:其他支出 50 000
  贷:资金结存——货币资金 50 000

B.3 月进行扩建：
借：事业支出　　　　　　　　　　　　　　　　　　　8 000 000
　　贷：财政拨款预算收入　　　　　　　　　　　　　　　　　8 000 000
C.8 月竣工验收，不涉及账务处理。

【例 3-87】 某事业单位负责管理广场健身器材，为维护器材使用，每年花费保养费用 100 000 元，用零余额账户额度支付。平行记账账务处理如下：
（1）财务会计账务处理如下：
借：业务活动费用　　　　　　　　　　　　　　　　　　100 000
　　贷：零余额账户用款额度　　　　　　　　　　　　　　　　100 000
（2）预算会计账务处理如下：
借：事业支出　　　　　　　　　　　　　　　　　　　　100 000
　　贷：资金结存——零余额账户用款额度　　　　　　　　　　100 000

【例 3-88】 某事业单位管理的广场健身器材，由于广场规划，被该单位无偿调拨给某小区使用。器材的账面原值为 500 000 元，已计提折旧 200 000 元，拆卸花费支出 5 000 元，报废无法使用的器材价值 10 000 元。平行记账账务处理如下：
（1）财务会计账务处理如下：
借：待处理财产损溢　　　　　　　　　　　　　　　　　　10 000
　　无偿调拨净资产　　　　　　　　　　　　　　　　　　290 000
　　公共基础设施累计折旧（摊销）　　　　　　　　　　　　200 000
　　贷：公共基础设施　　　　　　　　　　　　　　　　　　　500 000
借：资产处置费用　　　　　　　　　　　　　　　　　　　5 000
　　贷：银行存款　　　　　　　　　　　　　　　　　　　　　5 000
（2）预算会计账务处理如下：
借：其他支出　　　　　　　　　　　　　　　　　　　　5 000
　　贷：资金结存——货币资金　　　　　　　　　　　　　　　5 000

二、公共基础设施累计折旧（摊销）

（一）"公共基础设施累计折旧（摊销）"科目核算的内容

"公共基础设施累计折旧（摊销）"科目核算单位计提的公共基础设施累计折旧和累计摊销。

"公共基础设施累计折旧（摊销）"科目应当按照所对应公共基础设施的明细分类进行明细核算。

"公共基础设施累计折旧（摊销）"科目期末贷方余额反映单位提取的公共基础设施折旧和摊销的累计数。

(二)"公共基础设施累计折旧(摊销)"科目平行记账账务处理

具体账务处理如表 3-30 所示。

表 3-30 公共基础设施累计折旧(摊销)平行记账账务处理

情形	财务会计		预算会计	
	行政单位	事业单位	行政单位	事业单位
按月计提公共基础设施折旧或摊销时	借:业务活动费用 　贷:公共基础设施累计折旧(摊销)		—	
处置公共基础设施时	借:待处理财产损溢/资产处置费用/无偿调拨净资产等 　　公共基础设施累计折旧(摊销) 　贷:公共基础设施 [账面余额]		—	

(三)行政单位平行记账业务举例

【例 3-89】 某行政单位管理一座桥梁,该桥梁原值为 20 000 000 元,预计使用 20 年,按年计提折旧。平行记账账务处理如下:
(1)财务会计账务处理如下:
借:业务活动费用　　　　　　　　　　　　　　　　　1 000 000
　贷:公共基础设施累计折旧(摊销)　　　　　　　　　　　1 000 000
(2)预算会计不涉及账务处理。

【例 3-90】 承[例 3-89],如果该行政单位欲将管理的这座桥梁转让处置,该桥梁已计提折旧 10 000 000 元。平行记账账务处理如下:
(1)财务会计账务处理如下:
借:待处理财产损溢　　　　　　　　　　　　　　　　10 000 000
　　公共基础设施累计折旧(摊销)　　　　　　　　　　　10 000 000
　贷:公共基础设施　　　　　　　　　　　　　　　　　　20 000 000
(2)预算会计不涉及账务处理。

(四)事业单位平行记账业务举例

【例 3-91】 某事业单位管理一座桥梁,该桥梁原值为 20 000 000 元,预计使用 20 年,按年计提折旧。平行记账账务处理如下:

（1）财务会计账务处理如下：

借：业务活动费用　　　　　　　　　　　　　　　　　　　1 000 000
　　贷：公共基础设施累计折旧（摊销）　　　　　　　　　　　　1 000 000

（2）预算会计不涉及账务处理。

【例3-92】　承[例3-91]，如果该事业单位欲将管理的这座桥梁转让处置，该桥梁已计提折旧10 000 000元。平行记账账务处理如下：

（1）财务会计账务处理如下：

借：待处理财产损溢　　　　　　　　　　　　　　　　　　10 000 000
　　公共基础设施累计折旧（摊销）　　　　　　　　　　　　10 000 000
　　贷：公共基础设施　　　　　　　　　　　　　　　　　　　20 000 000

（2）预算会计不涉及账务处理。

三、政府储备物资

（一）"政府储备物资"科目核算的内容

"政府储备物资"科目核算单位控制的政府储备物资的成本。

对政府储备物资不负有行政管理职责但接受委托具体负责执行其存储保管等工作的单位，其受托代储的政府储备物资应当通过"受托代理资产"科目核算，不通过"政府储备物资"科目核算。

"政府储备物资"科目应当按照政府储备物资的种类、品种、存放地点等进行明细核算。单位根据需要，可在"政府储备物资"科目下设置"在库""发出"等明细科目进行明细核算。

"政府储备物资"科目期末借方余额反映政府储备物资的成本。

（二）"政府储备物资"科目平行记账账务处理

1. 取得政府储备物资

具体账务处理如表3-31所示。

表3-31　政府储备物资平行记账账务处理 I

情形	财务会计		预算会计	
	行政单位	事业单位	行政单位	事业单位
购入的政府储备物资	借：政府储备物资 　　贷：财政拨款收入/零余额账户用款额度/应付账款/银行存款等		借：行政支出 　　贷：财政拨款预算收入/资金结存	借：事业支出 　　贷：财政拨款预算收入/资金结存

第三章 资产类业务（2）

（续表）

情形	财务会计		预算会计	
	行政单位	事业单位	行政单位	事业单位
接受捐赠的政府储备物资	借：政府储备物资 　　贷：捐赠收入 　　　　财政拨款收入/零余额账户用款额度/银行存款［捐入方承担的相关税费］		借：其他支出［捐入方承担的相关税费］ 　　贷：财政拨款预算收入/资金结存	
无偿调入的政府储备物资	借：政府储备物资 　　贷：无偿调拨净资产 　　　　财政拨款收入/零余额账户用款额度/银行存款［调入方承担的相关税费］		借：其他支出［调入方承担的相关税费］ 　　贷：财政拨款预算收入/资金结存	
动用发出无需收回的政府储备物资	借：业务活动费用 　　贷：政府储备物资［账面余额］		—	
动用发出需要收回或预期可能收回的政府储备物资	发出物资时： 借：政府储备物资——发出 　　贷：政府储备物资——在库 按照规定的质量验收标准收回物资时： 借：政府储备物资——在库［收回物资的账面余额］ 　　业务活动费用［未收回物资的账面余额］ 　　贷：政府储备物资——发出		—	

2. 发出政府储备物资

具体账务处理如表 3-32 所示。

表 3-32　政府储备物资平行记账账务处理 Ⅱ

情形	财务会计		预算会计	
	行政单位	事业单位	行政单位	事业单位
因行政管理主体变动等原因而将政府储备物资调拨给其他主体的	借：无偿调拨净资产 　　贷：政府储备物资［账面余额］		—	

（续表）

情形		财务会计		预算会计	
		行政单位	事业单位	行政单位	事业单位
对外销售政府储备物资的	按照规定物资销售收入纳入本单位预算的	借：业务活动费用 　　贷：政府储备物资 借：银行存款/应收账款等 　　贷：其他收入等 借：业务活动费用 　　贷：银行存款等［发生的相关税费］	借：业务活动费用 　　贷：政府储备物资 借：银行存款/应收账款等 　　贷：事业收入等 借：业务活动费用 　　贷：银行存款等［发生的相关税费］	借：资金结存［收到的销售价款］ 　　贷：其他预算收入等 借：行政支出 　　贷：资金结存［支付的相关税费］	借：资金结存［收到的销售价款］ 　　贷：事业预算收入等 借：事业支出 　　贷：资金结存［支付的相关税费］
	按照规定销售收入扣除相关税费后上缴财政的	借：资产处置费用 　　贷：政府储备物资 借：银行存款等［收到的销售价款］ 　　贷：银行存款［发生的相关税费］ 　　　　应缴财政款		—	

注：实行预算管理一体化的单位不再使用"零余额账户用款额度"科目。

3．政府储备物资盘盈、盘亏、报废或毁损

具体账务处理如表3-33所示。

表3-33　政府储备物资平行记账账务处理Ⅲ

情形	财务会计		预算会计	
	行政单位	事业单位	行政单位	事业单位
盘盈的政府储备物资	借：政府储备物资 　　贷：待处理财产损溢		—	
盘亏、报废或毁损的政府储备物资	借：待处理财产损溢 　　贷：政府储备物资		—	

（三）行政单位平行记账业务举例

【例3-93】　A行政单位为夏季防汛做物资储备，自行购入防汛器材1 000 000元，采用财政直接支付方式支付；同时，其接收省级政府B行政单位无偿调入的一批价值200 000元的防汛用器材，并用银行存款支付运输费40 000元，以及接收市内的某器材公司捐赠的一批价值50 000元的防汛用器材，用银行存款支付运输费10 000元。平行记

账账务处理如下：

（1）财务会计账务处理如下：

借：政府储备物资	1 000 000	
贷：财政拨款收入		1 000 000
借：政府储备物资	240 000	
贷：无偿调拨净资产		200 000
银行存款		40 000
借：政府储备物资	60 000	
贷：捐赠收入		50 000
银行存款		10 000

（2）预算会计账务处理如下：

借：行政支出	1 000 000	
贷：财政拨款预算收入		1 000 000
借：其他支出	40 000	
贷：资金结存——货币资金		40 000
借：其他支出	10 000	
贷：资金结存——货币资金		10 000

【例3-94】 承[例3-93]，A行政单位5月从仓库中调出无需收回的防汛器材使用，价值100 000元；6月调出需要收回的防汛器材，价值80 000元；7月因为行政管理职能变动，将价值50 000元的防汛器材调拨给市内行政单位。平行记账账务处理如下：

（1）财务会计账务处理如下：

A.5月调出无需收回的防汛器材：

借：业务活动费用	100 000	
贷：政府储备物资		100 000

B.6月调出需要收回的防汛器材：

发出物资时：

借：政府储备物资——发出	80 000	
贷：政府储备物资——在库		80 000

假设按照规定的质量验收标准收回物资，有20 000元物资损毁时：

借：政府储备物资——在库	60 000	
业务活动费用	20 000	
贷：政府储备物资——发出		80 000

C.7月因行政管理职能变动调拨防汛器材：

借：无偿调拨净资产	50 000	
贷：政府储备物资		50 000

（2）预算会计不涉及账务处理。

【例3-95】 某行政单位将一批防汛器材销售，账面价值为200 000元，收到器材款300 000元，销售过程中发生相关税费20 000元，该销售收入纳入本单位预算。此外，该单位处置了一批临期防汛物资，账面价值为80 000元，收到价款100 000元，发生相关税费10 000元，该物资款需上缴财政。平行记账账务处理如下：

（1）财务会计账务处理如下：
A.销售防汛器材：
借：业务活动费用 200 000
　　贷：政府储备物资 200 000
借：银行存款 300 000
　　贷：其他收入 300 000
借：业务活动费用 20 000
　　贷：银行存款 20 000
B.处置临期防汛物资：
借：资产处置费用 80 000
　　贷：政府储备物资 80 000
借：银行存款 100 000
　　贷：银行存款 10 000
　　　　应缴财政款 90 000

（2）预算会计账务处理如下：
A.销售防汛器材：
借：资金结存——货币资金 300 000
　　贷：其他预算收入 300 000
借：行政支出 20 000
　　贷：资金结存——货币资金 20 000
B.处置临期防汛物资，不涉及账务处理。

【例3-96】 承［例3-95］，该行政单位年末对仓库管理的防汛物资进行盘点，发现毁损及报废的防汛物资价值20 000元。平行记账账务处理如下：

（1）财务会计账务处理如下：
借：待处理财产损溢 20 000
　　贷：政府储备物资 20 000
（2）预算会计不涉及账务处理。

（四）事业单位平行记账业务举例

【例3-97】 某事业单位为夏季防汛做物资储备，自行购入防汛器材1 000 000元，采用财政直接支付的方式支付；同时，其接收省级政府某事业单位无偿调入的一批价值

200 000元的防汛用器材,并用银行存款支付运输费40 000元,以及接收市内的某器材公司捐赠的一批价值50 000元的防汛用器材,用银行存款支付运输费10 000元。平行记账账务处理如下:

(1)财务会计账务处理如下:

借:政府储备物资	1 000 000	
贷:财政拨款收入		1 000 000
借:政府储备物资	240 000	
贷:无偿调拨净资产		200 000
银行存款		40 000
借:政府储备物资	60 000	
贷:捐赠收入		50 000
银行存款		10 000

(2)预算会计账务处理如下:

借:事业支出	1 000 000	
贷:财政拨款预算收入		1 000 000
借:其他支出	40 000	
贷:资金结存——货币资金		40 000
借:其他支出	10 000	
贷:资金结存——货币资金		10 000

【例3-98】 承[例3-97],该单位5月从仓库中调出无需收回的防汛器材使用,价值100 000元;6月调出需要收回的防汛器材,价值80 000元;7月因为行政管理职能变动,将价值50 000元的防汛器材调拨给市内行政单位。平行记账账务处理如下:

(1)财务会计账务处理如下:

A.5月调出无需收回的防汛器材时:

借:业务活动费用	100 000	
贷:政府储备物资		100 000

B.6月调出需要收回的防汛器材时:

发出物资时:

借:政府储备物资——发出	80 000	
贷:政府储备物资——在库		80 000

假设按照规定的质量验收标准收回物资,有20 000元物资质量不达标时:

借:政府储备物资——在库	60 000	
业务活动费用	20 000	
贷:政府储备物资——发出		80 000

C.7月因行政管理职能变动调拨防汛器材时:

借：无偿调拨净资产　　　　　　　　　　　　　　　　　　　　　　50 000
　　贷：政府储备物资　　　　　　　　　　　　　　　　　　　　　　50 000
（2）预算会计不涉及账务处理。

【例3-99】　某事业单位将一批防汛器材销售，账面价值为200 000元，收到器材款300 000元，销售过程中发生相关税费20 000元，该销售收入纳入本单位预算。此外，该单位处置了一批临期防汛物资，账面价值为80 000元，收到价款100 000元，发生相关税费10 000元，该物资款需上缴财政。平行记账账务处理如下：

（1）财务会计账务处理如下：
A.销售防汛器材时：
借：业务活动费用　　　　　　　　　　　　　　　　　　　　　　200 000
　　贷：政府储备物资　　　　　　　　　　　　　　　　　　　　　200 000
借：银行存款　　　　　　　　　　　　　　　　　　　　　　　　　300 000
　　贷：事业收入　　　　　　　　　　　　　　　　　　　　　　　300 000
借：业务活动费用　　　　　　　　　　　　　　　　　　　　　　　 20 000
　　贷：银行存款　　　　　　　　　　　　　　　　　　　　　　　 20 000
B.处置临期防汛物资时：
借：资产处置费用　　　　　　　　　　　　　　　　　　　　　　　 80 000
　　贷：政府储备物资　　　　　　　　　　　　　　　　　　　　　 80 000
借：银行存款　　　　　　　　　　　　　　　　　　　　　　　　　100 000
　　贷：银行存款　　　　　　　　　　　　　　　　　　　　　　　 10 000
　　　　应缴财政款　　　　　　　　　　　　　　　　　　　　　　 90 000
（2）预算会计账务处理如下：
A.销售防汛器材时：
借：资金结存——货币资金　　　　　　　　　　　　　　　　　　 300 000
　　贷：其他预算收入　　　　　　　　　　　　　　　　　　　　　300 000
借：事业支出　　　　　　　　　　　　　　　　　　　　　　　　　 20 000
　　贷：资金结存——货币资金　　　　　　　　　　　　　　　　　 20 000
B.处置临期防汛物资，不涉及账务处理。

【例3-100】　承[例3-99]，该事业单位年末对仓库管理的防汛物资进行盘点，发现毁损及报废的防汛物资价值20 000元。平行记账账务处理如下：

（1）财务会计账务处理如下：
借：待处理财产损溢　　　　　　　　　　　　　　　　　　　　　　 20 000
　　贷：政府储备物资　　　　　　　　　　　　　　　　　　　　　 20 000
（2）预算会计不涉及账务处理。

【例3-101】　某事业单位负责城市绿化管理，购买了一批用于绿化储备的林木，其总价为 100 000 元，养在林场，单价每株几千元到几万元不等，被用于公园、行政事业单位内部及市政道路。平行记账账务处理如下：

（1）财务会计账务处理如下：

借：政府储备物资　　　　　　　　　　　　　　　　　　　　100 000
　　贷：银行存款　　　　　　　　　　　　　　　　　　　　　　100 000

（2）预算会计账务处理如下：

借：事业支出　　　　　　　　　　　　　　　　　　　　　　　100 000
　　贷：资金结存——货币资金　　　　　　　　　　　　　　　　100 000

四、文物资源

（一）"文物资源"科目核算的内容

"文物资源"科目核算由政府会计主体承担管理收藏职责的文物资源，包括符合《政府会计准则第 11 号——文物资源》第二条规定的文物资源和第二十一条规定的其他藏品。

"文物资源"科目应当按照文物资源的类型、计量属性等进行明细核算。政府会计主体应当根据文物资源的类型设置"可移动文物""不可移动文物""其他藏品"一级明细科目；根据文物资源的计量属性设置"成本""名义金额"二级明细科目；对于可移动文物和其他藏品，根据文物资源的入藏状态，设置"待入藏""馆藏""借出"三级明细科目；对于认定为不可移动文物的公共基础设施，其三级及以下明细科目设置可参照公共基础设施有关规定执行。

政府会计主体可以根据实际情况在"文物资源"科目下自行增设明细科目。

"文物资源"科目"成本"明细科目的期末借方余额反映以成本计量的文物资源成本，"名义金额"明细科目的期末借方余额反映以名义金额计量的文物资源数量。

（二）"文物资源"科目平行记账账务处理

1. 取得文物资源

具体账务处理如表 3-34 所示。

表 3-34　文物资源平行记账账务处理 I

情形	财务会计		预算会计	
	行政单位	事业单位	行政单位	事业单位
通过征集购买方式取得的文物资源，应当按照购买价款	借：文物资源 　　贷：财政拨款收入/银行存款等		借：行政支出 　　贷：财政拨款预算收入/资金结存	借：事业支出 　　贷：财政拨款预算收入/资金结存

（续表）

情形	财务会计		预算会计	
	行政单位	事业单位	行政单位	事业单位
调入、依法接收、指定保管的	借：文物资源［确定的成本或名义金额］ 　　贷：无偿调拨净资产		—	—
考古发掘、接受捐赠的	借：文物资源［名义金额］ 　　贷：累计盈余/捐赠收入		—	—
其他资产重分类为文物资源的	借：文物资源［账面价值］ 　　固定资产累计折旧等 　　贷：固定资产等 资产原账面价值为零的，在转销原资产相关科目余额的同时： 借：文物资源［名义金额］ 　　贷：累计盈余		—	—
为取得文物资源发生的相关支出，包括文物资源入藏前发生的保险费、运输费、装卸费、专业人员服务费，以及按规定向捐赠人支付的物质奖励等	借：业务活动费用等 　　贷：财政拨款收入/银行存款等		借：行政支出等 　　贷：财政拨款预算收入/资金结存等	借：事业支出等 　　贷：财政拨款预算收入/资金结存等

2. 文物资源保护、利用

具体账务处理如表 3-35 所示。

表 3-35　文物资源平行记账账务处理 Ⅱ

情形	财务会计		预算会计	
	行政单位	事业单位	行政单位	事业单位
本体修复修缮的支出	借：业务活动费用 　　贷：财政拨款收入/银行存款/库存物品等		借：行政支出等 　　贷：财政拨款预算收入/资金结存等	借：事业支出等 　　贷：财政拨款预算收入/资金结存等
借出和借入	（1）借出： 借：文物资源——借出 　　贷：文物资源——馆藏 收回时做相反会计分录 （2）借入： 借：受托代理资产 　　贷：受托代理负债 归还借入的文物资源时做相反会计分录			

3. 文物资源调出、撤销退出

具体账务处理如表 3-36 所示。

表 3-36　文物资源平行记账账务处理 III

情形		财务会计		预算会计	
		行政单位	事业单位	行政单位	事业单位
报经批准无偿调出的		借：无偿调拨净资产 　贷：文物资源		—	
		借：资产处置费用［无偿调出过程中发生的归属于调出方的相关支出］ 　贷：财政拨款收入／银行存款等		借：其他支出［实际支付的金额］ 　贷：财政拨款预算收入／资金结存	
被依法拆除或发生毁损、丢失的	按照规定程序核查处理后确认文物资源灭失时	借：待处理财产损溢 　贷：文物资源 报经批准予以核销时： 借：资产处置费用 　贷：待处理财产损溢		—	
	按照规定程序核查处理过程中依法取得净收入的	借：银行存款等 　贷：其他收入		借：资金结存等 　贷：其他预算收入	
	发生净支出的	借：资产处置费用 　贷：银行存款等		借：其他支出 　贷：资金结存等	
重分类为其他资产的		借：固定资产等 　贷：文物资源			

4. 盘盈的文物资源

具体账务处理如表 3-37 所示。

表 3-37　文物资源平行记账账务处理 IV

情形	财务会计		预算会计	
	行政单位	事业单位	行政单位	事业单位
盘盈时	借：文物资源 　贷：待处理财产损溢		—	
按照规定报经批准处理后，对属于本年度取得的文物资源，政府会计主体应当按照当年新取得文物资源的情形	借：待处理财产损溢 　贷：捐赠收入／无偿调拨净资产／累计盈余等		—	
对属于以前年度取得的文物资源，政府会计主体应当按照前期差错进行账务处理	借：待处理财产损溢 　贷：以前年度盈余调整		—	

（三）行政单位平行记账业务举例

【例 3-102】 某行政单位在 11 月接受私人捐赠的一套书稿陈列品，价值 500 000 元，发生相关手续费用 5 000 元。12 月该单位无偿调拨一套书稿陈列品给下属博物馆，价值 200 000 元，发生相关手续费用 3 000 元。平行记账账务处理如下：

（1）财务会计账务处理如下：

A. 接受捐赠文物时：

借：文物资源 500 000
　　贷：捐赠收入 500 000
借：业务活动费用 5 000
　　贷：银行存款 5 000

B. 无偿调拨文物时：

借：无偿调拨净资产 200 000
　　贷：文物资源 200 000
借：资产处置费用 3 000
　　贷：银行存款 3 000

（2）预算会计账务处理如下：

A. 接受捐赠文物时：

借：行政支出 5 000
　　贷：资金结存 5 000

B. 无偿调拨文物时：

借：其他支出 3 000
　　贷：资金结存 3 000

（四）事业单位平行记账业务举例

【例 3-103】 某事业单位在 11 月接受私人捐赠的一套书稿陈列品，价值 500 000 元，发生相关手续费用 5 000 元。12 月该单位无偿调拨一套书稿陈列品给下属博物馆，价值 200 000 元，发生相关手续费用 3 000 元。平行记账账务处理如下：

（1）财务会计账务处理如下：

A. 接受捐赠文物时：

借：文物资源 500 000
　　贷：捐赠收入 500 000
借：业务活动费用 5 000
　　贷：银行存款 5 000

B.无偿调拨文物时：

借：无偿调拨净资产　　　　　　　　　　　　　　　　　　　　　　200 000
　　贷：文物资源　　　　　　　　　　　　　　　　　　　　　　　　200 000
借：资产处置费用　　　　　　　　　　　　　　　　　　　　　　　　3 000
　　贷：银行存款　　　　　　　　　　　　　　　　　　　　　　　　　3 000

（2）预算会计账务处理如下：

A.接受捐赠文物时：

借：事业支出　　　　　　　　　　　　　　　　　　　　　　　　　　5 000
　　贷：资金结存　　　　　　　　　　　　　　　　　　　　　　　　　5 000

B.无偿调拨文物时：

借：其他支出　　　　　　　　　　　　　　　　　　　　　　　　　　3 000
　　贷：资金结存　　　　　　　　　　　　　　　　　　　　　　　　　3 000

五、保障性住房

（一）"保障性住房"科目核算的内容

"保障性住房"科目核算单位为满足社会公共需求而控制的保障性住房的原值。此处的保障性住房，主要指地方政府住房保障主管部门持有全部或部分产权份额、纳入城镇住房保障规划和年度计划、向符合条件的保障对象提供的住房。

"保障性住房"科目应当按照保障性住房的类别、项目等进行明细核算。"保障性住房"科目期末借方余额反映保障性住房的原值。

（二）"保障性住房"科目平行记账账务处理

1.保障性住房取得

具体账务处理如表3-38所示。

表3-38　保障性住房平行记账账务处理Ⅰ

情形	财务会计		预算会计	
	行政单位	事业单位	行政单位	事业单位
外购的保障性住房	借：保障性住房 　　贷：财政拨款收入/零余额账户用款额度/银行存款等		借：行政支出 　　贷：财政拨款预算收入/资金结存	借：事业支出 　　贷：财政拨款预算收入/资金结存
自行建造的保障性住房，工程完工交付使用时	借：保障性住房 　　贷：在建工程		—	

（续表）

情形	财务会计		预算会计	
	行政单位	事业单位	行政单位	事业单位
无偿调入的保障性住房	借：保障性住房 　　贷：银行存款/零余额账户用款额度等［发生的相关费用］ 　　　　无偿调拨净资产［差额］		借：其他支出［支付的相关税费］ 　　贷：资金结存等	

注：实行预算管理一体化的单位不再使用"零余额账户用款额度"科目。

2. 出租保障性住房

具体账务处理如表3-39所示。

表3-39　保障性住房平行记账账务处理Ⅱ

情形	财务会计		预算会计	
	行政单位	事业单位	行政单位	事业单位
按照收取或应收的租金金额	借：银行存款/应收账款 　　贷：应缴财政款		—	

3. 处置保障性住房

具体账务处理如表3-40所示。

表3-40　保障性住房平行记账账务处理Ⅲ

情形	财务会计		预算会计	
	行政单位	事业单位	行政单位	事业单位
出售保障性住房	借：资产处置费用 　　　保障性住房累计折旧 　　贷：保障性住房［账面余额］		—	
	借：银行存款［处置保障性住房收到的价款］ 　　贷：应缴财政款 　　　　银行存款等［发生的相关费用］		—	
无偿调出保障性住房	借：无偿调拨净资产 　　　保障性住房累计折旧 　　贷：保障性住房［账面余额］		—	
	借：资产处置费用 　　贷：银行存款等［归属于调出方的相关费用］		借：其他支出 　　贷：资金结存等	

4. 保障性住房定期盘点清查

具体账务处理如表 3-41 所示。

表 3-41　保障性住房平行记账账务处理Ⅳ

情形	财务会计		预算会计	
	行政单位	事业单位	行政单位	事业单位
盘盈的保障性住房	借：保障性住房 　贷：待处理财产损溢		—	
盘亏、毁损或报废的保障性住房	借：待处理财产损溢［账面价值］ 　　保障性住房累计折旧 　贷：保障性住房［账面余额］		—	

（三）行政单位平行记账业务举例

【例 3-104】　某行政单位为解决职工住宿问题，外购政府开发的保障性住房 10 套，共值 3 000 000 元，用财政直接支付的方式支付。该住房用于出租给本单位职工，月租金为每套 600 元。平行记账账务处理如下：

（1）财务会计账务处理如下：

A. 购买保障性住房时：

借：保障性住房　　　　　　　　　　　　　　　　　　　　　　　3 000 000
　　贷：财政拨款收入　　　　　　　　　　　　　　　　　　　　　3 000 000

B. 出租保障性住房，收取房租时：

借：银行存款（600×10）　　　　　　　　　　　　　　　　　　　6 000
　　贷：应缴财政款　　　　　　　　　　　　　　　　　　　　　　6 000

（2）预算会计账务处理如下：

A. 购买保障性住房时：

借：行政支出　　　　　　　　　　　　　　　　　　　　　　　　3 000 000
　　贷：财政拨款预算收入　　　　　　　　　　　　　　　　　　　3 000 000

B. 出租保障性住房时，不涉及账务处理。

【例 3-105】　某行政单位将自行建造的保障性住房出售给本单位职工，共 10 套，每套价值为 100 000 元。该保障性住房原账面价值为 3 000 000 元，已计提折旧 2 000 000 元。平行记账账务处理如下：

（1）财务会计账务处理如下：

借：资产处置费用 1 000 000
　　保障性住房累计折旧 2 000 000
　　贷：保障性住房 3 000 000
借：银行存款 1 000 000
　　贷：应缴财政款 1 000 000

（2）预算会计不涉及账务处理。

【例 3-106】 某行政单位在盘查保障性住房时，发现有一处房屋因为遭受过火灾，已经无法继续使用。该处房屋账面价值为 250 000 元，已计提折旧 100 000 元。平行记账账务处理如下：

（1）财务会计账务处理如下：
借：待处理财产损溢 150 000
　　保障性住房累计折旧 100 000
　　贷：保障性住房 250 000

（2）预算会计不涉及账务处理。

（四）事业单位平行记账业务举例

【例 3-107】 某事业单位为解决职工住宿问题，外购政府开发的保障性住房 10 套，共 3 000 000 元，用财政直接支付的方式支付。该住房用于出租给本单位职工使用，月租金为 600 元。平行记账账务处理如下：

（1）财务会计账务处理如下：
A. 购买保障性住房时：
借：保障性住房 3 000 000
　　贷：财政拨款收入 3 000 000
B. 出租保障性住房时：
借：银行存款（600×10） 6 000
　　贷：应缴财政款 6 000

（2）预算会计账务处理如下：
A. 购买保障性住房时：
借：事业支出 3 000 000
　　贷：财政拨款预算收入 3 000 000
B. 出租保障性住房时，不涉及账务处理。

【例 3-108】 某事业单位将自行建造的保障性住房出售给本单位职工，共 10 套，每套价值为 100 000 元。该保障性住房原账面价值为 3 000 000 元，已计提折旧 2 000 000 元。平行记账账务处理如下：

（1）财务会计账务处理如下：

借：资产处置费用		1 000 000
保障性住房累计折旧		2 000 000
贷：保障性住房		3 000 000
借：银行存款		1 000 000
贷：应缴财政款		1 000 000

（2）预算会计不涉及账务处理。

【例 3-109】 某事业单位在盘查保障性住房时，发现有一处房屋因为遭受过火灾，已经无法继续使用。该处房屋账面价值为 250 000 元，已计提折旧 100 000 元。平行记账账务处理如下：

（1）财务会计账务处理如下：

借：待处理财产损溢		150 000
保障性住房累计折旧		100 000
贷：保障性住房		250 000

（2）预算会计不涉及账务处理。

六、保障性住房累计折旧

（一）"保障性住房累计折旧"科目核算的内容

"保障性住房累计折旧"科目核算单位计提的保障性住房的累计折旧。"保障性住房累计折旧"科目应当按照所对应保障性住房的类别进行明细核算。

单位应当参照《企业会计准则第 3 号——固定资产》及其应用指南的相关规定，按月对其控制的保障性住房计提折旧。

"保障性住房累计折旧"科目期末贷方余额反映单位计提的保障性住房折旧累计数。

（二）"保障性住房累计折旧"科目平行记账账务处理

具体账务处理如表 3-42 所示。

表 3-42　保障性住房累计折旧平行记账账务处理

情形	财务会计		预算会计	
	行政单位	事业单位	行政单位	事业单位
按月计提保障性住房折旧时	借：业务活动费用 　　贷：保障性住房累计折旧		—	

（续表）

情形	财务会计		预算会计	
	行政单位	事业单位	行政单位	事业单位
处置保障性住房时	借：待处理财产损溢/无偿调拨净资产/资产处置费用等 　　保障性住房累计折旧 　贷：保障性住房［账面余额］		涉及资金支付的，参照"保障性住房"科目的相关账务处理	

（三）行政单位平行记账业务举例

【例3-110】 某行政单位拥有10套保障性住房，账面价值为3 000 000元，根据预计使用年限，每年需计提折旧60 000元，每月需计提折旧5 000元，平行记账账务处理如下：

（1）财务会计账务处理如下：

借：业务活动费用　　　　　　　　　　　　　　　　　　　　　　　5 000
　贷：保障性住房累计折旧　　　　　　　　　　　　　　　　　　　　5 000

（2）预算会计不涉及账务处理。

【例3-111】 某行政单位欲将拥有的10套保障性住房，无偿调拨给下级事业单位解决职工住宿问题，账面价值为3 000 000元，已计提折旧1 000 000元。平行记账账务处理如下：

（1）财务会计账务处理如下：

借：无偿调拨净资产　　　　　　　　　　　　　　　　　　　　　2 000 000
　　保障性住房累计折旧　　　　　　　　　　　　　　　　　　　1 000 000
　贷：保障性住房　　　　　　　　　　　　　　　　　　　　　　3 000 000

（2）预算会计不涉及账务处理。

（四）事业单位平行记账业务举例

【例3-112】 某事业单位拥有10套保障性住房，账面价值为3 000 000元，根据预计使用年限，每年需计提折旧60 000元，每月需计提折旧5 000元，平行记账账务处理如下：

（1）财务会计账务处理如下：

借：业务活动费用　　　　　　　　　　　　　　　　　　　　　　　5 000
　贷：保障性住房累计折旧　　　　　　　　　　　　　　　　　　　　5 000

（2）预算会计不涉及账务处理。

【例3-113】 某事业单位欲将拥有的10套保障性住房,无偿调拨给下级事业单位解决职工住宿问题,账面价值为3 000 000元,已计提折旧1 000 000元。平行记账账务处理如下:

(1)财务会计账务处理如下:
借:无偿调拨净资产　　　　　　　　　　　　　　　　　　2 000 000
　　保障性住房累计折旧　　　　　　　　　　　　　　　　1 000 000
　　　贷:保障性住房　　　　　　　　　　　　　　　　　　　　3 000 000

(2)预算会计不涉及账务处理。

七、受托代理资产

(一)"受托代理资产"科目核算的内容

"受托代理资产"科目核算单位接受委托方委托管理的各项资产,包括受托指定转赠的物资、受托存储保管的物资等的成本。

单位管理的罚没物资也应当通过"受托代理资产"科目核算。

单位收到的受托代理资产为现金和银行存款的,不通过"受托代理资产"科目核算,应当通过"库存现金""银行存款"科目进行核算。

"受托代理资产"科目应当按照资产的种类和委托人的不同进行明细核算;属于转赠资产的,还应当按照受赠人进行明细核算。

"受托代理资产"科目期末借方余额反映单位受托代理实物资产的成本。

(二)"受托代理资产"科目平行记账账务处理

1. 受托转赠物资

具体账务处理如表3-43所示。

表3-43　受托代理资产平行记账账务处理Ⅰ

情形	财务会计		预算会计	
	行政单位	事业单位	行政单位	事业单位
接受委托人委托需要转赠给受赠人的物资	借:受托代理资产 　贷:受托代理负债		—	
受托协议约定由受托方承担相关税费、运输费的	借:其他费用 　贷:财政拨款收入/零余额账户用款额度/银行存款等		借:其他支出[实际支付的相关税费、运输费等] 　贷:财政拨款预算收入/资金结存	
将受托转赠物资交付受赠人时	借:受托代理负债 　贷:受托代理资产		—	

（续表）

情形	财务会计		预算会计	
	行政单位	事业单位	行政单位	事业单位
转赠物资的委托人取消了对捐赠物资的转赠要求，且不再收回捐赠物资的	借：受托代理负债 　　贷：受托代理资产 借：库存物品/固定资产等 　　贷：其他收入		—	

注：实行预算管理一体化的单位不再使用"零余额账户用款额度"科目。

2. 受托储存保管物资

具体账务处理如表3-44所示。

表3-44　受托代理资产平行记账账务处理Ⅱ

情形	财务会计		预算会计	
	行政单位	事业单位	行政单位	事业单位
接受委托人委托储存保管的物资	借：受托代理资产 　　贷：受托代理负债		—	
支付由受托单位承担的与受托储存保管的物资相关的运输费、保管费等	借：其他费用等 　　贷：财政拨款收入/零余额账户用款额度/银行存款等		借：其他支出等［实际支付的运输费、保管费等］ 　　贷：财政拨款预算收入/资金结存	
根据委托人要求交付受托储存保管的物资时	借：受托代理负债 　　贷：受托代理资产		—	

注：实行预算管理一体化的单位不再使用"零余额账户用款额度"科目。

3. 罚没物资

具体账务处理如表3-45所示。

表3-45　受托代理资产平行记账账务处理Ⅲ

情形	财务会计		预算会计	
	行政单位	事业单位	行政单位	事业单位
取得罚没物资时	借：受托代理资产 　　贷：受托代理负债		—	
按照规定处置罚没物资时	借：受托代理负债 　　贷：受托代理资产 处置时取得款项的： 借：银行存款等 　　贷：应缴财政款		—	

(三)行政单位平行记账业务举例

【例3-114】 某行政单位收到某社会团体委托代管的实物资产一批,价值2 000 000元人民币,根据代管协议,该物资次年用于西部扶贫项目。平行记账账务处理如下:

(1)财务会计账务处理如下:

借:受托代理资产 2 000 000
　　贷:受托代理负债 2 000 000

(2)预算会计不涉及账务处理。

【例3-115】 承[例3-114],该单位将该批物资运往西部时,发生运输等相关费用50 000元,并将物资交付当地的志愿者组织。平行记账账务处理如下:

(1)财务会计账务处理如下:

借:其他费用 50 000
　　贷:银行存款 50 000
借:受托代理负债 2 000 000
　　贷:受托代理资产 2 000 000

(2)预算会计账务处理如下:

借:其他支出 50 000
　　贷:资金结存——货币资金 50 000

【例3-116】 某行政单位委托代管某社会团体捐赠的医疗器材,价值1 000 000元,用于西南地区老年白内障治疗。在次年捐赠的时候,该社会团体决定取消对捐赠物资的转赠要求,改为给该行政单位离退休人员使用,且不再收回。平行记账账务处理如下:

(1)财务会计账务处理如下:

借:受托代理负债 1 000 000
　　贷:受托代理资产 1 000 000
借:库存物品 1 000 000
　　贷:其他收入 1 000 000

(2)预算会计不涉及账务处理。

(四)事业单位平行记账业务举例

【例3-117】 某事业单位收到海外华侨组织委托代管的实物资产一批,价值2 000 000元人民币,根据代管协议,该物资次年用于西部扶贫项目。平行记账账务处理如下:

(1)财务会计账务处理如下:

借:受托代理资产 2 000 000
　　贷:受托代理负债 2 000 000

（2）预算会计不涉及账务处理。

【例 3-118】 承［例 3-117］，该单位将该批物资运往西部时，发生运输等相关费用 50 000 元，并将物资交付当地的志愿者组织。平行记账账务处理如下：

（1）财务会计账务处理如下：

借：其他费用　　　　　　　　　　　　　　　　　　　　　50 000
　　贷：银行存款　　　　　　　　　　　　　　　　　　　　50 000
借：受托代理负债　　　　　　　　　　　　　　　　　　2 000 000
　　贷：受托代理资产　　　　　　　　　　　　　　　　　2 000 000

（2）预算会计账务处理如下：

借：其他支出　　　　　　　　　　　　　　　　　　　　　50 000
　　贷：资金结存——货币资金　　　　　　　　　　　　　50 000

【例 3-119】 某事业单位委托代管海外华侨组织捐赠的医疗器材，价值 1 000 000 元，用于西南地区老年白内障治疗。在次年捐赠的时候，海外华侨决定取消对捐赠物资的转赠要求，改用于该单位实验室新治疗手段的临床试验，且不再收回。平行记账账务处理如下：

（1）财务会计账务处理如下：

借：受托代理负债　　　　　　　　　　　　　　　　　　1 000 000
　　贷：受托代理资产　　　　　　　　　　　　　　　　　1 000 000
借：库存物品　　　　　　　　　　　　　　　　　　　　1 000 000
　　贷：其他收入　　　　　　　　　　　　　　　　　　　1 000 000

（2）预算会计不涉及账务处理。

第三节　其他资产类

一、待处理财产损溢

（一）"待处理财产损溢"科目核算的内容

"待处理财产损溢"科目核算单位在资产清查过程中查明的各种资产盘盈、盘亏和报废、毁损的价值。

"待处理财产损溢"科目应当按照待处理的资产项目进行明细核算；对于在资产处理过程中取得收入或发生相关费用的项目，还应当设置"待处理财产价值""处理净收入"

明细科目,进行明细核算。

单位资产清查中查明的资产盘盈、盘亏、报废和毁损,一般应当先记入"待处理财产损溢"科目,按照规定报经批准后及时进行账务处理,年末结账前一般应处理完毕。

"待处理财产损溢"科目期末如为借方余额,反映尚未处理完毕的各种资产的净损失;期末如为贷方余额,反映尚未处理完毕的各种资产净溢余;年末,经批准处理后,"待处理财产损溢"科目一般应无余额。

(二)"待处理财产损溢"科目平行记账账务处理

1. 账款核对时发现的现金短缺或溢余

参照"库存现金"科目的账务处理。

2. 盘盈的非现金资产

具体账务处理如表3-46所示。

表3-46 待处理财产损溢平行记账账务处理 I

情形		财务会计		预算会计	
		行政单位	事业单位	行政单位	事业单位
转入待处理财产时		借:库存物品/固定资产/无形资产/公共基础设施/政府储备物资/文物资源/保障性住房等 贷:待处理财产损溢		—	
报经批准后处理时	对于流动资产	借:待处理财产损溢 贷:业务活动费用	借:待处理财产损溢 贷:单位管理费用	—	
	对于非流动资产	借:待处理财产损溢 贷:以前年度盈余调整		—	

3. 盘亏或毁损、报废的非现金资产

具体账务处理如表3-47所示。

表3-47 待处理财产损溢平行记账账务处理 II

情形	财务会计		预算会计	
	行政单位	事业单位	行政单位	事业单位
转入待处理财产时	借:待处理财产损溢——待处理财产价值 固定资产累计折旧/公共基础设施累计折旧(摊销)/无形资产累计摊销/保障性住房累计折旧 贷:库存物品/固定资产/公共基础设施/无形资产/政府储备物资/文物资源/保障性住房等		—	

(续表)

情形	财务会计		预算会计	
	行政单位	事业单位	行政单位	事业单位
报经批准处理时	借：资产处置费用 　　贷：待处理财产损溢——待处理财产价值		—	
处理毁损、报废实物资产过程中取得的残值或残值变价收入、保险理赔或过失人赔偿等	借：库存现金/银行存款/库存物品/其他应收款等 　　贷：待处理财产损溢——处理净收入		—	
处理毁损、报废实物资产过程中发生的相关费用	借：待处理财产损溢——处理净收入 　　贷：库存现金/银行存款等		—	
处理收支结清，处理收入大于相关费用的	借：待处理财产损溢——处理净收入 　　贷：应缴财政款		—	
处理收支结清，处理收入小于相关费用的	借：资产处置费用 　　贷：待处理财产损溢——处理净收入		借：其他支出 　　贷：资金结存等 [支付的处理净支出]	

（三）行政单位平行记账业务举例

【例3-120】　某行政单位在年末盘点库存物品时，盘盈了部分库存物品，价值1 000元，报经批准处理。平行记账账务处理如下：

（1）财务会计账务处理如下：

借：库存物品　　　　　　　　　　　　　　　　　　　　　1 000
　　贷：待处理财产损溢　　　　　　　　　　　　　　　　　　1 000

报经批准后：

借：待处理财产损溢　　　　　　　　　　　　　　　　　　1 000
　　贷：以前年度盈余调整　　　　　　　　　　　　　　　　　1 000

（2）预算会计不涉及账务处理。

【例3-121】　某行政单位年末盘查固定资产时，对一台专用设备进行报废处理。该设备价值10 000元，已提折旧8 000元。报经批准后，该单位将该设备进行变卖，发生相关费用500元，取得残值收入1 000元。平行记账账务处理如下：

（1）财务会计账务处理如下：

借：待处理财产损溢——待处理财产价值　　　　　　　　　2 000
　　固定资产累计折旧　　　　　　　　　　　　　　　　　　8 000
　　贷：固定资产　　　　　　　　　　　　　　　　　　　　　10 000

报经批准处理时：

借：资产处置费用		2 000
贷：待处理财产损溢——待处理财产价值		2 000
借：银行存款		1 000
贷：待处理财产损溢——处理净收入		1 000
借：待处理财产损溢——处理净收入		500
贷：银行存款		500
借：待处理财产损溢——处理净收入		500
贷：应缴财政款		500

（2）预算会计不涉及账务处理。

【例 3-122】 承［例 3-121］，如果报经批准后，该单位将该设备进行变卖，发生相关费用 1 500 元，取得残值收入 1 000 元。平行记账账务处理如下：

（1）财务会计账务处理如下：

借：银行存款		1 000
贷：待处理财产损溢——处理净收入		1 000
借：待处理财产损溢——处理净收入		1 500
贷：银行存款		1 500
借：资产处置费用		500
贷：待处理财产损溢——处理净收入		500

（2）预算会计账务处理如下：

借：其他支出		500
贷：资金结存——货币资金		500

（四）事业单位平行记账业务举例

【例 3-123】 某事业单位在年末盘点库存物品时，盘盈了 10 套试验用材料，价值 1 000 元，报经批准处理。平行记账账务处理如下：

（1）财务会计账务处理如下：

借：库存物品		1 000
贷：待处理财产损溢		1 000

报经批准后：

借：待处理财产损溢		1 000
贷：以前年度盈余调整		1 000

（2）预算会计不涉及账务处理。

【例 3-124】 某事业单位年末盘查固定资产时，对一台试验用设备进行报废处理。该设备价值 10 000 元，已提折旧 8 000 元。报经批准后，该单位将该设备进行变卖，发生相关费用 500 元，取得残值收入 1 000 元。平行记账账务处理如下：

（1）财务会计账务处理如下：

借：待处理财产损溢——待处理财产价值　　　　　　　　2 000
　　固定资产累计折旧　　　　　　　　　　　　　　　　8 000
　　　贷：固定资产　　　　　　　　　　　　　　　　　　　　10 000

报经批准处理时：

借：资产处置费用　　　　　　　　　　　　　　　　　　2 000
　　　贷：待处理财产损溢——待处理财产价值　　　　　　　　2 000
借：银行存款　　　　　　　　　　　　　　　　　　　　1 000
　　　贷：待处理财产损溢——处理净收入　　　　　　　　　　1 000
借：待处理财产损溢——处理净收入　　　　　　　　　　500
　　　贷：银行存款　　　　　　　　　　　　　　　　　　　　500
借：待处理财产损溢——处理净收入　　　　　　　　　　500
　　　贷：应缴财政款　　　　　　　　　　　　　　　　　　　500

（2）预算会计不涉及账务处理。

【例 3-125】 承［例 3-124］，如果报经批准后，该单位将该设备进行变卖，发生相关费用 1 500 元，取得残值收入 1 000 元。平行记账账务处理如下：

（1）财务会计账务处理如下：

借：银行存款　　　　　　　　　　　　　　　　　　　　1 000
　　　贷：待处理财产损溢——处理净收入　　　　　　　　　　1 000
借：待处理财产损溢——处理净收入　　　　　　　　　　1 500
　　　贷：银行存款　　　　　　　　　　　　　　　　　　　　1 500
借：资产处置费用　　　　　　　　　　　　　　　　　　500
　　　贷：待处理财产损溢——处理净收入　　　　　　　　　　500

（2）预算会计账务处理如下：

借：其他支出　　　　　　　　　　　　　　　　　　　　500
　　　贷：资金结存——货币资金　　　　　　　　　　　　　　500

二、与社会资本合作项目形成的资产

根据财政部 2024 年 1 月 26 日发布的《关于印发〈政府会计制度准则解释第 7 号〉的通知》（财会〔2023〕32 号）的规定，单位应当自解释公布施行之日起，转销 PPP 项目资产、PPP 项目净资产账面余额，借记"PPP 项目净资产"科目，贷记"PPP 项目资产"科目；借贷方存在差额的，单位应当按照差额并根据资产类别借记"固定资产""公共基础设施"等科目。由单位原有资产形成的特许经营项目相关资产，单位应当按照《政府会计准则第

3号——固定资产》(财会〔2016〕12号)、《政府会计准则第5号——公共基础设施》(财会〔2017〕11号)等相关规定进行会计处理。由社会资本方投资建设并运营的特许经营项目相关资产,在合同终止时按约定无偿移交单位的,单位应当借记"固定资产""公共基础设施"等科目,贷记"累计盈余"科目。

以下为单独核算"PPP项目资产"时的相关处理。

（一）政府和社会资本合作项目概述

政府方对政府和社会资本合作（PPP）项目合同,是指政府方与社会资本方依法依规就PPP项目合作所订立的合同。

1.政府方、社会资本方、PPP项目资产概念

政府方是指政府授权或指定的PPP项目实施机构,通常为政府有关职能部门或事业单位。

社会资本方是指与政府方签署PPP项目合同的社会资本或项目公司。

PPP项目资产是指PPP项目合同中确定的用来提供公共产品和服务的资产。该资产有以下两方面来源:

（1）由社会资本方投资建造或者从第三方购买,或者是社会资本方的现有资产。

（2）政府方现有资产,或者对政府方现有资产进行改建、扩建。

2.PPP项目合同的"双特征"

（1）社会资本方在合同约定的运营期间内代表政府方使用PPP项目资产提供公共产品和服务。

（2）社会资本方在合同约定的期间内就其提供的公共产品和服务获得补偿。

3.PPP项目合同满足的"双控制"标准

（1）政府方控制或管制社会资本方使用PPP项目资产必须提供的公共产品和服务的类型、对象和价格。

（2）PPP项目合同终止时,政府方通过所有权、收益权或其他形式控制PPP项目资产的重大剩余权益。

注:同时满足"双特征""双控制"标准的PPP项目包括采用建设—运营—移交（BOT）、转让—运营—移交（TOT）、改建—运营—移交（ROT）方式运作的项目合同。

（二）会计科目设置

（1）政府方应当设置"1841 PPP项目资产"一级科目,核算按照《政府会计准则第10号——政府和社会资本合作项目合同》规定确认的PPP项目资产,并按照资产类别、项目等进行明细核算。"1841 PPP项目资产"科目的期末借方余额反映PPP项目资产的账面余额。

（2）政府方应当设置"1842 PPP项目资产累计折旧（摊销）"一级科目,核算按照本准则规定计提的PPP项目资产累计折旧（摊销）,并按照资产类别、项目等进行明细

核算。"1842 PPP 项目资产累计折旧（摊销）"科目期末贷方余额反映政府方计提的 PPP 项目资产折旧（摊销）的累计数。

（3）政府方应当设置"3601 PPP 项目净资产"一级科目，核算按照《政府会计准则第 10 号——政府和社会资本合作项目合同》规定所确认的 PPP 项目净资产。"3601 PPP 项目净资产"科目的期末贷方余额反映 PPP 项目净资产的账面余额。

（三）PPP 项目资产平行记账账务处理

1.PPP 项目资产取得

（1）社会资本方投资建造形成的 PPP 项目资产，具体账务处理如表 3-48 所示。

表 3-48　PPP 项目资产平行记账账务处理 I

情形	财务会计		预算会计	
	行政单位	事业单位	行政单位	事业单位
资产验收合格交付使用	借：PPP 项目资产 　贷：PPP 项目净资产		—	
已交付使用但尚未办理竣工财务决算手续	借：PPP 项目资产［暂估价值］ 　贷：PPP 项目净资产		—	
办理竣工财务决算后	借：PPP 项目资产［实际成本与暂估价值的差额］ 　贷：PPP 项目净资产［实际成本与暂估价值的差额］		—	

（2）社会资本方从第三方购买形成的 PPP 项目资产，具体账务处理如表 3-49 所示。

表 3-49　PPP 项目资产平行记账账务处理 II

情形	财务会计		预算会计	
	行政单位	事业单位	行政单位	事业单位
资产验收合格交付使用	借：PPP 项目资产 　贷：PPP 项目净资产		—	

（3）使用社会资本方现有资产形成的 PPP 项目资产，具体账务处理如表 3-50 所示。

表 3-50　PPP 项目资产平行记账账务处理 III

情形	财务会计		预算会计	
	行政单位	事业单位	行政单位	事业单位
PPP 项目开始运营日	借：PPP 项目资产［评估价值］ 　贷：PPP 项目净资产［评估价值］		—	

（4）使用政府方现有资产形成的PPP项目资产，具体账务处理如表3-51所示。

表3-51　PPP项目资产平行记账账务处理Ⅳ

情形	财务会计		预算会计	
	行政单位	事业单位	行政单位	事业单位
无需进行资产评估的，在PPP项目开始运营日	借：PPP项目资产 　　公共基础设施累计折旧（摊销）等 　贷：公共基础设施等［账面价值］		—	
按规定需要进行资产评估的	借：PPP项目资产［评估价值］ 　　公共基础设施累计折旧（摊销）等 　　其他费用［差额］ 　贷：公共基础设施等［账面价值］ 　　　其他收入［差额］		—	

（5）社会资本方对政府方原有资产进行改建、扩建形成的PPP项目资产，具体账务处理如表3-52所示。

表3-52　PPP项目资产平行记账账务处理Ⅴ

情形	财务会计		预算会计	
	行政单位	事业单位	行政单位	事业单位
资产验收合格交付使用	借：PPP项目资产 　　公共基础设施累计折旧（摊销）等 　贷：公共基础设施等［账面余额］ 　　　PPP项目净资产［差额］		—	

2.PPP项目资产在项目运营期间的后续支出

（1）为增加PPP项目资产的使用效能或延长其使用年限而发生的大修、改建、扩建等后续支出，具体账务处理如表3-53所示。

表3-53　PPP项目资产平行记账账务处理Ⅵ

情形	财务会计		预算会计	
	行政单位	事业单位	行政单位	事业单位
资产验收合格交付使用	借：PPP项目资产［相关支出扣除资产被替换部分账面价值的差额］ 　贷：PPP项目净资产		—	

（2）按规定每月计提折旧（摊销）时［在国务院财政部门对PPP项目资产折旧（摊销）

年限作出规定之前,政府方对PPP项目资产暂不计提折旧],具体账务处理如表3-54所示。

表 3-54　PPP项目资产平行记账账务处理Ⅶ

情形	财务会计		预算会计	
	行政单位	事业单位	行政单位	事业单位
政府方初始确认的PPP项目净资产金额等于PPP项目资产初始入账金额	借：PPP项目净资产 　　贷：PPP项目资产累计折旧（摊销）		—	
政府方初始确认的PPP项目净资产金额小于PPP项目资产初始入账金额	借：PPP项目净资产[按所占比例] 　　业务活动费用等[差额] 　　贷：PPP项目资产累计折旧（摊销）		—	

3.PPP项目合同终止

（1）PPP项目合同终止时，PPP项目资产按规定移交至政府方的，政府方应当根据PPP项目资产的性质和用途，将其重分类为公共基础设施等资产。具体账务处理如表3-55所示。

表 3-55　PPP项目资产平行记账账务处理Ⅷ

情形	财务会计		预算会计	
	行政单位	事业单位	行政单位	事业单位
无需对所移交的PPP项目资产进行资产评估	借：公共基础设施等 　　PPP项目资产累计折旧（摊销） 　　贷：PPP项目资产[账面余额]		—	
按规定需要对所移交的PPP项目资产进行资产评估	借：公共基础设施等[评估价值] 　　PPP项目资产累计折旧（摊销） 　　其他费用[差额] 　　贷：PPP项目资产[账面余额] 　　　　其他收入[差额]		—	

（2）PPP项目合同终止时，政府方应当将尚未冲减完的PPP项目净资产账面余额转入累计盈余。具体账务处理如表3-56所示。

表 3-56　PPP项目资产平行记账账务处理

情形	财务会计		预算会计	
	行政单位	事业单位	行政单位	事业单位
余额转入累计盈余	借：PPP项目净资产[账面余额] 　　贷：累计盈余		—	

（四）PPP 项目资产平行记账业务举例

【例 3-126】 某市城市管理局就厨余垃圾处理与乙公司签订项目合同，按合同约定采用 BOT 方式运作，乙公司在合同约定的运营期间内代表市城市管理局使用新建的厨余垃圾处理厂提供厨余垃圾处理服务，并取得厨余垃圾处理服务费，获得补偿。项目的合同期为 20 年，其中，建设期为 2 年，运营期为 18 年，2016 年 1 月 1 日开工建设，2018 年 1 月 1 日验收合格、完成竣工决算并交付使用。根据竣工验收报告，项目投资总额为 1.5 亿元，其中，支付厨余垃圾处理厂场地土地使用权支出 3 000 万元，建筑安装工程投资支出 3 000 万元，设备投资支出 7 500 万元，待摊投资支出 1 000 万元，其他投资支出 500 万元。其中，待摊投资支出按规定直接分配至建筑安装工程投资明细，其他投资支出在交付使用时按规定转入厂房相关资产中。平行记账账务处理如下：

（1）财务会计账务处理如下：

借：PPP 项目资产——土地使用权　　　　　　　　　　30 000 000
　　　　　　　　——厂房　　　　　　　　　　　　　45 000 000
　　　　　　　　——设备　　　　　　　　　　　　　75 000 000
　　贷：PPP 项目净资产　　　　　　　　　　　　　　150 000 000

（2）预算会计不涉及账务处理。

【例 3-127】 承［例 3-126］，该项目的回报机制为可行性缺口补助，2018 年 7 月，按照合同条款和绩效考核情况，当月市城市管理局对垃圾处理费（由乙公司向社会公众收取）未完全弥补的乙公司人员经费、消耗的各类制剂药品、设备的日常保养等经常性支出进行缺口补助，当月支付乙公司垃圾处理运营服务费补贴款项 7 万元。平行记账账务处理如下：

（1）财务会计账务处理如下：

借：业务活动费用　　　　　　　　　　　　　　　　　70 000
　　贷：PPP 项目净资产　　　　　　　　　　　　　　　70 000

（2）预算会计账务处理如下：

借：行政支出　　　　　　　　　　　　　　　　　　　70 000
　　贷：财政拨款预算收入　　　　　　　　　　　　　　70 000

【例 3-128】 承［例 3-127］，运营期内，市城市管理局每月计提 PPP 项目资产累计折旧（摊销），折旧计提方法分别为：设备采用工作量法，其余资产采用年限平均法。设备预计总工时为 75 000 小时，土地及厂房预计使用年限 50 年，2019 年某月设备使用工时 200 小时。平行记账账务处理如下：

（1）财务会计账务处理如下：

借：PPP 项目净资产 325 000
　　贷：PPP 项目资产——土地使用权 50 000
　　　　　　　　　　——厂房 75 000
　　　　　　　　　　——设备 200 000

（2）预算会计不涉及账务处理。

【例 3-129】 承［例 3-128］，2020 年 1 月，乙公司支出厨余垃圾处理管道日常保养等日常维护费 6 000 元，支出为延长电气设备使用寿命而发生的大修维护费用 500 万元。2023 年 1 月 31 日，设备验收合格并交付使用。平行记账账务处理如下：

（1）乙公司发生的厨余垃圾管道维护费属于日常维修、养护后续支出，政府方不确认 PPP 项目资产。乙公司发生的电气设备大修费用，政府方应当在资产验收合格交付使用时，按照相关支出扣除资产被替换部分账面价值的金额确认 PPP 项目资产和 PPP 项目净资产。

2023 年 6 月 30 日，财务会计账务处理如下：
借：PPP 项目资产——设备 5 000 000
　　贷：PPP 项目净资产——设备 5 000 000

（2）预算会计不涉及账务处理。

【例 3-130】 承［例 3-129］，PPP 项目合同约定，PPP 合作期于 2035 年 12 月 30 日届满（移交日），乙公司向市城市管理局无偿移交厨余垃圾处理厂项目设施等合同约定的相关资产与资料。假设移交日 PPP 项目资产原值为 15 500 万元，PPP 项目资产累计折旧（摊销）7 200 万元，其中土地使用权摊销 1 080 万元，厂房折旧 1 620 万元，机器设备折旧 4 500 万元。按照相关规定聘请评估机构对项目资产进行评估，评估价值为 8 000 万元，其中土地使用权为 2 000 万元，厂房为 2 500 万元，机器设备 3 500 万元。平行记账账务处理如下：

（1）2035 年 12 月 31 日财务会计账务处理如下：
借：公共基础设施——土地使用权 20 000 000
　　　　　　　　——厂房 25 000 000
　　　　　　　　——设备 35 000 000
　　PPP 项目资产累计折旧（摊销） 72 000 000
　　其他费用 3 000 000
　　贷：PPP 项目资产 155 000 000
借：PPP 项目净资产 83 000 000
　　贷：累计盈余 83 000 000

（2）预算会计不涉及账务处理。

第四章 负债类业务

第一节 负债概述

一、负债的定义

负债是政府财务会计五要素之一。负债是指政府会计主体过去的经济业务或者事项形成的，预期会导致经济资源流出政府会计主体的现时义务。其中，现时义务是指政府会计主体在现行条件下已承担的义务。未来发生的经济业务或者事项形成的义务不属于现时义务，不应当确认为负债。

二、负债的会计科目

政府会计制度明确规定，财务会计要素中的负债类共有16个会计科目，分别为"短期借款""应交增值税""其他应交税费""应缴财政款""应付职工薪酬""应付票据""应付账款""应付政府补贴款""应付利息""预收账款""其他应付款""预提费用""长期借款""长期应付款""预计负债""受托代理负债"。其中，事业单位单独使用的会计科目有5个（"短期借款""应付票据""应付利息""预收账款""长期借款"），行政单位单独使用会计科目1个（"应付政府补贴款"），行政事业单位同时使用会计科目10个（"应交增值税""其他应交税费""应缴财政款""应付职工薪酬""应付账款""其他应付款""预提费用""长期应付款""预计负债""受托代理负债"）。具体内容如表4-1所示。

表4-1 负债类会计科目使用范围表

财务会计负债类		行政单位	事业单位
科目代码	科目名称		
2001	短期借款		√

(续表)

财务会计负债类		行政单位	事业单位
科目代码	科目名称		
2101	应交增值税	√	√
2102	其他应交税费	√	√
2103	应缴财政款	√	√
2201	应付职工薪酬	√	√
2301	应付票据		√
2302	应付账款	√	√
2303	应付政府补贴款	√	
2304	应付利息		√
2305	预收账款		√
2307	其他应付款	√	√
2401	预提费用		√
2501	长期借款		√
2502	长期应付款	√	√
2601	预计负债	√	√
2901	受托代理负债	√	√

三、负债的分类

政府会计主体的负债按照流动性分为流动负债和非流动负债。流动负债是指预计在1年内（含1年）偿还的负债，包括短期借款、应付短期政府债券、应付及预收款项、应付职工薪酬、应缴款项等。非流动负债是指流动负债以外的负债，包括长期借款、长期应付款、应付长期政府债券等。

政府会计主体的负债包括偿还时间与金额基本确定的负债和由或有事项形成的预计负债。其中，偿还时间与金额基本确定的负债按政府会计主体的业务性质及风险程度，分为融资活动形成的举借债务及其应付利息、运营活动形成的应付及预收款项和暂收性负债。

四、负债的确认和计量

（一）负债的确认

符合负债定义的义务，在同时满足以下条件时，确认为负债：
（1）履行该义务很可能导致含有服务潜力或者经济利益的经济资源流出政府会计主体。

（2）该义务的金额能够可靠地计量。

（二）负债的计量

负债的计量属性主要包括历史成本、现值和公允价值。

在历史成本计量下，负债按照因承担现时义务而实际收到的款项或者资产的金额，或者承担现时义务的合同金额，或者按照为偿还负债预期需要支付的现金计量。

在现值计量下，负债按照预计期限内需要偿还的未来净现金流出量的折现金额计量。

在公允价值计量下，负债按照市场参与者在计量日发生的有序交易中，转移负债所需支付的价格计量。

政府会计主体在对负债进行计量时，一般应当采用历史成本。采用现值、公允价值计量的，应当保证所确定的负债金额能够持续、可靠计量。

五、负债类科目在行政事业单位的使用

《政府会计制度》针对所有政府会计主体，本书根据《政府会计制度》，分别按照行政单位、事业单位执行的会计科目进行说明。《政府会计制度》负债类会计科目共16个，其中行政单位使用的会计科目11个，事业单位使用的会计科目15个。

（一）行政单位负债类会计科目

行政单位使用负债类会计科目11个："应交增值税""其他应交税费""应缴财政款""应付职工薪酬""应付账款""应付政府补贴款""其他应付款""预提费用""长期应付款""预计负债""受托代理负债"。

行政单位负债类会计科目使用说明具体如表4-2所示。

表4-2 行政单位负债类会计科目使用说明

科目编号	科目名称	科目说明
2101	应交增值税	核算行政单位按照税法规定计算应缴纳的增值税
2102	其他应交税费	核算行政单位按照税法等规定计算应缴纳的除增值税以外的各种税费
2103	应缴财政款	核算行政单位取得或应收的按照规定应当上缴财政的款项
2201	应付职工薪酬	核算行政单位按照有关规定应付给职工（含长期聘用人员）及为职工支付的各种薪酬，包括基本工资、国家统一规定的津贴补贴、规范津贴补贴（绩效工资）、改革性补贴、社会保险费（如职工基本养老保险费、职业年金、基本医疗保险费等）、住房公积金等

(续表)

科目编号	科目名称	科目说明
2302	应付账款	核算行政单位因购买物资、接受服务、开展工程建设等而应付的偿还期限在1年以内（含1年）的款项
2303	应付政府补贴款	核算负责发放政府补贴的行政单位，按照规定应当支付给政府补贴接受者的各种政府补贴款
2307	其他应付款	核算行政单位其他各项偿还期限在1年内（含1年）的应付及暂收款项
2401	预提费用	新增设科目，核算行政单位预先提取的已经发生但尚未支付的费用
2502	长期应付款	核算行政单位发生的偿还期限超过1年（不含1年）的应付款项
2601	预计负债	新增设科目，核算行政单位对因或有事项所产生的现时义务而确认的负债
2901	受托代理负债	核算行政单位接受委托取得受托代理资产时形成的负债

（二）事业单位负债类会计科目

事业单位使用负债类会计科目15个："短期借款""应交增值税""其他应交税费""应缴财政款""应付职工薪酬""应付票据""应付账款""应付利息""预收账款""其他应付款""预提费用""长期借款""长期应付款""预计负债""受托代理负债"。

事业单位负债类会计科目使用说明具体如表4-3所示。

表4-3 事业单位负债类会计科目使用说明

科目编号	科目名称	科目说明
2001	短期借款	核算事业单位经批准向银行或其他金融机构等借入的期限在1年内（含1年）的各种借款
2101	应交增值税	核算事业单位按照税法规定计算应缴纳的增值税
2102	其他应交税费	核算事业单位按照税法等规定计算应缴纳的除增值税以外的各种税费，包括城市维护建设税、教育费附加、地方教育附加、车船税、房产税、城镇土地使用税和企业所得税、单位代扣代缴的个人所得税等
2103	应缴财政款	核算事业单位取得或应收的按照规定应当上缴财政的款项
2201	应付职工薪酬	核算事业单位按照有关规定应付给职工（含长期聘用人员）及为职工支付的各种薪酬，包括基本工资、国家统一规定的津贴补贴、规范津贴补贴（绩效工资）、改革性补贴、社会保险费（如职工基本养老保险费、职业年金、基本医疗保险费等）、住房公积金等
2301	应付票据	核算事业单位因购买材料、物资等而开出、承兑的商业汇票，包括银行承兑汇票和商业承兑汇票
2302	应付账款	核算事业单位因购买物资、接受服务、开展工程建设等而应付的偿还期限在1年以内（含1年）的款项

（续表）

科目编号	科目名称	科目说明
2304	应付利息	新增科目，核算事业单位按照合同约定应支付的借款利息，包括短期借款、分期付息到期还本的长期借款等应支付的利息
2305	预收账款	核算事业单位预先收取但尚未结算的款项
2307	其他应付款	核算事业单位其他各项偿还期限在1年内（含1年）的应付及暂收款项
2401	预提费用	新增科目，核算事业单位预先提取的已经发生但尚未支付的费用
2501	长期借款	核算单位经批准向银行或其他金融机构等借入的期限超过1年（不含1年）的各种借款本息
2502	长期应付款	核算事业单位发生的偿还期限超过1年（不含1年）的应付款项
2601	预计负债	新增科目，核算事业单位对因或有事项所产生的现时义务而确认的负债
2901	受托代理负债	新增科目，核算事业单位接受委托取得受托代理资产时形成的负债

六、财务会计与预算会计的科目衔接

1. 短期借款

"短期借款"科目在财务会计中核算事业单位借入各种短期借款、银行承兑汇票到期本单位无力支付票款以及归还短期借款等业务时，因涉及纳入部门预算管理的现金收支业务需要同时进行预算会计核算，在预算会计中通过"债务预算收入""债务还本支出""经营支出""资金结存"等预算会计科目核算。

2. 长期借款

"长期借款"科目在财务会计中核算事业单位借入各项长期借款、长期借款应支付利息以及归还长期借款本金和利息（属于到期一次还本付息的长期借款利息）等业务时，因涉及纳入部门预算管理的现金收支业务需要同时进行预算会计核算，在预算会计中通过"债务预算收入""债务还本支出""其他支出""资金结存"等预算会计科目核算。

3. 应付利息

"应付利息"科目在财务会计中核算事业单位按期计提或实际支付短期借款、长期借款（属于到期还本、分期付息的长期借款利息）等应支付的利息业务时，因涉及纳入部门预算管理的现金收支业务需要同时进行预算会计核算，在预算会计中通过"其他支出""资金结存"等预算会计科目核算。

4. 应交增值税

"应交增值税"科目在财务会计中核算单位购入应税资产或服务、购进应税不动产或在建工程，按规定分年抵扣进项税额的、购进资产或服务时作为扣缴义务人、销售应税产品或提供应税服务以及缴纳增值税等业务时，因涉及纳入部门预算管理的现金收支业务需要同时进行预算会计核算，在预算会计中通过"事业支出""经营支出""事业预算收入""经营预算收入""投资预算收益""资金结存"等预算会计科目核算。

5. 其他应交税费

"其他应交税费"科目在财务会计中核算单位除增值税以外的其他各种税费实际缴纳业务时，因涉及纳入部门预算管理的现金收支业务需要同时进行预算会计核算，在预算会计中通过"行政支出""事业支出""经营支出""财政拨款预算收入""非财政拨款结余""资金结存"等预算会计科目核算。

6. 应付职工薪酬

"应付职工薪酬"科目在财务会计中核算单位向职工支付工资、津贴补贴等薪酬，按照规定缴纳职工社会保险费和住房公积以及从应付职工薪酬中支付的其他款项等业务时，因涉及纳入部门预算管理的现金收支业务需要同时进行预算会计核算，在预算会计中通过"行政支出""事业支出""经营支出""财政拨款预算收入""资金结存"等预算会计科目核算。

7. 应付票据

"应付票据"科目在财务会计中核算事业单位支付银行承兑汇票的手续费，商业汇票到期支付到期票据，或者银行承兑汇票到期时单位无力支付票款等业务时，因涉及纳入部门预算管理的现金收支业务需要同时进行预算会计核算，在预算会计中通过"事业支出""经营支出""债务预算收入""资金结存"等预算会计科目核算。

8. 应付账款

"应付账款"科目在财务会计中核算单位偿付应付账款业务时，因涉及纳入部门预算管理的现金收支业务需要同时进行预算会计核算，在预算会计中通过"行政支出""事业支出""财政补助预算拨款收入""资金结存"等预算会计科目核算。

9. 预收账款

"预收账款"科目在财务会计中核算事业单位从付款方预收款项，确认有关收入等业务时，因涉及纳入部门预算管理的现金收支业务需要同时进行预算会计核算，在预算会计中通过"事业预算收入""经营预算收入""资金结存"等预算会计科目核算。

10. 其他应付款

"其他应付款"科目在财务会计中核算单位暂收款项确认收入，同级财政部门预拨下期预算款在下一预算期确认收入，没有纳入预算的暂付款项批准纳入预算确认收入时以及支付其他应付款项等业务时，因涉及纳入部门预算管理的现金收支业务需要同时进行预算会计核算，在预算会计中通过"事业预算收入""财政拨款预算收入""行政支出""事业支出""资金结存"等预算会计科目核算。

11. 长期应付款

"长期应付款"科目在财务会计中核算单位支付长期应付款业务时，因涉及纳入部门预算管理的现金收支业务需要同时进行预算会计核算，在预算会计中通过"行政支出""事业支出""经营支出""财政补助预算拨款收入""资金结存"等预算会计科目核算。

12. 应缴财政款

"应缴财政款"科目在财务会计中核算单位取得或应收的按规定应当上缴财政的款项时，因不涉及纳入部门预算管理的现金收支业务，不需要平行记账进行预算会计核算。

13. 应付政府补贴款

"应付政府补贴款"科目在财务会计中核算行政单位支付应付政府补贴款的业务时,因涉及纳入部门预算管理的现金收支业务需要同时进行预算会计核算,在预算会计中通过"行政支出""资金结存"等预算会计科目核算。

14. 预提费用

"预提费用"科目在财务会计中核算单位按规定计提项目间接费用或管理费,实际使用计提的项目间接费用或管理费以及实际支付预提费用等业务时,因涉及纳入部门预算管理的现金收支业务需要同时进行预算会计核算,在预算会计中通过"非财政拨款结转""非财政拨款结余""行政支出""事业支出""经营支出""资金结存"等预算会计科目核算。

15. 预计负债

"预计负债"科目在财务会计中核算单位实际偿付预计负债的业务时,在预算会计中通过"事业支出""经营支出""其他支出""资金结存"等预算会计科目核算。

16. 受托代理负债

"受托代理负债"科目在财务会计中核算单位接受委托取得受托代理资产时形成的负债时,因不涉及纳入部门预算管理的现金收支业务,不需要平行记账进行预算会计核算。

第二节 借 款 类

一、短期借款

(一)"短期借款"科目核算的内容

"短期借款"科目核算事业单位经批准向银行或其他金融机构等借入的期限在1年内(含1年)的各种借款。

"短期借款"科目应当按照债权人和借款种类进行明细核算。"短期借款"科目期末贷方余额反映事业单位尚未偿还的短期借款本金。

"短期借款"科目仅事业单位使用,行政单位不涉及此类业务。

(二)"短期借款"科目平行记账账务处理

1. 借入各种短期借款

按照实际借入的金额,具体账务处理如表4-4所示。

表 4-4　短期借款平行记账账务处理 Ⅰ

情形	财务会计	预算会计
	事业单位	事业单位
借入各种短期借款	借：银行存款 　贷：短期借款	借：资金结存——货币资金 　贷：债务预算收入

2.银行承兑汇票到期，本单位无力支付票款

按照应付票据的账面余额，具体账务处理如表 4-5 所示。

表 4-5　短期借款平行记账账务处理 Ⅱ

情形	财务会计	预算会计
	事业单位	事业单位
银行承兑汇票到期，本单位无力支付票款	借：应付票据 　贷：短期借款	借：经营支出等 　贷：债务预算收入

3.归还短期借款

具体账务处理如表 4-6 所示。

表 4-6　短期借款平行记账账务处理 Ⅲ

情形	财务会计	预算会计
	事业单位	事业单位
归还短期借款	借：短期借款 　贷：银行存款	借：债务还本支出 　贷：资金结存——货币资金

（三）事业单位平行记账业务举例

【例 4-1】　2024 年 3 月 1 日，某事业单位到建设银行某支行取得为期 6 个月的短期借款 5 000 000 元，将资金存入银行，以备垫付工程款项。当月平行记账账务处理如下：

（1）财务会计账务处理如下：

借：银行存款　　　　　　　　　　　　　　　　　　　　　5 000 000

　　贷：短期借款　　　　　　　　　　　　　　　　　　　　　　5 000 000

（2）预算会计账务处理如下：

借：资金结存——货币资金　　　　　　　　　　　　　　　5 000 000

　　贷：债务预算收入　　　　　　　　　　　　　　　　　　　　5 000 000

【例4-2】 2024年,某事业单位的银行承兑汇票到期,单位无力支付应付票款5 000 000元,由银行代为付款。平行记账账务处理如下:

(1)财务会计账务处理如下:

借:应付票据　　　　　　　　　　　　　　　　　　　　　　5 000 000
　　贷:短期借款　　　　　　　　　　　　　　　　　　　　　　5 000 000

(2)预算会计账务处理如下:

借:经营支出　　　　　　　　　　　　　　　　　　　　　　5 000 000
　　贷:债务预算收入　　　　　　　　　　　　　　　　　　　　5 000 000

【例4-3】 2024年9月1日,某事业单位用银行存款归还了2024年3月在建设银行某支行借入的短期借款5 000 000元。平行记账账务处理如下:

(1)财务会计账务处理如下:

借:短期借款　　　　　　　　　　　　　　　　　　　　　　5 000 000
　　贷:银行存款　　　　　　　　　　　　　　　　　　　　　　5 000 000

(2)预算会计账务处理如下:

借:债务还本支出　　　　　　　　　　　　　　　　　　　　5 000 000
　　贷:资金结存——货币资金　　　　　　　　　　　　　　　　5 000 000

二、长期借款

(一)"长期借款"科目核算的内容

"长期借款"科目核算事业单位经批准向银行或其他金融机构等借入的期限超过1年(不含1年)的各种借款本息。

"长期借款"科目应当设置"本金"和"应计利息"明细科目,并按照贷款单位和贷款种类进行明细核算;对于建设项目借款,还应按照具体项目进行明细核算。

注意:①"长期借款"科目中"应计利息"明细科目核算到期一次还本付息的长期借款应支付的利息;"应付利息"科目核算短期借款、分期付息到期还本的长期借款等应支付的利息。②为购建固定资产、公共基础设施等应支付的专门借款利息,属于建设期间发生的计入在建工程,不属于建设期间发生的计入其他费用;建设期间发生非正常中断且中断时间连续超过3个月(含3个月)的应当将非正常中断期间的借款利息计入其他费用。如果中断是使工程项目达到交付使用所必需的程序,则中断期间所发生的借款费用仍应计入在建工程。

"长期借款"科目仅事业单位使用,行政单位不涉及此类业务。

（二）"长期借款"科目平行记账账务处理

1. 借入各项长期借款

按照实际借入的金额，具体账务处理如表4-7所示。

表4-7　长期借款平行记账账务处理 I

情形	财务会计	预算会计
	事业单位	事业单位
借入各项长期借款	借：银行存款 　　贷：长期借款——本金	借：资金结存——货币资金 　　贷：债务预算收入［本金］

2. 为购建固定资产、公共基础设施等应支付的专门借款利息

具体账务处理如表4-8所示。

表4-8　长期借款平行记账账务处理 II

情形	财务会计	预算会计
	事业单位	事业单位
属于工程项目建设期间发生的	借：在建工程——待摊投资 　　贷：应付利息［分期付息、到期还本］ 　　　　长期借款——应计利息［到期一次还本付息］	—
属于工程项目完工交付使用后发生的	借：其他费用 　　贷：应付利息［分期付息、到期还本］ 　　　　长期借款——应计利息［到期一次还本付息］	—
实际支付利息时	借：应付利息 　　贷：银行存款等	借：其他支出 　　贷：资金结存

3. 其他长期借款利息

具体账务处理如表4-9所示。

表4-9　长期借款平行记账账务处理 III

情形	财务会计	预算会计
	事业单位	事业单位
计提利息时	借：其他费用 　　贷：应付利息［分期付息、到期还本］ 　　　　长期借款——应计利息［到期一次还本付息］	—

（续表）

情形	财务会计 事业单位	预算会计 事业单位
分期实际支付利息时	借：应付利息 　　贷：银行存款等	借：其他支出 　　贷：资金结存

4. 归还长期借款本金和利息

具体账务处理如表4-10所示。

表4-10 长期借款平行记账账务处理Ⅳ

情形	财务会计 事业单位	预算会计 事业单位
归还长期借款本利息	借：长期借款——本金 　　　　　　——应计利息［到期一次还本付息］ 　　贷：银行存款	借：债务还本支出［支付的本金］ 　　贷：资金结存 借：其他支出［支付的利息］ 　　贷：资金结存

（三）事业单位平行记账业务举例

【例4-4】 某事业单位经批准于2020年7月1日从银行取得为期3年的长期借款10 000 000元，用于工程建设，长期借款年利息率为6%，每年7月1日用银行存款支付长期借款年利息，3年借款期满，该单位用银行存款支付偿还长期借款本金和第3年长期借款年利息。平行记账账务处理如下（假设该项长期借款取得时即全部投入工程项目建设中，且借款期均属于工程项目建设期）：

（1）财务会计账务处理如下：

A. 借入款项时：

借：银行存款　　　　　　　　　　　　　　　　　　10 000 000

　　贷：长期借款——本金　　　　　　　　　　　　　　　　10 000 000

B. 计提期末利息时：

借：在建工程　　　　　　　　　　　　　　　　　　50 000

　　贷：应付利息（10 000 000×6%÷12）　　　　　　　　　　50 000

C. 支付长期借款年利息时（2021年7月1日、2022年7月1日）：

借：应付利息　　　　　　　　　　　　　　　　　　600 000

　　贷：银行存款　　　　　　　　　　　　　　　　　　　　600 000

D. 归还长期借款本金和第3年利息时（2023年7月1日）：

借：长期借款——本金	10 000 000	
应付利息	600 000	
贷：银行存款		10 600 000

（2）预算会计账务处理如下：

A. 借入款项时：

借：资金结存——货币资金	10 000 000	
贷：债务预算收入		10 000 000

B. 计提期末利息：

不涉及账务处理。

C. 支付长期借款年利息时：

借：其他支出	600 000	
贷：资金结存——货币资金		600 000

D. 归还长期借款本金和第3年利息时：

借：债务还本支出	10 000 000	
其他支出	600 000	
贷：资金结存——货币资金		10 600 000

注意事项：①若［例4-4］中长期借款属于到期一次还本付息的情况，长期借款利息在财务会计核算中应记入"长期借款——应计利息"科目。②若［例4-4］中长期借款未全部用于工程建设项目或者有属于工程项目完工交付后发生的借款利息，长期借款利息不记入"在建工程"科目，而应记入"其他费用"科目。

三、应付利息

（一）"应付利息"科目核算的内容

"应付利息"科目核算事业单位按照合同约定应支付的借款利息，包括短期借款、分期付息到期还本的长期借款等应支付的利息。"应付利息"科目应当按照债权人等进行明细核算。

新政府会计制度通过权责发生制确认利息支付义务发生的时点，使得单位在时点处明确自身应付未付的利息金额，更加真实地反映了单位的负债状况。

"应付利息"科目仅事业单位使用，行政单位不涉及此类业务。

（二）"应付利息"科目平行记账账务处理

（1）为建造固定资产、公共基础设施等借入的专门借款的利息，按期计提利息费用时，属于短期借款利息或者分期付息、到期还本的长期借款利息的，按照计算确定的金额，具体账务处理如表 4-11 所示。

表 4-11　应付利息平行记账账务处理 I

情形	财务会计	预算会计
	事业单位	事业单位
属于建设期间发生的	借：在建工程 　贷：应付利息	—
不属于建设期间发生的	借：其他费用 　贷：应付利息	—

（2）对于其他借款，按期计提利息费用时，属于短期借款利息或者分期付息、到期还本的长期借款利息的，按照计算确定的金额，具体账务处理如表 4-12 所示。

表 4-12　应付利息平行记账账务处理 II

情形	财务会计	预算会计
	事业单位	事业单位
其他借款	借：其他费用 　贷：应付利息	—

（3）实际支付应付利息时，按照支付的金额，具体账务处理如表 4-13 所示。

表 4-13　应付利息平行记账账务处理 III

情形	财务会计	预算会计
	事业单位	事业单位
实际支付利息时	借：应付利息 　贷：银行存款等	借：其他支出 　贷：资金结存——货币资金

（三）事业单位平行记账业务举例

参见"长期借款"科目核算举例。

第三节 应付及预收款项类

一、应交增值税

(一)"应交增值税"科目核算的内容

"应交增值税"科目核算单位按照税法规定计算应缴纳的增值税。

1. 增值税一般纳税人"应交增值税"科目核算内容

属于增值税一般纳税人的单位,应当在"应交增值税"科目下设置"应交税金""未交税金""预交税金""待抵扣进项税额""待认证进项税额""待转销项税额""简易计税""转让金融商品应交增值税""代扣代缴增值税"等明细科目。

(1)"应交税金"明细账内应当设置"进项税额""已交税金""转出未交增值税""转出多交增值税""减免税款""销项税额""进项税额转出"等专栏,具体明细科目含义如下:

A."进项税额"专栏,记录单位购进货物、加工修理修配劳务、服务、无形资产或不动产而支付或负担的、准予从当期销项税额中抵扣的增值税额。

B."已交税金"专栏,记录单位当月已缴纳的应交增值税额。

C."转出未交增值税"专栏,记录一般纳税人月度终了时转出的当月应交未交的增值税额。

D."转出多交增值税"专栏,记录一般纳税人月度终了时转出的当月多交的增值税额。

E."减免税款"专栏,记录单位按照现行增值税制度规定准予减免的增值税额。

F."销项税额"专栏,记录单位销售货物、加工修理修配劳务、服务、无形资产或不动产应收取的增值税额。

G."进项税额转出"专栏,记录单位购进货物、加工修理修配劳务、服务、无形资产或不动产等发生非正常损失以及其他原因而不应从销项税额中抵扣、按照规定转出的进项税额。

(2)"未交税金"明细科目,核算单位月度终了时从"应交税金"或"预交税金"明细科目转入当月应交未交、多交或预缴的增值税额,以及当月交纳以前期间未交的增值税额。

(3)"预交税金"明细科目,核算单位转让不动产、提供不动产经营租赁服务等,以及其他按照现行增值税制度规定应预缴的增值税额。

(4)"待抵扣进项税额"明细科目,核算单位已取得增值税扣税凭证并经税务机关认证,按照现行增值税制度规定准予在以后期间从销项税额中抵扣的进项税额。

(5)"待认证进项税额"明细科目,核算单位由于未经税务机关认证而不得从当期销项税额中抵扣的进项税额,具体包括一般纳税人已取得增值税扣税凭证并按规定准予从销项税额中抵扣,但尚未经税务机关认证的进项税额;一般纳税人已申请稽核但尚未取得稽核相符结果的海关缴款书进项税额。

(6)"待转销项税额"明细科目,核算单位销售货物、加工修理修配劳务、服务、无形资产或不动产,已确认相关收入(或利得)但尚未发生增值税纳税义务而需于以后期间确认为销项税额的增值税额。

(7)"简易计税"明细科目,核算单位采用简易计税方法发生的增值税计提、扣减、预缴、缴纳等业务。

(8)"转让金融商品应交增值税"明细科目,核算单位转让金融商品发生的增值税额。

(9)"代扣代缴增值税"明细科目,核算单位购进在境内未设经营机构的境外单位或个人在境内的应税行为代扣代缴的增值税。

2. 增值税小规模纳税人"应交增值税"科目核算内容

属于增值税小规模纳税人的单位,只需在"应交增值税"科目下设置"转让金融商品应交增值税""代扣代缴增值税"明细科目。

新政府会计制度设立了"应交增值税"科目,专门核算增值税业务。"应交增值税"科目为新增科目,原政府会计制度中行政事业单位增值税业务通过"应缴税费"科目核算。

(二)"应交增值税"科目平行记账账务处理

1. 增值税一般纳税人账务处理

(1)购入资产或接受劳务,具体账务处理如表4-14所示。

表4-14 应交增值税平行记账账务处理 I

情形	财务会计	预算会计
	事业单位	事业单位
购入应税资产或服务时	借:业务活动费用/在途物品/库存物品/工程物资/在建工程/固定资产/无形资产等 　　应交增值税——应交税金(进项税额)[当月已认证可抵扣] 　　应交增值税——待认证进项税额[当月未认证可抵扣] 　贷:银行存款/零余额账户用款额度[实际支付的金额]/财政拨款收入(使用本年度预算指标)/财政应返还额度(使用以前年度预算指标)/应付票据[开出并承兑的商业汇票]/应付账款等[应付的金额]	借:事业支出/经营支出等 　贷:资金结存/财政拨款预算收入[实际支付的金额]
经税务机关认证为不可抵扣进项税时	借:应交增值税——应交税金(进项税额) 　贷:应交增值税——待认证进项税额 同时: 借:业务活动费用等 　贷:应交增值税——应交税金(进项税额转出)	—

（续表）

情形	财务会计	预算会计
	事业单位	事业单位
购进属于增值税应税项目的资产后，发生非正常损失或改变用途的	借：待处理财产损溢/固定资产/无形资产等［按照现行增值税制度规定不得从销项税额中抵扣的进项税额］ 　　贷：应交增值税——应交税金（进项税额转出）/应交增值税——待认证进项税额/应交增值税——待抵扣进项税额	—
原不得抵扣且未抵扣进项税额的固定资产、无形资产等，因改变用途等用于允许抵扣进项税额的应税项目	借：应交增值税——应交税金（进项税额）［可以抵扣的进项税额］ 　　贷：固定资产/无形资产等	—
购进时已全额计入进项税额的货物或服务等转用于不动产在建工程的，对于结转以后期间的进项税额	借：应交增值税——待抵扣进项税额 　　贷：应交增值税——应交税金（进项税额转出）	—
购进资产或服务时作为扣缴义务人	借：业务活动费用/在途物品/库存物品/工程物资/固定资产/无形资产等 　　应交增值税——应交税金（进项税额）［当期可抵扣］ 　　贷：银行存款［实际支付的金额］/应付账款等 　　　　应交增值税——代扣代缴增值税 实际缴纳代扣代缴增值税时： 借：应交增值税——代扣代缴增值税 　　贷：银行存款/零余额账户用款额度/财政拨款收入［使用本年度预算指标］/财政应返还额度［使用以前年度预算指标］	借：事业支出/经营支出等 　　贷：资金结存［实际支付的金额］ 借：事业支出/经营支出等 　　贷：资金结存/财政拨款预算收入［实际支付的金额］

（2）销售应税产品或提供应税服务，具体账务处理如表4-15所示。

表4-15　应交增值税平行记账账务处理 II

情形	财务会计	预算会计
	事业单位	事业单位
销售应税产品或提供应税服务时	借：银行存款/应收账款/应收票据等［包含增值税的价款总额］ 　　贷：事业收入/经营收入等［扣除增值税销项税额后的价款］ 　　　　应交增值税——应交税金（销项税额）/应交增值税——简易计税	借：资金结存［实际收到的含税金额］ 　　贷：事业预算收入/经营预算收入等

（续表）

情形		财务会计	预算会计
		事业单位	事业单位
金融商品转让	产生收益	借：投资收益［按净收益计算的应纳增值税］ 　贷：应交增值税——转让金融商品应交增值税	—
	产生损失	借：应交增值税——转让金融商品应交增值税 　贷：投资收益［按净损失计算的应纳增值税］	—
	缴纳增值税时	借：应交增值税——转让金融商品应交增值税 　贷：银行存款等	借：投资预算收益等 　贷：资金结存［实际支付的金额］
	年末，如有借方余额	借：投资收益 　贷：应交增值税——转让金融商品应交增值税	—

（3）月末转出多交和未交增值税，具体账务处理如表4-16所示。

表4-16　应交增值税平行记账账务处理Ⅲ

情形	财务会计	预算会计
	事业单位	事业单位
月末转出本月未交增值税	借：应交增值税——应交税金（转出未交增值税） 　贷：应交增值税——未交税金	—
月末转出本月多交增值税	借：应交增值税——未交税金 　贷：应交增值税——应交税金（转出多交增值税）	—

（4）缴纳增值税，具体账务处理如表4-17所示。

表4-17　应交增值税平行记账账务处理Ⅳ

情形	财务会计	预算会计
	事业单位	事业单位
本月缴纳本月增值税时	借：应交增值税——应交税金（已交税金） 　贷：银行存款/零余额账户用款额度/财政拨款收入［使用本年度预算指标］/财政应返还额度［使用以前年度预算指标］	借：事业支出/经营支出等 　贷：资金结存/财政拨款预算收入
本月缴纳以前期间未交增值税	借：应交增值税——未交税金 　贷：银行存款/零余额账户用款额度/财政拨款收入［使用本年度预算指标］/财政应返还额度［使用以前年度预算指标］	借：事业支出/经营支出等 　贷：资金结存/财政拨款预算收入

(续表)

情形	财务会计	预算会计
	事业单位	事业单位
按规定预缴增值税	预缴时： 借：应交增值税——预交税金 　　贷：银行存款/零余额账户用款额度/财政拨款收入［使用本年度预算指标］/财政应返还额度［使用以前年度预算指标］ 月末： 借：应交增值税——未交税金 　　贷：应交增值税——预交税金	借：事业支出/经营支出等 　　贷：资金结存/财政拨款预算收入
当期直接减免的增值税应纳税额	借：应交增值税——应交税金（减免税款） 　　贷：业务活动费用/经营费用等	—

2. 增值税小规模纳税人账务处理

（1）购入应税资产或服务，具体账务处理如表4-18所示。

表4-18　应交增值税平行记账账务处理 Ⅴ

情形	财务会计	预算会计
	事业单位	事业单位
购入应税资产或服务时	借：业务活动费用/在途物品/库存物品等［按价税合计金额］ 　　贷：银行存款/零余额账户用款额度/财政拨款收入［使用本年度预算指标］/财政应返还额度［使用以前年度预算指标］［实际支付的金额］/应付票据［开出并承兑的商业汇票］/应付账款等［应付的金额］	借：事业支出/经营支出等 　　贷：资金结存/财政拨款预算收入［实际支付的金额］
购进资产或服务时作为扣缴义务人	借：在途物品/库存物品/固定资产/无形资产等 　　贷：应付账款/银行存款/零余额账户用款额度/财政拨款收入［使用本年度预算指标］/财政应返还额度［使用以前年度预算指标］ 　　　　应交增值税——代扣代缴增值税 实际缴纳增值税时参见一般纳税人的账务处理	借：事业支出/经营支出等 　　贷：资金结存/财政拨款预算收入［实际支付的金额］

（2）销售应税产品或提供应税服务，具体账务处理如表4-19所示。

表4-19　应交增值税平行记账账务处理 Ⅵ

情形	财务会计	预算会计
	事业单位	事业单位
销售资产或提供服务	借：银行存款/应收账款/应收票据［包含增值税的价款总额］ 　　贷：事业收入/经营收入等［扣除增值税金额后的价款］ 　　　　应交增值税	借：资金结存［实际收到的含税金额］ 　　贷：事业预算收入/经营预算收入等

（续表）

情形		财务会计	预算会计
		事业单位	事业单位
金融商品转让	产生收益	借：投资收益［按净收益计算的应纳增值税］ 　　贷：应交增值税——转让金融商品应交增值税	—
	产生损失	借：应交增值税——转让金融商品应交增值税 　　贷：投资收益［按净损失计算的应纳增值税］	—
	实际缴纳时	借：应交增值税——转让金融商品应交增值税 　　贷：银行存款等	借：投资预算收益等 　　贷：资金结存［实际支付的金额］

（3）缴纳增值税时，具体账务处理如表4-20所示。

表4-20　应交增值税平行记账账务处理Ⅶ

情形	财务会计	预算会计
	事业单位	事业单位
缴纳增值税时	借：应交增值税——应交税金（销项税额） 　　贷：银行存款/零余额账户用款额度/财政拨款收入（使用本年度预算指标）/财政应返还额度（使用以前年度预算指标）	借：事业支出/经营支出等 　　贷：资金结存/财政拨款预算收入

（4）减免增值税时，具体账务处理如表4-21所示。

表4-21　应交增值税平行记账账务处理Ⅷ

情形	财务会计	预算会计
	事业单位	事业单位
减免增值税	借：应交增值税——应交税金（减免税款） 　　贷：业务活动费用/经营费用等	—

（三）事业单位平行记账业务举例

【例4-5】　某事业单位为增值税一般纳税人，2023年12月销售科研设备，开具的增值税专用发票上注明的价款为400 000元，增值税税额为52 000元（400 000×13%），款项已全部收取（本例仅针对增值税进行账务处理，其他税费未作考虑）。平行记账账务处理如下：

(1) 财务会计账务处理如下：
借：银行存款　　　　　　　　　　　　　　　　　　　　　452 000
　　贷：事业收入　　　　　　　　　　　　　　　　　　　　　400 000
　　　　应交增值税——应交税金（销项税额）　　　　　　　　52 000
(2) 预算会计账务处理如下：
借：资金结存——货币资金　　　　　　　　　　　　　　　452 000
　　贷：事业预算收入　　　　　　　　　　　　　　　　　　452 000

【例 4-6】 承［例 4-5］，该单位购进科研设备一台，取得的销售方开具的增值税专用发票上注明的价款为 700 000 元，增值税税额为 91 000 元（700 000×13%）。销售方转来代垫设备运费 10 900 元，运输企业开具的货物运输业增值税专用发票上注明的价款为 10 000 元，增值税税额为 900 元（10 000×9%），货款、运费均未支付。假设该项增值税税额当月已认证。平行记账账务处理如下：

(1) 财务会计账务处理如下：
借：固定资产　　　　　　　　　　　　　　　　　　　　　710 000
　　应交增值税——应交税金（进项税额）　　　　　　　　　91 900
　　贷：应付账款　　　　　　　　　　　　　　　　　　　　801 900
(2) 预算会计不涉及账务处理。

【例 4-7】 承［例 4-6］，该单位用银行存款购进科研专用材料，取得的增值税专用发票上注明的价款为 50 000 元，增值税税额为 6 500 元（50 000×13%）。假设该项增值税税额当月已认证可抵扣。平行记账账务处理如下：

(1) 购置材料验收入库时，财务会计账务处理如下：
借：库存物品　　　　　　　　　　　　　　　　　　　　　50 000
　　应交增值税——应交税金（进项税额）　　　　　　　　　6 500
　　贷：银行存款　　　　　　　　　　　　　　　　　　　　56 500
(2) 预算会计账务处理如下：
借：事业支出　　　　　　　　　　　　　　　　　　　　　58 000
　　贷：资金结存——货币资金　　　　　　　　　　　　　　58 000

【例 4-8】 承［例 4-7］，该单位以前月份已开具增值税专用发票并收取的科研设备款 580 000 元。因质量原因，经协商设备费调减 20%，当月凭对方税务机关出具的《开具红字增值税专用发票通知单》，开具的红字增值税专用发票上注明的价款为 -100 000 元，增值税税额为 -13 000 元，相应款项已退还。假设该事项发生时已认证。平行记账账务处理如下：

(1) 财务会计账务处理如下（红字）：
借：银行存款　　　　　　　　　　　　　　　　　　　　　113 000
　　贷：事业收入　　　　　　　　　　　　　　　　　　　　100 000
　　　　应交增值税——应交税金（销项税额）　　　　　　　13 000

（2）预算会计账务处理如下（红字）：

借：资金结存——货币资金　　　　　　　　　　　　　113 000
　　贷：事业预算收入　　　　　　　　　　　　　　　　　　　113 000

【例4-9】 承［例4-8］，该单位上月为开展单位专业业务活动支付信息服务费并取得增值税专用发票，经与服务机构沟通同意折让10%，合计金额为10 600元，向主管税务机关填报《开具红字增值税专用发票申请单》后，取得《开具红字增值税专用发票通知单》。折让款及红字增值税专用发票均未收到。假设该项增值税额已认证，平行记账账务处理如下：

（1）财务会计账务处理如下：

借：业务活动费用　　　　　　　　　　　　　　　　　　600
　　贷：应交增值税——应交税金（进项税额转出）　　　　　　600

（2）预算会计不涉及账务处理。

【例4-10】 承［例4-9］，该单位提供技术咨询服务实现收入1 060 000元，开具的增值税专用发票上注明的价款为1 000 000元，增值税税额为60 000元，款项尚未收到。平行记账账务处理如下：

（1）财务会计账务处理如下：

借：应收账款　　　　　　　　　　　　　　　　　　1 060 000
　　贷：事业收入　　　　　　　　　　　　　　　　　　　1 000 000
　　　　应交增值税——应交税金（销项税额）　　　　　　60 000

（2）预算会计不涉及账务处理。

【例4-11】 承［例4-10］，该单位收到某事业单位以前月份拖欠的设备应收款3 480 000元（已在所属月份开具增值税专用发票，并确认销项税额申报纳税），经协商另收延期付款利息30 000元，并开具增值税普通发票。平行记账账务处理如下：

（1）财务会计账务处理如下：

延期付款利息为科研设备销售业务的价外费用产生的增值税销项税额 = 30 000 ÷（1 + 13%）× 13% = 3 451.33（元）

借：银行存款　　　　　　　　　　　　　　　　　　3 510 000.00
　　贷：事业收入　　　　　　　　　　　　　　　　　　　　26 548.67
　　　　应交增值税——应交税金（销项税额）　　　　　　3 451.33
　　　　应收账款　　　　　　　　　　　　　　　　　3 480 000.00

（2）预算会计账务处理如下：

借：资金结存——货币资金　　　　　　　　　　　　　3 510 000
　　贷：事业预算收入　　　　　　　　　　　　　　　　　　3 510 000

【例 4-12】 承［例 4-11］，该单位支付业务活动的影视费 31 800 元，取得的增值税专用发票上注明的价款为 30 000 元，增值税税额为 1 800 元。平行记账账务处理如下：

（1）财务会计账务处理如下：

借：业务活动费用　　　　　　　　　　　　　　　　　　　30 000
　　应交增值税——应交税金（进项税额）　　　　　　　　 1 800
　　贷：银行存款　　　　　　　　　　　　　　　　　　　　　31 800

（2）预算会计账务处理如下：

借：事业支出　　　　　　　　　　　　　　　　　　　　　31 800
　　贷：资金结存——货币资金　　　　　　　　　　　　　　　318 000

【例 4-13】 承［例 4-12］，该单位销售商品开具的增值税专用发票上注明的价款为 1 600 000 元，增值税税额为 208 000 元，款项尚未收到。平行记账账务处理如下：

（1）财务会计账务处理如下：

借：应收账款　　　　　　　　　　　　　　　　　　　1 808 000
　　贷：事业收入　　　　　　　　　　　　　　　　　　　　1 600 000
　　　　应交增值税——应交税金（销项税额）　　　　　　　208 000

（2）预算会计不涉及账务处理。

【例 4-14】 承［例 4-13］，该单位支付小规模纳税人提供的设备修理费 10 300 元，取得小规模纳税人从税务机关代开的增值税专用发票，发票上注明的价款为 10 000 元，增值税税额为 300 元。平行记账账务处理如下：

（1）财务会计账务处理如下：

借：业务活动费用　　　　　　　　　　　　　　　　　　　10 000
　　应交增值税——应交税金（进项税额）　　　　　　　　　 300
　　贷：银行存款　　　　　　　　　　　　　　　　　　　　　10 300

（2）预算会计账务处理如下：

借：事业支出　　　　　　　　　　　　　　　　　　　　　10 300
　　贷：资金结存——货币资金　　　　　　　　　　　　　　　10 300

【例 4-15】 承［例 4-14］，该单位支付银行托收的水费 20 600 元，取得的增值税专用发票上注明的价款为 20 000 元，增值税税额为 600 元。平行记账账务处理如下：

（1）财务会计账务处理如下：

借：单位管理费用　　　　　　　　　　　　　　　　　　　20 000
　　应交增值税——应交税金（进项税额）　　　　　　　　　 600
　　贷：银行存款　　　　　　　　　　　　　　　　　　　　　20 600

（2）预算会计账务处理如下：

借：事业支出 20 600
　　贷：资金结存——货币资金 20 600

【例4-16】 承［例4-15］，该单位签订设备经营性租赁合同，合同约定的设备租赁期为1年，租赁费为226 000元，租赁费分三次收取，即于合同签订当月预收10%，设备交付并安装调试完成当月收取40%，余款于设备交付后第6个月收取。当月开具收据收取设备租赁预收款22 600元。平行记账账务处理如下：

（1）财务会计账务处理如下：
借：银行存款 22 600
　　贷：预收账款 20 000
　　　　应交增值税——应交税金（销项税额） 2 600

（2）预算会计账务处理如下：
借：资金结存——货币资金 22 600
　　贷：事业预算收入 22 600

【例4-17】 承［例4-16］，该单位进口科研设备一台用于新建不动产，进口价为2 000 000元，假定报关进口时海关征收关税200 000元，增值税320 000元，分别取得海关关税完税凭证和海关进口增值税专用缴款书（本月报送电子数据，申请稽核比对）。报关后，该台设备发生安装费20 000元（含税款），取得安装业发票。以上价款、税款均已支付。（假定该设备无消费税），平行记账账务处理如下：

固定资产的入账成本＝2 000 000＋200 000＋20 000－20 000÷（1＋13%）×13%＝2 217 699.12（元）

应抵扣进项税额＝320 000＋20 000÷（1＋13%）×13%＝34 300.88（元）

（1）财务会计账务处理如下：
借：固定资产 2 217 699.12
　　应交增值税——应交税金（进项税额） 34 300.88
　　贷：银行存款 2 540 000.00

（2）预算会计账务处理如下：
借：事业支出 2 540 000
　　贷：资金结存——货币资金 2 540 000

【例4-18】 承［例4-17］，该单位向主管税务机关查询海关进口增值税专用缴款书稽核比对结果信息。上月申请比对的两份海关进口增值税专用缴款书，进口科研用设备的海关进口增值税专用缴款书比对相符，金额为125 000元，增值税税额为20 000元；进口科研用物资的海关进口增值税专用缴款书比对不符，经核查不得抵扣进项税额，金额为62 500元，增值税税额为10 000元。上月申请时，已经将相关税额计入应交增值税——

待认证进项税额。本月平行记账账务处理如下：

（1）财务会计账务处理如下：

A.科研用设备的海关进口增值税专用缴款书（尚未抵扣的进项税额抵扣时）：

借：应交增值税——应交税金（进项税额） 20 000
　　贷：应交增值税——待认证进项税额 20 000

B.科研用物资的海关进口增值税专用缴款书（经认证为不可抵扣进项税时）：

借：应交增值税——应交税金（进项税额） 10 000
　　贷：应交增值税——待认证进项税额 10 000

同时，

借：库存物品 10 000
　　贷：应交增值税——应交税金（进项税额转出） 10 000

（2）预算会计不涉及账务处理。

【例4-19】 承［例4-18］，该单位支付境外某公司管理软件服务费74 200元（含增值税价款）。该境外公司境内无代理人，单位于当月将代扣的增值税已向主管税务机关缴纳。购买方为扣缴义务人。平行记账账务处理如下：

（1）财务会计账务处理如下：

A.支付软件费用并代扣增值税时：

借：业务活动费用（或单位管理费用） 70 000
　　应交增值税——应交税金（进项税额） 4 200
　　贷：银行存款 70 000
　　　　应交增值税——代扣代缴增值税 4 200

B.实际缴纳代扣增值税（取得税收缴款凭证）时：

借：应交增值税——代扣代缴增值税 4 200
　　贷：银行存款 4 200

（2）预算会计账务处理如下：

A.支付软件费用并代扣增值税时：

借：事业支出 70 000
　　贷：资金结存——货币资金 70 000

B.实际缴纳代扣增值税时：

借：事业支出 4 200
　　贷：资金结存——货币资金 4 200

【例4-20】 承［例4-19］，该单位收到应付铁路运输企业的运输费用和铁路接触网服务等物流辅助服务费用合计76 600元。取得的货物运输业增值税专用发票上注明的金额为60 000元，增值税税额为6 000元；收到的增值税专用发票上注明的铁路接触网服务等物流辅助服务费用金额为10 000元，增值税税额为600元。以上运输费用等为单位委托铁路运输企业运输销售的货物，款项尚未支付。平行记账账务处理如下：

（1）财务会计账务处理如下：

借：业务活动费用　　　　　　　　　　　　　　　　　　　　　　70 000
　　应交增值税——应交税金（进项税额）　　　　　　　　　　　 6 600
　　贷：应付账款　　　　　　　　　　　　　　　　　　　　　　　76 600

（2）预算会计不涉及账务处理。

【例4-21】 承［例4-20］，该单位进项税额已抵扣的货物（适用增值税税率为13%），科研设备安装领用6 000元，职工福利部门领用30 000元。平行记账账务处理如下：

已抵扣进项税额的购进货物，用于职工福利，应作进项税额的扣减，无法确定该进项税额的，按照当期实际成本计算应扣减的进项税额，扣减的进项税额＝30 000×13%＝3 900（元）。

（1）财务会计账务处理如下：

借：在建工程/固定资产　　　　　　　　　　　　　　　　　　　　6 000
　　应付职工薪酬——应付职工福利费　　　　　　　　　　　　　33 900
　　贷：库存商品　　　　　　　　　　　　　　　　　　　　　　　36 000
　　　　应交增值税——应交税金（进项税额转出）　　　　　　　　 3 900

（2）预算会计不涉及账务处理。

【例4-22】 承［例4-21］，该单位科研用物资（适用增值税税率为13%）因管理不善而造成被盗，该物资账面实际成本为20 000元。平行记账账务处理如下：

购进货物造成非正常损失，进项税额不允许抵扣，应作进项税额的扣减，无法确定该进项税额的，按照当期实际成本计算应扣减的进项税额，扣减的进项税额＝20 000×13%＝2 600（元）。

（1）财务会计账务处理如下：

借：待处理财产损溢——待处理财产价值　　　　　　　　　　　 22 600
　　贷：库存物品　　　　　　　　　　　　　　　　　　　　　　　20 000
　　　　应交增值税——应交税金（进项税额转出）　　　　　　　　 2 600

（2）预算会计不涉及账务处理。

【例4-23】 承［例4-22］，该单位支付增值税税控系统技术维护费用合计660元，取得的增值税专用发票上注明的价款为622.64元，增值税税额为37.36元。平行记账账务处理如下：

增值税税控系统技术维护费用可以全额抵减应纳增值税额，但其进项税额不能抵扣。

（1）财务会计账务处理如下：

A. 支付税控系统技术维护费用时：

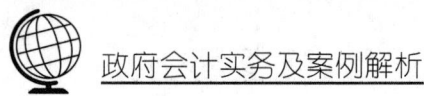

借：单位管理费用　　　　　　　　　　　　　　　　　　　660
　　贷：银行存款　　　　　　　　　　　　　　　　　　　　　660
B. 申报抵减应纳增值税时：
借：应交增值税——应交税金（减免税款）　　　　　　　　660
　　贷：单位管理费用　　　　　　　　　　　　　　　　　　　660
C. 月末计算当期应纳增值税时：

当期销项税额 = 52 000 − 13 000 + 60 000 + 3 451.33 + 208 000 + 2 600 = 313 051.33（元）

当期进项税额 = 91 900 + 6 500 + 1 800 + 300 + 600 + 34 300.88 + 20 000 + 10 000 + 6 600 + 4 200 = 176 200.88（元）

当期进项税额转出 = 600 + 10 000 + 3 900 + 2 600 = 17 100（元）

减免税款 = 660（元）

待认证进项税额 = 20 000 + 10 000 = 30 000（元）

代扣代缴增值税 = 4 200 − 4 200 = 0

当期应纳增值税额（假设上期留抵税额为 0）= 313 051.33 − (176 200.88 − 17 100) − 660 = 153 290.45（元）

其中，月末"应交增值税——应交税金（转出未交增值税）"明细账余额153 290.45元，应转入"应交增值税——未交税金"账户。

借：应交增值税——应交税金（转出未交增值税）　　　153 290.45
　　贷：应交增值税——未交税金　　　　　　　　　　　　153 290.45

（2）预算会计账务处理如下：
A. 支付税控系统技术维护费用时：
借：事业支出　　　　　　　　　　　　　　　　　　　　　660
　　贷：资金结存——货币资金　　　　　　　　　　　　　　　660
B. 申报抵减应纳增值税时：
不涉及账务处理。
C. 月末计算当期应纳增值税时：
不涉及账务处理。

【例4-24】 某事业单位属于增值税一般纳税人，2023年10月30日在公开市场购入首创股份股票100 000股，每股成本价为10元；12月31日将所购股票全部抛售，售价为每股12元，假设不考虑其他因素及其他税种。平行记账账务处理如下：

（1）财务会计账务处理如下：
A. 转让金融商品时：
应交增值税 = (1 200 000 − 1 000 000) ÷ 1.06 × 6% = 11 320.75（元）
借：投资收益　　　　　　　　　　　　　　　　　　　　11 320.75
　　贷：应交税费——转让金融商品应交增值税　　　　　　11 320.75
B. 缴纳增值税时：

借：应交税费——转让金融商品应交增值税　　　　　　　　　　　　　　11 320.75
　　贷：银行存款　　　　　　　　　　　　　　　　　　　　　　　　　　11 320.75
（2）预算会计账务处理如下：
A. 转让金融商品时：
不涉及账务处理。
B. 缴纳增值税时：
借：投资预算收益　　　　　　　　　　　　　　　　　　　　　　　　　11 320.75
　　贷：资金结存——货币资金　　　　　　　　　　　　　　　　　　　　11 320.75

说明：由于本章节主要介绍"应交增值税"科目，在举例中未涉及使用"零余额账户用款额度"科目以及实行预算管理一体化的单位的"财政拨款收入""财政应返还额度"科目等。

二、其他应交税费

（一）"其他应交税费"科目核算的内容

"其他应交税费"科目核算单位按照税法等规定计算的应缴纳的除增值税以外的各种税费，包括城市维护建设税、教育费附加、地方教育附加、车船税、房产税、城镇土地使用税和企业所得税等。

单位代扣代缴的个人所得税，也通过"其他应交税费"科目核算。

单位应缴纳的印花税不需要预提应交税费，直接通过"业务活动费用""单位管理费用""经营费用"等科目核算，不通过"其他应交税费"科目核算。

"其他应交税费"科目应当按照应缴纳的税费种类进行明细核算。"其他应交税费"科目是政府会计制度下新增科目。

（二）"其他应交税费"科目平行记账账务处理

1. 发生城市维护建设税、教育费附加、地方教育附加、车船税、房产税、城镇土地使用税等纳税义务

具体账务处理如表4-22所示。

表4-22　其他应交税费平行记账账务处理Ⅰ

情形	财务会计		预算会计	
	行政单位	事业单位	行政单位	事业单位
发生时，按照税法规定计算的应缴税费金额	借：业务活动费用/单位管理费用/经营费用等 　　贷：其他应交税费——应交城市维护建设税/应交教育费附加/应交地方教育附加/应交车船税/应交房产税/应交城镇土地使用税等		—	

(续表)

情形	财务会计		预算会计	
	行政单位	事业单位	行政单位	事业单位
实际缴纳时	借：其他应交税费——应交城市维护建设税/应交教育费附加/应交地方教育附加/应交车船税/应交房产税/应交城镇土地使用税等 　　贷：银行存款/零余额账户用款额度/财政拨款收入（使用本年度预算指标）/财政应返还额度（使用以前年度预算指标）		借：事业支出/经营支出等 　　贷：资金结存/财政拨款预算收入	

2. 按照税法规定计算应代扣代缴职工个人所得税

具体账务处理如表 4-23 所示。

表 4-23　其他应交税费平行记账账务处理

情形	财务会计		预算会计	
	行政单位	事业单位	行政单位	事业单位
计算应代扣代缴职工的个人所得税金额	借：应付职工薪酬 　　贷：其他应交税费——应交个人所得税		—	—
计算应代扣代缴职工以外其他人员个人所得税	借：业务活动费用等 　　贷：其他应交税费——应交个人所得税	借：业务活动费用/单位管理费用等 　　贷：其他应交税费——应交个人所得税		
实际缴纳时	借：其他应交税费——应交个人所得税 　　贷：财政拨款收入[使用本年度预算指标]/财政应返还额度[使用以前年度预算指标]/银行存款/零余额账户用款额度等		借：行政支出等 　　贷：财政拨款预算收入/资金结存	借：事业支出/经营支出等 　　贷：财政拨款预算收入/资金结存

3. 发生企业所得税纳税义务时

具体账务处理如表 4-24 所示。

表 4-24　其他应交税费平行记账账务处理 Ⅲ

情形	财务会计	预算会计
	事业单位	事业单位
按照税法规定计算的应缴税费金额	借：所得税费用 　　贷：其他应交税费——单位应交所得税	—
实际缴纳时	借：其他应交税费——单位应交所得税 　　贷：银行存款/零余额账户用款额度/财政拨款收入[使用本年度预算指标]/财政应返还额度[使用以前年度预算指标]	借：非财政拨款结余 　　贷：资金结存/财政拨款预算收入

（三）行政单位平行记账业务举例

【例 4-25】 2023 年 6 月，某行政单位为职工代扣代缴 5 月个人所得税 55 000 元，并且以财政直接支付方式支付给相关部门。平行记账账务处理如下：

（1）财务会计账务处理如下：

A. 代扣个人所得税时：

借：应付职工薪酬　　　　　　　　　　　　　　　　　　　　55 000
　　贷：其他应交税费——应交个人所得税　　　　　　　　　　55 000

B. 实际缴纳税金时：

借：其他应交税费——应交个人所得税　　　　　　　　　　　55 000
　　贷：财政拨款收入　　　　　　　　　　　　　　　　　　　55 000

（2）预算会计账务处理如下：

A. 代扣个人所得税时：

不涉及账务处理。

B. 实际缴纳税金时：

借：行政支出　　　　　　　　　　　　　　　　　　　　　　55 000
　　贷：财政拨款预算收入　　　　　　　　　　　　　　　　　55 000

注：如［例 4-25］中是实行预算管理一体化的行政单位，无论其是财政直接支付，还是财政授权支付，账务处理均同上。

【例 4-26】 2023 年 10 月，某行政单位计算本年应当缴纳的车船税，共 1 000 元，并且以银行转账方式支付给相关部门。平行记账账务处理如下：

（1）财务会计账务处理如下：

A. 计提税金时：

借：其他费用　　　　　　　　　　　　　　　　　　　　　　1 000
　　贷：其他应交税费——应交车船税　　　　　　　　　　　　1 000

B. 缴纳税金时：

借：其他应交税费——应交车船税　　　　　　　　　　　　　1 000
　　贷：零余额账户用款额度　　　　　　　　　　　　　　　　1 000

（2）预算会计账务处理如下：

A. 计提税金时：

不涉及账务处理。

B. 缴纳税金时：

借：其他支出　　　　　　　　　　　　　　　　　　　　　　1 000
　　贷：资金结存——货币资金　　　　　　　　　　　　　　　1 000

（四）事业单位平行记账业务举例

【例 4-27】 某事业单位属于增值税一般纳税人，2024 年 2 月因开展专业业务活动产生并上交增值税 70 474.65 元，1 月末计提城市维护建设税、教育费附加、地方教育费附加，2 月 10 日上交应交税费。平行记账账务处理如下：

（1）财务会计账务处理如下：

A.2024 年 1 月底，计提其他应交税费时（假设城市维护建设税比率为 7%、教育费附加比率为 3%、地方教育附加比率为 2%）：

借：业务活动费用——应交城市维护建设税　　　　　　　　　4 933.23
　　　　　　　——应交教育费附加　　　　　　　　　　　　 2 114.24
　　　　　　　——应交地方教育附加　　　　　　　　　　　 1 409.50
　　贷：其他应交税费——应交城市维护建设税　　　　　　　 4 933.23
　　　　　　　　　——应交教育费附加　　　　　　　　　　 2 114.24
　　　　　　　　　——应交地方教育附加　　　　　　　　　 1 409.50

B.2024 年 2 月 10 日，以银行转账缴纳各种税费时：

借：其他应交税费——应交城市维护建设税　　　　　　　　　4 933.23
　　　　　　　——应交教育费附加　　　　　　　　　　　　 2 114.24
　　　　　　　——应交地方教育附加　　　　　　　　　　　 1 409.50
　　贷：银行存款　　　　　　　　　　　　　　　　　　　　 8 456.97

（2）预算会计账务处理如下：

A.2024 年 1 月底，计提其他应交税费时：

不涉及账务处理。

B.2024 年 2 月 10 日，以银行转账缴纳各种税费时：

借：事业支出——城市维护建设税　　　　　　　　　　　　　4 933.23
　　　　　——教育费附加　　　　　　　　　　　　　　　　 2 114.24
　　　　　——地方教育附加　　　　　　　　　　　　　　　 1 409.50
　　贷：资金结存——货币资金　　　　　　　　　　　　　　 8 456.97

【例 4-28】 2023 年年底，某事业单位需要缴纳经营用房的房产税 5 000 元，以银行转账方式支付给相关部门。平行记账账务处理如下：

（1）财务会计账务处理如下：

A. 计提税金时：

借：经营费用　　　　　　　　　　　　　　　　　　　　　　5 000
　　贷：其他应交税费——应交房产税　　　　　　　　　　　 5 000

B. 缴纳税金时：

借：其他应交税费——应交房产税　　　　　　　　　　　　　5 000
　　贷：银行存款　　　　　　　　　　　　　　　　　　　　 5 000

（2）预算会计账务处理如下：

A. 计提税金时：

不涉及账务处理。
B. 缴纳税金时：
借：经营支出 5 000
　　贷：资金结存——货币资金 5 000

【例 4-29】 2023 年，某事业单位业务用车辆缴纳车船税 1 000 元，以银行转账方式支付给相关部门。平行记账账务处理如下：

（1）财务会计账务处理如下：
A. 计提税金时：
借：业务活动费用 1 000
　　贷：其他应交税费——应交车船税 1 000
B. 缴纳税金时：
借：其他应交税费——应交车船税 1 000
　　贷：银行存款 1 000

（2）预算会计账务处理如下：
A. 计提税金时：
不涉及账务处理。
B. 缴纳税金时：
借：事业支出 1 000
　　贷：资金结存——货币资金 1 000

【例 4-30】 2023 年 6 月，某事业单位核算为职工代扣代缴 5 月个人所得税 55 000 元，并且以财政直接支付方式支付给相关部门。平行记账账务处理如下：

（1）财务会计账务处理如下：
A.5 月，代扣个人所得税时：
借：应付职工薪酬 55 000
　　贷：其他应交税费——个人所得税 55 000
B. 缴纳税金时：
借：其他应交税费——个人所得税 55 000
　　贷：财政拨款收入 55 000

（2）预算会计账务处理如下：
A.5 月，代扣个人所得税时：
不涉及账务处理。
B. 缴纳税金时：
借：事业支出 55 000
　　贷：财政拨款预算收入 55 000

注：如［例 4-30］中是实行预算管理一体化的事业单位，无论其是财政直接支付，

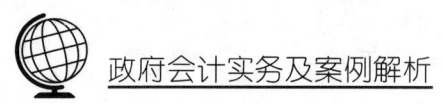

还是财政授权支付，账务处理均同上。

【例4-31】 2023年12月，某事业单位计算应缴纳所得税50 000元。2024年1月，该单位汇算清缴50 000元，并以银行存款支付给相关部门。平行记账账务处理如下：

（1）财务会计账务处理如下：

A.2023年12月，计算应缴纳所得税时：

借：所得税费用   50 000
　　贷：其他应交税费——单位应交所得税   50 000

B.2024年1月，实际缴纳所得税时：

借：其他应交税费——单位应交所得税   50 000
　　贷：银行存款   50 000

（2）预算会计账务处理如下：

A.2023年12月，计算应缴纳所得税时：

不涉及账务处理。

B.2024年1月，实际缴纳所得税时：

借：非财政拨款结余   50 000
　　贷：资金结存——货币资金   50 000

三、应付职工薪酬

（一）"应付职工薪酬"科目核算的内容

"应付职工薪酬"科目核算单位按照有关规定应付给职工（含长期聘用人员）及为职工支付的各种薪酬，包括基本工资、国家统一规定的津贴补贴、规范津贴补贴（绩效工资）、改革性补贴、社会保险费（如职工基本养老保险费、职业年金、基本医疗保险费等）、住房公积金等。

"应付职工薪酬"科目应当根据国家有关规定按照"基本工资"（含离退休费）、"国家统一规定的津贴补贴""规范津贴补贴（绩效工资）""改革性补贴""社会保险费""住房公积金""其他个人收入"等进行明细科目核算。其中，"社会保险费""住房公积金"明细科目核算内容包括单位从职工工资中代扣代缴的社会保险费、住房公积金，以及单位为职工计算缴纳的社会保险费、住房公积金。

（二）"应付职工薪酬"科目平行记账账务处理

1.计算确认当期应付职工薪酬

此项应付职工薪酬，含单位为职工计算缴纳的社会保险费、住房公积金，具体账务处理如表4-25所示。

表 4-25 应付职工薪酬平行记账账务处理 Ⅰ

情形	财务会计		预算会计	
	行政单位	事业单位	行政单位	事业单位
从事专业及其辅助活动人员的职工薪酬	借：业务活动费用 　贷：应付职工薪酬	借：业务活动费用/单位管理费用 　贷：应付职工薪酬	—	—
应由在建工程、加工物品、自行研发无形资产负担的职工薪酬	借：在建工程/加工物品/研发支出等 　贷：应付职工薪酬	借：在建工程/加工物品/研发支出等 　贷：应付职工薪酬	—	—
从事专业及其辅助活动以外的经营活动人员的职工薪酬	—	借：经营费用 　贷：应付职工薪酬	—	—
因解除与职工的劳动关系而给予的补偿	—	借：单位管理费用 　贷：应付职工薪酬	—	—

2. 向职工支付工资、津贴补贴等薪酬时，按照实际支付的金额

具体账务处理如表 4-26 所示。

表 4-26 应付职工薪酬平行记账账务处理 Ⅱ

情形	财务会计		预算会计	
	行政单位	事业单位	行政单位	事业单位
支付工资、津贴补贴等薪酬	借：应付职工薪酬 　贷：财政拨款收入/零余额账户用款额度/银行存款等		借：行政支出 　贷：财政拨款预算收入/资金结存	借：事业支出/经营支出等 　贷：财政拨款预算收入/资金结存

3. 从应付职工薪酬中代扣各种款项

具体账务处理如表 4-27 所示。

表 4-27 应付职工薪酬平行记账账务处理 Ⅲ

情形	财务会计		预算会计	
	行政单位	事业单位	行政单位	事业单位
代扣代缴个人所得税	借：应付职工薪酬——基本工资 　贷：其他应交税费——应交个人所得税		—	—
代扣社会保险费和住房公积金	借：应付职工薪酬——基本工资 　贷：应付职工薪酬——社会保险费/住房公积金		—	—

（续表）

情形	财务会计		预算会计	
	行政单位	事业单位	行政单位	事业单位
代扣为职工垫付的水电费、房租等费用时	借：应付职工薪酬——基本工资 　　贷：其他应收款等		—	—

4. 按照规定缴纳职工社会保险费和住房公积金时，按照实际支付的金额

具体账务处理如表4-28所示。

表4-28 应付职工薪酬平行记账账务处理Ⅳ

情形	财务会计		预算会计	
	行政单位	事业单位	行政单位	事业单位
按照规定缴纳职工社会保险费和住房公积金	借：应付职工薪酬——社会保险费/住房公积金 　　贷：财政拨款收入/零余额账户用款额度/银行存款等		借：行政支出 　　贷：财政拨款预算收入/资金结存	借：事业支出/经营支出等 　　贷：财政拨款预算收入/资金结存

5. 从应付职工薪酬中支付的其他款项

具体账务处理如表4-29所示。

表4-29 应付职工薪酬平行记账账务处理Ⅴ

情形	财务会计		预算会计	
	行政单位	事业单位	行政单位	事业单位
从应付职工薪酬中支付其他款项	借：应付职工薪酬 　　贷：零余额账户用款额度/银行存款等		借：行政支出 　　贷：资金结存等	借：行政支出/事业支出/经营支出等 　　贷：资金结存等

（三）行政单位平行记账业务举例

【例4-32】 某行政单位采用财政直接支付方式发放职工工资。2024年2月应发工资总额为80 000元，其中代扣住房公积金9 000元，代扣社会保险费4 000元，代扣个人所得税500元。平行记账账务处理如下：

（1）财务会计账务处理如下：

A.1月底计提工资（按全额工资）时：

借：业务活动费用——工资福利支出　　　　　　　　　　　　　　80 000
　　贷：应付职工薪酬　　　　　　　　　　　　　　　　　　　　　　80 000

B. 计提代扣保险、公积金、个人所得税等（假设代扣代缴部分均从基本工资中扣除）时：

借：应付职工薪酬——基本工资　　　　　　　　　　　　　　　　4 000
　　　　　　　　——基本工资　　　　　　　　　　　　　　　　9 000
　　　　　　　　——基本工资　　　　　　　　　　　　　　　　 500
　　贷：应付职工薪酬——社会保险费　　　　　　　　　　　　　4 000
　　　　　　　　　　——住房公积金　　　　　　　　　　　　　9 000
　　　　其他应交税费——应交个人所得税　　　　　　　　　　　 500

C. 向职工支付薪酬时：

借：应付职工薪酬　　　　　　　　　　　　　　　　　　　　　66 500
　　贷：财政拨款收入　　　　　　　　　　　　　　　　　　　66 500

D. 计算当月单位应负担的职工社保缴费和住房公积金时：

借：业务活动费用——社会保险费　　　　　　　　　　　　　　24 000
　　　　　　　　——住房公积金　　　　　　　　　　　　　　 9 000
　　贷：应付职工薪酬——社会保险费　　　　　　　　　　　　24 000
　　　　　　　　　　——住房公积金　　　　　　　　　　　　 9 000

E. 分别上缴职工社会保险费、住房公积金和个人所得税时：

借：应付职工薪酬——社会保险费　　　　　　　　　　　　　　24 000
　　　　　　　　——住房公积金　　　　　　　　　　　　　　 9 000
　　应付职工薪酬——社会保险费　　　　　　　　　　　　　　 4 000
　　　　　　　　——住房公积金　　　　　　　　　　　　　　 9 000
　　其他应交税费——应交个人所得税　　　　　　　　　　　　　 500
　　贷：财政拨款收入　　　　　　　　　　　　　　　　　　　46 500

（2）预算会计账务处理如下：

A. 1月底计提工资时：

不涉及账务处理。

B. 计提代扣保险、公积金、个人所得税等时：

不涉及账务处理。

C. 向职工支付薪酬时：

借：行政支出——基本支出——工资福利支出　　　　　　　　　66 500
　　贷：财政拨款预算收入　　　　　　　　　　　　　　　　　 6 650

D. 计算当月单位应负担的职工社保缴费和住房公积金时：

不涉及账务处理。

E. 分别上缴职工社会保险费、住房公积金和个人所得税时：

借：行政支出　　　　　　　　　　　　　　　　　　　　　　　46 500
　　贷：财政拨款预算收入　　　　　　　　　　　　　　　　　46 500

【例4-33】 2024年3月，某行政单位以财政授权支付方式发放工资50 000元。其中：行政人员工资40 000元，在建工程人员薪酬10 000元，另支付退休人员退休费5 000元（未纳入社保退休费）。平行记账账务处理如下：

（1）财务会计账务处理如下：

A. 计算确认当期应付职工薪酬时：

借：业务活动费用　　　　　　　　　　　　　　　　40 000
　　在建工程　　　　　　　　　　　　　　　　　　10 000
　　　贷：应付职工薪酬　　　　　　　　　　　　　　　　　50 000

B. 3月发放工资时：

借：应付职工薪酬　　　　　　　　　　　　　　　　50 000
　　　贷：零余额账户用款额度　　　　　　　　　　　　　　50 000

若该行政单位为实行预算管理一体化的中央预算单位，3月发放工资时：

借：应付职工薪酬　　　　　　　　　　　　　　　　50 000
　　　贷：财政拨款收入　　　　　　　　　　　　　　　　　50 000

C. 支付退休人员工资时：

借：业务活动费用——对个人和家庭的补助费用　　　　5 000
　　　贷：零余额账户用款额度　　　　　　　　　　　　　　5 000

若该行政单位为实行预算管理一体化的中央预算单位，支付退休人员工资时：

借：业务活动费用——对个人和家庭的补助费用　　　　5 000
　　　贷：财政拨款收入　　　　　　　　　　　　　　　　　5 000

（2）预算会计账务处理如下：

A. 计算确认当期应付职工薪酬时：

不涉及账务处理。

B. 3月发放工资时：

借：行政支出——基本支出——工资福利支出　　　　50 000
　　　贷：资金结存——零余额账户用款额度　　　　　　　　50 000

若该行政单位为实行预算管理一体化的中央预算单位，3月发放工资时：

借：行政支出——基本支出——工资福利支出　　　　50 000
　　　贷：财政拨款预算收入　　　　　　　　　　　　　　　50 000

C. 支付退休人员工资时：

借：行政支出——基本支出——对个人和家庭补助　　5 000
　　　贷：资金结存——零余额账户用款额度　　　　　　　　5 000

若该行政单位为实行预算管理一体化的中央预算单位，支付退休人员工资时：

借：行政支出——基本支出——对个人和家庭补助　　5 000
　　　贷：财政拨款预算收入　　　　　　　　　　　　　　　5 000

【例4-34】 某行政单位2024年2月发放工资85 640元,其中为职工垫付的扣款项目为:物管费、房租、水电费等合计9 560元,实发工资76 080元。平行记账账务处理如下:

(1) 发放工资时,财务会计账务处理如下:

借:应付职工薪酬——基本工资 85 640
  贷:其他应收款 9 560
    零余额账户用款额度 76 080

若该行政单位为实行预算管理一体化的中央预算单位,发放工资时:

借:应付职工薪酬——基本工资 85 640
  贷:其他应收款 9 560
    财政拨款收入 76 080

(2) 发放工资时,预算会计账务处理如下:

借:行政支出 76 080
  贷:资金结存——零余额账户用款额度 76 080

若该行政单位为实行预算管理一体化的中央预算单位,发放工资时:

借:行政支出 76 080
  贷:财政拨款预算收入 76 080

(四) 事业单位平行记账业务举例

【例4-35】 某事业单位采用财政授权支付方式发放职工工资。2024年1月应发工资的总额为80 000元(用于专业业务活动人员的工资为50 000元,用于管理的人员工资为30 000元),其中代扣住房公积金9 000元,代扣社会保险费(含职业年金、基本养老保险、医疗保险金)11 200元,代扣个人所得税500元;本月实发59 300元。本月单位应负担社会保险费24 000元,公积金9 000元。平行记账账务处理如下:

(1) 财务会计账务处理如下:

A.1月底计提工资时:

借:业务活动费用——工资福利费用 50 000
  单位管理费用——工资福利费用 30 000
  贷:应付职工薪酬 80 000

B. 计提代扣社会保险费、公积金、个人所得税时:

借:应付职工薪酬——基本工资 11 200
         ——基本工资 9 000
         ——基本工资 500
  贷:应付职工薪酬——社会保险费 112 000
         ——住房公积金 9 000
    其他应交税费——应交个人所得税 500

C. 向职工支付薪酬时：

借：应付职工薪酬 59 300
　　贷：零余额账户用款额度 59 300

若该事业单位为实行预算管理一体化的中央预算单位，向职工支付薪酬时：

借：应付职工薪酬 59 300
　　贷：财政拨款收入 59 300

D. 计算当月单位应负担的职工社保缴费和住房公积金时（假设负担业务人员社保缴费 16 000 元、住房公积金 6 000 元，负担管理人员社保缴费 8 000 元、住房公积金 3 000 元）：

借：业务活动费用——对个人和家庭的补助费用 22 000
　　单位管理费用——对个人和家庭的补助费用 11 000
　　贷：应付职工薪酬——社会保险费 24 000
　　　　　　　　　　——住房公积金 9 000

E. 分别上缴职工社会保险费、住房公积金和个人所得税时：

借：应付职工薪酬——社会保险费 24 000
　　　　　　　　——住房公积金 9 000
　　　　　　　　——社会保险费 11 200
　　　　　　　　——住房公积金 9 000
　　其他应交税费——应交个人所得税 500
　　贷：零余额账户用款额度 53 700

若该事业单位为实行预算管理一体化的中央预算单位，分别上缴职工社会保险费、住房公积金和个人所得税时：

借：应付职工薪酬——社会保险费 24 000
　　　　　　　　——住房公积金 9 000
　　　　　　　　——社会保险费 11 200
　　　　　　　　——住房公积金 9 000
　　其他应交税费——应交个人所得税 500
　　贷：财政拨款收入 53 700

（2）预算会计账务处理如下：

A. 1 月底计提工资时：

不涉及账务处理。

B. 计提代扣社会保险费、公积金、个人所得税时：

不涉及账务处理。

C. 向职工支付薪酬时：

借：事业支出——基本支出——工资福利支出 59 300
　　贷：资金结存——零余额账户用款额度 59 300

若该事业单位为实行预算管理一体化的中央预算单位，向职工支付薪酬时：

借：事业支出——基本支出——工资福利支出　　　　　　　　　　59 300
　　贷：财政拨款预算收入　　　　　　　　　　　　　　　　　　59 300

D. 计算当月单位应负担的职工社保缴费和住房公积金时：
不涉及账务处理。

E. 分别上缴职工社会保险费、住房公积金和个人所得税时：
借：事业支出　　　　　　　　　　　　　　　　　　　　　　　53 700
　　贷：资金结存——零余额账户用款额度　　　　　　　　　　53 700

若该事业单位为实行预算管理一体化的中央预算单位，分别上缴职工社会保险费、住房公积金和个人所得税时：
借：事业支出　　　　　　　　　　　　　　　　　　　　　　　53 700
　　贷：财政拨款预算收入　　　　　　　　　　　　　　　　　　53 700

【例 4-36】 2024 年 2 月，某事业单位支付 85 640 元，用于发放工资。其中，为职工垫付的扣款项目为：物业管理费、房租水电等合计 9 560 元，实发工资 76 080 元。平行记账账务处理如下：

（1）发放工资时，财务会计账务处理如下：
借：应付职工薪酬——基本工资　　　　　　　　　　　　　　　85 640
　　贷：其他应收款——应收个人水电费　　　　　　　　　　　　9 560
　　　　零余额账户用款额度　　　　　　　　　　　　　　　　　76 080

若该事业单位为实行预算管理一体化的中央预算单位，发放工资时：
借：应付职工薪酬——基本工资　　　　　　　　　　　　　　　85 640
　　贷：其他应收款——应收个人水电费　　　　　　　　　　　　9 560
　　　　财政拨款收入　　　　　　　　　　　　　　　　　　　　76 080

（2）发放工资时，预算会计账务处理如下：
借：事业支出　　　　　　　　　　　　　　　　　　　　　　　76 080
　　贷：资金结存——零余额账户用款额度　　　　　　　　　　76 080

若该事业单位为实行预算管理一体化的中央预算单位，发放工资时：
借：事业支出　　　　　　　　　　　　　　　　　　　　　　　76 080
　　贷：财政拨款预算收入　　　　　　　　　　　　　　　　　　76 080

【例 4-37】 某事业单位因解除与职工的劳动关系，向职工给予补偿 13 000 元，从银行支付。平行记账账务处理如下：

（1）财务会计账务处理如下：
A. 确认时：
借：单位管理费用　　　　　　　　　　　　　　　　　　　　　13 000
　　贷：应付职工薪酬　　　　　　　　　　　　　　　　　　　　13 000

B. 实际支付时：
借：应付职工薪酬　　　　　　　　　　　　　　　　　　　13 000
　　贷：银行存款　　　　　　　　　　　　　　　　　　　　　　　13 000
（2）预算会计账务处理如下：
A. 确认时：
不涉及账务处理。
B. 实际支付时：
借：事业支出　　　　　　　　　　　　　　　　　　　　　13 000
　　贷：资金结存——货币资金　　　　　　　　　　　　　　　　13 000

【例4-38】　2024年3月，某事业单位以财政直接支付方式发放工资40 000元，其中，专业业务人员工资30 000元，管理人员工资10 000元。同时该单位以银行存款支付在建工程人员劳务费10 000元，另支付退休人员退休费5 000元（未纳入社保退休费）。平行记账账务处理如下：

（1）财务会计账务处理如下：
A. 计算确认当期应付职工薪酬时：
借：业务活动费用——工资福利费用　　　　　　　　　　　30 000
　　单位管理费用——工资福利费用　　　　　　　　　　　10 000
　　在建工程　　　　　　　　　　　　　　　　　　　　　10 000
　　贷：应付职工薪酬　　　　　　　　　　　　　　　　　　　　50 000
B. 发放工资时：
借：应付职工薪酬　　　　　　　　　　　　　　　　　　　50 000
　　贷：财政拨款收入　　　　　　　　　　　　　　　　　　　　40 000
　　　　银行存款　　　　　　　　　　　　　　　　　　　　　　10 000
C. 支付退休人员工资时：
借：单位管理费用　　　　　　　　　　　　　　　　　　　5 000
　　贷：财政拨款收入　　　　　　　　　　　　　　　　　　　　5 000
（2）预算会计账务处理如下：
A. 计算确认当期应付职工薪酬时：
不涉及账务处理。
B. 发放工资时：
借：事业支出　　　　　　　　　　　　　　　　　　　　　50 000
　　贷：财政拨款预算收入　　　　　　　　　　　　　　　　　　40 000
　　　　资金结存——货币资金　　　　　　　　　　　　　　　　10 000
C. 支付退休人员工资时：
借：事业支出——基本支出——对个人和家庭补助　　　　　5 000
　　贷：财政拨款预算收入　　　　　　　　　　　　　　　　　　5 000

四、应付票据

(一)"应付票据"科目核算的内容

"应付票据"科目核算事业单位因购买材料、物资等而开出、承兑的商业汇票,包括银行承兑汇票和商业承兑汇票。该科目仅针对事业单位会计处理设置,行政单位不存在涉及应付票据的业务。

"应付票据"科目可根据债权人的不同设置明细科目,以便于账户核算负债金额。

"应付票据"科目仅为事业单位使用,行政单位不涉及此类业务。

(二)"应付票据"科目平行记账账务处理

1.开出、承兑商业汇票

具体账务处理如表4-30所示。

表4-30 应付票据平行记账账务处理 I

情形	财务会计	预算会计
	事业单位	事业单位
开出、承兑商业汇票	借:库存物品/固定资产等 贷:应付票据	—

涉及增值税业务的,相关账务处理参见"应交增值税"科目。

2.以商业汇票抵付应付账款

具体账务处理如表4-31所示。

表4-31 应付票据平行记账账务处理 II

情形	财务会计	预算会计
	事业单位	事业单位
以商业汇票抵付应付账款	借:应付账款 贷:应付票据	—

3.支付银行承兑汇票的手续费

具体账务处理如表4-32所示。

表 4-32　应付票据平行记账账务处理 Ⅲ

情形	财务会计	预算会计
	事业单位	事业单位
支付银行承兑汇票的手续费	借：业务活动费用/经营费用等 　　贷：银行存款等	借：事业支出/经营支出 　　贷：资金结存——货币资金

4. 商业汇票到期

具体账务处理如表 4-33 所示。

表 4-33　应付票据平行记账账务处理 Ⅳ

情形	财务会计	预算会计
	事业单位	事业单位
收到银行支付到期票据的付款通知时	借：应付票据 　　贷：银行存款	借：事业支出/经营支出 　　贷：资金结存——货币资金
银行承兑汇票到期，本单位无力支付票款	借：应付票据 　　贷：短期借款	借：事业支出/经营支出 　　贷：债务预算收入
商业承兑汇票到期，本单位无力支付票款	借：应付票据 　　贷：应付账款	—

（三）事业单位平行记账业务举例

【例 4-39】 2023 年，某事业单位有关应付票据业务如下：6 月 15 日，为开展专业业务活动向 A 公司购入一批原材料，价款为 50 000 元，增值税款为 8 000 元，开出并承兑一张期限为 3 个月的商业汇票，金额为 58 000 元。假定该单位为增值税一般纳税人，平行记账账务处理如下：

（1）财务会计账务处理如下：

A. 原材料入库并开出商业汇票时：

借：库存物品　　　　　　　　　　　　　　　　　　　　　　50 000
　　应交增值税——应交税金（进项税额）　　　　　　　　　　8 000
　　贷：应付票据——商业承兑汇票——A 公司　　　　　　　　　58 000

B. 9 月 15 日，票据到期用银行存款偿还时（假设该票据为不带息商业汇票）：

借：应付票据　　　　　　　　　　　　　　　　　　　　　　58 000
　　贷：银行存款　　　　　　　　　　　　　　　　　　　　　　58 000

若该票据为带息商业承兑汇票，票面利率为 10%，偿还时：

借：应付票据　　　　　　　　　　　　　　　　　　　　　　58 000
　　业务活动费用（58 000×10%×3÷12）　　　　　　　　　　 1 450
　　贷：银行存款　　　　　　　　　　　　　　　　　　　　　　59 450

C. 如果商业汇票到期该单位无力偿还时：
借：应付票据　　　　　　　　　　　　　　　　　　　　　　58 000
　　贷：应付账款　　　　　　　　　　　　　　　　　　　　　　　58 000

（2）预算会计账务处理如下：
A. 原材料入库并开出商业汇票时：
不涉及账务处理。
B.9 月 15 日，票据到期用银行存款偿还时（假设该票据为不带息商业汇票）：
借：事业支出　　　　　　　　　　　　　　　　　　　　　　58 000
　　贷：资金结存——货币资金　　　　　　　　　　　　　　　　58 000
若该票据为带息商业承兑汇票，票面利率为 10%，偿还时：
借：事业支出　　　　　　　　　　　　　　　　　　　　　　59 450
　　贷：资金结存——货币资金　　　　　　　　　　　　　　　　59 450
C. 如果商业汇票到期该单位无力偿还时：
不涉及账务处理。

五、应付账款

（一）"应付账款"科目核算的内容

"应付账款"科目核算单位因购买物资、接受服务、开展工程建设等而应付的偿还期限在 1 年以内（含 1 年）的款项。

"应付账款"科目应当按照债权人的不同进行明细核算。对于建设项目，单位还应当设置"应付器材款""应付工程款"等明细科目进行核算，并按照具体项目进行明细核算。

（二）"应付账款"科目平行记账账务处理

1. 收到所购物资、设备或服务以及确认完成工程进度但尚未付款时，根据发票及账单等有关凭证，按照应付未付款项的金额登记

具体账务处理如表 4-34 所示。

表 4-34　应付账款平行记账账务处理Ⅰ

情形	财务会计		预算会计	
	行政单位	事业单位	行政单位	事业单位
收到所购物资、设备或服务以及确认完成工程进度但尚未付款	借：库存物品/固定资产/在建工程等 　　贷：应付账款		—	—

2. 偿付应付账款时，按照实际支付的金额登记

具体账务处理如表 4-35 所示。

表 4-35　应付账款平行记账账务处理 Ⅱ

情形	财务会计		预算会计	
	行政单位	事业单位	行政单位	事业单位
偿付应付账款	借：应付账款 　贷：财政拨款收入［使用本年度预算指标］/财政应返还额度［使用以前年度预算指标］/零余额账户用款额度/银行存款等		借：行政支出等 　贷：财政拨款预算收入/资金结存	借：事业支出等 　贷：财政拨款预算收入/资金结存

3. 开出、承兑商业汇票抵付应付账款

具体账务处理如表 4-36 所示。

表 4-36　应付账款平行记账账务处理 Ⅲ

情形	财务会计		预算会计	
	行政单位	事业单位	行政单位	事业单位
开出、承兑商业汇票抵付应付账款	—	借：应付账款 　贷：应付票据	—	—

4. 无法偿付或债权人豁免偿还的应付账款，按照规定报经批准后进行账务处理，经批准核销

具体账务处理如表 4-37 所示。

表 4-37　应付账款平行记账账务处理 Ⅳ

情形	财务会计		预算会计	
	行政单位	事业单位	行政单位	事业单位
无法偿付或债权人豁免偿还的应付账款	—	借：应付账款 　贷：其他收入	—	—

（三）行政单位平行记账业务举例

【例 4-40】 2023 年 7 月 1 日，某行政单位从丙商场购入 20 000 元办公用品，购入的办公用品已到货并验收入库。2023 年 9 月 1 日，该单位通过单位零余额账户支付货款。平

行记账账务处理如下：

（1）财务会计账务处理如下：

A.2023年7月1日，购入办公用品时：

借：库存商品	20 000	
贷：应付账款——丙商场		20 000

B.2023年9月1日，通过单位零余额账户支付货款时：

借：应付账款——丙商场	20 000	
贷：零余额账户用款额度		20 000

若该行政单位为实行预算管理一体化的预算单位，应当根据收到的国库集中支付凭证及相关原始凭证，按照凭证上的国库集中支付入账金额会计核算：

借：应付账款——丙商场	20 000	
贷：财政拨款收入		20 000

（2）预算会计账务处理如下：

A.2023年7月1日，购入办公用品时：

不涉及账务处理。

B.2023年9月1日，通过单位零余额账户支付货款时：

借：行政支出	20 000	
贷：资金结存——零余额账户用款额度		20 000

若该行政单位为实行预算管理一体化的预算单位时：

借：行政支出	20 000	
贷：财政拨款预算收入		20 000

（四）事业单位平行记账业务举例

【例4-41】 某事业单位为增值税一般纳税人，2023年7月发生经济业务如下：

（1）7月20日，从甲公司购入实验室用材料一批，增值税专用发票上注明：价款100 000元，增值税税额13 000元。材料已验收入库，款项未付。平行记账账务处理如下：

A.财务会计账务处理如下：

借：库存商品	100 000	
应交增值税——应交税金（进项税额）	13 000	
贷：应付账款——甲公司		113 000

B.预算会计不涉及账务处理。

（2）7月29日，从乙公司购入价值80 000元的实验室用材料一批，同时向对方支付增值税进项税额10 400元，材料已验收入库，款项未付。但对方开具的增值税专用发票尚未收到。该单位暂不作账务处理，月末仍未收到发票，暂估材料价值为80 000元。平行记

账账务处理如下：

A. 财务会计账务处理如下：

a. 月末暂估材料价款时：

借：库存商品　　　　　　　　　　　　　　　　　　　80 000
　　贷：应付账款——乙公司　　　　　　　　　　　　　　　80 000

b. 下月初红字冲销时：

借：库存商品　　　　　　　　　　　　　　　　　　　80 000
　　贷：应付账款——乙公司　　　　　　　　　　　　　　　80 000

c. 8月4日，收到对方转来的增值税发票时：

借：库存商品　　　　　　　　　　　　　　　　　　　80 000
　　应交增值税——应交税金（进项税额）　　　　　　　10 400
　　贷：应付账款——乙公司　　　　　　　　　　　　　　　90 400

B. 预算会计不涉及账务处理。

（3）8月25日，该事业单位以银行转账方式支付7月20日应付甲公司账款113 000元。平行记账账务处理如下：

A. 财务会计账务处理如下：

借：应付账款——甲公司　　　　　　　　　　　　　113 000
　　贷：银行存款　　　　　　　　　　　　　　　　　　　113 000

B. 预算会计账务处理如下：

借：事业支出　　　　　　　　　　　　　　　　　　113 000
　　贷：资金结存——货币资金　　　　　　　　　　　　　113 000

（4）该事业单位因乙公司原因，无法偿付应付乙公司的材料款90 400元。2023年12月，按照规定经批准对尚未支付的材料款予以核销。平行记账账务处理如下：

A. 财务会计账务处理如下：

借：应付账款　　　　　　　　　　　　　　　　　　 90 400
　　贷：其他收入　　　　　　　　　　　　　　　　　　　 90 400

B. 预算会计不涉及账务处理。

同时，核销的应付账款应在备查簿中保留登记。

六、预收账款

（一）"预收账款"科目核算的内容

"预收账款"科目核算事业单位按照合同规定预先收取的以待后期结算的款项，应当按照债权人种类进行明细核算。

"预收账款"科目仅为事业单位使用，行政单位不涉及此类业务。

第四章 负债类业务

(二)"预收账款"科目平行记账账务处理

1. 按照实际预收的金额从付款方预收款项时

具体账务处理如表 4-38 所示。

表 4-38 预收账款平行记账账务处理 I

情形	财务会计	预算会计
	事业单位	事业单位
从付款方预收款项	借：银行存款等 　　贷：预收账款	借：资金结存——货币资金 　　贷：事业预算收入/经营预算收入等

2. 按照预收账款账面余额确认有关收入时

具体账务处理如表 4-39 所示。

表 4-39 预收账款平行记账账务处理 II

情形	财务会计	预算会计
	事业单位	事业单位
确认有关收入	借：预收账款 　　银行存款［收到补付款］ 　　贷：事业收入/经营收入等 　　　　银行存款［退回预收款］	借：资金结存——货币资金 　　贷：事业预算收入/经营预算收入等［收到补付款］ 退回预收款的金额作相反会计分录

3. 无法偿付或债权人豁免偿还的预收账款，按照规定报经批准后进行账务处理，经批准核销

具体账务处理如表 4-40 所示。

表 4-40 预收账款平行记账账务处理 III

情形	财务会计	预算会计
	事业单位	事业单位
无法偿付或债权人豁免偿还的预收账款	借：预收账款 　　贷：其他收入	—

核销的预售账款应在备查簿中保留登记。

(三)事业单位平行记账核算举例

【例4-42】 某科研事业单位是增值税小规模纳税人,该单位对外承接一项科研设备研制任务,合同约定:设备总价款为200 000元,合同签订时支付30%的价款,设备交付时支付65%的价款,设备交付使用半年后再支付5%的价款。合同签订后该科研单位收到买方预付的第一笔设备购置款60 000元。该科研单位研制该设备,发生的成本费用为:支付资金20 000元,职工薪酬40 000元,加工设备折旧费5 000元,使用库存物品25 000元。该单位按期完成科研设备,将设备交付购买方,按照合同规定收到130 000元货款和12 000元的增值税款;设备交付使用半年后收到买方支付的10 000元尾款。平行记账账务处理如下:

(1)财务会计账务处理如下:

A. 收到买方第一笔预付款时:

借:银行存款	60 000
贷:预收账款	60 000

B. 计算设备加工成本时:

设备加工成本 = 20 000 + 40 000 + 5 000 + 25 000 = 90 000(元)

借:加工物品	90 000
贷:银行存款	20 000
应付职工薪酬	40 000
固定资产累计折旧	5 000
库存物品	25 000

C. 设备研制完成时:

借:库存物品	90 000
贷:加工物品	90 000

D. 交付设备及结转费用时:

借:业务活动费用	90 000
贷:库存物品	90 000

E. 收到货款和增值税款并确认收入时:

借:银行存款	142 000
预收账款	60 000
应收账款	10 000
贷:事业收入	200 000
应交增值税——应交税金(销项税额)	12 000

F. 收到尾款时:

借：银行存款　　　　　　　　　　　　　　　　　　　　　　　10 000
　　贷：应收账款　　　　　　　　　　　　　　　　　　　　　　10 000

（2）预算会计账务处理如下：

A. 收到买方第一笔预付款时：

借：资金结存——货币资金　　　　　　　　　　　　　　　　　60 000
　　贷：事业预算收入　　　　　　　　　　　　　　　　　　　 60 000

B. 计算设备加工成本时：

借：事业支出　　　　　　　　　　　　　　　　　　　　　　　20 000
　　贷：资金结存——货币资金　　　　　　　　　　　　　　　 20 000

C. 设备研制完成时：

不涉及账务处理。

D. 交付设备及结转费用时：

不涉及账务处理。

E. 收到货款和增值税款并确认收入时：

借：资金结存——货币资金　　　　　　　　　　　　　　　　142 000
　　贷：事业预算收入　　　　　　　　　　　　　　　　　　　142 000

F. 收到尾款时：

借：资金结存——货币资金　　　　　　　　　　　　　　　　　10 000
　　贷：事业预算收入　　　　　　　　　　　　　　　　　　　 10 000

七、其他应付款

（一）"其他应付款"科目核算的内容

"其他应付款"科目核算单位除应交增值税、其他应交税费、应缴财政款、应付职工薪酬、应付票据、应付账款、应付政府补贴款、应付利息、预收账款以外，其他各项偿还期限在1年内（含1年）的应付及暂收款项，如收取的押金、存入保证金、已经报销但尚未偿还银行的本单位公务卡欠款等。

同级政府财政部门预拨的下期预算款和没有纳入预算的暂付款项，以及采用实拨资金方式通过本单位转拨给下属单位的财政拨款，也通过"其他应付款"科目核算。

"其他应付款"科目应按照其他应付款的类别以及债权人等进行明细核算。

（二）"其他应付款"科目平行记账账务处理

1. 发生其他应付及暂收款项

具体账务处理如表4-41所示。

表 4-41　其他应付款平行记账账务处理 Ⅰ

情形	财务会计		预算会计	
	行政单位	事业单位	行政单位	事业单位
取得暂收款项时	借：银行存款等 　贷：其他应付款	借：银行存款等 　贷：其他应付款	—	—
确认收入时	借：其他应付款 　贷：其他收入	借：其他应付款 　贷：事业收入等	借：资金结存 　贷：其他预算收入等	借：资金结存 　贷：事业预算收入等
退回（转拨）暂收款时	借：其他应付款 　贷：银行存款等	借：其他应付款 　贷：银行存款等	—	—

2. 收到同级政府财政部门预拨的下期预算款和没有纳入预算的暂付款项

具体账务处理如表 4-42 所示。

表 4-42　其他应付款平行记账账务处理 Ⅱ

情形	财务会计		预算会计	
	行政单位	事业单位	行政单位	事业单位
按照实际收到的金额	借：银行存款等 　贷：其他应付款		—	
待到下一预算期或批准纳入预算时	借：其他应付款 　贷：财政拨款收入		借：资金结存 　贷：财政拨款预算收入	

3. 发生其他应付款义务

具体账务处理如表 4-43 所示。

表 4-43　其他应付款平行记账账务处理 Ⅲ

情形	财务会计		预算会计	
	行政单位	事业单位	行政单位	事业单位
确认其他应付款项时	借：业务活动费用 　贷：其他应付款	借：业务活动费用／单位管理费用等 　贷：其他应付款	—	—
支付其他应付款项	借：其他应付款 　贷：银行存款等	借：其他应付款 　贷：银行存款等	借：行政支出 　贷：资金结存	借：事业支出 　贷：资金结存

4. 涉及质保金形成其他应付款

相关账务处理参见"固定资产"科目。

5. 无法偿付或债权人豁免偿还的其他应付款项，按照规定报经批准后进行账务处理，经批准核销

具体账务处理如表4-44所示。

表4-44 其他应付款平行记账账务处理Ⅳ

情形	财务会计		预算会计	
	行政单位	事业单位	行政单位	事业单位
无法偿付或债权人豁免偿还的其他应付款项	借：其他应付款 　　贷：其他收入		—	

核销的其他应付款应在备查簿中保留登记。

（三）行政单位平行记账业务举例

【例4-43】 2024年3月1日，某行政单位开展业务活动收取申请者押金10 000元，收取供应商保证金20 000元，银行账户已收到款项。平行记账账务处理如下：

（1）财务会计账务处理如下：

借：银行存款　　　　　　　　　　　　　　　　　　　　　　　30 000
　　贷：其他应付款——押金　　　　　　　　　　　　　　　　10 000
　　　　　　　　　　——保证金　　　　　　　　　　　　　　20 000

（2）预算会计不涉及账务处理。

【例4-44】 承［例4-43］，某行政单位开展业务活动后结算，退回申请者押金9 000元，退回供应商保证金20 000元，银行账户已经支付款项。平行记账账务处理如下：

（1）财务会计账务处理如下：

借：其他应付款——押金　　　　　　　　　　　　　　　　　　9 000
　　　　　　　——保证金　　　　　　　　　　　　　　　　　20 000
　　贷：银行存款　　　　　　　　　　　　　　　　　　　　　29 000

（2）预算会计不涉及账务处理。

【例4-45】 2024年5月，某行政单位开展业务活动结束后，由于一直联系不到申请者，押金1 000元无法退回，2024年经批准转为收入。平行记账账务处理如下：

（1）财务会计账务处理如下：

借：其他应付款　　　　　　　　　　　　　　　　　　　　　　1 000
　　贷：其他收入　　　　　　　　　　　　　　　　　　　　　1 000

（2）预算会计不涉及账务处理。

核销的其他应付款应在备查簿中保留登记。

【例 4-46】 某行政单位 2023 年 12 月收到财政拨款资金 1 700 000 元，其中列入 2023 年基本支出预算，用于发放 12 月职工工资的财政拨款为 1 500 000 元，财政部门预拨列入 2024 年项目支出的房屋日常维修预算款为 200 000 元。该单位收到本月财政拨款后 12 月用于发放职工工资。平行记账账务处理如下：

（1）财务会计账务处理如下：

A. 收到财政拨款时：

借：银行存款	1 700 000
贷：财政拨款收入	1 500 000
其他应付款	200 000

B. 支付 12 月工资时：

借：业务活动费用	1 500 000
贷：银行存款	1 500 000

C. 2024 年 1 月将该房屋维修拨款列入预算收入时：

借：其他应付款	200 000
贷：财政拨款收入	200 000

（2）预算会计账务处理如下：

A. 收到财政拨款时：

借：资金结存——货币资金	1 500 000
贷：财政拨款预算收入	1 500 000

B. 支付 12 月工资时：

借：行政支出	1 500 000
贷：资金结存——货币资金	1 500 000

C. 2024 年 1 月将该房屋维修拨款列入预算收入时：

借：资金结存——货币资金	200 000
贷：财政拨款预算收入	200 000

【例 4-47】 某行政单位职工于 2024 年 5 月 4 日用公务卡刷卡购买 8 000 元的电脑配件，从基本支出中报销，财务人员进行还款支付。职工报销时单位还未向银行偿还公务卡欠款，平行记账账务处理如下：

（1）财务会计账务处理如下：

A. 报销时：

借：业务活动费用	8 000
贷：其他应付款——待清算公务卡报销额度	8 000

B. 还款时：

借：其他应付款——待清算公务卡报销额度 8 000
　　贷：零余额账户用款额度 8 000
若该行政单位为实行预算管理一体化的预算单位，还款时：
借：其他应付款——待清算公务卡报销额度 8 000
　　贷：财政拨款收入 8 000

（2）预算会计账务处理如下：

A. 报销时：

不涉及账务处理。

B. 还款时：

借：行政支出——基本支出——商品和服务支出 8 000
　　贷：资金结存——零余额账户用款额度 8 000
若该行政单位为实行预算管理一体化的预算单位，还款时：
借：行政支出——基本支出——商品和服务支出 8 000
　　贷：财政拨款预算收入 8 000

（四）事业单位平行记账业务举例

【例 4-48】 2024年3月1日，某事业单位开展业务活动，收取申请者押金19 000元，收取供应商保证金40 000元，银行账户已收到款项。平行记账账务处理如下：

（1）财务会计账务处理如下：

借：银行存款 59 000
　　贷：其他应付款——押金 19 000
　　　　　　　　　　——保证金 40 000

（2）预算会计不涉及账务处理。

【例 4-49】 承[例 4-48]，某事业单位开展业务活动后结算，退回申请者押金19 000元，退回供应商保证金40 000元，银行账户已经支付款项。平行记账账务处理如下：

（1）财务会计账务处理如下：

借：其他应付款——押金 19 000
　　　　　　　　——保证金 40 000
　　贷：银行存款 59 000

（2）预算会计不涉及账务处理。

【例 4-50】 某事业单位2023年清理其他应付款，经多方努力始终无法联系到供应商丁公司，无法偿付20 000元材料款，经批准核销处理。平行记账账务处理如下：

（1）财务会计账务处理如下：

借：其他应付款——丁公司　　　　　　　　　　　　　　　20 000
　　贷：其他收入　　　　　　　　　　　　　　　　　　　　　　　20 000

（2）预算会计不涉及账务处理。

核销的其他应付款应在备查簿中保留登记。

【例4-51】　某事业单位2023年12月通过实拨资金方式获得财政资金1 700 000元，存入单位银行账户，其中列入本年基本支出预算，用于发放12月职工工资的财政拨款为1 500 000元，财政预拨列入下年项目支出预算的房屋日常维修款为200 000元，该事业单位收到本月财政拨款后于12月用于发放职工工资。平行记账账务处理如下：

（1）财务会计账务处理如下：

A. 收到财政拨款时：

借：银行存款　　　　　　　　　　　　　　　　　　　　　1 700 000
　　贷：财政拨款收入　　　　　　　　　　　　　　　　　　　　1 500 000
　　　　其他应付款　　　　　　　　　　　　　　　　　　　　　　200 000

B. 支付12月工资时：

借：业务活动费用/单位管理费用　　　　　　　　　　　　　1 500 000
　　贷：银行存款　　　　　　　　　　　　　　　　　　　　　　1 500 000

C. 2024年1月将该房屋维修拨款列入预算收支及收入费用时：

借：其他应付款　　　　　　　　　　　　　　　　　　　　　　200 000
　　贷：财政拨款收入　　　　　　　　　　　　　　　　　　　　　200 000

（2）预算会计账务处理如下：

A. 收到财政拨款时：

借：资金结存——货币资金　　　　　　　　　　　　　　　1 500 000
　　贷：财政拨款预算收入　　　　　　　　　　　　　　　　　　1 500 000

B. 支付12月工资时：

借：事业支出　　　　　　　　　　　　　　　　　　　　　1 500 000
　　贷：资金结存——货币资金　　　　　　　　　　　　　　　1 500 000

C. 2024年1月将该房屋维修拨款列入预算收支及收入费用时：

借：资金结存——货币资金　　　　　　　　　　　　　　　　200 000
　　贷：财政拨款预算收入　　　　　　　　　　　　　　　　　　200 000

【例4-52】　某事业单位职工于2024年5月4日用公务卡刷卡购买8 000元的电脑配件，从基本支出中报销，财务人员进行还款支付。职工报销时单位还未向银行偿还公务卡欠款，平行记账账务处理如下：

（1）财务会计账务处理如下：

A. 报销时：
借：业务活动费用/单位管理费用 8 000
　　贷：其他应付款——待清算公务卡报销额度 8 000
B. 还款时：
借：其他应付款——待清算公务卡报销额度 8 000
　　贷：零余额账户用款额度 8 000
若该事业单位为实行预算管理一体化的预算单位，还款时：
借：其他应付款——待清算公务卡报销额度 8 000
　　贷：财政拨款收入 8 000
（2）预算会计账务处理如下：
A. 报销时：
不涉及账务处理。
B. 还款时：
借：事业支出——基本支出——商品和服务支出 8 000
　　贷：资金结存——零余额账户用款额度 8 000
若该事业单位为实行预算管理一体化的预算单位，还款时：
借：其他应付款——基本支出——商品和服务支出 8 000
　　贷：财政拨款收入 8 000

八、长期应付款

（一）"长期应付款"科目核算的内容

"长期应付款"科目核算单位发生的偿还期限超过1年（不含1年）的应付款项，如以融资租赁方式取得固定资产应付的租赁费等。

"长期应付款"科目应当按照长期应付款的类别以及债权人的不同进行明细核算。

（二）"长期应付款"科目平行记账账务处理

1. 发生长期应付款

具体账务处理如表4-45所示。

表4-45　长期应付款平行记账账务处理 I

情形	财务会计		预算会计	
	行政单位	事业单位	行政单位	事业单位
发生长期应付款	借：固定资产/在建工程等 　　贷：长期应付款		—	

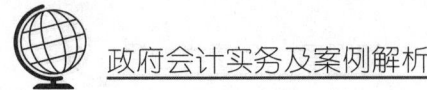

2. 支付长期应付款时，按照实际支付的金额

具体账务处理如表4-46所示。

表4-46 长期应付款平行记账账务处理 II

情形	财务会计		预算会计	
	行政单位	事业单位	行政单位	事业单位
支付长期应付款	借：长期应付款 　　贷：财政拨款收入（使用本年度预算指标）/财政应返还额度（使用以前年度预算指标）/零余额账户用款额度/银行存款		借：行政支出/事业支出/经营支出等 　　贷：财政拨款预算收入/资金结存	

3. 无法偿付或债权人豁免偿还的长期应付款，按照规定报经批准后进行账务处理，经批准核销

具体账务处理如表4-47所示。

表4-47 长期应付款平行记账账务处理 III

情形	财务会计		预算会计	
	行政单位	事业单位	行政单位	事业单位
无法偿付或债权人豁免偿还的长期应付款	借：长期应付款 　　贷：其他收入		—	

核销的长期应付款应在备查簿中保留登记。

4. 涉及质保金形成长期应付款

相关账务处理参见"固定资产"科目。

（三）行政单位平行记账业务举例

【例4-53】 某行政单位2023年对管理的一座桥梁进行扩建，该桥梁的原价为20 000 000元，已经计提折旧13 500 000元。有关该桥梁扩建的事项如下：

（1）2月1日，开始对桥梁进行扩建，通过财政直接支付向施工单位预付工程款5 000 000元。

（2）2月10日，拆除部分桥梁构件，拆除的构件原净值为2 000 000元，出售拆除构件残料取得收入5 000元，存入银行，经批准拆除构件的残料收入通过待摊费用冲减工程成本，原净值列入处置费用。

（3）12月5日，工程施工结束，进行工程结算并通过财政直接支付向施工企业支付剩余工程款 24 000 000 元,并收到款 700 000 元,为施工单位交付的质量保证金(保证期为 2 年)。

(4) 12 月,结转工程待摊费用(残料收入为 5 000 元)。

(5) 12 月 10 日,桥梁扩建工程验收合格投入使用(全部工程成本为 33 495 000 元)。

平行记账账务处理如下:

(1) 财务会计账务处理如下:

A. 将原桥梁账面价值转入在建工程时:

借:公共基础设施累计折旧(摊销)	13 500 000
在建工程——建筑安装工程投资	6 500 000
贷:公共基础设施——桥梁	20 000 000

B. 向施工单位预付工程款时:

借:预付账款——预付工程款	5 000 000
贷:财政拨款收入	5 000 000

C. 收到变卖原桥梁构件残料收入时:

借:银行存款	5 000
贷:在建工程——待摊费用	5 000

D. 将拆除桥梁构件原净值计入处置费用时:

借:待处理财产损溢	2 000 000
贷:在建工程——建筑安装工程投资	2 000 000
借:资产处置费用	2 000 000
贷:待处理财产损溢	2 000 000

E. 结算并向施工企业支付剩余工程款时:

借:在建工程——建筑安装工程投资	29 000 000
贷:财政拨款收入	24 000 000
预付账款——预付工程款	5 000 000

F. 收到施工单位交付的质量保证金时:

借:银行存款	700 000
贷:长期应付款	700 000

G. 结转待摊费用时:

借:在建工程——待摊费用	5 000
贷:在建工程——建筑安装工程投资	5 000

H. 工程交付使用,将在建工程成本转为公共基础设施成本时:

借:公共基础设施——桥梁	33 495 000
贷:在建工程——建筑安装工程投资	33 495 000

(2) 预算会计账务处理如下:

A. 将原桥梁账面价值转入在建工程时：
不涉及账务处理。

B. 向施工单位预付工程款时：
借：行政支出　　　　　　　　　　　　　　　　　　　5 000 000
　　贷：财政拨款预算收入　　　　　　　　　　　　　　　　5 000 000

C. 收到变卖原桥梁构件残料收入时：
借：资金结存——货币资金　　　　　　　　　　　　　　5 000
　　贷：行政支出　　　　　　　　　　　　　　　　　　　　5 000

D. 将拆除桥梁构件原净值计入处置费用时：
不涉及账务处理。

E. 结算并向施工企业支付剩余工程款时：
借：行政支出　　　　　　　　　　　　　　　　　　　24 000 000
　　贷：财政拨款预算收入　　　　　　　　　　　　　　　24 000 000

F. 收到施工单位交付的质量保证金时：
不涉及账务处理。

G. 结转待摊费用时：
不涉及账务处理。

H. 工程交付使用，将在建工程成本转为公共基础设施成本时：
不涉及账务处理。

（四）事业单位平行记账业务举例

【例 4-54】 某事业单位 2023 年对管理的一座桥梁进行扩建，该桥梁的原价为 20 000 000 元，已经计提折旧 13 500 000 元。有关该桥梁的扩建事项如下：

（1）2 月 1 日，开始对桥梁进行扩建，通过财政直接支付向施工单位预付工程款 5 000 000 元。

（2）2 月 10 日，拆除部分桥梁构件，拆除的构件原净值为 2 000 000 元，出售拆除构件残料取得收入 5 000 元，存入银行，经批准拆除构件的残料收入通过待摊费用冲减工程成本，原净值列入处置费用。

（3）12 月 5 日，工程施工结束，进行工程结算并通过财政直接支付向施工企业支付剩余工程款 24 000 000 元，并收到款 700 000 元，为施工单位交付的质量保证金（保证期为 2 年）。

（4）12 月，结转工程待摊费用（残料收入为 5 000 元）。

（5）12 月 10 日，桥梁扩建工程验收合格投入使用（全部工程成本为 33 495 000 元）。

平行记账账务处理如下：

(1) 财务会计账务处理如下：

A. 将原桥梁账面价值转入在建工程时：

借：公共基础设施累计折旧 13 500 000
　　在建工程——建筑安装工程投资 6 500 000
　　　贷：公共基础设施——桥梁 20 000 000

B. 向施工单位预付工程款时：

借：预付账款——预付工程款 5 000 000
　　贷：财政拨款收入 5 000 000

C. 收到变卖原桥梁构件残料收入时：

借：银行存款 5 000
　　贷：在建工程——待摊费用 5 000

D. 将拆除桥梁构件原净值计入处置费用时：

借：待处理财产损溢 2 000 000
　　贷：在建工程——建筑安装工程投资 2 000 000
借：资产处置费用 2 000 000
　　贷：待处理财产损溢 2 000 000

E. 结算并向施工企业支付剩余工程款时：

借：在建工程——建筑安装工程投资 29 000 000
　　贷：财政拨款收入 24 000 000
　　　　预付账款——预付工程款 5 000 000

F. 收到施工单位交付的质量保证金时：

借：银行存款 700 000
　　贷：长期应付款 700 000

G. 结转待摊费用时：

借：在建工程——待摊费用 5 000
　　贷：在建工程——建筑安装工程投资 5 000

H. 工程交付使用，将在建工程成本转为公共基础设施成本时：

借：公共基础设施——桥梁 33 495 000
　　贷：在建工程——建筑安装工程投资 33 495 000

(2) 预算会计账务处理如下：

A. 将原桥梁账面价值转入在建工程时：

不涉及账务处理。

B. 向施工单位预付工程款时：

借：事业支出 5 000 000
　　贷：财政拨款预算收入 5 000 000

C. 收到变卖原桥梁构件残料收入时：
借：资金结存——货币资金　　　　　　　　　　　　　　　　　　5 000
　　贷：事业支出　　　　　　　　　　　　　　　　　　　　　　　　　5 000

D. 将拆除桥梁构件原净值计入处置费用时：
不涉及账务处理。

E. 结算并向施工企业支付剩余工程款时：
借：事业支出　　　　　　　　　　　　　　　　　　　　　　　24 000 000
　　贷：财政拨款预算收入　　　　　　　　　　　　　　　　　　24 000 000

F. 收到施工单位交付的质量保证金时：
不涉及账务处理。

G. 结转待摊费用时：
不涉及账务处理。

H. 工程交付使用，将在建工程成本转为公共基础设施成本时：
不涉及账务处理。

第四节　暂收款项类

一、应缴财政款

（一）"应缴财政款"科目核算的内容

"应缴财政款"科目核算单位取得或应收的按照规定应当上缴财政的款项，包括应缴国库的款项和应缴财政专户的款项。

单位按照国家税法等有关规定应当缴纳的各种税费，通过"应交增值税""其他应交税费"科目核算，不通过"应缴财政款"科目核算。

"应缴财政款"科目应当按照应缴财政款的类别进行明细核算。

（二）"应缴财政款"科目平行记账账务处理

1. 单位取得或应收按照规定应缴财政的款项
具体账务处理如表4-48所示。

表 4-48　应缴财政款平行记账账务处理 I

情形	财务会计		预算会计	
	行政单位	事业单位	行政单位	事业单位
取得或应收按照规定应缴财政的款项	借：银行存款/应收账款等 　贷：应缴财政款		—	

2. 单位处置资产取得的应上缴财政的处置净收入

参照"待处理财产损溢"科目的相关账务处理。

3. 单位上缴应缴财政的款项时，按实际上缴的金额登记

具体账务处理如表 4-49 所示。

表 4-49　应缴财政款平行记账账务处理 II

情形	财务会计		预算会计	
	行政单位	事业单位	行政单位	事业单位
上缴应缴财政的款项	借：应缴财政款 　贷：银行存款等		—	

（三）行政单位平行记账业务举例

【例 4-55】 2024 年 3 月 1 日，某行政单位收到本部门负责收取的行政事业性收费 50 000 元（实行集中汇缴方式），银行账户已收到款项。平行记账账务处理如下：

（1）财务会计账务处理如下：

A. 收到款项时：

借：银行存款　　　　　　　　　　　　　　　　　　　　50 000

　　贷：应缴财政款　　　　　　　　　　　　　　　　　　50 000

B. 上缴款项时：

借：应缴财政款　　　　　　　　　　　　　　　　　　　50 000

　　贷：银行存款　　　　　　　　　　　　　　　　　　　50 000

（2）预算会计不涉及账务处理。

（四）事业单位平行记账业务举例

【例 4-56】 2024 年 3 月 1 日，某事业单位收到本期应上缴财政专户款的预算

50 000元。平行记账账务处理如下：

（1）财务会计账务处理如下：

A.收到款项时：

借：银行存款 50 000
　　贷：应缴财政款 50 000

B.上缴款项时：

借：应缴财政款 50 000
　　贷：银行存款 50 000

（2）预算会计不涉及账务处理。

【例4-57】 A事业单位用一批油料与B行政单位换入一批甲材料。经商定，油料及甲材料的运费由换出单位承担，B行政单位向A事业单位支付10 000元的交换差价（补价）。该批油料的账面成本及市场现价均为100 000元，运费为2 000元，甲材料的账面成本为70 000元，市场估价为90 000元，运费为1 000元。A事业单位和B行政单位的交换完成，都已将收到的物品入库，A事业单位和B行政单位已经用银行转账支票支付了全部运费，B行政单位已经通过单位零余额账户向A事业单位银行存款账户支付了全部补价。平行记账账务处理如下：

（1）A事业单位。

换入材料入账成本＝100 000＋2 000－10 000＝92 000（元）

A.财务会计账务处理如下：

借：库存物品——甲材料 92 000
　　银行存款 8 000
　　资产处置费用 8 000
　　贷：库存物品——油料 100 000
　　　　应缴财政款 8 000

B.预算会计不涉及账务处理。

（2）B行政单位。

换入油料入账成本＝90 000＋1 000＋10 000＝101 000（元）

A.财务会计账务处理如下：

借：库存物品——油料 101 000
　　贷：库存物品——办公用品 70 000
　　　　银行存款 1 000
　　　　零余额账户用款额度 10 000
　　　　其他收入 20 000

若B行政单位为实行预算管理一体化的预算单位，会计核算时：

借：库存物品——油料	101 000	
贷：库存物品——办公用品		70 000
银行存款		1 000
财政拨款收入		10 000
其他收入		20 000

B. 预算会计账务处理如下：

借：其他支出	11 000	
贷：资金结存——货币资金		1 000
——零余额账户用款额度		10 000

若B行政单位为实行预算管理一体化的预算单位，会计核算时：

借：其他支出	11 000	
贷：资金结存——货币资金		1 000
财政拨款预算收入		10 000

【例4-58】 某事业单位经有关部门批准有偿转让不再使用的专用设备一台，该设备原值为1 200 000元，已经计提折旧400 000元；按照评估价格出售，获得出售价款900 000元；支付有关拆卸费、运输费5 000元；按照出售收入应当缴纳有关税费60 480元；将出售该设备的净收入上缴国库。平行记账账务处理如下：

（1）财务会计账务处理如下：

A. 注销设备账面余额时：

借：资产处置费用	800 000	
固定资产累计折旧	400 000	
贷：固定资产		1 200 000

B. 收到出售收入（即转让固定资产收到的价款）时：

借：银行存款	900 000	
贷：应缴财政款		900 000

C. 支付拆卸费用和计算相关税金时：

发生的相关费用＝60 480＋5 000＝65 480（元）

借：应缴财政款	65 480	
贷：银行存款		5 000
应交增值税		54 000
应交其他税费——应交城市维护建设税		3 780
——应交教育费附加		1 620
——应交地方教育附加		1 080

D. 将出售设备净收入上缴国库时：

出售设备净收入 = 900 000 − 65 480 = 839 520（元）

借：应缴财政款　　　　　　　　　　　　　　　　　　　839 520
　　贷：银行存款　　　　　　　　　　　　　　　　　　　　　　839 520

（2）预算会计不涉及账务处理。

二、应付政府补贴款

（一）"应付政府补贴款"科目核算的内容

"应付政府补贴款"科目核算负责发放政府补贴的行政单位，按照规定应当支付给政府补贴接受者的各种政府补贴款。该科目仅针对行政单位会计处理设置，事业单位不存在涉及应付政府补贴款的业务。

"应付政府补贴款"科目应当按照应支付的政府补贴种类进行明细核算。单位还应当根据需要按照补贴接受者进行明细核算，或者建立备查簿对补贴接受者予以登记。

（二）"应付政府补贴款"科目平行记账账务处理

1. 发生（确认）应付政府补贴时，按照依规定计算确定的应付政府补贴金额

具体账务处理如表 4-50 所示。

表 4-50　应付政府补贴款平行记账账务处理 Ⅰ

情形	财务会计	预算会计
	行政单位	行政单位
发生（确认）应收政府补贴	借：业务活动费用 　　贷：应付政府补贴款	—

2. 支付应付政府补贴款时，按照支付金额

具体账务处理如表 4-51 所示。

表 4-51　应付政府补贴款平行记账账务处理 Ⅱ

情形	财务会计	预算会计
	行政单位	行政单位
支付应付政府补贴款	借：应付政府补贴款 　　贷：零余额账户用款额度/银行存款/财政拨款收入（使用本年度预算指标）/财政应返还额度（使用以前年度预算指标）	借：行政支出 　　贷：资金结存/财政拨款预算收入

(三)行政单位平行记账业务举例

【例 4-59】 某行政单位 2024 年 3 月应发放各类政府补贴款 188 400 元,其中,困难家庭补助为 145 000 元,失独家庭补贴为 8 400 元,高龄老人补贴为 35 000 元。平行记账账务处理如下:

(1)财务会计账务处理如下:

借:单位管理费用	188 400
贷:应付政府补贴款——困难家庭补助	145 000
——失独家庭补助	8 400
——高龄老人补贴	35 000

(2)预算会计不涉及账务处理。

【例 4-60】 承[例 4-59],2024 年 4 月,该行政单位通过零余额账户将应发政府补贴 188 400 元转入被补贴单位的储蓄存款账户。平行记账账务处理如下:

(1)财务会计账务处理如下:

借:应付政府补贴款——困难家庭补助	145 000
——失独家庭补助	8 400
——高龄老人补贴	35 000
贷:零余额账户用款额度	188 400

若该行政单位为实行预算管理一体化的预算单位,会计核算时:

借:应付政府补贴款——困难家庭补助	145 000
——失独家庭补助	8 400
——高龄老人补贴	35 000
贷:财政拨款收入	188 400

(2)预算会计账务处理如下:

借:行政支出	188 400
贷:资金结存——零余额用款额度	188 400

若该行政单位为实行预算管理一体化的预算单位,会计核算时:

借:行政支出	188 400
贷:财政拨款预算收入	188 400

第五节 其他负债类

一、预提费用

(一)"预提费用"科目核算的内容

"预提费用"科目核算单位预先提取的已经发生但尚未支付的费用,如预提租金费用、事业单位按规定从科研项目收入中提取的项目间接费用或管理费等。

事业单位计提的借款利息费用,通过"应付利息""长期借款"科目核算,不通过"预提费用"科目核算。

"预提费用"科目应当按照预提费用的种类进行明细核算。对于提取的项目间接费用或管理费,事业单位应当在"预提费用"科目下设置"项目间接费用或管理费"明细科目,并按项目进行明细核算。"预提费用"科目是新政府会计制度新设科目。

(二)"预提费用"科目平行记账账务处理

1. 项目间接费用或管理费

具体账务处理如表 4-52 所示。

表 4-52 预提费用平行记账账务处理 I

情形	财务会计		预算会计	
	行政单位	事业单位	行政单位	事业单位
按规定计提项目间接费用或管理费时	—	借:单位管理费用 　贷:预提费用——项目间接费用或管理费	—	借:非财政拨款结转——项目间接费用或管理费 　贷:非财政拨款结余——项目间接费用或管理
实际使用计提的项目间接费用或管理费时	—	借:预提费用——项目间接费用或管理费 　贷:银行存款/库存现金	—	借:事业支出等 　贷:资金结存

2.其他预提费用

具体账务处理如表 4-53 所示。

表 4-53 预提费用平行记账账务处理 II

情形	财务会计		预算会计	
	行政单位	事业单位	行政单位	事业单位
按照规定预提每期租金等费用	借：业务活动费用 　贷：预提费用	借：业务活动费用/单位管理费用/经营费用等 　贷：预提费用	—	—
实际支付款项时	借：预提费用 　贷：银行存款等		借：行政支出 　贷：资金结存	借：事业支出/经营支出 　贷：资金结存

（三）行政单位平行记账业务举例

【例 4-61】 某行政单位每月预提业务用水费 10 000 元，并于下月初支付。平行记账账务处理如下：

（1）财务会计账务处理如下：

A.预提时：

借：业务活动费用　　　　　　　　　　　　　　　　　　　　　10 000
　　贷：预提费用　　　　　　　　　　　　　　　　　　　　　　　10 000

B.支付时：

借：预提费用　　　　　　　　　　　　　　　　　　　　　　　10 000
　　贷：银行存款　　　　　　　　　　　　　　　　　　　　　　　10 000

（2）预算会计账务处理如下：

A.预提时：

不涉及账务处理。

B.支付时：

借：行政支出　　　　　　　　　　　　　　　　　　　　　　　10 000
　　贷：资金结存——货币资金　　　　　　　　　　　　　　　　　10 000

（四）事业单位平行记账业务举例

【例 4-62】 某事业单位有关项目资金的业务有：按照规定标准对横向 A 科研项目提取管理费 50 000 元；使用提取的项目管理费 150 000 元用于科研管理开支。平行记账账务处理如下：

（1）财务会计账务处理如下：

A.提取科研项目管理费时：

借：单位管理费用 50 000
　　贷：预提费用——项目间接费用或管理费 50 000

B.使用科研项目管理费时：

借：预提费用——项目间接费用或管理费 150 000
　　贷：银行存款/库存现金 150 000

（2）预算会计账务处理如下：

A.提取科研项目管理费时：

借：非财政拨款结转——项目间接费用或管理费 50 000
　　贷：非财政拨款结余——项目间接费用或管理费 50 000

B.使用科研项目管理费时：

借：事业支出 150 000
　　贷：资金结存——货币资金 150 000

【例 4-63】 某事业单位每月预提管理用电费 10 000 元，并于下月初支付。平行记账账务处理如下：

（1）财务会计账务处理如下：

A.预提时：

借：单位管理费用 10 000
　　贷：预提费用 10 000

B.支付时：

A.财务会计账务处理如下：

借：预提费用 10 000
　　贷：银行存款 10 000

（2）预算会计账务处理如下：

A.预提时：

不涉及账务处理。

B.支付时：

借：事业支出 10 000
　　贷：资金结存 10 000

二、预计负债

（一）"预计负债"科目核算的内容

"预计负债"科目核算单位对因或有事项所产生的现时义务而确认的负债，如对未决诉讼等确认的负债,单位应当按照预计负债的项目进行明细核算。

"预计负债"科目是政府会计制度中新设财务会计科目,仅事业单位使用,行政单位不涉及此类业务。

(二)"预计负债"科目平行记账账务处理

具体账务处理如表4-54所示。

表4-54 预计负债平行记账账务处理

情形	财务会计	预算会计
	事业单位	事业单位
确认预计负债	借:业务活动费用/经营费用/其他费用等 贷:预计负债	—
实际偿付预计负债	借:预计负债 贷:银行存款等	借:事业支出/经营支出/其他支出等 贷:资金结存
对预计负债账面余额进行调整的	借:业务活动费用/经营费用/其他费用等 贷:预计负债 或作相反会计分录	—

(三)事业单位平行记账业务举例

【例4-64】 某事业单位因合同违约而涉及一桩诉讼案。根据单位的法律顾问判断,最终的判决结果很可能对单位不利。2023年12月31日,单位尚未接到法院的判决,因诉讼须承担的赔偿金额无法准确地确定。不过,据专业人士估计,赔偿金额可能为1 000 000元至1 200 000元之间的某一金额(且各金额发生的可能性相同),据此确定预计负债金额为1 100 000元[(1 000 000+1 200 000)÷2]。假设这是一起因经营引起的案件。平行记账账务处理如下:

(1)财务会计账务处理如下:
借:经营费用   1 100 000
    贷:预计负债   1 100 000
(2)预算会计不涉及账务处理。

【例4-65】 承[例4-64],该事业单位用银行存款偿付赔偿金1 100 000元。平行记账账务处理如下:

(1)财务会计账务处理如下:

```
借：预计负债                                    1 100 000
    贷：银行存款                                      1 100 000
```
（2）预算会计账务处理如下：
```
借：经营支出                                    1 100 000
    贷：资金结存——货币资金                          1 100 00
```

三、受托代理负债

（一）"受托代理负债"科目核算的内容

"受托代理负债"科目核算单位接受委托取得受托代理资产时形成的负债。
"受托代理负债"科目为新增科目。

（二）"受托代理负债"科目平行记账账务处理

"受托代理负债"科目的账务处理参照"受托代理资产""库存现金""银行存款"等科目相关账务处理。

（三）行政单位平行记账业务举例

【例4-66】 某行政单位根据捐赠人的要求支付代管的捐赠款1 000元。平行记账账务处理如下：

（1）财务会计账务处理如下：
```
借：受托代理负债                                    1 000
    贷：库存现金——受托代理资产                         1 000
```
（2）预算会计不涉及账务处理。

【例4-67】 某行政单位收到代管的某民间非营利组织资金150 000元。平行记账账务处理如下：

（1）财务会计账务处理如下：
```
借：银行存款——受托代理资产                        150 000
    贷：受托代理负债                                  150 000
```
（2）预算会计不涉及账务处理。

【例4-68】 承［例4-67］，该行政单位开出支票，转账支付该组织承担的支出20 000元。平行记账账务处理如下：

（1）财务会计账务处理如下：

借：受托代理负债	20 000	
贷：银行存款——受托代理资产		20 000

（2）预算会计不涉及账务处理。

（四）事业单位平行记账业务举例

【例 4-69】 某卫生院（系事业单位）收到某民营企业家捐赠的 100 000 元的资金和 200 000 元的医疗设备，该民营企业家指定捐赠给受灾地区的××卫生院；民政局将转赠的资金和医疗设备交付该卫生院。平行记账账务处理如下：

（1）财务会计账务处理如下：

A. 收到指定捐赠的资金和设备时：

借：银行存款——受托代理资产　　　　　　　　　　　　　　100 000
　　受托代理资产——转赠物资　　　　　　　　　　　　　　200 000
　　贷：受托代理负债——××卫生院　　　　　　　　　　　　　　300 000

B. 转赠资金和设备时：

借：受托代理负债——××卫生院　　　　　　　　　　　　　　300 000
　　贷：银行存款——受托代理资产　　　　　　　　　　　　　　100 000
　　　　受托代理资产——转赠物资　　　　　　　　　　　　　　200 000

（2）预算会计不涉及账务处理。

第五章 收入/预算收入类业务

第一节 收入/预算收入概述

一、收入概述

(一) 收入的定义

收入是指报告期内导致政府会计主体净资产增加的、含有服务潜力或者经济利益的经济资源的流入。收入是政府会计主体履行职能、完成事业发展目标和计划的财力保障,收入管理是政府会计主体财务管理的重要组成部分,对收入进行准确理解、确认、计量、核算,是有效实施管理的重要手段。

政府会计由预算会计和财务会计构成。预算会计实行收付实现制,国务院另有规定的,依照其规定;财务会计实行权责发生制。

(1) 权责发生制是指凡是当期已经实现的收入和已经发生或应当负担的费用,不论款项是否收付,都应当作为本期的收入和费用;凡是不属于本期的收入和费用,即使款项已经在当期收付,也不应作为本期的收入和费用。权责发生制依据持续经营和会计分期两个基本假设,来正确划分不同会计期间资产、负债、收入、费用等会计要素的归属。

(2) 收付实现制是指以款项的实际收付为标准来处理经济业务,确定本期收入和费用,计算本期盈亏的会计处理基础。按照收付实现制,收入和费用的归属期与现金收支行为的发生与否紧密地联系在一起,即现金收支行为在其发生的期间全部计入收入和费用,而不考虑与现金收支行为相连的经济业务实质上是否发生。

(二) 收入类的会计科目

《政府会计制度》中收入类设置有11个会计科目,事业单位单独使用科目有5个("事业收入""上级补助收入""附属单位上缴收入""经营收入""投资收益"),行政单位和事业单位同时使用科目有6个("财政拨款收入""非同级财政拨款收入""捐赠收入""利息收入""租金收入""其他收入"),具体如表 5-1 所示。

表 5-1 收入类会计科目使用范围表

政府会计制度（11个）		适用范围	
科目编号	科目名称	行政单位	事业单位
4001	财政拨款收入	√	√
4101	事业收入		√
4201	上级补助收入		√
4301	附属单位上缴收入		√
4401	经营收入		√
4601	非同级财政拨款收入	√	√
4602	投资收益		√
4603	捐赠收入	√	√
4604	利息收入	√	√
4605	租金收入	√	√
4609	其他收入	√	√

（三）收入的分类

政府会计收入项目包括财政拨款收入、事业收入、上级补助收入、附属单位上缴收入、经营收入、非同级财政拨款收入、投资收益、捐赠收入、利息收入、租金收入和其他收入。

（1）财政拨款收入是指单位从同级政府财政部门取得的各类财政拨款。

（2）事业收入是指事业单位开展专业业务活动及其辅助活动实现的收入。它不包括从同级政府财政部门取得的各类财政拨款。

（3）上级补助收入是指事业单位从主管部门和上级单位取得的非财政补助收入。

（4）附属单位上缴收入是指事业单位取得的附属独立核算单位按照有关规定上缴的收入。

（5）经营收入是指事业单位在专业业务活动及其辅助活动之外开展非独立核算经营活动取得的收入。

（6）非同级财政拨款收入是指单位从非同级政府财政部门取得的经费拨款。它包括从同级政府其他部门取得的横向转拨财政款、从上级或下级政府财政部门取得的经费拨款等。

（7）投资收益是指事业单位股权投资和债券投资所实现的收益或发生的损失。行政单位无此业务。

（8）捐赠收入是指单位接受其他单位或者个人捐赠取得的收入。

（9）利息收入是指单位取得的银行存款利息收入。

（10）租金收入是指单位经批准利用国有资产出租取得并按照规定纳入本单位预算管理的租金收入。

（11）其他收入是指单位取得的除财政拨款收入、事业收入、上级补助收入、附属单位上缴收入、经营收入、非同级财政拨款收入、投资收益、捐赠收入、利息收入、租金收入以外的各项收入。它包括现金盘盈收入、按照规定纳入单位预算管理的科技成果转化收入、行政单位收回已核销的其他应收款、无法偿付的应付及预收款项、置换换出资产评估增值等。

（四）收入的确认与计量

1. 收入的确认

收入的确认应当同时满足以下条件：

（1）与收入相关的含有服务潜力或者经济利益的经济资源很可能流入政府会计主体。

（2）含有服务潜力或者经济利益的经济资源流入会导致政府会计主体资产增加或者负债减少。

（3）流入金额能够可靠地计量。

符合收入定义和收入确认条件的项目，应当列入收入费用表。

2. 收入的计量

收入按照实际收到的金额或者有关凭据注明的金额进行计量。

二、预算收入概述

（一）预算收入的定义

预算收入是指政府会计主体在预算年度内依法取得的并纳入预算管理的现金流入。根据《政府会计准则——基本准则》和《政府会计制度》规定，行政事业单位的预算收入和核算采用收付实现制，即以现金的实际收付为标志来确定本期预算收入的会计核算基础。凡当期实际收到的现金收入，均应作为当期的预算收入；凡不属于当期的现金收入，均不应当作为当期的预算收入。

（二）预算收入类的会计科目

政府会计制度中预算收入类设置9个会计科目，事业单位单独使用科目有6个（"事业预算收入""上级补助预算收入""附属单位上缴预算收入""经营预算收入""债务预算收入""投资预算收益"),行政单位和事业单位同时使用科目有3个("财政拨款预算收入""非同级财政拨款预算收入""其他预算收入"),具体如表5-2所示。

表5-2 预算收入类会计科目使用范围表

政府会计制度		适用范围	
科目编号	科目名称	行政单位	事业单位
6001	财政拨款预算收入	√	√
6101	事业预算收入		√
6201	上级补助预算收入		√
6301	附属单位上缴预算收入		√
6401	经营预算收入		√
6501	债务预算收入		√
6601	非同级财政拨款预算收入	√	√
6602	投资预算收益		√
6609	其他预算收入	√	√

(三)预算收入的分类

政府会计主体的预算收入包括财政拨款预算收入、事业预算收入、上级补助预算收入、附属单位上缴预算收入、经营预算收入、债务预算收入、非同级财政拨款预算收入、投资预算收益、其他预算收入。

(1)财政拨款预算收入是指单位从同级政府财政部门取得的各类财政拨款。

(2)事业预算收入是指事业单位开展专业业务活动及其辅助活动取得的现金流入。

(3)上级补助预算收入是指事业单位从主管部门和上级单位取得的非财政补助现金流入。

(4)附属单位上缴预算收入是指事业单位取得附属独立核算单位根据有关规定上缴的现金流入。

(5)经营预算收入是指事业单位在专业业务活动及其辅助活动之外开展非独立核算经营活动取得的现金流入。

(6)债务预算收入是指事业单位按照规定从银行和其他金融机构等借入的,纳入部门预算管理的,不以财政资金作为偿还来源的债务本金。

(7)非同级财政拨款预算收入是指行政事业单位从非同级政府财政部门取得的财政拨款。它包括本级横向转拨财政款和非本级财政拨款。

（8）投资预算收益是指事业单位取得的按照规定纳入部门预算管理的属于投资收益性质的现金流入。它包括股权投资收益、出售或收回债券投资所取得的收益和债券投资利息收入。

（9）其他预算收入是指行政事业单位除财政拨款预算收入、事业预算收入、上级补助预算收入、附属单位上缴预算收入、经营预算收入、债务预算收入、非同级财政拨款预算收入、投资预算收益之外的纳入部门预算管理的现金流入。它包括捐赠预算收入、利息预算收入、租金预算收入、现金盘盈收入等。

（四）预算收入的确认与计量

预算会计执行收付实现制，预算收入一般在实际收到时予以确认，以实际收到的金额计量。

三、收入/预算收入类科目

（一）收入类科目

《政府会计制度》设收入类科目有11个，包括"财政拨款收入""事业收入""上级补助收入""附属单位上缴收入""经营收入""非同级财政拨款收入""投资收益""捐赠收入""利息收入""租金收入""其他收入"。

收入类会计科目使用说明具体如表5-3所示。

表5-3 收入类会计科目使用说明

科目编码	科目名称	科目说明
4001	财政拨款收入	核算单位从同级政府财政部门取得的各类财政拨款
4101	事业收入	核算事业单位开展专业业务活动及其辅助活动实现的收入，不包括从同级政府财政部门取得的各类财政拨款
4201	上级补助收入	核算事业单位从主管部门和上级单位取得的非财政拨款收入
4301	附属单位上缴收入	核算事业单位取得的附属独立核算单位按照有关规定上缴的收入
4401	经营收入	核算事业单位在专业业务活动及其辅助活动之外开展非独立核算经营活动取得的收入
4601	非同级财政拨款收入	核算单位从非同级政府财政部门取得的经费拨款，包括从同级政府其他部门取得的横向转拨财政款、从上级或下级政府财政部门取得的经费拨款等
4602	投资收益	核算事业单位股权投资和债券投资所实现的收益或发生的损失

（续表）

科目编码	科目名称	科目说明
4603	捐赠收入	核算单位接受其他单位或者个人捐赠取得的收入
4604	利息收入	核算单位取得的银行存款利息收入
4605	租金收入	核算单位经批准利用国有资产出租取得并按照规定纳入本单位预算管理的租金收入
4609	其他收入	核算单位取得的除财政拨款收入、事业收入、上级补助收入、附属单位上缴收入、经营收入、非同级财政拨款收入、投资收益、捐赠收入、利息收入、租金收入以外的各项收入，包括现金盘盈收入、按照规定纳入单位预算管理的科技成果转化收入、行政单位收回已核销的其他应收款、无法偿付的应付及预收款项、置换换出资产评估增值等

自 2019 年 1 月 1 日起，单位应当按照新政府会计制度设置收入类科目并进行账务处理。

（二）预算收入类科目

政府会计制度设预算收入类科目有 9 个，包括"财政拨款预算收入""事业预算收入""上级补助收入""附属单位上缴预算收入""经营预算收入""债务预算收入""非同级财政拨款预算收入""投资预算收益""其他预算收入"。

预算收入类会计科目使用说明具体如表 5-4 所示。

表 5-4　预算收入类会计科目使用说明

科目编码	科目名称	科目说明
6001	财政拨款预算收入	核算单位从同级政府财政部门取得的各类财政拨款
6101	事业预算收入	核算事业单位开展专业业务活动及其辅助活动取得的现金流入
6201	上级补助收入	核算事业单位从主管部门和上级单位取得的非财政补助现金流入
6301	附属单位上缴预算收入	核算事业单位取得附属独立核算单位根据有关规定上缴的现金流入
6401	经营预算收入	核算事业单位在专业业务活动及其辅助活动之外开展非独立核算经营活动取得的现金流入
6501	债务预算收入	核算事业单位按照规定从银行和其他金融机构等借入的、纳入部门预算管理的、不以财政资金作为偿还来源的债务本金
6601	非同级财政拨款预算收入	核算单位从非同级政府财政部门取得的财政拨款，包括本级横向转拨财政款和非本级财政拨款

(续表)

科目编码	科目名称	科目说明
6602	投资预算收益	核算事业单位取得的按照规定纳入部门预算管理的属于投资收益性质的现金流入，包括股权投资收益、出售或收回债券投资所取得的收益和债券投资利息收入
6609	其他预算收入	核算单位除财政拨款预算收入、事业预算收入、上级补助预算收入、附属单位上缴预算收入、经营预算收入、债务预算收入、非同级财政拨款预算收入、投资预算收益之外的纳入部门预算管理的现金流入，包括捐赠预算收入、利息预算收入、租金预算收入、现金盘盈收入等

单位应当自2019年1月1日起，按照《政府会计制度》设置预算收入类科目并进行账务处理。

单位存在2018年12月31日前需要按照《政府会计制度》预算会计核算基础调整预算会计科目期初余额等其他事项的，应当比照《政府会计制度》调整新账的相应预算会计科目期初余额。单位对预算会计科目的期初余额进行登记和调整，应当编制记账凭证，并将期初余额登记和调整的依据作为原始凭证。

四、收入类科目与预算收入类科目衔接

执行《政府会计制度》后，各行政事业单位执行统一会计科目，根据"平行记账"核算方式，单位财务会计核算实行权责发生制，单位预算会计核算实行收付实现制，国务院另有规定的，依照其规定。单位对于纳入部门预算管理的现金收支业务，在采用财务会计核算的同时应当进行预算会计核算；对于其他业务，仅需进行财务会计核算。收入类科目与预算收入类科目的衔接具体如表5-5所示。

表5-5 收入类科目与预算收入类科目衔接表

预算会计		财务会计	
科目编码	科目名称	科目编码	科目名称
6001	财政拨款预算收入	4001	财政拨款收入
6101	事业预算收入	4101	事业收入
6201	上级补助预算收入	4201	上级补助收入
6301	附属单位上缴预算收入	4301	附属单位上缴收入

(续表)

预算会计		财务会计	
科目编码	科目名称	科目编码	科目名称
6401	经营预算收入	4401	经营收入
6501	债务预算收入		
6601	非同级财政拨款预算收入	4601	非同级财政拨款收入
6602	投资预算收益	4602	投资收益
6609	其他预算收入	4603	捐赠收入
		4604	利息收入
		4605	租金收入
		4609	其他收入

第二节 收入类科目核算内容

一、财政拨款收入

（一）财政拨款收入的概念

财政拨款收入是指单位从同级政府财政部门取得的各类财政拨款。

（二）财政拨款收入科目设置

行政事业单位应设置"财政拨款收入"一级会计科目，核算从同级财政部门取得的各类财政拨款。"财政拨款收入"科目可按照一般公共预算财政拨款、政府性基金预算财政拨款等拨款种类进行明细核算。

"财政拨款收入"科目属于收入类科目。期末，行政事业单位将"财政拨款收入"科目本期发生额转入本期盈余；期末结转后，"财政拨款收入"科目应无余额。

（三）财政拨款收入核算口径

同级政府财政部门预拨的下期预算款和没有纳入预算的暂付款项以及采用实拨资金方式通过本单位转拨给下属单位的财政拨款，通过"其他应付款"科目核算，不通过"财政拨款收入"科目核算。

二、非同级财政拨款收入

（一）非同级财政拨款收入的概念

非同级财政拨款收入是指行政事业单位从非同级政府财政部门取得的经费拨款。它包括从同级政府其他部门取得的横向转拨财政款、从上级或下级政府财政部门取得的经费拨款等。

（二）非同级财政拨款收入科目设置

行政事业单位应设置"非同级财政拨款收入"会计科目。"非同级财政拨款收入"科目应当分本级横向转拨财政款和非本级财政拨款进行明细核算，并按照收入来源进行明细核算。

"非同级财政拨款收入"科目属于收入类科目。期末，行政事业单位将"非同级财政拨款收入"科目本期发生额转入本期盈余；期末结转后，"非同级财政拨款收入"科目应无余额。

（三）非同级财政拨款收入核算口径

事业单位因开展科研及其辅助活动从非同级政府财政部门取得的经费拨款，应当通过"事业收入——非同级财政拨款"科目核算，不通过"非同级财政拨款收入"科目核算。

三、事业收入

（一）事业收入的概念

事业收入是指事业单位开展专业业务活动及其辅助活动实现的收入。它不包括从同级政府财政部门取得的各类财政拨款。其中，专业业务活动指事业单位根据本单位专业特点所从事或开展的业务活动，如文化事业单位的演出活动、教育事业单位的教学活动等；辅助活动指与专业业务活动相关、直接为专业活动服务的行政管理活动、后勤服务活动及其他有关活动。事业单位通过开展上述活动取得的收入,均作为事业收入处理。

(二)事业收入科目设置

事业单位应设置"事业收入"会计科目。"事业收入"科目应当按照事业收入的类别、来源等进行明细核算。

"事业收入"科目属于收入类科目。期末,事业单位将"事业收入"科目本期发生额转入本期盈余,期末结转后,"事业收入"科目应无余额。

"事业收入"科目仅针对事业单位科目设置的,行政单位不涉及此类业务。

(三)事业收入核算口径

"事业收入"科目不包括从同级政府财政部门取得的各类财政拨款。

对于因开展科研及其辅助活动从非同级政府财政部门取得的经费拨款,事业单位应当在"事业收入"科目下单设"非同级财政拨款"明细科目进行核算。

四、经营收入

(一)经营收入的概念

经营收入是指事业单位在专业业务活动及其辅助活动之外开展非独立核算经营活动取得的收入。经营收入应当在提供服务或发出存货,同时收讫价款或者取得索取价款的凭据时,按照实际收到或应收的金额予以确认。

(二)经营收入科目设置

事业单位应设置"经营收入"会计科目。"经营收入"科目应当按照经营活动类别、项目和收入来源等进行明细核算。

"经营收入"科目属于收入类科目。期末,事业单位将"经营收入"科目本期发生额转入本期盈余,期末结转后,"经营收入"科目应无余额。

"经营收入"科目仅针对事业单位科目设置,行政单位不涉及此类业务。

五、上级补助收入

(一)上级补助收入的概念

上级补助收入是指事业单位从主管部门和上级单位取得的非财政补助收入。

（二）上级补助收入科目设置

事业单位应设置"上级补助收入"会计科目。"上级补助收入"科目应当按照发放补助单位、补助项目等进行明细核算。

"上级补助收入"科目属于收入类科目。期末，事业单位将"上级补助收入"科目本期发生额转入本期盈余，期末结转后，"上级补助收入"科目应无余额。

"上级补助收入"科目仅针对事业单位科目设置，行政单位不涉及此类业务。

（三）上级补助收入核算口径

上级补助收入是由事业单位的主管部门和上级单位用自身组织的收入或集中下级单位的收入拨给事业单位的非财政拨款收入。与财政拨款收入的区别在于，财政拨款收入是预算单位从同级政府财政部门取得的各类财政拨款。

六、附属单位上缴收入

（一）附属单位上缴收入的概念

附属单位上缴收入是指事业单位取得的附属独立核算单位按照有关规定上缴的收入。

（二）附属单位上缴收入科目设置

事业单位应设置"附属单位上缴收入"会计科目。"附属单位上缴收入"科目应当按照附属单位、缴款项目等进行明细核算。

"附属单位上缴收入"科目属于收入类科目。期末，事业单位将"附属单位上缴收入"科目本期发生额转入本期盈余，期末结转后，"附属单位上缴收入"科目应无余额。

"附属单位上缴收入"科目仅针对事业单位科目设置，行政单位不涉及此类业务。

七、投资收益

（一）投资收益的概念

投资收益是指事业单位股权投资和债券投资所实现的收益或发生的损失。这里的投资收益仅适用事业单位在国家政策允许下进行的股权投资及债券投资活动，如以自有资金进行的相关投资。

（二）投资收益科目设置

事业单位应设置"投资收益"会计科目。"投资收益"科目应当按照投资的种类等进行明细核算。

"投资收益"科目属于收入类科目。期末，事业单位将"投资收益"科目本期发生额转入本期盈余，期末结转后，"投资收益"科目应无余额。

"投资收益"科目仅针对事业单位科目设置，行政单位不涉及此类业务。

八、捐赠收入

（一）捐赠收入的概念

捐赠收入是指单位接受其他单位或者个人捐赠取得的收入。

（二）捐赠收入科目设置

行政事业单位应设置"捐赠收入"会计科目。"捐赠收入"科目应当按照捐赠资产的用途和捐赠单位等进行明细核算。

"捐赠收入"科目属于收入类科目。期末，行政事业单位将"捐赠收入"科目本期发生额转入本期盈余，期末结转后，"捐赠收入"科目应无余额。

九、利息收入

（一）利息收入的概念

利息收入是指单位取得的银行存款利息收入。

（二）利息收入科目设置

行政事业单位应设置"利息收入"会计科目。

"利息收入"科目属于收入类科目。期末，行政事业单位将"利息收入"科目本期发生额转入本期盈余，期末结转后，"利息收入"科目应无余额。

十、租金收入

（一）租金收入的概念

租金收入是指单位经批准利用国有资产出租取得并按照规定纳入本单位预算管理的租

金收入。

（二）租金收入科目设置

行政事业单位应设置"租金收入"会计科目。"租金收入"科目应当按照出租国有资产类别和收入来源等进行明细核算。

"租金收入"科目属于收入类科目。期末，行政事业单位将"租金收入"科目本期发生额转入本期盈余，期末结转后，"租金收入"科目应无余额。

十一、其他收入

（一）其他收入的概念

其他收入是指单位取得的除财政拨款收入、事业收入、上级补助收入、附属单位上缴收入、经营收入、非同级财政拨款收入、投资收益、捐赠收入、利息收入、租金收入以外的各项收入。它包括现金盘盈收入、按照规定纳入单位预算管理的科技成果转化收入、行政单位收回已核销的其他应收款、无法偿付的应付及预收款项、置换换出资产评估增值等。

（二）其他收入科目设置

行政事业单位应设置"其他收入"会计科目。"其他收入"科目应当按照其他收入的类别、来源等进行明细核算。

"其他收入"科目属于收入类科目。期末，行政事业单位将"其他收入"科目本期发生额转入本期盈余，期末结转后，"其他收入"科目应无余额。

第三节 预算收入类科目核算内容

一、财政拨款预算收入

（一）财政拨款预算收入的概念

"财政拨款预算收入"科目核算单位从同级政府财政部门取得的各类财政拨款。

（二）财政拨款预算收入的科目设置

"财政拨款预算收入"科目应当设置"基本支出"和"项目支出"两个明细科目，并按照《政府收支分类科目》中"支出功能分类科目"的项级科目进行明细核算；同时，在"基本支出"明细科目下分"人员经费"和"日常公用经费"进行明细核算，在"项目支出"明细科目下按照具体项目进行明细核算。

有一般公共预算财政拨款、政府性基金预算财政拨款等两种或两种以上财政拨款的单位，还应当按照财政拨款的种类进行明细核算。

二、非同级财政拨款预算收入

（一）非同级财政拨款预算收入的概念

"非同级财政拨款预算收入"科目核算单位从非同级政府财政部门取得的财政拨款，包括本级横向转拨财政款和非本级财政拨款。

（二）非同级财政拨款预算收入的科目设置

"非同级财政拨款预算收入"科目应当按照非同级财政拨款预算收入的类别、来源、《政府收支分类科目》中"支出功能分类科目"的项级科目等进行明细核算。非同级财政拨款预算收入中如有专项资金收入，还应按照具体项目进行明细核算。

（三）非同级财政拨款预算收入的核算口径

对于因开展科研及其辅助活动从非同级政府财政部门取得的经费拨款，单位应当通过"事业预算收入——非同级财政拨款"科目进行核算，不通过"非同级财政拨款预算收入"科目核算。

三、事业预算收入

（一）事业预算收入的概念

"事业预算收入"科目核算事业单位开展专业业务活动及其辅助活动取得的现金流入。事业单位因开展科研及其辅助活动从非同级政府财政部门取得的经费拨款，也通过"事业预算收入"科目核算。

（二）事业预算收入的科目设置

"事业预算收入"科目应当按照事业预算收入类别、项目、来源、《政府收支分类科目》中"支出功能分类科目"的项级科目等进行明细核算。

（三）事业预算收入的核算口径

对于因开展科研及其辅助活动从非同级政府财政部门取得的经费拨款，应当在"事业预算收入"科目下单设"非同级财政拨款"明细科目进行明细核算；事业预算收入中如有专项资金收入，还应按照具体项目进行明细核算。

四、经营预算收入

（一）经营预算收入的概念

"经营预算收入"科目核算事业单位在专业业务活动及其辅助活动之外开展非独立核算经营活动取得的现金流入。

（二）经营预算收入的科目设置

"经营预算收入"科目应当按照经营活动类别、项目、《政府收支分类科目》中"支出功能分类科目"的项级科目等进行明细核算。

五、上级补助预算收入

（一）上级补助预算收入的概念

"上级补助预算收入"科目核算事业单位从主管部门和上级单位取得的非财政补助现金流入。

（二）上级补助预算收入的科目设置

"上级补助预算收入"科目应当按照发放补助单位、补助项目、《政府收支分类科目》中"支出功能分类科目"的项级科目等进行明细核算。上级补助预算收入中如有专项资金收入，还应按照具体项目进行明细核算。

六、附属单位上缴预算收入

（一）附属单位上缴预算收入的概念

"附属单位上缴预算收入"科目核算事业单位取得附属独立核算单位根据有关规定上缴的现金流入。

（二）附属单位上缴预算收入的科目设置

"附属单位上缴预算收入"科目应当按照附属单位、缴款项目、《政府收支分类科目》中"支出功能分类科目"的项级科目等进行明细核算。附属单位上缴预算收入中如有专项资金收入，还应按照具体项目进行明细核算。

七、投资预算收益

（一）投资预算收益的概念

"投资预算收益"科目核算事业单位取得的按照规定纳入部门预算管理的属于投资收益性质的现金流入，包括股权投资收益、出售或收回债券投资所取得的收益和债券投资利息收入。

（二）投资预算收益的科目设置

"投资预算收益"科目应当按照《政府收支分类科目》中"支出功能分类科目"的项级科目等进行明细核算。

八、债务预算收入

（一）债务预算收入的概念

"债务预算收入"科目核算事业单位按照规定从银行和其他金融机构等借入的、纳入部门预算管理的、不以财政资金作为偿还来源的债务本金。

（二）债务预算收入的科目设置

"债务预算收入"科目应当按照贷款单位、贷款种类、《政府收支分类科目》中"支出功能分类科目"的项级科目等进行明细核算。债务预算收入中如有专项资金收入，事业单位还应按照具体项目进行明细核算。

九、其他预算收入

（一）其他预算收入的概念

"其他预算收入"科目核算单位除财政拨款预算收入、事业预算收入、上级补助预算收入、附属单位上缴预算收入、经营预算收入、债务预算收入、非同级财政拨款预算收入、投资预算收益之外的纳入部门预算管理的现金流入，包括捐赠预算收入、利息预算收入、租金预算收入、现金盘盈收入等。

（二）其他预算收入的科目设置

"其他预算收入"科目应当按照其他收入类别、《政府收支分类科目》中"支出功能分类科目"的项级科目等进行明细核算。其他预算收入中如有专项资金收入，还应按照具体项目进行明细核算。

单位发生的捐赠预算收入、利息预算收入、租金预算收入如金额较大或业务较多，可单独设置"6603 捐赠预算收入""6604 利息预算收入""6605 租金预算收入"等科目。

第四节 收入／预算收入平行记账

一、财政拨款／财政拨款预算收入

（一）平行记账账务处理

根据平行记账规则，"财政拨款收入"科目在收到拨款、年末确认拨款差额、因差错更正或购货退回等发生的国库直接支付款项退回的、期末／年末结转时涉及与预算会计中"财政拨款预算收入"科目的平行记账。

1. 收到拨款

具体账务处理如表 5-6 所示。

第五章 收入/预算收入类业务

表 5-6 财政拨款/财政拨款预算收入平行记账账务处理 I

情形	财务会计		预算会计	
	行政单位	事业单位	行政单位	事业单位
财政直接支付方式下	借：库存物品/固定资产/业务活动费用/单位管理费用/应付职工薪酬 贷：财政拨款收入	借：行政支出 贷：财政拨款预算收入	借：事业支出 贷：财政拨款预算收入
财政授权支付方式下	借：零余额账户用款额度 贷：财政拨款收入		借：资金结存——零余额账户用款额度 贷：财政拨款预算收入	
其他方式下	借：银行存款等 贷：财政拨款收入		借：资金结存——货币资金 贷：财政拨款预算收入	

2. 年末确认拨款差额

具体账务处理如表 5-7 所示。

表 5-7 财政拨款/财政拨款预算收入平行记账账务处理 II

情形	财务会计		预算会计	
	行政单位	事业单位	行政单位	事业单位
根据本年度财政直接支付预算指标数与当年财政直接支付实际支付数的差额	借：财政应返还额度——财政直接支付 贷：财政拨款收入		借：资金结存——财政应返还额度 贷：财政拨款预算收入	
本年度财政授权支付预算指标数大于零余额账户用款额度下达数的差额	借：财政应返还额度——财政授权支付 贷：财政拨款收入		借：资金结存——财政应返还额度 贷：财政拨款预算收入	

3. 因差错更正或购货退回等发生国库直接支付款项退回的

具体账务处理如表 5-8 所示。

表 5-8 财政拨款/财政拨款预算收入平行记账账务处理 III

情形	财务会计		预算会计	
	行政单位	事业单位	行政单位	事业单位
属于本年度支付的款项	借：财政拨款收入 贷：业务活动费用/库存物品等		借：财政拨款预算收入 贷：行政支出	借：财政拨款预算收入 贷：事业支出
属于以前年度支付的款项（财政拨款结转资金）	借：财政应返还额度——财政直接支付 贷：以前年度盈余调整/库存物品等		借：资金结存——财政应返还额度 贷：财政拨款结转——年初余额调整	

（续表）

情形	财务会计		预算会计	
	行政单位	事业单位	行政单位	事业单位
属于以前年度支付的款项（财政拨款结余资金）	借：财政应返还额度——财政直接支付 贷：以前年度盈余调整/库存物品等		借：资金结存——财政应返还额度 贷：财政拨款结余——年初余额调整	

注：实行预算管理一体化的单位"财政应返还额度"科目和"资金结存——财政应返还额度"科目下不再设置"财政直接支付""财政授权支付"明细科目。

4. 期末/年末结转

具体账务处理如表5-9所示。

表5-9 财政拨款/财政拨款预算收入平行记账账务处理Ⅳ

情形	财务会计		预算会计	
	行政单位	事业单位	行政单位	事业单位
期末/年末结转	借：财政拨款收入 贷：本期盈余		借：财政拨款预算收入 贷：财政拨款结转——本年收支结转	

（二）行政单位平行记账业务举例

【例5-1】 某行政单位收到国库支付执行机构委托代理银行转来的"财政直接支付入账通知书"及原始凭证，为该单位支付一笔培训费用65 000元，资金性质为公共财政预算资金。平行记账账务处理如下：

（1）未实行预算管理一体化的单位：

A. 财务会计账务处理如下：

借：业务活动费用　　　　　　　　　　　　　　　　　　　　　65 000
　　贷：财政拨款收入　　　　　　　　　　　　　　　　　　　　　65 000

B. 预算会计账务处理如下：

借：行政支出　　　　　　　　　　　　　　　　　　　　　　　65 000
　　贷：财政拨款预算收入　　　　　　　　　　　　　　　　　　　65 000

（2）实行预算管理一体化的单位

A. 未实行预算管理一体化的单位：

借：业务活动费用　　　　　　　　　　　　　　　　　　　　　65 000
　　贷：财政拨款收入　　　　　　　　　　　　　　　　　　　　　65 000

B. 预算会计账务处理如下：

借：行政支出 65 000
　　贷：财政拨款预算收入 65 000

【例5-2】 某行政单位本年度财政直接支付预算指标数为850 000元，财政直接支付实际支付数为820 000元，年终注销未使用的财政直接支付额度30 000元。平行记账账务处理如下：

（1）未实行预算管理一体化的单位：
A.财务会计账务处理如下：
借：财政应返还额度——财政直接支付 30 000
　　贷：财政拨款收入 30 000
B.预算会计账务处理如下：
借：资金结存——财政应返还额度 30 000
　　贷：财政拨款预算收入 30 000
（2）实行预算管理一体化的单位：
A.财务会计账务处理如下：
借：财政应返还额度 30 000
　　贷：财政拨款收入 30 000
B.预算会计账务处理如下：
借：资金结存——财政应返还额度 30 000
　　贷：财政拨款预算收入 30 000

【例5-3】 根据代理银行转来的《财政授权支付额度到账通知书》，某行政单位本月取得财政授权支付额度120 000元，用于项目支出。平行记账账务处理如下：

（1）未实行预算管理一体化的单位：
A.财务会计账务处理如下：
借：零余额账户用款额度 120 000
　　贷：财政拨款收入——项目支出 120 000
B.预算会计账务处理如下：
借：资金结存——零余额账户用款额度 120 000
　　贷：财政拨款预算收入——项目支出 120 000
（2）实行预算管理一体化的单位：
无须上述平行记账账务处理。

【例5-4】 某行政单位本年度财政授权支付预算指标数为456 000元，财政授权支付额度下达数为320 000元，年终注销未使用的财政授权支付额度136 000元。平行记账账务处理如下：

(1) 未实行预算管理一体化的单位：

A. 财务会计账务处理如下：

借：财政应返还额度——财政授权支付　　　　　　　　　136 000
　　贷：财政拨款收入　　　　　　　　　　　　　　　　　　　136 000

B. 预算会计账务处理如下：

借：资金结存——财政应返还额度　　　　　　　　　　　136 000
　　贷：财政拨款预算收入——项目支出　　　　　　　　　　　136 000

(2) 实行预算管理一体化的单位：

A. 财务会计账务处理如下：

借：财政应返还额度　　　　　　　　　　　　　　　　　136 000
　　贷：财政拨款收入　　　　　　　　　　　　　　　　　　　136 000

B. 预算会计账务处理如下：

借：资金结存——财政应返还额度　　　　　　　　　　　136 000
　　贷：财政拨款预算收入——项目支出　　　　　　　　　　　136 000

【例5-5】 某行政单位尚未纳入财政国库单一账户制度改革实现国库集中支付，收到银行存款进账单，包括财政部门人员经费500 000元，其中有200 000元为下属单位的人员经费。平行记账账务处理如下：

(1) 财务会计账务处理如下：

借：银行存款　　　　　　　　　　　　　　　　　　　　500 000
　　贷：财政拨款收入——人员经费　　　　　　　　　　　　　300 000
　　　　其他应付款——下属单位　　　　　　　　　　　　　　200 000

(2) 预算会计账务处理如下：

借：资金结存——货币资金　　　　　　　　　　　　　　300 000
　　贷：财政拨款预算收入——人员经费　　　　　　　　　　　300 000

【例5-6】 承［例5-1］，该行政单位收到《财政直接支付收回通知》，由于培训内容变更，培训时间缩短，培训费用由原来的65 000元减少到55 000元，差额10 000元已经收回。平行记账账务处理如下：

(1) 未实行预算管理一体化的单位：

A. 财务会计账务处理如下：

借：财政拨款收入　　　　　　　　　　　　　　　　　　10 000
　　贷：业务活动费用　　　　　　　　　　　　　　　　　　　10 000

B. 预算会计账务处理如下：

借：财政拨款预算收入　　　　　　　　　　　　　　　　10 000
　　贷：行政支出　　　　　　　　　　　　　　　　　　　　　10 000

(2) 实行预算管理一体化的单位：

A. 财务会计账务处理如下：

借：财政拨款收入　　　　　　　　　　　　　　　　　　　10 000
　　贷：业务活动费用　　　　　　　　　　　　　　　　　　　　10 000

B. 预算会计账务处理如下：

借：财政拨款预算收入　　　　　　　　　　　　　　　　　10 000
　　贷：行政支出　　　　　　　　　　　　　　　　　　　　　　10 000

【例 5-7】　某行政单位本期取得财政拨款收入 30 000 000 元，其中基本支出为 20 000 000 元，项目支出为 10 000 000 元；期末对其予以结转。平行记账账务处理如下：

（1）未实行预算管理一体化的单位

A. 财务会计账务处理如下：

借：财政拨款收入——基本支出　　　　　　　　　　　　20 000 000
　　　　　　　——项目支出　　　　　　　　　　　　　　10 000 000
　　贷：本期盈余　　　　　　　　　　　　　　　　　　　　30 000 000

B. 预算会计账务处理如下：

借：财政拨款预算收入——基本支出　　　　　　　　　　20 000 000
　　　　　　　　　——项目支出　　　　　　　　　　　　10 000 000
　　贷：财政拨款结转——本年收支结转　　　　　　　　　30 000 000

（2）实行预算管理一体化的单位：

A. 财务会计账务处理如下：

借：财政拨款收入——基本支出　　　　　　　　　　　　20 000 000
　　　　　　　——项目支出　　　　　　　　　　　　　　10 000 000
　　贷：本期盈余　　　　　　　　　　　　　　　　　　　　30 000 000

B. 预算会计账务处理如下：

借：财政拨款预算收入——基本支出　　　　　　　　　　20 000 000
　　　　　　　　　——项目支出　　　　　　　　　　　　10 000 000
　　贷：财政拨款结转——本年收支结转　　　　　　　　　30 000 000

（三）事业单位平行记账业务举例

【例 5-8】　某事业单位采用直接支付方式购置设备一批，共计 800 000 元。根据财政国库支付执行机构委托代理银行转来的《财政直接支付入账通知书》，平行记账账务处理如下：

（1）未实行预算管理一体化的单位：

A. 财务会计账务处理如下：

借：业务活动费用　　　　　　　　　　　　　　　　800 000
　　贷：财政拨款收入　　　　　　　　　　　　　　　　800 000
B. 预算会计账务处理如下：
借：事业支出　　　　　　　　　　　　　　　　　　800 000
　　贷：财政拨款预算收入　　　　　　　　　　　　　　800 000
（2）实行预算管理一体化的单位：
A. 财务会计账务处理如下：
借：业务活动费用　　　　　　　　　　　　　　　　800 000
　　贷：财政拨款收入　　　　　　　　　　　　　　　　800 000
B. 预算会计账务处理如下：
借：事业支出　　　　　　　　　　　　　　　　　　800 000
　　贷：财政拨款预算收入　　　　　　　　　　　　　　800 000

【例5-9】　某事业单位2023年项目直接支付预算指标数为50 000 000元，当年项目实际支出为47 000 000元，年末未使用的预算指标为3 000 000元，确认财政应返还额度。平行记账账务处理如下：

（1）未实行预算管理一体化的单位：
A. 财务会计账务处理如下：
借：财政应返还额度——财政直接支付　　　　　　3 000 000
　　贷：财政拨款收入　　　　　　　　　　　　　　　3 000 000
B. 预算会计账务处理如下：
借：资金结存——财政应返还额度　　　　　　　　3 000 000
　　贷：财政拨款预算收入　　　　　　　　　　　　　3 000 000
（2）实行预算管理一体化的单位：
A. 财务会计账务处理如下：
借：财政应返还额度　　　　　　　　　　　　　　3 000 000
　　贷：财政拨款收入　　　　　　　　　　　　　　　3 000 000
B. 预算会计账务处理如下：
借：资金结存——财政应返还额度　　　　　　　　3 000 000
　　贷：财政拨款预算收入　　　　　　　　　　　　　3 000 000

【例5-10】　根据代理银行转来的《财政授权支付额度到账通知书》，某事业单位本月取得财政授权支付额度120 000元，用于单位日常公用经费支出。平行记账账务处理如下：

（1）未实行预算管理一体化的单位：
A. 财务会计账务处理如下：

借：零余额账户用款额度　　　　　　　　　　　　　　　　　　　120 000
　　贷：财政拨款收入——基本支出　　　　　　　　　　　　　　　　120 000
B. 预算会计账务处理如下：
借：资金结存——零余额账户用款额度　　　　　　　　　　　　　120 000
　　贷：财政拨款预算收入——基本支出　　　　　　　　　　　　　120 000
（2）实行预算管理一体化的单位：
无须上述平行记账账务处理。

【例 5-11】　某事业单位本年度财政授权支付项目预算指标数为 20 000 000 元，零余额账户实际收到的用款额度为 18 000 000 元，年末下达的用款额度为 2 000 000 元，确认财政应返还额度。平行记账账务处理如下：

（1）未实行预算管理一体化的单位：
A. 财务会计账务处理如下：
借：财政应返还额度——财政授权支付　　　　　　　　　　　　2 000 000
　　贷：财政拨款收入　　　　　　　　　　　　　　　　　　　　2 000 000
B. 预算会计账务处理如下：
借：资金结存——财政应返还额度　　　　　　　　　　　　　　2 000 000
　　贷：财政拨款预算收入——项目支出　　　　　　　　　　　　2 000 000
（2）实行预算管理一体化的单位：
A. 财务会计账务处理如下：
借：财政应返还额度　　　　　　　　　　　　　　　　　　　　2 000 000
　　贷：财政拨款收入　　　　　　　　　　　　　　　　　　　　2 000 000
B. 预算会计账务处理如下：
借：资金结存——财政应返还额度　　　　　　　　　　　　　　2 000 000
　　贷：财政拨款预算收入——项目支出　　　　　　　　　　　　2 000 000

【例 5-12】　某事业单位尚未纳入财政国库单一账户制度改革，收到开户银行转来的收款通知，收到财政部门拨入项目经费 200 000 元。平行记账账务处理如下：

（1）财务会计账务处理如下：
借：银行存款　　　　　　　　　　　　　　　　　　　　　　　　200 000
　　贷：财政拨款收入　　　　　　　　　　　　　　　　　　　　　200 000
（2）预算会计账务处理如下：
借：资金结存——货币资金　　　　　　　　　　　　　　　　　　200 000
　　贷：财政拨款预算收入——项目支出　　　　　　　　　　　　　200 000

【例 5-13】　某事业单位 2023 年 12 月 20 日通过财政直接支付采购一批电脑。12 月 22 日，该单位在电脑入库时发现质量有问题，向供货商发出退货申请。2024 年 1 月 5 日，

该单位接到代理银行转来的《财政直接支付退款通知书》，退回相关货款 36 000 元。平行记账账务处理如下：

（1）未实行预算管理一体化的单位：

A. 财务会计账务处理如下：

借：财政应返还额度——财政直接支付　　　　　　　　　　　　　36 000
　　贷：固定资产　　　　　　　　　　　　　　　　　　　　　　　36 000

B. 预算会计账务处理如下：

借：资金结存——财政应返还额度　　　　　　　　　　　　　　　36 000
　　贷：财政拨款结转——年初余额调整　　　　　　　　　　　　　36 000

（2）实行预算管理一体化的单位：

A. 财务会计账务处理如下：

借：财政应返还额度　　　　　　　　　　　　　　　　　　　　　36 000
　　贷：固定资产　　　　　　　　　　　　　　　　　　　　　　　36 000

B. 预算会计账务处理如下：

借：资金结存——财政应返还额度　　　　　　　　　　　　　　　36 000
　　贷：财政拨款结转——年初余额调整　　　　　　　　　　　　　36 000

【例 5-14】　某事业单位本期取得财政拨款收入为 30 000 000 元，其中基本支出为 20 000 000 元，项目支出为 10 000 000 元；期末对其予以结转。平行记账账务处理如下：

（1）未实行预算管理一体化的单位：

A. 财务会计账务处理如下：

借：财政拨款收入——基本支出　　　　　　　　　　　　　　　20 000 000
　　　　　　　　——项目支出　　　　　　　　　　　　　　　10 000 000
　　贷：本期盈余　　　　　　　　　　　　　　　　　　　　　30 000 000

B. 预算会计账务处理如下：

借：财政拨款预算收入——基本支出　　　　　　　　　　　　　20 000 000
　　　　　　　　　　——项目支出　　　　　　　　　　　　　10 000 000
　　贷：财政拨款结转——本年收支结转　　　　　　　　　　　30 000 000

（2）实行预算管理一体化的单位：

A. 财务会计账务处理如下：

借：财政拨款收入——基本支出　　　　　　　　　　　　　　　20 000 000
　　　　　　　　——项目支出　　　　　　　　　　　　　　　10 000 000
　　贷：本期盈余　　　　　　　　　　　　　　　　　　　　　30 000 000

B. 预算会计账务处理如下：

借：财政拨款预算收入——基本支出　　　　　　　　　　　　　20 000 000
　　　　　　　　　　——项目支出　　　　　　　　　　　　　10 000 000
　　贷：财政拨款结转——本年收支结转　　　　　　　　　　　30 000 000

【例5-15】 某事业单位从本单位零余额账户向实有资金账户划转代扣代缴的个人所得税10 000元（使用本年度预算指标）。平行记账账务处理如下：

（1）未实行预算管理一体化的单位：

A. 财务会计账务处理如下：

借：其他应交税费——应交个人所得税　　　　　　　10 000
　　贷：零余额账户用款额度　　　　　　　　　　　　　　10 000

B. 预算会计账务处理如下：

借：资金结存——待处理税款　　　　　　　　　　　10 000
　　贷：资金结存——货币资金　　　　　　　　　　　　　10 000

（2）实行预算管理一体化的单位：

A. 财务会计账务处理如下：

借：银行存款——财政拨款资金　　　　　　　　　　10 000
　　贷：财政拨款收入　　　　　　　　　　　　　　　　　10 000

B. 预算会计账务处理如下：

借：资金结存——货币资金——财政拨款资金　　　　10 000
　　贷：财政拨款预算收入　　　　　　　　　　　　　　　10 000

【例5-16】 某事业单位从本单位零余额账户向实有资金账户划转托收的电费20 000元（使用以前年度预算指标）。平行记账账务处理如下：

（1）未实行预算管理一体化的单位：

A. 财务会计账务处理如下：

a. 向实有账户划转时：

借：银行存款　　　　　　　　　　　　　　　　　　20 000
　　贷：零余额账户用款额度　　　　　　　　　　　　　　20 000

b. 支付时：

借：业务活动费用　　　　　　　　　　　　　　　　20 000
　　贷：银行存款　　　　　　　　　　　　　　　　　　　20 000

B. 预算会计账务处理如下：

a. 向实有账户划转时：

借：资金结存——货币资金　　　　　　　　　　　　20 000
　　贷：资金结存——零余额账户用款额度　　　　　　　　20 000

b. 支付时：

借：事业支出　　　　　　　　　　　　　　　　　　20 000
　　贷：资金结存——货币资金　　　　　　　　　　　　　20 000

（2）实行预算管理一体化的单位：

A. 财务会计账务处理如下：

a. 向实有账户划转时：
借：银行存款 20 000
　　贷：财政应返还额度 20 000
b. 支付时：
借：业务活动费用 20 000
　　贷：银行存款 20 000
B. 预算会计账务处理如下：
a. 向实有账户划转时：
借：资金结存——货币资金 20 000
　　贷：资金结存——财政应返还额度 20 000
b. 支付时：
借：事业支出 20 000
　　贷：资金结存——货币资金 20 000

二、非同级财政拨款收入／非同级财政拨款预算收入

（一）平行记账账务处理

根据平行记账规则，"非同级财政拨款收入"科目在确认收入、收到应收的款项时，期末／年末结转时与涉及预算会计中"非同级财政拨款预算收入"科目的平行记账。

1. 确认、收到非同级财政拨款收入

具体账务处理如表 5-10 所示。

表 5-10　非同级财政拨款收入／非同级财政拨款预算收入平行记账账务处理 I

情形	财务会计		预算会计	
	行政单位	事业单位	行政单位	事业单位
确认收入时，按照应收或实际收到的金额	借：其他应收款／银行存款等 　　贷：非同级财政拨款收入		借：资金结存——货币资金［按照实际收到的金额］ 　　贷：非同级财政拨款预算收入	
实际收到的金额	借：银行存款 　　贷：其他应收款			

2. 期末／年末结转

具体账务处理如表 5-11 所示。

表 5-11 非同级财政拨款收入/非同级财政拨款预算收入平行记账账务处理 II

情形	财务会计		预算会计	
	行政单位	事业单位	行政单位	事业单位
专项资金收入	借：非同级财政拨款收入 　　贷：本期盈余		借：非同级财政拨款预算收入 　　贷：非财政拨款结转——本年收支结转	
非专项资金收入			借：非同级财政拨款预算收入 　　贷：其他结余	

（二）行政单位平行记账业务举例

【例 5-17】 某行政单位收到当地卫生局拨来的专项合作经费 150 000 元。平行记账账务处理如下：

（1）财务会计账务处理如下：

A. 实际收到金额时：

借：银行存款　　　　　　　　　　　　　　　　　　　　　150 000
　　贷：非同级财政拨款收入　　　　　　　　　　　　　　　　　　150 000

B. 期末结转时：

借：非同级财政拨款收入　　　　　　　　　　　　　　　　150 000
　　贷：本期盈余　　　　　　　　　　　　　　　　　　　　　　　150 000

（2）预算会计账务处理如下：

A. 实际收到金额时：

借：资金结存——货币资金　　　　　　　　　　　　　　　150 000
　　贷：非同级财政拨款预算收入　　　　　　　　　　　　　　　　150 000

B. 期末结转时：

借：非同级财政拨款预算收入　　　　　　　　　　　　　　150 000
　　贷：非财政拨款结转——本年收支结转　　　　　　　　　　　　150 000

（三）事业单位平行记账业务举例

【例 5-18】 某事业单位收到银行存款进账单，本级政府其他单位转来一笔合作研究款 150 000 元。平行记账账务处理如下：

（1）财务会计账务处理如下：

A. 实际收到金额时：

借：银行存款　　　　　　　　　　　　　　　　　　　　　150 000
　　贷：非同级财政拨款收入　　　　　　　　　　　　　　　　　　150 000

B. 期末结转时：

借：非同级财政拨款收入　　　　　　　　　　　　　　150 000
　　贷：本期盈余　　　　　　　　　　　　　　　　　　　　　150 000

（2）预算会计账务处理如下：

A. 实际收到金额时：

借：资金结存——货币资金　　　　　　　　　　　　　150 000
　　贷：非同级财政拨款预算收入　　　　　　　　　　　　　　150 000

B. 期末结转时：

借：非同级财政拨款预算收入　　　　　　　　　　　　150 000
　　贷：其他结余　　　　　　　　　　　　　　　　　　　　　150 000

三、事业收入 / 事业预算收入

"事业收入""事业预算收入"科目仅事业单位使用，行政单位无此业务。

（一）平行记账账务处理

根据平行记账规则，"事业收入"科目在预收款、应收款、返还、期末/年末结转时与涉及预算会计中"事业预算收入"的平行记账。

1. 采用财政专户返还方式

具体账务处理如表 5-12 所示。

表 5-12　事业收入 / 事业预算收入平行记账账务处理 Ⅰ

情形	财务会计	预算会计
	事业单位	事业单位
实际收到或应收应上缴财政专户的事业收入时	借：银行存款 / 应收账款 　　贷：应缴财政款	—
向财政专户上缴款项时	借：应缴财政款 　　贷：银行存款	—
收到从财政专户返还的款项时	借：银行存款 　　贷：事业收入	借：资金结存——货币资金 　　贷：事业预算收入

2. 采用预收款方式

具体账务处理如表 5-13 所示。

表 5-13　事业收入／事业预算收入平行记账账务处理 Ⅱ

情形	财务会计	预算会计
	事业单位	事业单位
实际收到预收款项	借：银行存款 　贷：预收账款	借：资金结存——货币资金 　贷：事业预算收入
按合同完成进度确认收入时	借：预收账款 　贷：事业收入	—

3. 采用应收款方式

具体账务处理如表 5-14 所示。

表 5-14　事业收入／事业预算收入平行记账账务处理 Ⅲ

情形	财务会计	预算会计
	事业单位	事业单位
根据合同完成进度计算本期应收的款项	借：应收账款 　贷：事业收入	—
实际收到款项	借：银行存款等 　贷：应收账款	借：资金结存——货币资金 　贷：事业预算收入

4. 采用其他方式

具体账务处理如表 5-15 所示。

表 5-15　事业收入／事业预算收入平行记账账务处理 Ⅳ

情形	财务会计	预算会计
	事业单位	事业单位
按照实际收到的金额	借：银行存款／库存现金 　贷：事业收入	借：资金结存——货币资金 　贷：事业预算收入

5. 期末／年末结转

具体账务处理如表 5-16 所示。

表 5-16　事业收入／事业预算收入平行记账账务处理 Ⅴ

情形	财务会计	预算会计
	事业单位	事业单位
专项资金收入	借：事业收入 　贷：本期盈余	借：事业预算收入 　贷：非财政拨款结转——本年收支结转

（续表）

情形	财务会计 事业单位	预算会计 事业单位
非专项资金收入	借：事业收入 　贷：本期盈余	借：事业预算收入 　贷：其他结余

（二）事业单位平行记账业务举例

【例 5-19】 某事业单位收到开展专业业务活动的事业服务费 350 000 元，款项已经存入银行。此款项纳入财政专户管理，按规定应该全额上缴财政专户。平行记账账务处理如下：

（1）财务会计账务处理如下：

借：银行存款　　　　　　　　　　　　　　　　　　　350 000
　　贷：应缴财政款　　　　　　　　　　　　　　　　　　350 000

（2）预算会计不涉及账务处理。

【例 5-20】 承［例 5-19］，该事业单位将收到的事业服务费 350 000 元全部上缴财政专户。平行记账账务处理如下：

（1）财务会计账务处理如下：

借：应缴财政款　　　　　　　　　　　　　　　　　　350 000
　　贷：银行存款　　　　　　　　　　　　　　　　　　　350 000

（2）预算会计不涉及账务处理。

【例 5-21】 某事业单位收到财政专户返还的事业收入 350 000 元。平行记账账务处理如下：

（1）财务会计账务处理如下：

借：银行存款　　　　　　　　　　　　　　　　　　　350 000
　　贷：事业收入　　　　　　　　　　　　　　　　　　　350 000

（2）预算会计账务处理如下：

借：资金结存——货币资金　　　　　　　　　　　　　350 000
　　贷：事业预算收入　　　　　　　　　　　　　　　　　350 000

【例 5-22】 某事业单位 9 月 1 日承接某单位委托研究的科研课题，按合同规定预收对方单位款项 260 000 元，款项已存入银行。平行记账账务处理如下：

（1）财务会计账务处理如下：

借：银行存款 260 000
　　贷：预收账款 260 000
（2）预算会计账务处理如下：
借：资金结存——货币资金 260 000
　　贷：事业预算收入 260 000

【例 5-23】 承［例 5-22］，该单位 9 月底完成科研课题的 50%，根据完成进度确认收入 130 000 元。平行记账账务处理如下：
（1）财务会计账务处理如下：
借：预收账款 130 000
　　贷：事业收入 130 000
（2）预算会计不涉及账务处理。

【例 5-24】 某事业单位 9 月 20 日销售开发的新产品一批，单价为 600 元，共 600 件，款项尚未收到（假定不考虑增值税的影响）。平行记账账务处理如下：
（1）财务会计账务处理如下：
借：应收账款 360 000
　　贷：事业收入 360 000
（2）预算会计不涉及账务处理。

【例 5-25】 承［例 5-24］，该单位 9 月 29 日收到支付的价款 360 000 元，款项已存入银行。平行记账账务处理如下：
（1）财务会计账务处理如下：
借：银行存款 360 000
　　贷：应收账款 360 000
（2）预算会计账务处理如下：
借：资金结存——货币资金 360 000
　　贷：事业预算收入 360 000

【例 5-26】 某事业单位承接甲单位委托的科研课题经费 200 000 元，款项已收。平行记账账务处理如下：
（1）财务会计账务处理如下：
借：银行存款 200 000
　　贷：事业收入 200 000
（2）预算会计账务处理如下：
借：资金结存——货币资金 200 000
　　贷：事业预算收入 200 000

【例 5-27】 某事业单位本期取得事业收入 80 000 000 元，其中专项资金收入为 30 000 000 元，非专项资金收入为 50 000 000 元；期末对其予以结转。平行记账账务处理如下：

（1）财务会计账务处理如下：
借：事业收入　　　　　　　　　　　　　　　　　　　　80 000 000
　　贷：本期盈余　　　　　　　　　　　　　　　　　　　　80 000 000

（2）预算会计账务处理如下：
借：事业预算收入　　　　　　　　　　　　　　　　　　80 000 000
　　贷：非财政拨款结转——本年收支结转　　　　　　　　30 000 000
　　　　其他结余　　　　　　　　　　　　　　　　　　　50 000 000

四、经营收入/经营预算收入

"经营收入""经营预算收入"科目仅事业单位使用，行政单位无此业务。

（一）平行记账账务处理

根据平行记账规则，"经营收入"科目在确认经营收入、收到应收的款项、期末/年末结转时与涉及预算会计中"经营预算收入"科目的平行记账。

1. 确认、收到经营收入时

具体账务处理如表 5-17 所示。

表 5-17 经营收入/经营预算收入平行记账账务处理 I

情形	财务会计	预算会计
	事业单位	事业单位
按照确定的收入金额	借：银行存款/应收账款/应收票据等 　　贷：经营收入	借：资金结存——货币资金［按照实际收到的金额］ 　　贷：经营预算收入
实际收到的金额	借：银行存款等 　　贷：应收账款/应收票据	

2. 期末/年末结转

具体账务处理如表 5-18 所示。

表 5-18 经营收入/经营预算收入平行记账账务处理 II

情形	财务会计	预算会计
	事业单位	事业单位
期末/年末结转	借：经营收入 　　贷：本期盈余	借：经营预算收入 　　贷：经营结余

（二）事业单位平行记账业务举例

【例 5-28】 某事业单位为增值税一般纳税人，生产高新技术设备。该单位对外销售 10 台设备，每台售价为 300 000 元（不含税），购货单位以支票支付。该事业单位已将提货单和发票联交给购货单位。平行记账账务处理如下：

（1）财务会计账务处理如下：

借：银行存款 3 390 000
　　贷：经营收入 3 000 000
　　　　应交增值税——应交税金（销项税额） 390 000

（2）预算会计账务处理如下：

借：资金结存——货币资金 3 390 000
　　贷：经营预算收入 3 390 000

【例 5-29】 某事业单位本年度共发生经营收入 50 000 000 元，期末对其予以结转。平行记账账务处理如下：

（1）财务会计账务处理如下：

借：经营收入 50 000 000
　　贷：本期盈余 50 000 000

（2）预算会计账务处理如下：

借：经营预算收入 50 000 000
　　贷：经营结余 50 000 000

五、上级补助收入／上级补助预算收入

"上级补助收入""上级补助预算收入"科目仅事业单位使用，行政单位无此业务。

（一）平行记账账务处理

根据平行记账规则，"上级补助收入"科目在日常核算、期末／年末结转时涉及与预算会计中"上级补助预算收入"科目的平行记账。

1. 日常核算

具体账务处理如表 5-19 所示。

表 5-19 上级补助收入／上级补助预算收入平行记账账务处理 I

情形	财务会计	预算会计
	事业单位	事业单位
确认时，按照应收或实际收到的金额	借：其他应收款／银行存款等 　　贷：上级补助收入	借：资金结存——货币资金［按照实际收到的金额］ 　　贷：上级补助预算收入
收到应收的上级补助收入时	借：银行存款 　　贷：其他应收款	

2. 期末／年末结转

具体账务处理如表 5-20 所示。

表 5-20 上级补助收入／上级补助预算收入平行记账账务处理 II

情形	财务会计	预算会计
	事业单位	事业单位
专项资金收入	借：上级补助收入 　　贷：本期盈余	借：上级补助预算收入 　　贷：非财政拨款结转——本年收支结转
非专项资金收入		借：上级补助预算收入 　　贷：其他结余

（二）事业单位平行记账业务举例

【例 5-30】 某事业单位收到银行到账通知书，其主管部门核定拨入弥补事业开支不足的非财政补助款，其中专项资金收入为 90 000 元，非专项资金收入为 20 000 元。平行记账账务处理如下：

（1）财务会计账务处理如下：

借：银行存款　　　　　　　　　　　　　　　　　　　　　　　　110 000
　　贷：上级补助收入　　　　　　　　　　　　　　　　　　　　110 000

（2）预算会计账务处理如下：

借：资金结存——货币资金　　　　　　　　　　　　　　　　　　110 000
　　贷：上级补助预算收入——专项资金收入　　　　　　　　　　 90 000
　　　　　　　　　　　　——非专项资金收入　　　　　　　　　 20 000

【例 5-31】 承［例 5-30］，该事业单位本年度共发生上级补助收入 110 000 元，期末结转。平行记账账务处理如下：

（1）财务会计账务处理如下：

借：上级补助收入　　　　　　　　　　　　　　　　　　　　　　110 000
　　贷：本期盈余　　　　　　　　　　　　　　　　　　　　　　　　110 000
（2）预算会计账务处理如下：
借：上级补助预算收入——专项资金收入　　　　　　　　　　　　90 000
　　　　　　　　　　——非专项资金收入　　　　　　　　　　　　20 000
　　贷：非财政拨款结转——本年收支结转　　　　　　　　　　　　90 000
　　　　其他结余　　　　　　　　　　　　　　　　　　　　　　　20 000

六、附属单位上缴收入／附属单位上缴预算收入

"附属单位上缴收入""附属单位上缴预算收入"科目仅事业单位使用，行政单位无附属单位上缴（预算）收入业务。

（一）平行记账账务处理

根据平行记账规则，"附属单位上缴收入"科目在日常核算、期末／年末结转时与涉及预算会计中"附属单位上缴预算收入"科目的平行记账。

1. 日常核算

具体账务处理如表5-21所示。

表5-21　附属单位上缴收入／附属单位上缴预算收入平行记账账务处理Ⅰ

情形	财务会计	预算会计
	事业单位	事业单位
确认时，按照应收或实际收到的金额	借：其他应收款／银行存款等 　　贷：附属单位上缴收入	借：资金结存——货币资金［按照实际收到的金额］ 　　贷：附属单位上缴预算收入
实际收到应收附属单位上缴收入款时	借：银行存款等 　　贷：其他应收款	

2. 期末／年末结转

具体账务处理如表5-22所示。

表5-22　附属单位上缴收入／附属单位上缴预算收入平行记账账务处理Ⅱ

情形	财务会计	预算会计
	事业单位	事业单位
专项资金收入	借：附属单位上缴收入 　　贷：本期盈余	借：附属单位上缴预算收入 　　贷：非财政拨款结转——本年收支结转

（续表）

情形	财务会计	预算会计
	事业单位	事业单位
非专项资金收入	借：附属单位上缴收入 　　贷：本期盈余	借：附属单位上缴预算收入 　　贷：其他结余

（二）事业单位平行记账业务举例

【例5-32】 按照规定标准，某事业单位所属独立核算A单位应于本月底上缴收入50 000元，款项尚未到账。平行记账账务处理如下：

（1）财务会计账务处理如下：

借：其他应收款　　　　　　　　　　　　　　　　　　　　　　50 000
　　贷：附属单位上缴收入　　　　　　　　　　　　　　　　　　　50 000

（2）预算会计不涉及账务处理。

【例5-33】 承[例5-32]，该事业单位收到银行通知，所属独立核算A单位上缴的50 000元已经到账。平行记账账务处理如下：

（1）财务会计账务处理如下：

借：银行存款　　　　　　　　　　　　　　　　　　　　　　　50 000
　　贷：其他应收款——A单位　　　　　　　　　　　　　　　　　50 000

（2）预算会计账务处理如下：

借：资金结存——货币资金　　　　　　　　　　　　　　　　　50 000
　　贷：附属单位上缴预算收入——专项资金收入　　　　　　　　50 000

【例5-34】 某事业单位本期取得附属单位上缴收入8 000 000元，其中专项资金收入为3 000 000元，非专项资金收入为5 000 000元，期末对其予以结转。平行记账账务处理如下：

（1）财务会计账务处理如下：

借：附属单位上缴收入　　　　　　　　　　　　　　　　　　8 000 000
　　贷：本期盈余　　　　　　　　　　　　　　　　　　　　　8 000 000

（2）预算会计账务处理如下：

借：附属单位上缴预算收入——专项资金收入　　　　　　　　3 000 000
　　　　　　　　　　　　——非专项资金收入　　　　　　　　5 000 000
　　贷：非财政拨款结转——本年收支结转　　　　　　　　　　3 000 000
　　　　其他结余　　　　　　　　　　　　　　　　　　　　　5 000 000

七、投资收益／投资预算收益

"投资收益""投资预算收益"科目仅事业单位使用,行政单位无投资(预算)收益业务。

(一)平行记账账务处理

根据平行记账规则,"投资收益"科目在出售或到期收回短期债券本息、持有的分期付息一次还本的长期债券投资、持有的到期一次还本付息的长期债券投资、出售长期债券投资或到期收回长期债券投资本息、成本法核算的长期股权投资持有期间宣告分派现金股利或利润、采用权益法核算的长期股权投资持有期间、期末／年末结转时涉及与预算会计中"投资预算收益"科目的平行记账。

1. 出售或到期收回短期债券本息

具体账务处理如表 5-23 所示。

表 5-23　投资收益／投资预算收益平行记账账务处理 I

情形	财务会计	预算会计
	事业单位	事业单位
出售或到期收回短期债券本息	借:银行存款 　　投资收益[借差] 贷:短期投资[成本] 　　投资收益[贷差]	借:资金结存——货币资金[实际收到的金额] 　　投资预算收益[借差] 贷:投资支出/其他结余[投资成本] 　　投资预算收益[贷差]

2. 持有的分期付息、一次还本的长期债券投资

具体账务处理如表 5-24 所示。

表 5-24　投资收益／投资预算收益平行记账账务处理 II

情形	财务会计	预算会计
	事业单位	事业单位
确认应收未收利息	借:应收利息 贷:投资收益	—
实际收到的利息	借:银行存款 贷:应收利息	借:资金结存——货币资金 贷:投资预算收益

3. 持有的到期一次还本付息的长期债券投资

具体账务处理如表 5-25 所示。

表 5-25　投资收益／投资预算收益平行记账账务处理 Ⅲ

情形	财务会计	预算会计
	事业单位	事业单位
计算确定的应收未收利息增加长期债券投资的账面余额	借：长期债券投资——应计利息 　　贷：投资收益	—

4. 出售长期债券投资或到期收回长期债券投资本息

具体账务处理如表 5-26 所示。

表 5-26　投资收益／投资预算收益平行记账账务处理 Ⅳ

情形	财务会计	预算会计
	事业单位	事业单位
出售长期债券投资或到期收回长期债券投资本息	借：银行存款 　　投资收益［借差］ 　　贷：长期债券投资 　　　　短期投资［成本］ 　　　　投资收益［贷差］	借：资金结存——货币资金［实际收到的金额］ 　　投资预算收益［借差］ 　　贷：投资支出／其他结余［投资成本］ 　　　　投资预算收益［贷差］

5. 采用成本法核算的长期股权投资持有期间，被投资单位宣告分派现金股利或利润

具体账务处理如表 5-27 所示。

表 5-27　投资收益／投资预算收益平行记账账务处理 Ⅴ

情形	财务会计	预算会计
	事业单位	事业单位
按照宣告分派的利润或股利中属于单位应享有的份额	借：应收股利 　　贷：投资收益	—
取得分派的利润或股利，按照实际收到的金额	借：银行存款 　　贷：应收股利	借：资金结存——货币资金 　　贷：投资预算收益

6. 采用权益法核算的长期股权投资持有期间

具体账务处理如表 5-28 所示。

表 5-28　投资收益/投资预算收益平行记账账务处理 Ⅵ

情形	财务会计	预算会计
	事业单位	事业单位
按照应享有或应分担的被投资单位实现的净损益的份额	借：长期股权投资——损益调整 　　贷：投资收益［被投资单位实现净利润］ 借：投资收益［被投资单位实现净亏损］ 　　贷：长期股权投资——损益调整	—
收到被投资单位发放的现金股利	借：银行存款 　　贷：应收股利	借：资金结存——货币资金 　　贷：投资预算收益
被投资单位发生净亏损，但以后年度又实现净利润的，按规定恢复确认投资收益	借：长期股权投资——损益调整 　　贷：投资收益	—

7. 期末/年末结转

具体账务处理如表 5-29 所示。

表 5-29　投资收益/投资预算收益平行记账账务处理 Ⅶ

情形	财务会计	预算会计
	事业单位	事业单位
"投资收益"科目为贷方余额时	借：投资收益 　　贷：本期盈余	借：投资预算收益 　　贷：其他结余
"投资收益"科目为借方余额时	借：本期盈余 　　贷：投资收益	借：其他结余 　　贷：投资预算收益

（二）事业单位平行记账业务举例

【例 5-35】　某事业单位 4 月 1 日用银行存款 600 000 元购买了 600 000 元面值的 3 年期国债，年利率为 5%，到期一次还本付息，另外用银行存款支付了手续费等 2 000 元；3 年后国债到期兑付全部收回本息。平行记账账务处理如下：

（1）财务会计账务处理如下：

A. 购买国债时：

成本 = 600 000 + 2 000 = 602 000（元）

借：长期债券投资——成本　　　　　　　　　　　　　　　　602 000
　　贷：银行存款　　　　　　　　　　　　　　　　　　　　　　602 000

B. 期末计息时：

利息＝600 000×5%÷12＝2 500（元）
借：长期债券投资——应收利息　　　　　　　　　　　　　　2 500
　　贷：投资收益　　　　　　　　　　　　　　　　　　　　　　　2 500
C.到期收回本息时：
本息＝600 000＋90 000＝690 000（元）
借：银行存款　　　　　　　　　　　　　　　　　　　　　　690 000
　　投资收益　　　　　　　　　　　　　　　　　　　　　　　2 000
　　贷：长期债券投资——成本　　　　　　　　　　　　　　　　602 000
　　　　应收利息　　　　　　　　　　　　　　　　　　　　　　90 000
（2）预算会计账务处理如下：
A.购买国债时：
借：投资支出　　　　　　　　　　　　　　　　　　　　　　602 000
　　贷：资金结存——货币资金　　　　　　　　　　　　　　　　602 000
B.期末计息时：
不涉及账务处理。
C.到期收回本息时：
借：资金结存——货币资金　　　　　　　　　　　　　　　　690 000
　　贷：其他结余　　　　　　　　　　　　　　　　　　　　　　602 000
　　　　投资预算收益　　　　　　　　　　　　　　　　　　　　88 000

【例5-36】　某事业单位以一套自制使用的专用设备和现金1 000 000元向某一创新企业投资，该套专用设备的账面余额为600 000元，已提固定资产折旧100 000元，经评估该套设备评估价格（不含税）为1 000 000元，用固定资产投资发生的应交增值税为30 000元。投资后该事业单位占该被投资企业的股权比例为20%，有权对其参与经营决策，并按照股权比例享有净利润和其他所有者权益；该被投资企业投资后第1年实现净利润1 000 000元，第2年实现净利润2 300 000元且其他所有者权益增加500 000元，第3年实现净利润2 500 000元并分配现金股利2 000 000元；第4年该事业单位按照上级要求全部撤出该股权投资，获得撤资款3 000 000元（处置投资资产净收入，股权投资账面余额上缴财政，收益留归单位）。平行记账账务处理如下：
（1）财务会计账务处理如下：
A.登记投资成本和注销固定资产账面余额时：
成本＝1 000 000＋1 000 000＋30 000＝2 030 000（元）
借：长期股权投资——成本　　　　　　　　　　　　　　　2 030 000
　　固定资产累计折旧　　　　　　　　　　　　　　　　　　100 000
　　贷：银行存款　　　　　　　　　　　　　　　　　　　　　1 000 000
　　　　固定资产　　　　　　　　　　　　　　　　　　　　　　600 000
　　　　应交增值税——应交税金（销项税额）　　　　　　　　　30 000
　　　　其他收入　　　　　　　　　　　　　　　　　　　　　　500 000

B. 缴纳投资产生的增值税时：

借：应交增值税——应交税金（销项税额） 30 000
　　贷：银行存款 30 000

C. 投资后第 1 年记账时：

借：长期股权投资——损益调整 200 000
　　贷：投资收益（1 000 000×20%） 200 000

D. 投资后第 2 年记账时：

借：长期股权投资——损益调整 460 000
　　　　　　　　　——其他权益变动 100 000
　　贷：投资收益（2 300 000×20%） 460 000
　　　　权益法调整（500 000×20%） 100 000

E. 投资后第 3 年记账时：

a. 享有净利：

借：长期股权投资——损益调整 500 000
　　贷：投资收益（2 500 000×20%） 500 000

b. 宣告派发现金股利：

借：应收股利（2 000 000×20%） 400 000
　　贷：长期股权投资——损益调整 400 000

c. 收到现金股利：

借：银行存款 400 000
　　贷：应收股利 400 000

F. 撤资及收到撤资款时：

投资资产账面余额＝成本＋损益调整＋其他权益变动＝2 030 000＋760 000＋100 000＝2 890 000（元）

借：资产处置费用 2 890 000
　　贷：长期股权投资——成本 2 030 000
　　　　　　　　　　——损益调整 760 000
　　　　　　　　　　——其他权益变动 100 000

借：银行存款 3 000 000
　　贷：投资收益 110 000
　　　　应缴财政款 2 890 000

G. 将资产处置收入上缴国库时：

借：应缴财政款 2 890 000
　　贷：银行存款 2 890 000

H. 恢复因股权投资中其他所有者权益变动产生的投资收益时：

借：权益法调整 100 000
　　贷：投资收益 100 000

（2）预算会计账务处理如下：

A. 登记投资成本和注销固定资产账面余额时：

借：投资支出　　　　　　　　　　　　　　　　　　　　　1 000 000
　　贷：资金结存——货币资金　　　　　　　　　　　　　　　　1 000 000

B. 缴纳投资产生的增值税时：

借：投资支出　　　　　　　　　　　　　　　　　　　　　　30 000
　　贷：资金结存——货币资金　　　　　　　　　　　　　　　　　30 000

C. 投资后第1年记账时：

不涉及账务处理。

D. 投资后第2年记账时：

不涉及账务处理。

E. 投资后第3年记账时：

a. 享有净利：

不涉及账务处理。

b. 宣告派发现金股利：

不涉及账务处理。

c. 收到现金股利：

借：资金结存——货币资金　　　　　　　　　　　　　　　　400 000
　　贷：投资预算收益　　　　　　　　　　　　　　　　　　　　400 000

F. 撤资及收到撤资款时：

借：资金结存——货币资金　　　　　　　　　　　　　　　　110 000
　　贷：投资预算收益　　　　　　　　　　　　　　　　　　　　110 000

G. 将资产处置收入上缴国库时：

不涉及账务处理。

H. 恢复因股权投资中其他所有者权益变动产生的投资收益时：

不涉及账务处理。

【例5-37】某事业单位持有的6月期凭证式国债，购入成本为200 000元，年利率为6%，目前已持有3个月，出售价款为210 000元，款项已收到。平行记账账务处理如下：

（1）财务会计账务处理如下：

借：银行存款　　　　　　　　　　　　　　　　　　　　　210 000
　　贷：短期投资　　　　　　　　　　　　　　　　　　　　　200 000
　　　　投资收益　　　　　　　　　　　　　　　　　　　　　　10 000

（2）预算会计账务处理如下：

借：资金结存——货币资金　　　　　　　　　　　　　　　　210 000
　　贷：投资支出　　　　　　　　　　　　　　　　　　　　　200 000
　　　　投资预算收益　　　　　　　　　　　　　　　　　　　　10 000

【例5-38】 某事业单位对持有的2年期凭证式国债300 000元计息,年利率为3%。平行记账账务处理如下:

(1)财务会计账务处理如下:
借:长期债券投资——应交利息　　　　　　　　　　　　　　750
　　贷:投资收益　　　　　　　　　　　　　　　　　　　　　　750
(2)预算会计不涉及账务处理。

八、债务预算收入

"债务预算收入"科目为预算会计科目,仅事业单位使用,行政单位无债务预算收入业务。

(一)平行记账账务处理

1. 短期借款

根据平行记账规则,"短期借款"科目在借入、到期无力支付以及归还时涉及与预算会计中"债务预算收入"科目的平行记账。

(1)借入各种短期借款时,按照实际借入的金额,具体账务处理如表5-30所示。

表5-30　短期借款/债务预算收入平行记账账务处理 I

情形	财务会计	预算会计
	事业单位	事业单位
借入短期借款	借:银行存款 　贷:短期借款	借:资金结存——货币资金 　贷:债务预算收入

(2)银行承兑汇票到期,本单位无力支付票款的,按照应付票据的账面余额,具体账务处理如表5-31所示。

表5-31　短期借款/债务预算收入平行记账账务处理 II

情形	财务会计	预算会计
	事业单位	事业单位
无力支付到期承兑汇票	借:应付票据 　贷:短期借款	借:经营支出等 　贷:债务预算收入

(3)归还短期借款,具体账务处理如表5-32所示。

表 5-32 短期借款/债务预算收入平行记账账务处理 Ⅲ

情形	财务会计	预算会计
	事业单位	事业单位
归还短期借款	借：短期借款 　　贷：银行存款	借：债务还本支出 　　贷：资金结存——货币资金

2. 长期借款

根据平行记账规则，"长期借款"科目在借入、归还时与涉及预算会计中"债务预算收入"科目的平行记账。

（1）借入各项长期借款时，按照实际借入的金额，具体账务处理如表 5-33 所示。

表 5-33 长期借款/债务预算收入平行记账账务处理 Ⅰ

情形	财务会计	预算会计
	事业单位	事业单位
借入长期借款	借：银行存款 　　贷：长期借款——本金	借：资金结存——货币资金 　　贷：债务预算收入

（2）为建造固定资产、公共基础设施等应支付的专门借款利息，具体账务处理如表 5-34 所示。

表 5-34 长期借款/债务预算收入平行记账账务处理 Ⅱ

情形	财务会计	预算会计
	事业单位	事业单位
属于工程项目建设期间发生的	借：在建工程——待摊投资 　　贷：应付利息［分期付息、到期还本］ 　　　　长期借款——应计利息［到期一次还本付息］	—
属于工程项目建设期间尚未动用的借款资金产生的	借：银行存款等 　　贷：在建工程——待摊投资	
不属于工程项目建设期间发生的	借：其他费用 　　贷：应付利息［分期付息、到期还本］ 　　　　长期借款——应计利息［到期一次还本付息］	—
不属于工程项目建设期间尚未动用的借款资金产生的	借：银行存款等 　　贷：利息收入	

（续表）

情形	财务会计	预算会计
	事业单位	事业单位
实际支付利息时	借：应付利息 　　贷：银行存款等	借：其他支出 　　贷：资金结存——货币资金

（3）按期计提其他长期借款的利息时，按照实际确定的应支付的利息金额，具体账务处理如表 5-35 所示。

表 5-35　长期借款/债务预算收入平行记账账务处理 III

情形	财务会计	预算会计
	事业单位	事业单位
计提利息时	借：其他费用 　　贷：应付利息［分期付息、到期还本］ 　　　　长期借款——应计利息［到期一次还本付息］	—
分期实际支付利息时	借：其他费用 　　贷：应付利息［分期付息、到期还本］ 　　　　长期借款——应计利息［到期一次还本付息］	—
实际支付利息时	借：应付利息 　　贷：银行存款等	借：其他支出 　　贷：资金结存——货币资金

（4）到期归还长期借款本金时，具体账务处理如表 5-36 所示。

表 5-36　长期借款/债务预算收入平行记账账务处理 IV

情形	财务会计	预算会计
	事业单位	事业单位
到期归还长期借款本金	借：长期借款 　　贷：银行存款	借：债务还本支出 　　贷：资金结存——货币资金

3. 期末/年末结转

具体账务处理如表 5-37 所示。

表 5-37 债务预算收入平行记账账务处理 V

情形	财务会计	预算会计
	事业单位	事业单位
债务预算收入结转	—	借：债务预算收入 　贷：非财政拨款结转——本年收支结转（专项资金） 　　　其他结余（非专项资金）
债务还本支出结转	—	借：其他结余 　贷：债务还本支出

（二）事业单位平行记账业务举例

【例 5-39】 某事业单位到建设银行某支行取得短期借款 5 000 000 元，将资金存入银行，以备垫付工程款项，等待财政拨款下达。平行记账账务处理如下：

（1）财务会计账务处理如下：

借：银行存款　　　　　　　　　　　　　　　　　　　　　5 000 000
　贷：短期借款——建设银行　　　　　　　　　　　　　　　　5 000 000

（2）预算会计账务处理如下：

借：资金结存——货币资金　　　　　　　　　　　　　　　　5 000 000
　贷：债务预算收入　　　　　　　　　　　　　　　　　　　　5 000 000

【例 5-40】 某事业单位 7 月 1 日从银行借入为期 3 年的贷款 10 000 000 元用于工程建设，贷款年利息率为 6%；每年 7 月 1 日用银行存款支付已完贷款年度利息；3 年后该单位用银行存款支付偿还的贷款本金和第 3 贷款年度的利息。平行记账账务处理如下：

（1）财务会计账务处理如下：

A. 借入贷款时：

借：银行存款　　　　　　　　　　　　　　　　　　　　　10 000 000
　贷：长期借款——本金　　　　　　　　　　　　　　　　　　10 000 000

B. 计提期末计息时：

借：在建工程　　　　　　　　　　　　　　　　　　　　　　　50 000
　贷：应付利息（10 000 000×6%÷12）　　　　　　　　　　　　 50 000

C. 第一、第二次支付贷款利息时：

借：应付利息（50 000×12）　　　　　　　　　　　　　　　　600 000
　贷：银行存款　　　　　　　　　　　　　　　　　　　　　　600 000

D. 归还贷款本金和第三次利息时：

借：长期借款——本金　　　　　　　　　　　　　　　　　　10 000 000
　　　应付利息　　　　　　　　　　　　　　　　　　　　　　600 000
　　贷：银行存款　　　　　　　　　　　　　　　　　　　　　10 600 000

（2）预算会计账务处理如下：
A. 借入贷款时：
借：资金结存——货币资金　　　　　　　　　　　　　　　　10 000 000
　　贷：债务预算收入　　　　　　　　　　　　　　　　　　10 000 000
B. 计提期末计息时：
不涉及账务处理。
C. 第一、第二次支付贷款利息时：
借：其他支出　　　　　　　　　　　　　　　　　　　　　　600 000
　　贷：资金结存——货币资金　　　　　　　　　　　　　　600 000
D. 归还贷款本金和第三次利息时：
借：债务还本支出　　　　　　　　　　　　　　　　　　　　10 000 000
　　其他支出　　　　　　　　　　　　　　　　　　　　　　600 000
　　贷：资金结存——货币资金　　　　　　　　　　　　　　10 600 000

九、捐赠收入／利息收入／租金收入／其他收入／其他预算收入

（一）平行记账账务处理

1. 捐赠收入／其他预算收入

根据平行记账规则，"捐赠收入"科目在接受捐赠、期末结转时与涉及预算会计中"其他预算收入"科目的平行记账。

（1）接受捐赠的货币资金，具体账务处理如表5-38所示。

表5-38　捐赠收入／其他预算收入平行记账账务处理Ⅰ

情形	财务会计		预算会计	
	行政单位	事业单位	行政单位	事业单位
按照实际收到的金额	借：银行存款／库存现金 　　贷：捐赠收入		借：资金结存——货币资金 　　贷：其他预算收入——捐赠收入	

（2）接受捐赠的存货、固定资产等非现金资产，具体账务处理如表5-39所示。

表 5-39 捐赠收入/其他预算收入平行记账账务处理 II

情形	财务会计		预算会计	
	行政单位	事业单位	行政单位	事业单位
按照确定的成本	借：库存物品/固定资产等 　贷：银行存款等［相关税费支出］ 　　　捐赠收入		借：其他支出［支付的相关税费等］ 　贷：资金结存	
如按照名义金额入账	借：库存物品/固定资产等［名义金额］ 　贷：捐赠收入 借：其他费用 　贷：银行存款等［相关税费支出］		借：其他支出［支付的相关税费等］ 　贷：资金结存	

（3）期末/年末结转，具体账务处理如表5-40所示。

表 5-40 捐赠收入/其他预算收入平行记账账务处理 III

情形	财务会计		预算会计	
	行政单位	事业单位	行政单位	事业单位
专项资金	借：捐赠收入 　贷：本期盈余		借：其他预算收入——捐赠收入 　贷：非财政拨款结转——本年收支结转	
非专项资金	借：捐赠收入 　贷：本期盈余		借：其他预算收入——捐赠收入 　贷：其他结余	

2. 利息收入/其他预算收入

根据平行记账规则，"利息收入"科目在日常核算、期末结转时与涉及预算会计中"其他预算收入"科目的平行记账。

（1）确认银行存款利息收入，具体账务处理如表5-41所示。

表 5-41 利息收入/其他预算收入平行记账账务处理 I

情形	财务会计		预算会计	
	行政单位	事业单位	行政单位	事业单位
实际收到利息时	借：银行存款 　贷：利息收入		借：资金结存——货币资金 　贷：其他预算收入——利息收入	

（2）期末/年末结转，具体账务处理如表5-42所示。

表5-42 利息收入/其他预算收入平行记账账务处理Ⅱ

情形	财务会计		预算会计	
	行政单位	事业单位	行政单位	事业单位
期末/年末结转	借：利息收入 　贷：本期盈余		借：其他预算收入——利息收入 　贷：其他结余	

3.租金收入/其他预算收入

根据平行记账规则，"租金收入"科目在租金预收、后付和分期收取、期末结转时与涉及预算会计中"其他预算收入"科目的平行记账。

（1）预收租金方式，具体账务处理如表5-43所示。

表5-43 租金收入/其他预算收入平行记账账务处理Ⅰ

情形	财务会计		预算会计	
	行政单位	事业单位	行政单位	事业单位
收到预付的租金	借：银行存款等 　贷：预收账款		借：资金结存——货币资金 　贷：其他预算收入——租金收入	
按直线法分期确认租金	借：预收账款 　贷：租金收入		—	

（2）分期收取租金，具体账务处理如表5-44所示。

表5-44 租金收入/其他预算收入平行记账账务处理Ⅱ

情形	财务会计		预算会计	
	行政单位	事业单位	行政单位	事业单位
分期收取租金	借：银行存款等 　贷：租金收入		借：资金结存——货币资金 　贷：其他预算收入——租金收入	

（3）后付租金方式，具体账务处理如表5-45所示。

表5-45 租金收入/其他预算收入平行记账账务处理Ⅲ

情形	财务会计		预算会计	
	行政单位	事业单位	行政单位	事业单位
确认租金收入时	借：应收账款 　贷：租金收入		—	

情形	财务会计		预算会计	
	行政单位	事业单位	行政单位	事业单位
收到租金时	借：银行存款等 　　贷：应收账款		借：资金结存——货币资金 　　贷：其他预算收入——租金收入	

（4）期末/年末结转，具体账务处理如表5-46所示。

表5-46　租金收入/其他预算收入平行记账账务处理Ⅳ

情形	财务会计		预算会计	
	行政单位	事业单位	行政单位	事业单位
期末/年末结转	借：租金收入 　　贷：本期盈余		借：其他预算收入——租金收入 　　贷：其他结余	

4. 其他收入/其他预算收入

根据平行记账规则，"其他收入"科目在日常核算、期末结转时涉及与预算会计中"其他预算收入"科目的平行记账。

（1）现金盘盈收入，具体账务处理如表5-47所示。

表5-47　其他收入/其他预算收入平行记账账务处理Ⅰ

情形	财务会计		预算会计	
	行政单位	事业单位	行政单位	事业单位
属于无法查明原因的部分，报经批准后	借：待处理财产损溢 　　贷：其他收入		—	

（2）科技成果转化收入，具体账务处理如表5-48所示。

表5-48　其他收入/其他预算收入平行记账账务处理Ⅱ

情形	财务会计		预算会计	
	行政单位	事业单位	行政单位	事业单位
按照规定留归本单位的	借：银行存款等 　　贷：其他收入		借：资金结存——货币资金 　　贷：其他预算收入	

（3）行政单位收回已核销的其他应收款，具体账务处理如表5-49所示。

表 5-49　其他收入 / 其他预算收入平行记账账务处理 Ⅲ

情形	财务会计		预算会计	
	行政单位	事业单位	行政单位	事业单位
按照实际收回的金额	借：银行存款等 　贷：其他收入		借：资金结存——货币资金 　贷：其他预算收入	

（4）无法偿付的应付及预收款项，具体账务处理如表 5-50 所示。

表 5-50　其他收入 / 其他预算收入平行记账账务处理 Ⅳ

情形	财务会计		预算会计	
	行政单位	事业单位	行政单位	事业单位
无法偿付或债权人豁免偿还的应付账款、预收账款、其他应付款及长期应付款	借：应付账款 / 预收账款 / 其他应付款 / 长期应付款等 　贷：其他收入		—	

（5）置换换出资产评估增值，具体账务处理如表 5-51 所示。

表 5-51　其他收入 / 其他预算收入平行记账账务处理 Ⅴ

情形	财务会计		预算会计	
	行政单位	事业单位	行政单位	事业单位
按照换出资产评估价值高于资产账面价值的金额	借：有关科目 　贷：其他收入		—	

（6）其他情况，具体账务处理如表 5-52 所示。

表 5-52　其他收入 / 其他预算收入平行记账账务处理 Ⅵ

情形	财务会计		预算会计	
	行政单位	事业单位	行政单位	事业单位
按照应收或收到的金额	借：其他应收款 / 银行存款 / 库存现金等 　贷：其他收入		借：资金结存——货币资金［按实际收到的金额］ 　贷：其他预算收入	

（7）期末 / 年末结转，具体账务处理如表 5-53 所示。

表 5-53 其他收入／其他预算收入平行记账账务处理 Ⅶ

情形	财务会计		预算会计	
	行政单位	事业单位	行政单位	事业单位
专项资金	借：其他收入 　贷：本期盈余		借：其他预算收入 　贷：非财政拨款结转——本年收支结转	
非专项资金	借：其他收入 　贷：本期盈余		借：其他预算收入 　贷：其他结余	

（二）行政单位平行记账业务举例

1. 捐赠收入／其他预算收入

【例 5-41】 某行政单位接受社会组织捐赠的价值 50 000 元的教学设备一套，另以银行存款支付运费以及安装费等费用 6 000 元（假定不考虑增值税的影响）。平行记账账务处理如下：

（1）财务会计账务处理如下：
借：固定资产　　　　　　　　　　　　　　　　　　　　56 000
　贷：银行存款　　　　　　　　　　　　　　　　　　　　　6 000
　　　捐赠收入　　　　　　　　　　　　　　　　　　　　　50 000
（2）预算会计账务处理如下：
借：其他支出　　　　　　　　　　　　　　　　　　　　　6 000
　贷：资金结存——货币资金　　　　　　　　　　　　　　　6 000

【例 5-42】 某行政单位本期捐赠收入为 8 000 000 元，其中专项资金收入为 3 000 000 元，非专项资金收入为 5 000 000 元，期末对其予以结转。平行记账账务处理如下：

（1）财务会计账务处理如下：
借：捐赠收入　　　　　　　　　　　　　　　　　　　8 000 000
　贷：本期盈余　　　　　　　　　　　　　　　　　　　8 000 000
（2）预算会计账务处理如下：
借：其他预算收入——捐赠收入——专项资金收入　　　3 000 000
　　　　　　　　　　　　　　——非专项资金收入　　 5 000 000
　贷：非财政拨款结转——本年收支结转　　　　　　　　3 000 000
　　　其他结余　　　　　　　　　　　　　　　　　　　5 000 000

2. 利息收入/其他预算收入

【例 5-43】 某行政单位收到存款利息 600 000 元。平行记账账务处理如下：
（1）财务会计账务处理如下：
借：银行存款　　　　　　　　　　　　　　　　　　　　600 000
　　贷：利息收入　　　　　　　　　　　　　　　　　　　　600 000
（2）预算会计账务处理如下：
借：资金结存——货币资金　　　　　　　　　　　　　　600 000
　　贷：其他预算收入——利息收入　　　　　　　　　　　600 000

【例 5-44】 承[例 5-43]，该笔利息期末结转。平行记账账务处理如下：
（1）财务会计账务处理如下：
借：利息收入　　　　　　　　　　　　　　　　　　　　600 000
　　贷：本期盈余　　　　　　　　　　　　　　　　　　　600 000
（2）预算会计账务处理如下：
借：其他预算收入——利息收入　　　　　　　　　　　　600 000
　　贷：其他结余　　　　　　　　　　　　　　　　　　　600 000

3. 租金收入/其他预算收入

【例 5-45】 某行政单位将闲置办公楼对外出租，每年租金为 120 000 元，采用预收租金方式，年初一次性收取本年租金（假定不考虑增值税的影响）。平行记账账务处理如下：
（1）财务会计账务处理如下：
A. 收到预付的租金时：
借：银行存款　　　　　　　　　　　　　　　　　　　　120 000
　　贷：预收账款　　　　　　　　　　　　　　　　　　　120 000
B. 按照直线法分期确认租金收入时：
借：预收账款　　　　　　　　　　　　　　　　　　　　　10 000
　　贷：租金收入　　　　　　　　　　　　　　　　　　　　10 000
C. 期末结转时：
借：租金收入　　　　　　　　　　　　　　　　　　　　120 000
　　贷：本期盈余　　　　　　　　　　　　　　　　　　　120 000
（2）预算会计账务处理如下：
A. 收到预付的租金时：

借：资金结存——货币资金　　　　　　　　　　　　　　　　　120 000
　　贷：其他预算收入——租金收入　　　　　　　　　　　　　　120 000
B. 按照直线法分期确认租金收入时：
不涉及账务处理。
C. 期末结转时：
借：其他预算收入——租金收入　　　　　　　　　　　　　　　120 000
　　贷：其他结余　　　　　　　　　　　　　　　　　　　　　　120 000

【例 5-46】　某行政单位本期租金收入为 8 000 元，期末对其予以结转。平行记账账务处理如下：

（1）财务会计账务处理如下：
借：租金收入　　　　　　　　　　　　　　　　　　　　　　　8 000
　　贷：本期盈余　　　　　　　　　　　　　　　　　　　　　　8 000
（2）预算会计账务处理如下：
借：其他预算收入——租金收入　　　　　　　　　　　　　　　　8 000
　　贷：其他结余　　　　　　　　　　　　　　　　　　　　　　8 000

4. 其他收入／其他预算收入

【例 5-47】　某行政单位月末盘点现金，盘盈 300 元，未能查明原因，报经批准，作为收入处理。平行记账账务处理如下：

（1）财务会计账务处理如下：
借：待处理财产损溢　　　　　　　　　　　　　　　　　　　　300
　　贷：其他收入　　　　　　　　　　　　　　　　　　　　　　300
（2）预算会计不涉及账务处理。

【例 5-48】　某行政单位科技成果转化取得收入 25 000 元，按规定留归研究所收入为 20 000 元。平行记账账务处理如下：

（1）财务会计账务处理如下：
借：银行存款　　　　　　　　　　　　　　　　　　　　　　20 000
　　贷：其他收入　　　　　　　　　　　　　　　　　　　　　20 000
（2）预算会计账务处理如下：
借：资金结存——货币资金　　　　　　　　　　　　　　　　25 000
　　贷：其他预算收入　　　　　　　　　　　　　　　　　　　20 000
　　　　资金结存——货币资金　　　　　　　　　　　　　　　　5 000

【例5-49】 某行政单位收到去年经批准核销的其他应收款,金额为51 000元。平行记账账务处理如下:

(1)财务会计账务处理如下:

借:银行存款　　　　　　　　　　　　　　　　　　　　51 000
　　贷:其他收入　　　　　　　　　　　　　　　　　　　　51 000

(2)预算会计账务处理如下:

借:资金结存——货币资金　　　　　　　　　　　　　　51 000
　　贷:其他预算收入　　　　　　　　　　　　　　　　　　51 000

【例5-50】 某行政单位的一项应付账款因故无法偿付,金额为59 000元。平行记账账务处理如下:

(1)财务会计账务处理如下:

借:应付账款　　　　　　　　　　　　　　　　　　　　59 000
　　贷:其他收入　　　　　　　　　　　　　　　　　　　　59 000

(2)预算会计不涉及账务处理。

【例5-51】 某行政单位以一项未入账的专利技术取得A公司的10%股权,A公司的账面价值为300 000 000元,与其公允价值相等,发生相关税费50 000元,已用银行存款支付。该项专利技术的估值为30 000 000元。平行记账账务处理如下:

(1)财务会计账务处理如下:

借:长期股权投资　　　　　　　　　　　　　　　　　30 050 000
　　贷:银行存款　　　　　　　　　　　　　　　　　　　　50 000
　　　　其他收入　　　　　　　　　　　　　　　　　　30 000 000

(2)预算会计账务处理如下:

借:行政支出　　　　　　　　　　　　　　　　　　　　50 000
　　贷:资金结存——货币资金　　　　　　　　　　　　　　50 000

(三)事业单位平行记账业务举例

1.捐赠收入/其他预算收入

【例5-52】 某事业单位接受社会组织捐赠的款项46 000元,存入单位的银行账户。平行记账账务处理如下:

(1)财务会计账务处理如下:

借：银行存款 46 000
　　贷：捐赠收入 46 000
（2）预算会计账务处理如下：
借：资金结存——货币资金 46 000
　　贷：其他预算收入——捐赠收入 46 000

【例 5-53】 某事业单位本期捐赠收入为 8 000 000 元，其中专项资金收入为 3 000 000 元，非专项资金收入为 5 000 000 元，期末对其予以结转。平行记账账务处理如下：

（1）财务会计账务处理如下：
借：捐赠收入 8 000 000
　　贷：本期盈余 8 000 000
（2）预算会计账务处理如下：
借：捐赠收入——专项资金收入 3 000 000
　　　　　　——非专项资金收入 5 000 000
　　贷：非财政拨款结转——本年收支结转 3 000 000
　　　　其他结余 5 000 000

2. 利息收入/其他预算收入

【例 5-54】 某事业单位 12 月 1 日在商业银行存入 8 000 000 元，年利率为 6%，利息按月支付。每月实际收到利息时，平行记账账务处理如下：

（1）财务会计账务处理如下：
借：银行存款 40 000
　　贷：利息收入（8 000 000×6%÷12） 40 000
（2）预算会计账务处理如下：
借：资金结存——货币资金 40 000
　　贷：其他预算收入——利息收入 40 000

【例 5-55】 承［例 5-54］，该笔利息期末结转。平行记账账务处理如下：

（1）财务会计账务处理如下：
借：利息收入 40 000
　　贷：本期盈余 40 000
（2）预算会计账务处理如下：
借：其他预算收入——利息收入 40 000
　　贷：其他结余 40 000

3. 租金收入/其他预算收入

【例5-56】 某事业单位经批准后,将本单位一台闲置的固定资产于下月开始出租,租期为2年,按照合同约定每月租金为1 000元。本月收到承租单位预付的半年租金账款6 000元(假定不考虑增值税的影响)。平行记账账务处理如下:

(1)财务会计账务处理如下:

A. 收到预付租金时:

借:银行存款　　　　　　　　　　　　　　　　　　　　　　　6 000
　　贷:预收账款　　　　　　　　　　　　　　　　　　　　　　6 000

B. 月初确认租金收入时:

借:预收账款　　　　　　　　　　　　　　　　　　　　　　　1 000
　　贷:租金收入　　　　　　　　　　　　　　　　　　　　　　1 000

(2)预算会计账务处理如下:

A. 收到预付租金时:

借:资金结存——货币资金　　　　　　　　　　　　　　　　　6 000
　　贷:其他预算收入——租金收入　　　　　　　　　　　　　　6 000

B. 月初确认租金收入时:

不涉及账务处理。

【例5-57】 某事业单位经批准后,将本单位一固定资产于10月开始出租,租期为3年,按照合同约定每月租金为1 000元,租金于每年年底支付(假定不考虑增值税的影响)。10月平行记账账务处理如下:

(1)财务会计账务处理如下:

借:应收账款　　　　　　　　　　　　　　　　　　　　　　　1 000
　　贷:租金收入　　　　　　　　　　　　　　　　　　　　　　1 000

(2)预算会计不涉及账务处理。

【例5-58】 承[例5-54],该事业单位于年底实际收到本年3个月租金共3 000元(假定不考虑增值税的影响)。平行记账账务处理如下:

(1)财务会计账务处理如下:

借:银行存款　　　　　　　　　　　　　　　　　　　　　　　3 000
　　贷:应收账款　　　　　　　　　　　　　　　　　　　　　　3 000

(2)预算会计账务处理如下:

借:资金结存——货币资金　　　　　　　　　　　　　　　　　3 000
　　贷:其他预算收入——租金收入　　　　　　　　　　　　　　3 000

【例5-59】 某事业单位经批准后,将本单位一会议室出租,租期为1年,按照合同约定每月租金为2 000元,租金于每月初支付。本月初收到租金2 000元(假定不考虑增值税的影响)。平行记账账务处理如下:

(1) 财务会计账务处理如下:

借:银行存款 2 000
　　贷:租金收入 2 000

(2) 预算会计账务处理如下:

借:资金结存——货币资金 2 000
　　贷:其他预算收入——租金收入 2 000

【例5-60】 某事业单位本期租金收入为8 000元,期末对其予以结转。平行记账账务处理如下:

(1) 财务会计账务处理如下:

借:租金收入 8 000
　　贷:本期盈余 8 000

(2) 预算会计账务处理如下:

借:其他预算收入——租金收入 8 000
　　贷:其他结余 8 000

4. 其他收入/其他预算收入

【例5-61】 某事业单位当日在现金账款核对中发现现金溢余51元,未能查明原因。平行记账账务处理如下:

(1) 财务会计账务处理如下:

借:待处理财产损溢 51
　　贷:其他收入 51

(2) 预算会计不涉及账务处理。

【例5-62】 某事业单位科技成果转化取得收入25 000元,按照规定将所有收益留归本单位。平行记账账务处理如下:

(1) 财务会计账务处理如下:

借:银行存款 25 000
　　贷:其他收入 25 000

(2) 预算会计账务处理如下:

借：资金结存——货币资金　　　　　　　　　　　　　　　　　　　25 000
　　贷：其他预算收入　　　　　　　　　　　　　　　　　　　　　　25 000

【例 5-63】 某事业单位收到去年经批准核销的其他应收款，金额为 21 000 元。平行记账账务处理如下：

（1）财务会计账务处理如下：
借：银行存款　　　　　　　　　　　　　　　　　　　　　　　　　21 000
　　贷：其他收入　　　　　　　　　　　　　　　　　　　　　　　　21 000

（2）预算会计账务处理如下：
借：资金结存——货币资金　　　　　　　　　　　　　　　　　　　21 000
　　贷：其他预算收入　　　　　　　　　　　　　　　　　　　　　　21 000

【例 5-64】 某事业单位的一项应付账款因故无法偿付，金额为 39 000 元。平行记账账务处理如下：

（1）财务会计账务处理如下：
借：应付账款　　　　　　　　　　　　　　　　　　　　　　　　　39 000
　　贷：其他收入　　　　　　　　　　　　　　　　　　　　　　　　39 000

（2）预算会计不涉及账务处理。

【例 5-65】 某事业单位以一项未入账的专利技术取得 A 公司的 10% 股权，A 公司的账面价值为 300 000 000 元，与其公允价值相等。发生相关税费 50 000 元，已用银行存款支付。该项专利技术的估值为 30 000 000 元。平行记账账务处理如下：

（1）财务会计账务处理如下：
借：长期股权投资　　　　　　　　　　　　　　　　　　　　　30 050 000
　　贷：银行存款　　　　　　　　　　　　　　　　　　　　　　　　50 000
　　　　其他收入　　　　　　　　　　　　　　　　　　　　　　30 000 000

（2）预算会计账务处理如下：
借：其他支出　　　　　　　　　　　　　　　　　　　　　　　　　50 000
　　贷：资金结存——货币资金　　　　　　　　　　　　　　　　　　50 000

【例 5-66】 某事业单位本期其他收入为 1 200 000 元，其中专项资金收入为 500 000 元，非专项资金收入 700 000 元，期末对其予以结转。平行记账账务处理如下：

（1）财务会计账务处理如下：
借：其他收入　　　　　　　　　　　　　　　　　　　　　　　　1 200 000
　　贷：本期盈余　　　　　　　　　　　　　　　　　　　　　　1 200 000

（2）预算会计账务处理如下：

借：捐赠收入——专项资金收入　　　　　　　　　　　　　500 000
　　　　　　——非专项资金收入　　　　　　　　　　　　700 000
　　贷：非财政拨款结转——本年收支结转　　　　　　　　500 000
　　　　其他结余　　　　　　　　　　　　　　　　　　　700 000

第六章 费用/预算支出类业务

第一节 费用/预算支出概述

一、费用概述

(一)费用的定义

费用是行政事业单位政府财务会计五要素之一,是指报告期内导致行政事业单位净资产减少的、含有服务潜力或者经济利益的经济资源的流出。费用是行政事业单位履行职能、完成事业发展目标和计划的成本保障,是行政事业单位财务管理的重要组成部分,对费用进行准确理解、确认、计量、核算是有效实施财务管理、控制各单位成本的重要手段。

(二)费用的会计科目

政府财务会计对费用共设置有 8 个会计科目,分别为"业务活动费用""单位管理费用""经营费用""资产处置费用""上缴上级费用""对附属单位补助费用""所得税费用""其他费用"。其中,事业单位单独使用的科目有 5 个,分别为"单位管理费用""经营费用""上缴上级费用""对附属单位补助费用""所得税费用",行政单位和事业单位共同使用科目有 3 个,分别为"业务活动费用""资产处置费用""其他费用"。具体内容如表 6-1 所示。

表 6-1 费用类会计科目使用范围表

科目编码	科目名称	行政单位	事业单位
5001	业务活动费用	√	√
5101	单位管理费用		√

（续表）

科目编码	科目名称	行政单位	事业单位
5201	经营费用		√
5301	资产处置费用	√	√
5401	上缴上级费用		√
5501	对附属单位补助费用		√
5801	所得税费用		√
5901	其他费用	√	√

（三）费用的分类

根据费用的性质，费用可分为三类，分别为业务及辅助活动费用类（3个）、转移性费用类（2个）、其他费用类（3个）。其中，业务及辅助活动费用包括业务活动费用、单位管理费用和经营费用；转移性费用包括上缴上级费用和对附属单位补助费用；其他费用包括资产处置费用、所得税费用、其他费用。

（四）费用的确认和计量

1. 费用的确认

费用的确认应当同时满足以下条件：

（1）与费用相关的含有服务潜力或者经济利益的经济资源很可能流出行政事业单位。

（2）含有服务潜力或者经济利益的经济资源流出会导致行政事业单位资产减少或者负债增加。

（3）流出金额能够可靠地计量。

符合费用定义和费用确认条件的项目，应当列入收入费用表。

2. 费用的计量

确认费用应遵循权责发生制原则，即凡属于本期的费用，不论款项是否支付，均作为本期的费用处理；反之，凡不属于本期的费用，即使款项在本期已经支付，也不应作为本期的费用处理。

二、预算支出概述

（一）预算支出的定义

预算支出是行政事业单位政府预算会计三要素之一，是指行政事业单位在预算年度内依法发生并纳入预算管理的现金流出。预算支出是行政事业单位经济活动和财务管理的重要内容,是行政事业单位会计的主要核算对象,也是财政部门和上级单位考核行政事业单位支出预算执行情况的依据。

(二)预算支出的会计科目

政府预算会计对预算支出共设置有8个会计科目,分别为"行政支出""事业支出""经营支出""上缴上级支出""对附属单位补助支出""投资支出""债务还本支出""其他支出"。其中,行政单位单独使用科目有1个,该科目为"行政支出";事业单位单独使用科目有6个,分别为"事业支出""经营支出""上缴上级支出""对附属单位补助支出""投资支出""债务还本支出";行政单位和事业单位共同使用科目有1个,该科目为"其他支出"。具体内容如表6-2所示。

表6-2 预算支出科目的使用范围表

科目编码	科目名称	行政单位	事业单位
7101	行政支出	√	
7201	事业支出		√
7301	经营支出		√
7401	上缴上级支出		√
7501	对附属单位补助支出		√
7601	投资支出		√
7701	债务还本支出		√
7901	其他支出	√	√

(三)预算支出的分类

行政事业单位预算支出的分类方法有多种,可以按照支出的经济性质分,也可以按照支出的类型分。政府会计制度根据支出的性质和特点,将预算支出划分为业务及辅助活动支出类(3个)、转移支出类(2个)、其他支出类(3个)。其中,业务及辅助活动支出类分别为行政支出、事业支出、经营支出;转移支出类分别为上缴上级支出、对附属单位补助支出;其他支出类分别为投资支出、债务还本支出、其他支出。

(四)预算支出的确认和计量

1.预算支出的确认

预算支出的确认应该满足以下条件:

(1) 行政事业单位在预算年度内发生的纳入部门预算管理的业务。

(2) 该业务为现金支出业务,并能够可靠地计量。

2. 预算支出的计量

预算支出一般在实际支付时予以确认,以实际支付的金额计量。符合预算支出定义及其确认条件的项目应当列入政府决算报表。

三、新旧制度科目对比

(一) 行政单位新旧制度科目对比

《政府会计制度》下行政单位使用的政府会计费用/预算支出类科目共有5个,其中,预算会计科目2个("行政支出""其他支出"),财务会计科目3个("业务活动费用""资产处置费用""其他费用")。与原行政单位会计制度支出类科目相比较,《政府会计制度》支出类科目有以下变化:①有1个会计科目进行拆分,将原行政单位其他"经费支出"科目核算内容按照业务活动和其他活动拆分记入预算会计"行政支出"科目和"其他支出"科目;记入财务会计"业务活动费用"科目和"其他费用"科目。②新增3个会计科目,相较于原行政单位会计制度的支出类科目,政府会计制度财务会计新增了2个一级科目"资产处置费用"和"其他费用",政府预算会计新增了1个一级科目"其他支出"科目。③有1个科目取消,取消原行政事业单位会计制度中的"拨出经费"科目。具体内容如表6-3所示。

表6-3 新旧制度预算支出会计科目差异表

旧制度会计科目		新制度会计科目				新旧对比
行政单位		预算会计		财务会计		
科目编码	科目名称	科目编码	科目名称	科目编码	科目名称	
5001	经费支出	7101	行政支出	5001	业务活动费用	对原"经费支出"科目进行拆分,区分业务活动和其他活动,预算会计分别记入"行政支出"科目和"其他支出"科目;财务会计分别记入"业务活动费用"科目和"其他费用"科目
5101	拨出经费					原科目取消
				5301	资产处置费用	新增科目
		7901	其他支出	5901	其他费用	新增科目,原制度在"经费支出"科目下的明细科目核算

（二）事业单位新旧制度科目对比

《政府会计制度》下事业单位使用的政府会计费用/预算支出类科目有14个，与原事业单位会计制度支出类科目相比较，有以下变化：①有1个会计科目进行拆分，原"事业支出"科目在政府预算会计中基本保留；在财务会计中进行拆分，区分业务活动和管理活动，分别记入"业务活动费用"科目和"单位管理费用"科目。②基本保留4个会计科目。基本保留原事业单位会计制度中的"经营支出""上缴上级支出""对附属单位补助支出""其他支出"科目，其核算内容预算会计记入"经营支出""上缴上级支出""对附属单位补助支出""其他支出"科目，财务会计记入"经营费用""上缴上级费用""对附属单位补助费用""其他费用"科目。③新增4个会计科目，相较于原事业单位会计制度的支出类科目，政府预算会计预算支出类新增了2个一级科目，分别为"投资支出"科目和"债务还本支出"科目，政府财务会计费用类新增了2个一级科目，分别为"资产处置费用"科目和"所得税费用"科目，原事业单位会计制度在其他支出中设二级科目核算对应内容。具体内容如表6-4所示。

表6-4　新旧制度预算支出会计科目差异表

旧制度会计科目		新制度会计科目				新旧对比
事业单位		预算会计		财务会计		
科目编码	科目名称	科目编码	科目名称	科目编码	科目名称	
5001	事业支出	7201	事业支出	5001	业务活动费用	原"事业支出"科目在政府预算会计中基本保留；在财务会计中进行拆分，区分业务活动和管理活动，分别记入"业务活动费用"科目和"单位管理费用"科目
				5101	单位管理费用	
5301	经营支出	7301	经营支出	5201	经营费用	原"经营支出"科目在政府预算会计中基本保留，在政府财务会计中对应"经营费用"科目
				5301	资产处置费用	新制度财务会计新增科目，旧制度在"其他支出"科目下设置明细科目
5101	上缴上级支出	7401	上缴上级支出	5401	上缴上级费用	原"上缴上级支出"科目在政府预算会计中基本保留，在政府财务会计中对应"上缴上级费用"科目
5201	对附属单位补助支出	7501	对附属单位补助支出	5501	对附属单位补助费用	原"对附属单位补助支出"科目在政府预算会计中基本保留，在政府财务会计中对应"附属单位补助费用"科目

（续表）

旧制度会计科目		新制度会计科目				新旧对比
事业单位		预算会计		财务会计		
科目编码	科目名称	科目编码	科目名称	科目编码	科目名称	
		7601	投资支出	1101	短期投资	新制度新增科目
				1501	长期股权投资	
				1502	长期债券投资	
		7701	债务还本支出	2001	短期借款	
				2501	长期借款	
				5801	所得税费用	
5401	其他支出	7901	其他支出	5901	其他费用	原"其他支出"科目在政府预算会计中基本保留，在政府财务会计中对应"其他费用"科目

四、费用科目与预算支出科目衔接

（一）行政单位科目衔接

对于纳入行政单位部门预算管理的现金收支业务，在确认财务会计费用时，也要进行预算会计支出核算，即进行财务会计和预算会计的平行记账，因此，费用类科目和预算支出类科目存在以下衔接关系：①核算内容一对多的科目有1个，财务会计的其他费用科目、资产处置费用科目对应预算会计的其他支出科目。②不完全对应的科目有2个，行政支出核算内容完全计入业务活动费用。具体如表6-5所示。

表6-5　费用类科目与预算支出类科目衔接关系表（行政单位）

政府会计制度预算会计		政府会计制度财务会计		衔接关系
科目编码	科目名称	科目编码	科目名称	
7101	行政支出	5001	业务活动费用	预算会计中"行政支出"科目的核算内容在财务会计中记入"业务活动费用"科目
7901	其他支出	5901	其他费用	财务会计中的"其他费用"科目核算内容在预算会计中记入"其他支出"科目
		5301	资产处置费用	资产处置过程中仅发生相关费用时进行预算会计处理，该费用记入"其他支出"科目

（二）事业单位科目衔接

对于纳入事业单位部门预算管理的现金收支业务，在确认财务会计费用时，也要进行预算会计支出核算，即进行财务会计和预算会计的平行记账，因此，费用类科目和预算支出类科目存在以下衔接关系：①核算内容直接对应的有6个科目，分别为"经营费用"科目对应"经营支出"科目，"上缴上级费用"科目对应"上缴上级支出"科目，"对附属单位补助费用"科目对应"对附属单位补助支出"科目。②核算内容一对多的科目有5个，分别为财务会计的"短期投资"科目、"长期股权投资"科目、"长期债券投资"科目对应预算会计的"投资支出"科目，财务会计的"短期借款"科目、"长期借款"科目对应预算会计的"债务还本支出"科目，财务会计的"其他费用"科目、"资产处置费用"科目对应预算会计的"其他支出"科目。③不完全对应的科目有4个，"事业支出"科目区分管理活动和业务活动分别对应"单位管理费用"科目和"业务活动费用"科目。④部分对应的科目有1个，即财务会计的"所得税费用"科目对应预算会计中的"非财政拨款结余"科目中所得税部分。具体如表6-6所示。

表6-6 费用类科目与预算支出类科目衔接关系表（事业单位）

政府会计制度预算会计		政府会计制度财务会计		衔接关系
科目编码	科目名称	科目编码	科目名称	
7201	事业支出	5101	单位管理费用	事业单位本级行政及后勤管理部门开展管理活动发生的事业支出对应"单位管理费用"科目，事业单位开展专业业务活动及辅助活动发生的事业支出对应"业务活动费用"科目
		5001	业务活动费用	
7301	经营支出	5201	经营费用	预算会计中"经营支出"科目的核算内容在财务会计中记入"经营费用"科目
7401	上缴上级支出	5401	上缴上级费用	预算会计中"上缴上级支出"科目的核算内容在财务会计中记入"上缴上级费用"科目
7501	对附属单位补助支出	5501	对附属单位补助费用	预算会计中"对附属单位补助支出"科目的核算内容在财务会计中记入"对附属单位补助费用"科目
8202	非财政拨款结余	5801	所得税费用	事业单位缴纳的企业所得税，预算会计中记入"非财政拨款结余"科目，财务会计中则记入"所得税费用"科目
7601	投资支出	1101	短期投资	事业单位对外进行的投资，财务会计区分记入"短期投资""长期股权投资""长期债券投资"科目，预算会计则全部记入"投资支出"科目
		1501	长期股权投资	
		1502	长期债券投资	

（续表）

政府会计制度预算会计		政府会计制度财务会计		衔接关系
科目编码	科目名称	科目编码	科目名称	
7701	债务还本支出	2001	短期借款	事业单位归还借款本金，财务会计区分记入"短期借款"科目和"长期借款"科目，预算会计则全部记入"债务还本支出"科目
		2501	长期借款	
7901	其他支出	5901	其他费用	财务会计中的"其他费用"科目核算内容在预算会计中记入"其他支出"科目
		5301	资产处置费用	资产处置过程中仅发生相关费用时进行预算会计处理，该费用记入"其他支出"科目

第二节 费用类科目核算内容

一、业务活动费用

"业务活动费用"科目核算单位为实现其职能目标，依法履职或开展专业业务活动及其辅助活动所发生的各项费用。行政单位为实现其职能目标、依法履职发生的各项费用均记入"业务活动费用"科目，事业单位业务部门开展专业业务活动及其辅助活动发生的各项费用记入"业务活动费用"科目。"业务活动费用"科目应当按照项目、服务或者业务类别、支付对象等进行明细核算。

为了满足成本核算需要，"业务活动费用"科目下还可按照"工资福利费用""商品和服务费用""对个人和家庭的补助费用""对企业补助费用""固定资产折旧费""无形资产摊销费""公共基础设施折旧（摊销）费""保障性住房折旧费""计提专用基金"等成本项目设置明细科目，归集能够直接计入业务活动或采用一定方法计算后计入业务活动的费用。

二、单位管理费用

"单位管理费用"科目核算事业单位本级行政及后勤管理部门开展管理活动发生的各项费用，包括单位行政及后勤管理部门发生的人员经费、公用经费、资产折旧（摊销）等费用，以及由单位统一负担的离退休人员经费、工会经费、诉讼费、中介费等。行政单位不使用"单位管理费用"科目。"单位管理费用"科目应当按照项目、费用类别、支付对象等进行明细核算。

为了满足成本核算需要,"单位管理费用"科目下还可按照"工资福利费用""商品和服务费用""对个人和家庭的补助费用""固定资产折旧费""无形资产摊销费"等成本项目设置明细科目,归集能够直接计入单位管理活动或采用一定方法计算后计入单位管理活动的费用。

三、经营费用

"经营费用"科目核算事业单位在专业业务活动及其辅助活动之外开展非独立核算经营活动发生的各项费用。"经营费用"科目应当按照经营活动类别、项目、支付对象等进行明细核算。

为了满足成本核算需要,"经营费用"科目下还可按照"工资福利费用""商品和服务费用""对个人和家庭的补助费用""固定资产折旧费""无形资产摊销费"等成本项目设置明细科目,归集能够直接计入单位经营活动或采用一定方法计算后计入单位经营活动的费用。

四、资产处置费用

"资产处置费用"科目核算单位经批准处置资产时发生的费用,包括转销的被处置资产价值,在处置过程中发生的相关费用或者处置收入小于相关费用形成的净支出,以及向非政府会计主体分配受赠的非现金资产。资产处置的形式按照规定包括无偿调拨、出售、出让、转让、置换、对外捐赠、报废、毁损以及货币性资产损失核销等。"资产处置费用"科目应当按照处置资产的类别、资产处置的形式等进行明细核算。

单位在资产清查中查明的资产盘亏、毁损以及资产报废等,应当先通过"待处理财产损溢"科目进行核算,再将处理资产价值和处理净支出记入"资产处置费用"科目。

短期投资、长期股权投资、长期债券投资的处置,按照相关资产科目的规定进行账务处理。

五、上缴上级费用

"上缴上级费用"科目核算事业单位按照财政部门和主管部门的规定上缴上级单位款项发生的费用。"上缴上级费用"科目应当按照收缴款项单位、缴款项目等进行明细核算。

六、对附属单位补助费用

"对附属单位补助费用"科目核算事业单位用财政拨款收入之外的收入对附属单位补

助发生的费用，包括单位作为主管部门或上级单位向其附属单位分配受赠的货币资金。

"对附属单位补助费用"科目应当按照接受补助单位、补助项目等进行明细核算。

七、所得税费用

"所得税费用"科目核算有企业所得税缴纳义务的事业单位按规定缴纳企业所得税所形成的费用。

八、其他费用

"其他费用"科目核算单位发生的除业务活动费用、单位管理费用、经营费用、资产处置费用、上缴上级费用、附属单位补助费用、所得税费用以外的各项费用，包括利息费用、坏账损失、罚没支出、按规定向其附属单位以外的其他单位分配受赠的货币资金以及相关税费、运输费等。

"其他费用"科目应当按照其他费用的类别等进行明细核算。单位发生的利息费用较多的，可以单独设置"5701 利息费用"科目。

第三节 预算支出类科目核算内容

一、行政支出

"行政支出"科目核算行政单位履行其职责实际发生的各项现金流出。"行政支出"科目应当分别按照"财政拨款支出""非财政专项资金支出""其他资金支出""基本支出""项目支出"等进行明细科目核算，并按照《政府收支分类科目》中"支出功能分类科目"的项级科目进行明细核算；"基本支出"明细科目和"项目支出"明细科目下应当按照《政府收支分类科目》中"部门预算支出经济分类科目"的款级科目进行明细核算，同时在"项目支出"明细科目下按照具体项目进行明细核算。

有一般公共预算财政拨款、政府性基金预算财政拨款等两种或两种以上财政拨款的行政单位，还应当在"财政拨款支出"明细科目下按照财政拨款的种类进行明细核算。

对于预付款项，单位可通过在"行政支出"科目下设置"待处理"明细科目进行核算，待确认具体支出项目后再转入"行政支出"科目下相关明细科目。年末结账前，单位应将"行政支出"科目"待处理"明细科目余额全部转入"行政支出"科目下相关明细科目。

二、事业支出

"事业支出"科目核算事业单位开展专业业务活动及其辅助活动实际发生的各项现金流出。

单位发生教育、科研、医疗、行政管理、后勤保障等活动的,可在"事业支出"科目下设置相应的明细科目进行核算,或单设"7201 教育支出""7202 科研支出""7203 医疗支出""7204 行政管理支出""7205 后勤保障支出"等一级会计科目进行核算。

"事业支出"科目应当分别按照"财政拨款支出""非财政专项资金支出""其他资金支出""基本支出""项目支出"等进行明细核算,并按照《政府收支分类科目》中"支出功能分类科目"的项级科目进行明细核算;"基本支出"明细科目和"项目支出"明细科目下应当按照《政府收支分类科目》中"部门预算支出经济分类科目"的款级科目进行明细核算,同时在"项目支出"明细科目下按照具体项目进行明细核算。

有一般公共预算财政拨款、政府性基金预算财政拨款等两种或两种以上财政拨款的事业单位,还应当在"财政拨款支出"明细科目下按照财政拨款的种类进行明细核算。

对于预付款项,单位可通过在"事业支出"科目下设置"待处理"明细科目进行明细核算,待确认具体支出项目后再转入"事业支出"科目下相关明细科目。年末结账前,单位应将"事业支出"科目"待处理"明细科目余额全部转入"事业支出"科目下相关明细科目。

三、经营支出

"经营支出"科目核算事业单位在专业业务活动及其辅助活动之外开展非独立核算经营活动实际发生的各项现金流出。

"经营支出"科目应当按照经营活动类别、项目、《政府收支分类科目》中"支出功能分类科目"的项级科目和"部门预算支出经济分类科目"的款级科目等进行明细核算。

对于预付款项,单位可通过在"经营支出"科目下设置"待处理"明细科目进行明细核算,待确认具体支出项目后再转入"经营支出"科目下相关明细科目。年末结账前,单位应将"经营支出"科目"待处理"明细科目余额全部转入"经营支出"科目下相关明细科目。

四、上缴上级支出

"上缴上级支出"科目核算事业单位按照财政部门和主管部门的规定上缴上级单位款项发生的现金流出。

"上缴上级支出"科目应当按照收缴款项单位、缴款项目、《政府收支分类科目》

中"支出功能分类科目"的项级科目和"部门预算支出经济分类科目"的款级科目等进行明细核算。

五、对附属单位补助支出

"对附属单位补助支出"科目核算事业单位用财政拨款预算收入之外的收入对附属单位补助发生的现金流出。

"对附属单位补助支出"科目应当按照接受补助单位、补助项目、《政府收支分类科目》中"支出功能分类科目"的项级科目和"部门预算支出经济分类科目"的款级科目等进行明细核算。

六、投资支出

"投资支出"科目核算事业单位以货币资金对外投资发生的现金流出。"投资支出"科目应当按照投资类型、投资对象、《政府收支分类科目》中"支出功能分类科目"的项级科目和"部门预算支出经济分类科目"的款级科目等进行明细核算。

七、债务还本支出

"债务还本支出"科目核算事业单位偿还自身承担的纳入预算管理的从金融机构举借的债务本金的现金流出。

"债务还本支出"科目应当按照贷款单位、贷款种类、《政府收支分类科目》中"支出功能分类科目"的项级科目和"部门预算支出经济分类科目"的款级科目等进行明细核算。

八、其他支出

"其他支出"科目核算单位除行政支出、事业支出、经营支出、上缴上级支出、对附属单位补助支出、投资支出、债务还本支出以外的各项现金流出,包括利息支出、对外捐赠现金支出、现金盘亏损失、接受捐赠(调入)和对外捐赠(调出)非现金资产发生的税费支出、资产置换过程中发生的相关税费支出、罚没支出等。

"其他支出"科目应当按照其他支出的类别和"财政拨款支出""非财政专项资金支出""其他资金支出",以及《政府收支分类科目》中"支出功能分类科目"的项级科目和"部门预算支出经济分类科目"的款级科目等进行明细核算。其他支出中如有专项资金支出,还应按照具体项目进行明细核算。

有一般公共预算财政拨款、政府性基金预算财政拨款等两种或两种以上财政拨款的事业单位,还应当在"财政拨款支出"明细科目下按照财政拨款的种类进行明细核算。

第四节　费用／预算支出平行记账

一、业务活动费用／行政支出／事业支出

（一）平行记账账务处理

1. 职工薪酬计提与支付

具体账务处理如表 6-7 所示。

表 6-7　业务活动费用／行政支出／事业支出平行记账账务处理 Ⅰ

情形	财务会计		预算会计	
	行政单位	事业单位	行政单位	事业单位
为履职或开展业务活动人员计提职工薪酬	借：业务活动费用 　　贷：应付职工薪酬		—	
实际支付给职工并代扣个人所得税	借：应付职工薪酬 　　贷：财政拨款收入／零余额账户用款额度／银行存款等 　　　　其他应交税费——应交个人所得税		借：行政支出［按照实际支付给个人部分］ 　　贷：财政拨款预算收入／资金结存	借：事业支出［按照实际支付给个人部分］ 　　贷：财政拨款预算收入／资金结存
实际支付税款	借：其他应交税费——应交个人所得税 　　贷：银行存款／零余额账户用款额度等		借：行政支出［按照实际缴纳额］ 　　贷：资金结存等	借：事业支出［按照实际缴纳额］ 　　贷：资金结存等

注：实行预算管理一体化的单位不再使用"零余额账户用款额度"科目。

2. 支付外部人员劳务费

具体账务处理如表 6-8 所示。

表 6-8　业务活动费用／行政支出／事业支出平行记账账务处理 Ⅱ

情形	财务会计		预算会计	
	行政单位	事业单位	行政单位	事业单位
为履职或开展业务活动计提外部人员劳务费	借：业务活动费用 　　贷：其他应付款		—	

（续表）

情形	财务会计		预算会计	
	行政单位	事业单位	行政单位	事业单位
实际支付劳务费并代扣个人所得税	借：其他应付款 　　贷：财政拨款收入/零余额账户用款额度/银行存款等 　　　其他应交税费——应交个人所得税		借：行政支出［按照实际支付给个人部分］ 　　贷：财政拨款预算收入/资金结存	借：事业支出［按照实际支付给个人部分］ 　　贷：财政拨款预算收入/资金结存
实际缴纳税款	借：其他应交税费——应交个人所得税 　　贷：银行存款/零余额账户用款额度等		借：行政支出［按照实际缴纳额］ 　　贷：资金结存等	借：事业支出［按照实际缴纳额］ 　　贷：资金结存等

注：实行预算管理一体化的单位不再使用"零余额账户用款额度"科目。

3. 为履职或开展业务活动发生预付款项

具体账务处理如表6-9所示。

表6-9　业务活动费用/行政支出/事业支出平行记账账务处理Ⅲ

情形	财务会计		预算会计	
	行政单位	事业单位	行政单位	事业单位
支付预付账款	借：预付账款 　　贷：财政拨款收入/零余额账户用款额度/银行存款等		借：行政支出 　　贷：财政拨款预算收入/资金结存	借：事业支出 　　贷：财政拨款预算收入/资金结存
结算预付账款	借：业务活动费用 　　贷：预付账款 　　　财政拨款收入/零余额账户用款额度/银行存款等［补付金额］		借：行政支出 　　贷：财政拨款预算收入/资金结存［补付金额］	借：事业支出 　　贷：财政拨款预算收入/资金结存［补付金额］
支付暂付款项	借：其他应收款 　　贷：银行存款等		—	
结算或报销暂付款项	借：业务活动费用 　　贷：其他应收款		借：行政支出 　　贷：资金结存等	借：事业支出 　　贷：资金结存等

注：实行预算管理一体化的单位不再使用"零余额账户用款额度"科目。

4. 购买资产或支付在建工程款等

具体账务处理如表6-10所示。

第六章 费用/预算支出类业务

表 6-10 业务活动费用/行政支出/事业支出平行记账账务处理 Ⅳ

情形	财务会计		预算会计	
	行政单位	事业单位	行政单位	事业单位
实际支付价款	借：库存物品/固定资产/无形资产/在建工程等 　　贷：财政拨款收入/零余额账户用款额度/银行存款等		借：行政支出［按照实际支付金额］ 　　贷：财政拨款预算收入/资金结存	借：事业支出［按照实际支付金额］ 　　贷：财政拨款预算收入/资金结存

注：实行预算管理一体化的单位不再使用"零余额账户用款额度"科目。

5. 领用库存物品

具体账务处理如表 6-11 所示。

表 6-11 业务活动费用/行政支出/事业支出平行记账账务处理 Ⅴ

情形	财务会计		预算会计	
	行政单位	事业单位	行政单位	事业单位
领用库存物品	借：业务活动费用 　　贷：库存物品等		—	

6. 计提固定资产、无形资产、公共基础设施、保障性住房的折旧（摊销）

具体账务处理如表 6-12 所示。

表 6-12 业务活动费用/行政支出/事业支出平行记账账务处理 Ⅵ

情形	财务会计		预算会计	
	行政单位	事业单位	行政单位	事业单位
计提折旧、摊销	借：业务活动费用 　　贷：固定资产累计折旧/无形资产累计摊销/公共基础设施累计折旧（摊销）/保障性住房累计折旧		—	

7. 缴纳为履职或开展业务活动应负担的税金及附加

具体账务处理如表 6-13 所示。

表 6-13 业务活动费用/行政支出/事业支出平行记账账务处理 Ⅶ

情形	财务会计		预算会计	
	行政单位	事业单位	行政单位	事业单位
确认其他应交税费	借：业务活动费用 　　贷：其他应交税费		—	

(续表)

情形	财务会计		预算会计	
	行政单位	事业单位	行政单位	事业单位
支付其他应交税费	借：其他应交税费 　　贷：银行存款等		借：行政支出 　　贷：资金结存等	借：事业支出 　　贷：资金结存等

8. 为履职或开展业务活动发生其他各项费用

具体账务处理如表 6-14 所示。

表 6-14　业务活动费用/行政支出/事业支出平行记账账务处理Ⅷ

情形	财务会计		预算会计	
	行政单位	事业单位	行政单位	事业单位
支付其他各项费用	借：业务活动费用 　　贷：财政拨款收入/零余额账户用款额度/银行存款等		借：行政支出［按照实际支付的金额］ 　　贷：财政拨款预算收入/资金结存	借：事业支出［按照实际支付的金额］ 　　贷：财政拨款预算收入/资金结存

注：实行预算管理一体化的单位不再使用"零余额账户用款额度"科目。

9. 计提专用基金

具体账务处理如表 6-15 所示。

表 6-15　业务活动费用/行政支出/事业支出平行记账账务处理Ⅸ

情形	财务会计		预算会计	
	行政单位	事业单位	行政单位	事业单位
计提专用基金	无此业务	借：业务活动费用 　　贷：专用基金	无此业务	—

10. 从财政科研项目中计提项目间接费用或管理费

具体账务处理如表 6-16 所示。

表 6-16　业务活动费用/行政支出/事业支出平行记账账务处理Ⅹ

情形	财务会计		预算会计	
	行政单位	事业单位	行政单位	事业单位
计提专项目间接费用或管理费	无此业务	借：业务活动费用 　　贷：预提费用——项目间接费用或管理费	无此业务	—

11. 购货退回

具体账务处理如表 6-17 所示。

表 6-17 业务活动费用/行政支出/事业支出平行记账账务处理 XI

情形	财务会计		预算会计	
	行政单位	事业单位	行政单位	事业单位
当年发生购货退回	借：财政拨款收入/零余额账户用款额度/银行存款等 贷：库存物品/业务活动费用	借：财政拨款收入/零余额账户用款额度/银行存款/应收账款等 贷：库存物品/业务活动费用	借：财政拨款预算收入/资金结存 贷：行政支出	借：财政拨款预算收入/资金结存 贷：事业支出
发生以前年度购货退回	借：财政应返还额度/银行存款等 贷：库存物品/以前年度盈余调整	借：财政应返还额度/银行存款/应收账款等 贷：库存物品/以前年度盈余调整	借：资金结存 贷：财政拨款结转——年初余额调整/财政拨款结余——年初余额调整等	借：资金结存 贷：财政拨款结转——年初余额调整/财政拨款结余——年初余额调整等

注：实行预算管理一体化的单位不再使用"零余额账户用款额度"科目。

12. 期末/年末结转

具体账务处理如表 6-18 所示。

表 6-18 业务活动费用/行政支出/事业支出平行记账账务处理 XII

情形	财务会计		预算会计	
	行政单位	事业单位	行政单位	事业单位
期末/年末结转	借：本期盈余 贷：业务活动费用		借：财政拨款结转——本年收支结转[财政拨款支出] 非财政拨款结转——本年收支结转[非同级财政专项资金支出] 其他结余[非财政、非专项资金支出] 贷：行政支出	借：财政拨款结转——本年收支结转[财政拨款支出] 非财政拨款结转——本年收支结转[非同级财政专项资金支出] 其他结余[非财政、非专项资金支出] 贷：事业支出

（二）行政单位平行记账业务举例

【例 6-1】 某行政单位 2023 年 10 月应付在职人员薪酬 74 000 元，代扣代缴个人所得税 17 000 元，在职人员薪酬通过财政直接支付方式支付，个人所得税通过财政授权方式支付。平行记账账务处理如下：

(1) 财务会计账务处理如下：

A. 计提工资时：

借：业务活动费用 74 000
　　贷：应付职工薪酬 74 000

B. 支付工资时：

实际支付工资 = 74 000 - 17 000 = 57 000（元）

借：应付职工薪酬 74 000
　　贷：财政拨款收入 57 000
　　　　其他应交税费——应交个人所得税 17 000

C. 代扣代缴个人所得税时：

借：其他应交税费——应交个人所得税 17 000
　　贷：零余额账户用款额度 17 000

(2) 预算会计账务处理如下：

A. 计提工资时：

不涉及账务处理。

B. 支付工资时：

借：行政支出 74 000
　　贷：财政拨款预算收入 74 000

C. 代扣代缴个人所得税时：

借：行政支出 17 000
　　贷：资金结存——零余额账户用款额度 17 000

【例6-2】 某行政单位2023年10月6日聘请专家参加评审工作，发生劳务费5 400元，代扣个人所得税864元，通过财政授权方式支付。平行记账账务处理如下：

(1) 财务会计账务处理如下：

A. 支付人员劳务费时：

实际支付金额 = 5 4000 - 864 = 4 536（元）

借：业务活动费用 5 400
　　贷：零余额账户用款额度 4 536
　　　　其他应交税费——应交个人所得税 864

B. 实际缴纳税款时：

借：其他应交税费——应交个人所得税 864
　　贷：零余额账户用款额度 864

(2) 预算会计账务处理如下：

A. 支付人员劳务费时：

借：行政支出 4 536
　　贷：资金结存——零余额账户用款额度 4 536

B. 实际缴纳税款时：

借：行政支出　　　　　　　　　　　　　　　　　　　　　　　864
　　贷：资金结存——零余额账户用款额度　　　　　　　　　　　　864

【例6-3】 某行政单位2023年10月1日采购了一批办公用品，预付账款3 200元。10月5日，办公用品入库，补付尾款1 200元，通过财政授权方式支付。平行记账账务处理如下：

（1）财务会计账务处理如下：

A.10月1日预付账款时：

借：预付账款　　　　　　　　　　　　　　　　　　　　　　　3 200
　　贷：零余额账户用款额度　　　　　　　　　　　　　　　　　　3 200

B.10月5日办公用品入库补付尾款时：

借：业务活动费用　　　　　　　　　　　　　　　　　　　　　4 400
　　贷：零余额账户用款额度　　　　　　　　　　　　　　　　　　1 200
　　　　预付账款　　　　　　　　　　　　　　　　　　　　　　3 200

（2）预算会计账务处理如下：

A.10月1日预付账款时：

借：行政支出　　　　　　　　　　　　　　　　　　　　　　　3 200
　　贷：资金结存——零余额账户用款额度　　　　　　　　　　　　3 200

B.10月5日办公用品入库补付尾款时：

借：行政支出　　　　　　　　　　　　　　　　　　　　　　　1 200
　　贷：资金结存——零余额账户用款额度　　　　　　　　　　　　1 200

【例6-4】 某行政单位员工张某2023年11月出差预借差旅费备用金5 000元，出差回来后结算差旅费4 500元，退回备用金500元。平行记账账务处理如下：

（1）财务会计账务处理如下：

A.预借差旅费备用金时：

借：其他应收款　　　　　　　　　　　　　　　　　　　　　　5 000
　　贷：库存现金　　　　　　　　　　　　　　　　　　　　　　　5 000

B.结算差旅费时：

借：库存现金　　　　　　　　　　　　　　　　　　　　　　　　500
　　业务活动费用　　　　　　　　　　　　　　　　　　　　　4 500
　　贷：其他应收款　　　　　　　　　　　　　　　　　　　　　　5 000

（2）预算会计账务处理如下：

A.预借差旅费备用金时：

不涉及账务处理。

B.结算差旅费时：

借：行政支出 4 500
　　贷：资金结存——货币资金 4 500

【例6-5】 某行政单位购入专用设备1台，支付180 000元，扣20 000元质量保证金，2年后支付，发票按照200 000元开具，以财政授权方式支付。平行记账账务处理如下：

（1）财务会计账务处理如下：

A. 支付货款时：

借：固定资产 200 000
　　贷：零余额账户用款额度 180 000
　　　　长期应付款 20 000

B. 2年后支付质量保证金时：

借：长期应付款 20 000
　　贷：零余额账户用款额度 20 000

（2）预算会计账务处理如下：

A. 支付货款时：

借：行政支出 180 000
　　贷：资金结存——零余额账户用款额度 180 000

B. 2年后支付质量保证金时：

借：行政支出 20 000
　　贷：资金结存——零余额账户用款额度 20 000

【例6-6】 某行政单位办公室2023年11月领用一批办公用品，账面价值为3 700元。平行记账账务处理如下：

（1）财务会计账务处理如下：

借：业务活动费用 3 700
　　贷：库存物品 3 700

（2）预算会计不涉及账务处理。

【例6-7】 某行政单位办公室2023年11月空调原值2 400元，预计使用年限10年，预计净残值为0，使用年限平均法折旧。平行记账账务处理如下：

（1）财务会计账务处理如下：

每月计提固定资产累计折旧＝2 400÷10÷12＝20（元）

借：业务活动费用 20
　　贷：固定资产累计折旧 20

（2）预算会计不涉及账务处理。

【例6-8】 某行政单位2023年1月经批准以闲置办公用房对外出租，按照规定，缴纳上半年房产税33 000元，以财政授权方式支付，平行记账账务处理如下：

（1）财务会计账务处理如下：

A. 确认应缴纳的房产税时：

借：业务活动费用　　　　　　　　　　　　　　　　　　　　　　　33 000

　　贷：其他应交税费——应交房产税　　　　　　　　　　　　　　　　　　33 000

B. 实际支付房产税时：

借：其他应交税费——应交房产税　　　　　　　　　　　　　　　　33 000

　　贷：零余额账户用款额度　　　　　　　　　　　　　　　　　　　　　　33 000

（2）预算会计账务处理如下：

A. 确认应缴纳的房产税时：

不涉及账务处理。

B. 实际支付房产税时：

借：行政支出　　　　　　　　　　　　　　　　　　　　　　　　　33 000

　　贷：资金结存——零余额账户用款额度　　　　　　　　　　　　　　　　33 000

【例6-9】　某行政单位2023年12月履职本期发生其他费用共计3 000元，以财政授权方式支付。平行记账账务处理如下：

（1）财务会计账务处理如下：

借：业务活动费用　　　　　　　　　　　　　　　　　　　　　　　3 000

　　贷：零余额账户用款额度　　　　　　　　　　　　　　　　　　　　　　3 000

（2）预算会计账务处理如下：

借：行政支出　　　　　　　　　　　　　　　　　　　　　　　　　3 000

　　贷：资金结存——零余额账户用款额度　　　　　　　　　　　　　　　　3 000

【例6-10】　某行政单位将本年度购买的一批专用仪器做退货处理。2023年12月，该单位收到退货款113 000元。该笔仪器购买时使用财政授权方式支付。平行记账账务处理如下：

（1）财务会计账务处理如下：

借：零余额账户用款额度　　　　　　　　　　　　　　　　　　　　113 000

　　贷：业务活动费用　　　　　　　　　　　　　　　　　　　　　　　　113 000

（2）预算会计账务处理如下：

借：资金结存——零余额账户用款额度　　　　　　　　　　　　　　113 000

　　贷：行政支出　　　　　　　　　　　　　　　　　　　　　　　　　　113 000

【例6-11】　承［例6-10］，若该批仪器为上一年度购买，则退回时平行记账账务处理如下：

（1）财务会计账务处理如下：

借：财政应返还额度　　　　　　　　　　　　　　　　　　　　　　113 000

　　贷：以前年度盈余调整　　　　　　　　　　　　　　　　　　　　　　113 000

（2）预算会计账务处理如下：

借：资金结存——财政应返还额度　　　　　　　　　　　　113 000
　　贷：财政拨款结转——年初余额调整　　　　　　　　　　　　113 000

【例6-12】假设某行政单位全年发生的业务为[例6-1]至[例6-11]中的几笔，则该行政单位"业务活动费用"科目各期的期末余额如下：1月借方余额33 000元、10月借方余额83 800元（74 000＋5 400＋4 400），11月借方余额8 220元（4 500＋3 700＋20），12月贷方余额110 000元（113 000－3 000）。"行政支出"科目截至12月31日累计借方余额为211 300元（74 000＋4 536＋864＋3 200＋1 200＋4 500＋180 000＋20 000＋33 000＋3 000－113 000），其中财政拨款支出为206 800元，其他资金支出为4 500元。期末/年末进行结转。平行记账账务处理如下：

（1）财务会计账务处理如下：

A. 1月末结转时：

借：本期盈余　　　　　　　　　　　　　　　　　　　　　　33 000
　　贷：业务活动费用　　　　　　　　　　　　　　　　　　　　33 000

B. 10月末结转时：

借：本期盈余　　　　　　　　　　　　　　　　　　　　　　83 800
　　贷：业务活动费用　　　　　　　　　　　　　　　　　　　　83 800

C. 11月末结转时：

借：本期盈余　　　　　　　　　　　　　　　　　　　　　　8 220
　　贷：业务活动费用　　　　　　　　　　　　　　　　　　　　8 220

D. 12月末结转时：

借：业务活动费用　　　　　　　　　　　　　　　　　　　　110 000
　　贷：本期盈余　　　　　　　　　　　　　　　　　　　　　　110 000

（2）预算会计账务处理如下：

12月31日年末结转时：

借：财政拨款结转——本年收支结转　　　　　　　　　　　206 800
　　其他结余　　　　　　　　　　　　　　　　　　　　　　4 500
　　贷：行政支出　　　　　　　　　　　　　　　　　　　　　　211 300

（三）事业单位平行记账业务举例

【例6-13】某事业单位2023年10月应付业务活动人员薪酬，共计650 000元，代扣代缴个人所得税13 000元。款项通过财政授权方式支付。平行记账账务处理如下：

（1）财务会计账务处理如下：

A. 计提工资时：

借：业务活动费用 650 000
　　贷：应付职工薪酬 650 000
B. 支付工资时：
实际支付工资＝650 000－13 000＝637 000（元）
借：应付职工薪酬 650 000
　　贷：零余额账户用款额度 637 000
　　　　其他应交税费——应交个人所得税 13 000
C. 代扣代缴个人所得税时：
借：其他应交税费——应交个人所得税 13 000
　　贷：零余额账户用款额度 13 000
（2）预算会计账务处理如下：
A. 计提工资时：
不涉及账务处理。
B. 支付工资时：
借：事业支出 637 000
　　贷：资金结存——零余额账户用款额度 637 000
C. 代扣代缴个人所得税：
借：事业支出 13 000
　　贷：资金结存——零余额账户用款额度 13 000

【例6-14】 某事业单位2023年10月聘用临时人员发生劳务费共计69 000元，代扣个人所得税金额为1 725元，通过财政授权方式支付。平行记账账务处理如下：
（1）财务会计账务处理如下：
A. 支付人员劳务费时：
实际支付金额＝69 000－1 725＝67 275（元）
借：业务活动费用 69 000
　　贷：其他应交税费——应交个人所得税 1 725
　　　　零余额账户用款额度 67 275
B. 实际缴纳税款时：
借：其他应交税费——应交个人所得税 1 725
　　贷：零余额账户用款额度 1 725
（2）预算会计账务处理如下：
A. 支付人员劳务费时：
借：事业支出 67 275
　　贷：资金结存——零余额账户用款额度 67 275
B. 实际缴纳税款时：
借：事业支出 1 725
　　贷：资金结存——零余额账户用款额度 1 725

政府会计实务及案例解析

【例 6-15】 某事业单位 2023 年 10 月 1 日预付给某企业购买材料货款 62 000 元。10 月 20 日，该批材料到库，发票金额为 60 000 元，对方退回多付的款项 2 000 元。平行记账账务处理如下：

（1）财务会计账务处理如下：

A.10 月 1 日预付账款时：

借：预付账款　　　　　　　　　　　　　　　　　　　　　　62 000
　　贷：零余额账户用款额度　　　　　　　　　　　　　　　　　　62 000

B.10 月 20 日材料到库退回多付款项时：

借：零余额账户用款额度　　　　　　　　　　　　　　　　　　2 000
　　业务活动费用　　　　　　　　　　　　　　　　　　　　　60 000
　　贷：预付账款　　　　　　　　　　　　　　　　　　　　　　62 000

（2）预算会计账务处理如下：

A.10 月 1 日预付账款时：

借：事业支出　　　　　　　　　　　　　　　　　　　　　　62 000
　　贷：资金结存——零余额账户用款额度　　　　　　　　　　　62 000

B.10 月 20 日材料到库退回多付款项时：

借：资金结存——零余额账户用款额度　　　　　　　　　　　2 000
　　贷：事业支出　　　　　　　　　　　　　　　　　　　　　　2 000

【例 6-16】 某事业单位业务科室 2023 年 11 月 1 日按月领用备用金 1 000 元，用于零星采购和支出。11 月 30 日进行结算，该单位报销发票金额共计 1 100 元，补领垫付现金 100 元。平行记账账务处理如下：

（1）财务会计账务处理如下：

A.11 月 1 日领用备用金时：

借：其他应收款　　　　　　　　　　　　　　　　　　　　　1 000
　　贷：库存现金　　　　　　　　　　　　　　　　　　　　　　1 000

B.11 月 30 日结算备用金时：

借：业务活动费用　　　　　　　　　　　　　　　　　　　　1 100
　　贷：其他应收款　　　　　　　　　　　　　　　　　　　　　1 000
　　　　库存现金　　　　　　　　　　　　　　　　　　　　　　100

（2）预算会计账务处理如下：

A.11 月 1 日领用备用金时：

不涉及账务处理。

B.11 月 30 日结算备用金时：

借：事业支出　　　　　　　　　　　　　　　　　　　　　　1 100
　　贷：资金结存——货币资金　　　　　　　　　　　　　　　1 100

【例 6-17】 某事业单位 2023 年 11 月建设一栋办公楼，支付建筑工程款 700 000 元，财政直接支付方式支付。平行记账账务处理如下：

（1）财务会计账务处理如下：

借：在建工程　　　　　　　　　　　　　　　　　　　　　　　700 000
　　贷：财政拨款收入　　　　　　　　　　　　　　　　　　　　　700 000

（2）预算会计账务处理如下：

借：事业支出　　　　　　　　　　　　　　　　　　　　　　　　700 000
　　贷：财政拨款预算收入　　　　　　　　　　　　　　　　　　　700 000

【例6-18】　某事业单位为2023年12月开展业务活动领用库存物品专用设备一台，该设备账面价值为25 000元。平行记账账务处理如下：

（1）财务会计账务处理如下：

借：业务活动费用　　　　　　　　　　　　　　　　　　　　　　25 000
　　贷：库存物品　　　　　　　　　　　　　　　　　　　　　　　25 000

（2）预算会计不涉及账务处理。

【例6-19】　某事业单位2023年12月开展业务活动所使用的设备原值为36 000元，预计使用年限10年，预计净残值为0，使用年限平均法折旧。平行记账账务处理如下：

（1）财务会计账务处理如下：

每月计提固定资产累计折旧＝36 000÷10÷12＝300（元）

借：业务活动费用　　　　　　　　　　　　　　　　　　　　　　300
　　贷：固定资产累计折旧　　　　　　　　　　　　　　　　　　　300

（2）预算会计不涉及账务处理。

【例6-20】　某事业单位为2023年11月开展业务活动，本期应交城市维护建设税以及教育费附加共计4 500元，用银行存款支付。平行记账账务处理如下：

（1）财务会计账务处理如下：

A.2023年11月确认应交其他税费时：

借：业务活动费用　　　　　　　　　　　　　　　　　　　　　　4 500
　　贷：其他应交税费　　　　　　　　　　　　　　　　　　　　　4 500

B.2023年12月实际用银行存款支付时：

借：其他应交税费　　　　　　　　　　　　　　　　　　　　　　4 500
　　贷：银行存款　　　　　　　　　　　　　　　　　　　　　　　4 500

（2）预算会计账务处理如下：

A.2023年11月确认应交其他税费时：

不涉及账务处理。

B.2023年12月实际用银行存款支付时：

借：事业支出　　　　　　　　　　　　　　　　　　　　　　　　4 500
　　贷：资金结存——货币资金　　　　　　　　　　　　　　　　　4 500

【例 6-21】 某事业单位 2023 年 12 月为开展业务，本期发生其他费用共计 4 500 元，用银行存款支付。平行记账账务处理如下：

（1）财务会计账务处理如下：

借：业务活动费用　　　　　　　　　　　　　　　　　　　　　4 500
　　贷：银行存款　　　　　　　　　　　　　　　　　　　　　　　4 500

（2）预算会计账务处理如下：

借：事业支出　　　　　　　　　　　　　　　　　　　　　　　　4 500
　　贷：资金结存——货币资金　　　　　　　　　　　　　　　　　4 500

【例 6-22】 某事业单位 2023 年 12 月末按照职工工资总额的 2.5% 计提职工福利基金 2 500 元。平行记账账务处理如下：

（1）财务会计账务处理如下：

借：业务活动费用　　　　　　　　　　　　　　　　　　　　　2 500
　　贷：专用基金　　　　　　　　　　　　　　　　　　　　　　　2 500

（2）预算会计不涉及账务处理。

【例 6-23】 某事业单位将本年购买的一批办公用品退货，2023 年 12 月收到退货款 20 500 元。购买办公用品时使用银行存款支付。平行记账账务处理如下：

（1）财务会计账务处理如下：

借：银行存款　　　　　　　　　　　　　　　　　　　　　　　20 500
　　贷：业务活动费用　　　　　　　　　　　　　　　　　　　　　20 500

（2）预算会计账务处理如下：

借：资金结存——货币资金　　　　　　　　　　　　　　　　　20 500
　　贷：事业支出　　　　　　　　　　　　　　　　　　　　　　　20 500

【例 6-24】 承［例 6-23］，若该批办公用品为上一年度购买，则退回时平行记账账务处理如下：

（1）财务会计账务处理如下：

借：银行存款　　　　　　　　　　　　　　　　　　　　　　　20 500
　　贷：以前年度盈余调整　　　　　　　　　　　　　　　　　　　20 500

（2）预算会计账务处理如下：

借：资金结存——货币资金　　　　　　　　　　　　　　　　　20 500
　　贷：非财政补助结余——年初余额调整　　　　　　　　　　　　20 500

【例 6-25】 假设该事业单位全年发生业务为［例 6-13］至［例 6-24］的几笔，则该事业单位"业务活动费用"科目各期的期末余额如下：10 月借方余额 779 000 元（650 000 ＋ 69 000 ＋ 60 000），11 月借方余额 4 500 元，12 月借方余额 11 800 元（25 000 ＋ 300 ＋

4 500＋2 500－20 500）。"事业支出"科目截至12月31日累计借方余额1 468 600元（637 000＋13 000＋67 275＋1 725＋62 000＋1 100＋700 000＋4 500＋4 500－2 000－20 500），其中财政拨款支出借方累计余额1 483 500元，其他资金支出贷方累计余额14 900元。期末/年末进行结转，平行记账账务处理如下：

（1）财务会计账务处理如下：

A.10月末结转：

借：本期盈余	779 000
贷：业务活动费用	779 000

B.11月末结转：

借：本期盈余	4 500
贷：业务活动费用	4 500

C.12月末结转：

借：本期盈余	11 800
贷：业务活动费用	11 800

（2）预算会计账务处理如下：

12月31日年末结转：

借：财政拨款结转——本年收支结转	1 483 500
贷：事业支出	1 468 600
其他结余	14 900

二、单位管理费用/事业支出

"单位管理费用""事业支出"科目仅事业单位使用，行政单位不涉及此类业务。

（一）平行记账账务处理

1. 支付管理人员职工薪酬

具体账务处理如表6-19所示。

表6-19　单位管理费用/事业支出平行记账账务处理Ⅰ

情形	财务会计	预算会计
	事业单位	事业单位
计提管理活动人员薪酬	借：单位管理费用 　　贷：应付职工薪酬	—
实际支付给职工并代扣个人所得税	借：应付职工薪酬 　　贷：财政拨款收入/零余额账户用款额度/银行存款等 　　　　其他应交税费——应交个人所得税	借：事业支出［按照支付给个人部分］ 　　贷：财政拨款预算收入/资金结存

（续表）

情形	财务会计 事业单位	预算会计 事业单位
实际缴纳税款	借：其他应交税费——应交个人所得税 　　贷：银行存款/零余额账户用款额度等	借：事业支出［按照实际缴纳额］ 　　贷：资金结存等

注：实行预算管理一体化的单位不再使用"零余额账户用款额度"科目。

2. 支付外部人员劳务费。

具体账务处理如表6-20所示。

表6-20　单位管理费用/事业支出平行记账账务处理Ⅱ

情形	财务会计 事业单位	预算会计 事业单位
计提外部人员劳务费	借：单位管理费用 　　贷：其他应付款	—
实际支付并代扣个人所得税	借：其他应付款 　　贷：财政拨款收入/零余额账户用款额度/银行存款等 　　　　其他应交税费——应交个人所得税	借：事业支出［按照支付给个人部分］ 　　贷：财政拨款预算收入/资金结存
实际支付税款	借：其他应交税费——应交个人所得税 　　贷：银行存款/零余额账户用款额度等	借：事业支出［按照实际缴纳额］ 　　贷：资金结存等

注：实行预算管理一体化的单位不再使用"零余额账户用款额度"科目。

3. 发生预付款项

具体账务处理如表6-21所示。

表6-21　单位管理费用/事业支出平行记账账务处理Ⅲ

情形	财务会计 事业单位	预算会计 事业单位
支付预付账款	借：预付账款 　　贷：财政拨款收入/零余额账户用款额度/银行存款等	借：事业支出 　　贷：财政拨款预算收入/资金结存
结算预付账款	借：单位管理费用 　　贷：预付账款 　　　　财政拨款收入/零余额账户用款额度/银行存款等［补付金额］	借：事业支出 　　贷：财政拨款预算收入/资金结存 　　［补付金额］

（续表）

情形	财务会计	预算会计
	事业单位	事业单位
支付暂付款项	借：其他应收款 　　贷：银行存款等	—
结算或报销暂付款项		借：事业支出 　　贷：资金结存等

注：实行预算管理一体化的单位不再使用"零余额账户用款额度"科目。

4. 发生其他与管理活动相关的各项费用

具体账务处理如表6-22所示。

表6-22　单位管理费用/事业支出平行记账账务处理Ⅳ

情形	财务会计	预算会计
	事业单位	事业单位
发生各项费用	借：单位管理费用 　　贷：财政拨款收入/零余额账户用款额度/银行存款/应付款项等	借：事业支出［按照实际支付的金额］ 　　贷：财政拨款预算收入/资金结存

注：实行预算管理一体化的单位不再使用"零余额账户用款额度"科目。

5. 购买资产或支付在建工程

具体账务处理如表6-23所示。

表6-23　单位管理费用/事业支出平行记账账务处理Ⅴ

情形	财务会计	预算会计
	事业单位	事业单位
支付购买资产或在建工程	借：库存物品/固定资产/无形资产/在建工程等 　　贷：财政拨款收入/零余额账户用款额度/银行存款/应付账款等	借：事业支出［按照实际支付价款］ 　　贷：财政拨款预算收入/资金结存

注：实行预算管理一体化的单位不再使用"零余额账户用款额度"科目。

6. 计提折旧、摊销

具体账务处理如表6-24所示。

表 6-24 单位管理费用/事业支出平行记账账务处理 Ⅵ

情形	财务会计	预算会计
	事业单位	事业单位
计提折旧、摊销额	借：单位管理费用 　　贷：固定资产累计折旧/无形资产累计摊销	—

7. 领用内部库存物品

具体账务处理如表 6-25 所示。

表 6-25 单位管理费用/事业支出平行记账账务处理 Ⅶ

情形	财务会计	预算会计
	事业单位	事业单位
领用库存物品	借：单位管理费用 　　贷：库存物品	—

8. 发生应负担的税金及附加

具体账务处理如表 6-26 所示。

表 6-26 单位管理费用/事业支出平行记账账务处理 Ⅷ

情形	财务会计	预算会计
	事业单位	事业单位
确定应缴纳的税金及附加	借：单位管理费用 　　贷：其他应交税费	—
实际缴纳税金及附加	借：其他应交税费 　　贷：银行存款等	借：事业支出 　　贷：资金结存等

9. 购货退回

具体账务处理如表 6-27 所示。

表 6-27 单位管理费用/事业支出平行记账账务处理 Ⅸ

情形	财务会计	预算会计
	事业单位	事业单位
当年发生购货退回	借：财政拨款收入/零余额账户用款额度/银行存款/应收账款等 　　贷：库存物品/单位管理费用等	借：财政拨款预算收入/资金结存 　　贷：事业支出

（续表）

情形	财务会计	预算会计
	事业单位	事业单位
发生以前年度购货退回	借：财政应返还额度/银行存款/应收账款等 　　贷：库存物品/以前年度盈余调整	借：资金结存——财政应返还额度/资金结存——货币资金 　　贷：财政拨款结转——年初余额调整/非财政拨款结余——年初余额调整

注：实行预算管理一体化的单位不再使用"零余额账户用款额度"科目。

10. 期末/年末结转

具体账务处理如表 6-28 所示。

表 6-28　单位管理费用/事业支出平行记账账务处理 X

情形	财务会计	预算会计
	事业单位	事业单位
期末/年末结转	借：本期盈余 　　贷：单位管理费用	借：财政拨款结转——本年收支结转［财政拨款支出］ 　　非财政拨款结转——本年结转［非财政专项资金支出］ 　　其他结余［非财政、非专项资金支出］ 　　贷：事业支出

（二）事业单位平行记账业务举例

【例 6-26】　某事业单位 2023 年 10 月计提管理人员工资 70 000 元，代扣代缴个人所得税 1 400 元，11 月上缴个人所得税 1 400 元。工资和税费均使用银行存款支付。平行记账账务处理如下：

（1）财务会计账务处理如下：

A. 2023 年 10 月，计提管理人员工资时：

借：单位管理费用　　　　　　　　　　　　　　　　　　　　　　70 000
　　贷：应付职工薪酬　　　　　　　　　　　　　　　　　　　　　　　70 000

B. 2023 年 10 月，实际支付给管理人员并代扣个人所得税时：

实际支付金额 = 70 000 - 1 400 = 68 600（元）

借：应付职工薪酬　　　　　　　　　　　　　　　　　　　　　　70 000
　　贷：银行存款　　　　　　　　　　　　　　　　　　　　　　　　　68 600
　　　　其他应交税费——应交个人所得税　　　　　　　　　　　　　　1 400

C. 2023 年 11 月，实际缴纳税款时：

借：其他应交税费——应交个人所得税　　　　　　　　　　　　1 400
　　　贷：银行存款　　　　　　　　　　　　　　　　　　　　　　1 400
（2）预算会计账务处理如下：
A.计提管理人员工资时：
不涉及账务处理。
B.2023年10月，实际支付给管理人员时：
借：事业支出　　　　　　　　　　　　　　　　　　　　　　　68 600
　　贷：资金结存——货币资金　　　　　　　　　　　　　　　　68 600
C.2023年11月，实际缴纳税款时：
借：事业支出　　　　　　　　　　　　　　　　　　　　　　　 1 400
　　贷：资金结存——货币资金　　　　　　　　　　　　　　　　 1 400

【例6-27】　某事业单位2023年10月计提管理部门聘用临时人员产生工资费用6 000元，代扣代缴个人所得税150元，2023年11月上缴个人所得税150元。聘用人员工资和代扣个人所得税均采用银行存款支付。平行记账账务处理如下：

（1）财务会计账务处理如下：
A.2023年10月，计提临时聘用人员工资时：
借：单位管理费用　　　　　　　　　　　　　　　　　　　　　 6 000
　　贷：其他应付款　　　　　　　　　　　　　　　　　　　　　 6 000
B.2023年10月，实际支付并代扣个人所得税时：
实际支付金额＝6 000－150＝5 850（元）
借：其他应付款　　　　　　　　　　　　　　　　　　　　　　 6 000
　　贷：银行存款　　　　　　　　　　　　　　　　　　　　　　 5 850
　　　　其他应交税费——应交个人所得税　　　　　　　　　　　　150
C.2023年11月，实际支付税款时：
借：其他应交税费——应交个人所得税　　　　　　　　　　　　　150
　　贷：银行存款　　　　　　　　　　　　　　　　　　　　　　　150
（2）预算会计账务处理如下：
A.计提临时聘用人员工资时：
不涉及账务处理。
B.2023年10月，实际支付并代扣个人所得税时：
借：事业支出　　　　　　　　　　　　　　　　　　　　　　　 5 850
　　贷：资金结存——货币资金　　　　　　　　　　　　　　　　 5 850
C.2023年11月，实际支付税款时：
借：事业支出　　　　　　　　　　　　　　　　　　　　　　　　 150
　　贷：资金结存——货币资金　　　　　　　　　　　　　　　　　 150

【例6-28】　某事业单位管理人员于2023年11月20日购买一批后勤用办公用品，

预付账款 50 600 元。11 月 25 日办公用品入库，开具发票 50 600 元，采用财政授权方式支付，平行记账账务处理如下：

（1）财务会计账务处理如下：

A.11 月 20 日，预付账款时：

借：预付账款　　　　　　　　　　　　　　　　　　　　　　　　　50 600
　　贷：零余额账户用款额度　　　　　　　　　　　　　　　　　　　　　50 600

B.11 月 25 日，办公用品入库并开具发票时：

借：单位管理费用　　　　　　　　　　　　　　　　　　　　　　　　50 600
　　贷：预付账款　　　　　　　　　　　　　　　　　　　　　　　　　　50 600

（2）预算会计账务处理如下：

A.11 月 20 日，预付账款时：

借：事业支出　　　　　　　　　　　　　　　　　　　　　　　　　　50 600
　　贷：资金结存——零余额账户用款额度　　　　　　　　　　　　　　　50 600

B.1 月 25 日，办公用品入库并开具发票时：

不涉及账务处理。

【例 6-29】　某事业单位管理部门 2023 年 11 月初领用备用金 2 500 元，用于日常零星支出，月底结算报销，发票金额为 2 100 元，剩余备用金 400 元归还财务部门。平行记账账务处理如下：

（1）财务会计账务处理如下：

A.月初领用备用金时：

借：其他应收款　　　　　　　　　　　　　　　　　　　　　　　　　2 500
　　贷：库存现金　　　　　　　　　　　　　　　　　　　　　　　　　　2 500

B.月底结算报销时：

借：库存现金　　　　　　　　　　　　　　　　　　　　　　　　　　　400
　　单位管理费用　　　　　　　　　　　　　　　　　　　　　　　　　2 100
　　贷：其他应收款　　　　　　　　　　　　　　　　　　　　　　　　　2 500

（2）预算会计账务处理如下：

A.月初领用备用金时：

不涉及账务处理。

B.月底结算报销：

借：事业支出　　　　　　　　　　　　　　　　　　　　　　　　　　2 100
　　贷：资金结存——货币资金　　　　　　　　　　　　　　　　　　　　2 100

【例 6-30】　某事业单位管理部门 2023 年 11 月份发生其他与管理活动相关的费用共计 3 700 元，均为零星支出，使用库存现金支付。平行记账账务处理如下：

（1）财务会计账务处理如下：

借：单位管理费用　　　　　　　　　　　　　　　　　　　　　　　　3 700
　　贷：库存现金　　　　　　　　　　　　　　　　　　　　　　　　　　3 700

（2）预算会计账务处理如下：
借：事业支出　　　　　　　　　　　　　　　　　　　　　　　　3 700
　　　贷：资金结存——货币资金　　　　　　　　　　　　　　　　3 700

【例 6-31】 某事业单位管理部门 2023 年 12 月购买一批电脑共计 57 000 元，该批电脑作为固定资产入库，采用财政直接支付方式支付。平行记账账务处理如下：
（1）财务会计账务处理如下：
借：固定资产　　　　　　　　　　　　　　　　　　　　　　　　57 000
　　　贷：财政拨款收入　　　　　　　　　　　　　　　　　　　　57 000
（2）预算会计账务处理如下：
借：事业支出　　　　　　　　　　　　　　　　　　　　　　　　57 000
　　　贷：财政拨款预算收入　　　　　　　　　　　　　　　　　　57 000

【例 6-32】 某事业单位管理用的办公大楼原值为 480 000 元，预计使用年限 20 年，预计净残值为 0。使用年限平均法折旧。2023 年 12 月，该单位计提折旧。平行记账账务处理如下：
（1）财务会计账务处理如下：
每月计提固定资产折旧金额 = 480 000 ÷ 20 ÷ 12 = 2 000（元）
借：单位管理费用　　　　　　　　　　　　　　　　　　　　　　2 000
　　　贷：固定资产累计折旧　　　　　　　　　　　　　　　　　　2 000
（2）预算会计不涉及账务处理。

【例 6-33】 某事业单位后勤部门 2023 年 12 月领用内部库存物品作为办公物品，其价值为 600 元。平行记账账务处理如下：
（1）财务会计账务处理如下：
借：单位管理费用　　　　　　　　　　　　　　　　　　　　　　600
　　　贷：库存物品　　　　　　　　　　　　　　　　　　　　　　600
（2）预算会计不涉及账务处理。

【例 6-34】 某事业单位管理部门公务用车 2023 年 12 月发生车船税 45 000 元，采用财政授权方式缴纳。平行记账账务处理如下：
（1）财务会计账务处理如下：
借：单位管理费用　　　　　　　　　　　　　　　　　　　　　　45 000
　　　贷：零余额账户用款额度　　　　　　　　　　　　　　　　　45 000
（2）预算会计账务处理如下：
借：事业支出　　　　　　　　　　　　　　　　　　　　　　　　45 000
　　　贷：资金结存——零余额账户用款额度　　　　　　　　　　　45 000

第六章 费用/预算支出类业务

【例6-35】 某事业单位2023年12月将本年度购买用于管理部门的一批办公用品做退货处理,收到退货款5 700元。该笔货款使用财政授权方式支付。平行记账账务处理如下:

(1)财务会计账务处理如下:

借:零余额账户用款额度 5 700
　　贷:单位管理费用 5 700

(2)预算会计账务处理如下:

借:资金结存——零余额账户用款额度 5 700
　　贷:事业支出 5 700

【例6-36】 承[例6-35],若该笔退货为以前年度购货发生的退回,则平行记账账务处理如下:

(1)财务会计账务处理如下:

借:财政应返还额度 5 700
　　贷:以前年度盈余调整 5 700

(2)预算会计账务处理如下:

借:资金结存——财政应返还额度 5 700
　　贷:财政拨款结转——年初余额调整 5 700

【例6-37】 假设该事业单位全年发生业务为[例6-26]至[例6-36]的几笔,则该事业单位"单位管理费用"科目各期的期末余额如下:10月借方余额130 000元(70 000＋60 000),11月借方余额56 400元(50 600＋2 100＋3 700),12月借方余额11 800元(2 000＋600＋45 000)。"事业支出"科目截至12月31日累计借方余额1 468 600元(637 000＋13 000＋67 275＋1 725＋62 000＋1 100＋700 000＋4 500＋4 500－2 000－20 500),其中财政拨款支出借方累计余额1 483 500元,其他资金支出贷方累计余额14 900元。期末/年末进行结转,平行记账账务处理如下:

(1)财务会计账务处理如下:

A.10月末结转时:

借:本期盈余 779 000
　　贷:业务活动费用 779 000

B.11月末结转时:

借:本期盈余 4 500
　　贷:业务活动费用 4 500

C.12月末结转时:

借:业务活动费用 11 800
　　贷:本期盈余 11 800

(2)预算会计账务处理如下:

371

12月31日年末结转时：

借：财政拨款结转——本年收支结转　　　　　　　　　　　　1 483 500
　　贷：事业支出　　　　　　　　　　　　　　　　　　　　　　1 468 600
　　　　其他结余　　　　　　　　　　　　　　　　　　　　　　　　14 900

三、经营费用/经营支出

"经营费用""经营支出"科目仅为事业单位使用，行政单位不涉及此类业务。

（一）平行记账账务处理

1. 支付经营活动人员职工薪酬

具体账务处理如表6-29所示。

表6-29　经营费用/经营支出平行记账账务处理Ⅰ

情形	财务会计	预算会计
	事业单位	事业单位
计提经营活动人员薪酬	借：经营费用 　　贷：应付职工薪酬	—
实际支付给职工并代扣个人所得税	借：应付职工薪酬 　　贷：财政拨款收入/零余额账户用款额度/银行存款等 　　　　其他应交税费——应交个人所得税	借：经营支出［按照支付给个人部分］ 　　贷：资金结存
实际缴纳税款	借：其他应交税费——应交个人所得税 　　贷：银行存款等	借：经营支出［按照实际缴纳额］ 　　贷：资金结存——货币资金等

注：实行预算管理一体化的单位不再使用"零余额账户用款额度"科目。

2. 购买资产或支付在建工程

具体账务处理如表6-30所示。

表6-30　经营费用/经营支出平行记账账务处理Ⅱ

情形	财务会计	预算会计
	事业单位	事业单位
支付购买资产或在建工程	借：库存物品/固定资产/无形资产/在建工程等 　　贷：银行存款/应付账款等	借：经营支出［按照实际支付价款］ 　　贷：资金结存——货币资金

3. 内部领用材料或出售发出物品等

具体账务处理如表 6-31 所示。

表 6-31　经营费用/经营支出平行记账账务处理Ⅲ

情形	财务会计	预算会计
	事业单位	事业单位
领用材料或出售发出物品	借：经营费用 　贷：库存物品	—

4. 发生预付款项

具体账务处理如表 6-32 所示。

表 6-32　经营费用/经营支出平行记账账务处理Ⅳ

情形	财务会计	预算会计
	事业单位	事业单位
支付预付账款	借：预付账款 　贷：银行存款等	借：经营支出 　贷：资金结存——货币资金
结算预付账款	借：经营费用 　贷：预付账款 　　银行存款等［补付金额］	借：经营支出 　贷：资金结存——货币资金［补付金额］

5. 发生应负担的税金及附加

具体账务处理如表 6-33 所示。

表 6-33　经营费用/经营支出平行记账账务处理Ⅴ

情形	财务会计	预算会计
	事业单位	事业单位
确定应缴纳的税金及附加	借：经营费用 　贷：其他应交税费	—
实际缴纳税金及附加	借：其他应交税费 　贷：银行存款等	借：经营支出 　贷：资金结存——货币资金

6. 发生其他与经营活动相关的各项费用

具体账务处理如表 6-34 所示。

表 6-34 经营费用/经营支出平行记账账务处理 Ⅵ

情形	财务会计	预算会计
	事业单位	事业单位
发生各项费用	借：经营费用 　　贷：银行存款/应付款项等	借：经营支出［按照实际支付的金额］ 　　贷：资金结存——货币资金

7. 计提折旧、摊销

具体账务处理如表 6-35 所示。

表 6-35 经营费用/经营支出平行记账账务处理 Ⅶ

情形	财务会计	预算会计
	事业单位	事业单位
计提折旧、摊销额	借：经营费用 　　贷：固定资产累计折旧/无形资产累计摊销	—

8. 计提专用基金

具体账务处理如表 6-36 所示。

表 6-36 经营费用/经营支出平行记账账务处理 Ⅷ

情形	财务会计	预算会计
	事业单位	事业单位
计提专用基金	借：经营费用 　　贷：专用基金	—

9. 购货退回

具体账务处理如表 6-37 所示。

表 6-37 经营费用/经营支出平行记账账务处理 Ⅸ

情形	财务会计	预算会计
	事业单位	事业单位
当年发生购货退回	借：银行存款/应收账款等 　　贷：库存物品/经营费用等	借：资金结存——货币资金 　　贷：经营支出
发生以前年度购货退回	借：银行存款/应收账款等 　　贷：库存物品/以前年度盈余调整	借：资金结存——货币资金 　　贷：非财政拨款结余——年初余额调整

10. 期末/年末结转

具体账务处理如表6-38所示。

表6-38 经营费用/经营支出平行记账账务处理

情形	财务会计	预算会计
	事业单位	事业单位
期末/年末结转	借：本期盈余 　　贷：经营费用	借：经营结余 　　贷：经营支出

（二）事业单位平行记账业务举例

【例6-38】 某事业单位2023年10月支付经营活动人员工资75 000元，代扣代缴个人所得税1 500元。2023年11月，该单位上缴个人所得税1 500元。工资及个人所得税均采用银行存款支付。平行记账账务处理如下：

（1）财务会计账务处理如下：

A. 2023年10月，计提经营活动人员工资时：

借：经营费用　　　　　　　　　　　　　　　　　　　　　　　75 000
　　贷：应付职工薪酬　　　　　　　　　　　　　　　　　　　　75 000

B. 2023年10月，实际支付给经营活动人员并代扣个人所得税时：

借：应付职工薪酬　　　　　　　　　　　　　　　　　　　　　75 000
　　贷：银行存款　　　　　　　　　　　　　　　　　　　　　　73 500
　　　　其他应交税费——应交个人所得税　　　　　　　　　　　1 500

C. 2023年11月，实际缴纳税款时：

借：其他应交税费——应交个人所得税　　　　　　　　　　　　1 500
　　贷：银行存款　　　　　　　　　　　　　　　　　　　　　　1 500

（2）预算会计账务处理如下：

A. 2023年10月，计提经营活动人员工资时：

不涉及账务处理。

B. 2023年10月，实际支付给经营活动人员并代扣个人所得税时：

借：经营支出　　　　　　　　　　　　　　　　　　　　　　　73 500
　　贷：银行存款　　　　　　　　　　　　　　　　　　　　　　73 500

C. 2023年11月，实际缴纳税款时：

借：经营支出　　　　　　　　　　　　　　　　　　　　　　　1 500
　　贷：银行存款　　　　　　　　　　　　　　　　　　　　　　1 500

【例6-39】 某事业单位2023年10月为了开展经营活动购买一批办公桌椅，账面价值为 59 000 元，办公桌椅办理固定资产入库。该款项采用银行存款支付。平行记账账务处理如下：

（1）财务会计账务处理如下：

借：固定资产　　　　　　　　　　　　　　　　　　　　　　59 000
　　贷：银行存款　　　　　　　　　　　　　　　　　　　　　　59 000

（2）预算会计账务处理如下：

借：经营支出　　　　　　　　　　　　　　　　　　　　　　59 000
　　贷：资金结存——货币资金　　　　　　　　　　　　　　　59 000

【例 6-40】　某事业单位 2023 年 10 月为开展经营活动领用库存物品 5 000 元。平行记账账务处理如下：

（1）财务会计账务处理如下：

借：经营费用　　　　　　　　　　　　　　　　　　　　　　5 000
　　贷：库存物品　　　　　　　　　　　　　　　　　　　　　　5 000

（2）预算会计不涉及账务处理。

【例 6-41】　某事业单位 2023 年 11 月 3 日为开展经营活动委托某企业制作一批科普产品，预付账款 71 000 元。11 月 15 日科普产品制作完毕并交付入库，某企业给该事业单位开具金额为 80 000 元的发票，该事业单位补付尾款 9 000 元，款项均采用银行存款支付。平行记账账务处理如下：

（1）财务会计账务处理如下：

A.11 月 3 日，预付账款时：

借：预付账款　　　　　　　　　　　　　　　　　　　　　　71 000
　　贷：银行存款　　　　　　　　　　　　　　　　　　　　　　71 000

B.11 月 15 日，支付尾款时：

借：经营费用　　　　　　　　　　　　　　　　　　　　　　80 000
　　贷：预付账款　　　　　　　　　　　　　　　　　　　　　　71 000
　　　　银行存款　　　　　　　　　　　　　　　　　　　　　　9 000

（2）预算会计账务处理如下：

A.11 月 3 日，预付账款时：

借：经营支出　　　　　　　　　　　　　　　　　　　　　　71 000
　　贷：资金结存——货币资金　　　　　　　　　　　　　　　71 000

B.11 月 15 日，支付尾款时：

借：经营支出　　　　　　　　　　　　　　　　　　　　　　9 000
　　贷：资金结存——货币资金　　　　　　　　　　　　　　　9 000

【例 6-42】　某事业单位 2023 年 11 月为开展经营活动发生城市维护建设税、教育费附加和地方教育附加2 000元。2023年12月该单位上缴相关税费。采用银行存款支付。平行记账账务处理如下：

（1）财务会计账务处理如下：

A.2023年11月，确定应缴纳的城市维护建设税、教育费附加和地方教育附加时：

借：经营费用　　　　　　　　　　　　　　　　　　　　　　2 000
　　贷：其他应交税费　　　　　　　　　　　　　　　　　　　　　2 000

B.2023年12月缴纳税费时：

借：其他应交税费　　　　　　　　　　　　　　　　　　　　2 000
　　贷：银行存款　　　　　　　　　　　　　　　　　　　　　　　2 000

（2）预算会计账务处理如下：

A.2023年11月，确定应缴纳的城市维护建设税、教育费附加和地方教育附加时：不涉及账务处理。

B.2023年12月缴纳税费时：

借：经营支出　　　　　　　　　　　　　　　　　　　　　　2 000
　　贷：资金结存——货币资金　　　　　　　　　　　　　　　　　2 000

【例6-43】 某事业单位2023年12月为开展经营活动发生的其他各项费用共计4 000元，由经营活动人员先行垫付，于12月30日报销。平行记账账务处理如下：

（1）财务会计账务处理如下：

借：经营费用　　　　　　　　　　　　　　　　　　　　　　4 000
　　贷：库存现金　　　　　　　　　　　　　　　　　　　　　　　4 000

（2）预算会计账务处理如下：

借：经营支出　　　　　　　　　　　　　　　　　　　　　　4 000
　　贷：资金结存——货币资金　　　　　　　　　　　　　　　　　4 000

【例6-44】 某事业单位2023年12月按规定计提经营活动用无形资产摊销12 000元。平行记账账务处理如下：

（1）财务会计账务处理如下：

借：经营费用　　　　　　　　　　　　　　　　　　　　　　12 000
　　贷：无形资产累计摊销　　　　　　　　　　　　　　　　　　　12 000

（2）预算会计不涉及账务处理。

【例6-45】 某事业单位2023年12月根据经营收入的10%计提修购基金31 000元。平行记账账务处理如下：

（1）财务会计账务处理如下：

借：经营费用　　　　　　　　　　　　　　　　　　　　　　31 000
　　贷：专用基金　　　　　　　　　　　　　　　　　　　　　　　31 000

（2）预算会计不涉及账务处理。

【例6-46】 某事业单位本年为开展经营活动购入价值 23 400 元货物一批，由于质量没有达到要求，遂要求退货。2023 年 12 月货款已经返回开户银行账户。平行记账账务处理如下：

（1）财务会计账务处理如下：

借：银行存款　　　　　　　　　　　　　　　　　　　　　　　23 400
　　贷：经营费用　　　　　　　　　　　　　　　　　　　　　　　23 400

（2）预算会计账务处理如下：

借：资金结存——货币资金　　　　　　　　　　　　　　　　　　23 400
　　贷：经营支出　　　　　　　　　　　　　　　　　　　　　　　23 400

若该批货物为以前年度购入，则平行记账账务处理如下：

（1）财务会计账务处理如下：

借：银行存款　　　　　　　　　　　　　　　　　　　　　　　23 400
　　贷：以前年度盈余调整　　　　　　　　　　　　　　　　　　　23 400

（2）预算会计账务处理如下：

借：资金结存——货币资金　　　　　　　　　　　　　　　　　　23 400
　　贷：非财政拨款结余——年初余额调整　　　　　　　　　　　　23 400

【例6-47】 假设该事业单位全年发生的业务为［例6-38］至［例6-46］的几笔，则该事业单位"经营费用"科目各期的期末余额如下：10月借方余额80 000元（75 000＋5 000），11月借方余额91 000元（80 000＋9 000＋2 000），12月借方余额23 600元（4 000＋12 000＋31 000－23 400）。"经营支出"科目截至12月31日累计借方余额187 600元（73 500＋1 500＋59 000＋71 000＋2 000＋4 000－23 400），全部为自有资金。期末/年末进行结转，平行记账账务处理如下：

（1）财务会计账务处理如下：

A.10月末结转时：

借：本期盈余　　　　　　　　　　　　　　　　　　　　　　　80 000
　　贷：经营费用　　　　　　　　　　　　　　　　　　　　　　　80 000

B.11月末结转时：

借：本期盈余　　　　　　　　　　　　　　　　　　　　　　　91 000
　　贷：经营费用　　　　　　　　　　　　　　　　　　　　　　　91 000

C.12月末结转时：

借：本期盈余　　　　　　　　　　　　　　　　　　　　　　　23 600
　　贷：经营费用　　　　　　　　　　　　　　　　　　　　　　　23 600

（2）预算会计账务处理如下：

12月31日年末结转时：

借：经营结余　　　　　　　　　　　　　　　　　　　　　　　　　　187 600
　　贷：经营支出　　　　　　　　　　　　　　　　　　　　　　　　　　187 600

四、资产处置费用

（一）平行记账账务处理

1. 不通过"待处理财产损溢"科目核算的资产处置

具体账务处理如表6-39所示。

表6-39　资产处置费用平行记账账务处理 I

情形	财务会计		预算会计	
	行政单位	事业单位	行政单位	事业单位
转销被处置资产账面价值	借：资产处置费用 　　固定资产累计折旧/无形资产累计摊销/公共基础设施累计折旧（摊销）/保障性住房累计折旧 　贷：库存物品/固定资产/无形资产/公共基础设施/政府储备物资/保障性住房/在建工程等［账面余额］/其他应收款	借：资产处置费用 　　固定资产累计折旧/无形资产累计摊销/公共基础设施累计折旧（摊销）/保障性住房累计折旧 　贷：库存物品/固定资产/无形资产/公共基础设施/政府储备物资/保障性住房/在建工程等［账面余额］	—	
处置资产过程中仅发生相关费用的	借：资产处置费用 　贷：银行存款/库存现金等		借：其他支出 　贷：资金结存	
处置资产过程中取得收入的	借：库存现金/银行存款等［取得的价款］ 　贷：银行存款/库存现金等［支付的相关费用］ 　　应缴财政款		—	

2. 通过"待处理财产损溢"科目核算的资产处置

具体账务处理如表6-40所示。

表6-40　资产处置费用平行记账账务处理 II

情形	财务会计		预算会计	
	行政单位	事业单位	行政单位	事业单位
账款核对中发现的现金短缺，无法查明原因的，报经批准核销时	借：资产处置费用 　贷：待处理财产损溢		—	

（续表）

情形	财务会计		预算会计	
	行政单位	事业单位	行政单位	事业单位
盘亏、损毁、报废的资产，经批准处理时	借：资产处置费用 　　贷：待处理财产损溢——待处理财产价值		—	
盘亏、损毁、报废的资产，处理过程中发生的费用大于所取得收入的	借：资产处置费用 　　贷：待处理财产损溢——处理净收入		借：其他支出［净支出］ 　　贷：资金结存	

3. 期末结转

具体账务处理如表 6-41 所示。

表 6-41　资产处置费用平行记账账务处理 Ⅲ

情形	财务会计		预算会计	
	行政单位	事业单位	行政单位	事业单位
期末结转	借：本期盈余 　　贷：资产处置费用		—	

（二）行政单位平行记账业务举例

【例 6-48】　某行政单位 2023 年 5 月处置一台设备，该设备已使用 8 年，原值为 1 000 000 元，已计提累计折旧 800 000 元。平行记账账务处理如下：

（1）财务会计账务处理如下：

借：固定资产累计折旧　　　　　　　　　　　　　　　　　　800 000
　　资产处置费用　　　　　　　　　　　　　　　　　　　　200 000
　　贷：固定资产　　　　　　　　　　　　　　　　　　　　　　　1 000 000

（2）预算会计不涉及账务处理。

【例 6-49】　承［例 6-48］，若该设备在处置过程中只发生拆卸费用 1 000 元，已用银行存款付讫。平行记账账务处理如下：

（1）财务会计账务处理如下：

借：资产处置费用　　　　　　　　　　　　　　　　　　　　1 000
　　贷：银行存款　　　　　　　　　　　　　　　　　　　　　　　1 000

（2）预算会计账务处理如下：
借：其他支出　　　　　　　　　　　　　　　　　　　　　　　　1 000
　　贷：资金结存——资金结存　　　　　　　　　　　　　　　　　　1 000

【例 6-50】 承[例 6-48]，若以库存现金支付在处置过程中发生的人工费 900 元，因处置该设备取得价款 6 000 元，款项已存入银行。平行记账账务处理如下：

（1）财务会计账务处理如下：
借：银行存款　　　　　　　　　　　　　　　　　　　　　　　　6 000
　　贷：库存现金　　　　　　　　　　　　　　　　　　　　　　　　900
　　　　应缴财政款　　　　　　　　　　　　　　　　　　　　　　5 100
（2）预算会计不涉及账务处理。

【例 6-51】 某行政单位 2023 年 6 月在账款核对中发现的现金短缺 100 元，无法查明原因，报经批准予以核销。平行记账账务处理如下：

（1）财务会计账务处理如下：
借：资产处置费用　　　　　　　　　　　　　　　　　　　　　　　100
　　贷：待处理财产损溢　　　　　　　　　　　　　　　　　　　　　100
（2）预算会计不涉及账务处理。

【例 6-52】 承[例 6-48]至[例 6-51]，该行政单位"资产处置费用"科目5月借方余额为 201 000 元（200 000 + 1 000），6 月借方余额为 100 元。期末进行结转。平行记账账务处理如下：

（1）财务会计账务处理如下：
A.5 月期末结转时：
借：本期盈余　　　　　　　　　　　　　　　　　　　　　　　201 000
　　贷：资产处置费用　　　　　　　　　　　　　　　　　　　　201 000
B.6 月期末结转时：
借：本期盈余　　　　　　　　　　　　　　　　　　　　　　　　　100
　　贷：资产处置费用　　　　　　　　　　　　　　　　　　　　　　100
（2）预算会计账务处理如下：
预算会计按年结转，不涉及按月结转业务。

（三）事业单位平行记账业务举例

【例 6-53】 某事业单位 2023 年 7 月转让一项专利技术，该专利技术初始入账价值 200 000 元，已计提累计摊销 120 000 元，转让过程中发生相关评估费用 7 900 元，该款项用银行存款支付。取得转让价款 85 000 元，款项已收至银行账户，并于次月上缴财政专户。平行记账账务处理如下：

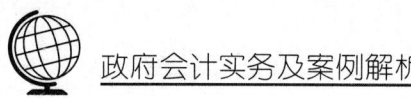

(1) 财务会计账务处理如下：

A. 转销被转让专利技术账面价值时：

借：资产处置费用　　　　　　　　　　　　　　　80 000
　　无形资产累计摊销　　　　　　　　　　　　　120 000
　　　贷：无形资产　　　　　　　　　　　　　　　　　200 000

B. 支付相关评估费用以及收到转让价款时：

借：银行存款　　　　　　　　　　　　　　　　　85 000
　　　贷：银行存款　　　　　　　　　　　　　　　　　　7 900
　　　　　应缴财政款　　　　　　　　　　　　　　　　77 100

C. 上缴财政款时：

借：应缴财政款　　　　　　　　　　　　　　　　77 100
　　　贷：银行存款　　　　　　　　　　　　　　　　　77 100

(2) 预算会计不涉及账务处理。

【例6-54】 某事业单位2023年7月在资产清查中发现一台价值为20 000元的设备已经不能继续使用，批准后将其进行报废处理。在处理过程中产生人工费用800元，废料收入500元。平行记账账务处理如下：

(1) 财务会计账务处理如下：

A. 经批准处理时：

借：资产处置费用　　　　　　　　　　　　　　　20 000
　　　贷：待处理财产损溢——待处理财产价值　　　　　20 000

B. 处理中发生费用并取得处置收入时：

净支出 = 800 − 500 = 300（元）

借：资产处置费用　　　　　　　　　　　　　　　　　300
　　　贷：待处理财产损溢——处理净收入　　　　　　　　300

(2) 预算会计账务处理如下：

A. 经批准处理时：

不涉及账务处理。

B. 处理中发生费用并取得处置收入时：

借：其他支出　　　　　　　　　　　　　　　　　　　300
　　　贷：资金结存——货币资金　　　　　　　　　　　　300

【例6-55】 承［例6-53］至［例6-54］，该事业单位"资产处置费用"科目7月借方余额为100 300元（80 000 + 20 000 + 300）。期末进行结转，平行记账账务处理如下：

(1) 财务会计账务处理如下：

借：本期盈余　　　　　　　　　　　　　　　　　100 300
　　　贷：资产处置费用　　　　　　　　　　　　　　　100 300

（2）预算会计账务处理如下：
预算会计按年结转，不涉及按月结转业务。

五、短期投资／长期股权投资／长期债券投资／投资支出

"短期投资""长期股权投资""长期债券投资""投资支出"科目仅事业单位使用，行政单位不涉及此类业务。

（一）平行记账账务处理

1. 以货币资金对外投资

具体账务处理如表 6-42 所示。

表 6-42　短期投资／长期股权投资／长期债券投资／投资支出平行记账账务处理 I

情形	财务会计	预算会计
	事业单位	事业单位
以货币资金对外投资	借：短期投资／长期股权投资／长期债券投资 　　贷：银行存款	借：投资支出 　　贷：资金结存——货币资金

2. 出售、对外转让或到期收回本年度以货币资金取得的对外投资

具体账务处理如表 6-43 所示。

表 6-43　短期投资／长期股权投资／长期债券投资／投资支出平行记账账务处理 II

情形	财务会计	预算会计
	事业单位	事业单位
实际取得的价款大于投资成本的	借：银行存款等［实际取得或收回的金额］ 　　贷：短期投资／长期债券投资等［账面余额］ 　　　　应收利息［账面余额］ 　　　　投资收益	借：资金结存——货币资金 　　贷：投资支出［投资成本］ 　　　　投资预算收益
实际取得价款小于投资成本的	借：银行存款等［实际取得或收回的金额］ 　　　投资收益 　　贷：短期投资／长期债券投资等［账面余额］ 　　　　应收利息［账面余额］	借：资金结存——货币资金 　　　投资预算收益 　　贷：投资支出［投资成本］

3. 年末结转

具体账务处理如表 6-44 所示。

表 6-44 短期投资/长期股权投资/长期债券投资/投资支出平行记账账务处理 III

情形	财务会计	预算会计
	事业单位	事业单位
年末结转	—	借：其他结余 贷：投资支出

（二）事业单位平行记账业务举例

【例 6-56】 某事业单位 2023 年 1 月 31 日以银行存款 50 000 元购买有价债券（含已到付息期但尚未领取的利息 5 000 元）；2 月 10 日，取得利息。2023 年 11 月 20 日，该事业单位将有价债券出售，取得价款 51 000 元并存至银行。平行记账账务处理如下：

（1）财务会计账务处理如下：

A.1 月 31 日，取得有价债券时：

借：短期投资　　　　　　　　　　　　　　　　　　　　　50 000
　　贷：银行存款　　　　　　　　　　　　　　　　　　　　50 000

B.2 月 10 日，取得利息时：

借：银行存款　　　　　　　　　　　　　　　　　　　　　5 000
　　贷：短期投资　　　　　　　　　　　　　　　　　　　　5 000

C.11 月 20 日，出售并取得价款时：

借：银行存款　　　　　　　　　　　　　　　　　　　　　51 000
　　贷：短期投资　　　　　　　　　　　　　　　　　　　　45 000
　　　　投资收益　　　　　　　　　　　　　　　　　　　　6 000

（2）预算会计账务处理如下：

A.1 月 31 日，取得有价债券时：

借：投资支出　　　　　　　　　　　　　　　　　　　　　50 000
　　贷：资金结存——货币资金　　　　　　　　　　　　　　50 000

B.2 月 10 日，取得利息时：

借：资金结存——货币资金　　　　　　　　　　　　　　　5 000
　　贷：投资预算收益　　　　　　　　　　　　　　　　　　5 000

C.11 月 20 日，出售取得价款时：

借：资金结存——货币资金　　　　　　　　　　　　　　　51 000
　　贷：投资支出　　　　　　　　　　　　　　　　　　　　50 000
　　　　投资预算收益　　　　　　　　　　　　　　　　　　1 000

【例 6-57】 某事业单位以银行存款 1 000 000 元在公开市场买入甲公司 10% 的股份（含已宣告但尚未发放的现金股利 100 000 元），在购买过程中支付手续费 35 000 元。

投资后该事业单位有权对其参与经营决策,并按照股权比例享有净利润和其他所有者权益。该被投资企业投资后第1年实现净利润150 000元,第2年实现净利润240 000元,且其他所有者权益增加50 000元,第3年实现净利润200 000元并分配现金股利500 000元;第4年该事业单位按照上级要求全部撤出该股权投资,获得撤资款1 250 000元(处置投资资产净收入中的股权投资账面余额上缴财政,收益留归单位)。平行记账账务处理如下:

(1)财务会计账务处理如下:

A. 取得长期股权投资时:

借:长期股权投资——成本　　　　　　　　　　　　　　　935 000
　　应收股利　　　　　　　　　　　　　　　　　　　　　100 000
　　贷:银行存款　　　　　　　　　　　　　　　　　　　　1 035 000

B. 收到现金股利时:

借:银行存款　　　　　　　　　　　　　　　　　　　　　100 000
　　贷:应收股利　　　　　　　　　　　　　　　　　　　　100 000

C. 第1年确认投资收益时:

应确认的投资收益 = 150 000×10% = 15 000(元)

借:长期股权投资——损益调整　　　　　　　　　　　　　15 000
　　贷:投资收益　　　　　　　　　　　　　　　　　　　　15 000

D. 第2年确认投资收益及所有者权益变动时:

应确认的投资收益 = 240 000×10% = 24 000(元)
应确认的投资收益 = 50 000×10% = 5 000(元)

借:长期股权投资——损益调整　　　　　　　　　　　　　24 000
　　　　　　　　——其他权益变动　　　　　　　　　　　5 000
　　贷:投资收益　　　　　　　　　　　　　　　　　　　　24 000
　　　　权益法调整　　　　　　　　　　　　　　　　　　5 000

E. 第3年确认投资收益及收到现金股利时:

应确认的投资收益 = 200 000×10% = 20 000(元)
分配的现金股利 = 500 000×10% = 50 000(元)

借:长期股权投资——损益调整　　　　　　　　　　　　　20 000
　　贷:投资收益　　　　　　　　　　　　　　　　　　　　20 000
借:应收股利　　　　　　　　　　　　　　　　　　　　　50 000
　　贷:长期股权投资——损益调整　　　　　　　　　　　　50 000
借:银行存款　　　　　　　　　　　　　　　　　　　　　50 000
　　贷:应收股利　　　　　　　　　　　　　　　　　　　　50 000

F. 第4年撤资时:

投资资产的账面价值 = 935 000 + 15 000 + 24 000 + 5 000 + 20 000 − 50 000 = 949 000(元)

借：资产处置费用　　　　　　　　　　　　　　　　　949 000
　　贷：长期股权投资——成本　　　　　　　　　　　　935 000
　　　　　　　　　　——损益调整　　　　　　　　　　　9 000
　　　　　　　　　　——其他权益变动　　　　　　　　　5 000
借：银行存款　　　　　　　　　　　　　　　　　　1 250 000
　　贷：应缴财政款　　　　　　　　　　　　　　　　949 000
　　　　投资收益　　　　　　　　　　　　　　　　　301 000
借：权益法调整　　　　　　　　　　　　　　　　　　　5 000
　　贷：投资收益　　　　　　　　　　　　　　　　　　5 000
H. 缴纳应缴财政款时：
借：应缴财政款　　　　　　　　　　　　　　　　　　949 000
　　贷：银行存款　　　　　　　　　　　　　　　　　949 000

（2）预算会计账务处理如下：
A. 取得长期股权投资时：
借：投资支出　　　　　　　　　　　　　　　　　　1 000 000
　　贷：资金结存——货币资金　　　　　　　　　　1 000 000
借：投资支出　　　　　　　　　　　　　　　　　　　35 000
　　贷：资金结存——货币资金　　　　　　　　　　　35 000
B. 收到现金股利时：
借：资金结存——货币资金　　　　　　　　　　　　100 000
　　贷：投资支出　　　　　　　　　　　　　　　　　100 000
C. 第1年确认投资收益时：
不涉及账务处理。

D. 第2年确认投资收益及所有者权益变动时：
不涉及账务处理。

E. 第3年确认投资收益时不涉及账务处理，收到现金股利时：
借：资金结存——货币资金　　　　　　　　　　　　 50 000
　　贷：投资预算收益　　　　　　　　　　　　　　　 50 000
F. 第4年撤资时：
借：资金结存——货币资金　　　　　　　　　　　　301 000
　　贷：投资预算收益　　　　　　　　　　　　　　　301 000
H. 缴纳应缴财政款时：
不涉及账务处理。

【例6-58】　某事业单位2022年4月18日用银行存款300 000元购买了300 000元面值的2年期国债，年利率为5%，到期一次还本付息，另外用银行存款支付了手续费等8 000元；2年后国债到期兑付全部收回本息。平行记账账务处理如下：

(1)财务会计账务处理如下：

A.取得长期债券投资时：

长期债券投资成本＝300 000＋8 000＝308 000（元）

借：长期债券投资——成本 308 000
　　贷：银行存款 308 000

B.每月计息时：

每年年底计息＝300 000×5%÷12＝1 250（元）

借：长期债券投资——应计利息 1 250
　　贷：投资收益 1 250

C.到期收回本金和利息时：

2年利息＝300 000×5%×2＝30 000（元）

2年本息合计＝30 000＋300 000＝330 000（元）

借：银行存款 330 000
　　投资收益 8 000
　　贷：长期债券投资——成本 308 000
　　　　　　　　　　——应计利息 30 000

（2）预算会计账务处理如下：

A.取得长期债券投资时：

借：投资支出 308 000
　　贷：资金结存——货币资金 308 000

B.每月计息时：

不涉及账务处理。

C.到期收回本金和利息时：

借：资金结存——货币资金 330 000
　　贷：其他结余 308 000
　　　　投资预算收益 22 000

【例6-59】 某事业单位2023年12月31日"投资支出"科目累计借方发生额为45 000元，年末进行结转。平行账务处理如下：

（1）财务会计不涉及账务处理。

（2）预算会计账务处理如下：

借：其他结余 45 000
　　贷：投资支出 45 000

六、上缴上级费用/上缴上级支出

"上缴上级费用""上缴上级支出"科目仅事业单位适用，行政单位不涉及此类业务。

（一）平行记账账务处理

1. 确定应当上缴的金额

具体账务处理如表 6-45 所示。

表 6-45 上缴上级费用/上缴上级支出平行记账账务处理 I

情形	财务会计	预算会计
	事业单位	事业单位
按照实际上缴的金额或者按照规定计算出应当上缴的金额	借：上缴上级费用 　　贷：银行存款/其他应付款等	借：上缴上级支出［实际上缴的金额］ 　　贷：资金结存——货币资金

2. 实际上缴应缴费用

具体账务处理如表 6-46 所示。

表 6-46 上缴上级费用/上缴上级支出平行记账账务处理 II

情形	财务会计	预算会计
	事业单位	事业单位
实际上缴应缴的金额	借：其他应付款 　　贷：银行存款等	—

3. 期末结转

具体账务处理如表 6-47 所示。

表 6-47 上缴上级费用/上缴上级支出平行记账账务处理 III

情形	财务会计	预算会计
	事业单位	事业单位
期末/年末结转	借：本期盈余 　　贷：上缴上级费用	借：其他结余 　　贷：上缴上级支出

（二）事业单位平行记账业务举例

【例 6-60】 某事业单位 2023 年按照规定应该上缴上级部门 80 000 元，该款项于当年 12 月份上缴。12 月 31 日"上缴上级费用"科目和"上缴上级支出"科目累计借方余额均为 80 000 元，期末进行结转。平行记账账务处理如下：

（1）财务会计账务处理如下：

A. 确定上缴上级部门的金额时：

借：上缴上级费用　　　　　　　　　　　　　　　　　　　80 000
　　贷：其他应付款　　　　　　　　　　　　　　　　　　　80 000

B.12 月上缴上级部门时：

借：其他应付款　　　　　　　　　　　　　　　　　　　　80 000
　　贷：银行存款　　　　　　　　　　　　　　　　　　　　80 000

C. 期末结转时：

借：本期盈余　　　　　　　　　　　　　　　　　　　　　80 000
　　贷：上缴上级费用　　　　　　　　　　　　　　　　　　80 000

（2）预算会计账务处理如下：

A. 确定上缴上级部门的金额时：

借：上缴上级支出　　　　　　　　　　　　　　　　　　　80 000
　　贷：资金结存——货币资金　　　　　　　　　　　　　　80 000

B.12 月份上缴上级部门时：

不涉及账务处理。

C. 年末结转时：

借：其他结余　　　　　　　　　　　　　　　　　　　　　80 000
　　贷：上缴上级支出　　　　　　　　　　　　　　　　　　80 000

七、对附属单位补助费用／对附属单位补助支出

"对附属单位补助费用""对附属单位补助支出"科目仅事业单位适用，行政单位不涉及对附属单位补助费用／支出业务。

（一）平行记账账务处理

1. 确定应当补助的金额

具体账务处理如表 6-48 所示。

表 6-48　上缴上级费用／上缴上级支出平行记账账务处理 I

情形	财务会计	预算会计
	事业单位	事业单位
按照实际补助的金额或者按照规定计算出应当补助的金额	借：对附属单位补助费用 　　贷：其他应付款	—

2. 实际支付补助

具体账务处理如表6-49所示。

表6-49 上缴上级费用/上缴上级支出平行记账账务处理 Ⅱ

情形	财务会计	预算会计
	事业单位	事业单位
实际支出应补助的金额	借：其他应付款 　　贷：银行存款等	借：对附属单位补助支出［按照实际补助的金额］ 　　贷：资金结存——货币资金

3. 期末/年末结转

具体账务处理如表6-50所示。

表6-50 上缴上级费用/上缴上级支出平行记账账务处理 Ⅲ

情形	财务会计	预算会计
	事业单位	事业单位
期末/年末结转	借：本期盈余 　　贷：对附属单位补助费用	借：其他结余 　　贷：对附属单位补助支出

（二）事业单位平行记账业务举例

【例6-61】 某事业单位2023年要对下属事业单位补助500 000元，该补助款于12月支付。12月31日累计"对附属单位补助费用"科目和"对附属单位补助支出"科目累计借方余额均为500 000元。年末进行结转，平行记账账务处理如下：

（1）财务会计账务处理如下：

A. 确定补助金额时：

借：对附属单位补助费用　　　　　　　　　　　　　　　　　　　500 000
　　贷：其他应付款　　　　　　　　　　　　　　　　　　　　　　　　500 000

B. 12月支付补助时：

借：其他应付款　　　　　　　　　　　　　　　　　　　　　　　500 000
　　贷：银行存款　　　　　　　　　　　　　　　　　　　　　　　　　500 000

C. 12月末结转时：

借：本期盈余　　　　　　　　　　　　　　　　　　　　　　　　500 000
　　贷：对附属单位补助费用　　　　　　　　　　　　　　　　　　　　500 000

（2）预算会计账务处理如下：

A. 确定补助金额时：
不涉及账务处理。
B.12 月份支付补助时：
借：对附属单位补助支出　　　　　　　　　　　　　　　　500 000
　　贷：资金结存——货币资金　　　　　　　　　　　　　　　500 000
C. 年末结转时：
借：其他结余　　　　　　　　　　　　　　　　　　　　　500 000
　　贷：对附属单位补助支出　　　　　　　　　　　　　　　　500 000

八、所得税费用

"所得税费用"科目仅事业单位适用，行政单位不涉及所得税费用业务。

（一）平行记账账务处理

1. 发生企业所得税纳税义务

具体账务处理如表 6-51 所示。

表 6-51　所得税费用平行记账账务处理 I

情形	财务会计	预算会计
	事业单位	事业单位
按照税法规定计算应交税金数额	借：所得税费用 　　贷：其他应交税费——单位应交所得税	—
实际缴纳时	借：其他应交税费——单位应交所得税 　　贷：银行存款等	借：非财政拨款结余——累计结余 　　贷：资金结存——货币资金

2. 年末结转

具体账务处理如表 6-52 所示。

表 6-52　所得税费用平行记账账务处理 II

情形	财务会计	预算会计
	事业单位	事业单位
年末结转	借：本期盈余 　　贷：所得税费用	—

（二）事业单位平行记账业务举例

【例6-62】 某事业单位2023年汇算清缴确定应缴纳上一年度企业所得税共计570 020元，经单位相关领导批准后于5月缴纳。12月31日"所得税费用"科目累计借方额为570 020元，年末进行结转。平行记账账务处理如下：

（1）财务会计账务处理如下：

A.确定上一年度企业所得税时：

借：所得税费用　　　　　　　　　　　　　　　　　　　570 020
　　贷：其他应交税费——单位应交所得税　　　　　　　　　　　　570 020

B.5月缴纳所得税时：

借：其他应交税费——单位应交所得税　　　　　　　　　570 020
　　贷：银行存款　　　　　　　　　　　　　　　　　　　　　　570 020

C.年末结转时：

借：本期盈余　　　　　　　　　　　　　　　　　　　　570 020
　　贷：所得税费用　　　　　　　　　　　　　　　　　　　　　570 020

（2）预算会计账务处理如下：

A.确定上一年度企业所得税时：

不涉及账务处理。

B.5月份缴纳所得税时：

借：非财政拨款结余——累计结余　　　　　　　　　　　570 020
　　贷：资金结存——货币资金　　　　　　　　　　　　　　　　570 020

C.年末结转时：

不涉及账务处理。

九、债务还本支出

"债务还本支出"科目仅事业单位适用，行政单位不涉及债务还本支出业务。"债务还本支出"科目为预算会计科目，与财务会计"短期借款""长期借款"科目平行记账。

（一）平行记账账务处理

1.归还借款本金

具体账务处理如表6-53所示。

表 6-53 债务还本支出平行记账账务处理 I

情形	财务会计	预算会计
	事业单位	事业单位
归还本金	借：短期借款/长期借款——本金 　贷：银行存款等	借：债务还本支出 　贷：资金结存——货币资金

2. 年末结转

具体账务处理如表 6-54 所示。

表 6-54 债务还本支出平行记账账务处理 II

情形	财务会计	预算会计
	事业单位	事业单位
年末结转	—	借：其他结余 　贷：债务还本支出

（二）事业单位平行记账业务举例

【例 6-63】 某事业单位 2023 年 1 月 31 日借入短期借款 100 000 元，期限为 10 个月，利率为 12%，每月偿还利息，到期还本。11 月 30 日，该短期借款到期。12 月 25 日，该事业单位偿还 2 年期的长期借款本息，该长期借款本金为 200 000 元，利率为 10%，到期还本付息。12 月 31 日，该事业单位"债务还本支出"科目仅发生以上两笔借款归还。年末进行结转，"债务还本支出"科目年底无余额。平行记账账务处理如下：

（1）财务会计账务处理如下：

A.1 月 31 日，借入短期借款时：

借：银行存款　　　　　　　　　　　　　　　　　　　100 000
　　贷：短期借款　　　　　　　　　　　　　　　　　　　100 000

B.2 月计算并支付借款利息时：

每月偿还利息金额 = 100 000 × 12% ÷ 12 = 1 000（元）

借：其他费用　　　　　　　　　　　　　　　　　　　1 000
　　贷：应付利息　　　　　　　　　　　　　　　　　　　1 000

借：应付利息　　　　　　　　　　　　　　　　　　　1 000
　　贷：银行存款　　　　　　　　　　　　　　　　　　　1 000

C.3～10 月计算并支付借款利息时：

账务处理同 2 月。

D.11月30日，归还短期借款本息时：

借：短期借款 100 000
　　贷：银行存款 100 000
借：其他费用 1 000
　　贷：应付利息 1 000
借：应付利息 1 000
　　贷：银行存款 1 000

E.归还长期借款本息时：

长期借款利息＝200 000×10%×2＝40 000（元）

借：长期借款——本金 200 000
　　　　　　——应计利息 40 000
　　贷：银行存款 240 000

（2）预算会计账务处理如下：

A.1月31日，借入短期借款时：

借：资金结存——货币资金 100 000
　　贷：债务预算收入 100 000

B.每月偿还利息时：

借：其他支出 1 000
　　贷：资金结存——货币资金 1 000

C.11月30日，归还短期借款本息时：

借：债务还本支出 100 000
　　贷：资金结存——货币资金 100 000
借：其他支出 1 000
　　贷：资金结存——货币资金 1 000

D.归还长期借款本息时：

借：债务还本支出 200 000
　　贷：资金结存——货币资金 200 000
借：其他支出 40 000
　　贷：资金结存——货币资金 40 000

E.年底结转"债务还本支出"科目时：

2023年该事业单位"债务还本支出"科目借方累计发生额＝100 000＋200 000＝300 000（元）

借：其他结余 300 000
　　贷：债务还本支出 300 000

十、其他费用／其他支出

（一）平行记账账务处理

1. 利息费用

此类业务仅事业单位涉及，行政单位不涉及。具体账务处理如表 6-55 所示。

表 6-55　其他费用／其他支出平行记账账务处理 Ⅰ

情形	财务会计	预算会计
	事业单位	事业单位
计算确定借款利息费用	借：其他费用／在建工程 　　贷：应付利息／长期借款——应计利息	—
实际支付利息	借：应付利息等 　　贷：银行存款	借：其他支出 　　贷：资金结存——货币资金

2. 现金资产对其附属单位以外的其他单位捐赠

具体账务处理如表 6-56 所示。

表 6-56　其他费用／其他支出平行记账账务处理 Ⅱ

情形	财务会计		预算会计	
	行政单位	事业单位	行政单位	事业单位
实际捐赠现金资产	借：其他费用 　　贷：银行存款／库存现金等	借：其他费用 　　贷：银行存款／库存现金等	借：其他支出 　　贷：资金结存——货币资金	借：其他支出 　　贷：资金结存——货币资金

3. 坏账损失

此类业务仅事业单位涉及，行政单位不涉及。具体账务处理如表 6-57 所示。

表 6-57　其他费用／其他支出平行记账账务处理 Ⅲ

情形	财务会计	预算会计
	事业单位	事业单位
按照规定对应收账款和其他应收款计提坏账准备	借：其他费用 　　贷：坏账准备	—
冲减多提的坏账准备时	借：坏账准备 　　贷：其他费用	—

4. 罚没支出

具体账务处理如表 6-58 所示。

5. 其他相关税费、运输费等

具体账务处理如表 6-59 所示。

表 6-58　其他费用/其他支出平行记账账务处理Ⅳ

情形	财务会计		预算会计	
	行政单位	事业单位	行政单位	事业单位
实际发生罚没支出	借：其他费用 　贷：银行存款/库存现金/其他应付款等		借：其他支出 　贷：资金结存——货币资金[实际支付金额]	

表 6-59　其他费用/其他支出平行记账账务处理Ⅴ

情形	财务会计		预算会计	
	行政单位	事业单位	行政单位	事业单位
发生其他相关税费、运输费等	借：其他费用 　贷：零余额账户用款额度/银行存款等		借：其他支出 　贷：资金结存	

6. 期末/年末结转

具体账务处理如表 6-60 所示。

表 6-60　其他费用/其他支出平行记账账务处理Ⅵ

情形	财务会计		预算会计	
	行政单位	事业单位	行政单位	事业单位
期末/年末结转	借：本期盈余 　贷：其他费用		借：其他结余[非财政、非专项资金支出] 　　非财政拨款结转——本年收支结转[非财政专项资金支出] 　贷：其他支出	

（二）行政单位平行记账业务举例

【例 6-64】　某行政单位 2023 年 10 月用自有资金向贫困地区学校捐款 600 000 元，以支持该学校开展教学活动。平行记账账务处理如下：

（1）财务会计账务处理如下：

借：其他费用 600 000
　　贷：银行存款 600 000
（2）预算会计账务处理如下：
借：其他支出 600 000
　　贷：资金结存——货币资金 600 000

【例6-65】 某行政单位2023年10月由于违反相关规定被处以40 000元罚款。该罚款应用银行存款缴纳。平行记账账务处理如下：

（1）财务会计账务处理如下：
借：其他费用 40 000
　　贷：银行存款 40 000
（2）预算会计账务处理如下：
借：其他支出 40 000
　　贷：资金结存——货币资金 40 000

【例6-66】 某行政单位2023年11月收到外界捐赠的多媒体设备一批，该批设备以名义金额确认计量，用银行存款支付运输该批设备产生的费用4 000元。平行记账账务处理如下：

（1）财务会计账务处理如下：
借：其他费用 4 000
　　贷：银行存款 4 000
（2）预算会计账务处理如下：
借：其他支出 4 000
　　贷：资金结存——货币资金 4 000

【例6-67】 某行政单位2023年12月收到某民间团体委托代管的一批实物资产，账面价值为500 000元，在管理过程中发生存放地点的迁移，运输该批实物资产发生运输费用2 000元，用银行存款支付，代管期满将实物资产送还该民间团体。平行记账账务处理如下：

（1）财务会计账务处理如下：
A. 接收代管实物资产时：
借：受托代理资产 500 000
　　贷：受托代理负债 500 000
B. 支付运输费时：
借：其他费用 2 000
　　贷：银行存款 2 000

C.送还代管实物资产时：

借：受托代理负债　　　　　　　　　　　　　　　500 000
　　贷：受托代理资产　　　　　　　　　　　　　　　　500 000

（2）预算会计账务处理如下：

A.接收代管实物资产时：

不涉及账务处理。

B.支付运输费时：

借：其他支出　　　　　　　　　　　　　　　　　2 000
　　贷：资金结存——货币资金　　　　　　　　　　　　2 000

C.送还代管实物资产时：

不涉及账务处理。

【例6-68】假设某行政单位发生的全年业务为［例6-64］至［例6-67］的几笔，则该行政单位"其他费用"科目各期的期末余额如下：10月借方余额为640 000元（600 000＋40 000），11月借方余额为4 000元，12月为借方余额2 000元。"其他支出"科目累计借方余额646 000元（600 000＋40 000＋4 000＋2 000）。期末/年末进行结转，平行记账账务处理如下：

（1）财务会计账务处理如下：

A.10月结转时：

借：本期盈余　　　　　　　　　　　　　　　　　640 000
　　贷：其他费用　　　　　　　　　　　　　　　　　640 000

B.11月结转时：

借：本期盈余　　　　　　　　　　　　　　　　　4 000
　　贷：其他费用　　　　　　　　　　　　　　　　　4 000

C.12月结转时：

借：本期盈余　　　　　　　　　　　　　　　　　2 000
　　贷：其他费用　　　　　　　　　　　　　　　　　2 000

（2）预算会计账务处理如下：

预算会计仅涉及年末结转，不涉及期末结转。年末结转时：

借：其他结余　　　　　　　　　　　　　　　　　646 000
　　贷：其他支出　　　　　　　　　　　　　　　　　646 000

（三）事业单位平行记账业务举例

【例6-69】某事业单位2023年10月用银行存款支付短期借款利息为8 000元。平行记账账务处理如下：

（1）财务会计账务处理如下：

借：其他费用　　　　　　　　　　　　　　　　　　　　　　　8 000
　　贷：银行存款　　　　　　　　　　　　　　　　　　　　　　8 000

（2）预算会计账务处理如下：

借：其他支出　　　　　　　　　　　　　　　　　　　　　　　8 000
　　贷：资金结存——货币资金　　　　　　　　　　　　　　　　8 000

【例6-70】　某事业单位2023年10月应收A公司账款20 000元，年末按照规定计提2 000元坏账准备。平行记账账务处理如下：

（1）财务会计账务处理如下：

借：其他费用　　　　　　　　　　　　　　　　　　　　　　　2 000
　　贷：坏账准备　　　　　　　　　　　　　　　　　　　　　　2 000

若第2年确定该款项能收回，则冲回计提的坏账准备。

借：坏账准备　　　　　　　　　　　　　　　　　　　　　　　2 000
　　贷：其他费用　　　　　　　　　　　　　　　　　　　　　　2 000

（2）预算会计不涉及账务处理。

【例6-71】　某事业单位2023年11月由于违反相关规定被处以40 000元罚款。该罚款应用银行存款缴纳。平行记账账务处理如下：

（1）财务会计账务处理如下：

借：其他费用　　　　　　　　　　　　　　　　　　　　　　　40 000
　　贷：银行存款　　　　　　　　　　　　　　　　　　　　　　40 000

（2）预算会计账务处理如下：

借：其他支出　　　　　　　　　　　　　　　　　　　　　　　40 000
　　贷：资金结存——货币资金　　　　　　　　　　　　　　　　40 000

【例6-72】　某事业单位2023年11月收到外界捐赠的多媒体设备一批，该批设备以名义金额确认计量，用银行存款支付运输该批设备产生的费用4 000元。平行记账账务处理如下：

（1）财务会计账务处理如下：

借：其他费用　　　　　　　　　　　　　　　　　　　　　　　4 000
　　贷：银行存款　　　　　　　　　　　　　　　　　　　　　　4 000

（2）预算会计账务处理如下：

借：其他支出 4 000
　　贷：资金结存——货币资金 4 000

【例6-73】 某事业单位2023年12月收到某民间团体委托代管的一批实物资产，账面价值为500 000元，在管理过程中发生存放地点的迁移，运输该批实物资产发生运输费用2 000元，用银行存款支付，代管期满将实物资产送还该民间团体。平行记账账务处理如下：

（1）财务会计账务处理如下：

A.接收代管实物资产时：

借：受托代理资产 500 000
　　贷：受托代理负债 500 000

B.支付运输费时：

借：其他费用 2 000
　　贷：银行存款 2 000

C.送还代管实物资产时：

借：受托代理负债 500 000
　　贷：受托代理资产 500 000

（2）预算会计账务处理如下：

A.接收代管实物资产时：

不涉及账务处理。

B.支付运输费时：

借：其他支出 2 000
　　贷：资金结存——货币资金 2 000

C.送还代管实物资产时：

不涉及账务处理。

【例6-74】 假设某事业单位发生全年业务为［例6-69］至［例6-73］的几笔，则该事业单位"其他费用"科目各期的期末余额如下：10月借方余额为10 000元（8 000＋2 000），11月借方余额为44 000元（40 000＋4 000），12月借方余额为2 000元。"其他支出"科目累计借方余额54 000元（8 000＋40 000＋4000＋2 000）。期末/年末进行结转。平行记账账务处理如下：

（1）财务会计账务处理如下：

A.10月结转时：

借：本期盈余 10 000
　　贷：其他费用 10 000

B.11 月结转时：

借：本期盈余 44 000
　　贷：其他费用 44 000

C.12 月结转时：

借：本期盈余 2 000
　　贷：其他费用 2 000

（2）预算会计账务处理如下：

预算会计仅涉及年末结转，不涉及期末结转。年末结转时：

借：其他结余 54 000
　　贷：其他支出 54 000

第七章 净资产/预算结余类业务

第一节 净资产/预算结余概述

一、净资产概述

（一）净资产的定义

净资产是指政府会计主体资产扣除负债后的净额。净资产项目应当列入资产负债表。

（二）净资产的会计科目

净资产共设置 7 个科目，包括"累计盈余""专用基金""权益法调整""本期盈余""本年盈余分配""无偿调拨净资产""以前年度盈余调整"。其中，事业单位单独使用的科目有 2 个，分别为"专用基金""权益法调整"，行政单位和事业单位共同使用的科目共有 5 个，分别是"累计盈余""本期盈余""本年盈余分配""无偿调拨净资产""以前年度盈余调整"。具体内容如表 7-1 所示。

表 7-1 净资产科目适用范围表

科目编码	科目名称	行政单位	事业单位
3001	累计盈余	√	√
3101	专用基金		√
3201	权益法调整		√
3301	本期盈余	√	√
3302	本年盈余分配	√	√

（续表）

科目编码	科目名称	行政单位	事业单位
3401	无偿调拨净资产	√	√
3501	以前年度盈余调整	√	√

（三）净资产的分类与计量

1. 净资产的分类

根据净资产科目的使用情况，净资产科目可以分为两大类，分别为过渡类科目（4个）和留存类科目（3个）。其中，过渡类科目年末要进行科目结转，结转后无余额，分别为"本期盈余""本年盈余分配""无偿调拨净资产""以前年度盈余调整"科目；留存类科目年末有余额，余额反映了单位实际拥有的净资产，分别为"累计盈余""专用基金""权益法调整"科目。

2. 净资产的计量

净资产金额取决于资产和负债的计量。

二、预算结余概述

（一）预算结余的定义

预算结余是指政府会计主体预算年度内预算收入扣除预算支出后的资金金额，以及历年滚存的资金余额。预算结余包括结余资金和结转资金。其中，结余资金是指年度预算执行终了，预算收入实际完成数扣除预算支出和结转资金后剩余的资金；结转资金是指预算安排项目的支出年终尚未执行完毕或者因故未执行，且下年需要按照原用途继续使用的资金。预算结余项目应当列入政府决算报表。

（二）预算结余的会计科目

根据科目的使用情况，预算结余科目分别为"资金结存""财政拨款结转""财政拨款结余""非财政拨款结转""非财政拨款结余""专用结余""经营结余""其他结余""非财政拨款结余分配"。其中，事业单位单独使用的科目有3个，分别为"专用结余""经营结余"和"非财政拨款结余分配"。行政单位和事业单位共同使用的科目有6个，分别为"资金结存""财政拨款结转""财政拨款结余""非财政拨款结转""非财政拨款结余""其他结余"。具体内容如表7-2所示。

表 7-2　预算结余科目适用范围表

科目编码	科目名称	行政单位	事业单位
8001	资金结存	√	√
8101	财政拨款结转	√	√
8102	财政拨款结余	√	√
8201	非财政拨款结转	√	√
8202	非财政拨款结余	√	√
8301	专用结余		√
8401	经营结余		√
8501	其他结余	√	√
8701	非财政拨款结余分配		√

（三）预算结余的分类与计量

1. 预算结余的分类

预算结余共有 9 个会计科目，大致可以归为两类：资金结存类科目（1 个）和其他预算结余类科目（8 个）。

资金结存类科目为"资金结存"科目。"资金结存"科目用来反映各结存类科目对应的资金形态，该科目明细科目包括"零余额账户用款额度""货币资金"和"财政应返还额度"。财政部《关于印发〈政府会计准则制度解释第 5 号〉的通知》（财会〔2022〕25 号）明确规定，实行预算管理一体化的中央预算单位在会计核算时不再使用"零余额账户用款额度"科目，"财政应返还额度"科目和"资金结存——财政应返还额度"科目下不再设置"财政直接支付""财政授权支付"明细科目。因此，实行预算管理一体化的单位"资金结存"科目明细科目包括"货币资金"和"财政应返还额度"两项，其中"资金结存——货币资金"科目下设置"财政拨款资金"明细科目，或采用辅助核算等形式。

其他预算结余类科目包括"财政拨款结转""财政拨款结余""非财政拨款结转""非财政拨款结余""专用结余""经营结余""其他结余"和"非财政拨款结余分配"。

资金类结存类科目余额与其他结存类科目余额方向相反，金额相等。

2. 预算结余的计量

预算结余的计量分为两部分：一部分为预算年度内预算收入和预算支出的差额；另一部分为历年滚存的资金金额。

三、净资产科目与预算结余科目衔接

（一）行政单位净资产科目与预算结余科目衔接

对于纳入行政单位部门预算管理的现金收支业务，年末财务会计在进行收入和费用结转时，也要进行预算会计收入和支出结转，即进行财务会计和预算会计的平行记账，因此，净资产类科目和预算结余类科目存在以下衔接关系：

（1）核算内容"一对多"的有3个科目，分别为"累计盈余""以前年度盈余调整""本期盈余"。

"累计盈余"科目对应预算会计中"财政拨款结转""财政拨款结余""非财政拨款结余""非财政拨款结转"等科目。

"以前年度盈余调整"科目对应"财政拨款结转""财政拨款结余""非财政拨款结余""非财政拨款结转"等科目。

"本期盈余"科目对应"其他结余"科目以及"财政拨款结转——本年收支结转""财政拨款结余——本年收支结转""非财政拨款结转——本年收支结转"等明细科目。

（2）核算内容不完全一致的有1个科目，即"本年盈余分配"科目包含"非财政拨款结余分配"科目的核算内容，还包括"财政拨款结转""财政拨款结余""非财政拨款结转"科目的本年收支结转金额。

（3）仅财务会计进行核算的科目有1个，即"无偿调拨净资产"科目，这个科目核算的内容不需要进行预算会计账务处理，故预算会计中无对应科目。

具体衔接方式见表7-3。

表7-3 行政单位净资产科目与预算结余科目衔接表

政府会计制度预算会计		政府会计制度财务会计		衔接关系
科目编码	科目名称	科目编码	科目名称	
8001	资金结存	1001	库存现金	（1）预算会计中"资金结存"科目的核算内容分别在财务会计中的"库存现金""银行存款""零余额账户用款额度""其他货币资金""财政应返还额度"等科目进行核算 （2）实行预算管理一体化的单位取消"零余额账户用款额度"科目，涉及财政拨款资金的对应"资金结存——货币资金""资金结存——应返还额度"明细科目
		1002	银行存款	
		1011	零余额账户用款额度	
		1021	其他货币资金	
		1201	财政应返还额度	

(续表)

政府会计制度预算会计		政府会计制度财务会计		衔接关系
科目编码	科目名称	科目编码	科目名称	
8202	非财政拨款结余	3001	累计盈余	预算会计中"非财政拨款结余——累计结余""财政拨款结转——累计结转""财政拨款结余——累计结余""非财政拨款结转——累计结转"等明细科目的核算内容均在财务会计中的"累计盈余"科目中进行核算
8101	财政拨款结转			
8102	财政拨款结余			
8201	非财政拨款结转			
8202	非财政拨款结余	3501	以前年度盈余调整	财务会计中的"以前年度盈余调整"科目的核算内容在预算会计中的"非财政拨款结余——年初余额调整""财政拨款结转——年初余额调整""财政拨款结余——年初余额调整""非财政拨款结转——年初余额调整"4个明细科目中进行核算
8101	财政拨款结转			
8102	财政拨款结余			
8201	非财政拨款结转			
8501	其他结余	3301	本期盈余	预算会计中的"经营结余"科目"其他结余"科目以及"财政拨款结转——本年收支结转""财政拨款结余——本年收支结转""非财政拨款结转——本年收支结转"等明细科目的核算内容在财务会计中的"本期盈余"科目中进行核算
8101	财政拨款结转			
8102	财政拨款结余			
8201	非财政拨款结转			
8701	非财政拨款结余分配	3302	本年盈余分配	预算会计中的"非财政拨款结余分配"科目的核算内容在财务会计中的"本年盈余分配"科目中进行核算,但是"本年盈余分配核算"科目的内容还包括"财政拨款结转""财政拨款结余""非财政拨款结转"等科目的本年收支结转金额
		3401	无偿调拨净资产	"无偿调拨净资产"科目的核算内容仅在财务会计中进行核算

(二)事业单位净资产科目与预算结余科目衔接

对于纳入事业单位部门预算管理的现金收支业务,年末财务会计在进行收入和费用结转时,也要进行预算会计收入和支出结转,即进行财务会计和预算会计的平行记账,因此,净资产类科目和预算结余类科目存在以下衔接关系:

(1)核算内容直接对应的有1个科目,即"专用基金"科目和"专用结余"科目的核算内容基本一致。

(2)核算内容"一对多"的有3个科目,分别为"累计盈余""以前年度盈余调整""本期盈余"科目。

"累计盈余"科目对应预算会计中"财政拨款结转""财政拨款结余""非财政拨款结转""非财政拨款结余"等科目。

"以前年度盈余调整"科目对应"非财政拨款结余""财政拨款结转""财政拨款结余""非财政拨款结转"等科目。

"本期盈余"科目对应"经营结余""其他结余""财政拨款结转""财政拨款结余""非财政拨款结转"等科目。

（3）核算内容不完全一致的有1个科目，即"本年盈余分配"科目包含"非财政拨款结余分配"科目的核算内容，但除此之外还包括"财政拨款结转""财政拨款结余""非财政拨款结转"科目的本年收支结转金额。

（4）仅财务会计进行核算的科目有2个，分别为"权益法调整""无偿调拨净资产"，以上科目核算的内容不需要进行预算会计账务处理，故预算会计中无对应科目。

具体衔接方式见表7-4。

表7-4　事业单位净资产科目与预算结余科目衔接表

政府会计制度预算会计		政府会计制度财务会计		衔接关系
科目编码	科目名称	科目编码	科目名称	
8001	资金结存	1001	库存现金	（1）预算会计中"资金结存"科目的核算内容分别在财务会计中的"库存现金""银行存款""零余额账户用款额度""其他货币资金""财政应返还额度"等科目进行核算 （2）实行预算管理一体化的中央预算单位取消"零余额账户用款额度"科目，涉及财政拨款资金的对应"资金结存——货币资金""资金结存——应返还额度"明细科目
		1002	银行存款	
		1011	零余额账户用款额度	
		1021	其他货币资金	
		1201	财政应返还额度	
8202	非财政拨款结余	3001	累计盈余	预算会计中"非财政拨款结余——累计结转""财政拨款结转——累计结转""财政拨款结余——累计结转""非财政拨款结转——累计结转"等明细科目的核算内容均在财务会计中的"累计盈余"科目中核算
8101	财政拨款结转			
8102	财政拨款结余			
8201	非财政拨款结转			
8202	非财政拨款结余	3501	以前年度盈余调整	财务会计中的"以前年度盈余调整"科目的核算内容在预算会计中的"非财政拨款结余——年初余额调整""财政拨款结转——年初余额调整""财政拨款结余——年初余额调整""非财政拨款结转——年初余额调整"等明细科目中进行核算
8101	财政拨款结转			
8102	财政拨款结余			
8201	非财政拨款结转			
8301	专用结余	3101	专用基金	预算会计中的"专用结余"科目的核算内容在财务会计中记入"专用基金"科目核算
		3201	权益法调整	"权益法调整"科目的核算内容仅在财务会计中进行核算

(续表)

政府会计制度预算会计		政府会计制度财务会计		衔接关系
科目编码	科目名称	科目编码	科目名称	
8401	经营结余	3301	本期盈余	预算会计中的"经营结余"科目、"其他结余"科目以及"财政拨款结转——本年收支结转""财政拨款结余——本年收支结转""非财政拨款结转——本年收支结转"等明细科目的核算内容在财务会计中的"本期盈余"中核算
8501	其他结余			
8101	财政拨款结转			
8102	财政拨款结余			
8201	非财政拨款结转			
8701	非财政拨款结余分配	3302	本年盈余分配	预算会计中的"非财政拨款结余分配"科目的核算内容在财务会计中的"本年盈余分配"科目中进行核算，但是"本年盈余分配"科目核算的内容还包括"财政拨款结转""财政拨款结余""非财政拨款结转"科目的本年收支结转金额
		3401	无偿调拨净资产	"无偿调拨净资产"科目的核算内容仅在财务会计中进行核算

第二节 净资产平行记账账务处理

一、累计盈余

（一）"累计盈余"科目核算的内容

"累计盈余"科目核算单位历年实现的盈余扣除盈余分配后滚存的金额，以及因无偿调入调出资产产生的净资产变动额。按照规定上缴、缴回、单位间调剂结转结余资金产生的净资产变动额，以及对以前年度盈余的调整金额，也通过"累计盈余"科目核算。

（二）"累计盈余"科目平行记账账务处理

1. 年末结转转入

具体账务处理如表 7-5 所示。

表 7-5 累计盈余平行记账账务处理 I

情形	财务会计		预算会计	
	行政单位	事业单位	行政单位	事业单位
年末,将"本年盈余分配"科目余额转入	借:本年盈余分配 　　贷:累计盈余 或作相反会计分录		—	
年末,将"无偿调拨净资产"科目余额转入	借:无偿调拨净资产 　　贷:累计盈余 或作相反会计分录		—	
将"以前年度盈余调整"科目的余额转入	借:以前年度盈余调整 　　贷:累计盈余 或作相反会计分录		—	

2. 调入或调出财政拨款结转资金

具体账务处理如表 7-6 所示。

表 7-6 累计盈余平行记账账务处理 II

情形	财务会计		预算会计	
	行政单位	事业单位	行政单位	事业单位
按照规定上缴财政拨款结转结余、缴回非财政拨款结转资金、向其他单位调出财政拨款结转资金时	借:累计盈余 　　贷:财政应返还额度/零余额账户用款额度/银行存款等		借:财政拨款结转——归集上缴/归集调出 　　财政拨款结余——归集上缴 　　非财政拨款结转——缴回资金 　　贷:财政应返还额度/零余额账户用款额度/银行存款等	
按照规定从其他单位调入财政拨款结转资金时	借:零余额账户用款额度/银行存款等 　　贷:累计盈余		借:资金结存——零余额账户用款额度/货币资金 　　贷:资金结存——财政应返还额度/零余额账户用款额度/货币资金	

3. 将"以前年度盈余调整"科目的余额转入

具体账务处理如表 7-7 所示。

表 7-7 累计盈余平行记账账务处理 III

情形	财务会计		预算会计	
	行政单位	事业单位	行政单位	事业单位
年末,将"本年盈余分配"科目余额转入	借:以前年度盈余调整 　　贷:累计盈余 或作相反会计分录		—	

4. 使用专用基金购置固定资产、无形资产

"专用基金"科目仅事业单位使用,行政单位无此类业务。

具体账务处理如表 7-8 所示。

表 7-8 累计盈余平行记账账务处理 Ⅳ

情形	财务会计	预算会计
	事业单位	事业单位
使用专用基金购置固定资产、无形资产	借：固定资产/无形资产 　贷：银行存款等 借：专用基金 　贷：累计盈余	使用从收入中提取并列入费用的专用基金： 借：事业支出等 　贷：资金结存 使用从非财政拨款结余或经营结余中提取的专用基金： 借：专用结余 　贷：资金结存——货币资金

（三）行政单位平行记账业务举例

1. 年末结转转入

【例 7-1】 2023 年，某行政单位经过年终决算后，当年实现盈余 500 000 元，经过分配后，记入"累计盈余"科目。平行记账账务处理如下：

（1）财务会计账务处理如下：

借：本年盈余分配　　　　　　　　　　　　　　　　500 000
　　贷：累计盈余　　　　　　　　　　　　　　　　　　500 000

（2）预算会计不涉及账务处理。

2. 调入或调出财政拨款结转资金

【例 7-2】 2023 年，某行政单位接上级单位通知按规定上缴历年财政拨款结余资金 100 000 元，缴回非财政拨款结转资金 200 000 元，向其他单位调出财政拨款结转资金 300 000 元。财务人员按照实际上缴、缴回、调出金额进行平行记账，平行记账账务处理如下：

（1）财务会计账务处理如下：

借：累计盈余　　　　　　　　　　　　　　　　　　600 000
　　贷：财政应返还额度　　　　　　　　　　　　　　100 000
　　　　银行存款　　　　　　　　　　　　　　　　　200 000
　　　　零余额账户用款额度　　　　　　　　　　　　300 000

若该单位为预算管理一体化单位，平行记账账务处理如下：
借：累计盈余　　　　　　　　　　　　　　　　　　　　600 000
　　贷：财政应返还额度　　　　　　　　　　　　　　　　　　400 000
　　　　银行存款　　　　　　　　　　　　　　　　　　　　　200 000
（2）预算会计账务处理如下：
借：财政拨款结余——归集上缴　　　　　　　　　　　　100 000
　　非财政拨款结转——缴回资金　　　　　　　　　　　　200 000
　　财政拨款结转——调出资金　　　　　　　　　　　　　300 000
　　贷：资金结存——财政应返还额度　　　　　　　　　　　100 000
　　　　　　　　——货币资金　　　　　　　　　　　　　　200 000
　　　　　　　　——零余额账户用款额度　　　　　　　　　300 000
若该单位为预算管理一体化单位，平行记账账务处理如下：
借：财政拨款结余——归集上缴　　　　　　　　　　　　100 000
　　非财政拨款结转——缴回资金　　　　　　　　　　　　200 000
　　财政拨款结转——调出资金　　　　　　　　　　　　　300 000
　　贷：资金结存——财政应返还额度　　　　　　　　　　　400 000
　　　　　　　　——货币资金　　　　　　　　　　　　　　200 000

3. 将"以前年度盈余调整"科目的余额转入

【例7-3】 2023年12月31日，某行政单位"以前年度盈余调整"科目年末贷方余额为200 000元，转入"累计盈余"科目，平行记账账务处理如下：
（1）财务会计账务处理如下：
借：以前年度盈余调整　　　　　　　　　　　　　　　　200 000
　　贷：累计盈余　　　　　　　　　　　　　　　　　　　　200 000
（2）预算会计不涉及账务处理。

（四）事业单位平行记账业务举例

1. 年末结转转入

【例7-4】 2023年，某事业单位年末"无偿调拨净资产"科目借方余额为300 000元，年终决算处理时，该单位将该科目余额转入"累计盈余"科目。平行记账账务处理如下：
（1）财务会计账务处理如下：
借：累计盈余　　　　　　　　　　　　　　　　　　　　300 000
　　贷：无偿调拨净资产　　　　　　　　　　　　　　　　　300 000

（2）预算会计不涉及账务处理。

2. 调入或调出财政拨款结转资金

【例 7-5】 2023 年，某事业单位按规定从其他单位调入财政拨款结转资金 200 000 元（该单位 2023 年未实行预算管理一体化）。平行记账账务处理如下：

（1）财务会计账务处理如下：

借：零余额账户用款额度　　　　　　　　　　　　200 000
　　贷：累计盈余　　　　　　　　　　　　　　　　　　200 000

（2）预算会计账务处理如下：

借：资金结存——零余额账户用款额度　　　　　　200 000
　　贷：财政拨款结转——归集调入　　　　　　　　　　200 000

3. 将"以前年度盈余调整"科目的余额转入

【例 7-6】 2023 年 12 月 31 日，某事业单位"以前年度盈余调整"科目年末借方余额为 200 000 元，该单位将其转入"累计盈余"科目。平行记账账务处理如下：

（1）财务会计账务处理如下：

借：累计盈余　　　　　　　　　　　　　　　　　　200 000
　　贷：以前年度盈余调整　　　　　　　　　　　　　　200 000

（2）预算会计不涉及账务处理。

4. 使用专用基金购置固定资产、无形资产

【例 7-7】 2023 年，某事业单位使用从预算收入中提取的专用基金购置固定资产 300 000 元，该款项通过银行存款支付。平行记账账务处理如下：

（1）财务会计账务处理如下：

借：固定资产　　　　　　　　　　　　　　　　　　300 000
　　贷：银行存款　　　　　　　　　　　　　　　　　　300 000
借：专用基金　　　　　　　　　　　　　　　　　　300 000
　　贷：累计盈余　　　　　　　　　　　　　　　　　　300 000

（2）预算会计账务处理如下：

借：事业支出　　　　　　　　　　　　　　　　　　300 000
　　贷：资金结存——货币资金　　　　　　　　　　　　300 000

二、专用基金

(一)"专用基金"科目核算的内容

"专用基金"科目核算事业单位按照规定提取或设置的具有专门用途的净资产,主要包括职工福利基金、科技成果转换基金等。"专用基金"科目应当按照专用基金的类别进行明细核算。

"专用基金"科目仅事业单位使用,行政单位无此类业务。

(二)"专用基金"科目平行记账账务处理

1. 提取专用基金

具体账务处理如表 7-9 所示。

表 7-9 专用基金平行记账账务处理 I

情形	财务会计	预算会计
	事业单位	事业单位
年末,按照规定从本年度非财政拨款结余或经营结余中提取专用基金的	借:本年盈余分配 　　贷:专用基金〔按照预算会计下计算的提取金额〕	借:非财政拨款结余分配 　　贷:专用结余
根据规定从收入中提取专用基金并计入费用的	借:业务活动费用等 　　贷:专用基金〔一般按照预算收入计算提取的金额〕	—
根据有关规定设置的其他专用基金	借:银行存款等 　　贷:专用基金	—

2. 按照规定使用专用基金

财政部《关于印发〈政府会计准则制度解释第 5 号〉的通知》(财会〔2022〕25 号)明确规定,根据《事业单位财务规则》(财政部令第 108 号)规定,事业单位应当将专用基金纳入预算管理。

具体账务处理如表 7-10 所示。

表 7-10 专用基金平行记账账务处理 II

情形	财务会计	预算会计
	事业单位	事业单位
按照规定使用从非财政拨款结余或经营结余中提取的专用基金时	（1）使用时： 借：业务活动费用——使用专用基金等 　　贷：银行存款等 如果购置固定资产、无形资产的： 借：固定资产/无形资产 　　贷：银行存款等 借：专用基金 　　贷：累计盈余 （2）期末结转时： 借：专用基金 　　贷：业务活动费用——使用专用基金等	（1）使用时： 借：事业支出——使用专用结余等 　　贷：资金结存 （2）年末结转时： 借：专用结余 　　贷：事业支出——使用专用结余等

（三）事业单位平行记账业务举例

1. 提取专用基金

【例 7-8】2023 年，某事业单位年末按照规定从本年度非财政拨款结余或经营结余中提取专用基金 100 000 元。平行记账账务处理如下：

（1）财务会计账务处理如下：

借：本年盈余分配　　　　　　　　　　　　　　　　　　　　　100 000
　　贷：专用基金　　　　　　　　　　　　　　　　　　　　　　　100 000

（2）预算会计账务处理如下：

借：非财政拨款结余分配　　　　　　　　　　　　　　　　　　100 000
　　贷：专用结余　　　　　　　　　　　　　　　　　　　　　　　100 000

【例 7-9】2023 年，某事业单位按规定从收入中提取专用基金 300 000 元，并将其计入费用。平行记账账务处理如下：

（1）财务会计账务处理如下：

借：业务活动费用　　　　　　　　　　　　　　　　　　　　　300 000
　　贷：专用基金　　　　　　　　　　　　　　　　　　　　　　　300 000

（2）预算会计不涉及账务处理。

【例 7-10】2023 年，某事业单位收到根据有关规定设置的其他专用基金 200 000 元。平行记账账务处理如下：

（1）财务会计账务处理如下：

借：银行存款	200 000	
贷：专用基金		200 000

（2）预算会计不涉及账务处理。

2. 按照规定使用专用基金

【例7-11】 2023年5月，某事业单位按照规定使用从非财政拨款结余中提取的专用基金50 000元。平行记账账务处理如下：

（1）财务会计账务处理如下：

A.2023年5月，使用时：

借：业务活动费用——使用专用基金	50 000	
贷：银行存款		50 000

B.2023年5月末，结转时：

借：专用基金	50 000	
贷：业务活动费用——使用专用基金		50 000

C.2023年12月，结转时：
不涉及账务处理。

（2）预算会计账务处理如下：

A.2023年5月，使用时：

借：事业支出——使用专用结余	50 000	
贷：资金结存——货币资金		50 000

B.2023年5月末，结转时：
不涉及账务处理。

C.2023年12月，结转时：

借：专用结余	50 000	
贷：事业支出——使用专用结余		50 000

【例7-12】 2023年，某事业单位按照规定使用从非财政拨款结余中提取的专用基金购买专用设备一台，价值为600 000元。平行记账账务处理如下：

（1）财务会计账务处理如下：

借：固定资产	600 000	
贷：银行存款		600 000
借：专用基金	600 000	
贷：累计盈余		600 000

（2）预算会计账务处理如下

借：事业支出——使用专用结余	600 000	
贷：资金结存——货币资金		600 000

借：专用结余　　　　　　　　　　　　　　　　　　　　　　　　600 000
　　贷：事业支出——使用专用结余　　　　　　　　　　　　　　　600 000

三、权益法调整

（一）"权益法调整"科目核算的内容

"权益法调整"科目核算事业单位持有的长期股权投资采用权益法核算时，因按照被投资单位除净损益和利润分配以外的所有者权益变动份额调整长期股权投资账面余额而计入净资产的金额。"权益法调整"科目应当按照被投资单位进行明细核算。

"权益法调整"科目仅事业单位使用，行政单位无权益法调整业务。

（二）"权益法调整"科目平行记账账务处理

1. 资产负债表日被投资单位除净损益和利润分配以外的所有者权益变动

具体账务处理如表7-11所示。

表7-11　权益法调整平行记账账务处理 I

情形	财务会计	预算会计
	事业单位	事业单位
按照被投资单位除净损益和利润分配以外的所有者权益变动的份额（增加）	借：长期股权投资——其他权益变动 　　贷：权益法调整	—
按照被投资单位除净损益和利润分配以外的所有者权益变动的份额（减少）	借：权益法调整 　　贷：长期股权投资——其他权益变动	—

2. 长期股权投资处置

具体账务处理如表7-12所示。

表7-12　权益法调整平行记账账务处理 II

情形	财务会计	预算会计
	事业单位	事业单位
"权益法调整"科目为借方余额	借：投资收益 　　贷：权益法调整［与所处置投资对应部分的金额］	—

(续表)

情形	财务会计	预算会计
	事业单位	事业单位
"权益法调整"科目为贷方余额	借：权益法调整［与所处置投资对应部分的金额］ 　贷：投资收益	—

（三）事业单位平行记账业务举例

1. 资产负债表日被投资单位除净损益和利润分配以外的所有者权益变动

【例 7-13】 某事业单位按照被投资单位除净损益和利润分配以外的所有者权益变动取得增加份额 200 000 元。平行记账账务处理如下：

（1）财务会计账务处理如下：
借：长期股权投资——其他权益变动　　　　　　　　　　　　200 000
　　贷：权益法调整　　　　　　　　　　　　　　　　　　　　200 000

（2）预算会计不涉及账务处理。

2. 长期股权投资处置

【例 7-14】 某事业单位在对长期股权投资处置时，与所处置投资对应部分的"权益法调整"科目借方余额为 50 000 元。平行记账账务处理如下：

（1）财务会计账务处理如下：
借：投资收益　　　　　　　　　　　　　　　　　　　　　　50 000
　　贷：权益法调整　　　　　　　　　　　　　　　　　　　　50 000

（2）预算会计不涉及账务处理。

四、本期盈余

（一）"本期盈余"科目核算的内容

"本期盈余"科目核算单位本期各项收入、费用相抵后的余额。

（二）"本期盈余"科目平行记账账务处理

1. 期末结转

具体账务处理如表 7-13 所示。

表 7-13 本期盈余平行记账账务处理 I

情形	财务会计		预算会计	
	行政单位	事业单位	行政单位	事业单位
结转收入	借：财政拨款收入 　　非同级财政拨款收入 　　捐赠收入 　　利息收入 　　租金收入 　　其他收入 　贷：本期盈余	借：财政拨款收入 　　事业收入 　　上级补助收入 　　附属单位上缴收入 　　经营收入 　　非同级财政拨款收入 　　投资收益 　　捐赠收入 　　利息收入 　　租金收入 　　其他收入 　贷：本期盈余 "投资收益"科目发生额为借方净额时，贷记"投资收益"科目	—	—
结转费用	借：本期盈余 　贷：业务活动费用 　　　资产处置费用 　　　其他费用	借：本期盈余 　贷：业务活动费用 　　　单位管理费用 　　　经营费用 　　　资产处置费用 　　　上缴上级费用 　　　对附属单位补助费用 　　　所得税费用 　　　其他费用	—	—

2. 年末结转

具体账务处理如表 7-14 所示。

表 7-14 本期盈余平行记账账务处理 II

情形	财务会计		预算会计	
	行政单位	事业单位	行政单位	事业单位
"本期盈余"科目为贷方余额时	借：本期盈余 　贷：本年盈余分配		—	—
"本期盈余"科目为借方余额时	借：本年盈余分配 　贷：本期盈余		—	—

（三）行政单位平行记账业务举例

1. 期末结转

【例 7-15】某行政单位期末账务结转，结转各项收入。其中，财政拨款收入为400 000元，非同级财政拨款收入为150 000元，捐赠收入为150 000元，利息收入为34 000元，租金收入为39 000元，其他收入为1 000元。平行记账账务处理如下：

（1）财务会计账务处理如下：

借：财政拨款收入		400 000
非同级财政拨款收入		150 000
捐赠收入		150 000
利息收入		34 000
租金收入		39 000
其他收入		1 000
贷：本期盈余		774 000

（2）预算会计不涉及账务处理。

【例7-16】 某行政单位期末账务结转，结转各项费用。其中，业务活动费用为210 000元，资产处置费用为10 200元，其他费用为7 500元。平行记账账务处理如下：

（1）财务会计账务处理如下：

借：本期盈余		227 700
贷：业务活动费用		210 000
资产处置费用		10 200
其他费用		7 500

（2）预算会计不涉及账务处理。

2. 年末结转

【例7-17】 承［例7-15］和［例7-16］，某行政单位年末账务结转，将"本期盈余"科目余额结转入"本年盈余分配"科目中。平行记账账务处理如下：

（1）财务会计账务处理如下：

A. 将本期盈余贷方余额转入时：

借：本期盈余		774 000
贷：本年盈余分配		774 000

B. 将本期盈余借方余额转入时：

借：本年盈余分配		227 700
贷：本期盈余		227 700

（2）预算会计不涉及账务处理。

（四）事业单位平行记账业务举例

1. 期末结转

【例7-18】 某事业单位期末账务结转，结转各项收入。其中，财政拨款收入为

400 000元，事业收入为200 000元，上级补助收入为150 000元，附属单位上缴收入为200 000元，经营收入为10 000元，非同级财政拨款收入为150 000元，投资收益为230 000元，捐赠收入为150 000元，利息收入为34 000元，租金收入为39 000元，其他收入为1 000元。平行记账账务处理如下：

（1）财务会计账务处理如下：

借：财政拨款收入	400 000
事业收入	200 000
上级补助收入	150 000
附属单位上缴收入	200 000
经营收入	10 000
非同级财政拨款收入	150 000
投资收益	230 000
捐赠收入	150 000
利息收入	34 000
租金收入	39 000
其他收入	1 000
贷：本期盈余	1 564 000

在结转各项收入过程中，如果"投资收益"科目为发生额借方净额，则贷记"投资收益"科目。

（2）预算会计不涉及账务处理。

【例7-19】 某事业单位期末账务结转，结转各项费用。其中，业务活动费用为210 000元，单位管理费用为140 000元，经营费用为56 000元，资产处置费用为10 200元，上缴上级费用为45 000元，对附属单位补助费用为100 000元，所得税费用为23 050元，其他费用为7 500元。平行记账账务处理如下：

（1）财务会计账务处理如下：

借：本期盈余	591 750
贷：业务活动费用	210 000
单位管理费用	140 000
经营费用	56 000
资产处置费用	10 200
上缴上级费用	45 000
对附属单位补助费用	100 000
所得税费用	23 050
其他费用	7 500

（2）预算会计不涉及账务处理。

2.年末结转

【例7-20】 承[例7-18]和[例7-19],某事业单位年末账务结转,将"本期盈余"科目结转入"本年盈余分配"科目中。平行记账账务处理如下:

(1)财务会计账务处理如下:

A.将"本期盈余"科目贷方余额转入时:

借:本期盈余	1 564 000
贷:本年盈余分配	1 564 000

B.将"本期盈余"科目借方余额转入时:

借:本年盈余分配	591 750
贷:本期盈余	591 750

(2)预算会计不涉及账务处理。

五、本年盈余分配

(一)"本年盈余分配"科目核算的内容

"本年盈余分配"科目核算单位本年度盈余分配的情况和结果。

(二)"本年盈余分配"科目平行记账账务处理

1.年末,将"本期盈余"科目余额转入

具体账务处理如表7-15所示。

表7-15 本年盈余分配平行记账账务处理 I

情形	财务会计		预算会计	
	行政单位	事业单位	行政单位	事业单位
"本期盈余"科目为贷方余额时	借:本期盈余 　贷:本年盈余分配		—	
"本期盈余"科目为借方余额时	借:本年盈余分配 　贷:本期盈余		—	

2.年末,按照有关规定提取专用基金

仅事业单位有此业务,行政单位无此类业务。具体账务处理如表7-16所示。

表 7-16　本年盈余分配平行记账账务处理 Ⅱ

情形	财务会计	预算会计
	事业单位	事业单位
按照预算会计下计算的提取金额	借：本年盈余分配 　　贷：专用基金	借：非财政拨款结余分配 　　贷：专用结余

3.年末，将"本年盈余分配"科目余额转入"累计盈余"科目

具体账务处理如表 7-17 所示。

表 7-17　本年盈余分配平行记账账务处理 Ⅲ

情形	财务会计		预算会计	
	行政单位	事业单位	行政单位	事业单位
"本年盈余分配"科目为贷方余额时	借：本年盈余分配 　　贷：累计盈余		—	
"本年盈余分配"科目为借方余额时	借：累计盈余 　　贷：本年盈余分配		—	

（三）行政单位平行记账业务举例

1.年末，将"本期盈余"科目余额转入"本年盈余分配"科目

参见［例 7-17］。

2.年末，将"本年盈余分配"科目余额转入"累计盈余"科目

【例 7-21】　承［例 7-17］，该单位年末结账时，将"本年盈余分配"科目的余额转入"累计盈余"科目中。平行记账账务处理如下：

（1）财务会计账务处理如下：

本年盈余分配余额＝ 774 000 － 227 700 ＝ 546 300（元）

　　借：本年盈余分配　　　　　　　　　　　　　　　　　　　　546 300
　　　　贷：累计盈余　　　　　　　　　　　　　　　　　　　　　　546 300

（2）预算会计不涉及账务处理。

（四）事业单位平行记账业务举例

1.年末，将"本期盈余"科目余额转入"本年盈余分配"科目

参见［例 7-20］。

2.年末，按照有关规定提取专用基金

【例 7-22】　某事业单位年末按照有关规定从非财政拨款结余提取专用基金 100 000 元。

平行记账账务处理如下:

(1)财务会计账务处理如下:

借:本年盈余分配 100 000
  贷:专用基金 100 000

(2)预算会计账务处理如下:

借:非财政拨款结余分配 100 000
  贷:专用结余 100 000

3. 年末,将本年盈余分配科目余额转入累计盈余

【例 7-23】 承[例 7-20]和[例 7-22],该事业单位年末结账,将本年盈余分配的余额转入"累计盈余"科目中。平行记账账务处理如下:

(1)财务会计账务处理如下:

本年盈余分配余额 = 1 564 000 − 591 750 − 100 000 = 872 250(元)

借:本年盈余分配 872 250
  贷:累计盈余 872 250

(2)预算会计不涉及账务处理。

六、无偿调拨净资产

(一)"无偿调拨净资产"科目核算的内容

"无偿调拨净资产"科目核算单位无偿调入或调出非现金资产所引起的净资产变动金额。

(二)"无偿调拨净资产"科目平行记账账务处理

1. 取得无偿调入的资产

具体账务处理如表 7-18 所示。

表 7-18　无偿调拨净资产平行记账账务处理 I

情形	财务会计		预算会计	
	行政单位	事业单位	行政单位	事业单位
取得无偿调入的资产	借:库存物品/固定资产/无形资产/长期股权投资/公共基础设施/政府储备物资/保障性住房等 　　贷:无偿调拨净资产 　　　　零余额账户用款额度/银行存款等[发生的归属于调入方的相关费用]		借:其他支出[发生的归属于调入方的相关费用] 　　贷:资金结存等	

注:实行预算管理一体化的单位不使用"零余额用款额度"科目。

2. 经批准无偿调出资产时

具体账务处理如表7-19所示。

表7-19 无偿调拨净资产平行记账账务处理 II

情形	财务会计		预算会计	
	行政单位	事业单位	行政单位	事业单位
经批准无偿调出资产	借：无偿调拨净资产 　　固定资产累计折旧/无形资产累计摊销/公共基础设施累计折旧（摊销）/保障性住房累计折旧 　　贷：库存物品/固定资产/无形资产/长期股权投资/公共基础设施/政府储备物资等［账面余额］ 借：资产处置费用 　　贷：银行存款/零余额账户用款额度等［发生的归属于调出方的相关费用］		借：其他支出［发生的归属于调出方的相关费用］ 　　贷：资金结存等	

注：实行预算管理一体化的单位不使用"零余额用款额度"科目。

3. 年末，将余额转入累计盈余

具体账务处理如表7-20所示。

表7-20 无偿调拨净资产平行记账账务处理 III

情形	财务会计		预算会计	
	行政单位	事业单位	行政单位	事业单位
"无偿调拨净资产"科目余额在贷方时	借：无偿调拨净资产 　　贷：累计盈余		—	
"无偿调拨净资产"科目余额在借方时	借：累计盈余 　　贷：无偿调拨净资产		—	

（三）行政单位平行记账业务举例

【例7-24】某行政单位取得无偿调入的资产（公共基础设施），价值为100 000元，发生安装费用10 000元，经上级单位批准无偿调出固定资产（笔记本电脑4台）30 000元，发生拆卸费2 000元，该资产已提取折旧10 000元，发生的相关费用均通过银行存款支付。平行记账账务处理如下：

（1）财务会计账务处理如下：

A. 无偿调入固定资产时：

借：公共基础设施 110 000
　　贷：无偿调拨净资产 100 000
　　　　银行存款 10 000

B. 无偿调出固定资产时：
借：无偿调拨净资产 20 000
　　固定资产累计折旧 10 000
　　贷：固定资产 30 000
借：资产处置费用 2 000
　　贷：银行存款 2 000

（2）预算会计账务处理如下：

A. 无偿调入固定资产时：
借：其他支出 10 000
　　贷：资金结存——货币资金 10 000

B. 无偿调出固定资产时：
借：其他支出 2 000
　　贷：资金结存 2 000

【例7-25】 某行政单位年末将"无偿调拨净资产"科目余额20 000元转入"累计盈余"科目。平行记账账务处理如下：

（1）财务会计账务处理如下：

A. "无偿调拨净资产"科目余额在贷方时：
借：无偿调拨净资产 20 000
　　贷：累计盈余 20 000

B. "无偿调拨净资产"科目余额在借方时：
借：累计盈余 20 000
　　贷：无偿调拨净资产 20 000

（2）预算会计不涉及账务处理。

（四）事业单位平行记账业务举例

【例7-26】 某事业单位取得无偿调入的资产（公共基础设施），价值为100 000元，发生安装费用10 000元，经上级单位批准无偿调出固定资产（笔记本电脑4台）30 000元，发生拆卸费2 000元，该资产已提取折旧10 000元，发生的相关费用均通过银行存款支付。平行记账账务处理如下：

（1）财务会计账务处理如下：

A. 无偿调入固定资产时：

借：公共基础设施 110 000
　　贷：无偿调拨净资产 100 000
　　　　银行存款 10 000

B. 无偿调出固定资产时：

借：无偿调拨净资产 20 000
　　固定资产累计折旧 10 000
　　贷：固定资产 30 000

借：资产处置费用 2 000
　　贷：银行存款 2 000

（2）预算会计账务处理如下：

A. 无偿调入固定资产时：

借：其他支出 10 000
　　贷：资金结存——货币资金 10 000

B. 无偿调出固定资产时：

借：其他支出 2 000
　　贷：资金结存 2 000

【例7-27】　某事业单位年末将"无偿调拨净资产"科目余额20 000元转入"累计盈余"科目。平行记账账务处理如下：

（1）财务会计账务处理如下：

A. "无偿调拨净资产"科目余额在贷方时：

借：无偿调拨净资产 20 000
　　贷：累计盈余 20 000

B. "无偿调拨净资产"科目余额在借方时：

借：累计盈余 20 000
　　贷：无偿调拨净资产 20 000

（2）预算会计不涉及账务处理。

七、以前年度盈余调整

（一）"以前年度盈余调整"科目核算的内容

"以前年度盈余调整"科目核算单位本年度发生的调整以前年度盈余的事项，包括本年度发生的重要前期差错更正涉及的调整以前年度盈余的事项。

(二)"以前年度盈余调整"科目平行记账账务处理

1. 调整以前年度收入

具体账务处理如表 7-21 所示。

表 7-21 以前年度盈余调整平行记账账务处理 I

情形	财务会计		预算会计	
	行政单位	事业单位	行政单位	事业单位
增加以前年度收入	借:有关资产或负债科目 　贷:以前年度盈余调整		按照实际收到的金额: 借:资金结存 　贷:财政拨款结转/财政拨款结余/非财政拨款结转/非财政拨款结余[年初余额调整]	
减少以前年度收入	借:以前年度盈余调整 　贷:有关资产或负债科目		按照实际支付的金额: 借:财政拨款结转/财政拨款结余/非财政拨款结转/非财政拨款结余[年初余额调整] 　贷:资金结存	

2. 调整以前年度费用

具体账务处理如表 7-22 所示。

表 7-22 以前年度盈余调整平行记账账务处理 II

情形	财务会计		预算会计	
	行政单位	事业单位	行政单位	事业单位
增加以前年度费用	借:以前年度盈余调整 　贷:有关资产或负债科目		按照实际支付的金额: 借:财政拨款结转/财政拨款结余/非财政拨款结转/非财政拨款结余[年初余额调整] 　贷:资金结存	
减少以前年度费用	借:有关资产或负债科目 　贷:以前年度盈余调整		按照实际收到的金额: 借:资金结存 　贷:财政拨款结转/财政拨款结余/非财政拨款结转/非财政拨款结余[年初余额调整]	

3. 盘盈非流动资产

具体账务处理如表 7-23 所示。

表 7-23 以前年度盈余调整平行记账账务处理 Ⅲ

情形	财务会计		预算会计	
	行政单位	事业单位	行政单位	事业单位
报经批准处理时	借：待处理财产损溢 　　贷：以前年度盈余调整		—	

4. 将余额转入累计盈余

具体账务处理如表 7-24 所示。

表 7-24 以前年度盈余调整平行记账账务处理 Ⅳ

情形	财务会计		预算会计	
	行政单位	事业单位	行政单位	事业单位
"以前年度盈余调整"科目为借方余额时	借：累计盈余 　　贷：以前年度盈余调整		—	
"以前年度盈余调整"科目为贷方余额时	借：以前年度盈余调整 　　贷：累计盈余		—	

（三）行政单位平行记账业务举例

【例 7-28】 某行政单位 2023 年年中收到一笔属于以前年度的收入 200 000 元，并同时出现一笔退回以前年度的财政拨款结余收入 100 000 元的业务。平行记账账务处理如下：

（1）财务会计账务处理如下：

A. 收到一笔属于以前年度的收入时：

借：银行存款　　　　　　　　　　　　　　　　　　　　　　200 000
　　贷：以前年度盈余调整　　　　　　　　　　　　　　　　　　　　200 000

B. 退回以前年度的财政拨款结余收入时：

借：以前年度盈余调整　　　　　　　　　　　　　　　　　100 000
　　贷：银行存款　　　　　　　　　　　　　　　　　　　　　　　　100 000

（2）预算会计账务处理如下：

A. 收到一笔属于以前年度的收入时：

借：资金结存——货币资金　　　　　　　　　　　　　　　200 000
　　贷：非财政拨款结余——年初余额调整　　　　　　　　　　　　200 000

B. 退回以前年度的财政拨款结余收入时：

借：财政拨款结余——年初余额调整　　　　　　　　　　　　　100 000
　　贷：资金结存——货币资金　　　　　　　　　　　　　　　　　100 000

【例 7-29】 某行政单位 2023 年年中确认并支付了一笔以前年度发生的费用 50 000 元，并同时发生了一笔退回以前年度费用 100 000 元的业务。平行记账账务处理如下：

（1）财务会计账务处理如下：
A. 确认了一笔以前年度发生的费用时：
借：以前年度盈余调整　　　　　　　　　　　　　　　　　　　50 000
　　贷：银行存款　　　　　　　　　　　　　　　　　　　　　　50 000
B. 以前年度费用退回时：
借：银行存款　　　　　　　　　　　　　　　　　　　　　　　100 000
　　贷：以前年度盈余调整　　　　　　　　　　　　　　　　　　100 000
（2）预算会计账务处理如下：
A. 确认了一笔以前年度发生的费用时：
借：非财政拨款结余——年初余额调整　　　　　　　　　　　　50 000
　　贷：资金结存——货币资金　　　　　　　　　　　　　　　　50 000
B. 以前年度费用退回时：
借：资金结存——货币资金　　　　　　　　　　　　　　　　　100 000
　　贷：非财政拨款结转——年初余额调整　　　　　　　　　　　100 000

【例 7-30】 某行政单位 2023 年年末经过对各种资产的盘点后，出现以前年度的非流动资产盘盈 20 000 元，在报经上级管理单位批准后处理时，平行记账账务处理如下：

（1）财务会计账务处理如下：
借：待处理财产损溢　　　　　　　　　　　　　　　　　　　　20 000
　　贷：以前年度盈余调整　　　　　　　　　　　　　　　　　　20 000
（2）预算会计不涉及账务处理。

【例 7-31】 某行政单位经上述［例 7-28］至［例 7-30］业务调整后，应将"以前年度盈余调整"科目的余额转入"累计盈余"科目。平行记账账务处理如下：

（1）财务会计账务处理如下：
"以前年度盈余调整"科目借方发生额 = 100 000 + 50 000 = 150 000（元）
"以前年度盈余调整"科目贷方发生额 = 200 000 + 100 000 + 20 000 = 320 000（元）
"以前年度盈余调整"科目贷方余额 = 320 000 − 150 000 = 170 000（元）
借：累计盈余　　　　　　　　　　　　　　　　　　　　　　　170 000
　　贷：以前年度盈余调整　　　　　　　　　　　　　　　　　　170 000
（2）预算会计不涉及账务处理。

（四）事业单位平行记账业务举例

【例7-32】　某事业单位2023年有一笔属于2022年度收入退回，2022年度已确认收入10 000元，但至今未收到款项，增值税为1 300元，该笔业务涉及的支出（费用）为5 000元，单位已收回。该单位已在2022年年末按5%计提了坏账准备。根据上述业务，平行记账账务处理如下：

（1）财务会计账务处理如下：

A. 提供收入退回时：

借：以前年度盈余调整　　　　　　　　　　　　　　　　　　10 000
　　应交增值税——应交税金（销项税额）　　　　　　　　　　1 300
　　贷：应收账款　　　　　　　　　　　　　　　　　　　　　　　　11 300

B. 收回该笔业务涉及的支出（费用）时：

借：银行存款　　　　　　　　　　　　　　　　　　　　　　5 000
　　贷：以前年度盈余调整　　　　　　　　　　　　　　　　　　　　5 000

C. 对于已计提的坏账准备：

坏账准备 = （10 000 + 1 300）× 5% = 565（元）

借：坏账准备　　　　　　　　　　　　　　　　　　　　　　565
　　贷：以前年度盈余调整　　　　　　　　　　　　　　　　　　　　565

D. 调减报告年度应交所得税金额时：

应交所得税金额 = （10 000 − 5 000 − 11 300 × 5%）× 25% = 1 108.75（元）

借：其他应缴税费——单位应交所得税　　　　　　　　　　　1 108.75
　　贷：以前年度盈余调整　　　　　　　　　　　　　　　　　　　　1 108.75

E. 将"以前年度盈余调整"科目余额转入累计盈余时：

以前年度盈余调整 = 10 000 − 5 000 − 565 − 1 108.75 = 3 326.25（元）

借：累计盈余　　　　　　　　　　　　　　　　　　　　　　3 326.25
　　贷：以前年度盈余调整　　　　　　　　　　　　　　　　　　　　3 326.25

（2）预算会计账务处理如下：

A. 提供收入退回时：

不涉及账务处理。

B. 收回该笔业务涉及的支出（费用）时：

借：资金结存——货币资金　　　　　　　　　　　　　　　　5 000
　　贷：非财政拨款结余——年初余额调整　　　　　　　　　　　　　5 000

C. 对于已计提的坏账准备：

不涉及账务处理。

D. 调减报告年度应交所得税金额时：

不涉及账务处理。

E. 将"以前年度盈余调整"科目余额转入累计盈余时：
不涉及账务处理。

第三节 预算结余平行记账账务处理

一、资金结存

（一）"资金结存"科目核算的内容

"资金结存"科目核算单位纳入部门预算管理的资金的流入、流出、调整和滚存等情况。"资金结存"科目分两种情况设置明细科目。

1. 未实行预算管理一体化的单位

"资金结存"科目应当设置下列明细科目：

（1）"零余额账户用款额度"明细科目核算实行国库集中支付的单位根据财政部门批复的用款计划收到和支用的零余额账户用款额度。年末结账后，"零余额账户用款额度"明细科目应无余额。

（2）"货币资金"明细科目核算单位以库存现金、银行存款、其他货币资金形态存在的资金。"货币资金"明细科目年末借方余额反映单位尚未使用的货币资金。

（3）"财政应返还额度"明细科目核算实行国库集中支付的单位可以使用以前年度财政直接支付资金额度和财政应返还的财政授权支付资金额度，"财政应返还额度"明细科目可下设"财政直接支付""财政授权支付"两个明细科目进行明细核算。"财政应返还额度"明细科目年末借方余额反映单位应收财政返还的资金额度。

2. 实行预算管理一体化的单位

根据财政部《关于印发〈政府会计准则制度解释第5号〉的通知》（财会〔2022〕25号）规定，实行预算管理一体化的中央预算单位在会计核算时不再使用"零余额账户用款额度"科目，"财政应返还额度"科目和"资金结存——财政应返还额度"科目下不再设置"财政直接支付""财政授权支付"明细科目。因此，实行预算管理一体化的单位"资金结存"科目包括"货币资金""财政应返还额度"两个明细科目。

（1）"货币资金"明细科目核算单位以库存现金、银行存款、其他货币资金形态存在的资金。"货币资金"明细科目年末借方余额反映单位尚未使用的货币资金。

（2）"财政应返还额度"明细科目不再设置"财政直接支付""财政授权支付"明细科目。"财政应返还额度"明细科目年末借方余额反映单位应收财政返还的资金额度。

（二）"资金结存"科目平行记账账务处理

1. 取得预算收入

（1）未实行预算管理一体化的单位具体账务处理如表7-25所示。

表7-25 资金结存平行记账账务处理 I

情形	财务会计		预算会计	
	行政单位	事业单位	行政单位	事业单位
财政授权支付方式下	借：零余额账户用款额度 　贷：财政拨款收入		借：资金结存——零余额账户用款额度 　贷：财政拨款预算收入	
国库集中支付以外的其他支付方式下	借：银行存款 　贷：财政拨款收入	借：银行存款 　贷：财政拨款收入/事业收入/经营收入等	借：资金结存——货币资金 　贷：财政拨款预算收入	借：资金结存——货币资金 　贷：财政拨款预算收入/事业预算收入/经营预算收入等

（2）实行预算管理一体化的单位具体账务处理如表7-26所示。

表7-26 资金结存平行记账账务处理 II

情形	财务会计		预算会计	
	行政单位	事业单位	行政单位	事业单位
收到财政拨款资金以外的收入时	借：银行存款 　贷：财政拨款收入	借：银行存款 　贷：财政拨款收入/事业收入/经营收入等	借：资金结存——货币资金 　贷：财政拨款预算收入	借：资金结存——货币资金 　贷：财政拨款预算收入/事业预算收入/经营预算收入等

注：国库集中支付的单位在会计核算时不再使用"零余额账户用款额度"科目。

2. 从财政资金账户提取现金

（1）未实行预算管理一体化的单位具体账务处理如表7-27所示。

表7-27 资金结存平行记账账务处理 III

情形	财务会计		预算会计	
	行政单位	事业单位	行政单位	事业单位
从零余额账户提取现金	借：库存现金 　贷：零余额账户用款额度		借：资金结存——货币资金 　贷：资金结存——零余额账户用款额度	

(2)实行预算管理一体化的单位具体账务处理如表7-28所示。

表7-28 资金结存平行记账账务处理Ⅳ

情形	财务会计		预算会计	
	行政单位	事业单位	行政单位	事业单位
从财政资金账户提取现金	借:库存现金 　贷:财政拨款收入		借:资金结存——货币资金 　贷:财政拨款预算收入	

3.发生预算支出时

(1)未实行预算管理一体化的单位具体账务处理如表7-29所示。

表7-29 资金结存平行记账账务处理Ⅴ

情形	财务会计		预算会计	
	行政单位	事业单位	行政单位	事业单位
财政授权支付方式下	借:业务活动费用/库存物品/固定资产等 　贷:零余额账户用款额度	借:业务活动费用/单位管理费用/库存物品/固定资产等 　贷:零余额账户用款额度	借:行政支出 　贷:资金结存——零余额账户用款额度	借:事业支出等 　贷:资金结存——零余额账户用款额度
使用以前年度财政直接支付额度	借:业务活动费用/库存物品/固定资产等 　贷:财政应返还额度	借:业务活动费用/单位管理费用/库存物品/固定资产等 　贷:财政应返还额度	借:行政支出 　贷:资金结存——财政应返还额度	借:事业支出等 　贷:资金结存——财政应返还额度
按规定向本单位实有资金账户划转财政资金的	(1)划转时: 借:银行存款 　贷:零余额用款额度/财政应返还额度 (2)支出时: 借:应付职工薪酬/其他应交税费等 　贷:银行存款	(1)划转时: 借:银行存款 　贷:零余额用款额度/财政应返还额度 (2)支出时: 借:应付职工薪酬/其他应交税费等 　贷:银行存款	(1)划转时: 借:资金结存——货币资金 　贷:资金结存——零余额用款额度/财政应返还额度 (2)支出时: 借:行政支出——财政拨款支出 　贷:资金结存——货币资金	(1)划转时: 借:资金结存——货币资金 　贷:资金结存——零余额用款额度/财政应返还额度 (2)支出时: 借:事业支出——财政拨款支出 　贷:资金结存——货币资金
国库集中支付以外的其他方式下	借:业务活动费用/库存物品/固定资产等 　贷:银行存款/库存现金等	借:业务活动费用/单位管理费用/库存物品/固定资产等 　贷:银行存款/库存现金等	借:行政支出等 　贷:资金结存——货币资金	借:事业支出/经营支出等 　贷:资金结存——货币资金

（2）实行预算管理一体化的单位具体账务处理如表7-30所示。

表7-30　资金结存平行记账账务处理Ⅵ

情形	财务会计		预算会计	
	行政单位	事业单位	行政单位	事业单位
使用以前年度预算指标支付的	借：业务活动费用/库存物品/固定资产等 　贷：财政应返还额度	借：业务活动费用/单位管理费用/库存物品/固定资产等 　贷：财政应返还额度	借：行政支出 　贷：资金结存——财政应返还额度	借：事业支出等 　贷：资金结存——财政应返还额度
按规定向本单位实有资金账户划转财政资金的	（1）划转时： 借：银行存款 　贷：财政拨款收入/财政应返还额度 （2）支出时： 借：应付职工薪酬/其他应交税费等 　贷：银行存款	（1）划转时： 借：银行存款 　贷：财政拨款收入/财政应返还额度 （2）支出时： 借：应付职工薪酬/其他应交税费等 　贷：银行存款	（1）划转时： 借：资金结存——货币资金 　贷：资金结存——财政拨款预算收入/财政应返还额度 （2）支出时： 借：行政支出——财政拨款支出 　贷：资金结存——货币资金	（1）划转时： 借：资金结存——货币资金 　贷：资金结存——财政拨款预算收入/财政应返还额度 （2）支出时： 借：事业支出——财政拨款支出 　贷：资金结存——货币资金
财政资金以外的其他方式下	借：业务活动费用/库存物品/固定资产等 　贷：银行存款/库存现金等	借：业务活动费用/单位管理费用/库存物品/固定资产等 　贷：银行存款/库存现金等	借：行政支出等 　贷：资金结存——货币资金	借：事业支出/经营支出等 　贷：资金结存——货币资金

4. 按照规定使用提取的专用基金

"专用基金"科目仅事业单位使用，行政单位无提取专用基金的业务。

具体账务处理如表7-31所示。

表7-31　资金结存平行记账账务处理Ⅶ

情形	财务会计	预算会计
	事业单位	事业单位
一般情况下	（1）使用时： 借：业务活动费用——使用专用基金 　贷：银行存款等 （2）期末结转： 借：专用基金 　贷：业务活动费用——使用专用基金	（1）使用时： 使用从非财政拨款结余或经营结余中计提的专用基金： 借：事业支出——使用专用结余 　贷：资金结存——货币资金 （2）年末结转： 借：专用结余 　贷：事业支出——使用专用结余

（续表）

情形	财务会计	预算会计
	事业单位	事业单位
购买固定资产、无形资产等	借：固定资产/无形资产等 　　贷：银行存款等 借：专用基金 　　贷：累计盈余	使用从收入中计提并计入费用的专用基金： 借：事业支出——使用专用结余等 　　贷：资金结存——货币资金

5. 预算结转结余调整

（1）未实行预算管理一体化的单位具体账务处理如表 7-32 所示。

表 7-32　资金结存平行记账账务处理Ⅷ

情形	财务会计		预算会计	
	行政单位	事业单位	行政单位	事业单位
按照规定上缴财政拨款结转结余资金或注销财政拨款结转结余额度的	借：累计盈余 　　贷：财政应返还额度/零余额账户用款额度/银行存款		借：财政拨款结转——归集上缴/财政拨款结余——归集上缴 　　贷：资金结存——财政应返还额度/零余额账户用款额度/货币资金	
按照规定缴回非财政拨款结转资金的	借：累计盈余 　　贷：银行存款		借：非财政拨款结转——缴回资金 　　贷：资金结存——货币资金	
收到调入的财政拨款结转资金的	借：财政应返还额度/零余额账户用款额度/银行存款 　　贷：累计盈余		借：资金结存——财政应返还额度/零余额账户用款额度/货币资金 　　贷：财政拨款结转——归集调入	

（2）实行预算管理一体化的单位具体账务处理如表 7-33 所示。

表 7-33　资金结存平行记账账务处理Ⅸ

情形	财务会计		预算会计	
	行政单位	事业单位	行政单位	事业单位
按照规定上缴财政拨款结转结余资金或注销财政拨款结转结余额度的	借：累计盈余 　　贷：财政应返还额度/银行存款		借：财政拨款结转——归集上缴/财政拨款结余——归集上缴 　　贷：资金结存——财政应返还额度/货币资金	
按照规定缴回非财政拨款结转资金的	借：累计盈余 　　贷：银行存款		借：非财政拨款结转——缴回资金 　　贷：资金结存——货币资金	
收到调入的财政拨款结转资金的	借：财政应返还额度/银行存款 　　贷：累计盈余		借：资金结存——财政应返还额度/货币资金 　　贷：财政拨款结转——归集调入	

6.因购货退回、发生差错更正等退回国库款项,或者收回货币资金

(1)未实行预算管理一体化的单位具体账务处理如表7-34示。

表7-34 资金结存平行记账账务处理 X

情形	财务会计		预算会计	
	行政单位	事业单位	行政单位	事业单位
属于本年度的	借:财政拨款收入/零余额账户用款额度/银行存款等 贷:业务活动费用/库存物品等		借:财政拨款预算收入/资金结存——零余额账户用款额度、货币资金 贷:行政支出等	借:财政拨款预算收入/资金结存——零余额账户用款额度、货币资金 贷:事业支出等
属于以前年度的	借:财政应返还额度/零余额账户用款额度/银行存款等 贷:以前年度盈余调整		借:资金结存——财政应返还额度/零余额账户用款额度/货币资金 贷:财政拨款结转/财政拨款结余/非财政拨款结转/非财政拨款结余——年初余额调整	

(2)实行预算管理一体化的单位具体账务处理如表7-35示。

表7-35 资金结存平行记账账务处理 XI

情形	财务会计		预算会计	
	行政单位	事业单位	行政单位	事业单位
属于本年度的	借:财政拨款收入/银行存款等 贷:业务活动费用/库存物品等		借:财政拨款预算收入/资金结存——货币资金 贷:行政支出等	借:财政拨款预算收入/资金结存——货币资金 贷:事业支出等
属于以前年度的	借:财政应返还额度/银行存款等 贷:以前年度盈余调整		借:资金结存——财政应返还额度/货币资金 贷:财政拨款结转/财政拨款结余/非财政拨款结转/非财政拨款结余(年初余额调整)	

7.有企业所得税缴纳义务的事业单位实际缴纳企业所得税

"所得税费用"科目仅适用于事业单位,行政单位不涉及此业务。具体账务处理如表7-36所示。

表7-36 资金结存平行记账账务处理 XII

情形	财务会计	预算会计
	事业单位	事业单位
有企业所得税缴纳义务的事业单位实际缴纳企业所得税时	借:其他应交税费——单位应交所得税 贷:银行存款等	借:非财政拨款结余——累计结余 贷:资金结存——货币资金

第七章 净资产/预算结余类业务

8. 年末确认未下达的财政用款额度

（1）未实行预算管理一体化的单位具体账务处理如表 7-37 所示。

表 7-37 资金结存平行记账账务处理 ⅩⅢ

情形	财务会计		预算会计	
	行政单位	事业单位	行政单位	事业单位
财政直接支付方式	借：财政应返还额度——财政直接支付 　贷：财政拨款收入		借：资金结存——财政应返还额度 　贷：财政拨款预算收入	
财政授权支付方式	借：财政应返还额度——财政授权支付 　贷：财政拨款收入			

（2）实行预算管理一体化的单位具体账务处理如表 7-38 所示。

表 7-38 资金结存平行记账账务处理 ⅩⅣ

情形	财务会计		预算会计	
	行政单位	事业单位	行政单位	事业单位
年末，中央预算单位根据财政部批准的本年度预算指标数大于当年实际支付数的差额中允许结转使用的金额	借：财政应返还额度 　贷：财政拨款收入		借：资金结存——财政应返还额度 　贷：财政拨款预算收入	

9. 年末注销额度

年末注销零余额账户用款额度，具体账务处理如表 7-39 所示。

表 7-39 资金结平行记账账务处理 ⅩⅤ

情形	财务会计		预算会计	
	行政单位	事业单位	行政单位	事业单位
年末注销零余额账户用款额度	借：财政应返还额度——财政授权支付 　贷：零余额账户用款额度		借：资金结存——财政应返还额度 　贷：资金结存——零余额账户用款额度	

注：实行预算管理一体化的单位年末不涉及注销额度。中央预算单位按照规定注销财政拨款结转结余资金额度的，应当按照《政府会计制度》相关规定进行账务处理。

10. 下年年初，恢复零余额账户用款额度或收到上年年末未下达的零余额账户用款额度具体账务处理如表 7-40 所示。

表 7-40 资金结存平行记账账务处理 ⅩⅥ

情形	财务会计		预算会计	
	行政单位	事业单位	行政单位	事业单位
下年年初，恢复零余额账户用款额度或收到上年年末未下达的零余额账户用款额度的	借：零余额账户用款额度 　　贷：财政应返还额度——财政授权支付		借：资金结存——零余额账户用款额度 　　贷：资金结存——财政应返还额度	

注：实行预算管理一体化的单位不涉及年初恢复额度。

11. 关于预算管理一体化新旧衔接的会计处理

预算单位在转为预算管理一体化资金支付方式时，应当注销原零余额账户用款额度。

（1）财务会计账务处理如下：

借：财政拨款收入（本年度预算指标）/财政应返还额度（以前年度预算指标）

　　贷：零余额账户用款额度

（2）预算会计账务处理如下：

借：财政拨款预算收入（本年度预算指标）/资金结存——财政应返还额度（以前年度预算指标）

　　贷：资金结存——零余额账户用款额度

（三）行政单位平行记账业务举例

1. 未实行预算管理一体化的单位

【例 7-33】 2024 年 2 月，某行政单位收到代理银行转来的《财政授权支付额度到账通知书》，通知书列示收到授权支付额度 500 000 元，收到财政部门拨付的项目经费 200 000 元。假设该单位未实行预算管理一体化。平行记账账务处理如下：

（1）财务会计账务处理如下：

借：零余额账户用款额度　　　　　　　　　　　　　　　500 000

　　贷：财政拨款收入　　　　　　　　　　　　　　　　　　500 000

借：银行存款　　　　　　　　　　　　　　　　　　　　200 000

　　贷：财政拨款收入　　　　　　　　　　　　　　　　　　200 000

（2）预算会计账务处理如下：

借：资金结存——零余额用款额度　　　　　　　　　　　500 000

　　贷：财政拨款预算收入　　　　　　　　　　　　　　　　500 000

借：资金结存——货币资金　　　　　　　　　　　　　　200 000

　　贷：财政拨款预算收入　　　　　　　　　　　　　　　　200 000

【例 7-34】 某行政单位（假设该单位未实行预算管理一体化）从零余额账户提取现金 100 元，用于购买办公用品。平行记账账务处理如下：

（1）财务会计账务处理如下：

A. 从零余额账户提现时：

借：货币资金　　　　　　　　　　　　　　　　　　　　　100
　　贷：零余额账户用款额度　　　　　　　　　　　　　　　　　100

B. 购买办公用品时：

借：其他费用　　　　　　　　　　　　　　　　　　　　　100
　　贷：货币资金　　　　　　　　　　　　　　　　　　　　　　100

（2）预算会计账务处理如下：

A. 从零余额账户提现时：

借：资金结存——货币资金　　　　　　　　　　　　　　　100
　　贷：资金结存——零余额用款额度　　　　　　　　　　　　　100

B. 购买办公用品时：

借：行政支出　　　　　　　　　　　　　　　　　　　　　100
　　贷：资金结存——货币资金　　　　　　　　　　　　　　　　100

【例 7-35】 某行政单位（假设该单位未实行预算管理一体化）支付从事业务活动的职工个人薪酬 150 000 元，按照规定支付代扣代缴个人所得税 3 200 元，支付代扣代缴职工社会保险费 4 800 元，支付职工住房公积金 52 000 元；同时，购买办公用品 3 500 元。以上款项均采用财政授权方式支付。该单位还购入业务活动打印机一台，价值为 800 元，通过银行存款方式支付。平行记账账务处理如下：

（1）财务会计账务处理如下：

A. 计提职工薪酬时：

借：业务活动费用　　　　　　　　　　　　　　　　　　　210 000
　　贷：应付职工薪酬　　　　　　　　　　　　　　　　　　　　210 000

B. 支付职工薪酬时：

借：应付职工薪酬　　　　　　　　　　　　　　　　　　　210 000
　　贷：其他应交税费——应交个人所得税　　　　　　　　　　　3 200
　　　　应付职工薪酬——社会保险费　　　　　　　　　　　　　4 800
　　　　　　　　　　——住房公积金　　　　　　　　　　　　　52 000
　　　　零余额账户用款额度　　　　　　　　　　　　　　　　　150 000

C. 支付税金、社保、公积金时：

借：其他应交税费——应交个人所得税　　　　　　　　　　3 200
　　应付职工薪酬——社会保险费　　　　　　　　　　　　4 800
　　　　　　　　——住房公积金　　　　　　　　　　　　52 000
　　贷：零余额账户用款额度　　　　　　　　　　　　　　　　　60 000

D. 购买办公用品时：

借：业务活动费用　　　　　　　　　　　　　　　　　　3 500
　　贷：零余额账户用款额度　　　　　　　　　　　　　　　　3 500

E. 购买打印机时：

借：固定资产　　　　　　　　　　　　　　　　　　　　2 800
　　贷：银行存款　　　　　　　　　　　　　　　　　　　　　2 800

（2）预算会计账务处理如下：

A. 计提职工薪酬时：

不涉及账务处理。

B. 支付职工薪酬时：

借：行政支出　　　　　　　　　　　　　　　　　　　150 000
　　贷：资金结存——零余额账户用款额度　　　　　　　　　150 000

C. 支付税金、社保、公积金时：

借：行政支出　　　　　　　　　　　　　　　　　　　 60 000
　　贷：资金结存——零余额账户用款额度　　　　　　　　　 60 000

D. 购买办公用品时：

借：行政支出　　　　　　　　　　　　　　　　　　　　3 500
　　贷：资金结存——零余额账户用款额度　　　　　　　　　 3 500

E. 购买打印机时：

借：行政支出　　　　　　　　　　　　　　　　　　　　2 800
　　贷：资金结存——货币资金　　　　　　　　　　　　　　2 800

【例7-36】 某行政单位（假设该单位未实行预算管理一体化）使用以前年度财政直接支付额度支付管理部门职工社会保险费20 000元。平行记账账务处理如下：

（1）财务会计账务处理如下：

借：业务活动费用　　　　　　　　　　　　　　　　　 20 000
　　贷：财政应返还额度　　　　　　　　　　　　　　　　　20 000

（2）预算会计账务处理如下：

借：行政支出　　　　　　　　　　　　　　　　　　　 20 000
　　贷：资金结存——财政应返还额度　　　　　　　　　　　20 000

【例7-37】 某行政单位（假设该单位未实行预算管理一体化）2023年当年预算项目已完工，年末该项目预算资金结余为30 000元，按规定需上缴财政；年末按规定注销财政拨款结转资金额度40 000元。平行记账账务处理如下：

（1）财务会计账务处理如下：

A. 上缴项目预算资金结余时：

借：累计盈余　　　　　　　　　　　　　　　　　　　 30 000
　　贷：零余额账户用款额度　　　　　　　　　　　　　　　30 000

B. 年末注销财政拨款结转资金额度时：

借：累计盈余　　　　　　　　　　　　　　　　　　　　　　　40 000
　　　贷：零余额账户用款额度　　　　　　　　　　　　　　　　　　40 000

（2）预算会计账务处理如下：

A. 上缴项目预算资金结余时：

借：财政拨款结余——归集上缴　　　　　　　　　　　　　　　30 000
　　　贷：资金结存——零余额账户用款额度　　　　　　　　　　　　30 000

B. 年末注销财政拨款结转资金额度时：

借：财政拨款结转——归集上缴　　　　　　　　　　　　　　　40 000
　　　贷：资金结存——零余额账户用款额度　　　　　　　　　　　　40 000

【例7-38】　某行政单位（假设该单位未实行预算管理一体化）2023年收到上级主管部门拨入的科研项目经费80 000元，项目周期为2年。年度使用该项目资金70 000元，由于特殊原因，主管部门决定收回尚未使用的该项目资金10 000元。平行记账账务处理如下：

（1）财务会计账务处理如下：

A. 收到拨入的科研项目经费时：

借：银行存款　　　　　　　　　　　　　　　　　　　　　　　80 000
　　　贷：非同级财政拨款收入　　　　　　　　　　　　　　　　　　80 000

B. 使用项目资金时：

借：业务活动费用　　　　　　　　　　　　　　　　　　　　　70 000
　　　贷：银行存款　　　　　　　　　　　　　　　　　　　　　　　70 000

C. 收回项目剩余资金时：

借：累计盈余　　　　　　　　　　　　　　　　　　　　　　　10 000
　　　贷：银行存款　　　　　　　　　　　　　　　　　　　　　　　10 000

（2）预算会计账务处理如下：

A. 收到拨入的科研项目经费时：

借：资金结存——货币资金　　　　　　　　　　　　　　　　　80 000
　　　贷：非同级财政拨款预算收入　　　　　　　　　　　　　　　　80 000

B. 使用项目资金时：

借：行政支出　　　　　　　　　　　　　　　　　　　　　　　70 000
　　　贷：资金结存——货币资金　　　　　　　　　　　　　　　　　70 000

C. 收回项目剩余资金时：

借：非财政拨款结转——缴回资金　　　　　　　　　　　　　　10 000
　　　贷：资金结存——货币资金　　　　　　　　　　　　　　　　　10 000

【例7-39】　2023年，财政部门调整项目支出计划，某行政单位（假设该单位未实行预算管理一体化）收到别的单位调出的项目资金40 000元。平行记账账务处理如下：

（1）财务会计账务处理如下：

借：零余额账户用款额度　　　　　　　　　　　　　40 000
　　贷：累计盈余　　　　　　　　　　　　　　　　　　　40 000

（2）预算会计账务处理如下：

借：资金结存——零余额账户用款额度　　　　　　　40 000
　　贷：财政拨款结转——归集调入　　　　　　　　　　　40 000

【例7-40】某行政单位（假设该单位未实行预算管理一体化）使用当年财政预算资金购买设备，由于设备质量问题，将此设备退回商家，商家退回设备款8 000元，假设该设备已计提折旧800元。经分析，此事项属于当年购货退回。平行记账账务处理如下：

（1）财务会计账务处理如下：

借：零余额账户用款额度　　　　　　　　　　　　　8 000
　　贷：固定资产　　　　　　　　　　　　　　　　　　　8 000
借：固定资产累计折旧　　　　　　　　　　　　　　　800
　　贷：业务活动费用　　　　　　　　　　　　　　　　　800

如果是上年购入的设备，今年发现问题并退回，经分析，此事项属于以前年度支付的，平行记账账务处理如下：

借：财政应返还额度　　　　　　　　　　　　　　　　8 000
　　贷：固定资产　　　　　　　　　　　　　　　　　　　8 000
借：固定资产累计折旧　　　　　　　　　　　　　　　800
　　贷：以前年度盈余调整　　　　　　　　　　　　　　　8 000

（2）预算会计账务处理如下：

借：资金结存——零余额账户用款额度　　　　　　　8 000
　　贷：行政支出　　　　　　　　　　　　　　　　　　　8 000

如果是上年购入的设备，今年发现问题并退回的：

借：资金结存——财政应返回额度　　　　　　　　　8 000
　　贷：财政拨款结转　　　　　　　　　　　　　　　　　8 000

【例7-41】2023年年末，某行政单位（假设该单位未实行预算管理一体化）2023年度财政直接支付预算指标数为1 500 000元，2023年财政直接支付实际支出数为1 450 000元，年末确认未下达的财政用款额度50 000元。平行记账账务处理如下：

（1）财务会计账务处理如下：

借：财政应返还额度——财政直接支付　　　　　　　50 000
　　贷：财政拨款收入　　　　　　　　　　　　　　　　　50 000

（2）预算会计账务处理如下：

借：资金结存——财政应返还额度 50 000
　　贷：财政拨款预算收入 50 000

【例 7-42】 2023年年末，某行政单位（假设该单位未实行预算管理一体化）2023年度批复预算指标为3 050 000元，2023年度收到零余额用款额度3 000 000元，有50 000元的额度没有下达。平行记账账务处理如下：

（1）财务会计账务处理如下：

A.年末确认未下达的财政用款额度时：

借：财政应返还额度——财政授权支付 50 000
　　贷：财政拨款收入 50 000

B.下年年初，收到代理银行提供的额度恢复到账通知书，恢复该额度时：

借：零余额账户用款额度 50 000
　　贷：财政应返还额度——财政授权支付 50 000

（2）预算会计账务处理如下：

A.年末确认未下达的财政用款额度时：

借：资金结存——财政应返还额度 50 000
　　贷：财政拨款预算收入 50 000

B.下年年初，恢复该额度时：

借：资金结存——零余额账户用款额度 50 000
　　贷：资金结存——财政应返还额度 50 000

2.实行预算管理一体化的单位

【例 7-43】 2024年2月，某中央行政单位收到财政部发来的预算管理一体化指标500 000元，收到地方财政部门拨付的项目经费200 000元。假设该单位2023年8月开始实行预算管理一体化，平行记账账务处理如下：

（1）财务会计账务处理如下：

借：银行存款 200 000
　　贷：非同级财政拨款收入 200 000

注：500 000元为财政部下达的预算管理一体化指标，根据《关于印发〈政府会计准则制度解释第5号〉的通知》（财会〔2022〕25号）的规定，不涉及账务处理。

（2）预算会计账务处理如下：

借：资金结存——货币资金 200 000
　　贷：非同级财政拨款预算收入 200 000

【例 7-44】 某行政单位（假设该单位 2023 年 8 月开始实行预算管理一体化）从零余额账户提取现金 100 元，用于购买办公用品。平行记账账务处理如下：

（1）财务会计账务处理如下：

A. 从预算管理一体化账户提现时：

借：货币资金　　　　　　　　　　　　　　　　　　　　　　100
　　贷：财政拨款收入　　　　　　　　　　　　　　　　　　　　　100

B. 购买办公用品时：

借：其他费用　　　　　　　　　　　　　　　　　　　　　　100
　　贷：货币资金　　　　　　　　　　　　　　　　　　　　　　　100

（2）预算会计账务处理如下：

A. 从预算管理一体化账户提现时：

借：资金结存——货币资金　　　　　　　　　　　　　　　　100
　　贷：财政拨款预算收入　　　　　　　　　　　　　　　　　　　100

B. 购买办公用品时：

借：行政支出　　　　　　　　　　　　　　　　　　　　　　100
　　贷：资金结存——货币资金　　　　　　　　　　　　　　　　　100

【例 7-45】 某行政单位（假设该单位 2023 年 8 月开始实行预算管理一体化）支付从事业务活动的职工个人薪酬 150 000 元，按照规定支付代扣代缴个人所得税 3 200 元，支付代扣代缴职工社会保险费 4 800 元，支付职工住房公积金 52 000 元；同时，购买办公用品 3 500 元。以上款项均采用预算管理一体化方式支付。该单位还购入业务活动打印机一台，价值为 2 800 元，通过银行存款方式支付。平行记账账务处理如下：

（1）财务会计账务处理如下：

A. 计提职工薪酬时：

借：业务活动费用　　　　　　　　　　　　　　　　　　　210 000
　　贷：应付职工薪酬　　　　　　　　　　　　　　　　　　　210 000

B. 支付职工薪酬时：

借：应付职工薪酬　　　　　　　　　　　　　　　　　　　210 000
　　贷：其他应交税费——应交个人所得税　　　　　　　　　　3 200
　　　　应付职工薪酬——社会保险费　　　　　　　　　　　　4 800
　　　　　　　　　　——住房公积金　　　　　　　　　　　　52 000
　　　　财政拨款收入　　　　　　　　　　　　　　　　　　150 000

C. 支付税金、社保、公积金时：

借：其他应交税费——应交个人所得税　　　　　　　　　　　3 200
　　应付职工薪酬——社会保险费　　　　　　　　　　　　　4 800
　　　　　　　　——住房公积金　　　　　　　　　　　　　52 000
　　贷：财政拨款收入　　　　　　　　　　　　　　　　　　　60 000

D. 购买办公用品时：

借：业务活动费用　　　　　　　　　　　　　　　　　　　3 500
　　贷：财政拨款收入　　　　　　　　　　　　　　　　　　　3 500

E. 购买打印机时：

借：固定资产　　　　　　　　　　　　　　　　　　　　　2 800
　　贷：银行存款　　　　　　　　　　　　　　　　　　　　　2 800

（2）预算会计账务处理如下：

A. 计提职工薪酬时：

不涉及计账务处理。

B. 支付职工薪酬时：

借：行政支出　　　　　　　　　　　　　　　　　　　　150 000
　　贷：财政拨款预算收入　　　　　　　　　　　　　　　150 000

C. 支付税金、社保、公积金时：

借：行政支出　　　　　　　　　　　　　　　　　　　　 60 000
　　贷：财政拨款预算收入　　　　　　　　　　　　　　　 60 000

D. 购买办公用品时：

借：行政支出　　　　　　　　　　　　　　　　　　　　　3 500
　　贷：财政拨款预算收入　　　　　　　　　　　　　　　　3 500

E. 购买打印机时：

借：行政支出　　　　　　　　　　　　　　　　　　　　　2 800
　　贷：资金结存——货币资金　　　　　　　　　　　　　　2 800

【例 7-46】 某行政单位（假设该单位 2023 年 8 月开始实行预算管理一体化）使用 2022 年度预算指标支付管理部门职工社会保险费 20 000 元。平行记账账务处理如下：

（1）财务会计账务处理如下：

借：业务活动费用　　　　　　　　　　　　　　　　　　20 000
　　贷：财政应返还额度　　　　　　　　　　　　　　　　20 000

（2）预算会计账务处理如下：

借：行政支出　　　　　　　　　　　　　　　　　　　　20 000
　　贷：资金结存——财政应返还额度　　　　　　　　　　20 000

【例 7-47】 某行政单位（假设该单位 2023 年 8 月开始实行预算管理一体化）2023 年当年预算项目已完工，年末该项目预算资金结余为 30 000 元，按规定需上缴财政；年末按规定注销财政拨款结转资金额度 40 000 元。平行记账账务处理如下：

（1）财务会计账务处理如下：

A. 上缴项目预算资金结余时：

借：累计盈余 30 000
　　贷：财政拨款收入 30 000
B.年末注销财政拨款结转资金额度时：
借：累计盈余 40 000
　　贷：财政应返还额度 40 000
（2）预算会计账务处理如下：
A.上缴项目预算资金结余时：
借：财政拨款结余——归集上缴 30 000
　　贷：财政拨款预算收入 30 000
B.年末注销财政拨款结转资金额度时：
借：财政拨款结转——归集上缴 40 000
　　贷：资金结存——财政应返还额度 40 000

【例7-48】　某行政单位（假设该单位2023年8月开始实行预算管理一体化）2023年收到上级主管部门拨入的科研项目经费80 000元，项目周期为2年。2023年度使用该项目资金70 000元，由于特殊原因，主管部门决定收回尚未使用的该项目资金10 000元。平行记账账务处理如下：

（1）财务会计账务处理如下：
A.收到拨入的科研项目经费时：
借：银行存款 80 000
　　贷：非同级财政拨款收入 80 000
B.使用项目资金时：
借：业务活动费用 70 000
　　贷：银行存款 70 000
C.收回项目剩余资金时：
借：累计盈余 10 000
　　贷：银行存款 10 000
（2）预算会计账务处理如下：
A.收到拨入的科研项目经费时：
借：资金结存——货币资金 80 000
　　贷：非同级财政拨款预算收入 80 000
B.使用项目资金时：
借：行政支出 70 000
　　贷：资金结存——货币资金 70 000
C.收回项目剩余资金时：
借：非财政拨款结转——缴回资金 10 000
　　贷：资金结存——货币资金 10 000

【例7-49】 2023年，财政部门调整项目支出计划，某行政单位（假设该单位2023年8月开始实行预算管理一体化）收到别的单位调出的项目资金40 000元。平行记账账务处理如下：

预算管理一体化条件下，该笔业务预算指标增加，不记账。

【例7-50】 某行政单位（假设该单位2023年8月开始实行预算管理一体化）使用当年财政预算资金购买设备，由于设备质量问题，将此设备退回商家，商家退回设备款8 000元，假设该设备已计提折旧800元。经分析，此事项属于当年购货退回。平行记账账务处理如下：

（1）财务会计账务处理如下：
借：财政拨款收入　　　　　　　　　　　　　　　　　　　　　　8 000
　　贷：固定资产　　　　　　　　　　　　　　　　　　　　　　　　8 000
借：固定资产累计折旧　　　　　　　　　　　　　　　　　　　　　800
　　贷：业务活动费用　　　　　　　　　　　　　　　　　　　　　　　800
（2）预算会计账务处理如下：
借：财政拨款预算收入　　　　　　　　　　　　　　　　　　　　8 000
　　贷：行政支出　　　　　　　　　　　　　　　　　　　　　　　　8 000

如果该设备是2022年购入的，2023年发现问题并退回，经分析，此事项属于以前年度支付的，平行记账账务处理如下：

（1）财务会计账务处理如下：
借：财政应返还额度　　　　　　　　　　　　　　　　　　　　　8 000
　　贷：固定资产　　　　　　　　　　　　　　　　　　　　　　　　8 000
借：固定资产累计折旧　　　　　　　　　　　　　　　　　　　　　800
　　贷：以前年度盈余调整　　　　　　　　　　　　　　　　　　　　　800
（2）预算会计账务处理如下：
借：资金结存——财政应返回额度　　　　　　　　　　　　　　　8 000
　　贷：财政拨款结转　　　　　　　　　　　　　　　　　　　　　　8 000

【例7-51】 2023年年末，某行政单位（假设该单位2023年8月开始实行预算管理一体化）本年度预算指标数为1 500 000元，2023年预算支付实际支出数为1 450 000元，年末确认未下达的财政用款额度50 000元。平行记账账务处理如下：

（1）财务会计账务处理如下：
借：财政应返还额度　　　　　　　　　　　　　　　　　　　　50 000
　　贷：财政拨款收入　　　　　　　　　　　　　　　　　　　　　50 000
（2）预算会计账务处理如下：
借：资金结存——财政应返还额度　　　　　　　　　　　　　　50 000
　　贷：财政拨款预算收入　　　　　　　　　　　　　　　　　　　50 000

（四）事业单位平行记账业务举例

1. 未实行预算管理一体化的单位

【例 7-52】 某事业单位（假设该单位未实行预算管理一体化）2024 年 2 月收到代理银行转来的《财政授权支付额度到账通知书》。该通知书列示：收到授权支付额度 500 000 元，收到财政部门拨付的项目经费 200 000 元，收到上级主管部门转入的科研项目经费 50 000 元，收到经营收入 30 000 元。平行记账账务处理如下：

（1）财务会计账务处理如下：

借：零余额账户用款额度	500 000
银行存款（200 000 + 50 000 + 30 000）	280 000
贷：财政拨款收入（500 000 + 200 000）	700 000
事业收入	50 000
经营收入	30 000

（2）预算会计账务处理如下：

借：资金结存——零余额用款额度	500 000
贷：财政拨款预算收入	500 000
借：资金结存——货币资金	200 000
贷：财政拨款预算收入	200 000
借：资金结存——货币资金	50 000
贷：事业预算收入	50 000
借：资金结存——货币资金	30 000
贷：经营预算收入	30 000

【例 7-53】 某事业单位（假设该单位未实行预算管理一体化）从零余额账户提取现金 100 元，用于支付电话费。平行记账账务处理如下：

（1）财务会计账务处理如下：

A. 从零余额账户提现时：

借：货币资金	100
贷：零余额账户用款额度	100

B. 支付电话费时：

借：单位管理费用	100
贷：货币资金	100

（2）预算会计账务处理如下：

A. 从零余额账户提现时：

借：资金结存——货币资金　　　　　　　　　　　　　　　　　100
　　贷：资金结存——零余额用款额度　　　　　　　　　　　　　100
B. 支付电话费时：
借：事业支出　　　　　　　　　　　　　　　　　　　　　　　100
　　贷：资金结存——货币资金　　　　　　　　　　　　　　　　100

【例7-54】　某事业单位（假设该单位未实行预算管理一体化）支付从事业务活动的职工薪酬 150 000 元，按照规定支付代扣代缴个人所得税 3 200 元，支付代扣代缴职工社会保险费 4 800 元，支付职工住房公积金 52 000 元；同时，购买管理用办公用品 3 500 元。以上款项均采用财政授权方式支付。该单位还购入经营用打印机一台，价值 2 800 元，通过银行存款方式支付。平行记账账务处理如下：

（1）财务会计账务处理如下：
A. 计提职工薪酬时：
借：业务活动费用　　　　　　　　　　　　　　　　　　　210 000
　　贷：应付职工薪酬　　　　　　　　　　　　　　　　　　　210 000
B. 支付职工薪酬时：
借：应付职工薪酬　　　　　　　　　　　　　　　　　　　210 000
　　贷：其他应交税费——应交个人所得税　　　　　　　　　　3 200
　　　　应付职工薪酬——社会保险费　　　　　　　　　　　　4 800
　　　　　　　　　　——住房公积金　　　　　　　　　　　　52 000
　　　　零余额账户用款额度　　　　　　　　　　　　　　　150 000
C. 支付税金、社保、公积金时：
借：其他应交税费——应交个人所得税　　　　　　　　　　　3 200
　　应付职工薪酬——社会保险费　　　　　　　　　　　　　4 800
　　　　　　　　——住房公积金　　　　　　　　　　　　　52 000
　　贷：零余额账户用款额度　　　　　　　　　　　　　　　　60 000
D. 购买办公用品时：
借：单位管理费用　　　　　　　　　　　　　　　　　　　　3 500
　　贷：零余额账户用款额度　　　　　　　　　　　　　　　　3 500
E. 购买打印机时：
借：固定资产　　　　　　　　　　　　　　　　　　　　　　2 800
　　贷：银行存款　　　　　　　　　　　　　　　　　　　　　2 800

（2）预算会计账务处理如下：
A. 计提职工薪酬时：
不涉及账务处理。
B. 支付职工薪酬时：

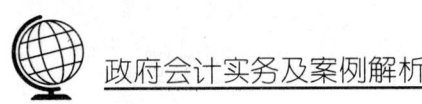

借：事业支出	150 000
贷：资金结存——零余额账户用款额度	150 000

C. 支付税金、社保、公积金时：

借：事业支出	60 000
贷：资金结存——零余额账户用款额度	60 000

D. 购买办公用品时：

借：事业支出	3 500
贷：资金结存——零余额账户用款额度	3 500

E. 购买打印机时：

借：事业支出	2 800
贷：资金结存——货币资金	2 800

【例 7-55】 某事业单位（假设该单位未实行预算管理一体化）2023 年当年预算项目已完工，年末该项目预算资金结余为 30 000 元，按规定需上缴财政；年末按规定注销财政拨款结转额度 40 000 元。平行记账账务处理如下：

（1）财务会计账务处理如下：

A. 上缴项目预算资金结余时：

借：累计盈余	30 000
贷：零余额账户用款额度	30 000

B. 年末注销财政拨款结转资金额度时：

借：累计盈余	40 000
贷：财政应返还额度	40 000

C. 下年年初，实际缴纳时：

借：财政应返还额度	40 000
贷：零余额账户用款额度	40 000

（2）预算会计账务处理如下：

A. 上缴项目预算资金结余时：

借：财政拨款结余——归集上缴	30 000
贷：资金结存——零余额账户用款额度	30 000

B. 年末注销财政拨款结转资金额度时：

借：财政拨款结转——归集上缴	40 000
贷：资金结存——财政应返还额度	40 000

B. 下年年初，实际缴纳时：

借：资金结存——财政应返还额度	40 000
贷：资金结存——零余额账户用款额度	40 000

【例 7-56】 某事业单位（假设该单位未实行预算管理一体化）2023 年收到上级

主管部门拨入的科研项目经费80 000元,项目周期为2年。年度使用该项目资金70 000元。由于特殊原因,主管部门决定收回尚未使用的该项目资金10 000元。平行记账账务处理如下:

(1)财务会计账务处理如下:

A.收到拨入的科研项目经费时:

借:银行存款　　　　　　　　　　　　　　　　　　　　　80 000
　　贷:非同级财政拨款收入　　　　　　　　　　　　　　　　80 000

B.使用项目资金时:

借:业务活动费用　　　　　　　　　　　　　　　　　　　70 000
　　贷:银行存款　　　　　　　　　　　　　　　　　　　　　70 000

C.收回项目剩余资金时:

借:累计盈余　　　　　　　　　　　　　　　　　　　　　10 000
　　贷:银行存款　　　　　　　　　　　　　　　　　　　　　10 000

(2)预算会计账务处理如下:

A.收到拨入的科研项目经费时:

借:资金结存——货币资金　　　　　　　　　　　　　　　80 000
　　贷:非同级财政拨款预算收入　　　　　　　　　　　　　　80 000

B.使用项目资金时:

借:事业支出　　　　　　　　　　　　　　　　　　　　　70 000
　　贷:资金结存——货币资金　　　　　　　　　　　　　　　70 000

C.收回项目剩余资金时:

借:非财政拨款结转——缴回资金　　　　　　　　　　　　10 000
　　贷:资金结存——货币资金　　　　　　　　　　　　　　　10 000

【例7-57】 2023年,财政部门调整项目支出计划,某事业单位(假设该单位未实行预算管理一体化)收到别的单位调出的项目资金40 000元。平行记账账务处理如下:

(1)财务会计账务处理如下:

借:零余额账户用款额度　　　　　　　　　　　　　　　　40 000
　　贷:累计盈余　　　　　　　　　　　　　　　　　　　　　40 000

(2)预算会计账务处理如下:

借:资金结存——零余额账户用款额度　　　　　　　　　　40 000
　　贷:财政拨款结转——归集调入　　　　　　　　　　　　　40 000

【例7-58】 某事业单位(假设该单位未实行预算管理一体化)使用2023年财政预算资金购买设备,由于质量问题,将此设备退回商家,商家退回设备款80 000元,假设设备已经折旧8 000元。经分析,此事项属于当年购货退回。平行记账账务处理如下:

(1)财务会计账务处理如下:

借：零余额账户用款额度　　　　　　　　　　　　　　　　80 000
　　贷：固定资产　　　　　　　　　　　　　　　　　　　　　　80 000
借：固定资产累计折旧　　　　　　　　　　　　　　　　　8 000
　　贷：业务活动费用　　　　　　　　　　　　　　　　　　　　8 000
（2）预算会计账务处理如下：
借：资金结存——零余额账户用款额度　　　　　　　　　80 000
　　贷：事业支出　　　　　　　　　　　　　　　　　　　　　　80 000

如果该设备是2022年购入的，2023年发现问题并退回，经分析，此事项属于以前年度支付的，平行记账账务处理如下：

（1）财务会计账务处理如下：
借：财政应返还额度　　　　　　　　　　　　　　　　　80 000
　　贷：固定资产　　　　　　　　　　　　　　　　　　　　　　80 000
借：固定资产累计折旧　　　　　　　　　　　　　　　　　8 000
　　贷：以前年度盈余调整　　　　　　　　　　　　　　　　　　8 000
（2）预算会计账务处理如下：
借：资金结存——财政应返回额度　　　　　　　　　　　80 000
　　贷：财政拨款结转　　　　　　　　　　　　　　　　　　　　80 000

【例7-59】某事业单位2023年年末缴纳企业所得税48 000元。平行记账账务处理如下：

（1）财务会计账务处理如下：
借：其他应交税费——单位应交所得税　　　　　　　　　48 000
　　贷：银行存款　　　　　　　　　　　　　　　　　　　　　　48 000
（2）预算会计账务处理如下：
借：非财政拨款结余——累计结余　　　　　　　　　　　48 000
　　贷：资金结存——货币资金　　　　　　　　　　　　　　　　48 000

【例7-60】2023年年末，某事业单位本年度财政直接支付预算指标数为10 500 000元，2023年财政直接支付实际支出数为10 450 000元，年末确认未下达的财政用款额度50 000元。平行记账账务处理如下：

（1）财务会计账务处理如下：
借：财政应返还额度——财政直接支付　　　　　　　　　50 000
　　贷：财政拨款收入　　　　　　　　　　　　　　　　　　　　50 000
（2）预算会计账务处理如下：
借：资金结存——财政应返还额度　　　　　　　　　　　50 000
　　贷：财政拨款预算收入　　　　　　　　　　　　　　　　　　50 000

【例7-61】 2023年年末，某事业单位本年度批复预算指标30 050 000元。2023年度该单位收到零余额用款额度30 000 000元，有50 000元的额度没有下达。平行记账账务处理如下：

（1）财务会计账务处理如下：

A.年末确认未下达的财政用款额度时：

借：财政应返还额度——财政授权支付　　　　　　　　　　　　50 000
　　贷：财政拨款收入　　　　　　　　　　　　　　　　　　　　　　50 000

B.下年年初，收到代理银行提供的额度恢复到账通知书，恢复该额度时：

借：零余额账户用款额度　　　　　　　　　　　　　　　　　　50 000
　　贷：财政应返还额度——财政授权支付　　　　　　　　　　　　50 000

（2）预算会计账务处理如下：

A.年末确认未下达的财政用款额度时：

借：资金结存——财政应返还额度　　　　　　　　　　　　　　50 000
　　贷：财政拨款预算收入　　　　　　　　　　　　　　　　　　　50 000

B.下年年初，恢复该额度时：

借：资金结存——零余额账户用款额度　　　　　　　　　　　　50 000
　　贷：资金结存——财政应返还额度　　　　　　　　　　　　　　50 000

2.实行预算管理一体化的单位

【例7-62】 2024年2月，某中央事业单位收到财政部发来的当年预算指标500 000元，收到地方财政部门单独拨付的项目经费200 000元，收到上级主管部门转入的科研项目经费50 000元，收到经营收入30 000元。假设该单位2023年8月开始实行预算管理一体化。平行记账账务处理如下：

（1）财务会计账务处理如下：

借：银行存款（200 000 + 50 000 + 30 000）　　　　　　　　　280 000
　　贷：非同级财政拨款收入　　　　　　　　　　　　　　　　　　200 000
　　　　事业收入　　　　　　　　　　　　　　　　　　　　　　　 50 000
　　　　经营收入　　　　　　　　　　　　　　　　　　　　　　　 30 000

注：500 000元为预算指标，根据《关于印发〈会计准则制度解释第5号〉的通知》（财会〔2022〕25号）的规定不记账。

（2）预算会计账务处理如下：

借：资金结存——货币资金　　　　　　　　　　　　　　　　　200 000
　　贷：财政拨款预算收入　　　　　　　　　　　　　　　　　　　200 000

借：资金结存——货币资金　　　　　　　　　　　　　　　　　 50 000
　　贷：事业预算收入　　　　　　　　　　　　　　　　　　　　　 50 000

借：资金结存——货币资金　　　　　　　　　　　　　　　　30 000
　　贷：经营预算收入　　　　　　　　　　　　　　　　　　　　30 000

【例7-63】 某事业单位（假设该单位2023年8月开始实行预算管理一体化）从预算账户提取现金100元，用于支付电话费。平行记账账务处理如下：

（1）财务会计账务处理如下：

A.从零余额账户提现时：

借：货币资金　　　　　　　　　　　　　　　　　　　　　　　100
　　贷：财政拨款收入　　　　　　　　　　　　　　　　　　　　　100

B.支付电话费时：

借：单位管理费用　　　　　　　　　　　　　　　　　　　　　100
　　贷：货币资金　　　　　　　　　　　　　　　　　　　　　　　100

（2）预算会计账务处理如下：

A.从零余额账户提现时：

借：资金结存——货币资金　　　　　　　　　　　　　　　　　100
　　贷：财政拨款预算收入　　　　　　　　　　　　　　　　　　　100

B.支付电话费时：

借：事业支出　　　　　　　　　　　　　　　　　　　　　　　100
　　贷：资金结存——货币资金　　　　　　　　　　　　　　　　　100

【例7-64】 某事业单位（假设该单位2023年8月开始实行预算管理一体化）支付从事业务活动的职工薪酬150 000元，按照规定支付代扣代缴个人所得税3 200元，支付代扣代缴职工社会保险费4 800元，支付职工住房公积金52 000元；同时，购买管理用办公用品3 500元。以上款项均采用财政授权方式支付。该单位还购入经营用打印机一台，价值2 800元，通过银行存款方式支付。平行记账账务处理如下：

（1）财务会计账务处理如下：

A.计提职工薪酬时：

借：业务活动费用　　　　　　　　　　　　　　　　　　　210 000
　　贷：应付职工薪酬　　　　　　　　　　　　　　　　　　　210 000

B.支付职工薪酬时：

借：应付职工薪酬　　　　　　　　　　　　　　　　　　　210 000
　　贷：其他应交税费——应交个人所得税　　　　　　　　　　3 200
　　　　应付职工薪酬——社会保险费　　　　　　　　　　　　4 800
　　　　　　　　　　——住房公积金　　　　　　　　　　　　52 000
　　　　财政拨款收入　　　　　　　　　　　　　　　　　　150 000

C.支付税金、社保、公积金时：

借：其他应交税费——应交个人所得税　　　　　　　　　　3 200
　　应付职工薪酬——社会保险费　　　　　　　　　　　　4 800
　　　　　　　　——住房公积金　　　　　　　　　　　　52 000
　　贷：财政拨款收入　　　　　　　　　　　　　　　　　60 000

D.购买办公用品时：

借：单位管理费用　　　　　　　　　　　　　　　　　　3 500
　　贷：财政拨款收入　　　　　　　　　　　　　　　　3 500

E.购买打印机时：

借：固定资产　　　　　　　　　　　　　　　　　　　　2 800
　　贷：银行存款　　　　　　　　　　　　　　　　　　2 800

（2）预算会计账务处理如下：

A.计提职工薪酬时：

不涉及账务处理。

B.支付职工薪酬时：

借：事业支出　　　　　　　　　　　　　　　　　　　　150 000
　　贷：财政拨款预算收入　　　　　　　　　　　　　　150 000

C.支付税金、社保、公积金时：

借：事业支出　　　　　　　　　　　　　　　　　　　　60 000
　　贷：财政拨款预算收入　　　　　　　　　　　　　　60 000

D.购买办公用品时：

借：事业支出　　　　　　　　　　　　　　　　　　　　3 500
　　贷：财政拨款预算收入　　　　　　　　　　　　　　3 500

E.购买打印机时：

借：事业支出　　　　　　　　　　　　　　　　　　　　2 800
　　贷：资金结存——货币资金　　　　　　　　　　　　2 800

【例7-65】　某事业单位（假设该单位2023年8月开始实行预算管理一体化）2023年当年预算项目已完工，年末该项目预算资金结余为30 000元，按规定需上缴财政；年末按规定注销财政拨款结转额度40 000元。平行记账账务处理如下：

（1）财务会计账务处理如下：

A.上缴项目预算资金结余时：

借：累计盈余　　　　　　　　　　　　　　　　　　　　30 000
　　贷：财政拨款收入　　　　　　　　　　　　　　　　30 000

B.年末注销财政拨款结转资金额度时：

借：累计盈余	40 000	
贷：财政应返还额度		40 000

（2）预算会计账务处理如下：

A. 上缴项目预算资金结余时：

借：财政拨款结余——归集上缴	30 000	
贷：财政拨款预算收入		30 000

B. 年末注销财政拨款结转资金额度时：

借：财政拨款结转——归集上缴	40 000	
贷：资金结存——财政应返还额度		40 000

【例7-66】 某事业单位（假设该单位2023年8月开始实行预算管理一体化）2023年收到上级主管部门拨入的科研项目经费80 000元，项目周期为2年，年度使用该项目资金70 000元。由于特殊原因，主管部门决定收回尚未使用的该项目资金10 000元。平行记账账务处理如下：

（1）财务会计账务处理如下：

A. 收到拨入的科研项目经费时：

借：银行存款	80 000	
贷：非同级财政拨款收入		80 000

B. 使用项目资金时：

借：业务活动费用	70 000	
贷：银行存款		70 000

C. 收回项目剩余资金时：

借：累计盈余	10 000	
贷：银行存款		10 000

（2）预算会计账务处理如下：

A. 收到拨入的科研项目经费时：

借：资金结存——货币资金	80 000	
贷：非同级财政拨款预算收入		80 000

B. 使用项目资金时：

借：事业支出	70 000	
贷：资金结存——货币资金		70 000

C. 收回项目剩余资金时：

借：非财政拨款结转——缴回资金	10 000	
贷：资金结存——货币资金		10 000

【例 7-67】 2023 年，财政部门调整项目支出计划，某事业单位（假设该单位 2023 年 8 月开始实行预算管理一体化）收到别的单位调出的项目资金 40 000 元。平行记账账务处理如下：

预算管理一体化条件下增加该预算指标，不记账。

【例 7-68】 某事业单位（假设该单位 2023 年 8 月开始实行预算管理一体化）使用当年财政预算资金购买设备，由于设备质量问题，将此设备退回商家，商家退回设备款 80 000 元，假设设备已经折旧 8 000 元。经分析，此事项属于当年购货退回。平行记账账务处理如下：

（1）财务会计账务处理如下：

借：财政拨款收入 80 000
　　贷：固定资产 80 000
借：固定资产累计折旧 8 000
　　贷：业务活动费用 8 000

（2）预算会计账务处理如下：

借：财政拨款预算收入 80 000
　　贷：事业支出 80 000

如果该设备是 2022 年购入的，2023 年发现问题并退回，经分析，此事项属于以前年度支付的，平行记账账务处理如下：

（1）财务会计账务处理如下：

借：财政应返还额度 80 000
　　贷：固定资产 80 000
借：固定资产累计折旧 8 000
　　贷：以前年度盈余调整 8 000

（2）预算会计账务处理如下：

借：资金结存——财政应返回额度 80 000
　　贷：财政拨款结转 80 000

【例 7-69】 某事业单位（假设该单位 2023 年 8 月开始实行预算管理一体化）2023 年年末缴纳企业所得税 48 000 元。平行记账账务处理如下：

（1）财务会计账务处理如下：

借：其他应交税费——单位应交所得税 48 000
　　贷：银行存款 48 000

（2）预算会计账务处理如下：

借：非财政拨款结余——累计结余 48 000
　　贷：资金结存——货币资金 48 000

【例7-70】 2023年年末，某事业单位（假设该单位2023年8月开始实行预算管理一体化）2023年度预算指标数为10 500 000元，2023年预算实际支出数为10 450 000元，年末确认未下达的财政用款额度50 000元。平行记账账务处理如下：

（1）财务会计账务处理如下：

借：财政应返还额度　　　　　　　　　　　　　　　　　50 000
　　贷：财政拨款收入　　　　　　　　　　　　　　　　　　　50 000

（2）预算会计账务处理如下：

借：资金结存——财政应返还额度　　　　　　　　　　　50 000
　　贷：财政拨款预算收入　　　　　　　　　　　　　　　　　50 000

二、财政拨款结转

（一）"财政拨款结转"科目核算的内容

"财政拨款结转"科目核算单位取得的同级财政拨款结转资金的调整、结转和滚存情况。"财政拨款结转"科目应当设置下列明细科目。

1. 与会计差错更正、以前年度支出收回相关的明细科目

"年初余额调整"明细科目核算因发生会计差错更正、以前年度支出收回等原因，需要调整财政拨款结转的金额。年末结账后，"年初余额调整"明细科目应无余额。

2. 与财政拨款调拨业务相关的明细科目

（1）"归集调入"明细科目核算按照规定从其他单位调入财政拨款结转资金时，实际调增的额度数额或调入的资金数额。年末结账后，"归集调入"明细科目应无余额。

（2）"归集调出"明细科目核算按照规定向其他单位调出财政拨款结转资金时，实际调减的额度数额或调出的资金数额。年末结账后，"归集调出"明细科目应无余额。

（3）"归集上缴"明细科目核算按照规定上缴财政拨款结转资金时，实际核销的额度数额或上缴的资金数额。年末结账后，"归集上缴"明细科目应无余额。

（4）"单位内部调剂"明细科目核算经财政部门批准对财政拨款结余资金改变用途，调整用于本单位其他未完成项目等的调整金额。年末结账后，"单位内部调剂"明细科目应无余额。

3. 与年末财政拨款结转业务相关的明细科目

（1）"本年收支结转"明细科目核算单位本年度财政拨款收支相抵后的余额。年末结账后，"本年收支结转"明细科目应无余额。

（2）"累计结转"明细科目核算单位滚存的财政拨款结转资金。"累计结转"明细科目年末贷方余额反映单位财政拨款滚存的结转资金数额。

"累计结转"科目还应当设置"基本支出结转""项目支出结转"两个明细科目，

并在"基本支出结转"明细科目下按照"人员经费""日常公用经费"进行明细核算，在"项目支出结转"明细科目下按照具体项目进行明细核算；同时，"累计结转"科目还应按照《政府收支分类科目》中"支出功能分类科目"的相关科目进行明细核算。单位若有一般公共预算财政拨款、政府性基金预算财政拨款等两种或两种以上财政拨款的，还应当在"累计结转"科目下按照财政拨款的种类进行明细核算。

（二）"财政拨款结转"科目平行记账账务处理

1. 因会计差错更正、购货退回、预付款项收回等发生以前年度调整事项

（1）未实行预算管理一体化的单位具体账务处理如表7-41所示。

表7-41　财政拨款结转平行记账账务处理 I

情形	财务会计		预算会计	
	行政单位	事业单位	行政单位	事业单位
调整增加相关资产	借：零余额账户用款额度/银行存款等 　贷：以前年度盈余调整		借：资金结存——零余额账户用款额度/货币资金等 　贷：财政拨款结转——年初余额调整	
因会计差错更正调整减少相关资产	借：以前年度盈余调整 　贷：零余额账户用款额度/银行存款等		借：财政拨款结转——年初余额调整 　贷：资金结存——零余额账户用款额度/货币资金等	

（2）实行预算管理一体化的单位具体账务处理如表7-42所示。

表7-42　财政拨款结转平行记账账务处理 II

情形	财务会计		预算会计	
	行政单位	事业单位	行政单位	事业单位
调整增加相关资产	借：财政应返还额度/银行存款等 　贷：以前年度盈余调整		借：资金结存——财政应返还额度/资金结存——货币资金等 　贷：财政拨款结转——年初余额调整	
因会计差错更正调整减少相关资产	借：以前年度盈余调整 　贷：财政应返还额度/银行存款等		借：财政拨款结转——年初余额调整 　贷：资金结存——财政应返还额度/资金结存——货币资金等	

2. 从其他单位调入或调出财政拨款结转资金

（1）未实行预算管理一体化的单位具体账务处理如表7-43所示。

表 7-43 财政拨款结转平行记账账务处理 Ⅲ

情形	财务会计		预算会计	
	行政单位	事业单位	行政单位	事业单位
按照实际调增的额度数额或调入的资金数额	借：财政应返款额度/零余额账户用款额度/银行存款 　　贷：累计盈余		借：资金结存——财政应返还额度/零余额账户用款额度/货币资金 　　贷：财政拨款结转——归集调入	
按照实际调减的额度数额或调减的资金数额	借：累计盈余 　　贷：财政应返还额度/零余额账户用款额度/银行存款		借：财政拨款结转——归集调出 　　贷：资金结存——财政应返还额度/零余额账户用款额度/货币资金	

（2）实行预算管理一体化的单位具体账务处理如表 7-44 所示。

表 7-44 财政拨款结转平行记账账务处理 Ⅳ

情形	财务会计		预算会计	
	行政单位	事业单位	行政单位	事业单位
按照实际调增的额度数额或调入的资金数额	借：财政应返款额度/银行存款 　　贷：累计盈余		借：资金结存——财政应返还额度/货币资金 　　贷：财政拨款结转——归集调入	
按照实际调减的额度数额或调减的资金数额	借：累计盈余 　　贷：财政应返还额度/银行存款		借：财政拨款结转——归集调出 　　贷：资金结存——财政应返还额度/货币资金	

3. 按照规定上缴财政拨款结转资金或注销财政拨款结转额度

（1）未实行预算管理一体化的单位具体账务处理如表 7-45 所示。

表 7-45 财政拨款结转平行记账账务处理 Ⅴ

情形	财务会计		预算会计	
	行政单位	事业单位	行政单位	事业单位
按照规定上缴财政拨款结转资金或注销财政拨款结转额度	借：累计盈余 　　贷：财政应返还额度/零余额账户用款额度/银行存款		借：财政拨款结转——归集上缴 　　贷：资金结存——财政应返还额度/零余额账户用款额度/货币资金	

（2）实行预算管理一体化的单位具体账务处理如表 7-46 所示。

表 7-46 财政拨款结转平行记账账务处理 Ⅵ

情形	财务会计		预算会计	
	行政单位	事业单位	行政单位	事业单位
按照规定上缴财政拨款结转资金或注销财政拨款结转额度	借：累计盈余 　　贷：财政应返还额度/银行存款		借：财政拨款结转——归集上缴 　　贷：资金结存——财政应返还额度/货币资金	

4. 单位内部调剂财政拨款结余资金

具体账务处理如表 7-47 所示。

表 7-47　财政拨款结转平行记账账务处理Ⅶ

情形	财务会计		预算会计	
	行政单位	事业单位	行政单位	事业单位
单位内部调剂财政拨款结余资金	—		借：财政拨款结余——单位内部调剂 贷：财政拨款结转——单位内部调剂	

5. 年末结转

具体账务处理如表 7-48 所示。

表 7-48　财政拨款结转平行记账账务处理Ⅷ

情形	财务会计		预算会计	
	行政单位	事业单位	行政单位	事业单位
结转财政拨款预算收入	—		借：财政拨款预算收入 　　贷：财政拨款结转——本年收支结转	
结转财政拨款预算支出	—		借：财政拨款结转——本年收支结转 　　贷：行政支出［财政拨款支出部分］	借：财政拨款结转——本年收支结转 　　贷：事业支出等［财政拨款支出部分］

6. 年末冲销有关明细科目余额

具体账务处理如表 7-49 所示。

表 7-49　财政拨款结转平行记账账务处理Ⅸ

情形	财务会计		预算会计	
	行政单位	事业单位	行政单位	事业单位
年末冲销有关明细科目余额	—		借：财政拨款结转——年初余额调整［该明细科目为贷方余额时］/归集调入/单位内部调剂/本年收支结转［该明细科目为贷方余额时］ 　　贷：财政拨款结转——累计结转 借：财政拨款结转——累计结转 　　贷：财政拨款结转——归集上缴/年初余额调整［该明细科目为借方余额时］/归集调出/本年收支结转［该明细科目为借方余额时］	

7. 转入财政拨款结余

具体账务处理如表 7-50 所示。

表 7-50 财政拨款结转平行记账账务处理 X

情形	财务会计		预算会计	
	行政单位	事业单位	行政单位	事业单位
按照有关规定将符合财政拨款结余性质的项目余额转入财政拨款结余	—		借：财政拨款结转——累计结转 　贷：财政拨款结余——结转转入	

（三）行政单位平行记账业务举例

【例 7-71】 某行政单位 2023 年度财务检查发现以前年度支付给物业公司的保安服务费重复缴纳，物业公司退回财政资金 50 000 元。经分析，此事项属于会计差错收回以前年度资金。平行记账账务处理如下：

（1）假设该单位未实行预算管理一体化：

A. 财务会计账务处理如下：

借：零余额账户用款额度　　　　　　　　　　　　　　50 000
　贷：以前年度盈余调整　　　　　　　　　　　　　　　　50 000

B. 预算会计账务处理如下：

借：资金结存——零余额账户用款额度　　　　　　　50 000
　贷：财政拨款结转——年初余额调整　　　　　　　　　50 000

（2）假设该单位已实行预算管理一体化：

A. 财务会计账务处理如下：

借：财政应返还额度　　　　　　　　　　　　　　　　50 000
　贷：以前年度盈余调整　　　　　　　　　　　　　　　　50 000

B. 预算会计账务处理如下：

借：资金结存——财政应返还额度　　　　　　　　　　50 000
　贷：财政拨款结转——年初余额调整　　　　　　　　　50 000

【例 7-72】 某行政单位以前年度购买实验材料一批，2023 年发现质量有问题，协商后将此设备退回商家，商家退回材料款 30 500 元。平行记账账务处理如下：

（1）假设该单位未实行预算管理一体化：

A. 财务会计账务处理如下：

借：零余额账户用款额度　　　　　　　　　　　　　　30 500
　贷：以前年度盈余调整　　　　　　　　　　　　　　　　30 500

B. 预算会计账务处理如下：

借：资金结存——零余额账户用款额度　　　　　　　30 500
　贷：财政拨款结转——年初余额调整　　　　　　　　　30 500

（2）假设该单位已实行预算管理一体化：
A. 财务会计账务处理如下：
借：财政应返还额度　　　　　　　　　　　　　　　　　30 500
　　贷：以前年度盈余调整　　　　　　　　　　　　　　　　30 500
B. 预算会计账务处理如下：
借：资金结存——财政应返还额度　　　　　　　　　　　30 500
　　贷：财政拨款结转——年初余额调整　　　　　　　　　30 500

【例 7-73】　某行政单位某项目实施周期为 1 年，年度财政预算为 120 000 元，2023 年已使用预算资金 80 000 元，因实施计划调整，经财政部门批准将剩余资金拨付其他预算单位。平行记账账务处理如下：

（1）假设该单位未实行预算管理一体化：
A. 财务会计账务处理如下：
借：累计盈余　　　　　　　　　　　　　　　　　　　　40 000
　　贷：零余额账户用款额度　　　　　　　　　　　　　　40 000
B. 预算会计账务处理如下：
借：财政拨款结转——归集调出　　　　　　　　　　　　40 000
　　贷：资金结存——零余额账户用款额度　　　　　　　　40 000

（2）假设该单位已实行预算管理一体化：
A. 财务会计账务处理如下：
借：累计盈余　　　　　　　　　　　　　　　　　　　　40 000
　　贷：财政应返还额度　　　　　　　　　　　　　　　　40 000
B. 预算会计账务处理如下：
借：财政拨款结转——归集调出　　　　　　　　　　　　40 000
　　贷：资金结存——财政应返还额度　　　　　　　　　　40 000

【例 7-74】　2023 年，财政部门调整项目支出计划，某行政单位收到从别的单位调出的项目资金 40 000 元。平行记账账务处理如下：

（1）假设该单位未实行预算管理一体化：
A. 财务会计账务处理如下：
借：零余额账户用款额度　　　　　　　　　　　　　　　40 000
　　贷：累计盈余　　　　　　　　　　　　　　　　　　　40 000
B. 预算会计账务处理如下：
借：资金结存——零余额账户用款额度　　　　　　　　　40 000
　　贷：财政拨款结转——归集调入　　　　　　　　　　　40 000

（2）假设该单位已实行预算管理一体化：
A. 财务会计账务处理如下：

借：财政应返还额度 40 000
　　贷：累计盈余 40 000
B. 预算会计账务处理如下：
借：资金结存——财政应返还额度 40 000
　　贷：财政拨款结转——归集调入 40 000

【例 7-75】 某行政单位人工影响天气项目业务经费预算为 800 000 元，实施周期为 2 年，2023 年已使用预算资金 680 000 元，项目未完工，经批准将此结转资金上缴财政。平行记账账务处理如下：

（1）假设该单位未实行预算管理一体化：
A. 财务会计账务处理如下：
借：累计盈余 120 000
　　贷：零余额账户用款额度 120 000
B. 预算会计账务处理如下：
借：财政拨款结转——归集上缴 120 000
　　贷：资金结存——零余额账户用款额度 120 000

（2）假设该单位已实行预算管理一体化：
A. 财务会计账务处理如下：
借：累计盈余 120 000
　　贷：财政应返还额度 120 000
B. 预算会计账务处理如下：
借：财政拨款结转——归集上缴 120 000
　　贷：资金结存——财政应返还额度 120 000

【例 7-76】 某行政单位 2023 年年末预算会计收支如下：财政拨款预算收入为 200 000 元，行政支出（财政拨款支出部分）为 140 000 元。该单位 2023 年年末进行收支结转。平行记账账务处理如下：

（1）财务会计不涉及账务处理。
（2）预算会计账务处理如下：
借：财政拨款预算收入 200 000
　　贷：财政拨款结转——本年收支结转 200 000
借：财政拨款结转——本年收支结转 140 000
　　贷：行政支出 140 000

【例 7-77】 某行政单位 2023 年年末冲销"财政拨款结转"科目有关明细科目的余额。该科目的借方余额如下："年初余额调整"明细科目为 31 000 元，"单位内部调剂"

明细科目为200 000元。该科目的贷方余额如下:"归集调入"明细科目为620 000元,"本年收支结转"明细科目为405 000元。该单位2023年年末进行明细科目结转。平行记账账务处理如下:

(1)财务会计不涉及账务处理。

(2)预算会计账务处理如下:

借:财政拨款结转——归集调入　　　　　　　　　　　　　620 000
　　　　　　——本年收支结转　　　　　　　　　　　　　405 000
　　贷:财政拨款结转——累计结转　　　　　　　　　　　1 025 000
借:财政拨款结转——累计结转　　　　　　　　　　　　　231 000
　　贷:财政拨款结转——年初余额调整　　　　　　　　　　31 000
　　　　　　——单位内部调剂　　　　　　　　　　　　　200 000

【例7-78】　某行政单位2023年年末"财政拨款结转——累计结转"科目中有以下情况:

(1)A项目实施周期内,连续2年未用完的预算资金为450 000元。

(2)2023年批复的部门机动经费中有203 000元未使用完毕。

该单位2023年年末对"财政拨款结转"科目的明细科目进行结转。平行记账账务处理如下:

(1)财务会计不涉及账务处理。

(2)预算会计账务处理如下:

借:财政拨款结转——累计结转——项目支出结转　　　　　450 000
　　　　　　——累计结转——基本支出结转　　　　　　　203 000
　　贷:财政拨款结余——结转转入　　　　　　　　　　　653 000

(四)事业单位平行记账业务举例

【例7-79】　某事业单位2023年度财务检查发现以前年度支付给物业公司的保洁服务费重复缴纳,物业公司退回财政资金48 000元。经分析,此事项属于会计差错收回以前年度资金。平行记账账务处理如下:

(1)假设该单位未实行预算管理一体化:

A.财务会计账务处理如下:

借:零余额账户用款额度　　　　　　　　　　　　　　　　48 000
　　贷:以前年度盈余调整　　　　　　　　　　　　　　　 48 000

B.预算会计账务处理如下:

借:资金结存——零余额账户用款额度　　　　　　　　　　48 000
　　贷:财政拨款结转——年初余额调整　　　　　　　　　 48 000

（2）假设该单位已实行预算管理一体化：

A.财务会计账务处理如下：

借：财政应返还额度　　　　　　　　　　　　　　　　48 000
　　贷：以前年度盈余调整　　　　　　　　　　　　　　　　48 000

B.预算会计账务处理如下：

借：资金结存——财政应返还额度　　　　　　　　　　48 000
　　贷：财政拨款结转——年初余额调整　　　　　　　　　48 000

【例7-80】 某事业单位以前年度购买实验试剂一批，2023年发现质量有问题，协商后将此批实验试剂退回商家，商家退回款项83 500元。平行记账账务处理如下：

（1）假设该单位未实行预算管理一体化：

A.财务会计账务处理如下：

借：零余额账户用款额度　　　　　　　　　　　　　　83 500
　　贷：以前年度盈余调整　　　　　　　　　　　　　　　　83 500

B.预算会计账务处理如下：

借：资金结存——零余额账户用款额度　　　　　　　　83 500
　　贷：财政拨款结转——年初余额调整　　　　　　　　　83 500

（2）假设该单位已实行预算管理一体化：

A.财务会计账务处理如下：

借：财政应返还额度　　　　　　　　　　　　　　　　83 500
　　贷：以前年度盈余调整　　　　　　　　　　　　　　　　83 500

B.预算会计账务处理如下：

借：资金结存——财政应返还额度　　　　　　　　　　83 500
　　贷：财政拨款结转——年初余额调整　　　　　　　　　83 500

【例7-81】 某事业单位某项目实施周期为1年，年度财政预算为420 000元，2023年该单位已使用预算资金400 000元，因实施计划调整，经财政部门批准将剩余资金拨付其他预算单位。平行记账账务处理如下：

（1）假设该单位未实行预算管理一体化：

A.财务会计账务处理如下：

借：累计盈余　　　　　　　　　　　　　　　　　　　20 000
　　贷：零余额账户用款额度　　　　　　　　　　　　　　　20 000

B.预算会计账务处理如下：

借：财政拨款结转——归集调出　　　　　　　　　　　20 000
　　贷：资金结存——零余额账户用款额度　　　　　　　　　20 000

（2）假设该单位已实行预算管理一体化：

A. 财务会计账务处理如下：

借：累计盈余　　　　　　　　　　　　　　　　　　　　　20 000
　　贷：财政应返还额度　　　　　　　　　　　　　　　　　　20 000

B. 预算会计账务处理如下：

借：财政拨款结转——归集调出　　　　　　　　　　　　　20 000
　　贷：资金结存——财政应返还额度　　　　　　　　　　　20 000

【例7-82】 2023年，财政部门调整项目支出计划，某事业单位收到从别的单位调出的项目资金400 000元。平行记账账务处理如下：

（1）假设该单位未实行预算管理一体化：

A. 财务会计账务处理如下：

借：零余额账户用款额度　　　　　　　　　　　　　　　400 000
　　贷：累计盈余　　　　　　　　　　　　　　　　　　　400 000

B. 预算会计账务处理如下：

借：资金结存——零余额账户用款额度　　　　　　　　　400 000
　　贷：财政拨款结转——归集调入　　　　　　　　　　　400 000

（2）假设该单位已实行预算管理一体化：

A. 财务会计账务处理如下：

借：财政应返还额度　　　　　　　　　　　　　　　　　400 000
　　贷：累计盈余　　　　　　　　　　　　　　　　　　　400 000

B. 预算会计账务处理如下：

借：资金结存——财政应返还额度　　　　　　　　　　　400 000
　　贷：财政拨款结转——归集调入　　　　　　　　　　　400 000

【例7-83】 某事业单位A项目预算120 000元，实施周期为2年，2023年已使用预算资金90 000元，项目未完工，经批准将此结转资金上缴财政。平行记账账务处理如下：

（1）假设该单位未实行预算管理一体化：

A. 财务会计账务处理如下：

借：累计盈余　　　　　　　　　　　　　　　　　　　　　30 000
　　贷：零余额账户用款额度　　　　　　　　　　　　　　　30 000

B. 预算会计账务处理如下：

借：财政拨款结转——归集上缴　　　　　　　　　　　　　30 000
　　贷：资金结存——零余额账户用款额度　　　　　　　　　30 000

（2）假设该单位已实行预算管理一体化：

A. 财务会计账务处理如下：

借：累计盈余　　　　　　　　　　　　　　　　　　　　　30 000
　　贷：财政应返还额度　　　　　　　　　　　　　　　　　30 000

B. 预算会计账务处理如下：

借：财政拨款结转——归集上缴　　　　　　　　　　　　　　30 000
　　贷：资金结存——财政应返还额度　　　　　　　　　　　　　　30 000

【例7-84】 某事业单位2023年年末预算会计收支如下：财政拨款预算收入为200 000元，事业支出（财政拨款支出部分）为140 000元。该单位2023年年末进行收支结转。平行记账账务处理如下：

（1）财务会计不涉及账务处理。
（2）预算会计账务处理如下：

借：财政拨款预算收入　　　　　　　　　　　　　　　　　　200 000
　　贷：财政拨款结转——本年收支结转　　　　　　　　　　　　200 000
借：财政拨款结转——本年收支结转　　　　　　　　　　　　140 000
　　贷：事业支出　　　　　　　　　　　　　　　　　　　　　　140 000

【例7-85】 某事业单位2023年年末冲销"财政拨款结转"科目有关明细科目的余额。该科目的借方余额如下："年初余额调整"明细科目为31 000元，"单位内部调剂"明细科目为200 000元。该科目的贷方余额如下："归集调入"明细科目为620 000元，"本年收支结转"明细科目为405 000元。该单位2023年年末进行明细科目结转。平行记账账务处理如下：

（1）财务会计不涉及账务处理。
（2）预算会计账务处理如下：

借：财政拨款结转——归集调入　　　　　　　　　　　　　　620 000
　　　　　　　　　——本年收支结转　　　　　　　　　　　　405 000
　　贷：财政拨款结转——累计结转　　　　　　　　　　　　　1 025 000
借：财政拨款结转——累计结转　　　　　　　　　　　　　　231 000
　　贷：财政拨款结转——年初余额调整　　　　　　　　　　　　31 000
　　　　　　　　　　——单位内部调剂　　　　　　　　　　　　200 000

【例7-86】 某事业单位2023年年末"财政拨款结转——累计结转"科目中有以下情况：

（1）A项目实施周期内，连续2年未用完的预算资金为450 000元。
（2）2023年批复的部门机动经费中有203 000元未使用完毕。

该单位2023年年末对"财政拨款结转"科目进行明细科目结转。平行记账账务处理如下：

（1）财务会计不涉及账务处理。
（2）预算会计账务处理如下：

借：财政拨款结转——累计结转——项目支出结转　　　　　　　　450 000
　　　　　　——累计结转——基本支出结转　　　　　　　　203 000
　　贷：财政拨款结余——结转转入　　　　　　　　　　　　　　　　653 000

三、财政拨款结余

（一）"财政拨款结余"科目核算的内容

"财政拨款结余"科目核算单位取得的同级财政拨款项目支出结余资金的调整、结转和滚存情况。"财政拨款结余"科目应当设置下列明细科目。

1. 与会计差错更正、以前年度支出收回相关的明细科目

"年初余额调整"明细科目核算因发生会计差错更正、以前年度支出收回等原因，需要调整财政拨款结余的金额。年末结账后，"年初余额调整"明细科目应无余额。

2. 与财政拨款结余资金调整业务相关的明细科目

（1）"归集上缴"明细科目核算按照规定上缴财政拨款结余资金时，实际核销的额度数额或上缴的资金数额。年末结账后，"归集上缴"明细科目应无余额。

（2）"单位内部调剂"明细科目核算经财政部门批准对财政拨款结余资金改变用途，调整用于本单位其他未完成项目等的调整金额。年末结账后，"单位内部调剂"明细科目应无余额。

3. 与年末财政拨款结余业务相关的明细科目

（1）"结转转入"明细科目核算单位按照规定转入财政拨款结余的财政拨款结转资金。年末结账后，"结转转入"明细科目应无余额。

（2）"累计结余"明细科目核算单位滚存的财政拨款结余资金。"累计结余"明细科目年末贷方余额反映单位财政拨款滚存的结余资金数额。

"累计结余"科目还应当按照具体项目、《政府收支分类科目》中"支出功能分类科目"的相关科目等进行明细核算。有一般公共预算财政拨款、政府性基金预算财政拨款等两种或两种以上财政拨款的，单位还应当在"累计结余"科目下按照财政拨款的种类进行明细核算。

（二）"财政拨款结余"科目平行记账账务处理

1. 因购货退回、会计差错更正等发生以前年度调整事项

（1）未实行预算管理一体化的单位具体账务处理如表 7-51 所示。

表 7-51 财政拨款结余平行记账账务处理 I

情形	财务会计		预算会计	
	行政单位	事业单位	行政单位	事业单位
调整增加相关资产	借：零余额账户用款额度/银行存款等 贷：以前年度盈余调整		借：资金结存——零余额账户用款额度/货币资金等 贷：财政拨款结余——年初余额调整	
因会计差错更正调整减少相关资产	借：以前年度盈余调整 贷：零余额账户用款额度/银行存款等		借：财政拨款结余——年初余额调整 贷：资金结存——零余额账户用款额度/货币资金等	

（2）实行预算管理一体化的单位具体账务处理如表 7-52 所示。

表 7-52 财政拨款结余平行记账账务处理 II

情形	财务会计		预算会计	
	行政单位	事业单位	行政单位	事业单位
调整增加相关资产	借：财政应返还额度/银行存款等 贷：以前年度盈余调整		借：资金结存——财政应返还额度/资金结存——货币资金等 贷：财政拨款结余——年初余额调整	
因会计差错更正调整减少相关资产	借：以前年度盈余调整 贷：财政应返还额度/银行存款等		借：财政拨款结余——年初余额调整 贷：资金结存——财政应返还额度/资金结存——货币资金等	

2. 按照规定上缴财政拨款结余资金或注销财政拨款结余额度

（1）未实行预算管理一体化的单位具体账务处理如表 7-53 所示。

表 7-53 财政拨款结余平行记账账务处理 III

情形	财务会计		预算会计	
	行政单位	事业单位	行政单位	事业单位
按照实际上缴资金数额或注销的资金额度	借：累计盈余 贷：财政应返还额度/零余额账户用款额度/银行存款		借：财政拨款结余——归集上缴 贷：资金结存——财政应返还额度/零余额账户用款额度/货币资金	

（2）实行预算管理一体化的单位具体账务处理如表 7-54 所示。

表 7-54 财政拨款结余平行记账账务处理 IV

情形	财务会计		预算会计	
	行政单位	事业单位	行政单位	事业单位
按照实际上缴资金数额或注销的资金额度	借：累计盈余 贷：财政应返还额度/银行存款		借：财政拨款结余——归集上缴 贷：资金结存——财政应返还额度/货币资金	

3.单位内部调剂财政拨款结余资金

具体账务处理如表 7-55 所示。

表 7-55　财政拨款结余平行记账账务处理 V

情形	财务会计		预算会计	
	行政单位	事业单位	行政单位	事业单位
单位内部调剂财政拨款结余资金	—		借：财政拨款结余——单位内部调剂 贷：财政拨款结转——单位内部调剂	

4.年末，转入财政拨款结余

具体账务处理如表 7-56 所示。

表 7-56　财政拨款结余平行记账账务处理 VI

情形	财务会计		预算会计	
	行政单位	事业单位	行政单位	事业单位
按照有关规定将符合财政拨款结余性质的项目余额转入财政拨款结余	—		借：财政拨款结转——累计结转 贷：财政拨款结余——结转转入	

5.年末冲销有关明细科目余额

具体账务处理如表 7-57 所示。

表 7-57　财政拨款结余平行记账账务处理 VII

情形	财务会计		预算会计	
	行政单位	事业单位	行政单位	事业单位
年末冲销有关明细科目余额	—		借：财政拨款结余——年初余额调整［该明细科目为贷方余额时］ 　　贷：财政拨款结余——累计结余 借：财政拨款结余——累计结余 　　贷：财政拨款结余——年初余额调整［该明细科目为借方余额时］ 　　　　　　　　　——归集上缴 　　　　　　　　　——单位内部调剂 借：财政拨款结余——结转转入 　　贷：财政拨款结余——累计结余	

（三）行政单位平行记账业务举例

【例 7-87】　某行政单位 2023 年年末审计发现，以前年度发生的春游费用 20 900 元列支行政支出，违反中央文件要求，故要求相关人员退回资金，并退至零余额账户。平行记账账务处理如下：

（1）假设该单位未实行预算管理一体化：

A.财务会计账务处理如下：

借：零余额账户用款额度　　　　　　　　　　　　　　20 900
　　贷：以前年度盈余调整　　　　　　　　　　　　　　　　20 900

B.预算会计账务处理如下：

借：资金结存——零余额账户用款额度　　　　　　　20 900
　　贷：财政拨款结余——年初余额调整　　　　　　　　　20 900

（2）假设该单位已实行预算管理一体化：

A.财务会计账务处理如下：

借：财政应返还额度　　　　　　　　　　　　　　　20 900
　　贷：以前年度盈余调整　　　　　　　　　　　　　　　　20 900

B.预算会计账务处理如下：

借：资金结存——财政应返还额度　　　　　　　　　20 900
　　贷：财政拨款结余——年初余额调整　　　　　　　　　20 900

【例 7-88】　某行政单位 2021 年对办公楼实行整修，申请项目资金 100 000 元。该项目周期为 2 年，已于 2023 年年底完工，剩余项目资金为 4 000 元，经批准上缴财政。平行记账账务处理如下：

（1）财务会计账务处理如下：

借：累计盈余　　　　　　　　　　　　　　　　　　4 000
　　贷：财政应返还额度　　　　　　　　　　　　　　　　4 000

（2）预算会计账务处理如下：

借：财政拨款结余——归集上缴　　　　　　　　　　4 000
　　贷：资金结存——财政应返还额度　　　　　　　　　　4 000

【例 7-89】　某行政单位 2023 年完成卫星项目的建设，剩余资金为 45 000 元，经批准调剂至山洪项目继续使用。平行记账账务处理如下：

（1）财务会计不涉及账务处理。

（2）预算会计账务处理如下：

借：财政拨款结余——单位内部调剂　　　　　　　　45 000
　　贷：财政拨款结转——单位内部调剂　　　　　　　　　45 000

【例 7-90】　某行政单位 2023 年年末财政拨款结转资金中有以下情况：

（1）资金检查项目提前完成，剩余项目资金80 000元。

（2）监测预警项目因为可研报告不充足，计划进行调整，闲置资金100 000元。

平行记账账务处理如下：

（1）财务会计不涉及账务处理。

（2）预算会计账务处理如下：

借：财政拨款结转——累计结转——项目支出结转　　　　180 000
　　贷：财政拨款结余——结转转入　　　　　　　　　　　　180 000

【例7-91】 某行政单位2023年年末冲销"财政拨款结余"科目有关明细科目的余额。该科目的借方明细科目余额如下："年初余额调整"明细科目为31 000元，"单位内部调剂"明细科目为24 000元，"归集上缴"明细科目为106 000元。该科目的贷方明细科目余额如下："结转转入"明细科目为320 000元。该单位2023年年末时对该科目进行明细科目结转。平行记账账务处理如下：

（1）财务会计不涉及账务处理。

（2）预算会计账务处理如下：

借：财政拨款结余——结转转入　　　　　　　　　　　　320 000
　　贷：财政拨款结余——累计结余　　　　　　　　　　　　320 000
借：财政拨款结余——累计结余　　　　　　　　　　　　161 000
　　贷：财政拨款结余——年初余额调整　　　　　　　　　　31 000
　　　　　　　　　　——单位内部调剂　　　　　　　　　　24 000
　　　　　　　　　　——归集上缴　　　　　　　　　　　　106 000

（四）事业单位平行记账业务举例

【例7-92】 某事业单位2023年年末审计发现，以前年度发生的春游费用40 900元列支事业费，违反中央文件要求，故要求相关人员退回资金，并退至零余额账户。平行记账账务处理如下：

（1）假设该单位未实行预算管理一体化：

A.财务会计账务处理如下：

借：零余额账户用款额度　　　　　　　　　　　　　　　40 900
　　贷：以前年度盈余调整　　　　　　　　　　　　　　　　40 900

B.预算会计账务处理如下：

借：资金结存——零余额账户用款额度　　　　　　　　　40 900
　　贷：财政拨款结余——年初余额调整　　　　　　　　　　40 900

（2）假设该单位已实行预算管理一体化：

A. 财务会计账务处理如下：

借：财政应返还额度　　　　　　　　　　　　　　　　　40 900
　　贷：以前年度盈余调整　　　　　　　　　　　　　　　　40 900

B. 预算会计账务处理如下：

借：资金结存——财政应返还额度　　　　　　　　　　　40 900
　　贷：财政拨款结余——年初余额调整　　　　　　　　　40 900

【例7-93】 某事业单位2021年对实验室进行维修改造，申请项目资金500 000元。该项目周期为2年，已于2023年年底完工，剩余项目资金为40 000元，经批准上缴财政。平行记账账务处理如下：

（1）财务会计账务处理如下：

借：累计盈余　　　　　　　　　　　　　　　　　　　　40 000
　　贷：财政应返还额度　　　　　　　　　　　　　　　　40 000

（2）预算会计账务处理如下：

借：财政拨款结余——归集上缴　　　　　　　　　　　　40 000
　　贷：资金结存——财政应返还额度　　　　　　　　　　40 000

【例7-94】 某事业单位2023年完成雷达项目的建设，剩余资金为95 000元，经批准调剂至海洋项目继续使用。平行记账账务处理如下：

（1）财务会计不涉及账务处理。

（2）预算会计账务处理如下：

借：财政拨款结余——单位内部调剂　　　　　　　　　　95 000
　　贷：财政拨款结转——单位内部调剂　　　　　　　　　95 000

【例7-95】 某事业单位2023年年末财政拨款结转资金中有以下情况：

（1）长江黄金水道及近海航运交通气象服务系统建设项目提前完成，剩余资金160 000元。

（2）温室气体项目因为可研报告不充足，计划进行调整，闲置资金82 000元。

该单位2023年年末对"财政拨款结转"科目进行明细科目结转。平行记账账务处理如下：

（1）财务会计不涉及账务处理。

（2）预算会计账务处理如下：

借：财政拨款结转——累计结转——项目支出结转　　　242 000
　　贷：财政拨款结余——结转转入　　　　　　　　　　242 000

【例 7-96】某事业单位 2023 年年末"财政拨款结余"科目的明细科目余额为:"年初余额调整"明细科目借方余额为 31 000 元,"单位内部调剂"科目的明细科目余额为 24 000 元,"归集上缴"科目的明细科目余额为 106 000 元;"结转转入"明细科目贷方余额为 320 000 元。该单位 2023 年年末对该科目进行明细科目结转。平行记账账务处理如下:

(1)财务会计不涉及账务处理。

(2)预算会计账务处理如下:

借:财政拨款结余——结转转入 320 000
　　贷:财政拨款结余——累计结余 320 000
借:财政拨款结余——累计结余 161 000
　　贷:财政拨款结余——年初余额调整 31 000
　　　　　　　　——单位内部调剂 24 000
　　　　　　　　——归集上缴 106 000

四、非财政拨款结转

(一)"非财政拨款结转"科目核算的内容

"非财政拨款结转"科目核算单位除财政拨款收支、经营收支以外各非同级财政拨款专项资金的调整、结转和滚存情况。"非财政拨款结转"科目应当设置下列明细科目:

(1)"年初余额调整"明细科目核算因发生会计差错更正、以前年度支出收回等原因,需要调整非财政拨款结转的资金。年末结账后,"年初余额调整"明细科目应无余额。

(2)"缴回资金"明细科目核算按照规定缴回非财政拨款结转资金时,实际缴回的资金数额。年末结账后,"缴回资金"明细科目应无余额。

(3)"项目间接费用或管理费"明细科目核算单位取得的科研项目预算收入中,按照规定计提项目间接费用或管理费的数额。年末结账后,"项目间接费用或管理费"明细科目应无余额。

(4)"本年收支结转"明细科目核算单位本年度非同级财政拨款专项收支相抵后的余额。年末结账后,"本年收支结转"明细科目应无余额。

(5)"累计结转"明细科目核算单位滚存的非同级财政拨款专项结转资金。"累计结转"明细科目年末贷方余额反映单位非同级财政拨款滚存的专项结转资金数额。

"累计结转"科目还应当按照具体项目、《政府收支分类科目》中"支出功能分类科目"的相关科目等进行明细核算。

（二）"非财政拨款结转"科目平行记账账务处理

1. 按照规定从科研项目预算收入中提取项目管理费或间接费

"单位管理费用"科目仅事业单位使用，行政单位无此类业务。具体账务处理如表7-58所示。

表7-58 非财政拨款结转平行记账账务处理 Ⅰ

情形	财务会计	预算会计
	事业单位	事业单位
按照规定从科研项目预算收入中提取项目管理费或间接费	借：单位管理费用 　　贷：预提费用——项目间接费用或管理费	借：非财政拨款结转——项目间接费用或管理费 　　贷：非财政拨款结余——项目间接费用或管理费

2. 因购货退回、会计差错更正等发生以前年度调整事项

具体账务处理如表7-59所示。

表7-59 非财政拨款结转平行记账账务处理 Ⅱ

情形	财务会计		预算会计	
	行政单位	事业单位	行政单位	事业单位
调整增加相关资产	借：银行存款等 　　贷：以前年度盈余调整		借：资金结存——货币资金 　　贷：非财政拨款结转——年初余额调整	
调整减少相关资产	借：以前年度盈余调整 　　贷：银行存款等		借：非财政拨款结转——年初余额调整 　　贷：资金结存——货币资金	

3. 按照规定缴回非财政拨款结转资金

具体账务处理如表7-60所示。

表7-60 非财政拨款结转平行记账账务处理 Ⅲ

情形	财务会计		预算会计	
	行政单位	事业单位	行政单位	事业单位
按照规定缴回非财政拨款结转资金	借：累计盈余 　　贷：银行存款等		借：非财政拨款结转——缴回资金 　　贷：资金结存——货币资金	

4. 年末结转

具体账务处理如表 7-61 所示。

表 7-61 非财政拨款结转平行记账账务处理Ⅳ

情形	财务会计		预算会计	
	行政单位	事业单位	行政单位	事业单位
结转非财政拨款专项收入	—		借：非同级财政拨款预算收入／其他预算收入 　　贷：非财政拨款结转——本年收支结转	借：事业预算收入／上级补助预算收入／附属单位上缴预算收入／非同级财政拨款预算收入／债务预算收入／其他预算收入 　　贷：非财政拨款结转——本年收支结转
结转非财政拨款专项支出	—		借：非财政拨款结转——本年收支结转 　　贷：行政支出／其他支出	借：非财政拨款结转——本年收支结转 　　贷：事业支出／其他支出

5. 年末冲销相关明细科目金额

具体账务处理如表 7-62 所示。

表 7-62 非财政拨款结转平行记账账务处理Ⅴ

情形	财务会计		预算会计	
	行政单位	事业单位	行政单位	事业单位
年末冲销有关明细科目余额	—		借：非财政拨款结转——年初余额调整［该明细科目为贷方余额时］ 　　　　——本年收支结转［该明细科目为贷方余额时］ 　　贷：非财政拨款结转——累计结转 借：非财政拨款结转——累计结转 　　贷：非财政拨款结转——年初余额调整［该明细科目为借方余额时］ 　　　　——缴回资金 　　　　——本年收支结转［该明细科目为借方余额时］	借：非财政拨款结转——年初余额调整［该明细科目为贷方余额时］ 　　　　——本年收支结转［该明细科目为贷方余额时］ 　　贷：非财政拨款结转——累计结转 借：非财政拨款结转——累计结转 　　贷：非财政拨款结转——年初余额调整［该明细科目为借方余额时］ 　　　　——缴回资金 　　　　——项目间接费用或管理费 　　　　——本年收支结转［该明细科目为借方余额时］

（三）行政单位平行记账业务举例

【例 7-97】 某行政单位 2023 年财务检查发现，2022 年使用科研项目资金支付劳务 2 200 元，该事项劳务费单据上列明的金额为 2 400 元，该项目尚未完工，对上述会计差错进行分析后，需支付资金 200 元。平行记账账务处理如下：

（1）财务会计账务处理如下：

借：以前年度盈余调整　　　　　　　　　　　　　　　　　　　200
　　　贷：库存现金　　　　　　　　　　　　　　　　　　　　　　　200

（2）预算会计账务处理如下：

借：非财政拨款结转——年初余额调整　　　　　　　　　　　　200
　　　贷：资金结存——货币资金　　　　　　　　　　　　　　　　　200

【例 7-98】 某行政单位 2023 年内部审计发现，2022 年度单位利用虚假发票套取项目资金 40 000 元，该项目尚未完工，内部审计机构要求追回相关资金。对上述会计差错进行分析后，确认该会计差错属于有意为之，已经向相关责任人追回相关资金。平行记账账务处理如下：

（1）财务会计账务处理如下：

借：累计盈余　　　　　　　　　　　　　　　　　　　　　　40 000
　　　贷：银行存款　　　　　　　　　　　　　　　　　　　　　　40 000

（2）预算会计账务处理如下：

借：资金结存——货币资金　　　　　　　　　　　　　　　　40 000
　　　贷：非财政拨款结转——年初余额调整　　　　　　　　　　　40 000

【例 7-99】 某行政单位 2023 年年末收入类科目贷方余额如下："非同级财政拨款预算收入"科目为 802 000 元，"其他预算收入"科目为 34 000 元；支出类（非财政拨款资金）科目借方余额如下："行政支出"科目为 204 000 元，"其他支出"科目为 76 000 元。2023 年年末，该单位对收入、支出类科目进行结转。平行记账账务处理如下：

（1）财务会计不涉及账务处理。

（2）预算会计账务处理如下：

借：非财政拨款结转——本年收支结转　　　　　　　　　　836 000
　　　贷：非同级财政拨款预算收入　　　　　　　　　　　　　　802 000
　　　　　其他预算收入　　　　　　　　　　　　　　　　　　　34 000

借：行政支出　　　　　　　　　　　　　　　　　　　　　204 000
　　其他支出　　　　　　　　　　　　　　　　　　　　　　76 000
　　　贷：非财政拨款结转——本年收支结转　　　　　　　　　　280 000

【例 7-100】 某行政单位非财政拨款专项预算收入为 150 000 元，2023 年项目支出为 132 000 元，该项目已完工，年末收支结转后，该项目非财政补助结转科目贷方余额为 18 000 元，经批准留归本单位使用。平行记账账务处理如下：

（1）财务会计不涉及账务处理。

（2）预算会计账务处理如下：
借：非财政拨款结转——累计结转　　　　　　　　　　　　　　　18 000
　　贷：非财政拨款结余——结转转入　　　　　　　　　　　　　　　18 000

（四）事业单位平行记账业务举例

【例7-101】 某事业单位科研项目预算收入为100 000元，单位根据中共中央办公厅、国务院办公厅印发的《关于进一步完善中央财政科研项目资金管理等政策的若干意见》（中办发〔2016〕50号），从科研项目预算收入中提取项目管理费、间接费共计20 000元。平行记账账务处理如下：

（1）财务会计账务处理如下：
借：单位管理费用　　　　　　　　　　　　　　　　　　　　　　20 000
　　贷：预提费用——项目间接费用或管理费　　　　　　　　　　　　20 000
（2）预算会计账务处理如下：
借：非财政拨款结转——项目间接费用或管理费　　　　　　　　　20 000
　　贷：非财政拨款结余——项目间接费用或管理费　　　　　　　　　20 000

【例7-102】 某事业单位2023年财务检查发现，2022年使用科研项目资金支付劳务2 200元，该事项劳务费单据上列明的金额为2 400元，该项目尚未完工，对上述会计差错进行分析后，需支付资金200元。平行记账账务处理如下：

（1）财务会计账务处理如下：
借：以前年度盈余调整　　　　　　　　　　　　　　　　　　　　　200
　　贷：库存现金　　　　　　　　　　　　　　　　　　　　　　　　　200
（2）预算会计账务处理如下：
借：非财政拨款结转——年初余额调整　　　　　　　　　　　　　　200
　　贷：资金结存——货币资金　　　　　　　　　　　　　　　　　　200

【例7-103】 某事业单位2023年内部审计发现，2022年度单位利用虚假发票套取科研项目资金50 000元，该项目尚未完工，内部审计机构要求追回相关资金。对上述会计差错进行分析后，确认该会计差错属于有意为之，已经向相关责任人追回相关资金。平行记账账务处理如下：

（1）财务会计账务处理如下：
借：累计盈余　　　　　　　　　　　　　　　　　　　　　　　　50 000
　　贷：银行存款　　　　　　　　　　　　　　　　　　　　　　　　50 000
（2）预算会计账务处理如下：

借：资金结存——货币资金　　　　　　　　　　　　　　　　　50 000
　　贷：非财政拨款结转——年初余额调整　　　　　　　　　　　　　50 000

【例 7-104】　某事业单位 2023 年年末收入类贷方余额如下："事业预算收入"科目为 802 000 元，"上级补助收入"科目为 120 000 元，"附属单位上缴预算收入"科目为 50 000 元，"其他预算收入"科目为 34 000 元；支出类（非财政拨款资金）科目借方余额如下："事业支出"科目为 204 000 元，"其他支出"科目为 76 000 元。该单位年末对收入、支出类科目进行结转，平行记账账务处理如下：

（1）财务会计不涉及账务处理。
（2）预算会计账务处理如下：

借：非财政拨款结转——本年收支结转　　　　　　　　　　　1 006 000
　　贷：事业预算收入　　　　　　　　　　　　　　　　　　　　802 000
　　　　上级补助收入　　　　　　　　　　　　　　　　　　　　120 000
　　　　附属单位上缴预算收入　　　　　　　　　　　　　　　　 50 000
　　　　其他预算收入　　　　　　　　　　　　　　　　　　　　 34 000
借：事业支出　　　　　　　　　　　　　　　　　　　　　　　204 000
　　其他支出　　　　　　　　　　　　　　　　　　　　　　　 76 000
　　贷：非财政拨款结转——本年收支结转　　　　　　　　　　　280 000

【例 7-105】　某事业单位非财政拨款专项预算收入为 150 000 元，2023 年项目支出 132 000 元，该项目已完工，年末收支结转后，该项目"非财政补助结转"科目贷方余额为 18 000 元，经批准留归本单位使用。平行记账账务处理如下：

（1）财务会计不涉及账务处理。
（2）预算会计账务处理如下：

借：非财政拨款结转——累计结转　　　　　　　　　　　　　　18 000
　　贷：非财政拨款结余——结转转入　　　　　　　　　　　　　　18 000

五、非财政拨款结余

（一）"非财政拨款结余"科目核算的内容

"非财政拨款结余"科目核算单位历年滚存的非限定用途的非同级财政拨款结余资金，主要为非财政拨款结余扣除结余分配后滚存的金额。"非财政拨款结余"科目应当设置下列明细科目：

（1）"年初余额调整"明细科目核算因发生会计差错更正、以前年度支出收回等原因，需要调整非财政拨款结余的资金。年末结账后，"年初余额调整"明细科目应无余额。

（2）"项目间接费用或管理费"明细科目核算单位取得的科研项目预算收入中，按照规定计提的项目间接费用或管理费数额。年末结账后，"项目间接费用或管理费"明细科目应无余额。

（3）"结转转入"明细科目核算按照规定留归单位使用，由单位统筹调配，纳入单位非财政拨款结余的非同级财政拨款专项剩余资金。年末结账后，"结转转入"明细科目应无余额。

（4）"累计结余"明细科目核算单位历年滚存的非同级财政拨款、非专项结余资金。"累计结余"明细科目年末贷方余额反映单位非同级财政拨款滚存的非专项结余资金数额。

"累计结余"科目还应当按照《政府收支分类科目》中"支出功能分类科目"的相关科目进行明细核算。

（二）"非财政拨款结余"科目平行记账账务处理

1. 按照规定从科研项目预算收入中提取项目管理费或间接费

"单位管理费用"科目仅事业单位使用，行政单位无此类业务。具体账务处理如表7-63所示。

表 7-63 非财政拨款结余平行记账账务处理 I

情形	财务会计	预算会计
	事业单位	事业单位
按照规定从科研项目预算收入中提取项目管理费或间接费	借：单位管理费用 　　贷：预提费用——项目间接费用或管理费	借：非财政拨款结转——项目间接费用或管理费 　　贷：非财政拨款结余——项目间接费用或管理费

2. 实际缴纳企业所得税

"其他应交税费——单位应交所得税"科目仅事业单位使用，行政单位无此类业务。具体账务处理如表7-64所示。

表 7-64 非财政拨款结余平行记账账务处理 II

情形	财务会计	预算会计
	事业单位	事业单位
实际缴纳企业所得税	借：其他应交税费——单位应交所得税 　　贷：银行存款等	借：非财政拨款结余——累计结余 　　贷：资金结存——货币资金

3. 因购货退回、会计差错更正等发生以前年度调整事项

具体账务处理如表 7-65 所示。

表 7-65　非财政拨款结余平行记账账务处理Ⅲ

情形	财务会计		预算会计	
	行政单位	事业单位	行政单位	事业单位
调整增加相关资产	借：银行存款等 　　贷：以前年度盈余调整		借：资金结存——货币资金 　　贷：非财政拨款结余——年初余额调整	
调整减少相关资产	借：以前年度盈余调整 　　贷：银行存款等		借：非财政拨款结余——年初余额调整 　　贷：资金结存——货币资金	

4. 将留归本单位使用的非财政拨款专项剩余资金转入非财政拨款结余

具体账务处理如表 7-66 所示。

表 7-66　非财政拨款结余平行记账账务处理Ⅳ

情形	财务会计		预算会计	
	行政单位	事业单位	行政单位	事业单位
将留归本单位使用的非财政拨款专项剩余资金转入非财政拨款结余	—		借：非财政拨款结转——累计结转 　　贷：非财政拨款结余——结转转入	

5. 年末冲销相关明细科目余额

具体账务处理如表 7-67 所示。

表 7-67　非财政拨款结余平行记账账务处理Ⅴ

情形	财务会计		预算会计	
	行政单位	事业单位	行政单位	事业单位
年末冲销有关明细科目余额	—		借：非财政拨款结余——年初余额调整［该明细科目为贷方余额时］ 　　　——本年收支结转［该明细科目为贷方余额时］ 　　贷：非财政拨款结余——累计结转 借：非财政拨款结余——累计结转 　　贷：非财政拨款结余——年初余额调整［该明细科目为借方余额时］ 　　　——缴回资金 　　　——本年收支结转［该明细科目为借方余额时］	借：非财政拨款结余——年初余额调整［该明细科目为贷方余额时］ 　　　——本年收支结转［该明细科目为贷方余额时］ 　　贷：非财政拨款结余——累计结转 借：非财政拨款结余——累计结转 　　贷：非财政拨款结余——年初余额调整［该明细科目为借方余额时］ 　　　——缴回资金 　　　——项目间接费用或管理费 　　　——本年收支结转［该明细科目为借方余额时］

6. 年末结转

"非财政拨款结余分配"科目仅事业单位使用,行政单位无此类业务。

具体账务处理如表 7-68 所示。

表 7-68 非财政拨款结余平行记账账务处理 Ⅵ

情形	财务会计	预算会计
	事业单位	事业单位
非财政拨款结余分配 为贷方余额	—	借:非财政拨款结余分配 　贷:非财政拨款结余——累计结余
非财政拨款结余分配 为借方余额	—	借:非财政拨款结余——累计结余 　贷:非财政拨款结余分配

(三)行政单位平行记账业务举例

【例 7-106】 某行政单位发现 2023 年度已完工项目少计算缴纳个人所得税 4 000 元,该事项属于会计差错更正事项。平行记账账务处理如下:

(1)财务会计账务处理如下:

借:累计盈余　　　　　　　　　　　　　　　　　　　　　　　　4 000
　贷:银行存款　　　　　　　　　　　　　　　　　　　　　　　　　4 000

(2)预算会计账务处理如下:

借:非财政拨款结余——年初余额调整　　　　　　　　　　　　　　4 000
　贷:资金结存——货币资金　　　　　　　　　　　　　　　　　　　4 000

【例 7-107】 某行政单位在财务检查中发现,2023 年已完工项目用项目资金支付劳务 9 600 元,该事项劳务费单据上列明的金额为 6 900 元。该单位对上述会计差错进行分析后,需收回资金 2 700 元。平行记账账务处理如下:

(1)财务会计账务处理如下:

借:累计盈余　　　　　　　　　　　　　　　　　　　　　　　　2 700
　贷:库存现金　　　　　　　　　　　　　　　　　　　　　　　　　2 700

(2)预算会计账务处理如下:

借:资金结存——货币资金　　　　　　　　　　　　　　　　　　　2 700
　贷:非财政拨款结余——年初余额调整　　　　　　　　　　　　　　2 700

【例 7-108】 某行政单位非财政拨款项目预算收入为 950 000 元,预算支出为 802 000 元,该项目已完工,年末收支结转后,该项目"非财政补助结转"科目贷方余额为 18 000 元，按规定留归本单位使用。平行记账账务处理如下：

（1）财务会计不涉及账务处理。

（2）预算会计账务处理如下：

借：非财政拨款结转——累计结转　　　　　　　　　　　　　　148 000
　　贷：非财政拨款结余——结转转入　　　　　　　　　　　　148 000

（四）事业单位平行记账业务举例

【例 7-109】 某科研事业单位 2023 年项目预算收入为 4 000 000 元，根据规定计提项目管理费 200 000 元。平行记账账务处理如下：

（1）财务会计账务处理如下：

借：单位管理费用　　　　　　　　　　　　　　　　　　　　200 000
　　贷：预提费用——项目间接费用或管理费　　　　　　　　200 000

（2）预算会计账务处理如下：

借：非财政拨款结转——项目间接费用或管理费　　　　　　　200 000
　　贷：非财政拨款结余——项目间接费用或管理费　　　　　200 000

【例 7-110】 某事业单位 2023 年按税法计算缴纳当年企业所得税 52 000 元。平行记账账务处理如下：

（1）财务会计账务处理如下：

借：其他应交税费——单位应交所得税　　　　　　　　　　　52 000
　　贷：银行存款　　　　　　　　　　　　　　　　　　　　52 000

（2）预算会计账务处理如下：

借：非财政拨款结余——累计结余　　　　　　　　　　　　　52 000
　　贷：资金结存——货币资金　　　　　　　　　　　　　　52 000

【例 7-111】 某事业单位发现 2023 年度已完工项目少计算缴纳个人所得税 9 000 元，该事项属于会计差错更正事项。平行记账账务处理如下：

（1）财务会计账务处理如下：

借：累计盈余　　　　　　　　　　　　　　　　　　　　　　9 000
　　贷：银行存款　　　　　　　　　　　　　　　　　　　　9 000

（2）预算会计账务处理如下：

借：非财政拨款结余——年初余额调整　　　　　　　　　　　9 000
　　贷：资金结存——货币资金　　　　　　　　　　　　　　9 000

【例 7-112】 某事业单位在财务检查中发现，2023 年已完工项目用项目资金支付劳务 30 600 元，该事项劳务费单据上列明的金额为 20 400 元，对上述会计差错进行分析后，需收回资金 10 200 元。平行记账账务处理如下：

（1）财务会计账务处理如下：

借：累计盈余　　　　　　　　　　　　　　　　　　　　　10 200
　　贷：库存现金　　　　　　　　　　　　　　　　　　　　　　　10 200

（2）预算会计账务处理如下：

借：资金结存——货币资金　　　　　　　　　　　　　　　10 200
　　贷：非财政拨款结余——年初余额调整　　　　　　　　　　　　10 200

【例 7-113】 某事业单位非财政拨款项目预算收入为 450 000 元，预算支出为 432 000 元，该项目已完工，年末收支结转后，该项目"非财政补助结转"科目贷方余额为 18 000 元，按规定留归本单位使用。平行记账账务处理如下：

（1）财务会计不涉及账务处理。

（2）预算会计账务处理如下：

借：非财政拨款结转——累计结转　　　　　　　　　　　　18 000
　　贷：非财政拨款结余——结转转入　　　　　　　　　　　　　　18 000

【例 7-114】 某事业单位 2023 年年末"非财政拨款结余分配"科目贷方余额为 670 002 元，"其他结余"科目贷方余额为 90 400 元，年底进行结转。平行记账账务处理如下：

（1）财务会计不涉及账务处理。

（2）预算会计账务处理如下：

借：非财政拨款结余分配　　　　　　　　　　　　　　　　670 002
　　其他结余　　　　　　　　　　　　　　　　　　　　　　90 400
　　贷：非财政拨款结余　　　　　　　　　　　　　　　　　　　　760 402

六、专用结余

（一）"专用结余"科目核算

"专用结余"科目核算事业单位按照规定从非财政拨款结余中提取的具有专门用途的资金的变动和滚存情况。"专用结余"科目应当按照专用结余的类别进行明细核算。"专用结余"科目仅事业单位使用，行政单位无此类业务。

《关于印发〈政府会计准则制度解释第 5 号〉的通知》（财会〔2022〕25 号）规定："根据《事业单位财务规则》（财政部令第 108 号）规定，事业单位应当将专用基金纳入预算管理。事业单位按照规定使用从非财政拨款结余或经营结余中提取的专用基金时，应当在财务会计下借记'业务活动费用'等费用科目，贷记'银行存款'等科目，并在有关费用科目的明细核算或辅助核算中注明'使用专用基金'（使用专用基金购置固定资产、无形资产的，按照《政府会计制度》中'专用基金'科目相关规定进行处理）；同时，在预算会计下借记'事业支出'等预算支出科目，贷记'资金结存'科目，并在有关预算支出科目的明细核算或辅助核算中注明'使用专用结余'。事业单位应当在期末将有关费用中使用专用基金的本期发生额转入专用基金，在财务会计下借记'专用基金'科目，贷记'业务活动费用'等科目；在年末将有关预算支出中使用专用结余的本年发生额转入专用结余，在预算会计下借记'专用结余'科目，贷记'事业支出'等科目"。

（二）"专用结余"科目平行记账账务处理

1. 计提专用基金

具体账务处理如表 7-69 所示。

表 7-69 专用结余平行记账账务处理 I

情形	财务会计	预算会计
	事业单位	事业单位
从预算收入中按照一定比例提取基金并计入费用	借：业务活动费用等 　　贷：专用基金	—
从本年度非财政拨款结余或经营结余中提取基金	借：本年盈余分配 　　贷：专用基金	借：非财政拨款结余分配 　　贷：专用结余
根据有关规定设置的其他专用基金	借：银行存款等 　　贷：专用基金	—

2. 按照规定使用提取的专用基金

具体账务处理如表 7-70 所示。

表 7-70 专用结余平行记账账务处理 II

情形	财务会计	预算会计
	事业单位	事业单位
按照规定使用提取的专用基金	使用从非财政拨款结余或经营结余中提取的专用基金时： 借：专用基金／业务活动费用——使用专用基金 　　贷：银行存款等 使用专用基金购置固定资产、无形资产的： 借：固定资产／无形资产 　　贷：银行存款等 借：专用基金 　　贷：累计盈余	使用从非财政拨款结余或经营结余中提取的基金： 借：专用结余／事业支出——使用专用结余 　　贷：资金结存——货币资金 使用从预算收入中提取并计入费用的基金： 借：事业支出等 　　贷：资金结存——货币资金

（三）事业单位平行记账业务举例

【例7-115】 某事业单位2023年非财政拨款结余为80 000元，经营结余为150 000元，按规定年末计算提取职工福利基金92 000元（该单位职工福利基金提取比例为40%）。平行记账账务处理如下：

（1）财务会计账务处理如下：

借：本年盈余分配 92 000
　　贷：专用基金 92 000

（2）预算会计账务处理如下：

借：非财政拨款结余分配 92 000
　　贷：专用结余 92 000

【例7-116】 某事业单位使用从非财政拨款结余中提取的专用基金支付职工福利费30 000元。平行记账账务处理如下：

（1）财务会计账务处理如下：

借：业务活动费用——使用专用基金 30 000
　　贷：银行存款 30 000

（2）预算会计账务处理如下：

借：事业支出——使用专用结余 30 000
　　贷：资金结存——货币资金 30 000

若该事业单位从预算收入中计提专用基金30 000元，并于次月使用该基金购买职工福利用品30 000元，则平行账务处理如下：

（1）财务会计账务处理如下：

A. 计提专用基金时：

借：业务活动费用 30 000
　　贷：专用基金 30 000

B. 使用专用基金时：

借：专用基金 30 000
　　贷：银行存款 30 000

（2）预算会计账务处理如下：

A. 计提专用基金时：

不涉及账务处理。

B. 使用专用基金时：

借：事业支出 30 000
　　贷：资金结存——货币资金 30 000

七、经营结余

（一）"经营结余"科目核算的内容

"经营结余"科目核算事业单位本年度经营活动收支相抵后余额弥补以前年度经营亏损后的余额。"经营结余"科目可以按照经营活动类别进行明细核算。"经营结余"科目仅事业单位使用，行政单位无此类业务。

（二）"经营结余"科目平行记账账务处理

1. 年末经营收支结转

具体账务处理如表 7-71 所示。

表 7-71 经营结余平行记账账务处理 I

情形	财务会计	预算会计
	事业单位	事业单位
年末经营收支结转	—	借：经营预算收入 　贷：经营结余 借：经营结余 　贷：经营支出

2. 年末转入结余分配

具体账务处理如表 7-72 所示。

表 7-72 经营结余平行记账账务处理 II

情形	财务会计	预算会计
	事业单位	事业单位
年末转入结余分配	—	借：经营结余 　贷：非财政拨款结余分配 年末，"经营结余"科目余额在借方的，则不予结转

（三）事业单位平行记账业务举例

【例 7-117】 某事业单位 2023 年年末经营预算收入为 35 000 元，经营支出为

64 000元，年末进行收支结转。平行记账账务处理如下：

（1）财务会计不涉及账务处理。

（2）预算会计账务处理如下：

借：经营预算收入　　　　　　　　　　　　　　　　　　35 000
　　贷：经营结余　　　　　　　　　　　　　　　　　　　　　35 000
借：经营结余　　　　　　　　　　　　　　　　　　　　64 000
　　贷：经营支出　　　　　　　　　　　　　　　　　　　　　64 000

"经营结余"科目期末余额＝35 000－64 000＝－29 000（元），期末借方存在余额，不予结转。

若经营预算收入为70 000元，"经营结余"科目期末余额＝70 000－64 000＝6 000（元），则年末结转账务处理如下：

借：经营结余　　　　　　　　　　　　　　　　　　　　6 000
　　贷：非财政拨款结余分配　　　　　　　　　　　　　　　　6 000

八、其他结余

（一）"其他结余"科目核算的内容

"其他结余"科目核算单位本年度除财政拨款收支、非同级财政专项资金收支和经营收支以外各项收支相抵后的余额。

（二）"其他结余"科目平行记账账务处理

1. 年末结转

具体账务处理如表7-73所示。

表7-73　其他结余平行记账账务处理 I

情形	财务会计		预算会计	
	行政单位	事业单位	行政单位	事业单位
结转预算收入（除财政拨款收入、非同级财政专项收入、经营收入以外）	—		借：非同级财政拨款预算收入/其他预算收入［非专项资金收入部分］ 　　贷：其他结余	借：事业预算收入/上级补助预算收入/附属单位上缴预算收入/非同级财政拨款预算收入/债务预算收入/其他预算收入［非专项资金收入部分］投资预算收益［为贷方余额时］ 　　贷：其他结余 借：其他结余 　　贷：投资预算收益［为借方余额时］

(续表)

情形	财务会计		预算会计	
	行政单位	事业单位	行政单位	事业单位
结转预算支出（除同级财政拨款支出、非同级财政专项支出、经营支出以外）	—	借：其他结余 　　贷：行政支出/其他支出[非财政、非专项资金支出部分]	借：其他结余 　　贷：事业支出/其他支出[非财政、非专项资金支出部分]上缴上级支出/对附属单位补助支出/投资支出/债务还本支出	

2. 行政单位转入非财政拨款结余

具体账务处理如表 7-74 所示。

表 7-74　其他结余平行记账账务处理 Ⅱ

情形	财务会计	预算会计
	行政单位	行政单位
"其他结余"科目为贷方余额	—	借：其他结余 　　贷：非财政拨款结余——累计结余
"其他结余"科目为借方余额	—	借：非财政拨款结余——累计结余 　　贷：其他结余

3. 事业单位年末转入结余分配

具体账务处理如表 7-75 所示。

表 7-75　其他结余平行记账账务处理 Ⅲ

情形	财务会计	预算会计
	事业单位	事业单位
"其他结余"科目为贷方余额	—	借：其他结余 　　贷：非财政拨款结余分配
"其他结余"科目为借方余额	—	借：非财政拨款结余分配 　　贷：其他结余

（三）行政单位平行记账业务举例

【例 7-118】　某行政单位 2023 年年末其他预算收入为 50 600 元，其他支出为 10 500 元，年末进行收支结转。平行记账账务处理如下：

（1）财务会计不涉及账务处理。
（2）预算会计账务处理如下：

借：其他预算收入	50 600	
贷：其他结余		50 600
借：其他结余	10 500	
贷：其他支出		10 500
借：其他结余（50 600 − 10 500）	40 100	
贷：非财政拨款结余——累计结余		40 100

（四）事业单位平行记账业务举例

【例7-119】 某事业单位2023年年末上级补助预算收入为400 000元，附属单位上缴预算收入为640 000元，非同级财政拨款预算收入为120 000元，债务预算收入为200 000元，其他预算收入（非专项资金部分）为43 000元，其他支出（非财政、非专项资金支出部分）为20 500元，上缴上级支出为300 000元，对附属单位补助支出为200 000元，投资支出为100 000元，年底进行收支结转。平行记账账务处理如下：

（1）财务会计不涉及账务处理。
（2）预算会计账务处理如下：

借：上级补助预算收入	400 000	
附属单位上缴预算收入	640 000	
非同级财政拨款预算收入	120 000	
债务预算收入	200 000	
其他预算收入	43 000	
贷：其他结余		1 403 000
借：其他结余	620 500	
贷：其他支出		20 500
上缴上级支出		300 000
对附属单位补助支出		200 000
投资支出		100 000
借：其他结余（1 403 000 − 620 500）	782 500	
贷：非财政拨款结余分配		782 500

九、非财政拨款结余分配

（一）"非财政拨款结余分配"科目核算的内容

"非财政拨款结余分配"科目核算事业单位本年度非财政拨款结余分配的情况和结果。

"非财政拨款结余分配"科目仅事业单位使用,行政单位无非财政拨款结余分配业务。

(二)"非财政拨款结余分配"科目平行记账账务处理

1. 年末结余转入

具体账务处理如表 7-76 所示。

表 7-76 非财政拨款结余分配平行记账账务处理 I

情形	财务会计	预算会计
	事业单位	事业单位
"其他结余"科目为借方余额时	—	借:非财政拨款结余分配 　贷:其他结余
"其他结余"科目为贷方余额时	—	借:其他结余 　贷:非财政拨款结余分配
"其他结余"科目为贷方余额时	—	借:经营结余 　贷:非财政拨款结余分配

2. 计提专用基金

具体账务处理如表 7-77 所示。

表 7-77 非财政拨款结余分配平行记账账务处理 II

情形	财务会计	预算会计
	事业单位	事业单位
从非财政拨款结余中提取	借:本年盈余分配 　贷:专用基金	借:非财政拨款结余分配 　贷:专用结余

3. 事业单位转入非财政拨款结余

具体账务处理如表 7-78 所示。

表 7-78 非财政拨款结余分配平行记账账务处理 III

情形	财务会计	预算会计
	事业单位	事业单位
"非财政拨款结余分配"科目为贷方余额时	—	借:非财政拨款结余分配 　贷:非财政拨款结余——累计结余
"非财政拨款结余分配"科目为借方余额时	—	借:非财政拨款结余——累计结余 　贷:非财政拨款结余分配

（三）事业单位平行记账业务举例

【例7-120】 承［例7-119］，某事业单位2023年年末还有经营结余303 000元，并按照经营结余和非财政拨款结余的40%计提职工福利基金。平行记账账务处理如下：

（1）财务会计不涉及账务处理。

（2）预算会计账务处理如下：

借：经营结余　　　　　　　　　　　　　　　　　　　　303 000
　　贷：非财政拨款结余分配　　　　　　　　　　　　　　　　303 000

"非财政拨款结余分配"科目余额＝303 000＋782 500＝1 085 500（元）

计提职工福利基金＝1 085 500×40%＝434 200（元）

借：非财政拨款结余分配　　　　　　　　　　　　　　　434 200
　　贷：专用结余　　　　　　　　　　　　　　　　　　　　434 200

转入"非财政拨款结余——累计结余"科目金额＝1 085 500－434 200＝651 300（元）

借：非财政拨款结余分配　　　　　　　　　　　　　　　651 300
　　贷：非财政拨款结余——累计结余　　　　　　　　　　　651 300

第八章 政府财务报告和决算报告

第一节 政府财务报告和决算报告简介

一、政府财务报告的内容

政府财务报告是指反映政府某一特定日期的财务状况和某一会计期间的运行情况和现金流量等信息的文件。它应当包括财务报表和其他应当在财务报告中披露的相关信息和资料。财务报表是政府财务报告的主要形式，各类财务信息是政府财务报告的主要内容。

政府财务报告反映了政府偿债能力和受托责任履行情况，有助于财务报告使用者作出决策或进行监督和管理。

政府财务报告使用者包括债权人、政府自身和其他利益相关者。

二、政府决算报告的内容

政府决算报告是综合反映政府预算收支年度执行结果的文件。它应当包括决算报表和其他应当在决算报告中反映的相关信息和资料。决算报表是政府决算报告的主要形式，各类决算报告信息是政府决算报告的主要内容。

政府决算报告的提供有助于决算报告使用者进行监督和管理，并为编制后续年度预算提供参考和依据。

政府决算报告使用者包括政府自身和其他利益相关者。

三、政府财务报告与决算报告之间的关系

政府财务报告和政府预算报告两套报告体系并行，构成政府会计报告，两者互为补充，有机衔接，形成科学、完整的决算部门财务信息报告体系。

1. 报告编制的基础

政府财务报告的编制以权责发生制为基础,以财务会计核算生成的数据为准;政府决算报告的编制以收付实现制为基础,以预算会计核算生成的数据为准。因此,政府财务报告和政府预算报告两套并行报告体系的编制基础是不相同的。

2. 报表构成

(1) 政府财务报表包括资产负债表、收入费用表、净资产变动表、现金流量表及附注,其中,资产负债表、收入费用表均为月度、年度报表;净资产变动表、现金流量表及附注均为年度报表,如表 8-1 所示。

表 8-1　政府财务报表构成表

编号	报表名称	编制期
会政财 01 表	资产负债表	月度、年度
会政财 02 表	收入费用表	月度、年度
会政财 03 表	净资产变动表	年度
会政财 04 表	现金流量表	年度
	附注	年度

(2) 政府预算会计报表包括预算收入支出表、预算结转结余变动表、财政拨款预算收入支出表,均为年度报表,如表 8-2 所示。

表 8-2　政府预算会计报表构成表

编号	报表名称	编制期
会政预 01 表	预算收入支出表	年度
会政预 02 表	预算结转结余变动表	年度
会政预 03 表	财政拨款预算收入支出表	年度

3. 相关要求

(1) 政府单位至少应按年度编制政府财务报表和政府预算会计报表。

(2) 政府财务报表和政府预算会计报表应当根据登记完整并核对无误的账簿记录和其他有关资料进行编制。

(3) 政府单位如果本年度单位发生了因前期差错更正、会计政策变更等调整以前年度溢余的事项,应当对"年初余额"或"上年数"中的有关项目金额进行相应的调整。

第二节 报表格式

一、资产负债表格式

资产负债表格式如表 8-3 所示。

表 8-3 资产负债表

会政财 01 表

编制单位：　　　　　　　　　　　___年__月__日　　　　　　　　单位：元

资　产	期末余额	年初余额	负债和净资产	期末余额	年初余额
流动资产：			流动负债：		
货币资金			短期借款		
短期投资			应交增值税		
财政应返还额度			其他应交税费		
应收票据			应缴财政款		
应收账款净额			应付职工薪酬		
预付账款			应付票据		
应收股利			应付账款		
应收利息			应付政府补贴款		
其他应收款净额			应付利息		
存货			预收账款		
待摊费用			其他应付款		
一年内到期的非流动资产			预提费用		
其他流动资产			一年内到期的非流动负债		
流动资产合计			其他流动负债		
非流动资产：			流动负债合计		
长期股权投资			非流动负债：		
长期债券投资			长期借款		
固定资产原值			长期应付款		

（续表）

资　产	期末余额	年初余额	负债和净资产	期末余额	年初余额
减：固定资产累计折旧			预计负债		
固定资产净值			其他非流动负债		
工程物资			非流动负债合计		
在建工程			受托代理负债		
无形资产原值			负债合计		
减：无形资产累计摊销			净资产：		
无形资产净值			累计盈余		
研发支出			专用基金		
公共基础设施原值			权益法调整		
减：公共基础设施累计折旧（摊销）			PPP项目净资产		
公共基础设施净值			无偿调拨净资产*		
政府储备物资			本期盈余*		
文物资源			净资产合计		
以成本计量					
以名义金额计量					
保障性住房原值					
减：保障性住房累计折旧					
保障性住房净值					
PPP项目资产					
减：PPP项目资产累计折旧（摊销）					
PPP项目资产净值					
长期待摊费用					
待处理财产损溢					
其他非流动资产					—
非流动资产合计					—
受托代理资产					
资产总计			负债和净资产总计		

注："*"标识项目为月报项目，年报中不需列示。

二、收入费用表格式

收入费用表格格式如表 8-4 所示。

表 8-4 收入费用表

编制单位：　　　　　　　　　　____年__月　　　　　　　　　　会政财02表
单位：元

项目	本月数	本年累计数
一、本期收入		
（一）财政拨款收入		
其中：政府性基金收入		
（二）事业收入		
（三）上级补助收入		
（四）附属单位上缴收入		
（五）经营收入		
（六）非同级财政拨款收入		
（七）投资收益		
（八）捐赠收入		
（九）利息收入		
（十）租金收入		
（十一）其他收入		
二、本期费用		
（一）业务活动费用		
（二）单位管理费用		
（三）经营费用		
（四）资产处置费用		
（五）上缴上级费用		
（六）对附属单位补助费用		
（七）所得税费用		
（八）其他费用		
三、本期盈余		

三、净资产变动表格式

净资产变动表格式如表 8-5 所示。

表 8-5 净资产变动表

编制单位： ___年 会政财 03 表 单位：元

项目	累计盈余	专用基金	权益法调整	净资产合计
一、上年年末余额				
二、以前年度盈余调整（减少以"—"号填列）		—		
三、本年年初余额				
四、本年变动金额（减少以"—"号填列）				
（一）本年盈余				
（二）无偿调拨净资产		—		
（三）归集调整预算结转结余				
（四）提取或设置专用基金			—	
其中：从预算收入中提取	—		—	
从预算结余中提取			—	
设置的专用基金	—		—	
（五）使用专用基金			—	
（六）权益法调整	—	—		
（七）会计政策变更		—	—	
（八）其他				
五、本年年末余额				

注："—"号标识单元格不需填列。

四、现金流量表格式

现金流量表格式如表 8-6 所示。

表 8-6 现金流量表

会政财 04 表

编制单位： ___年 单位：元

项目	本年金额	上年金额
一、日常活动产生的现金流量：		
财政基本支出拨款收到的现金		
财政非资本性项目拨款收到的现金		
事业活动收到的除财政拨款以外的现金		
收到的其他与日常活动有关的现金		
日常活动的现金流入小计		
购买商品、接受劳务支付的现金		
支付给职工以及为职工支付的现金		
支付的各项税费		
支付的其他与日常活动有关的现金		
日常活动的现金流出小计		
日常活动产生的现金流量净额		
二、投资活动产生的现金流量：		
收回投资收到的现金		
取得投资收益收到的现金		
处置固定资产、无形资产、公共基础设施等收回的现金净额		
收到的其他与投资活动有关的现金		
投资活动的现金流入小计		
购建固定资产、无形资产、公共基础设施等支付的现金		
对外投资支付的现金		
上缴处置固定资产、无形资产、公共基础设施等净收入支付的现金		
支付的其他与投资活动有关的现金		
投资活动的现金流出小计		
投资活动产生的现金流量净额		
三、筹资活动产生的现金流量：		
财政资本性项目拨款收到的现金		

（续表）

项目	本年金额	上年金额
取得借款收到的现金		
收到的其他与筹资活动有关的现金		
筹资活动的现金流入小计		
偿还借款支付的现金		
偿还利息支付的现金		
支付的其他与筹资活动有关的现金		
筹资活动的现金流出小计		
筹资活动产生的现金流量净额		
四、汇率变动对现金的影响额		
五、现金净增加额		

五、预算收入支出表格式

预算收入支出表格式如表8-7所示。

表8-7　预算收入支出表

编制单位：　　　　　　　　　　　　____年　　　　　　　　　　　会政预01表
单位：元

项目	本年数	上年数
一、本年预算收入		
（一）财政拨款预算收入		
其中：政府性基金收入		
（二）事业预算收入		
（三）上级补助预算收入		
（四）附属单位上缴预算收入		
（五）经营预算收入		
（六）债务预算收入		
（七）非同级财政拨款预算收入		
（八）投资预算收益		
（九）其他预算收入		
其中：利息预算收入		

(续表)

项目	本年数	上年数
捐赠预算收入		
租金预算收入		
二、本年预算支出		
（一）行政支出		
（二）事业支出		
（三）经营支出		
（四）上缴上级支出		
（五）对附属单位补助支出		
（六）投资支出		
（七）债务还本支出		
（八）其他支出		
其中：利息支出		
捐赠支出		
三、本年预算收支差额		

六、预算结转结余变动表格式

预算结转结余变动表格式如表 8-8 所示。

表 8-8 预算结转结余变动表

编制单位：　　　　　　　　　　　　　　　年　　　　　　　　　　　　　　　　　　　　会政预 02 表
　　单位：元

项目	本年数	上年数
一、年初预算结转结余		
（一）财政拨款结转结余		
（二）其他资金结转结余		
二、年初余额调整（减少以"—"号填列）		
（一）财政拨款结转结余		
（二）其他资金结转结余		
三、本年变动金额（减少以"—"号填列）		

（续表）

项目	本年数	上年数
（一）财政拨款结转结余		
1.本年收支差额		
2.归集调入		
3.归集上缴或调出		
（二）其他资金结转结余		
1.本年收支差额		
2.缴回资金		
3.使用专用结余		
4.支付所得税		
四、年末预算结转结余		
（一）财政拨款结转结余		
1.财政拨款结转		
2.财政拨款结余		
（二）其他资金结转结余		
1.非财政拨款结转		
2.非财政拨款结余		
3.专用结余		
4.经营结余（如有余额，以"－"号填列）		

七、财政拨款预算收入支出表格式

财政拨款预算收入支出表格式如表 8-9 所示。

表 8-9　财政拨款预算收入支出表

编制单位：　　　　　　　　　　　　　　　　　　　　　　　　　　　　　　年　　　　　　　　　　　　　　　　　　　　　　　会政预 03 表
单位：元

项目	年初财政拨款结转结余		调整年初财政拨款结转结余	本年归集调入	本年归集上缴或调出	单位内部调剂		本年财政拨款收入	本年财政拨款支出	年末财政拨款结转结余	
	结转	结余				结转	结余			结转	结余
一、一般公共预算财政拨款											
（一）基本支出											
1.人员经费											
2.日常公用经费											
（二）项目支出											
1.××项目											
2.××项目											
……											
二、政府性基金预算财政拨款											
（一）基本支出											
1.人员经费											
2.日常公用经费											
（二）项目支出											
1.××项目											
2.××项目											
……											
总计											

第三节 报表编制方法与调整

一、资产负债表编制方法及调整说明

资产负债表反映单位在某一特定日期全部资产、负债和净资产的情况。

资产负债表"年初余额"栏内各项数字，应当根据上年年末资产负债表"期末余额"栏内数字填列。

如果本年度资产负债表规定的项目的名称和内容同上年度不一致，应当对上年年末资产负债表项目的名称和数字按照本年度的规定进行调整，将调整后数字填入本表"年初余额"栏内。

如果本年度单位发生了因前期差错更正、会计政策变更等调整以前年度盈余的事项，还应当对"年初余额"栏中的有关项目金额进行相应调整。

资产负债表中"资产总计"项目期末（年初）余额应当与"负债和净资产总计"项目期末（年初）余额相等。

资产负债表"期末余额"栏各项目的内容和填列方法如下。

1. 资产类项目

（1）"货币资金"项目，反映单位期末库存现金、银行存款、零余额账户用款额度、其他货币资金的合计数。本项目应当根据"库存现金""银行存款""零余额账户用款额度""其他货币资金"科目的期末余额的合计数填列；若单位存在通过"库存现金""银行存款"科目核算的受托代理资产还应当按照前述合计数扣减"库存现金""银行存款"科目下"受托代理资产"明细科目的期末余额后的金额填列。

（2）"短期投资"项目，反映事业单位期末持有的短期投资账面余额。本项目应当根据"短期投资"科目的期末余额填列。

（3）"财政应返还额度"项目，反映单位期末财政应返还额度的金额。本项目应当根据"财政应返还额度"科目的期末余额填列。

（4）"应收票据"项目，反映事业单位期末持有的应收票据的票面金额。本项目应当根据"应收票据"科目的期末余额填列。

（5）"应收账款净额"项目，反映单位期末尚未收回的应收账款减去已计提的坏账准备后的净额。本项目应当根据"应收账款"科目的期末余额，减去"坏账准备"科目中对应收账款计提的坏账准备的期末余额后的金额填列。

（6）"预付账款"项目，反映单位期末预付给商品或者劳务供应单位的款项。本项

目应当根据"预付账款"科目的期末余额填列。

（7）"应收股利"项目，反映事业单位期末因股权投资而应收取的现金股利或应当分得的利润。本项目应当根据"应收股利"科目的期末余额填列。

（8）"应收利息"项目，反映事业单位期末因债券投资等而应收取的利息。事业单位购入的到期一次还本付息的长期债券投资持有期间应收的利息，不包括在本项目内。本项目应当根据"应收利息"科目的期末余额填列。

（9）"其他应收款净额"项目，反映单位期末尚未收回的其他应收款减去已计提的坏账准备后的净额。本项目应当根据"其他应收款"科目的期末余额减去"坏账准备"科目中对其他应收款计提的坏账准备的期末余额后的金额填列。

（10）"存货"项目，反映单位期末存储的存货的实际成本。本项目应当根据"在途物品""库存物品""加工物品"科目的期末余额的合计数填列。

（11）"待摊费用"项目，反映单位期末已经支出，但应当由本期和以后各期负担的分摊期在1年以内（含1年）的各项费用。本项目应当根据"待摊费用"科目的期末余额填列。

（12）"一年内到期的非流动资产"项目，反映单位期末非流动资产项目中将在1年内（含1年）到期的金额，如事业单位将在1年内（含1年）到期的长期债券投资金额。本项目应当根据"长期债券投资"等科目的明细科目的期末余额分析填列。

（13）"其他流动资产"项目，反映单位期末除本表中上述各项之外的其他流动资产的合计金额。本项目应当根据有关科目期末余额的合计数填列。

（14）"流动资产合计"项目，反映单位期末流动资产的合计数。本项目应当根据本表中"货币资金""短期投资""财政应返还额度""应收票据""应收账款净额""预付账款""应收股利""应收利息""其他应收款净额""存货""待摊费用""一年内到期的非流动资产""其他流动资产"项目金额的合计数填列。

（15）"长期股权投资"项目，反映事业单位期末持有的长期股权投资的账面余额。本项目应当根据"长期股权投资"科目的期末余额填列。

（16）"长期债券投资"项目，反映事业单位期末持有的长期债券投资的账面余额。本项目应当根据"长期债券投资"科目的期末余额减去其中将于1年内（含1年）到期的长期债券投资余额后的金额填列。

（17）"固定资产原值"项目，反映单位期末固定资产的原值。本项目应当根据"固定资产"科目的期末余额填列。其中，"固定资产累计折旧"项目，反映单位期末固定资产已计提的累计折旧金额。本项目应当根据"固定资产累计折旧"科目的期末余额填列；"固定资产净值"项目，反映单位期末固定资产的账面价值，本项目应当根据"固定资产"科目期末余额减去"固定资产累计折旧"科目期末余额后的金额填列。

（18）"工程物资"项目，反映单位期末为在建工程准备的各种物资的实际成本。本项目应当根据"工程物资"科目的期末余额填列。

（19）"在建工程"项目，反映单位期末所有的建设项目工程的实际成本。本项目应当根据"在建工程"科目的期末余额填列。

（20）"无形资产原值"项目，反映单位期末无形资产的原值。本项目应当根据"无形资产"科目的期末余额填列。其中，"无形资产累计摊销"项目，反映单位期末无形资产已计提的累计摊销金额，本项目应当根据"无形资产累计摊销"科目的期末余额填列；"无形资产净值"项目，反映单位期末无形资产的账面价值，本项目应当根据"无形资产"科目期末余额减去"无形资产累计摊销"科目期末余额后的金额填列。

（21）"研发支出"项目，反映单位期末正在进行的无形资产开发项目开发阶段发生的累计支出数。本项目应当根据"研发支出"科目的期末余额填列。

（22）"公共基础设施原值"项目，反映单位期末控制的公共基础设施的原值。本项目应当根据"公共基础设施"科目的期末余额填列。其中，"公共基础设施累计折旧（摊销）"项目，反映单位期末控制的公共基础设施已计提的累计折旧和累计摊销金额，本项目应当根据"公共基础设施累计折旧（摊销）"科目的期末余额填列；"公共基础设施净值"项目，反映单位期末控制的公共基础设施的账面价值，本项目应当根据"公共基础设施"科目期末余额减去"公共基础设施累计折旧（摊销）"科目期末余额后的金额填列。

（23）"政府储备物资"项目，反映单位期末控制的政府储备物资的实际成本。本项目应当根据"政府储备物资"科目的期末余额填列。

（24）"文物资源"项目，反映单位期末控制的文物资源的成本。本项目应当根据"文物资源"科目的期末余额填列。"文物资源"项目下设"以成本计量"和"以名义金额计量"两个子项目，分别列示不同计量属性的文物资源。

（25）"保障性住房原值"项目，反映单位期末控制的保障性住房的原值。本项目应当根据"保障性住房"科目的期末余额填列。其中，"保障性住房累计折旧"项目，反映单位期末控制的保障性住房已计提的累计折旧金额，本项目应当根据"保障性住房累计折旧"科目的期末余额填列；"保障性住房净值"项目，反映单位期末控制的保障性住房的账面价值，本项目应当根据"保障性住房"科目期末余额减去"保障性住房累计折旧"科目期末余额后的金额填列。

（26）"PPP项目资产"项目，反映单位确认的PPP项目资产。本项目应当根据"PPP项目资产"科目的期末余额填列。其中，"PPP项目资产累计折旧（摊销）"项目，反映单位计提的PPP项目资产累计折旧（摊销），本项目应当根据"PPP项目资产累计折旧（摊销）"科目的期末余额填列；"PPP项目资产净值"项目，反映单位期末PPP项目资产的账面价值，本项目应当根据"PPP项目资产"科目期末余额减去"PPP项目资产累计折旧（摊销）"科目期末余额后的金额填列。

（27）"长期待摊费用"项目，反映单位期末已经支出，但应由本期和以后各期负担的分摊期限在1年以上（不含1年）的各项费用。本项目应当根据"长期待摊费用"科目的期末余额填列。

（28）"待处理财产损溢"项目，反映单位期末尚未处理完毕的各种资产的净损失或净溢余。本项目应当根据"待处理财产损溢"科目的期末借方余额填列；如"待处理财产损溢"科目期末为贷方余额，以"—"号填列。

（29）"其他非流动资产"项目，反映单位期末除本表中上述各项之外的其他非流动资产的合计数。本项目应当根据有关科目的期末余额合计数填列。

（30）"非流动资产合计"项目，反映单位期末非流动资产的合计数。本项目应当根据本表中"长期股权投资""长期债券投资""固定资产净值""工程物资""在建工程""无形资产净值""研发支出""公共基础设施净值""政府储备物资""文物资源""保障性住房净值""PPP项目资产净值""长期待摊费用""待处理财产损溢""其他非流动资产"项目金额的合计数填列。

（31）"受托代理资产"项目，反映单位期末受托代理资产的价值。本项目应当根据"受托代理资产"科目的期末余额与"库存现金""银行存款"科目下"受托代理资产"明细科目的期末余额的合计数填列。

（32）"资产总计"项目，反映单位期末资产的合计数。本项目应当根据本表中"流动资产合计""非流动资产合计""受托代理资产"项目金额的合计数填列。

2. 负债类项目

（1）"短期借款"项目，反映事业单位期末短期借款的余额。本项目应当根据"短期借款"科目的期末余额填列。

（2）"应交增值税"项目，反映单位期末应缴未缴的增值税税额。本项目应当根据"应交增值税"科目的期末余额填列；如"应交增值税"科目期末为借方余额，以"—"号填列。

（3）"其他应交税费"项目，反映单位期末应缴未缴的除增值税以外的税费金额。本项目应当根据"其他应交税费"科目的期末余额填列；如"其他应交税费"科目期末为借方余额，以"—"号填列。

（4）"应缴财政款"项目，反映单位期末应当上缴财政但尚未缴纳的款项。本项目应当根据"应缴财政款"科目的期末余额填列。

（5）"应付职工薪酬"项目，反映单位期末按有关规定应付给职工及为职工支付的各种薪酬。本项目应当根据"应付职工薪酬"科目的期末余额填列。

（6）"应付票据"项目，反映事业单位期末应付票据的金额。本项目应当根据"应付票据"科目的期末余额填列。

（7）"应付账款"项目，反映单位期末应当支付但尚未支付的偿还期限在1年以内（含1年）的应付账款的金额。本项目应当根据"应付账款"科目的期末余额填列。

（8）"应付政府补贴款"项目，反映负责发放政府补贴的行政单位期末按照规定应当支付给政府补贴接受者的各种政府补贴款余额。本项目应当根据"应付政府补贴款"科目的期末余额填列。

（9）"应付利息"项目，反映事业单位期末按照合同约定应支付的借款利息。事业单位到期一次还本付息的长期借款利息不包括在本项目内。本项目应当根据"应付利息"

科目的期末余额填列。

（10）"预收账款"项目，反映事业单位期末预先收取但尚未确认收入和实际结算的款项余额。本项目应当根据"预收账款"科目的期末余额填列。

（11）"其他应付款"项目，反映单位期末其他各项偿还期限在1年内（含1年）的应付及暂收款项余额。本项目应当根据"其他应付款"科目的期末余额填列。

（12）"预提费用"项目，反映单位期末已预先提取的已经发生但尚未支付的各项费用。本项目应当根据"预提费用"科目的期末余额填列。

（13）"一年内到期的非流动负债"项目，反映单位期末将于1年内（含1年）偿还的非流动负债的余额。本项目应当根据"长期应付款""长期借款"等科目的明细科目的期末余额分析填列。

（14）"其他流动负债"项目，反映单位期末除本表中上述各项之外的其他流动负债的合计数。本项目应当根据有关科目的期末余额的合计数填列。

（15）"流动负债合计"项目，反映单位期末流动负债合计数。本项目应当根据本表"短期借款""应交增值税""其他应交税费""应缴财政款""应付职工薪酬""应付票据""应付账款""应付政府补贴款""应付利息""预收账款""其他应付款""预提费用""一年内到期的非流动负债""其他流动负债"项目金额的合计数填列。

（16）"长期借款"项目，反映事业单位期末长期借款的余额。本项目应当根据"长期借款"科目的期末余额减去其中将于1年内（含1年）到期的长期借款余额后的金额填列。

（17）"长期应付款"项目，反映单位期末长期应付款的余额。本项目应当根据"长期应付款"科目的期末余额减去其中将于1年内（含1年）到期的长期应付款余额后的金额填列。

（18）"预计负债"项目，反映单位期末已确认但尚未偿付的预计负债的余额。本项目应当根据"预计负债"科目的期末余额填列。

（19）"其他非流动负债"项目，反映单位期末除本表中上述各项之外的其他非流动负债的合计数。本项目应当根据有关科目的期末余额合计数填列。

（20）"非流动负债合计"项目，反映单位期末非流动负债合计数。本项目应当根据本表中"长期借款""长期应付款""预计负债""其他非流动负债"项目金额的合计数填列。

（21）"受托代理负债"项目，反映单位期末受托代理负债的金额。本项目应当根据"受托代理负债"科目的期末余额填列。

（22）"负债合计"项目，反映单位期末负债的合计数。本项目应当根据本表中"流动负债合计""非流动负债合计""受托代理负债"项目金额的合计数填列。

3. 净资产类项目

（1）"累计盈余"项目，反映单位期末未分配盈余（或未弥补亏损）以及无偿调拨净资产变动的累计数。本项目应当根据"累计盈余"科目的期末余额填列。

（2）"专用基金"项目，反映事业单位期末累计提取或设置但尚未使用的专用基金余额。本项目应当根据"专用基金"科目的期末余额填列。

（3）"权益法调整"项目，反映事业单位期末在被投资单位除净损益和利润分配以外的所有者权益变动中累积享有的份额。本项目应当根据"权益法调整"科目的期末余额填列；如"权益法调整"科目期末为借方余额，以"—"号填列。

（4）"PPP项目净资产"项目，反映单位确认的PPP项目净资产。本项目应当根据"PPP项目净资产"科目的期末余额填列。

（5）"无偿调拨净资产"项目，反映单位本年度截至报告期期末无偿调入的非现金资产价值扣减无偿调出的非现金资产价值后的净值。本项目仅在月度报表中列示，年度报表中不列示。月度报表中本项目应当根据"无偿调拨净资产"科目的期末余额填列；"无偿调拨净资产"科目期末为借方余额时，以"—"号填列。

（6）"本期盈余"项目，反映单位本年度截至报告期期末实现的累计盈余或亏损。本项目仅在月度报表中列示，年度报表中不列示。月度报表中本项目应当根据"本期盈余"科目的期末余额填列；"本期盈余"科目期末为借方余额时，以"—"号填列。

（7）"净资产合计"项目，反映单位期末净资产合计数。本项目应当根据本表中"累计盈余""专用基金""权益法调整""PPP项目净资产""无偿调拨净资产"［月度报表］、"本期盈余"［月度报表］项目金额的合计数填列。

（8）"负债和净资产总计"项目，应当按照本表中"负债合计""净资产合计"项目金额的合计数填列。

二、收入费用表编制方法及调整说明

收入费用表反映单位在某一会计期间内发生的收入、费用及当期盈余情况。

收入费用表"本月数"栏反映各项目的本月实际发生数。编制年度收入费用表时，本栏应改为"本年数"，反映本年度各项目的实际发生数。"本年累计数"栏反映各项目自年初至报告期期末的累计实际发生数。编制年度收入费用表时，本栏应改为"上年数"，反映上年度各项目的实际发生数，"上年数"栏应当根据上年年度收入费用表中"本年数"栏内所列数字填列。

如果本年度收入费用表规定的项目的名称和内容同上年度不一致，应当对上年度收入费用表项目的名称和数字按照本年度的规定进行调整，将调整后的金额填入本年度收入费用表的"上年数"栏内。

如果本年度单位发生了因前期差错更正、会计政策变更等调整以前年度盈余的事项，还应当对年度收入费用表中"上年数"栏中的有关项目金额进行相应调整。

收入费用表"本月数"栏各项目的内容和填列方法如下。

1. 本期收入

（1）"本期收入"项目，反映单位本期收入总额。本项目应当根据本表中"财政拨款收入""事业收入""上级补助收入""附属单位上缴收入""经营收入""非同级财政拨款收入""投资收益""捐赠收入""利息收入""租金收入""其他收入"项目金额的合计数填列。

（2）"财政拨款收入"项目，反映单位本期从同级政府财政部门取得的各类财政拨款。本项目应当根据"财政拨款收入"科目的本期发生额填列。其中，"政府性基金收入"项目，反映单位本期取得的财政拨款收入中属于政府性基金预算拨款的金额，本项目应当根据"财政拨款收入"相关明细科目的本期发生额填列。

（3）"事业收入"项目，反映事业单位本期开展专业业务活动及其辅助活动实现的收入。本项目应当根据"事业收入"科目的本期发生额填列。

（4）"上级补助收入"项目，反映事业单位本期从主管部门和上级单位收到或应收的非财政拨款收入。本项目应当根据"上级补助收入"科目的本期发生额填列。

（5）"附属单位上缴收入"项目，反映事业单位本期收到或应收的独立核算的附属单位按照有关规定上缴的收入。本项目应当根据"附属单位上缴收入"科目的本期发生额填列。

（6）"经营收入"项目，反映事业单位本期在专业业务活动及其辅助活动之外开展非独立核算经营活动实现的收入。本项目应当根据"经营收入"科目的本期发生额填列。

（7）"非同级财政拨款收入"项目，反映单位本期从非同级政府财政部门取得的财政拨款，不包括事业单位因开展科研及其辅助活动从非同级财政部门取得的经费拨款。本项目应当根据"非同级财政拨款收入"科目的本期发生额填列。

（8）"投资收益"项目，反映事业单位本期股权投资和债券投资所实现的收益或发生的损失。本项目应当根据"投资收益"科目的本期发生额填列；如为投资净损失，以"—"号填列。

（9）"捐赠收入"项目，反映单位本期接受捐赠取得的收入。本项目应当根据"捐赠收入"科目的本期发生额填列。

（10）"利息收入"项目，反映单位本期取得的银行存款利息收入。本项目应当根据"利息收入"科目的本期发生额填列。

（11）"租金收入"项目，反映单位本期经批准利用国有资产出租取得并按规定纳入本单位预算管理的租金收入。本项目应当根据"租金收入"科目的本期发生额填列。

（12）"其他收入"项目，反映单位本期取得的除以上收入项目外的其他收入的总额。本项目应当根据"其他收入"科目的本期发生额填列。

2. 本期费用

（1）"本期费用"项目，反映单位本期费用总额。本项目应当根据本表中"业务活动费用""单位管理费用""经营费用""资产处置费用""上缴上级费用""对附属单位补助费用""所得税费用"和"其他费用"项目金额的合计数填列。

（2）"业务活动费用"项目，反映单位本期为实现其职能目标，依法履职或开展专业业务活动及其辅助活动所发生的各项费用。本项目应当根据"业务活动费用"科目本期发生额填列。

（3）"单位管理费用"项目，反映事业单位本期本级行政及后勤管理部门开展管理活动发生的各项费用，以及由单位统一负担的离退休人员经费、工会经费、诉讼费、中介费等。本项目应当根据"单位管理费用"科目的本期发生额填列。

（4）"经营费用"项目，反映事业单位本期在专业业务活动及其辅助活动之外开展非独立核算经营活动发生的各项费用。本项目应当根据"经营费用"科目的本期发生额填列。

（5）"资产处置费用"项目，反映单位本期经批准处置资产时转销的资产价值以及在处置过程中发生的相关费用或者处置收入小于处置费用形成的净支出。本项目应当根据"资产处置费用"科目的本期发生额填列。

（6）"上缴上级费用"项目，反映事业单位按照规定上缴上级单位款项发生的费用。本项目应当根据"上缴上级费用"科目的本期发生额填列。

（7）"对附属单位补助费用"项目，反映事业单位用财政拨款收入之外的收入对附属单位补助发生的费用。本项目应当根据"对附属单位补助费用"科目的本期发生额填列。

（8）"所得税费用"项目，反映有企业所得税缴纳义务的事业单位本期计算应缴纳的企业所得税。本项目应当根据"所得税费用"科目的本期发生额填列。

（9）"其他费用"项目，反映单位本期发生的除以上费用项目外的其他费用的总额。本项目应当根据"其他费用"科目的本期发生额填列。

3. 本期盈余

"本期盈余"项目，反映单位本期收入扣除本期费用后的净额。本项目应当根据本表中"本期收入"项目金额减去"本期费用"项目金额后的金额填列；如为负数，以"—"号填列。

三、净资产变动表编制方法及调整说明

净资产变动表反映单位在某一会计年度内净资产项目的变动情况。

净资产变动表各项目的内容和填列方法如下：

（1）"上年年末余额"行，反映单位净资产各项目上年年末的余额。本行各项目应当根据"累计盈余""专用基金""权益法调整"科目上年年末余额填列。

（2）"以前年度盈余调整"行，反映单位本年度调整以前年度盈余的事项对累计盈余进行调整的金额。本行"累计盈余"项目应当根据本年度"以前年度盈余调整"科目转入"累计盈余"科目的金额填列；如调整减少累计盈余，以"—"号填列。

（3）"本年年初余额"行，反映经过以前年度盈余调整后，单位净资产各项目的本年年初余额。本行"累计盈余""专用基金""权益法调整"项目应当根据其各自在"上年年末余额"和"以前年度盈余调整"行对应项目金额的合计数填列。

（4）"本年变动金额"行，反映单位净资产各项目本年变动总金额。本行"累计盈余""专用基金""权益法调整"项目应当根据其各自在"本年盈余""无偿调拨净资产""归集调整预算结转结余""提取或设置专用基金""使用专用基金""权益法调整""会计政策变更""其他"行对应项目金额的合计数填列。

（5）"本年盈余"行，反映单位本年发生的收入、费用对净资产的影响。本行"累计盈余"项目应当根据年末由"本期盈余"科目转入"本年盈余分配"科目的金额填列；如转入时借记"本年盈余分配"科目，则以"—"号填列。

（6）"无偿调拨净资产"行，反映单位本年无偿调入、调出非现金资产事项对净资产的影响。本行"累计盈余"项目应当根据年末由"无偿调拨净资产"科目转入"累计盈余"科目的金额填列；如转入时借记"累计盈余"科目，则以"—"号填列。

（7）"归集调整预算结转结余"行，反映单位本年财政拨款结转结余资金归集调入、归集上缴或调出，以及非财政拨款结转资金缴回对净资产的影响。本行"累计盈余"项目应当根据"累计盈余"科目明细账记录分析填列；如归集调整减少预算结转结余，则以"—"号填列。

（8）"提取或设置专用基金"行，反映单位本年提取或设置专用基金对净资产的影响。本行"累计盈余"项目应当根据"从预算结余中提取"行"累计盈余"项目的金额填列。本行"专用基金"项目应当根据"从预算收入中提取""从预算结余中提取""设置的专用基金"行"专用基金"项目金额的合计数填列。

其中，"从预算收入中提取"行，反映单位本年从预算收入中提取专用基金对净资产的影响，本行"专用基金"项目应当通过对"专用基金"科目明细账记录的分析，根据本年按有关规定从预算收入中提取基金的金额填列；"从预算结余中提取"行，反映单位本年根据有关规定从本年度非财政拨款结余或经营结余中提取专用基金对净资产的影响，本行"累计盈余""专用基金"项目应当通过对"专用基金"科目明细账记录的分析，根据本年按有关规定从本年度非财政拨款结余或经营结余中提取专用基金的金额填列，本行"累计盈余"项目以"—"号填列；"设置的专用基金"行，反映单位本年根据有关规定设置的其他专用基金对净资产的影响，本行"专用基金"项目应当通过对"专用基金"科目明细账记录的分析，根据本年按有关规定设置的其他专用基金的金额填列。

（9）"使用专用基金"行，反映单位本年按规定使用专用基金对净资产的影响。本行"累计盈余""专用基金"项目应当通过对"专用基金"科目明细账记录的分析，根据本年按规定使用专用基金的金额填列；本行"专用基金"项目以"—"号填列。

（10）"权益法调整"行，反映单位本年按照被投资单位除净损益和利润分配以外的所有者权益变动份额而调整长期股权投资账面余额对净资产的影响。本行"权益法调整"项目应当根据"权益法调整"科目本年发生额填列；若本年净发生额为借方时，以"—"号填列。

（11）"会计政策变更"项目，反映单位本年除以前年度盈余调整以外，因会计政策变更对净资产的影响。

（12）"其他"项目，反映单位按照政府会计准则制度规定，除本年盈余、无偿调拨净资产、归集调整预算结转结余、提取或设置专用基金、使用专用基金、权益法调整、会计政策变更以外的对净资产的影响。它包括划转撤并调整、以考古发掘方式取得文物资源、使用计提的科研项目间接费用或管理费购买固定资产或无形资产等情况对净资产的影响。

（13）"本年年末余额"行，反映单位本年各净资产项目的年末余额。本行"累计盈余""专用基金""权益法调整"项目应当根据其各自在"本年年初余额""本年变动金额"行对应项目金额的合计数填列。

（14）本表各行"净资产合计"项目，应当根据所在行"累计盈余""专用基金""权益法调整"项目金额的合计数填列。

四、现金流量表编制方法及调整说明

现金流量表反映单位在某一会计年度内现金流入和流出的信息。

现金流量表所指的现金，是指单位的库存现金以及其他可以随时用于支付的款项。它包括库存现金、可以随时用于支付的银行存款、其他货币资金、零余额账户用款额度、财政应返还额度，以及通过财政直接支付方式支付的款项。

现金流量表应当按照日常活动、投资活动、筹资活动的现金流量分别反映。本表所指的现金流量，是指现金的流入和流出。

现金流量表"本年金额"栏反映各项目的本年实际发生数。"上年金额"栏反映各项目的上年实际发生数，应当根据上年现金流量表中"本年金额"栏内所列数字填列。

单位应当采用直接法编制现金流量表。

现金流量表"本年金额"栏各项目的填列方法如下。

1. 日常活动产生的现金流量

（1）"财政基本支出拨款收到的现金"项目，反映单位本年接受财政基本支出拨款取得的现金。本项目应当根据"零余额账户用款额度""财政拨款收入""银行存款"等科目及其所属明细科目的记录分析填列。

（2）"财政非资本性项目拨款收到的现金"项目，反映单位本年接受除用于购建固定资产、无形资产、公共基础设施等资本性项目以外的财政项目拨款取得的现金。本项目应当根据"银行存款""零余额账户用款额度""财政拨款收入"等科目及其所属明细科目的记录分析填列。

（3）"事业活动收到的除财政拨款以外的现金"项目，反映事业单位本年开展专业业务活动及其辅助活动取得的除财政拨款以外的现金。本项目应当根据"库存现金""银行存款""其他货币资金""应收账款""应收票据""预收账款""事业收入"等科目及其所属明细科目的记录分析填列。

（4）"收到的其他与日常活动有关的现金"项目，反映单位本年收到的除以上项目之外的与日常活动有关的现金。本项目应当根据"库存现金""银行存款""其他货币资金""上级补助收入""附属单位上缴收入""经营收入""非同级财政拨款收入""捐赠收入""利息收入""租金收入""其他收入"等科目及其所属明细科目的记录分析填列。

（5）"日常活动的现金流入小计"项目，反映单位本年日常活动产生的现金流入的合计数。本项目应当根据本表中"财政基本支出拨款收到的现金""财政非资本性项目拨款收到的现金""事业活动收到的除财政拨款以外的现金""收到的其他与日常活动有关的现金"项目金额的合计数填列。

（6）"购买商品、接受劳务支付的现金"项目，反映单位本年在日常活动中用于购买商品、接受劳务支付的现金。本项目应当根据"库存现金""银行存款""财政拨款收入""零余额账户用款额度""预付账款""在途物品""库存物品""应付账款""应付票据""业务活动费用""单位管理费用""经营费用"等科目及其所属明细科目的记录分析填列。

（7）"支付给职工以及为职工支付的现金"项目，反映单位本年支付给职工以及为职工支付的现金。本项目应当根据"库存现金""银行存款""零余额账户用款额度""财政拨款收入""应付职工薪酬""业务活动费用""单位管理费用""经营费用"等科目及其所属明细科目的记录分析填列。

（8）"支付的各项税费"项目，反映单位本年用于缴纳日常活动相关税费而支付的现金。本项目应当根据"库存现金""银行存款""零余额账户用款额度""应交增值税""其他应交税费""业务活动费用""单位管理费用""经营费用""所得税费用"等科目及其所属明细科目的记录分析填列。

（9）"支付的其他与日常活动有关的现金"项目，反映单位本年支付的除上述项目之外与日常活动有关的现金。本项目应当根据"库存现金""银行存款""零余额账户用款额度""财政拨款收入""其他应付款""业务活动费用""单位管理费用""经营费用""其他费用"等科目及其所属明细科目的记录分析填列。

（10）"日常活动的现金流出小计"项目，反映单位本年日常活动产生的现金流出的合计数。本项目应当根据本表中"购买商品、接受劳务支付的现金""支付给职工以及为职工支付的现金""支付的各项税费""支付的其他与日常活动有关的现金"项目金额的合计数填列。

（11）"日常活动产生的现金流量净额"项目，应当按照本表中"日常活动的现金流入小计"项目金额减去"日常活动的现金流出小计"项目金额后的金额填列；如为负数，以"—"号填列。

2. 投资活动产生的现金流量

（1）"收回投资收到的现金"项目，反映单位本年出售、转让或者收回投资收到的现金。本项目应该根据"库存现金""银行存款""短期投资""长期股权投资""长期债券投资"等科目的记录分析填列。

（2）"取得投资收益收到的现金"项目，反映单位本年因对外投资而收到被投资单位分配的股利或利润，以及收到投资利息而取得的现金。本项目应当根据"库存现金""银行存款""应收股利""应收利息""投资收益"等科目的记录分析填列。

（3）"处置固定资产、无形资产、公共基础设施等收回的现金净额"项目，反映单位本年处置固定资产、无形资产、公共基础设施等非流动资产所取得的现金，减去为处置这些资产而支付的有关费用之后的净额。由于自然灾害所造成的固定资产等长期资产损失而收到的保险赔款收入,也在本项目反映。本项目应当根据"库存现金""银行存款""待处理财产损溢"等科目的记录分析填列。

(4)"收到的其他与投资活动有关的现金"项目,反映单位本年收到的除上述项目之外与投资活动有关的现金。对于金额较大的现金流入,应当单列项目反映。本项目应当根据"库存现金""银行存款"等有关科目的记录分析填列。

(5)"投资活动的现金流入小计"项目,反映单位本年投资活动产生的现金流入的合计数。本项目应当根据本表中"收回投资收到的现金""取得投资收益收到的现金""处置固定资产、无形资产、公共基础设施等收回的现金净额""收到的其他与投资活动有关的现金"项目金额的合计数填列。

(6)"购建固定资产、无形资产、公共基础设施等支付的现金"项目,反映单位本年购买和建造固定资产、无形资产、公共基础设施等非流动资产所支付的现金。融资租入固定资产支付的租赁费不在本项目反映,在筹资活动的现金流量中反映。本项目应当根据"库存现金""银行存款""固定资产""工程物资""在建工程""无形资产""研发支出""公共基础设施""保障性住房"等科目的记录分析填列。

(7)"对外投资支付的现金"项目,反映单位本年为取得短期投资、长期股权投资、长期债券投资而支付的现金。本项目应当根据"库存现金""银行存款""短期投资""长期股权投资""长期债券投资"等科目的记录分析填列。

(8)"上缴处置固定资产、无形资产、公共基础设施等净收入支付的现金"项目,反映本年单位将处置固定资产、无形资产、公共基础设施等非流动资产所收回的现金净额予以上缴财政所支付的现金。本项目应当根据"库存现金""银行存款""应缴财政款"等科目的记录分析填列。

(9)"支付的其他与投资活动有关的现金"项目,反映单位本年支付的除上述项目之外与投资活动有关的现金。对于金额较大的现金流出,应当单列项目反映。本项目应当根据"库存现金""银行存款"等有关科目的记录分析填列。

(10)"投资活动的现金流出小计"项目,反映单位本年投资活动产生的现金流出的合计数。本项目应当根据本表中"购建固定资产、无形资产、公共基础设施等支付的现金""对外投资支付的现金""上缴处置固定资产、无形资产、公共基础设施等净收入支付的现金""支付的其他与投资活动有关的现金"项目金额的合计数填列。

(11)"投资活动产生的现金流量净额"项目,应当按照本表中"投资活动的现金流入小计"项目金额减去"投资活动的现金流出小计"项目金额后的金额填列;如为负数,以"—"号填列。

3. 筹资活动产生的现金流量

(1)"财政资本性项目拨款收到的现金"项目,反映单位本年接受用于购建固定资产、无形资产、公共基础设施等资本性项目的财政项目拨款取得的现金。本项目应当根据"银行存款""零余额账户用款额度""财政拨款收入"等科目及其所属明细科目的记录分析填列。

（2）"取得借款收到的现金"项目，反映事业单位本年举借短期、长期借款所收到的现金。本项目应当根据"库存现金""银行存款""短期借款""长期借款"等科目记录分析填列。

（3）"收到的其他与筹资活动有关的现金"项目，反映单位本年收到的除上述项目之外与筹资活动有关的现金。对于金额较大的现金流入，应当单列项目反映。本项目应当根据"库存现金""银行存款"等有关科目的记录分析填列。

（4）"筹资活动的现金流入小计"项目，反映单位本年筹资活动产生的现金流入的合计数。本项目应当根据本表中"财政资本性项目拨款收到的现金""取得借款收到的现金""收到的其他与筹资活动有关的现金"项目金额的合计数填列。

（5）"偿还借款支付的现金"项目，反映事业单位本年偿还借款本金所支付的现金。本项目应当根据"库存现金""银行存款""短期借款""长期借款"等科目的记录分析填列。

（6）"偿还利息支付的现金"项目，反映事业单位本年支付的借款利息等。本项目应当根据"库存现金""银行存款""应付利息""长期借款"等科目的记录分析填列。

（7）"支付的其他与筹资活动有关的现金"项目，反映单位本年支付的除上述项目之外与筹资活动有关的现金，如融资租入固定资产所支付的租赁费。本项目应当根据"库存现金""银行存款""长期应付款"等科目的记录分析填列。

（8）"筹资活动的现金流出小计"项目，反映单位本年筹资活动产生的现金流出的合计数。本项目应当根据本表中"偿还借款支付的现金""偿还利息支付的现金""支付的其他与筹资活动有关的现金"项目金额的合计数填列。

（9）"筹资活动产生的现金流量净额"项目，应当按照本表中"筹资活动的现金流入小计"项目金额减去"筹资活动的现金流出小计"金额后的金额填列；如为负数，以"—"号填列。

4．"汇率变动对现金的影响额"项目

该项目反映单位本年外币现金流量折算为人民币时，所采用的现金流量发生日的汇率折算的人民币金额与外币现金流量净额按期末汇率折算的人民币金额之间的差额。

5．"现金净增加额"项目

该项目反映单位本年现金变动的净额。本项目应当根据本表中"日常活动产生的现金流量净额""投资活动产生的现金流量净额""筹资活动产生的现金流量净额"和"汇率变动对现金的影响额"项目金额的合计数填列；如为负数，以"—"号填列。

五、预算收入支出表编制方法及调整说明

预算收入支出表反映单位在某一会计年度内各项预算收入、预算支出和预算收支差额的情况。

预算收入支出表"本年数"栏反映各项目的本年实际发生数。本表"上年数"栏反

映各项目上年度的实际发生数，应当根据上年度预算收入支出表中"本年数"栏内所列数字填列。

如果本年度预算收入支出表规定的项目的名称和内容同上年度不一致，应当对上年度预算收入支出表项目的名称和数字按照本年度的规定进行调整，将调整后金额填入本年度预算收入支出表的"上年数"栏。

预算收入支出表"本年数"栏各项目的内容和填列方法如下：

1. 本年预算收入

（1）"本年预算收入"项目，反映单位本年预算收入总额。本项目应当根据本表中"财政拨款预算收入""事业预算收入""上级补助预算收入""附属单位上缴预算收入""经营预算收入""债务预算收入""非同级财政拨款预算收入""投资预算收益""其他预算收入"项目金额的合计数填列。

（2）"财政拨款预算收入"项目，反映单位本年从同级政府财政部门取得的各类财政拨款。本项目应当根据"财政拨款预算收入"科目的本年发生额填列。其中，"政府性基金收入"项目，反映单位本年取得的财政拨款收入中属于政府性基金预算拨款的金额。本项目应当根据"财政拨款预算收入"相关明细科目的本年发生额填列。

（3）"事业预算收入"项目，反映事业单位本年开展专业业务活动及其辅助活动取得的预算收入。本项目应当根据"事业预算收入"科目的本年发生额填列。

（4）"上级补助预算收入"项目，反映事业单位本年从主管部门和上级单位取得的非财政补助预算收入。本项目应当根据"上级补助预算收入"科目的本年发生额填列。

（5）"附属单位上缴预算收入"项目，反映事业单位本年收到的独立核算的附属单位按照有关规定上缴的预算收入。本项目应当根据"附属单位上缴预算收入"科目的本年发生额填列。

（6）"经营预算收入"项目，反映事业单位本年在专业业务活动及其辅助活动之外开展非独立核算经营活动取得的预算收入。本项目应当根据"经营预算收入"科目的本年发生额填列。

（7）"债务预算收入"项目，反映事业单位本年按照规定从金融机构等借入的、纳入部门预算管理的债务预算收入。本项目应当根据"债务预算收入"的本年发生额填列。

（8）"非同级财政拨款预算收入"项目，反映单位本年从非同级政府财政部门取得的财政拨款。本项目应当根据"非同级财政拨款预算收入"科目的本年发生额填列。

（9）"投资预算收益"项目，反映事业单位本年取得的按规定纳入单位预算管理的投资收益。本项目应当根据"投资预算收益"科目的本年发生额填列。

（10）"其他预算收入"项目，反映单位本年取得的除上述收入以外的纳入单位预算管理的各项预算收入。本项目应当根据"其他预算收入"科目的本年发生额填列。其中，"利息预算收入"项目，反映单位本年取得的利息预算收入，本项目应当根据"其他预算收入"科目的明细记录分析填列，单位单设"利息预算收入"科目的，应当根据"利息预算收入"科目的本年发生额填列；"捐赠预算收入"项目，反映单位本年取得的捐赠预算收入,本项目应当根据"其他预算收入"科目明细账记录分析填列,单位单设"捐赠预算收入"科目的,应当根据"捐赠预算收入"科目的本年发生额填列;"租金预算收入"项目,反映单位本年取得的租金预算收入,本项目应当根据"其他预算收入"科目明细账记录分析填列,单位单设"租金预算收入"科目的,应当根据"租金预算收入"科目的本年发生额填列。

2. 本年预算支出

(1)"本年预算支出"项目,反映单位本年预算支出总额。本项目应当根据本表中"行政支出""事业支出""经营支出""上缴上级支出""对附属单位补助支出""投资支出""债务还本支出"和"其他支出"项目金额的合计数填列。

(2)"行政支出"项目,反映行政单位本年履行职责实际发生的支出。本项目应当根据"行政支出"科目的本年发生额填列。

(3)"事业支出"项目,反映事业单位本年开展专业业务活动及其辅助活动发生的支出。本项目应当根据"事业支出"科目的本年发生额填列。

(4)"经营支出"项目,反映事业单位本年在专业业务活动及其辅助活动之外开展非独立核算经营活动发生的支出。本项目应当根据"经营支出"科目的本年发生额填列。

(5)"上缴上级支出"项目,反映事业单位本年按照财政部门和主管部门的规定上缴上级单位的支出。本项目应当根据"上缴上级支出"科目的本年发生额填列。

(6)"对附属单位补助支出"项目,反映事业单位本年用财政拨款收入之外的收入对附属单位补助发生的支出。本项目应当根据"对附属单位补助支出"科目的本年发生额填列。

(7)"投资支出"项目,反映事业单位本年以货币资金对外投资发生的支出。本项目应当根据"投资支出"科目的本年发生额填列。

(8)"债务还本支出"项目,反映事业单位本年偿还自身承担的纳入预算管理的从金融机构举借的债务本金的支出。本项目应当根据"债务还本支出"科目的本年发生额填列。

(9)"其他支出"项目,反映单位本年除以上支出以外的各项支出。本项目应当根据"其他支出"科目的本年发生额填列。其中,"利息支出"项目,反映单位本年发生的利息支出,本项目应当根据"其他支出"科目明细账记录分析填列,单位单设"利息支出"科目的,应当根据"利息支出"科目的本年发生额填列;"捐赠支出"项目,反映单位本年发生的捐赠支出,本项目应当根据"其他支出"科目明细账记录分析填列,单位单设"捐赠支出"科目的,应当根据"捐赠支出"科目的本年发生额填列。

3. 本年预算收支差额

"本年预算收支差额"项目,反映单位本年各项预算收支相抵后的差额。本项目应当根据本表中"本期预算收入"项目金额减去"本期预算支出"项目金额后的金额填列;如相减后金额为负数,以"—"号填列。

六、预算结转结余变动表编制方法及调整说明

预算结转结余变动表反映单位在某一会计年度内预算结转结余的变动情况。

预算结转结余变动表"本年数"栏反映各项目的本年实际发生数。本表"上年数"栏反映各项目的上年实际发生数,应当根据上年度预算结转结余变动表中"本年数"栏内所列数字填列。

如果本年度预算结转结余变动表规定的项目的名称和内容同上年度不一致,应当对上年度预算结转结余变动表项目的名称和数字按照本年度的规定进行调整,将调整后金额填入本年度预算结转结余变动表的"上年数"栏。

预算结转结余变动表中"年末预算结转结余"项目金额等于"年初预算结转结余""年初余额调整""本年变动金额"三个项目的合计数。

预算结转结余变动表"本年数"栏各项目的内容和填列方法如下。

1. "年初预算结转结余"项目

本项目反映单位本年预算结转结余的年初余额。本项目应当根据本项目下"财政拨款结转结余""其他资金结转结余"项目金额的合计数填列。

(1)"财政拨款结转结余"项目,反映单位本年财政拨款结转结余资金的年初余额。本项目应当根据"财政拨款结转""财政拨款结余"科目本年年初余额合计数填列。

(2)"其他资金结转结余"项目,反映单位本年其他资金结转结余的年初余额。本项目应当根据"非财政拨款结转""非财政拨款结余""专用结余""经营结余"科目本年年初余额的合计数填列。

2. "年初余额调整"项目

本项目反映单位本年预算结转结余年初余额调整的金额。本项目应当根据本项目下"财政拨款结转结余""其他资金结转结余"项目金额的合计数填列。

(1)"财政拨款结转结余"项目,反映单位本年财政拨款结转结余资金的年初余额调整金额。本项目应当根据"财政拨款结转""财政拨款结余"科目下"年初余额调整"明细科目的本年发生额的合计数填列;如调整减少年初财政拨款结转结余,以"—"号填列。

(2)"其他资金结转结余"项目,反映单位本年其他资金结转结余的年初余额调整金额。本项目应当根据"非财政拨款结转""非财政拨款结余"科目下"年初余额调整"明细科目的本年发生额的合计数填列;如调整减少年初其他资金结转结余,以"—"号填列。

3. "本年变动金额"项目

本项目反映单位本年预算结转结余变动的金额。本项目应当根据本项目下"财政拨款结转结余""其他资金结转结余"项目金额的合计数填列。

(1)"财政拨款结转结余"项目,反映单位本年财政拨款结转结余资金的变动。本项目应当根据本项目下"本年收支差额""归集调入""归集上缴或调出"项目金额的合

计数填列。

A."本年收支差额"项目,反映单位本年财政拨款资金收支相抵后的差额。本项目应当根据"财政拨款结转"科目下"本年收支结转"明细科目本年转入的预算收入与预算支出的差额填列;差额为负数的,以"—"号填列。

B."归集调入"项目,反映单位本年按照规定从其他单位归集调入的财政拨款结转资金。本项目应当根据"财政拨款结转"科目下"归集调入"明细科目的本年发生额填列。

C."归集上缴或调出"项目,反映单位本年按照规定上缴的财政拨款结转结余资金及按照规定向其他单位调出的财政拨款结转资金。本项目应当根据"财政拨款结转""财政拨款结余"科目下"归集上缴"明细科目,以及"财政拨款结转"科目下"归集调出"明细科目本年发生额的合计数填列,以"—"号填列。

(2)"其他资金结转结余"项目,反映单位本年其他资金结转结余的变动。本项目应当根据本项目下"本年收支差额""缴回资金""使用专用结余""支付所得税"项目金额的合计数填列。

A."本年收支差额"项目,反映单位本年除财政拨款外的其他资金收支相抵后的差额。本项目应当根据"非财政拨款结转"科目下"本年收支结转"明细科目、"其他结余"科目、"经营结余"科目本年转入的预算收入与预算支出的差额的合计数填列;如为负数,以"—"号填列。

B."缴回资金"项目,反映单位本年按照规定缴回的非财政拨款结转资金。本项目应当根据"非财政拨款结转"科目下"缴回资金"明细科目本年发生额的合计数填列,以"—"号填列。

C."使用专用结余"项目,反映本年事业单位根据规定使用从非财政拨款结余或经营结余中提取的专用基金的金额。本项目应当根据"专用结余"科目明细账中本年使用专用结余业务的发生额填列,以"—"号填列。

D."支付所得税"项目,反映有企业所得税缴纳义务的事业单位本年实际缴纳的企业所得税金额。本项目应当根据"非财政拨款结余"明细账中本年实际缴纳企业所得税业务的发生额填列,以"—"号填列。

4."年末预算结转结余"项目

本项目反映单位本年预算结转结余的年末余额。本项目应当根据本项目下"财政拨款结转结余""其他资金结转结余"项目金额的合计数填列。

(1)"财政拨款结转结余"项目,反映单位本年财政拨款结转结余的年末余额。本项目应当根据本项目下"财政拨款结转""财政拨款结余"项目金额的合计数填列。本项目下"财政拨款结转""财政拨款结余"项目,应当分别根据"财政拨款结转""财政拨款结余"科目的本年年末余额填列。

(2)"其他资金结转结余"项目,反映单位本年其他资金结转结余的年末余额。本项目应当根据本项目下"非财政拨款结转""非财政拨款结余""专用结余""经营结余"项目金额的合计数填列。本项目下"非财政拨款结转""非财政拨款结余""专用结余""经营结余"科目的本年年末余额填列。

七、财政拨款预算收入支出表编制方法及调整说明

财政拨款预算收入支出表反映单位本年财政拨款预算资金收入、支出及相关变动的具体情况。

财政拨款预算收入支出表"项目"栏内各项目，应当根据单位取得的财政拨款种类分项设置。其中"项目支出"项目下，根据每个项目设置；单位取得除一般公共财政预算拨款和政府性基金预算拨款以外的其他财政拨款的，应当按照财政拨款种类增加相应的资金项目及其明细项目。

本表各栏及其对应项目的内容和填列方法如下：

（1）"年初财政拨款结转结余"栏中各项目，反映单位年初各项财政拨款结转结余的金额。各项目应当根据"财政拨款结转""财政拨款结余"及其明细科目的年初余额填列。本栏中各项目的数额应当与上年度财政拨款预算收入支出表中"年末财政拨款结转结余"栏中各项目的数额相等。

（2）"调整年初财政拨款结转结余"栏中各项目，反映单位对年初财政拨款结转结余的调整金额。各项目应当根据"财政拨款结转""财政拨款结余"科目下"年初余额调整"明细科目及其所属明细科目的本年发生额填列；如调整减少年初财政拨款结转结余，以"—"号填列。

（3）"本年归集调入"栏中各项目，反映单位本年按规定从其他单位调入的财政拨款结转资金金额。各项目应当根据"财政拨款结转"科目下"归集调入"明细科目及其所属明细科目的本年发生额填列。

（4）"本年归集上缴或调出"栏中各项目，反映单位本年按规定实际上缴的财政拨款结转结余资金，及按照规定向其他单位调出的财政拨款结转资金金额。各项目应当根据"财政拨款结转""财政拨款结余"科目下"归集上缴"科目和"财政拨款结转"科目下"归集调出"明细科目，及其所属明细科目的本年发生额填列，以"—"号填列。

（5）"单位内部调剂"栏中各项目，反映单位本年财政拨款结转结余资金在单位内部不同项目等之间的调剂金额。各项目应当根据"财政拨款结转"科目和"财政拨款结余"科目下的"单位内部调剂"明细科目及其所属明细科目的本年发生额填列；对单位内部调剂减少的财政拨款结余金额，以"—"号填列。

（6）"本年财政拨款收入"栏中各项目，反映单位本年从同级财政部门取得的各类财政预算拨款金额。各项目应当根据"财政拨款预算收入"科目及其所属明细科目的本年发生额填列。

（7）"本年财政拨款支出"栏中各项目，反映单位本年发生的财政拨款支出金额。各项目应当根据"行政支出""事业支出"等科目及其所属明细科目本年发生额中的财政拨款支出数的合计数填列。

（8）"年末财政拨款结转结余"栏中各项目，反映单位年末财政拨款结转结余的

金额。各项目应当根据"财政拨款结转""财政拨款结余"科目及其所属明细科目的年末余额填列。

八、附注

附注是对在会计报表中列示的项目所作的进一步说明，以及对未能在会计报表中列示项目的说明。附注是财务报表的重要组成部分。凡对报表使用者的决策有重要影响的会计信息，不论政府会计制度是否有明确规定，单位均应当充分披露。

附注主要包括下列内容。

（一）单位的基本情况

单位应当简要披露其基本情况，包括单位主要职能、主要业务活动、所在地、预算管理关系等。

（二）会计报表编制基础

单位应当简要披露会计报表是依据什么规章制度等为基础编制的。

（三）遵循政府会计准则、制度的声明

单位应当声明编制的会计报表符合政府会计准则、相关会计制度和财务报告编制规定的要求，真实、完整地反映了单位的财务状况、运行情况等有关信息，以此明确单位编制会计报表所依据的制度基础。

（四）会计报表包含的主体范围

会计报表包含的主体至少包括以下内容。

1. 资金主体

（1）本级政府财政管理的一般公共预算资金、政府性基金预算资金、国有资本经营预算资金、财政专户管理资金、专用基金和代管资金等各项资金，一级土地储备资金和物资储备资金等。

（2）本年资金主体变动情况。

2. 机构主体

（1）纳入政府综合财务报告编报范围的部门名称、部门所属单位的数量、实有人数情况等。

（2）本年机构主体变动情况。

（五）重要会计政策和会计估计

单位应当采用与其业务特点相适应的具体会计政策，并充分披露报告期内采用的重要会计政策和会计估计。重要会计政策和会计估计主要包括以下内容：

（1）会计期间。
（2）记账本位币，外币折算汇率。
（3）坏账准备的计提方法。
（4）存货类别、发出存货的计价方法、存货的盘存制度，以及低值易耗品和包装物的摊销方法。
（5）长期股权投资的核算方法。
（6）固定资产分类、折旧方法、折旧年限和年折旧率；融资租入固定资产的计价和折旧方法。
（7）无形资产的计价方法；使用寿命有限的无形资产，其使用寿命估计情况；使用寿命不确定的无形资产，其使用寿命不确定的判断依据；单位内部研究开发项目划分研究阶段和开发阶段的具体标准。
（8）公共基础设施的分类、折旧（摊销）方法、折旧（摊销）年限，以及其确定依据。
（9）政府储备物资分类，以及确定其发出成本所采用的方法。
（10）保障性住房的分类、折旧方法、折旧年限。
（11）其他重要的会计政策和会计估计。
（12）本期发生重要会计政策和会计估计变更的，变更的内容和原因、受其重要影响的报表项目名称和金额、相关审批程序，以及会计估计变更开始适用的时点。

（六）会计报表重要项目说明

单位应当按照资产负债表和收入费用表项目列示顺序，采用文字和数据描述相结合的方式披露重要项目的明细信息。报表重要项目的明细金额合计，应当与报表项目金额相衔接。报表重要项目说明应包括但不限于下列内容。

1. 货币资金的披露格式

货币资金的披露格式如表 8-10 所示。

表 8-10　货币资金的披露格式

单位：元

项目	期末余额	年初余额
库存现金		
银行存款		

（续表）

项目	期末余额	年初余额
其他货币资金		
合计		

2. 应收账款按照债务人类别的披露格式

应收账款按照债务人类别的披露格式如表 8-11 所示。

表 8-11　应收账款按照债务人类别的披露格式

单位：元

债务人类别	期末余额	年初余额
政府会计主体：		
部门内部单位		
单位 1		
……		
部门外部单位		
单位 1		
……		
其他：		
单位 1		
……		
合计		

注：①"部门内部单位"是指纳入单位所属部门财务报告合并范围的单位（下同）。②有应收票据、预付账款、其他应收款的，可比照应收账款进行披露。

3. 存货的披露格式

存货的披露格式如表 8-12 所示。

表 8-12　存货的披露格式

单位：元

存货种类	期末余额	年初余额
1.		
……		
合计		

4.其他流动资产的披露格式

其他流动资产的披露格式如表8-13所示。

表8-13 其他流动资产的披露格式

单位：元

项目	期末余额	年初余额
1.		
……		
合计		

注：有长期待摊费用、其他非流动资产的，可比照其他流动资产进行披露。

5.长期投资

（1）长期债券投资的披露格式如表8-14所示。

表8-14 长期债券投资的披露格式

单位：元

债券发行主体	年初余额	本期增加额	本期减少额	期末余额
1.				
……				
合计				

注：有短期投资的，可比照长期债券投资进行披露。

（2）长期股权投资的披露格式如表8-15所示。

表8-15 长期股权投资的披露格式

单位：元

被投资单位	核算方法	年初余额	本期增加额	本期减少额	期末余额
1.					
……					

（3）当期发生的重大投资净损益项目、金额及原因。

6.固定资产

（1）固定资产的披露格式如表8-16所示。

表 8-16 固定资产的披露格式

单位：元

项目	年初余额	本期增加额	本期减少额	期末余额
一、原值合计				
其中：房屋和构筑物				
设备				
陈列品				
图书和档案				
家具和用具				
特种动植物				
二、累计折旧合计				
其中：房屋和构筑物				
设备				
家具和用具				
三、账面价值合计				
其中：房屋和构筑物				
设备				
陈列品				
图书和档案				
家具和用具				
特种动植物				

（2）已提足折旧的固定资产名称、数量等情况。
（3）出租、出借固定资产以及固定资产对外投资等情况。

7. 在建工程的披露格式

在建工程的披露格式如表 8-17 所示。

表 8-17 在建工程的披露格式

单位：元

项目	年初余额	本期增加额	本期减少额	期末余额
1.				
……				
合计				

8. 无形资产

（1）各类无形资产的披露格式如表 8-18 所示。

表 8-18　各类无形资产的披露格式

单位：元

项目	年初余额	本期增加额	本期减少额	期末余额
一、原值合计				
专利权				
非专利技术				
著作权				
资源资质				
商标权				
信息数据				
其他				
二、累计摊销合计				
专利权				
非专利技术				
著作权				
资源资质				
商标权				
信息数据				
其他				
三、账面价值合计				
专利权				
非专利技术				
著作权				
资源资质				
商标权				
信息数据				
其他				

（2）计入当期损益的研发支出金额、确认为无形资产的研发支出金额。

(3) 无形资产出售、对外投资等处置情况。

9. 公共基础设施

(1) 公共基础设施的披露格式如表 8-19 所示。

表 8-19 公共基础设施的披露格式

单位：元

项目	年初余额	本期增加额	本期减少额	期末余额
原值合计				
市政基础设施				
1.				
……				
交通基础设施				
1.				
……				
水利基础设施				
1.				
……				
其他				
……				
累计折旧合计				
市政基础设施				
1.				
……				
交通基础设施				
1.				
……				
水利基础设施				
1.				
……				
其他				
……				
账面价值合计				
市政基础设施				

（续表）

项目	年初余额	本期增加额	本期减少额	期末余额
1.				
……				
交通基础设施				
1.				
……				
水利基础设施				
1.				
……				
其他				
……				

（2）确认为公共基础设施的单独计价入账的土地使用权的账面余额、累计摊销额及变动情况。

（3）已提取折旧继续使用的公共基础设施的名称、数量等。

10.政府储备物资的披露格式

政府储备物资的披露格式如表8-20所示。

表8-20 政府储备物资的披露格式

单位：元

物资类别	年初余额	本期增加额	本期减少额	期末余额
战略储备物资				
综合物资				
成品油				
火工物资				
天然铀				
其他				
粮、棉、糖、肉、药				
自然灾害救助物资				
防汛抗旱储备物资				
森林（草原）防火储备物资				
城市排水防涝设备物资				

(续表)

物资类别	年初余额	本期增加额	本期减少额	期末余额
应急储备物资				
石油				
其他储备物资				
……				
合计				

注：如单位有因动用而发出需要收回或者预期可能收回、但期末尚未收回的政府储备物资，应当单独披露其期末账面余额。

11. 保障性住房的披露格式

保障性住房的披露格式如表 8-21 所示。

表 8-21 保障性住房的披露格式

单位：元

物资类别	年初余额	本期增加额	本期减少额	期末余额
原值合计				
公共租赁住房（含廉租住房）				
经济适用住房				
累计折旧合计				
公共租赁住房（含廉租住房）				
经济适用住房				
净值合计				
公共租赁住房（含廉租住房）				
经济适用住房				

12. 受托代理资产的披露格式

受托代理资产的披露格式如表 8-22 所示。

表 8-22 受托代理资产的披露格式

单位：元

资产类别	年初余额	本期增加额	本期减少额	期末余额
货币资金				
受托转赠物资				
受托存储保管物资				

（续表）

资产类别	年初余额	本期增加额	本期减少额	期末余额
罚没物资				
其他				
合计				

13. 应付账款按照债权人类别的披露格式

应付账款按照债权人类别的披露格式如表 8-23 所示。

表 8-23　应付账款按照债权人类别的披露格式

单位：元

债权人类别	期末余额	年初余额
政府会计主体：		
部门内部单位		
单位 1		
……		
部门外部单位		
单位 1		
……		
其他：		
单位 1		
……		
合计		

注：有应付票据、预收账款、其他应付款、长期应付款的，可比照应付账款进行披露。

14. 其他流动负债的披露格式

其他流动负债的披露格式如表 8-24 所示。

表 8-24　其他流动负债的披露格式

单位：元

项目	期末余额	年初余额
1.		
……		
合计		

注：有预计负债、其他非流动负债的，可比照其他流动负债进行披露。

15. 长期借款

（1）长期借款按照债权人的披露格式如表 8-25 所示。

表 8-25　长期借款按照债权人的披露格式

单位：元

债权人	期末余额	年初余额
1.		
……		
合计		

（2）长期借款按照到期期限的披露格式如表 8-26 所示。

表 8-26　长期借款按到期期限的披露格式

单位：元

长期借款到期期限	期末余额	年初余额
1～3 年到期（不含 1 年）		
3～5 年到期（不含 3 年）		
5 年以上到期（不含 5 年）		
合计		

注：有短期借款的，可比照长期借款进行披露。

（2）单位有基建借款的，应当分基建项目披露长期借款年初数、本年变动数、年末数及到期期限。

16. 长期应付款披露格式

长期应付款的披露格式如表 8-27 所示。

表 8-27　长期应付款的披露格式

单位：元

债权人	期末余额
应付本部门内部单位	
单位 1	
单位 2	
……	
应付本部门以外的同级政府单位	
单位 1	
单位 2	

（续表）

债权人	期末余额
……	
应付本部门以外的非同级政府单位	
单位 1	
单位 2	
……	
应付其他单位	
合计	

17. 事业收入按照收入来源的披露格式

事业收入按照收入来源的披露格式如表 8-28 所示。

表 8-28　事业收入按照收入来源的披露格式

单位：元

收入来源	本期发生额	上期发生额
来自财政专户管理资金		
本部门内部单位		
单位 1		
……		
本部门以外同级政府单位		
单位 1		
……		
其他		
单位 1		
……		
合计		

18. 非同级财政拨款收入按收入来源的披露格式

非同级财政拨款收入按收入来源的披露格式如表 8-29 所示。

表 8-29　非同级财政拨款收入按收入来源的披露格式

单位：元

收入来源	本期发生额	上期发生额
本部门以外同级政府单位		

（续表）

收入来源	本期发生额	上期发生额
单位1		
……		
本部门以外非同级政府单位		
单位1		
……		
合计		

19. 其他收入按照收入来源的披露格式

其他收入按照收入来源的披露格式如表 8-30 所示。

表 8-30　其他收入按照收入来源的披露格式

单位：元

收入来源	本期发生额	上期发生额
本部门内部单位		
单位1		
……		
本部门以外同级政府单位		
单位1		
……		
本部门以外非同级政府单位		
单位1		
……		
其他		
单位1		
……		
合计		

20. 业务活动费用

（1）业务活动费用按经济分类的披露格式如表 8-31 所示。

表 8-31 业务活动费用按经济分类的披露格式

单位：元

项目	本期发生额	上期发生额
工资福利费用		
商品和服务费用		
对个人和家庭的补助费用		
对企业补助费用		
固定资产折旧费		
无形资产摊销费		
公共基础设施折旧（摊销）费		
保障性住房折旧费		
计提专用基金		
……		

注：有单位管理费用、经营费用的，可比照（业务活动费用）此表进行披露。

（2）业务活动费用按支付对象的披露格式如表 8-32 所示。

表 8-32 业务活动费用按支付对象的披露格式

单位：元

支付对象	本期发生额	上期发生额
本部门内部单位		
单位 1		
……		
本部门以外同级政府单位		
单位 1		
……		
其他		
单位 1		
……		
合计		

注：有单位管理费用、经营费用的，可比照（业务活动费用）此表进行披露。

21. 其他费用按照类别的披露格式

其他费用按照类别的披露格式如表 8-33 所示。

表 8-33　其他费用按照类别的披露格式

单位：元

费用类别	本期发生额	上期发生额
利息费用		
坏账损失		
罚没支出		
……		
合计		

22. 本期费用按照经济分类的披露格式

本期费用按照经济分类的披露格式如表 8-34 所示。

表 8-34　本期费用按照经济分类的披露格式

单位：元

项目	本年数	上年数
工资福利费用		
商品和服务费用		
对个人和家庭的补助费用		
对企业补助费用		
固定资产折旧费		
无形资产摊销费		
公共基础设施折旧（摊销）费		
保障性住房折旧费		
计提专用基金		
所得税费用		
资产处置费用		
上缴上级费用		
对附属单位补助费用		
其他费用		
本期费用合计		

注：单位在按照本制度规定编制收入费用表的基础上，可以根据需要按照此表披露的内容编制收入费用表。

（七）本年盈余与预算结余的差异情况说明

为了反映单位财务会计和预算会计因核算基础和核算范围不同所产生的本年盈余数与本年预算结余数之间的差异，单位应当按照重要性原则，对本年度发生的各类影响收入（预算收入）和费用（预算支出）的业务进行适度归并和分析，披露将年度预算收入支出表中"本年预算收支差额"调节为年度收入费用表中"本期盈余"的信息，有关披露格式如表 8-35 所示。

表 8-35 本年盈余与预算结余差异的披露格式

单位：元

项目	金额
一、本年预算结余（本年预算收支差额）	
二、差异调节	—
（一）重要事项的差异	
加：1. 当期确认为收入但没有确认为预算收入	
（1）应收款项、预收账款确认的收入	
（2）接受非货币性资产捐赠确认的收入	
2. 当期确认为预算支出但没有确认为费用	
（1）支付应付款项、预付账款的支出	
（2）为取得存货、政府储备物资等计入物资成本的支出	
（3）为购建固定资产等的资本性支出	
（4）偿还借款本息支出	
减：1. 当期确认为预算收入但没有确认为收入	
（1）收到应收款项、预收账款确认的预算收入	
（2）取得借款确认的预算收入	
2. 当期确认为费用但没有确认为预算支出	
（1）发出存货、政府储备物资等确认的费用	
（2）计提的折旧费用和摊销费用	
（3）确认的资产处置费用（处置资产价值）	
（4）应付款项、预付账款确认的费用	

（续表）

项目	金额
（二）其他事项差异	
三、本年盈余（本年收入与费用的差额）	

（八）其他重要事项说明

（1）资产负债表日存在的重要或有事项说明；没有重要或有事项的，也应说明。

（2）以名义金额计量的资产名称、数量等情况，以及以名义金额计量理由的说明。

（3）通过债务资金形成的固定资产、公共基础设施、保障性住房等资产的账面价值、使用情况、收益情况及与此相关的债务偿还情况等的说明。

（4）重要资产置换、无偿调入（出）、捐入（出）、报废、重大毁损等情况的说明。

（5）事业单位将单位内部独立核算单位的会计信息纳入本单位财务报表情况的说明。

（6）政府会计具体准则中要求附注披露的其他内容。

（7）有助于理解和分析单位财务报表需要说明的其他事项。

（8）单位应当在附注中对净资产变动表重要项目作进一步披露，包括以前年度盈余调整事项的说明、专用基金的类别、"（八）其他"项目的构成等。

（九）PPP项目合同有关信息

政府方应当在附注中披露与PPP项目合同有关的下列信息：

（1）对PPP项目合同的总体描述。

（2）PPP项目合同中的重要条款：①PPP项目合同主要参与方。②合同生效日、建设完工日、运营开始日、合同终止日等关键时点。③PPP项目资产的来源。④PPP项目的付费方式。⑤合同终止时资产移交的权利和义务。⑥政府方和社会资本方其他重要权利和义务。

（3）报告期间所发生的PPP项目合同变更情况。

（4）相关会计信息：①政府方确认的PPP项目资产及其类别。②PPP项目资产、PPP项目净资产初始入账金额及其确定依据。③政府方确认的与PPP项目合同有关的负债金额及其确定依据。④报告期内PPP项目资产折旧（摊销）冲减PPP项目净资产的金额。⑤报告期内政府方向社会资本方支付的款项金额，或者从社会资本方收到的款项金额。⑥其他需要披露的会计信息。

政府方除应遵循上述披露要求外，还应遵循其他政府会计准则制度关于PPP项目合同的披露要求。

第四节 报表编制举例

一、资产负债表编制举例

（一）行政单位资产负债表

【例8-1】 某行政单位2023年12月31日结账后，科目余额表如表8-36所示，请据此编制该行政单位的资产负债表。

表8-36 科目余额表

2023年 单位：元

资　产	借方余额	负债和净资产	贷方余额
库存现金	10 000	短期借款	—
银行存款	190 000	应交增值税	20 000
零余额账户用款额度	—	其他应交税费	—
短期投资	—	应缴财政款	—
财政应返还额度	—	应付职工薪酬	—
应收票据	—	应付票据	—
应收账款	—	应付账款	10 000
预付账款	20 000	预收账款	—
其他应收款	5 000	其他应付款	20 000
存货	230 000	长期借款	—
长期股权投资	—	长期应付款	—
固定资产	3 500 000	累计盈余	4 655 000
固定资产累计折旧	−500 000	专用基金	—
在建工程	1 000 000	权益法调整	—
无形资产	300 000		

(续表)

资产	借方余额	负债和净资产	贷方余额
无形资产累计摊销	-100 000		
待处理财产损溢	50 000		
合计	4 705 000	合计	4 705 000

12月31日编制的资产负债表为年末资产负债表时,"年初余额"栏内各项数字,应当根据上年年末资产负债表"期末余额"栏内数字填列。"期末余额"栏内各项数字根据各账户的期末余额直接填列、合并填列或分析填列。主要项目的填列说明如下:

(1)货币资金=库存现金+银行存款+零余额账户用款额度=10 000+190 000+0=200 000(元)。

(2)固定资产=固定资产-固定资产累计折旧=3 500 000-500 000=3 000 000(元)。

(3)无形资产=无形资产-无形资产累计摊销=300 000-100 000=200 000(元)。

(4)其他项目可根据科目余额表直接填列。

资产总计、负债合计、净资产合计等项目的数额按其内容汇总后填列。编制完成的行政单位年度资产负债表如表8-37所示。

表8-37 资产负债表

编制单位:××× 2023年12月31日 会政财01表 单位:元

资产	期末余额	年初余额	负债和净资产	期末余额	年初余额
流动资产:			流动负债:		
货币资金	200 000		短期借款	—	
短期投资	—		应交增值税	20 000	
财政应返还额度			其他应交税费		
应收票据	—		应缴财政款		
应收账款净额	—		应付职工薪酬		
预付账款	20 000		应付票据		
应收股利	—		应付账款	10 000	
应收利息			应付政府补贴款		
其他应收款净额	5 000		应付利息		
存货	230 000		预收账款		

（续表）

资　产	期末余额	年初余额	负债和净资产	期末余额	年初余额
待摊费用	—		其他应付款	20 000	
一年内到期的非流动资产	—		预提费用	—	
其他流动资产	—		一年内到期的非流动负债	—	
流动资产合计	455 000		其他流动负债	—	
非流动资产：			流动负债合计	50 000	
长期股权投资	—		非流动负债：		
长期债券投资			长期借款	—	
固定资产原值	3 500 000		长期应付款		
减：固定资产累计折旧	500 000		预计负债		
固定资产净值	3 000 000		其他非流动负债		
工程物资	—		非流动负债合计	0	
在建工程	1 000 000		受托代理负债		
无形资产原值	300 000		负债合计	50 000	
减：无形资产累计摊销	100 000		净资产：		
无形资产净值	200 000		累计盈余	4 655 000	
研发支出	—		专用基金	—	
公共基础设施原值			权益法调整	—	
减：公共基础设施累计折旧（摊销）	—		PPP项目净资产	—	
公共基础设施净值	—		无偿调拨净资产*	—	
政府储备物资	—		本期盈余*		
文物资源	—		净资产合计	4 655 000	
保障性住房原值	—				
减：保障性住房累计折旧	—				
保障性住房净值	—				
PPP项目资产	—				
减：PPP项目资产累计折旧（摊销）	—				
PPP项目资产净值	—				
长期待摊费用	—				

（续表）

资产	期末余额	年初余额	负债和净资产	期末余额	年初余额
待处理财产损溢	50 000				
其他非流动资产	—				
非流动资产合计	4 250 000				
受托代理资产	—				
资产总计	4 705 000		负债和净资产总计	4 705 000	

注："*"标识项目为月报项目，年报中不需列示。

（二）事业单位资产负债表

【例 8-2】 某事业单位 2023 年 12 月 31 日结账后，科目余额表如表 8-38 所示。2023 年度，该单位通过支付宝、微信等方式取得相关收入 50 000 元，尚未转入银行存款。请据此编制该事业单位的资产负债表。

表 8-38 科目余额表

2023 年 单位：元

资产	借方余额	负债和净资产	贷方余额
库存现金	10 000	短期借款	500 000
银行存款	190 000	应交增值税	20 000
其他货币资金	50 000	其他应交税费	0
零余额账户用款额度	0	应缴财政款	0
短期投资	50 000	应付职工薪酬	0
财政应返还额度	0	应付票据	0
应收票据	15 000	应付账款	10 000
应收账款	60 000	预收账款	100 000
预付账款	20 000	其他应付款	20 000
其他应收款	5 000	长期借款	1 000 000*
存货	230 000	长期应付款	0
长期股权投资	200 000	累计盈余	2 350 000
固定资产	3 500 000	专用基金	780 000

（续表）

资产	借方余额	负债和净资产	贷方余额
固定资产累计折旧	-500 000	权益法调整	300 000
在建工程	1 000 000		
无形资产	300 000		
无形资产累计摊销	-100 000		
待处理财产损溢	50 000		
合计	5 080 000	合计	5 080 000

*注：1 000 000元长期借款中包含将于1年内（含1年）偿还的借款200 000元。

12月31日编制的资产负债表为年末资产负债表，"年初余额"栏内各项数字，应当根据上年年末资产负债表"期末余额"栏内数字填列。"期末余额"栏内各项数字根据各账户的期末余额直接填列、合并填列或分析填列。主要项目的填列说明如下：

（1）"货币资金"项目＝库存现金＋银行存款＋零余额账户用款额度＋其他货币资金＝10 000＋190 000＋0＋50 000＝250 000（元）。

（2）"固定资产"项目＝固定资产－固定资产累计折旧＝3 500 000－500 000＝3 000 000（元）。

（3）"无形资产"项目＝无形资产－无形资产累计摊销＝300 000－100 000＝200 000（元）。

（4）"长期借款"项目，将于1年内（含1年）偿还的借款为200 000元，应列入"其他流动负债"项目。

"长期借款"项目＝1 000 000－200 000＝800 000（元）

"其他流动负债"项目＝200 000（元）

（5）其他项目可根据科目余额表内的科目余额直接填列。

资产总计、负债合计、净资产合计等项目的数额按其内容汇总后填列。编制完成的年度资产负债表如表8-39所示。

表8-39 资产负债表

编制单位：×××　　　　　　2023年12月31日　　　　　　会政财01表
　　　　　　　　　　　　　　　　　　　　　　　　　　　　　单位：元

资产	期末余额	年初余额	负债和净资产	期末余额	年初余额
流动资产：			流动负债：		
货币资金	250 000	（略）	短期借款	500 000	（略）
短期投资	50 000		应交增值税	20 000	

（续表）

资产	期末余额	年初余额	负债和净资产	期末余额	年初余额
财政应返还额度	0		其他应交税费	0	
应收票据	15 000		应缴财政款	0	
应收账款净额	60 000		应付职工薪酬	0	
预付账款	20 000		应付票据	0	
应收股利	0		应付账款	10 000	
应收利息	0		应付政府补贴款	0	
其他应收款净额	5 000		应付利息	0	
存货	230 000		预收账款	100 000	
待摊费用	0		其他应付款	20 000	
一年内到期的非流动资产	0		预提费用	0	
其他流动资产	0		一年内到期的非流动负债	0	
流动资产合计	580 000		其他流动负债	0	
非流动资产：			流动负债合计	650 000	
长期股权投资	200 000		非流动负债：	0	
长期债券投资	0		长期借款	800 000	
固定资产原值	3 500 000		长期应付款	0	
减：固定资产累计折旧	500 000		预计负债	0	
固定资产净值	3 000 000		其他非流动负债	200 000	
工程物资	0		非流动负债合计	1 000 000	
在建工程	1 000 000		受托代理负债	0	
无形资产原值	300 000		负债合计	1 650 000	
减：无形资产累计摊销	100 000		净资产：		
无形资产净值	200 000		累计盈余	2 350 000	
研发支出	0		专用基金	780 000	
公共基础设施原值	0		权益法调整	300 000	
减：公共基础设施累计折旧（摊销）	0		PPP项目净资产	0	
公共基础设施净值	0		无偿调拨净资产*	0	
政府储备物资	0		本期盈余*	0	

(续表)

资产	期末余额	年初余额	负债和净资产	期末余额	年初余额
文物资源	0		净资产合计	3 430 000	
保障性住房原值	0				
减：保障性住房累计折旧	0				
保障性住房净值	0				
PPP项目资产	0				
减：PPP项目资产累计折旧（摊销）	0				
PPP项目资产净值	0				
长期待摊费用	0				
待处理财产损溢	50 000				
其他非流动资产	0				
非流动资产合计	4 450 000				
受托代理资产	0				
资产总计	5 080 000		负债和净资产总计	5 080 000	

注："*"标识项目为月报项目，年报中不需列示。

二、收入费用表编制案例

（一）行政单位收入费用表

【例8-3】 某行政单位2023年收入、费用类科目发生额如表8-40所示。业务活动费用包含本年度使用售房款发放购房补贴100万元。该行政单位无所得税缴纳义务。

表8-40 收入、费用类科目发生额表

2023年 单位：元

费用类	本年累计数	收入类	本年累计数
业务活动费用	12 000 000	财政拨款收入	15 000 000
单位管理费用	—	其中：公共预算性收入	12 000 000

（续表）

费用类	本年累计数	收入类	本年累计数
经营费用	—	政府性基金收入	3 000 000
资产处置费用	200 000	事业收入	—
上缴上级费用	—	上级补助收入	—
对附属单位补助费用	—	附属单位上缴收入	—
所得税费用	—	经营收入	—
其他费用	60 000	非同级财政拨款收入	200 000
		投资收益	—
		捐赠收入	100 000
		利息收入	20 000
		租金收入	20 000
		其他收入	150 000
费用合计	12 260 000	收入合计	15 490 000

编制该行政单位的2023年度收入费用表时，省略了"本月数"一列数字。"本年累计数"一列数字主要项目的填列说明如下：

（1）本年收入＝15 490 000（元）。

（2）本年费用＝12 260 000（元）。

（3）本年盈余＝15 490 000－12 260 000＝3 230 000（元）。

编制完成的行政单位2023年度收入费用表如表8-41所示。

表8-41 收入费用表

编制单位：×××　　　　2023年12月　　　　会政财02表　单位：元

项目	本月数	本年累计数
一、本期收入	（略）	15 490 000
（一）财政拨款收入		15 000 000
其中：政府性基金收入		3 000 000
（二）事业收入		—
（三）上级补助收入		
（四）附属单位上缴收入		
（五）经营收入		—

（续表）

项目	本月数	本年累计数
（六）非同级财政拨款收入		200 000
（七）投资收益		—
（八）捐赠收入		100 000
（九）利息收入		20 000
（十）租金收入		20 000
（十一）其他收入		150 000
二、本期费用		12 260 000
（一）业务活动费用		12 000 000
（二）单位管理费用		—
（三）经营费用		—
（四）资产处置费用		200 000
（五）上缴上级费用		—
（六）对附属单位补助费用		—
（七）所得税费用		—
（八）其他费用		60 000
三、本期盈余		3 230 000

（二）事业单位收入费用表

【例8-4】 某事业单位2023年收入、费用类科目发生额如表8-42所示。该事业单位无所得税缴纳义务。

表8-42 收入、费用类科目发生额表

2023年　　　　　　　　　　　　　　　　　　　　单位：元

费用类	本年累计数	收入类	本年累计数
业务活动费用	12 000 000	财政拨款收入	15 000 000
单位管理费用	200 000	其中：公共预算性收入	12 000 000
经营费用	100 000	政府性基金收入	3 000 000
资产处置费用	200 000	事业收入	6 000 000

(续表)

费用类	本年累计数	收入类	本年累计数
上缴上级费用	5 000 000	上级补助收入	1 800 000
对附属单位补助费用	1 500 000	附属单位上缴收入	300 000
所得税费用	0	经营收入	250 000
其他费用	60 000	非同级财政拨款收入	200 000
		投资收益	100 000
		捐赠收入	100 000
		利息收入	20 000
		租金收入	20 000
		其他收入	150 000
费用合计	19 060 000	收入合计	23 940 000

编制该事业单位的2023年度收入费用表时，省略了"本月数"一列数字。"本年累计数"一列数字主要项目的填列说明如下：

（1）本年收入＝23 940 000（元）。

（2）本年费用＝19 060 000（元）。

（3）本年盈余＝23 940 000－19 060 000＝4 880 000（元）。

编制完成的事业单位2023年度收入费用表如表8-43所示。

表8-43 收入费用表

编制单位：×××　　　　　　　　2023年12月　　　　　　　会政财02表
单位：元

项目	本月数	本年累计数
一、本期收入	（略）	23 940 000
（一）财政拨款收入		15 000 000
其中：政府性基金收入		3 000 000
（二）事业收入		6 000 000
（三）上级补助收入		1 800 000
（四）附属单位上缴收入		300 000
（五）经营收入		250 000
（六）非同级财政拨款收入		200 000

(续表)

项目	本月数	本年累计数
（七）投资收益		100 000
（八）捐赠收入		100 000
（九）利息收入		20 000
（十）租金收入		20 000
（十一）其他收入		150 000
二、本期费用		19 060 000
（一）业务活动费用		12 000 000
（二）单位管理费用		200 000
（三）经营费用		100 000
（四）资产处置费用		200 000
（五）上缴上级费用		5 000 000
（六）对附属单位补助费用		1 500 000
（七）所得税费用		0
（八）其他费用		60 000
三、本期盈余		4 880 000

三、净资产变动表编制举例

（一）行政单位净资产变动表

【例8-5】 假设2024年12月31日某行政单位2024年运营增加的累计盈余为200 000元，政府下拨的专用基金为350 000元，2024年使用专用基金50 000元。2023年年末累计盈余余额为1 000 000元，专用基金余额为800 000元。据此编制该行政单位的净资产变动表，如表8-44所示。

表8-44 净资产变动表

编制单位：×××　　　　2024年　　　　会政财03表
　　　　　　　　　　　　　　　　　　单位：元

项目	累计盈余	专用基金	权益法调整	净资产合计
一、上年年末余额	1 000 000	800 000	—	1 800 000

（续表）

项目	累计盈余	专用基金	权益法调整	净资产合计
二、以前年度盈余调整（减少以"—"号填列）	0	—		0
三、本年年初余额	1 000 000	800 000	—	1 800 000
四、本年变动金额（减少以"—"号填列）				
（一）本年盈余	200 000	—		200 000
（二）无偿调拨净资产				
（三）归集调整预算结转结余				
（四）提取或设置专用基金		350 000		350 000
其中：从预算收入中提取	—			
从预算结余中提取		—		
设置的专用基金	—	350 000		350 000
（五）使用专用基金		−50 000		−50 000
（六）权益法调整				
（七）会计政策变更				
（八）其他				
五、本年年末余额	1 200 000	1 100 000	—	2 300 000

注："—"号标识单元格不需填列。

（二）事业单位净资产变动表

【例8-6】 假设2024年12月31日某事业单位2024年运营增加的累计盈余为200 000元，政府下拨的专用基金为350 000元，2024年使用专用基金50 000元。购买的长期股权投资除净损益和利润分配以外的所有者权益变动份额而调整长期股权投资账面余额为20 000元。2023年年末累计盈余余额为1 000 000元，专用基金余额为800 000元，权益法余额为60 000元。据此编制该事业单位的净资产变动表，如表8-45所示。

表8-45 净资产变动表

会政财03表

编制单位：×××　　　　　　　　2024年　　　　　　　　单位：元

项目	累计盈余	专用基金	权益法调整	净资产合计
一、上年年末余额	1 000 000	800 000	60 000	1 860 000

（续表）

项目	累计盈余	专用基金	权益法调整	净资产合计
二、以前年度盈余调整（减少以"—"号填列）	0	—	—	0
三、本年年初余额	1 000 000	800 000	60 000	1 860 000
四、本年变动金额（减少以"—"号填列）				
（一）本年盈余	200 000	—		200 000
（二）无偿调拨净资产		—		
（三）归集调整预算结转结余		—		
（四）提取或设置专用基金		350 000	—	350 000
其中：从预算收入中提取	—			
从预算结余中提取				
设置的专用基金	—	350 000		350 000
（五）使用专用基金	—	−50 000		−50 000
（六）权益法调整	—	—	20 000	20 000
（七）会计政策变更				
（八）其他				
五、本年年末余额	1 200 000	1 100 000	80 000	2 380 000

注："—"号标识单元格不需填列。

四、现金流量表编制案例

（一）行政单位现金流量表

【例 8-7】 某行政单位从 2023 年现金流量日常活动、投资活动、筹资活动事项中抽出一些主要发生事项以及相关资料，如表 8-46 所示。该行政单位无所得税缴纳义务，无汇率变动影响。请据此编写该行政单位 2023 年现金流量表。

表 8-46 某行政单位 2023 年现金流量日常活动等主要发生事项以及相关资料表

| 日期 | 摘要 | 金额（元） | | 现金流入 | 现金流出 |
		借方	贷方		
2月1日	支付工资		200 000		支付职工工资
2月6日	提现		10 000		
3月15日	财政基本拨款	500 000		财政基本支出拨款	

（续表）

日期	摘要	金额（元） 借方	金额（元） 贷方	现金流入	现金流出
3月19日	购买固定资产		8 000		购建固定资产等支付现金
3月23日	财政非资本性项目拨款	200 000		财政非资本性项目收到现金	
4月22日	事业活动收到现金	4 000		事业活动收到的除财政拨款以外的现金	
4月25日	收到3月应收账款	1 000		收到的其他与日常活动有关的现金	
4月29日	支付税金		800		支付的各种税费
5月3日	购买办公用品		5 400		购买商品、接受劳务支付的现金
5月15日	收到财政资本性项目拨款	500 000		财政资本性项目拨款收到的现金	
6月18日	处置专利权	50 000		处置固定资产、无形资产、公共基础设置等收回的现金净额	
7月15日	上交处置专利权净收入		5 000		上缴处置固定资产、无形资产、公共基础设施等净收入支付的现金

该行政单位在编制2023年现金流量表时，省略了"上年金额"列数字，编制结果如表8-47所示。

表8-47 现金流量表

编制单位：×××　　　2023年12月　　　会政财04表　单位：元

项目	本年金额	上年金额
一、日常活动产生的现金流量：		
财政基本支出拨款收到的现金	500 000	（略）
财政非资本性项目拨款收到的现金	200 000	
事业活动收到的除财政拨款以外的现金	4 000	
收到的其他与日常活动有关的现金	1 000	

（续表）

项目	本年金额	上年金额
日常活动的现金流入小计	705 000	
购买商品、接受劳务支付的现金	5 400	
支付给职工以及为职工支付的现金	200 000	
支付的各项税费	800	
支付的其他与日常活动有关的现金	0	
日常活动的现金流出小计	206 200	
日常活动产生的现金流量净额	498 800	
二、投资活动产生的现金流量：		
收回投资收到的现金	—	
取得投资收益收到的现金	—	
处置固定资产、无形资产、公共基础设施等收回的现金净额	50 000	
收到的其他与投资活动有关的现金	0	
投资活动的现金流入小计	50 000	
购建固定资产、无形资产、公共基础设施等支付的现金	8 000	
对外投资支付的现金	—	
上缴处置固定资产、无形资产、公共基础设施等净收入支付的现金	5 000	
支付的其他与投资活动有关的现金	0	
投资活动的现金流出小计	13 000	
投资活动产生的现金流量净额	37 000	
三、筹资活动产生的现金流量：		
财政资本性项目拨款收到的现金	500 000	
取得借款收到的现金	—	
收到的其他与筹资活动有关的现金	0	
筹资活动的现金流入小计	500 000	
偿还借款支付的现金	—	
偿还利息支付的现金	—	
支付的其他与筹资活动有关的现金	0	
筹资活动的现金流出小计	0	

(续表)

项目	本年金额	上年金额
筹资活动产生的现金流量净额	500 000	
四、汇率变动对现金的影响额	0	
五、现金净增加额	1 035 800	

（二）事业单位现金流量表

【例8-8】 某事业单位从2023年现金流量日常活动、投资活动、筹资活动事项中抽出一些主要发生事项以及相关资料，如表8-48所示。该事业单位无所得税缴纳义务，无汇率变动影响。请据此编写该事业单位2023年现金流量表。

表8-48 某事业单位2023年现金流量日常活动等主要发生事项以及相关资料

日期	摘要	金额（元）		现金流入	现金流出
		借方	贷方		
2月1日	支付工资		200 000		支付职工工资
2月6日	提现		10 000		
3月15日	财政基本拨款	500 000		财政基本支出拨款	
3月19日	购买固定资产		8 000		购建固定资产等支付现金
3月23日	财政非资本性项目拨款	2 000 00		财政非资本性项目收到现金	
4月22日	事业活动收到现金	4 000		事业活动收到的除财政拨款以外的现金	
4月25日	收到3月应收账款	1 000		收到的其他与日常活动有关的现金	
4月29日	支付税金		800		支付的各种税费
5月3日	购买办公用品		5 400		购买商品、接受劳务支付的现金
5月15日	收到财政资本性项目拨款	500 000		财政资本性项目拨款收到的现金	
5月31日	投资股票		100 000		对外投资支付的现金
6月10日	取得投资收益	2 000		取得投资收益收到的现金	
6月18日	处置专利权	50 000		处置固定资产、无形资产、公共基础设置等收回的现金净额	

(续表)

日期	摘要	金额（元）借方	金额（元）贷方	现金流入	现金流出
6月30日	偿还利息		1 000		偿还利息支付的现金
7月1日	收回投资	100 000		收回投资收到的现金	
7月15日	上交处置专利权净收入		5 000		上缴处置固定资产、无形资产、公共基础设施等净收入支付的现金
7月30日	偿还借款		80 000		偿还借款支付的现金
8月1日	取得借款	100 000		取得借款收到的现金	

该事业单位在编制现金流量表时，省略了"上年金额"一列数字，编制结果如表8-49所示。

表8-49　现金流量表

会政财04表

编制单位：×××　　　　　2023年12月　　　　　单位：元

项目	本年金额	上年金额
一、日常活动产生的现金流量：		
财政基本支出拨款收到的现金	500 000	（略）
财政非资本性项目拨款收到的现金	200 000	
事业活动收到的除财政拨款以外的现金	4 000	
收到的其他与日常活动有关的现金	1 000	
日常活动的现金流入小计	705 000	
购买商品、接受劳务支付的现金	5 400	
支付给职工以及为职工支付的现金	200 000	
支付的各项税费	800	
支付的其他与日常活动有关的现金	0	
日常活动的现金流出小计	206 200	
日常活动产生的现金流量净额	498 800	
二、投资活动产生的现金流量：		
收回投资收到的现金	100 000	

(续表)

项目	本年金额	上年金额
取得投资收益收到的现金	2 000	
处置固定资产、无形资产、公共基础设施等收回的现金净额	50 000	
收到的其他与投资活动有关的现金	0	
投资活动的现金流入小计	152 000	
购建固定资产、无形资产、公共基础设施等支付的现金	8 000	
对外投资支付的现金	100 000	
上缴处置固定资产、无形资产、公共基础设施等净收入支付的现金	5 000	
支付的其他与投资活动有关的现金	0	
投资活动的现金流出小计	113 000	
投资活动产生的现金流量净额	39 000	
三、筹资活动产生的现金流量：		
财政资本性项目拨款收到的现金	500 000	
取得借款收到的现金	100 000	
收到的其他与筹资活动有关的现金	0	
筹资活动的现金流入小计	600 000	
偿还借款支付的现金	80 000	
偿还利息支付的现金	1 000	
支付的其他与筹资活动有关的现金	0	
筹资活动的现金流出小计	81 000	
筹资活动产生的现金流量净额	519 000	
四、汇率变动对现金的影响额	0	
五、现金净增加额	10 568 00	

五、预算收入支出表编制举例

（一）行政单位预算收入支出表

【例 8-9】 某行政单位 2023 年预算收支出类科目发生额如表 8-50 所示。该行政单位无所得税缴纳义务。

表 8-50　收入、支出类科目预算发生额表

2023 年　　　　　　　　　　　　　　　　　　　　　　　　　　　单位：元

支出类	本年数	收入类	本年数
行政支出	500 000	财政拨款预算收入	1 000 000
事业支出	—	其中：政府性基金收入	600 000
经营支出	—	事业预算收入	—
上缴上级支出	—	上级补助预算收入	—
对附属单位补助支出	—	附属单位上缴预算收入	—
投资支出	—	经营预算收入	—
债务还本支出	—	债务预算收入	—
其他支出	20 000	非同级财政拨款预算收入	80 000
其中：利息支出	8 000	投资预算收益	—
捐赠支出	12 000	其他预算收入	75 000
		其中：利息预算收入	15 000
		捐赠预算收入	20 000
		租金预算收入	40 000
支出合计	520 000	收入合计	11 550 00

该行政单位在编制 2023 年预算收入支出表时，省略了"上年数"一列数字。"本年数"一列数字主要项目的填列说明如下：

（1）本年预算收入 = 1 155 000（元）。

（2）本年预算支出 = 520 000（元）。

（3）本年预算收支差额 = 1 155 000 − 520 000 = 635 000（元）。

编制完成的该行政单位 2023 年度预算收入支出表如表 8-51 所示。

表 8-51　预算收入支出表

编制单位：×××　　　　　　　2023 年　　　　　　　　　　会政预 01 表
　　　　　　　　　　　　　　　　　　　　　　　　　　　　　单位：元

项目	本年数	上年数
一、本年预算收入	1 155 000	（略）
（一）财政拨款预算收入	1 000 000	
其中：政府性基金收入	600 000	

（续表）

项目	本年数	上年数
（二）事业预算收入	—	
（三）上级补助预算收入	—	
（四）附属单位上缴预算收入	—	
（五）经营预算收入	—	
（六）债务预算收入	—	
（七）非同级财政拨款预算收入	80 000	
（八）投资预算收益	—	
（九）其他预算收入	75 000	
其中：利息预算收入	15 000	
捐赠预算收入	20 000	
租金预算收入	40 000	
二、本年预算支出	520 000	
（一）行政支出	500 000	
（二）事业支出	—	
（三）经营支出	—	
（四）上缴上级支出	—	
（五）对附属单位补助支出	—	
（六）投资支出	—	
（七）债务还本支出	—	
（八）其他支出	20 000	
其中：利息支出	8 000	
捐赠支出	12 000	
三、本年预算收支差额	635 000	

（二）事业单位预算收入支出表

【例8-10】　某事业单位2023年预算收支出类科目发生额如表8-52所示。该事业单位无所得税缴纳义务。

表 8-52 收入、支出类科目预算发生额表

2023 年　　　　　　　　　　　　　　　　　　　　　　　　　单位：元

支出类	本年数	收入类	本年数
行政支出	500 000	财政拨款预算收入	1 000 000
事业支出	1 800 000	其中：政府性基金收入	600 000
经营支出	300 000	事业预算收入	3 000 000
上缴上级支出	800 000	上级补助预算收入	800 000
对附属单位补助支出	200 000	附属单位上缴预算收入	200 000
投资支出	60 000	经营预算收入	400 000
债务还本支出	40 000	债务预算收入	60 000
其他支出	20 000	非同级财政拨款预算收入	80 000
其中：利息支出	8 000	投资预算收益	100 000
捐赠支出	12 000	其他预算收入	75 000
		其中：利息预算收入	150 00
		捐赠预算收入	20 000
		租金预算收入	40 000
支出合计	3 720 000	收入合计	6 315 000

该事业单位在编制 2023 年预算收入支出表时，省略了"上年数"一列数字。"本年数"一列数字主要项目的填列说明如下：

（1）本年预算收入 = 6 315 000（元）。

（2）本年预算支出 = 3 720 000（元）。

（3）本年预算收支差额 = 6 315 000 - 3 720 000 = 2 595 000（元）。

编制完成的该事业单位 2023 年度预算收入支出表如表 8-53 所示。

表 8-53 预算收入支出表

编制单位：×××　　　　　　　2023 年　　　　　　　　　　会政预 01 表
　　　　　　　　　　　　　　　　　　　　　　　　　　　　单位：元

项目	本年数	上年数
一、本年预算收入	6 315 000	（略）
（一）财政拨款预算收入	1 000 000	

（续表）

项目	本年数	上年数
其中：政府性基金收入	600 000	
（二）事业预算收入	3 000 000	
（三）上级补助预算收入	800 000	
（四）附属单位上缴预算收入	200 000	
（五）经营预算收入	400 000	
（六）债务预算收入	60 000	
（七）非同级财政拨款预算收入	80 000	
（八）投资预算收益	100 000	
（九）其他预算收入	75 000	
其中：利息预算收入	15 000	
捐赠预算收入	20 000	
租金预算收入	40 000	
二、本年预算支出	3 720 000	
（一）行政支出	500 000	
（二）事业支出	1 800 000	
（三）经营支出	300 000	
（四）上缴上级支出	800 000	
（五）对附属单位补助支出	200 000	
（六）投资支出	60 000	
（七）债务还本支出	40 000	
（八）其他支出	20 000	
其中：利息支出	8 000	
捐赠支出	12 000	
三、本年预算收支差额	2 595 000	

六、预算结转结余变动表编制举例

（一）行政单位预算结转结余变动表

【例 8-11】 某行政单位 2023 年 12 月 31 日结账后各资产、负债和净资产类会计科目如表 8-54 所示。请据此编制该行政单位的预算结转结余变动表。

表 8-54　会计科目余额表

2023 年　　　　　　　　　　　　　　　　　　　　　　　　单位：元

会计科目	年初余额	年末余额	本年变动额（依据本年明细科目发生数）
财政拨款结转	8 000 000	15 000 000	7 000 000
——年初余额调整	0	0	0
——归集调入	0	0	7 800 000
——归集调出	0	0	300 000
——归集上缴	0	0	500 000
——单位内部调剂	0	0	0
——本年收支结转	0	0	0
——累计结转	8 000 000	15 000 000	7 000 000
财政拨款结余	1 200 000	2 300 000	1 100 000
——年初余额调整	0	0	1 100 000
——归集上缴	0	0	0
——单位内部调剂	0	0	0
——结转转入	0	0	0
——累计结转	1 200 000	2 300 000	1 100 000
非财政拨款结转	1 500 000	28 000 000	1 300 000
——年初余额调整	0	0	300 000
——缴回资金	0	0	100 000
——项目间接费用或管理费	0	0	0

（续表）

会计科目	年初余额	年末余额	本年变动额（依据本年明细科目发生数）
——本年收支结转	0	0	900 000
——累计结转	1 500 000	2 800 000	1 300 000
非财政补助结余	500 000	1 300 000	800 000
——年初余额调整	0	0	800 000
——项目间接费用或管理费	0	0	0
——结转转入	0	0	0
——累计结转	500 000	1 300 000	800 000
专用结余	0	0	0
经营结余	0	0	0
其他结余	10 000	30 000	20 000

表 8-53 中，"其他结余"科目的本年变动额未涉及转入预算收入与预算支出的差额，各项目均可根据各科目的期末余额、发生额分析填列。编制完成的行政单位年度预算结转结余变动表如表 8-55 所示。

表 8-55 预算结转结余变动表

编制单位：×××　　　　　　　　　　2023 年　　　　　　　　　　会政预 02 表
单位：元

项目	本年数	上年数
一、年初预算结转结余	11 200 000	（略）
（一）财政拨款结转结余	9 200 000	
（二）其他资金结转结余	2 000 000	
二、年初余额调整（减少以"—"号填列）	2 200 000	
（一）财政拨款结转结余	1 100 000	
（二）其他资金结转结余	1 100 000	
三、本年变动金额（减少以"—"号填列）	7 800 000	
（一）财政拨款结转结余	7 000 000	
1.本年收支差额	0	

(续表)

项目	本年数	上年数
2. 归集调入	7 800 000	
3. 归集上缴或调出	−800 000	
（二）其他资金结转结余	800 000	
1. 本年收支差额	900 000	
2. 缴回资金	−100 000	
3. 使用专用结余	0	
4. 支付所得税	0	
四、年末预算结转结余	21 400 000	
（一）财政拨款结转结余	17 300 000	
1. 财政拨款结转	15 000 000	
2. 财政拨款结余	2 300 000	
（二）其他资金结转结余	4 100 000	
1. 非财政拨款结转	2 800 000	
2. 非财政拨款结余	1 300 000	
3. 专用结余	—	
4. 经营结余（如有余额，以"−"号填列）	—	

（二）事业单位预算结转结余变动表

【例 8-12】 某事业单位 2023 年 12 月 31 日结账后各资产、负债和净资产类会计科目如表 8-56 所示。请据此编制该事业单位的预算结转结余变动表。

表 8-56 会计科目余额表

编制单位：××× 　　　　　　　　　　2023 年 　　　　　　　　　　单位：元

会计科目	年初余额	年末余额	本年变动额（依据本年明细科目发生数）
财政拨款结转	8 000 000	15 000 000	7 000 000
——年初余额调整	0	0	0

（续表）

会计科目	年初余额	年末余额	本年变动额（依据本年明细科目发生数）
——归集调入	0	0	7 800 000
——归集调出	0	0	300 000
——归集上缴	0	0	500 000
——单位内部调剂	0	0	0
——本年收支结转	0	0	0
——累计结转	8 000 000	15 000 000	7 000 000
财政拨款结余	1 200 000	2 300 000	1 100 000
——年初余额调整	0	0	1 100 000
——归集上缴	0	0	0
——单位内部调剂	0	0	0
——结转转入	0	0	0
——累计结转	1 200 000	2 300 000	1 100 000
非财政拨款结转	1 500 000	2 800 000	1 300 000
——年初余额调整	0	0	300 000
——缴回资金	0	0	100 000
——项目间接费用或管理费	0	0	0
——本年收支结转	0	0	900 000
——累计结转	1 500 000	2 800 000	1 300 000
非财政补助结余	500 000	1 300 000	800 000
——年初余额调整	0	0	800 000
——项目间接费用或管理费	0	0	0
——结转转入	0	0	0
——累计结转	500 000	1 300 000	800 000
专用结余	120 000	150 000	30 000
经营结余	40 000	100 000	60 000
其他结余	10 000	30 000	20 000

表 8-56 中,"专用结余""经营结余""其他结余"科目的本年变动额均未涉及转入预算收入与预算支出的差额,各项目均可根据各科目的期末余额、发生额分析填列。编制完成的事业单位年度预算结转结余变动表如表 8-57 所示。

表 8-57 预算结转结余变动表

编制单位:×××　　　　　　　2023 年　　　　　　　会政预 02 表　单位:元

项目	本年数	上年数
一、年初预算结转结余	11 200 000	(略)
（一）财政拨款结转结余	9 200 000	
（二）其他资金结转结余	2 000 000	
二、年初余额调整（减少以"-"号填列）	2 200 000	
（一）财政拨款结转结余	1 100 000	
（二）其他资金结转结余	1 100 000	
三、本年变动金额（减少以"-"号填列）	7 800 000	
（一）财政拨款结转结余	7 000 000	
1. 本年收支差额	0	
2. 归集调入	7 800 000	
3. 归集上缴或调出	-800 000	
（二）其他资金结转结余	800 000	
1. 本年收支差额	900 000	
2. 缴回资金	-100 000	
3. 使用专用结余	0	
4. 支付所得税	0	
四、年末预算结转结余	21 400 000	
（一）财政拨款结转结余	17 300 000	
1. 财政拨款结转	15 000 000	
2. 财政拨款结余	2 300 000	
（二）其他资金结转结余	4 100 000	
1. 非财政拨款结转	2 800 000	

（续表）

项目	本年数	上年数
2.非财政拨款结余	1 300 000	
3.专用结余	0	
4.经营结余（如有余额，以"—"号填列）	0	

七、财政拨款预算收入支出表编制举例

财政拨款预算收入支出表是根据"财政拨款结转""财政拨款结余"等科目及其明细科目进行填列，因此，行政单位与事业单位编报的口径一致。

【例8-13】 某单位2023年12月31日结账后各资产、负债和净资产类会计科目如表8-58所示。请据此编制该单位的财政拨款预算收入支出表如表8-59所示。

表8-58 会计科目余额表

2023年 单位：元

会计科目	年初余额	年末余额	本年变动额（依据本年明细科目发生数）
财政拨款结转	6 000 000	11 000 000	5 000 000
——年初余额调整	0	0	0
——归集调入	0	0	5 500 000
——归集调出	0	0	200 000
——归集上缴	0	0	300 000
——单位内部调剂	0	0	0
——本年收支结转	0	0	0
——累计结转	6 000 000	11 000 000	500 000
财政拨款结余	8 000 000	10 000 000	2 000 000
——年初余额调整	0	0	2 000 000
——归集上缴	0	0	0
——单位内部调剂	0	0	0

（续表）

会计科目	年初余额	年末余额	本年变动额（依据本年明细科目发生数）
——结转转入	0	0	0
——累计结转	8 000 000	10 000 000	2 000 000
非财政拨款结转	100 000	150 000	50 000
——年初余额调整	0	0	10 000
——缴回资金	0	0	−10 000
——项目间接费用或管理费	0	0	0
——结转转入	0	0	50 000
——累计结转	100 000	150 000	50 000
非财政补助结余	250 000	380 000	130 000
——年初余额调整	0	0	130 000
——项目间接费用或管理费	0	0	0
——结转转入	0	0	0
——累计结转	250 000	380 000	130 000
专用结余	110 000	120 000	10 000
经营结余	400 000	200 000	200 000
其他结余	100 000	110 000	10 000

注：表8-58中"专用结余"科目和"其他结余"科目均有金额，为事业单位的科目余额表；如果为行政单位的科目余额表，"专用结余"科目和"其他结余"科目应该无金额。单位在编制财政拨款预算收入支出表时，仅涉及"财政拨款结转""财政拨款结余"等科目及其明细科目。

第八章 政府财务报告和决算报告

表 8-59 财政拨款预算收入支出表

2023 年

会政预 03 表

编制单位：××× 单位：元

项目	年初财政拨款结转结余		调整年初财政拨款结转结余	本年归集调入	本年归集或上缴或调出	单位内部调剂		本年财政拨款收入	本年财政拨款支出	年末财政拨款结转结余	
	结转	结余				结转	结余			结转	结余
一、一般公共预算财政拨款	200 000	3 000 000	2 000 000	25 000 00	200 000	0	0	100 000	100 000	4 300 000	5 000 000
（一）基本支出	100 000	2 000 000	2 000 000	0	200 000	0	0	20 000	20 000	800 000	4 000 000
1. 人员经费	100 000	1 500 000	0	0	100 000	0	0	10 000	10 000	0	1 500 000
2. 日常公用经费	900 000	500 000	2 000 000	0	100 000	0	0	10 000	10 000	800 000	2 500 000
（二）项目支出	1 000 000	1 000 000	0	2 500 000	0	0	0	80 000	80 000	3 500 000	1 000 000
1. ××项目	200 000	1 000 000	0	1 500 000	0	0	0	80 000	80 000	1 700 000	1 000 000
2. ××项目	800 000	0	0	1 000 000	0	0	0	0	0	1 800 000	0
二、政府性基金预算财政拨款	4 000 000	5 000 000	0	3 000 000	300 000	0	0	700 000	700 000	6 700 000	5 000 000
（一）基本支出	2 500 000	1 000 000	0	1 000 000	0	0	0	300 000	300 000	3 500 000	1 000 000
1. 人员经费	1 500 000	1 000 000	0	0	0	0	0	100 000	100 000	1 500 000	1 000 000
2. 日常公用经费	1 000 000	0	0	1 000 000	0	0	0	200 000	200 000	2 000 000	0
（二）项目支出	1 500 000	4 000 000	0	2 000 000	300 000	0	0	400 000	400 000	3 200 000	4 000 000
××项目	1 500 000	4 000 000	0	2 000 000	300 000	0	0	400 000	400 000	3 200 000	4 000 000
总计	60 000 00	8 000 000	2 000 000	5 500 000	5000 00	0	0	800 000	800 000	11 000 000	10 000 000

第九章 预算管理一体化

第一节 预算管理一体化概述

一、预算管理一体化的建设背景

党的十八届三中全会指出,财政是国家治理的基础和重要支柱,必须完善立法,透明预算,提高效率,建立现代财政制度,发挥中央和地方两个积极性,要改进预算管理制度,实施全面规范、公开透明的预算制度。建立跨年度预算平衡机制,建立权责发生制的政府综合财务报告制度,建立规范合理的中央和地方政府债务管理及风险预警机制。

2014年,全国人大常委会审议通过的《关于修改〈中华人民共和国预算法〉的决定》增强了预算的完整性、科学性和透明度,强化了政府债务管理,完善了财政转移支付制度,规范了预算调整和执行,加强了预算审查监督。

党的十九大报告提出,建立全面规范透明、标准科学、约束有力的预算制度,全面实施绩效管理。绩效管理是为提高绩效所开展的计划、组织、指导、协调与约束等活动,其目的在于保障绩效目标如期有效达成。

2021年4月,国务院发布的《国务院关于进一步深化预算管理制度改革的意见》(国发〔2021〕5号)明确指出,预算体现国家的战略和政策,反映政府的活动范围和方向,是推进国家治理体系和治理能力现代化的重要支撑,是宏观调控的重要手段。党的十八大以来,按照党中央、国务院决策部署,财税领域改革多点突破,不断向纵深推进,现代预算制度的主体框架基本确立;预算管理制度不断改革完善,为建立现代财政制度奠定了坚实基础。现代预算制度是现代财政制度的基础。以"建立全面规范透明、标准科学、约束有力的预算制度,全面实施绩效管理"为着力点,加快完善现代预算制度,是建立现代财政制度的重要内容。

当前和今后一个时期,财政处于紧平衡状态,收支矛盾较为突出,加之预算管理中存在统筹力度不足、政府过紧日子意识尚未牢固树立、预算约束不够有力、资源配置使用效率有待提高、预算公开范围和内容仍需拓展等问题,影响了财政资源统筹和可持续性。为落实《预算法》及其实施条例有关规定，规范管理、提高效率、挖掘潜力、释放活力，需进一步深化预算管理制度改革。

二、预算管理一体化的概念

预算是国家战略和政策的集中体现，是政府优化资源配置的有效方式党的十九大从全局和战略的高度强调加快建立现代财政制度，明确提出建立全面规范透明、标准科学、约束有力的预算制度，全面实施绩效管理，对预算管理提出了新的更高要求。

预算管理一体化是一种管理方法，旨在将预算制定、执行和监控等活动整合在一起，以实现更高效和协调的预算管理过程。它通过整合预算相关的各个环节和部门，使预算制定和执行过程更加紧密和衔接，从而提高组织的财务管理效能。

预算管理一体化以统一预算管理规则为核心，以预算管理一体化系统为主要载体，将统一的管理规则嵌入信息系统，提高项目储备、预算编审、预算调整和调剂、资金支付、会计核算、决算和报告等工作的标准化、自动化水平，实现对预算管理全流程的动态反映和有效控制，保证各级预算管理规范高效。

预算管理一体化建设是一项整体性、全局性很强的工作，是以系统化思维和信息化手段深化预算管理制度改革，提升预算管理水平，加快建立现代财政制度的基础性工作，是覆盖预算管理从编制到执行再到核算的业务管理闭环。

为认真贯彻落实党的十九大和十九届四中全会有关部署要求，深入学习领会习近平总书记关于以信息化推进国家治理体系和治理能力现代化的重要讲话精神，财政部研究制定了全国统一的《预算管理一体化规范（试行）》和《预算管理一体化系统技术标准V1.0》。

为全面贯彻落实《国务院关于进一步深化预算管理制度改革的意见》（国发〔2021〕5号），深入推进预算管理一体化建设，有力支撑健全现代预算制度，财政部于2023年4月对《预算管理一体化规范（试行）》进行修订，发布了《预算管理一体化规范（2.0版）》（以下简称《规范（2.0版）》），同时对相应的技术规范进行了修订，形成了《预算管理一体化系统技术标准V2.0》。

三、预算管理一体化的意义

预算管理一体化将制度规范与信息系统建设紧密结合，用系统化思维全流程整合预算管理各环节业务规范，通过将规则嵌入系统强化制度执行力，为完善标准科学、规范透明、约束有力的预算制度提供基础保障。

（1）预算管理一体化是加快建立完善现代预算制度，推进国家治理体系和治理能力现代化的必然要求。

（2）预算管理一体化是落实政府过紧日子要求，是积极应对今后一段时期复杂经济社会形势的重要保障。

（3）预算管理一体化是深化预算制度改革的主要支撑手段。

（4）预算管理一体化有利于加强中央与地方协同配合，强化全国"一盘棋"思想，提高财政系统贯彻党中央、国务院决策部署的执行力，更好地发挥财政在国家治理中的基础和重要支柱作用。

四、预算管理一体化的实施措施

（一）严格预算编制管理，加强部门和单位预算管理

政府的全部收入和支出都应当依法纳入预算，执行统一的预算管理制度。各部门要统筹各类资金资产，结合本部门非财政拨款收入情况统筹申请预算，保障合理支出需求。将项目作为部门和单位预算管理的基本单元，预算支出全部以项目形式纳入预算项目库，实施项目全生命周期管理，未纳入预算项目库的项目一律不得安排预算。

有关部门负责安排的建设项目，要按规定纳入部门项目库并纳入预算项目库。实行项目标准化分类，规范立项依据、实施期限、支出标准、预算需求等要素。建立健全项目入库评审机制和项目滚动管理机制。做实做细项目储备，纳入预算项目库的项目应当按规定完成可行性研究论证、制订具体实施计划等各项前期工作，做到预算一经批准即可实施，并按照轻重缓急等排序，突出保障重点。

（二）强化预算执行和绩效管理

严格执行人大批准的预算，预算一经批准非经法定程序不得调整。对预算指标实行统一规范的核算管理，精准反映预算指标变化，实现预算指标对执行的有效控制。坚持先有预算后有支出，严禁超预算、无预算安排支出或开展政府采购，严禁将国库资金违规拨入财政专户。

将落实党中央、国务院重大决策部署作为预算绩效管理重点，加强财政政策评估评价，增强政策可行性和财政可持续性。加强重点领域预算绩效管理，分类明确转移支付绩效管理重点，强化引导约束。加强绩效评价结果应用，将绩效评价结果与完善政策、调整预算安排有机衔接，对低效无效资金一律削减或取消，对沉淀资金一律按规定收回并统筹安排。加大绩效信息公开力度，推动绩效目标、绩效评价结果向社会公开。

（三）增强预算约束力

优化国库集中收付管理。对政府全部收入和支出实行国库集中收付管理，完善国库集中支付控制体系和集中校验机制，实行全流程电子支付，优化预算支出审核流程，全面提升资金支付效率，拓展政府采购政策功能。建立政府采购需求标准体系，鼓励相关部门结合部门和行业特点提出政府采购相关政策需求，推动在政府采购需求标准中嵌入支持创新、

绿色发展等政策要求。细化政府采购预算编制，确保与年度预算相衔接。

（四）增强财政透明度，提高预算管理信息化水平

实现中央和地方财政系统信息贯通。用信息化手段支撑中央和地方预算管理，规范各级预算管理工作流程等，统一数据标准，推动数据共享。以省级财政为主体加快建设覆盖本地区的预算管理一体化系统并与中央财政对接，动态反映各级预算安排和执行情况，中央部门根据国家政务信息化建设进展同步推进相关信息系统建设。建立完善全覆盖、全链条的转移支付资金监控机制，实时记录和动态反映转移支付资金分配、拨付、使用情况，实现资金从预算安排源头到使用末端全过程来源清晰、流向明确、账目可查、账实相符。

推进部门间预算信息互联共享。预算管理一体化系统集中反映单位基础信息和会计核算、资产管理、账户管理等预算信息，实现财政部门与主管部门共享共用。积极推动财政与组织、人力资源和社会保障、税务、人民银行、审计、公安、市场监管等部门实现基础信息按规定共享共用。落实部门和单位财务管理主体责任，强化部门对所属单位预算执行的监控管理职责。

五、预算管理一体化的目标

（一）实现全国政府预算管理的一体化

建立健全上下级预算的衔接机制，实现逐级汇总，编制真实完整的全国政府预算，实时动态反映全国预算资源的分配、拨付、使用情况。实现对非财力性转移支付项目跟踪问效，及时掌握各级预算落实党中央、国务院决策部署的情况。

（二）实现部门预算管理的一体化

各部门及所属单位依法依规将取得的各类收入纳入部门和单位预算，执行统一的预算管理制度。各部门统筹使用好本部门非财政拨款收入等各类收入和存量资金资产，突出保障重点支出需求。

（三）实现预算全过程管理的一体化

通过逐级整合预算编制、预算执行、决算和报告、政府采购、资产管理等预算管理环节，强化顺向环环相扣的监控机制和逆向动态可溯的反馈机制；将预算执行结果及形成资产、债务的情况应用于以后年度预算编制；通过预算绩效管理与预算管理全流程的深度融合，形成对预算全过程的闭环管理。

(四)实现预算项目全生命周期管理的一体化

预算管理各环节以预算项目为基本单元,依托项目库对预算项目前期谋划、项目储备、预算编制、项目实施、项目结束和终止等全生命周期主要阶段实施管理。通过项目库管理,加强跨年度项目支出、政府偿债支出、政府承诺或做出的各类中长期支出事项等与各年度预算的衔接,更好地实现财政可持续发展,增强中期财政规划对年度预算的约束,加强跨年度预算平衡。

(五)实现全国预算数据管理的一体化

实现各级财政预算数据生产和传输的标准化。坚持部门和单位财务管理主体责任的基础上,集中单位会计核算、资产管理、账户余额等预算数据,实现财政部门与单位主管部门共享共用。各省预算管理一体化系统集中地方各级财政预算数据,并与中央财政系统对接,实现全国预算数据的集中管理。

第二节 中央预算管理一体化系统

一、预算管理一体化建设的总体思路

(1)统一全国预算管理一体化规范:在业务层面进行全国范围的标准统一。
(2)统一全国预算管理一体化系统的技术标准。
(3)省级财政部门依照统一的一体化管理规范和技术标准推进省级一体化系统建设。
(4)统一中央和地方的数据对接通道,实现全国范围内的预算数据汇聚。

《预算管理一体化规范(试行)》分为基础信息管理、项目库管理、预算编制、预算批复、预算调整和调剂、预算执行、会计核算、决算和报告8个部分,涵盖预算管理的主要环节,实现各级预算数据的集中统一管理和上下贯通,覆盖预算管理每一个环节。一方面最大程度上解放了财务人员往返切换不同系统和数据重复填报的体力活,保持数据的唯一性和统一口径,解决了账表不一致问题;另一方面管理流程更为规范精细,对于预算编制和执行不规范的单位将会带来一定的风险,预算、决算、执行、采购、资产、会计核算、信息公开数据都是按既定标准和规则自动获取生成,且模块之间互相衔接,强化了预

算硬约束，预算执行更为严格苛刻，几乎没有人为干预空间。《规范（2.0版）》拓展了业务规范覆盖范围，将政府债务管理、资产管理、绩效管理、社会保险基金预算等业务全面纳入预算管理一体化，推进预算管理全过程的融合。

具体变化体现在以下几方面：

（1）《规范（2.0版）》实现政府债务全口径纳入一体化管理。增加了国债管理、国际金融组织和外国政府贷款管理的内容，并进一步细化了地方政府债务管理的流程和规则，实现一体化系统全口径覆盖各类政府债务管理，推动政府债务管理与预算管理紧密衔接。

（2）《预算管理一体化规范（试行）》将资产管理模块嵌入项目库管理、预算编制、预算执行等业务环节进行一体化设计，覆盖财政资金形成实物资产的各环节，建立了会计核算与资产管理双向控制机制。《规范（2.0版）》在此基础上细化各类资产的管理要素和信息卡样式，明确了资产配置与政府采购衔接机制，补充了实物资产管理内容，实现对资产配置、使用、处置全生命周期实物量与价值量的动态管理。

（3）《规范（2.0版）》将绩效指标管理、事前绩效评估、绩效目标管理、绩效运行监控、绩效评价与考核等纳入一体化系统，嵌入预算管理主体流程。

（4）实现对社会保险基金预算管理的规范整合。《规范（2.0版）》将社会保险基金预算管理业务纳入一体化，按照预算管理主体业务流程进行规范实现了一体化业务完整覆盖"四本预算"。

（5）实现政府采购管理政策功能和管理要求嵌入预算管理流程。其中内容优化了政府采购预算编制。部门预算编制过程中需填报政府采购对应的品目和金额，以及政府采购支持节能环保、促进中小企业发展等采购信息需求信息，落实政府采购政策功能。进一步整合政府采购与预算管理，将政府采购计划管理、政府采购合同管理、履约验收管理等业务纳入一体化系统，在资金支付环节校验政府采购合同实现政府采购预算对政府采购执行的控制。

（6）完善转移支付预算管理。《规范（2.0版）》进一步细化了相关业务规则，并按照《国务院关于进一步深化预算管理制度改革的意见》（国发〔2021〕5号）文件规定，要求地方财政部门严格按照上级提前下达的转移支付编制预算，加强了上下级转移支付预算管理的衔接，同时将直达资金管理纳入一体化系统。

（7）完善收支执行和库款管理有关内容。根据电子《非税收入一般缴款书》推广要求，调整完善非税收入收缴管理规则和非税收入一般缴款书管理要素。明确一体化系统中开展国库资金实拨和财政专户资金支付的流程和规则。

（8）完善决算和报告有关内容。按照关于整合财政总决算、部门决算、政府财务报告、预算执行报告等财政部下发的软件功能要求，进一步明确报告的编制范围、数据来源、取数规则等。

二、预算管理一体化系统的作用

（一）《预算管理一体化规范（试行）》在业务环节的整合、闭环管理作用

（1）促进各个领域的深度融合、系统集成、协同高效。以基础信息管理和项目库管理为支撑，贯通项目储备、预算编制、预算批复和调整调剂、预算执行、资产债务、会计核算和决算报告的预算全过程。

以往的部门预算系统、资产管理系统、政府采购系统等模块数出多源，单独维护且不尽相同。而一体化系统是整合的一个大系统，统一了各个业务模块的基础信息，确保预算单位口径和代码一致。基础信息管理是预算管理的基础和起点，包含单位信息、人员信息、资产信息、支出标准和绩效指标。

（2）实现项目全生命周期的管理，以项目库为基础，实现项目储备、项目细化、项目执行和项目中止或结束的全过程全生命周期管理。所有支出以项目形式纳入项目库中，项目分为人员类、运转类和特定目标类。项目实行常态化储备，且需做实做细。同时为实现对项目的规范化管理，项目储备时需编制项目实施方案、分年支出计划、明确的绩效指标及资产配置情况。

（二）《预算管理一体化系统技术标准》通过信息技术对预算管理改革的推动作用

（1）规范了系统平台最核心的数据标准，为今后不同层级间的数据共享共用奠定基础。

（2）统一了中央与地方数据对接通道，实现地方财政数据向中央汇聚，建立全国的预算管理系统。

（3）实现联网在线操作、系统集中部署和统一控制。即控制模式实现集中统一，监管方式实现实时监控，业务数据实现集中反映，解决了财政与部门、单位之间的"信息孤岛"问题。

（4）驱动财政工作数字化转型。实现了业务对象数字化、操作过程数字化、控制规则数字化。

三、预算管理一体化系统的主要特点

（1）预算管理一体化系统建立健全预算项目全生命周期管理机制。预算管理各环节均以预算项目为基本管理单元，预算编制到项目、执行到项目、总预算会计和单位会计核算到项目。基本支出也按项目化进行管理。

（2）项目实施过程中动态记录和反映项目预算下达、预算调整调剂、预算执行等情况，项目结束和终止时，系统自动计算项目预算结余。

（3）所有预算支出都要以预算项目的形式纳入项目库，并根据各类预算支出性质和用途将预算项目分为人员类项目、运转类项目和特定目标类项目（图9-1）。管理要素主要包括项目名称、项目代码、项目概述、项目类别、项目期限、项目总额、资产配置信息、绩效目标、评审报告等。

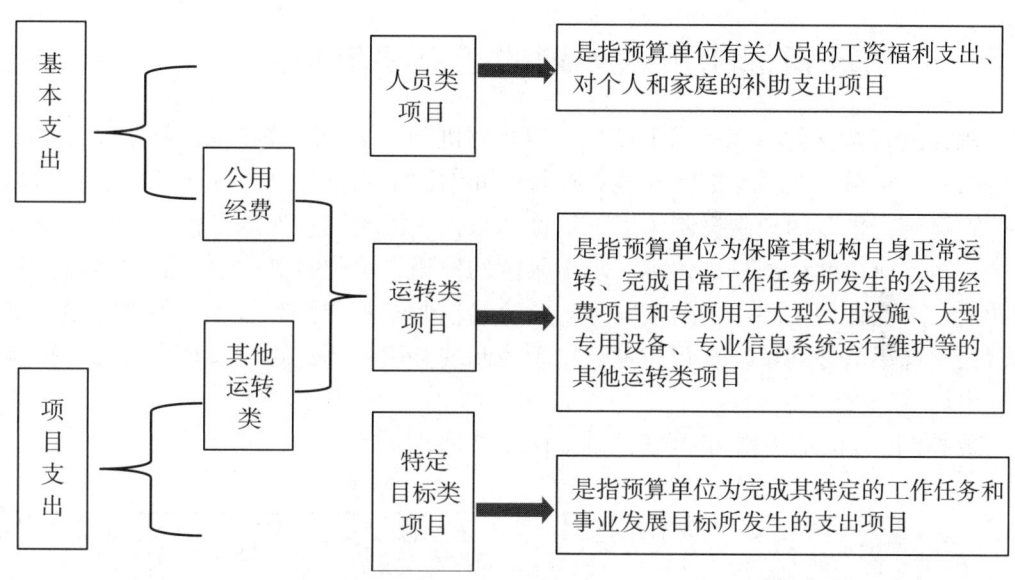

图 9-1　项目分类

项目预算涉及政府采购的，应编尽编政府采购预算。预算单位从新增资产明细中选取应纳入政府采购的资产，一体化系统自动生成资产对应的政府采购品目和金额等信息。如需新增货物类、服务类、工程类政府采购事项，单位应填报部门预算支出经济分类、政府采购品目、数量等信息。

使用国际金融组织和外国政府贷款赠款进行的政府采购，国外贷赠款方、资金提供方与中方达成的协议对采购的具体条件另有规定的，可以适用其规定，但不得损害国家利益和社会公共利益。

预算单位填报政府购买服务项目预算，内容应严格限制在属于政府职责范围、适合采取市场化方式提供、社会力量能够承担的服务事项。各级党的机关、行政机关、纳入行政编制管理且经费由财政负担的群团组织和具有行政管理职能的事业单位可以编制政府购买服务项目预算；公益二类事业单位和承担义务教育、基础性科研、公共文化、公共卫生及基层的基本医疗服务等基本公益服务的公益一类事业单位不能编制政府购买服务项目预算。

第三节 资金支付环节的控制机制变化

一、预算指标和用款计划的控制机制区别

以往的资金支付模式（以下简称"原控制机制"）为预算指标控制用款计划，用款计划控制资金支付，在预算指标与预算执行中间增加了用款计划上报环节。而"预算指标直接控制资金支付"的控制机制（以下简称"新控制机制"）实现了预算指标对资金支付的直接控制，而用款计划只是体现了现金额度的作用，单位只需按功能分类科目按月编制用款计划。用款计划主要用于财政国库现金流量控制及资金清算管理，不再按项目编制。两者对比发现用款计划口径变粗，重点用于控制现金流；预算指标口径则更细，重点用于控制支出。

原控制机制与新控制机制的区别如图9-2所示。

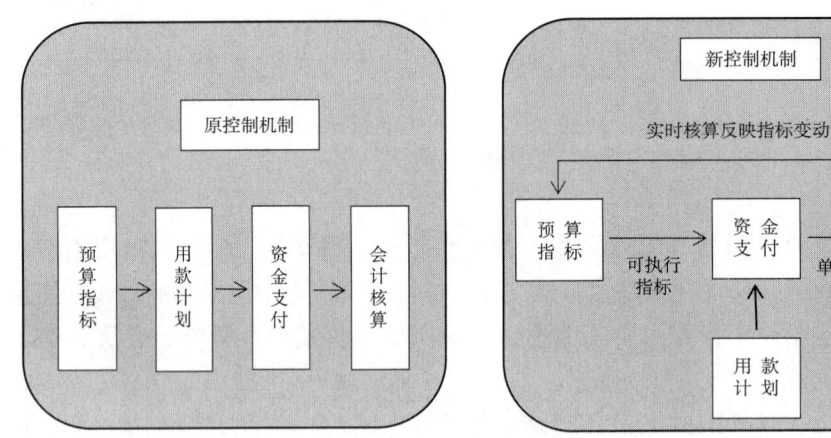

图9-2 原控制机制与新控制机制的区别

建立新控制机制，规定预算指标下达后，单位根据预算指标申请支付资金，财政部门严格按照预算指标进行支付控制，支付直接对应明细、具体的预算指标，加强了资金支付与项目预算指标的衔接。由于预算指标已细化到具体单位和项目，用款计划不需再承担预算细化和预算控制职能。预算单位通过一体化系统提出资金支付申请，系统按照设定的校验规则进行校验，校验通过后无需再经部门和财政人工审核，直接发送代理银行办理资金支付；代理银行与人民银行清算，代理银行发送凭证回单给财政部门和预算单位，财政与

单位接收回单后记账,实现总预算会计和单位会计核算衔接一致。

二、财政直接支付与授权支付的区别

(一)定义的区别

财政直接支付是指财政部门向中国人民银行和代理银行签发支付指令,代理银行根据支付指令通过国库单一账户体系将资金直接支付到收款人(即商品或劳务的供应商等)或用款单位账户;财政授权支付是指预算单位按照财政部门的授权,自行向代理银行签发支付指令,代理银行根据支付指令,在财政部门批准的预算单位的用款额度内,通过国库单一账户体系将资金支付到收款人账户。

(二)流程上的区别

财政直接支付直接上报财政国库支付中心;财政授权支付需要先向财政部门申请财政授权支付用款额度。

(三)指令签发方的区别

财政直接支付由财政部门向中国人民银行和代理银行签发支付指令;财政授权支付由预算单位按照财政部门的授权,自行向代理银行签发支付指令。

(四)支出内容的区别

财政直接支付的支出包括工资支出、购买支出以及转移支付等;财政授权支付的支出包括未实行财政直接支付的购买支出和零星支出等。

《预算管理一体化规范(试行)》取消了区分财政直接支付和财政授权支付,统称为国库集中支付;统一了资金支付业务流程,资金支付均由单位通过预算管理一体化系统提出申请,系统按照财政部门和主管部门设定的校验规则对预算指标等校验通过后,发送代理银行办理支付。

三、预算管理一体化资金支付规则

(一)资金支付的一般规定

单位办理资金支付业务时,应当通过中央一体化系统填报资金支付申请。财政部(国库司)对资金支付申请集中校验(审核)后,向代理银行发送支付凭证。代理银行根据支付凭证支付资金,不再对试点单位资金支付进行额度控制。

单位原则上应当通过预算单位零余额账户支付资金，未开设预算单位零余额账户的试点单位通过财政零余额账户支付资金。具体流程如下：

（1）单位按规定通过中央一体化系统填报资金支付申请。通过预算单位零余额账户支付资金的，在提交资金支付申请时预生成支付凭证并按规定加盖电子签章（签名）。

（2）财政部根据预算指标和批复的用款计划对单位资金支付申请进行控制。预算指标的基本控制口径为：单位、指标类型、资金性质、支出功能分类科目（底级）、政府预算支出经济分类科目（类级）、预算项目、金额。用款计划的基本控制口径为：单位、支出功能分类科目、资金性质、支付方式、指标类型、金额。

（3）中央一体化系统根据预设的校验规则对资金支付申请进行校验，校验不通过的，转为部门人工审核；部门人工审核后提交资金支付申请，系统校验仍不通过的，按规定转为财政部（国库司）人工审核。

（4）校验（审核）通过后，财政部（国库司）将支付凭证发送代理银行。代理银行支付资金后，向财政部和单位发送国库集中支付凭证回单，作为财政总预算会计和单位会计核算的依据。

（二）资金支付的特殊规定

教育收费专户管理资金通过中央一体化系统进行集中校验和人工审核后，直接拨付到单位实有资金账户，不再由部门转拨。具体流程如下：

（1）单位按规定通过中央一体化系统填报资金支付申请。

（2）财政部根据预算指标、用款计划、教育收费专户资金余额等校验审核资金支付申请，审核通过后向教育收费专户开户银行发送支付凭证。教育收费专户开户银行支付资金后，向财政部发送相关支付凭证回单，作为财政总预算会计核算的依据。

（3）因收款人账户名称或账号填写错误等原因发生资金退回的，教育收费专户开户银行应当在匹配原支付凭证信息后，向财政部报送财政专户退款通知书，同时将资金退回教育收费专户。财政部根据财政专户退款通知书进行会计核算，并相应恢复单位预算指标。

（三）其他支付业务规定

1. 委托收款

单位办理水费、电费、燃气费、电话费、网络费用、社会保险缴费、个人所得税缴纳等委托收款业务时，应当提前指定用于委托收款的预算指标。委托收款扣款时，代理银行通过中央一体化系统发送委托扣款申请，系统验证通过后自动进行资金支付。委托收款预算指标额度不足时，单位可以另行选择预算指标。

2. 零余额账户向实有资金账户划转资金（白名单）

按规定中央预算单位一般不得从本单位零余额账户向本单位或本部门其他预算单位实

有资金账户划转资金。但根据《中央财政预算管理一体化资金支付管理办法（试行）》（财库〔2022〕5号印发），有以下5种情形可以划转：

（1）根据政府购买服务相关政策，按合同约定向本部门所属事业单位支付的政府购买服务支出。

（2）确需划转的工会经费、住房改革支出、应缴或代扣代缴的税款，以及符合相关制度规定的工资代扣事项。

（3）暂不能通过零余额账户委托收款的社会保险缴费、职业年金缴费、水费、电费、取暖费等。

（4）按规定允许划转的科研项目和教育资金。

（5）财政部（国库司）规定的其他情形。

因此，只有涉及上述五种情形的会计业务，才可依据《政府会计准则制度解释第5号》的相关规定进行账务处理。

3.资金退回

资金退回是指代理银行支付后，由于原支付凭证收款人账户信息有误，资金被收款人退回，或预算单位、收款人主动将资金退回的情况。

因收款人账户名称或账号填写错误等原因导致的当年资金退回或项目未结束的跨年资金退回，代理银行应当将资金退回零余额账户，不得转存银行内部账户，在匹配原支付凭证的当日（超过清算时间的，于下一个工作日）将资金退回国库，并生成财政资金退回通知书发送财政部和单位。财政部（国库司）和单位根据退回通知书进行会计核算，并恢复单位相应预算指标。

除另有规定外，项目结束或收回结余资金导致的资金退回，部门应当通过其实有资金账户汇总相关资金，按规定填写一般缴款书或银行汇款单后，统一上缴国库。财政部（国库司）和单位根据相关回单进行会计核算。

对于错误缴入预算单位零余额账户的资金，单位应当向代理银行开具资金退回凭证。代理银行按资金退回凭证退回资金后，向单位发送回单。

（四）各层级的监督管理职责

财政部（国库司）对资金支付组织开展动态监控，核实疑点信息，及时纠错纠偏。财政部各地监管局按规定通过中央一体化系统对属地单位预算执行进行全过程查询和监管，不再对资金支付申请进行前置审核。人民银行对商业银行办理的国库集中支付业务进行监督检查。

部门负责按照部门预算管理使用资金，并做好相应的财务管理和会计核算工作；负责本部门及所属单位资金支付管理的相关工作；组织本部门及所属单位编制用款计划，审核汇总所属单位用款计划；配合财政部对本部门及所属单位预算执行、资金申请与拨付和账户管理等情况进行监督管理。

单位负责按单位预算使用资金，并做好相应的财务管理和会计核算工作；及时编制本单位用款计划；按规定填报资金支付申请，预生成有关电子凭证，并保证凭证的真实性、合规性。配合财政部及主管部门对本单位预算执行、资金申请与拨付和账户管理等情况进行监督管理。

第四节 预算编制案例

甲事业单位为中央级预算单位，于 2023 年 8 月在预算管理一体化系统中编制 2024 年"一上"[①]预算草案。甲事业单位 2024 年预算由人员类项目、运转类项目和特定目标类项目构成。其中：人员类项目包含事业类人员经费、基本养老保险单位缴费、职业年金单位缴费、住房公积金、提租补贴、购房补贴。运转类项目包含公用经费和业务维持经费。特定目标类项目包含信息系统网络建设费和甲单位房屋租赁专项经费，信息系统网络建设费项目为 2024 年预算新增项目。

2024 年，甲事业单位预算编制工作由 6 个阶段构成。

一、项目清理、储备和信息调整

（一）项目清理

"一上"预算工作开始前，甲事业单位须对项目库进行全面清理归并，原则上每个一级项目下最多只能设置一个二级项目。项目库中未安排预算的项目需"终止"或"作废"。

提示：预算项目一旦完成"终止"或"作废"操作后，对应的资金指标将无法使用，且"终止"和"作废"操作不可逆。因此，甲事业单位应谨慎开展项目清理工作，同时也要做到应清尽清。

（二）新增项目储备

预算管理一体化系统中，"专项业务费"的项目周期默认为 1 年并自动存续，不存在项目到期问题。项目类型为"其他项目"的，若项目于本年到期且下一年需继续实施的，如为常年实施项目，需更改为"专项业务费"，按新增项目办理；如项目实施周期明确，需进行延期的，按项目信息调整办理。

甲事业单位 2024 年预算中，需新增信息系统网络建设费项目，总资金需求为 600 万元。根据工作需要，信息系统网络建设费项目建设期为 1 年，分类为其他项目；甲事业单位房屋租赁专项经费为常用项目，分类为专项业务费，项目周期为 1 年，到期后自动延续。

特定目标类项目对于财政资金需求超过 1 000 万元的，应开展事前绩效评估，从立项

---

① "一上"是指部门根据工作需要和编制要求，编制预算建议数并上报财政部门。

必要性、投入经济性、绩效目标合理性、实施方案可行性、筹资合规性等方面对项目相关情况进行详细评估分析，并在一体化系统填报评估情况。甲事业单位申请的信息系统网络建设费项目，资金需求总额为600万元，全部是财政资金且未达到1 000万元，不需开展事前绩效评价。依据新增项目要求提供了项目实施其绩效目标、立项依据和必要性等申报信息，项目基本信息的具体填报内容如表9-1所示。

表 9-1　项目基本信息

项目类别	特定目标类	一级项目名称	其他项目	项目类型	专项业务费项目
二级项目模板名称		项目代码	10000000000000000002	项目名称	甲事业单位信息系统运营维护费
密级（项目名称）	0-无	定密时间（项目名称）	2023-08-01	是否长期（项目名称）	否
保密期限（项目名称）	年　　月　　天				
项目单位	甲事业单位	起始年度	2024	项目期限（年）	1
项目科目	2010699-其他财政事务支出	项目总金额	600万元	是否新增资产配置信息	是
项目联系人	某某	项目负责人	某某	是否基建项目	否
项目联系人电话		项目负责人联系电话		基建项目类型	
是否横向项目	否	是否科研项目	否	主管司局	
是否包含财政资金	是	是否后补助项目	否	热点分类	
密级（项目文本）	0-无	定密时间（项目文本）	2023-08-01	是否长期（项目文本）	否
保密期限（项目文本）	年　　月　　天				
项目绩效目标	甲单位开展信息系统运行维护工作，对外用于新闻宣传方面，升级改造单位门户网站；对内管理方面，先后开发了信息系统、财务系统、人事系统等管理模块。大力提升单位内部管理的信息化水平				
立项的必要性和依据	单位内部管理信息化水平落后，不符合中央和单位内部管理要求，急需大力建设信息化平台并依照法律要求实施定期维护，保证信息安全				
实施方案	严格履行法律法规义务，确保各信息系统的网络安全与业务安全				
评审论证方式	中介机构评审				
评审内容及意见	经第三方事务所对该项目进行评审				

绩效指标是实施预算绩效管理的基础。其在结构上分为三级：一级指标分为产出指标、效益指标和满意度指标三大类；二级指标是一级指标的细化，其中，产出指标分为数量指标、质量指标、时效性指标和成本指标，效益指标分为社会效益指标、经济效益指标、生态效益指标、可持续发展指标；三级指标是二级指标的细化。项目实施绩效目标的具体内容如表9-2所示。

表 9-2 项目实施绩效目标

项目编码	1000000000000000000002	项目名称		甲事业单位信息系统运营维护费				
项目绩效目标	甲事业单位开展信息系统运行维护工作，对外用于新闻宣传方面，升级改造单位门户网站；对内管理方面，先后开发了信息系统、财务系统、人事系统等管理模块。大力提升单位内部管理的信息化水平							
一级指标	二级指标	三级指标	指标类型	指标方向	目标值	计量单位	备注	分值（权重）
产出指标	数量指标	系统（门户网站、管理系统、数据库）	定量指标	≥	5	个		10
产出指标	质量指标	所有系统测评通过率	定量指标	=	5	个		20
产出指标	质量指标	系统正常运行率	定量指标	≥	95	百分比		20
效益指标	社会效益指标	甲单位服务社会影响力、单位管理水平	定量指标		明显提升			30
满意度指标	服务对象满意度指标	单位领导职工的满意度	定量指标	≥	95	百分比		10

（三）调整项目信息

"项目编码、项目类别、项目类型、是否科研、是否基建及含基建类型、项目密级"信息项不得调整。如需修改，则按新增项目入库。"项目名称、项目期限、是否包含财政资金、项目总额、绩效信息"信息项，如需调整，由甲事业单位根据实际提出调整申请，报中央财政审核后生效。其他项目信息的调整，于项目细化阶段调整。甲事业单位在 2024 年预算中，无项目涉及以上内容的信息调整。

二、完善基础信息

基础信息管理是预算管理的基础，甲事业单位及时做好人员等基础信息维护，通过基础信息汇总提取本单位 2023 年 8 月底人员编制数、实有在职人数、离退休人数和资产情况，较上年有较大变化的，应说明原因并提供证明文件。截至 2023 年 8 月 31 日，甲单位的人员编制数不变，在职人员中有 5 人退休，且新增 9 人，因此实有在职人数较 2022 年增加 4 人。

三、细化二级项目信息

在预算编制之前，预算单位需对已储备并计划纳入当年预算的项目进行细化，主要对各年度资金来源，以及预算编制年度部门经济分类科目、年度绩效目标、年度新增资产配置、年度政府采购、年度政府购买服务进行细化。

编制 2024 年预算时,甲事业单位需要对已储备入库且拟纳入当年预算的项目进行细化,明确资金来源、支出经济分类、资产配置、政府采购等项目信息。对于延续性项目,甲事业单位应当准确预计 2023 年结转资金,结转 2024 年按原用途继续使用。预算支出涉及新增购置车辆、单价 100 万元以上设备,租用土地、房屋的,应申报新增资产配置预算。

甲事业单位依据支出进度和采购合同的支付要求,预计 2023 年基本支出结转 180 万元;甲事业单位房屋租赁专项经费项目均依照合同金额支出,无结转。甲事业单位 2024 年基本支出中人员经费需依据人员总数、工资发放数、住房改革支出和养老年金等数据编制部门经济分类支出计划;公用经费和业务维持经费依照资产采购部门、各业务处室汇总的资产需求分别编制新增资产配置预算、政府采购预算和部门经济分类支出计划。

甲事业单位信息系统网络建设费项目依据工作需要,需采购软件开发服务 350 万元,该服务属政府采购名录范围内,因此应申报新增资产配置预算和政府采购服务预算。

甲事业单位房屋租赁专项经费依据与出租方签订的办公用房和业务用房租赁合同编制部门经济分类计划,即租赁费 500 万元;同时,编制新增资产配置预算。2024 年,甲事业单位的租赁面积较 2023 年没有变化,但依据预算编制要求:即使房屋租赁面积无变化仍要填写新增资产配置预算表,即租用办公用房 187.6 平方米,业务用房 360.2 平方米。

四、编报"一上"预算

部门预算编制包括"一上""一下"①"二上"②等阶段。预算编制模块主要用来完成"一上"和"二上"部门预算编制、汇总、逐级上报形成中央部门预算。在预算编制阶段,单位负责编制本单位收入和支出预算建议及预算草案,按规定报送主管部门;部门负责审核本部门及所属各单位的收入和支出预算建议及预算草案,汇总形成部门预算建议和预算草案。

甲事业单位应根据单位职责及年度工作安排,围绕部门要求和轻重缓急原则,从已入库项目中选取本单位已完成细化的二级项目形成年度支出预算建议。根据项目细化信息,系统自动汇总生成资产配置计划汇总表、政府采购预算汇总表、政府购买服务汇总表等。其中,资产配置计划汇总表中可自动从资产卡片中获取待报废信息,用于预算编制审核。部门预算编制流程如图 9-3 所示。

(一)基本支出预算编制

甲事业单位从项目库中选取已细化的人员类项目、公用经费项目,分别形成人员经费预算建议和公用经费预算建议。基本支出预算编制表如表 9-3 所示。

---

① "一下"是指财政部对上报的预算建议数进行综合分析,下达预算控制数给各部门。
② "二上"是指各部门根据财政部门下达的预算控制数,编制详细的部门预算草案并再次上报给财政部门。

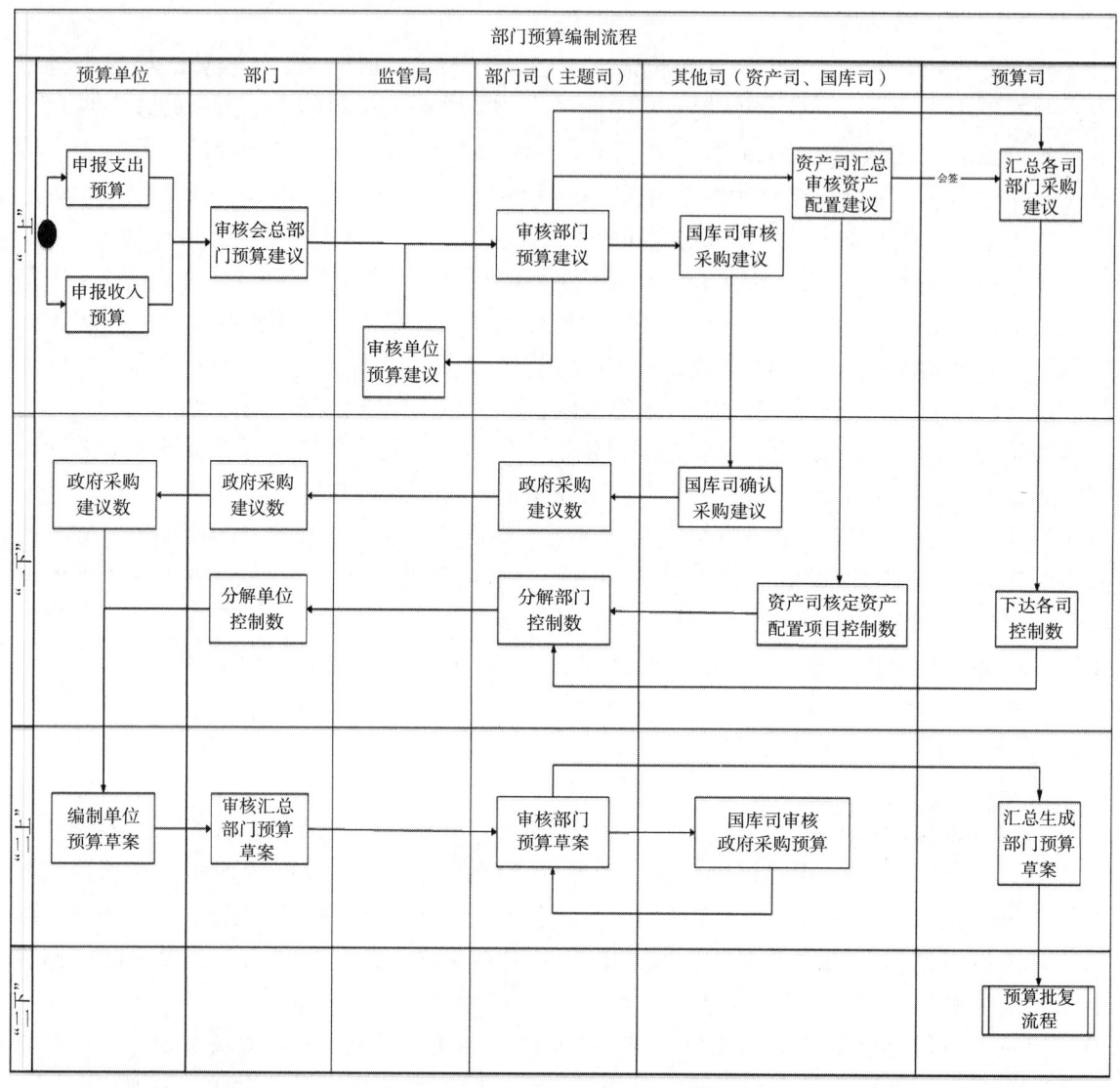

图 9-3 部门预算编制流程

表 9-3 基本支出预算编制表

项目名称	指标金额（万元）	是否政府采购	支出功能分类科目	政府支出经济分类
事业类人员经费	260	否	××××××	50501 工资福利支出
购房补贴	58	否	2210203 购房补贴	50501 工资福利支出
住房公积金	190	否	2210201 住房公积金	50501 工资福利支出
提租补贴	13.5	否	2210202 提租补贴	50501 工资福利支出

（续表）

项目名称	指标金额（万元）	是否政府采购	支出功能分类科目	政府支出经济分类
基本养老保险单位缴费	122	否	2080505 机关事业单位基本养老保险缴费支出	50501 工资福利支出
职业年金单位缴费	98	否	2080506 机关事业单位职业年金缴费支出	50501 工资福利支出
事业公用经费	240	否	×××××××	50502 商品服务支出
业务维持经费	270	否	×××××××	50502 商品服务支出
设备及服务购置项目	300	是	×××××××	50601 资本性支出（一）

（二）项目支出预算编制

从项目库中选取信息系统网络建设费项目和甲事业单位房屋租赁专项经费，合理预计支出计划后形成项目预算建议。项目支出预算编制表如表 9-4 所示。

表 9-4　项目支出预算编制表

项目名称	指标金额（万元）	是否政府采购	支出功能分类科目	政府支出经济分类
信息系统网络建设费	600	是	×××××××	50502 商品服务支出/50601 资本性支出（一）
甲事业单位房屋租赁专项经费	500	否	×××××××	50502 商品服务支出

（三）编制收入预算建议

甲事业单位依据经济形势、业务计划，合理预计当年财政拨款收入、财政专户管理资金收入、事业收入、其他收入和上年结转结余情况，做到收支平衡。

五、编报"二上"预算

甲事业单位根据上级部门分解下达的"一下"控制数，按要求编制本单位预算草案。具体业务流程如图 9-4 所示。

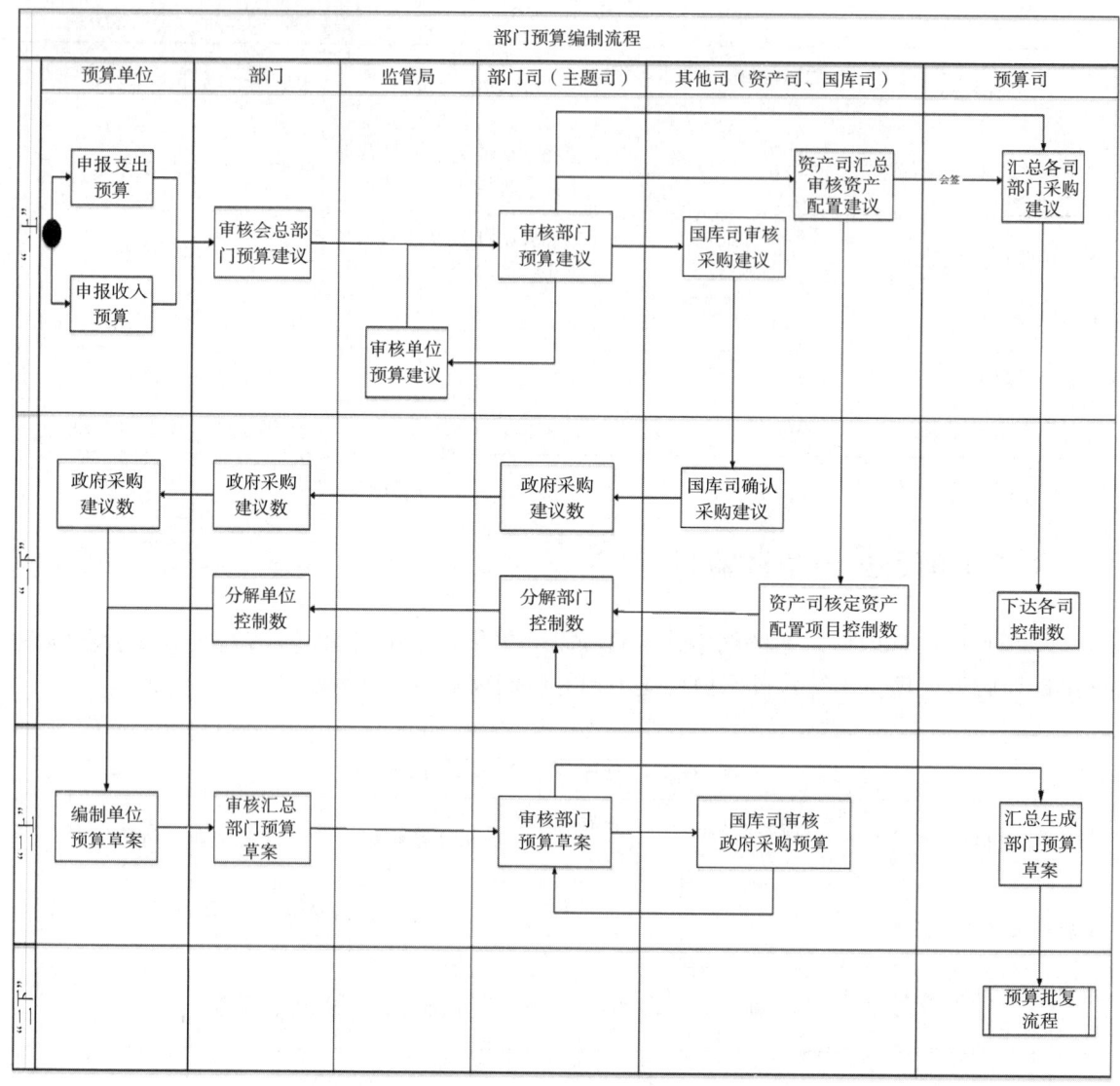

图 9-4 业务流程图

（一）调整完善收入预算

财政拨款收入应当与下达的预算控制数一致，财政专户管理资金、事业收入、其他收入等各项收入结合最新情况进行必要调整，按规定全部纳入预算。

（二）调整完善项目信息

根据"一下"预算控制数和预计收入情况，明确项目结转金额、当年预算安排及资金来源，重新编制支出预算，做到收支平衡。根据预算安排等情况进一步调整完善绩效目标。

甲事业单位依据上级下发的控制数重新编制基本支出中人员经费和公用经费的预算支出总额及明细；甲事业单位房屋租赁专项经费因提供了租赁合同，且租用面积符合中央事业单位办公用房要求，因此该项目的"一下"控制数与申报数一致，无变化。甲事业单位新增信息系统网络建设费项目，"一下"控制数总资金为600万元，全部为财政资金，与"一上"预算申报无变化。

基本支出"二"上预算编制表如表9-5所示。

表9-5 基本支出"二上"预算编制表

项目名称	指标金额（万元）	是否政府采购	支出功能分类科目	政府支出经济分类
事业类人员经费	200	否	×××××××	50501 工资福利支出
购房补贴	50	否	2210203 购房补贴	50501 工资福利支出
住房公积金	150	否	2210201 住房公积金	50501 工资福利支出
提租补贴	10	否	2210202 提租补贴	50501 工资福利支出
基本养老保险单位缴费	100	否	2080505 机关事业单位基本养老保险缴费支出	50501 工资福利支出
职业年金单位缴费	90	否	2080506 机关事业单位职业年金缴费支出	50501 工资福利支出
事业公用经费	300	否	×××××××	50502 商品服务支出
业务维持经费	200	否	×××××××	50502 商品服务支出
设备及服务购置项目	400	是	×××××××	50601 资本性支出（一）

项目支出"二上"预算编制表如表9-6所示。

表9-6 项目支出"二上"预算编制表

项目名称	指标金额（万元）	是否政府采购	支出功能分类科目	政府支出经济分类
信息系统网络建设费	600	是	×××××××	50502 商品服务支出/50601 资本性支出（一）
甲单位房屋租赁专项经费	500	否	×××××××	50502 商品服务支出

"二上"预算草案编制完成后，在一体化系统单位预算申报模块中进入"收支总表"页面，对甲事业单位的"收支总表"进行审阅。甲事业单位通过"收支总表"可查看全部收入、支出数据，审核无误后，即可提交上报。至此，"二上"预算的编制工作就完成了。

六、2023年年中预算调整调剂

甲事业单位在预算执行过程中，因业务需求变化，对资金的使用发生变化，本着无预算不支出的原则，甲事业单位需先提出预算调整申请，待批复后方可按批复数据使用对应资金。甲事业单位具体的调整事项如下：

（1）事业公用经费中因会议需求变化，需增加音视频设备并增加网络带宽。音视频设备需资金130万元，网络带宽需资金50万元；两者均达到政府采购标准，因此，甲事业单位需对事业公用经费增加资产采购预算、政府采购货物和服务预算；由办公费中调减180万元，对应增加委托业务费50万元，办公设备购置130万元。

（2）业务维持经费项目中需将部门经济分类科目办公费调减50万元，同时调增委托业务费50万元。

（3）信息系统网络建设费项目原预算批复为"50502商品服务支出"150万元，"50601资本性支出（一）"450万元。后因项目实施方案有变化，需减少资本性支出60万元，同时增加商品服务支出60万元。

针对以上三个调整事项的预算调整需求，其涉及的政府预算支出经济分类科目间的调剂，甲事业单位应分别依据以下情况处理：需要调剂"类"级科目的，于每年年中按照预算调剂程序办理；需要调剂"款"级科目的，甲事业单位可向主管部门提出申请，上级部门依据实际情况和有关规定办理。调剂表具体如表9-7所示。

表9-7 甲事业单位2023年财政拨款政府预算支出经济分类科目调剂表

单位：万元

序号	项目名称	部门预算支出经济分类科目		政府预算支出经济分类科目		调减科目	调增科目	调整金额		是否政采	备注
		科目代码	科目名称	科目代码	科目名称			当年拨款	上年结转		
1	事业公用经费	30201	办公费	50502	商品和服务支出	50502 商品和服务支出	50601 资本性支出（一）			是	
2	信息系统网络建设费	31002	办公设备购置	50601	资本性支出（一）	50601 资本性支出（一）	50502 商品和服务支出			否	
3	事业公用经费	30201	办公费	50502	商品和服务支出	—	—			是	由办公费调整至委托业务费，不涉及政府预算支出经济分类科目调整
4	业务维持经费	30201	办公费	50502	商品和服务支出	—	—			否	由办公费调整至委托业务费，不涉及政府预算支出经济分类科目调整

第五节 预算执行及调剂案例

预算执行是预算经过法定程序审查和批准后进入具体实施的阶段，是政府及其财政部门围绕实现国家预算目标组织收入、保证支出，并对收支运行进行全过程监督的总称。《预算管理一体化规范（试行）》规定，各部门、各单位应加强对预算约束，不得擅自扩大支出范围、提高开支标准；严格按照预算规定的支出用途和政府采购法律制度规定使用资金，合理安排支出进度。预算单位提出资金支付申请时，应在预算指标可用额度范围内进行支付。资金支付要严格按照预算指标、项目进度、预算级次和规定的程序进行。

一、预算指标下达

甲事业单位按照预算批复数，结合自身实际业务安排预算资金的使用。2024 年，甲事业单位当年预算指标共计 1 851.5 万元，其中：人员类项目经费 741.5 万元、运转类项目经费 510 万元、特定项目类经费 600 万元。一体化系统根据预算批复数，生成项目预算指标，具体指标分类见表 9-8。

表 9-8 指标分类

项目名称	指标金额（万元）	是否政府采购	支出功能分类科目	政府支出经济分类
事业类人员经费	260	否	×××××××	50501 工资福利支出
购房补贴	58	否	2210203 购房补贴	50501 工资福利支出
住房公积金	190	否	2210201 住房公积金	50501 工资福利支出
提租补贴	13.5	否	2210202 提租补贴	50501 工资福利支出
基本养老保险单位缴费	122	否	2080505 机关事业单位基本养老保险缴费支出	50501 工资福利支出
职业年金单位缴费	98	否	2080506 机关事业单位职业年金缴费支出	50501 工资福利支出
事业公用经费	240	否	×××××××	50502 商品服务支出
业务维持经费	270	否	×××××××	50502 商品服务支出
信息系统网络建设费	600	是	×××××××	50502 商品服务支出、50601 资本性支出（一）

二、采购合同管理与预算执行的衔接

自预算管理一体化系统上线以来,财政部门对预算单位采购活动实施更高效的监管,要求预算单位严格按照批复下达的预算执行采购活动,无预算不得采购。并在预算管理一体化系统中内置采购合同管理板块,将政府采购合同、历史采购合同(当年支出)以及金额大于等于 100 万元的购买性支出合同均需要备案才可以完成支付。

财政部门对购买性支出进行了界定,部门预算支出经济分类属于下列范围的支出作为购买性支出管理(共 27 个科目):30201 办公费,30202 印刷费,30203 咨询费,30209 服务管理费,30213 维修(护)费,30214 租赁费,30218 专用材料费,30224 装备购置费,30231 公务用车运行维护费,30901 房屋建筑物购建,30902 办公设备购置,30903 专用设备购置,30905 基础设施建设,30906 大型修缮,30907 信息网络及软件购置更新,30908 物资储备,30913 公务用车购置,30919 其他交通工具购置,31001 房屋建筑物购建,31002 办公设备购置,31003 专用设备购置,31005 基础设施建设,31006 大型修缮,31007 信息网络及软件购置更新,31008 物资储备,31013 公务用车购置,31019 其他交通工具购置。针对大于等于 100 万元的购买性支出合同,在预算执行时需要由合同管理经办岗人员先将合同提前备案到支出的预算指标下,根据合同如实填写合同实际类型、合同物品清单以及付款计划等内容,然后由审核岗审核后推送到支付端进行支付。如果未按照要求进行合同备案,在预算单位完成支付流程后,会进入部门人工审核,严重影响资金支付效率。

政府采购合同无论金额大小,只要属于政府采购目录范畴,均需要提前备案合同,具体备案方式、方法以及备案信息与购买性支出合同备案一样,在此不做赘述。预算管理一体化系统上线以后对政府采购环节进行了延伸和改进。原政府采购系统中采购工作是以政府采购计划为起点,政府采购合同签订信息报送为终点。而预算管理一体化系统将采购业务过程纳入项目库进行管理与关联,采购工作以预算编制细化为政府采购起点,履约支付为采购终点。特别是对以往预算不能及时获取,预算调剂信息不能及时向各方反映,采购数据不能与支付、资产衔接等问题进行了优化,进一步减轻了单位业务人员的工作强度。

甲事业单位当年网络安全设备系统购置项目属于政府采购目录范畴,对应政府采购金额为 350 万元,该项目在预算批复后,一体化系统会将该指标推送到政府采购模块,作为该项目政府采购活动的控制依据。在申请支付时,财务人员需先在"政府采购—合同管理"模块进行合同备案,备案时需要关联到"设备购置项目"指标,按照合同实际类型、合同物品清单以及付款计划等信息完成备案。备案完成后,一体化系统会将备案信息推送到"预算执行—国库集中支出—设备购置项目"指标下，经办人进行支付即可。

三、资金支付申请填报

《预算管理一体化规范（试行）》规定，国家实行国库集中支付制度，对政府全部支出实行国库集中支付管理。国库集中支付以国库单一账户体系为基础，以健全的财政支付信息系统和银行间实时清算系统为依托，支付款项时，由单位提出申请，经校验审核后，将资金通过单一账户体系支付给收款人。一般公共预算资金、政府性基金预算资金、国有资本经营预算资金应当纳入国库单一账户体系，按照国库集中支付制度办理资金支付。财政专户管理资金应当参照国库集中支付流程办理资金支付，积极创造条件直接支付到最终收款人。

甲事业单位在预算执行过程中，因实际业务发生变化，将年初下达预算进行调整调剂，因实际支付中委托业务费增加，将"业务维持经费"项目部门经济分类下"办公费"科目调减50万元，将"委托业务费"科目调增50万元，该调整在同一经济分类下，甲事业单位报上级部门进行审批；"信息系统网络建设费"项目因减少无形资产采购，将部门经济分类"资本性支出（一）"调减60万元，相应将"商品服务支出"调增60万元，由于预算调整涉及跨部门经济分类调整，甲事业单位上报上级单位汇总，由财政部相关部门完成最终审批；以下预算执行业务将按照调剂后的指标进行支付，严格落实无预算不支出的原则。

甲事业单位根据自身业务特点，结合国家出台财务法规制定了一系列预算资金使用管理办法，包括培训费、劳务费、差旅费、设备购置项目管理经费使用细则等，通过制度严格控制预算执行，对资金开支范围、支付标准做出明确约束。

（一）人员类项目

甲事业单位人事处每月对单位人员情况、工资薪金、公积金及社保等情况进行汇总并编制工资发放清单，按照甲单位财务管理制度，报经单位领导审批，审批完成后流转财务部门，财务部门进行审核，确保正确无误后安排工资发放。甲事业单位5月份发放工资薪金共计95万元，其中事业人员经费指标申请45万元、住房公积金指标申请25万元、购房补贴指标申请10万元、提租补贴指标申请1万元、基本养老保险指标申请9万元，职业年金单位缴费指标申请5万元。

情况一：采用一体化单位自发工资业务支付出纳使用经办岗的U盾登录一体化系统，按照各类指标相应金额汇总国库支付申请，在"单位自发工资信息接入（生成支付申请）"中再次核验支付明细人员姓名、身份证号、工资卡卡号、发放金额等要素信息。甲事业单位财务人员完成单位支付申请、签章后,一体化系统会报送本级财政部门进行自动校验,校验通过后,系统自动链接代理银行完成资金支付。发放成功后,代理银行通过一体化系统分别向甲单位和财政部门发送"支付凭证回单接收"凭证,分别用于甲事业单位会计核算和财政部门总会计核算。

情况二:通过开户银行代发户模式发放工资,出纳使用经办岗的U盾登录一体化系统,按照工资占用各类指标的金额,分别从各个指标中申请支付,将相应金额汇总转账到开户银行代发账户,开户银行根据出纳人员提供的《批量代收(付)业务汇总清单》将代发人员发放金额导入代发银行系统,银行系统自动校验是否与转入代发户的金额相符,如果相符,开户银行完成发放;如果不符,财务人员应及时与银行进行沟通,查明原因确保及时发放。

(二)运转类项目

1. 公务卡业务

甲事业单位在财政部门规定的代理银行范围内选择一家公务卡发卡银行H银行,与H银行签订委托代理协议,并报送财政部门备案。甲事业单位为符合公务卡办卡条件的员工向H银行申请办理公务卡,并将公务卡信息在一体化系统里进行维护,确保公务卡还款可执行。

业务9-1:单笔消费记录一次性报销。

甲事业单位办公室小王根据工作需要采购办公用品,使用公务卡进行结算,共支付1 000元,消费日期为2024年5月5日。甲单位财务人员根据消费金额、持卡人姓名、公务卡号后四位在"公务卡消费明细管理(预算单位)"查找消费记录,选择"事业公用经费"指标生成支付申请,保存并签章,发送财政部门进行自动校验,校验通过后发送代理银行完成资金支付。H代理银行通过一体化系统分别向甲单位和财政部门发送"支付凭证回单接收"凭证,分别用于甲事业单位会计核算和财政部门总会计核算。

甲事业单位财务人员根据代理银行发送的银行回单进行相应会计核算,平行记账账务处理如下:

(1)财务会计账务处理如下:

A.报销时:

借:单位管理费用　　　　　　　　　　　　　　　　　　　　　　1 000

　　贷:其他应付款　　　　　　　　　　　　　　　　　　　　　　　1 000

B.还款时:

借：其他应付款　　　　　　　　　　　　　　　　　　　　1 000
　　贷：财政拨款收入　　　　　　　　　　　　　　　　　　　　1 000
（2）预算会计账务处理如下：
A. 报销时：
不涉及账务处理。
B. 还款时：
借：事业支出　　　　　　　　　　　　　　　　　　　　　1 000
　　贷：财政拨款预算收入　　　　　　　　　　　　　　　　　　1 000

业务9-2：单笔消费记录分批报销。

2023年9月份，预算管理一体化系统在公务卡模块—消费明细列表中新增"剩余可报销金额"字段，该字段主要解决以往单条消费记录不可重复使用的问题，即单笔消费记录既可以分次进行报销，也可以通过不同的预算指标进行报销。

甲事业单位工程室办事员李某使用公务卡购买业务零星用品8 000元，消费日期为2024年5月5日。报销时，经单位领导审批后，使用以前年度预算指标（中央财政以前年度安排的基本支出经费）支付4 000元，使用2024年预算指标"事业公用经费"支付4 000元。甲事业单位财务人员根据消费金额、持卡人姓名、公务卡号后四位在"公务卡消费明细管理（预算单位）"查找消费记录，选择"以前年度基本支出经费"指标生成支付申请，修改报销金额为4 000元，保存并签章，发送财政部门进行自动校验，校验通过后发送代理银行完成资金支付。支付成功后，"消费明细列表"中"剩余可报销金额"剩余4 000元，财务人员点选该条消费记录，选择"事业公用经费"指标报销剩余4 000元，操作同上不再赘述。

甲事业单位财务人员根据代理银行发送的银行回单进行相应会计核算，平行记账账务处理如下：

（1）财务会计账务处理如下：
A. 报销时：
借：业务活动费用　　　　　　　　　　　　　　　　　　　8 000
　　贷：其他应付款　　　　　　　　　　　　　　　　　　　　8 000
B. 还款时：
借：其他应付款　　　　　　　　　　　　　　　　　　　　8 000
　　贷：财政拨款收入　　　　　　　　　　　　　　　　　　　4 000
　　　　财政应返还额度　　　　　　　　　　　　　　　　　　4 000
（2）预算会计账务处理如下：

A. 报销时：

不涉及账务处理。

B. 还款时：

借：事业支出　　　　　　　　　　　　　　　　　　　　　　8 000
　　贷：财政拨款预算收入　　　　　　　　　　　　　　　　　　4 000
　　　　资金结存——财政应返还额度　　　　　　　　　　　　　4 000

业务 9-3：借调、挂职人员的公务卡还款情况。

甲事业单位下属事业单位王某因业务交流需要，2024 年 5 月，开始借入甲事业单位人事处开展工作；6 月，王某出差产生差旅费 2 360 元，其中：公务卡支付往返机票、住宿费共计 2 000 元，剩余伙食补助和公杂费 360 元通过储蓄卡支付，该差旅费全部使用"事业公用经费"指标支付。由于王某是下属单位人员，公务卡信息未在甲单位一体化系统中维护，无法进行公务卡还款。甲事业单位财务人员经单位领导审批，在预算管理一体化系统中先将王某公务卡信息由原下属单位授权划转入甲单位，然后进行公务卡还款。

甲事业单位财务人员根据代理银行发送的银行回单进行相应会计核算，平行记账账务处理如下：

（1）财务会计账务处理如下：

A. 报销时：

借：单位管理费用　　　　　　　　　　　　　　　　　　　　2 360
　　贷：其他应付款　　　　　　　　　　　　　　　　　　　　　2 360

B. 还款时：

借：其他应付款　　　　　　　　　　　　　　　　　　　　　2 360
　　贷：财政拨款收入　　　　　　　　　　　　　　　　　　　　2 360

（2）预算会计账务处理如下：

A. 报销时：

不涉及账务处理。

B. 还款时：

借：事业支出　　　　　　　　　　　　　　　　　　　　　　2 360
　　贷：财政拨款预算收入　　　　　　　　　　　　　　　　　　2 360

2. 委托收款业务

甲事业单位办公厂区的电费通过委托收款的方式进行日常结算。2024 年年初，甲事业单位与 H 代理银行和供电所签订三方委托协议，明确甲事业单位每月的电费根据供电所提供的缴费单由 H 代理银行进行自动扣缴。甲事业单位将签署生效的三方协议在一体化系统中进行维护并关联"事业公用经费"指标。5月4日,发生电费扣款业务,H代理银行在一体化系统中生成"委托收款申请书",明确本次电费扣款金额为2 000元,一体化系统自动校验关联"事业公用经费"指标可用额度是否充足,校验成功后系统自动生成支付凭证发送H代理银行,H代理银行根据凭证办理委托收款业务,将电费2 000元支付给供电所。

甲事业单位财务人员根据一体化系统生成的《国库集中支付凭证》、供电所提供的发票以及代理银行发送的银行回单进行相应会计核算,平行记账账务处理如下:

(1) 财务会计账务处理如下:

借:业务活动费用　　　　　　　　　　　　　　　　　　　　　　2 000
　　贷:财政拨款收入　　　　　　　　　　　　　　　　　　　　　　2 000

(2) 预算会计账务处理如下:

借:事业支出　　　　　　　　　　　　　　　　　　　　　　　　2 000
　　贷:财政拨款预算收入　　　　　　　　　　　　　　　　　　　　2 000

3. 普通支付业务

业务9-4:甲事业单位为开展专业业务活动及其辅助活动从外单位租赁一处办公厂区,月租金为40 000元,合同约定每个月初支付上个月租金,计划使用"业务维持经费"进行支付。5月1日,出纳人员根据计划付款时间,在一体化系统—国库集中支付模块支付4月份租金40 000元,甲事业单位内部进行审核、签章之后,系统会进行自动校验,校验通过后,财政部门会将国库支付申请凭证发送H代理银行,完成40 000元支付申请。

甲事业单位财务人员根据预算管理一体化系统生成的《国库集中支付凭证》以及代理银行发送的银行回单进行相应会计核算,平行记账账务处理如下:

(1) 财务会计账务处理如下:

A.4月底预提租金时:

借:单位管理费用　　　　　　　　　　　　　　　　　　　　　　40 000
　　贷:预提费用　　　　　　　　　　　　　　　　　　　　　　　40 000

B.5月1日支付时:

借:预提费用　　　　　　　　　　　　　　　　　　　　　　　　40 000
　　贷:财政拨款收入　　　　　　　　　　　　　　　　　　　　　40 000

(2) 预算会计账务处理如下:

A.4月底预提租金时:
不涉及账务处理。
B.5月1日支付时:

借：事业支出 40 000
　　贷：财政拨款预算收入 40 000

业务9-5：2024年5月13日，甲事业单位会计人员从财政资金账户向单位实有资金账户划转30 000元，其中代扣代缴的个人所得税10 000元，使用以前年度预算指标支付；委托收款的社会保险缴费20 000元，使用本年度预算指标"基本养老保险单位缴费"支付。财务人员根据收到的支付凭证及实有资金账户入账凭证进行账务处理。5月15日，银行从实有资金账户代扣个人所得税10 000元，税款已缴纳至税务部门，会计人员根据银行委托收款回单进行账务处理。

甲事业单位财务人员根据预算管理一体化系统生成的《国库集中支付凭证》以及代理银行发送的银行回单进行相应会计核算，平行记账账务处理如下：

（1）财务会计账务处理如下：

A.5月13日，划转代扣代缴的个人所得税、委托社会保险缴费时：
借：银行存款——财政拨款资金 30 000
　　贷：财政应返还额度 10 000
　　　　财政拨款收入 20 000

B.5月15日，银行从实有资金账户代扣代缴个人所得税、缴纳社会保险时：
借：其他应交税费——应交个人所得税 10 000
　　单位管理费用 20 000
　　贷：银行存款——财政拨款资金 30 000

（2）预算会计账务处理如下：

A.5月13日，划转代扣代缴的个人所得税、委托社会保险缴费时：
借：资金结存——货币资金——财政拨款资金 30 000
　　贷：资金结存——财政应返还额度 10 000
　　　　财政拨款预算收入 20 000

B.5月15日，银行从实有资金账户代扣代缴个人所得税、缴纳社会保险时：
借：事业支出 30 000
　　贷：资金结存——货币资金——财政拨款资金 30 000

按规定中央预算单位一般不得从本单位零余额账户向本单位或本部门其他预算单位实有资金账户划转资金。但根据《中央财政预算管理一体化资金支付管理办法（试行）》（财库〔2022〕5号印发）规定，有五种情形可以划转：一是根据政府购买服务相关政策，按合同约定向本部门所属事业单位支付的政府购买服务支出；二是确需划转的工会经费、住房改革支出、应缴或代扣代缴的税款，以及符合相关制度规定的工资代扣事项；三是暂不能通过零余额账户委托收款的社会保险缴费、职业年金缴费、水费、电费、取暖费等；四是按规定允许划转的科研项目和教育资金;五是财政部(国库司)规定的其他情形。因此,只有涉及上述五种情形的会计业务才可依据《政府会计准则制度解释第5号》的相关规定进行账务处理。

4. 更正支付业务

5月2日,甲事业单位业务部门采购一批价值为40 000元的专用材料(资产管理部门认定为耗材),使用当年预算指标"维持业务经费"进行支付。5月2日,出纳在一体化系统向供应商在W银行的账户汇款。5月4日,收到H代理银行支付成功的银行回单,会计人员当日进行账务处理时,发现出纳在进行支付申请时,误选成"事业公用经费"指标。经报送甲事业单位领导审批,为确保预算与执行相符,决定该笔业务由"事业公用经费"更正为"维持业务经费"指标。出纳人员在一体化系统支付更正模块选择原支付申请,在此基础上填写更正信息,生成支付更正申请书,将项目指标由"事业公用经费"更正为"维持业务经费"指标,其他支付信息不变。更正完成以后,一体化系统会恢复"事业公用经费"指标40 000元,扣减"维持业务经费"指标40 000元。

甲事业单位财务人员根据预算管理一体化系统生成的《国库集中支付凭证》进行相应会计核算,平行记账账务处理如下:

(1)财务会计账务处理如下:

A. 更正前:

借:业务活动费用　　　　　　　　　　　　　　　　　　40 000
　　贷:财政拨款收入——事业公用经费　　　　　　　　　　　40 000

B. 更正后:

借:财政拨款收入——事业公用经费　　　　　　　　　　　40 000
　　贷:财政拨款收入——维持业务经费　　　　　　　　　　40 000

(2)预算会计账务处理如下:

A. 更正前:

借:事业支出　　　　　　　　　　　　　　　　　　　　40 000
　　贷:财政拨款预算收入——事业公用经费　　　　　　　　　40 000

B. 更正后:

借:财政拨款预算收入——事业公用经费　　　　　　　　　40 000
　　贷:财政拨款预算收入——维持业务经费　　　　　　　　40 000

5. 资金退回业务

5月20日,甲事业单位业务部门聘请外单位4名正研究员开展数据分析工作,按照甲事业单位咨询费管理办法,4名专家每人可以领取800元的咨询费。当日出纳在一体化系统"事业公用经费"指标中申请支付3 200元。由于一位收款人账户信息有误,5月21日,800元被退回并收到H代理银行资金退回的银行回单。随后出纳人员在一体化系统"资金退回"模块接收《国库集中支付资金退回通知书》,将资金退回国库,财政部门根据退回通知书进行"事业公用经费"预算指标额度恢复,甲事业单位出纳人员根据正确信息重新填报支付申请。

甲事业单位财务人员根据一体化系统生成的《国库集中支付凭证》以及代理银行发送的银行回单进行相应会计核算,平行记账账务处理如下:

(1)财务会计账务处理如下:

A. 支付时:

借:业务活动费用　　　　　　　　　　　　　　　　　　　　　　3 200
　　贷:财政拨款收入——事业公用经费　　　　　　　　　　　　　　　3 200

B. 退回时:

借:财政拨款收入——事业公用经费　　　　　　　　　　　　　　800
　　贷:业务活动费用　　　　　　　　　　　　　　　　　　　　　　　800

C. 重汇时:

借:业务活动费用　　　　　　　　　　　　　　　　　　　　　　　800
　　贷:财政拨款收入——事业公用经费　　　　　　　　　　　　　　　800

(2)预算会计账务处理如下:

A. 支付时:

借:事业支出　　　　　　　　　　　　　　　　　　　　　　　3 200
　　贷:财政拨款预算收入——事业公用经费　　　　　　　　　　　　3 200

B. 退回时:

借:财政拨款预算收入——事业公用经费　　　　　　　　　　　　800
　　贷:事业支出　　　　　　　　　　　　　　　　　　　　　　　　800

C. 重汇时:

借:事业支出　　　　　　　　　　　　　　　　　　　　　　　　800
　　贷:财政拨款预算收入——事业公用经费　　　　　　　　　　　　800

(三)特定目标类项目

甲事业单位根据自身的业务需要,5月2日签订软件开发"网络安全防御系统"项目政府采购合同,合同约定:项目总金额为350万元,分两批进行支付,在合同签订后7日内支付第一批款项,首批支付金额为项目总金额的20%,在系统安装运行无误后支付剩余80%的款项。

经甲事业单位领导审批,5月8日,甲事业单位使用"信息系统网络建设费"指标进行支付。由于软件开发服务属于政府采购预算项目范畴,因此,甲事业单位在报送支付申请的同时在一体化系统里，通过政府采购模块备案相关合同信息，包括政府采购信息、付款节点、购买内容、收款人等，对合同中的要素信息和支付申请中的要素信息进行对比校验后保存提交。合同备案信息在审核通过后会自动推送到"预算执行—国库集中支付—设备及服务购置项目"政采指标下，出纳人员点选备案合同，按照付款计划支付70万元。5月22日，供应商将网络安全防御系统安装在甲单位指定电脑中，经过调试系统运行无误，甲事业单位进行验收入库，作为无形资产进行管理。5月23日，甲事业单位出纳人员支付剩余280万元合同款。该支付经过甲事业单位财务人员审核、签章以后报送财政部门自动校验。一体化系统自动校验该项目政府采购合同内容、申请中的付款节点、收款人以及采购内容是否与合同内容一致，校验无误后，财政部门会将国库支付申请凭证发送H代理银行，完成280万元支付申请。

提示：如果在进行政府采购项目支付申请时，未进行合同备案或者备案的付款信息等与合同内容不一致，一体化系统在支付申请时会进行支付拦截。

甲事业单位财务人员根据一体化系统生成的《国库集中支付凭证》以及代理银行发送的银行回单进行相应会计核算，平行记账账务处理如下：

（1）财务会计账务处理如下：

A.5月8日，支付时：

借：预付账款——待确认资产　　　　　　　　　　　　　　　　700 000
　　贷：财政拨款收入　　　　　　　　　　　　　　　　　　　　700 000

B.5月23日，支付时：

借：无形资产　　　　　　　　　　　　　　　　　　　　　　3 500 000
　　贷：财政拨款收入　　　　　　　　　　　　　　　　　　2 800 000
　　　　预付账款　　　　　　　　　　　　　　　　　　　　　700 000

（2）预算会计账务处理如下：

A.5月8日，支付时：

借：事业支出——资本性支出　　　　　　　　　　　　　　　　700 000
　　贷：财政拨款预算收入　　　　　　　　　　　　　　　　　　700 000

B.5月23日，支付时：

借：事业支出——资本性支出　　　　　　　　　　　　　　　2 800 000
　　贷：财政拨款预算收入　　　　　　　　　　　　　　　　2 800 000

预算管理一体化系统中资产验收入库作为实物资产登记管理的入口，针对新购、调拨等方式取得的资产进行资产验收单登记。采购资产到货后，根据接收的采购模块推送的采购合同信息、采购明细信息、原始凭证，对收到资产进行验收和补录资产实物信息。经过单位内部审核完成后，生成资产信息卡及资产唯一编号，并推送至会计核算模块进行凭证登记。财务会计人员完成记账后，更新资产价值、财务入账日期、记账凭证号、财务负责人等财务信息到验收入库单据和资产信息卡，保证账账相符。

甲事业单位在网络安全防御系统验收通过后，按照"一物一卡"原则建立资产卡片，甲事业单位资产管理人员根据政府采购合同、发票等资料在一体化资产管理模块登记资产的基础信息和使用信息。在进行会计核算后，系统自动更新该卡片财务信息，此时资产管理人员对资产的使用年限、折旧方法等财务信息进行补充完善，确保资产卡片对应的价值总额与会计账面记录金额相符。在投入使用后，系统会根据使用年限、折旧方法等生成折旧信息，财务人员根据折旧信息进行会计核算。系统根据会计核算信息，自动更新资产卡财务信息。

四、决算和政府财务报告

预算管理一体化基于统一的业务规范，整合预算管理各个环节，通过设计和优化预算管理流程中各项活动，统一管理规则、管理要素和数据存放方式，从而使各级政府、各部门更科学、更紧密地进行业务协作，使信息更顺畅快速地流通，彻底消除"信息孤岛"，保证各级政府、各个部门之间的数据来源一致、口径一致，信息充分共享，财政数据的质量大幅度提升，为报告编制提供基础。预算一体化管理系统财务报告与决算编制与以往编制方法一致，详细填报方法请参照"第八章　政府财务报告和决算报告"。

第十章 行政事业单位政府会计制度信息化

第一节 行政事业单位政府会计信息化概述

一、概念

行政事业单位政府会计信息化主要是指利用现代计算机信息技术,将政府会计制度要求通过网络化、自动化信息处理技术,辅助财务人员进行财务报销、会计核算、会计报表处理,同时为管理部门提供高质量的数据信息,提高财务资源的使用效益,从而更好地为单位提供财务服务,有效推动业务与财务的融合发展。

二、总体要求

(一)制度层面

2017年10月24日,财政部印发了《政府会计制度》。此外,《政府会计准则——基本准则》、各项具体准则及应用指南、补充规定和衔接规定的出台,有机整合了《行政单位会计制度》《事业单位会计制度》以及医院、基层医疗卫生机构、高等学校、中小学校、科学事业单位、彩票机构、地勘单位、测绘单位、林业(苗圃)等单位的会计制度的内容。《政府会计制度》引入"平行记账"规则,确立了预算会计和财务会计适度分离并相互衔接的政府会计核算模式,要求对同一会计主体的经济业务,预算会计和财务会计要素相互协调,决算报表和财务报告相互补充,共同反映政府会计主体的预算执行信息和财务信息;建立统一、科学、规范的政府会计准则制度体系,确保能够真实反映"家底"。这些都要求对原有的会计核算信息系统进行重构，通过信息技术迭代升级，建立全面、便捷、高效的财务信息系统，支撑政府会计制度落地实施。

（二）管理层面

随着信息技术的发展，财务也在向数字化、智慧化转型，业财融合是单位精细化管理和提升部门管理效率的发展趋势，计财信息化系统也成为各单位计财管理的需要。在大数据背景下，财务管理不仅仅局限于日常核算，更多地要向战略决策支持方向发展，这也需要财务信息化系统提供及时、精确的单位财务运行状况数据信息。加之财政预算管理一体化系统运行给单位的管理也带来一定的影响，财务管理需要与预算管理一体化进行有效衔接，以保证预算、资产、资金的完整和准确，这些都需要计财一体化信息系统支撑。

（三）业务层面

深入推进财务工作信息化建设是提高财务管理工作效率的重要途径，是提升财务服务能力和水平的必然要求。政府会计制度改革后，对会计核算的要求更高，需要适应财务管理与会计核算相互分离的管理模式，特别是一些单位，科研项目多，资金量大，资金来源不同，业务复杂，对财务精细化管理和核算的要求更高。只有建立信息化财务管理模式，适应政府会计改革总体要求，加强财务风险控制，实现财务管理创新，才是提高财务业务和会计核算必由之路。

三、信息系统实现目标

（一）建立规范、统一的政府会计核算标准体系

会计信息化是指将会计信息作为管理信息资源，运用计算机、网络通信等信息技术对其进行获取、加工、传输、应用，为政府部门管理决策提供充足、实时、全方位的信息。会计信息化的前提是会计核算标准的统一，随着国家预算改革科学化、精细化、规范化的不断推进，特别是政府会计准则、政府会计制度的相继出台，建立健全政府会计核算标准体系是落实党的十九大报告建立现代财政制度的重要举措，是适应权责发生制政府综合财务报告制度改革的需要。

1. 会计制度体系标准化

政府会计核算实行"准则+制度"体系，准则更多地关注原则性问题，制度则注重具体核算的实务操作。近年来，国家出台了一系列的相关政策、制度、规定，例如《政府会计制度——行政事业单位会计科目和报表》，它整合了《行政单位会计制度》《事业单位会计制度》和医院、基层医疗卫生机构、高等学校、中小学校、科学事业单位、彩票机构、地勘单位、测绘单位、林业（苗圃）等单位的会计制度的内容。同时，各部门也出台了相

应的制度、规定。例如，中国气象局作为行政事业单位的医院，落实政府会计改革，下发了本部门的会计政策和财务核算指南，明确了气象部门政府会计制度原则。这些政策和指南奠定了气象部门政府会计制度框架，为气象部门政府会计体系改革指明了方向；奠定了气象部门政府预算透明性基础，在信息公开的规范性上对气象部门政府会计体系改革提出了要求；奠定了气象部门政府预算绩效评价的基础，在会计核算的科学性上为气象部门政府会计体系改革指明方向。

2. 会计科目体系标准化

规范、标准的会计科目体系是会计核算的基础，也是信息化建设的前提。政府会计制度改革后，财政部下发相关文件，统一了全国各行业会计科目体系以及核算规范。各单位在满足财政部要求的基础上，需要根据单位管理和核算要求进行细化，形成规范、标准的会计科目体系，才能满足信息化实施的需要，如行政事业单位、通用企业、高新技术企业科目、建筑施工企业、小企业、房地产企业、工会、党费、民间非营利组织等科目体系。以中国气象局为例，气象部门会计核算信息化从2005年开始建设，整体科目体系也是在不断的规范中，经过多年的建设，逐步形成了符合气象部门管理特点的标准化体系。

（1）建立标准的科目体系，统一编码规则。例如，事业单位科目编码规则为4-2-2-2-2；企业、民间非营利组织科目编码规则为4-2-2，房地产科目编码规则为4-2-2-2，党费、工会科目编码规则为3-2-2。

（2）建立标准的辅助核算体系，统一支出功能分类编码规则：3-2-2；统一资金来源分类编码规则：3-3-3-3；统一项目支出的编码规则：2-2-2-2-2-2-2-2-2；统一部门编码规则：2-2-2-2；明确科学事业单位支出编码规则：3-3-3；确定往来核算编码规则：2-3-3-3。

每年年初计财管理部门将已经确定的会计科目体系给信息化实施部门，信息化实施部门根据计财管理部门的科目体系，按照信息化系统的规则，编写科目脚本，下发全国执行，保证了科目的一致性。下级单位不能随意增加平级科目，只能增加下级科目。

3. 会计业务核算体系标准化

核算业务包括报销、支付、记账、会计报表的标准规范。

（1）信息化的实施需要按照结构化数据和非结构化数据梳理报销审核标准。结构化数据由系统自动审核，如金额加总、差旅费标准计算等；非结构化数据人工审核，如形式要件等。单位需要按照业务类型建立相应的会计审核标准，为智能审核奠定基础。

（2）建立标准化的支付流程。单位使用银企直联或RPA机器人通过预算管理一体化完成支付，需要根据业务类型，通过与银行建立标准的一体化业务接口，直接推送，例如转账、公务卡还款、储蓄卡、工资等。

（3）会计记账标准化。账务是结果的反映，只有在建立完整的会计科目标准、报销审核标准才能实现记账的标准规范，通过内控、报销、审核、支付、记账一体化、流程化实现业务的闭合运行，自动推送生成符合标准的会计记账凭证。

（4）会计报表体系标准化。按照财政部要求，确定取数规则，实现自动生成本单位部门预算、预算执行、收入、支出、资金存量、重点费用、机构人员、工资发放等关键数据的"一键式"统计查询功能,同时可以引入相关分析工具嵌入系统,通过数据治理,形成财务数据分析建模,达到业务人员自主进行数据制表、画图,最终完成财务分析,辅助领导快速、全面、系统地了解本单位计财工作实时状况,为领导科学决策分析提供可靠依据,有利于提升单位的计财管理水平。

(二)实现政府会计业务处理相关功能

政府会计制度实施,需要会计信息系统"升级换代",需要在原有收付实现制的基础上引入权责发生制,按照"双基础、双功能、双报告"的总体要求,同时以"财务会计和预算会计适度分离并相互衔接"为原则,引入了"平行记账"方式。这使得新制度实施之后,行政事业单位的会计科目、会计要素、财务报表、记账规则、会计报表间的勾稽关系等都将有所调整。对行政事业单位财务管理来说,这次变革是挑战,也是机遇。为保证政府新会计制度顺利实施,财政部要求各级行政事业单位要加强会计信息化建设,结合《政府会计制度》内容,及时对会计信息系统进行重构。各单位还需要根据自身业务需求进行财务信息系统建设。下面以中国气象局信息化实施为例,阐述政府会计制度业务应用。

1. 操作简便

为保证政府会计制度有效实施,新旧制度平稳过渡,气象部门创新性地提出了"基础账"的概念,即通过基础账完成财务会计和预算会计的核算。在"三不原则"(即原有的系统不升级、原有的业务操作不改变、会计记账不改变)下,完成新政府会计制度的实施,在财务核算模块中进行基础配置与调整,完成财务、预算平行记账,保证了系统的稳定性与可靠性,同时保留了会计人员多年积累的操作习惯。

2. 自动制证

新政府会计制度在原有预算统一核算、统一管理的基础上,利用已有的记账平台,通过适应性配置,科目体系的细化与整理,勾稽关系的梳理,不但可以完成报销单据网上录入,能够自动生成双凭证、双分录。

(三)满足预算会计和财务会计适度分离且相互衔接的要求

目前大多数财务核算是通过总账接口插件来完成支持新会计制度的财务软件,按照《政府会计制度》要求,通过配置生成账务凭证模板,在业务处理中调用模板实现各种单据自动生成账务凭证,换句话说,就是采用枚举法实现平行记账。其优点操作比较简单,能够完成两套账务的生成;缺点是采用枚举的方式,无法穷尽所用业务,加之凭证模板太多,频繁调用模板,也会降低系统处理业务的速度,如果将来制度修改,应对能力不强。下面以中国气象局为例,阐述在应对政府会计制度信息化落地行政事业单位的做法。

中国气象局针对本部门层级多、核算资金多样、单位多的特点,根据政府会计制度改革要求,为了能够保证政府会计制度改革方案的落实,梳理基础数据科目体系,一是做好与财务、预算的对应关系,把原有的财务账完善后作为"基础数据",再生成财务账和预算账；二是做好报销与基础数据的对应，对目前的报销系统进行梳理，根据业务情景，整理与基础数据的对应，做好与基础数据科目的对应，例如购买茶杯，就需要在报销中先做好与基础数据中的相关科目对应，自动生成基础账，然后由基础账生成预算账和财务账；三是在"基础数据"的设置上，对资金活动从资产、负债、净资产、收入（财务）、支出（财务）、收入（预算）、支出（预算）、结存八个方面进行描述，形式上可以使用科目核算方式也可以使用辅助核算方式。通过基础数据与财务、预算对应以及报销与基础数据对应两套对应关系，完成核算，最终生成财务、预算报告、报表，实现政府会计制度的落地实施，保证气象部门计财业务的顺利进行。

（四）推进政府会计信息系统智能化和自动化功能

随着信息技术的发展，财务智能化要求越来越高，特别是预算管理一体化上线后，对行政事业单位财务信息系统智能化和自动化要求更高，对数据的标准化要求更加严苛。因此，信息系统在构建的过程中需要考虑业财融合、内部控制的要求，同时还需要按照财政部推行的预算管理一体化标准、规范做好数据规范，才能保证部门或单位信息系统与预算管理一体化有效衔接，实现政府会计制度信息化落地。中国气象局在这项工作中做了很好的尝试。

1. 完成部门内部控制、报销、支付、记账、监控标准化、一体化运行

中国气象局以数据为牵引，实现事前、事中、事后全闭合业务流程体系，有效支撑政府会计制度信息化。

2. 新技术的应用

中国气象局探索利用 RPA 机器人开展会计、出纳、银行三方对账，预算执行统计，资金支付工作，实现与一体化系统的对接。该局利用 RPA 登录中央预算管理一体化系统及气象部门账务系统，分别读取一体化系统资金流水中支出明细与账务系统的会计、出纳明细账发生数，再将三方信息进行比对实现对账；利用 RPA 登录气象部门财务报销审批系统，选择出纳支付环节，判断资金来源，若资金来源为中央财政资金，则记录付款单位预算编码、支出项目、功能分类、经济分类、政府经济分类、资金来源、支付用途和收款人的各类信息，RPA 再登录中央预算管理一体化系统，进入集中支付申请录入环节，选择预算单位，筛选报销审批系统与中央预算管理一体化系统相对应的支出项目，逐笔填写支付用途和收款类信息完成在一体化中的支付。

第二节 行政事业单位政府会计制度信息系统架构体系

一、体系框架

行政事业单位政府会计制度信息系统由财务数据平台、财务报销系统、财务核算系统组成，如图10-1所示。财务数据平台为应用系统提供底层数据支撑，建立标准化体系，包括会计科目标准、核算标准、数据标准；财务报销系统提供记账平台所需要的财务业务数据；财务核算系统作为政府会计制度信息系统的核心系统，创新性地建立一套基础数据科目和平行记账规则，在接收到财务报销业务数据后，能够自动生成预算会计分录和财务会计分录。

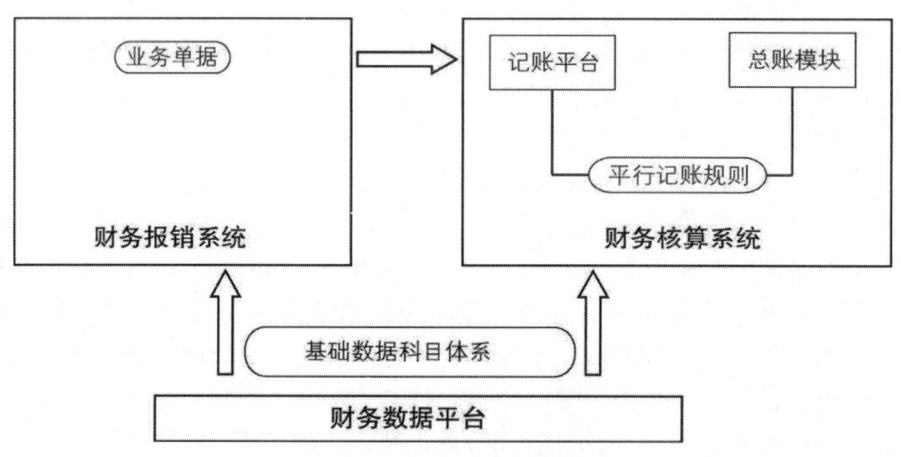

图10-1 数据结构流程

（一）系统架构

行政事业单位政府会计制度信息系统可以采用一级部署、多级应用的模式，在统一规划、设计、标准的基础上，根据单位的业务应用和管理不同需求，建设面向各级用户的计财管理多应用模块，达到基层单位数据源一次录入，主管部门自动汇总数据的目的；同时，与财政部中央预算管理一体化系统对接，实现业财数据共享共用，形成纵横贯通一体化信息系统。以气象局为例，其系统架构如图10-2所示。

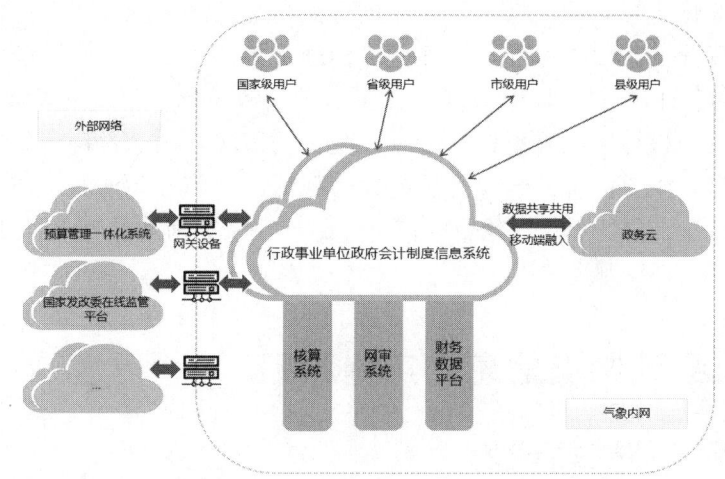

图 10-2 气象局的系统架构

（二）会计核算与其他系统的控制与关联

1. 与财务报销系统的关系

财务报销系统作为生成预算会计分录和财务会计分录的数据来源，报销单办结完成后将全部信息推送至会计核算系统，包括摘要、金额、科目、辅助核算项信息。同时，两者也存在制约关系：一是报销单的数据在未办结的状态是无法推送给会计核算系统；二是当会计核算系统生成凭证后，报销单是无法随意重新激活修改单据中的相关信息；三是报销单数据不符合推送规则的，无法推送至会计核算系统，即缺少生成凭证的任意一项信息，系统认为数据不完整，拒绝推送。根据以上规则，能够保证推送的数据准确性、不可修改性；四是出纳账状态的控制，出纳账状态为未结算，则出纳可在会计核算系统中修改或删除，或者在财务报销网上审批系统中通过"取消生成出纳账"调用接口删除，如果出纳账已结算，则出纳在会计核算系统中无法修改或删除，同时也无法在财务报销网上审批系统中通过"取消生成出纳账"的接口删除。

2. 与报表的关系

单位根据记账凭证信息，按照配置的报表取数公式生成各类报表。报表只提取审核、记账的凭证，确保报表的准确性。

3. 与单位政务办公信息系统的关系

单位单位通过接口方式，开发各类财务数据接口，将会计基础信息、收入、支出等记账数据推送至政务信息系统。政府部门结合财务数据，进行业务决策，从而发挥其应有作用。

（三）会计核算体系标准化建设支撑

利用信息化手段满足政府会计制度改革的要求，要先建立标准化的会计核算体系，能够实现记账的标准化、统一化，有利于部门进行汇总统计。标准化的会计核算体系包括会计科目标准、核算标准、数据标准。会计科目标准是单位要制定一套系统的会计科目，下级单位全部在这套会计科目标准下进行核算，单位有个性化需求的，可以增加下级科目，但不能增加平级科目；核算标准是单位通过制定统一的记账规则，根据财务报销网上审批系统推送的数据，自动生成标准的会计分录，大大降低人工修改凭证的工作；数据标准是统一会计核算基础信息，包括单位、项目、资金来源、往来等辅助核算，通过数据标准支撑，保障会计核算的一致性。

二、政府会计制度信息化实施原则

（一）业财一体模式不变

在政府会计制度改革后，按照以现有业财模式不变原则，研究"双基础，双分录"的实现方式，即不改变报销填写方式，获取报销相关信息，依托基础数据科目体系，创建能够自动生成"两套账"的记账规则，通过记账平台自动生成凭证。

（二）保持操作简便

生成凭证操作保持不变，利用信息系统的记账平台，根据单据号唯一的属性，勾选合并生成记账凭证，选择凭证类型、凭证日期完成记账操作；利用后台数据对应关系，实现与政府会计制度改革前系统里操作保持一致。

（三）实现自动制证

按照政府会计制度改革的要求，要生成预算会计分录和财务会计分录，无法避免的是，前期都需要手工制单，会有缺失分录的现象，造成核算业务不完整的问题。通过基础数据科目和记账规则，系统能够自动判断对应生成预算会计分录和财务会计分录，大大提高了制单的效率，并且能够降低制单的错误风险。

三、政府会计制度信息化实现方式

政府会计制度信息化实现方式，多数行政事业单位选择以信息化软件来自动实现。下面以中国气象局为例来介绍下政府会计制度信息化实现过程。

（一）解决思路

实现政府会计制度信息化有两种方式：一是通过数据筛选以预算账为基础生成财务

账，部分科目由会计记账时选择；二是以基础数据自动生成财务会计账和预算会计账。通过新建基础数据，整合政府会计财务会计和预算会计科目，通过基础数据与资金活动的对接生成基础数据凭证，再通过基础数据与政府会计科目的规则设置，实现政府会计预算会计和财务会计的自动生成。中国气象局使用第二种方式，以下均以第二种方式介绍。

（二）基本原理

财务会计是权责发生制，预算会计是收付实现制，其本质都是对经济活动的记录，只是记录的分类、方法不一样。因此，实质上就是，对同一经济活动要按不同的方法记账，即所谓的"两笔账"。由此衍生出系统中的"基础数据"账，设置一个"基础数据"账，根据"基础数据"生成财务会计账和预算会计账，类似根据基础数据生成任何报表一样。这样，系统实际上设三个账套：一是基础数据账套；二是预算会计账套；三是财务会计账套。后两个账套由基础数据生成，但不能改动。所有改动均在基础数据账进行，自动生成的两个账套只能查询。而基础数据账与现在的财务账差不多，会计人员只要按现在的要求把现在的财务账（即以后的基础数据）做好即可，对会计人员的影响最小。

优势：第一，技术上比较容易实现，逻辑关系比较简单，可先单独设置一个"基础数据"的账套，然后做对应关系即可，目前的运维技术就可实现，不需要升级；第二，与财务人员原有操作习惯相符，在培训上比较简单，实施操作易行；第三，不增加财务人员工作量，目前采用报销系统自动记账的单位，记账工作量几乎没有增加，如果没有使用报销系统，而采取手工记账的单位，工作量会倍增；第四，即便财政部要求的相关记账规则变化，也只需要调整对应关系，不涉及更改系统；第五，解决了两张会计凭证问题。

劣势：第一，将彻底颠覆会计人员记账理念，基础数据实际上不是正式的账，而是虚拟账，类似记台账，传统的会计记账理念被颠覆，会计人员固有思维的转变对落实方案是个挑战；第二，"基础数据"的设置工作量比较大，但主要是年初一次性设置上。按照以上思路，单位需要仔细梳理"基础数据"的科目体系，做出对应关系，并在系统里做好技术设置。

（三）核算基础设置

1. 会计科目体系设置

财务核算系统初始化需要先建立会计科目体系，再写入对应会计科目。以某单位为例，本级及下级单位使用的会计科目体系为行政单位科目体系（X）、事业单位科目体系（S）、工会科目体系（G）、党费科目体系（D）、民间非营利组织科目体系（F）等。

2. 账套设置

按照政府会计制度改革后核算的要求设置单位的套账。以某单位为例，本级及下级单位需要使用的账套为事业账套、工会账套、党费账套、企业账套、民间非营利组织账套。

3. 出纳账簿设置

根据单位出纳登账的习惯，建立本单位出纳账簿。以某单位为例，现金类账簿建立库存现金账簿、非零余额现金账簿、零余额现金账簿、零余额现金——基本支出账簿、零余额现金——项目支出账簿，银行存款类账簿建立银行存款账簿、基本账户存款账簿、零余额银行指标账簿、基本支出银行指标额度、项目支出银行指标额度等。单位根据预算指标来源登入不同的账簿。

4. 核算体系设置

（1）会计科目设置。主管部门确定统一核算的会计科目，设置年初会计科目，具体包括财务会计科目、预算会计科目、通用企业会计科目、高新技术企业会计科目、建筑施工企业会计科目、小企业会计科目、房地产企业会计科目、党费会计科目、工会会计科目、民间非营利组织会计科目。

（2）辅助核算设置。主管部门确定统一辅助核算项，设置年初部门通过辅助核算项，具体包括功能分类、资金来源、项目核算、部门核算、科研支撑和行业专项支出、科学事业单位支出、往来核算、人员类别。

5. 核算系统权限管理设置

（1）权限管理设置。核算系统权限通过定义角色的权限，将角色分配给某个用户从而来控制用户的权限，实现了用户和权限的逻辑分离，极大方便了权限的管理。后续给用户配置权限时，不需要逐个用户的配置权限，只需要将对应的角色分配给用户即可。

以某部门举例，按照该部门业务办理特点结合内部控制管理原则，同时要避免各单位各自建立角色重复交叉的问题，一级单位统一设置角色，定义7个大类、41个角色，满足该部门下所有单位的权限管理需求。系统权限具体分为系统管理类、总账业务类、出纳管理类、薪资发放类、决策分析类、报表管理类、统计年报类。例如，某单位新入职一名员工，该员工负责本单位的凭证制单工作，根据系统已有控制关系，凭证录入与凭证审核不能为同一人，所以可以授权该员工的角色为基础资料维护、凭证录入、凭证记账、账表查询。系统权限角色定义如表10-1所示。

表10-1 系统权限角色定义

功能模块	角色编码	角色名称	说明
系统管理类	AD01	系统类管理	维护全省登录账号、设置权限
	AD02	业务类管理	设置省级的总账基础资料和薪资基础资料，调整打印模板
总账业务类	GL00	基础资料维护	设置单位级业务参数、会计科目、辅助核算项，定义结转方案
	GL01	凭证录入	
	GL02	凭证审核	
	GL03	凭证记账	
	GL04	账表查询	

(续表)

功能模块	角色编码	角色名称	说明
总账业务类	GL05	银行对账	
	GL06	主管查询	
	GL11	关账	
	GL12	结账	
出纳管理类	CMP00	账户设置	设置单位的银行账户、现金账户
	CMP01	单据录入	
	CMP03	结算处理	
	CMP05	银行对账	
	CMP09	账表查询	

（2）权限管理查询。权限管理用于查看系统每个用户赋予的权限，便于查看权限是否有交叉重叠，不相容岗位未分离的问题，可以通过该模块定期统计权限情况，及时清理冗余账户权限。以用户权限查询为例，查询某单位用户权限和角色，该人员具有个人银行账户、凭证及单据生成、总账期初余额、凭证整理、凭证维护等权限，如图10-3所示。

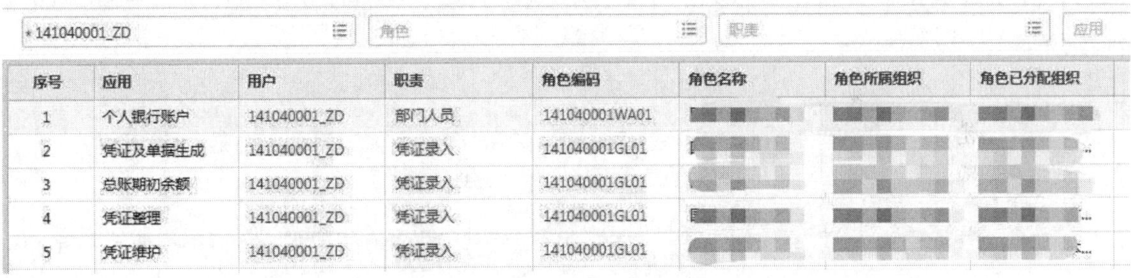

图 10-3　用户权限查询

四、会计核算

（一）凭证处理

账务处理系统作为整体财务管理一体化信息系统中会计核算处理的重要环节，其前端数据与报销系统相连接，将报销系统中所填写的业务数据根据对应规则转化为会计核算所需的账务数据。同时反作用于指标，对于前端报销进行控制。

对于未通过报销系统生成的直接发生的会计核算业务，则可以由会计人员手工编制相关凭证。会计人员选择在基础数据账套手工编制凭证后，由系统自动同步至总账平台，由总账平台自动生成双分录，同时也可以直接在事业账套进行双分录会计凭证的编制工作。

为方便会计人员进行操作，在进行系统设置时，对于常用业务类型进行系统模板化设置，会计人员可直接调用相关业务数据模板，通过对于会计科目、金额、辅助核算项等相关信息的修改及设置，完成会计记账工作。

（二）信息化解决途径

1. 平行记账

对于使用政府会计制度进行核算的单位，根据已经提前配置完成的账套及账套设置，按照不同账套所设置使用的核算体系，系统自动判断后续处理。对于使用民间非营利组织、企业及工会党费核算体系的账套数据无须进行平行记账，直接在相关账套生成凭证即可。

对于所使用的核算体系为政府会计制度的账套，外部系统会将记账数据自动推送至基础数据账套，通过总账平台，根据记账规则自动生成政府会计制度所需要的双分录会计核算凭证。同时，根据系统自身使用特点，总账平台自动记账对于日常业务仅支持一借多贷或多借一贷但不支持多借多贷等业务场景。

2. 科目对照

（1）业务数据与基础数据会计科目间的对照关系。对于日常报销业务数据中使用较多的报销用途进行分类汇总整理，形成费用项报销体系，将报销人填写的报销用途进行归纳整理，与基础数据账套所使用的会计记账科目进行逐一对应，在报销人选择报销用途的同时，将基础数据科目自动带入系统中，推送至账务系统，自动生成电子会计凭证。如图报销系统10-4所示。

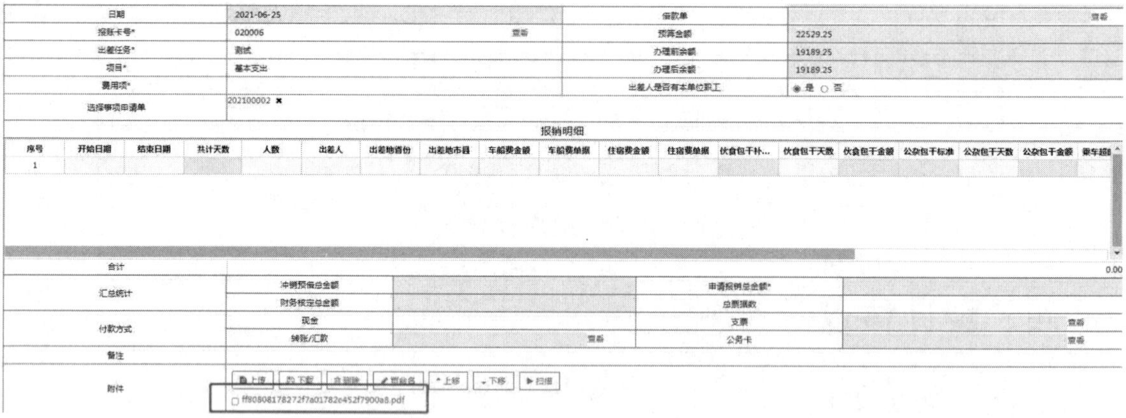

图 10-4　报销系统

系统根据报销人所选择费用项，根据预算指标中包含的对应三级核算科目信息，将其与实际记账会计科目进行对应映射，自动匹配对应的会计科目及部门经济分类及政府经济分类等相关信息，如表10-2所示。

第十章 行政事业单位政府会计制度信息化

表 10-2 费用项对应会计科目示例

费用项名称	对应会计科目	部门经济分类	政府经济分类	对应三级核算科目
印刷费	5202010202-印刷费	30202-印刷费	50201-办公费	520201-单位管理费用-基本支出
印刷费	5202020202-印刷费	30202-印刷费	50201-办公费	520202-单位管理费用-基本支出
印刷费	5201010202-印刷费	30202-印刷费	50201-办公费	520101-业务活动费用-基本支出
印刷费	5201020202-印刷费	30202-印刷费	50201-办公费	520102-业务活动费用-基本支出
印刷费	1613-在建工程	31099-其他资本性支出	50399-其他资本性支出	1613-在建工程

（2）基础数据账套自动生成会计核算双重分录数据对应。系统自动生成基础数据电子凭证后，数据流转至总账平台，经总账平台中实现预制的账套间数据对应关系，可以自动生成政府会计制度所要求的预算会计和财务会计平行记账电子凭证。

3. 电子凭证管理

对于基础数据账套的电子凭证，系统会定时将相关凭证推送至总账平台，自动生成对应的平行记账双分录凭证，同时可以对于电子凭证进行删除、修改及凭证重排序等相关操作。

对于电子凭证的作废采用双重审核机制，未审核的电子凭证方可作废删除，其余状态凭证不可直接删除。在凭证未审核页面中勾选相关凭证，点击"作废"按钮，如图10-5所示。作废后，相关电子凭证将进入已作废页面中进行复核。

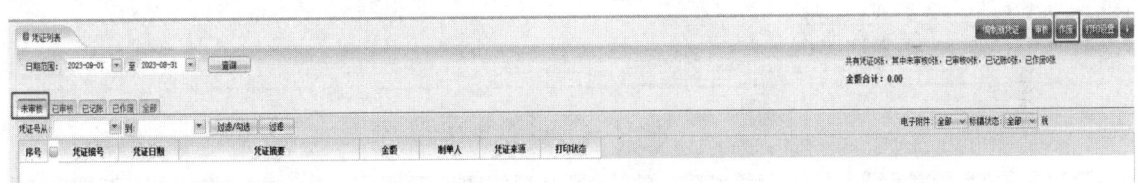

图 10-5 凭证作废

对于复核后确需删除的电子凭证，在已作废页面中直接删除即可，如图10-6所示。

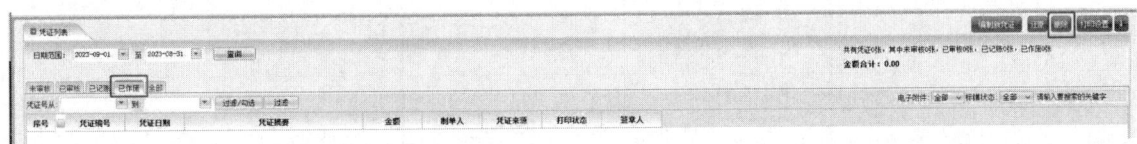

图 10-6 凭证删除

对于基础数据中进行凭证编号重排序的凭证，在同步至总账平台后，系统需对其原有数据进行数据处理。编号重排序如图10-7所示。

4. 手工生成凭证方式

手工生成电子凭证可采用两种方式：第一种为模板调用方式；第二种为手工输入。系统

会根据预设的辅助核算项进行校验,并可根据数据输入内容模糊查询所需选择的会计科目,如图 10-8 所示。

图 10-7 凭证重排序

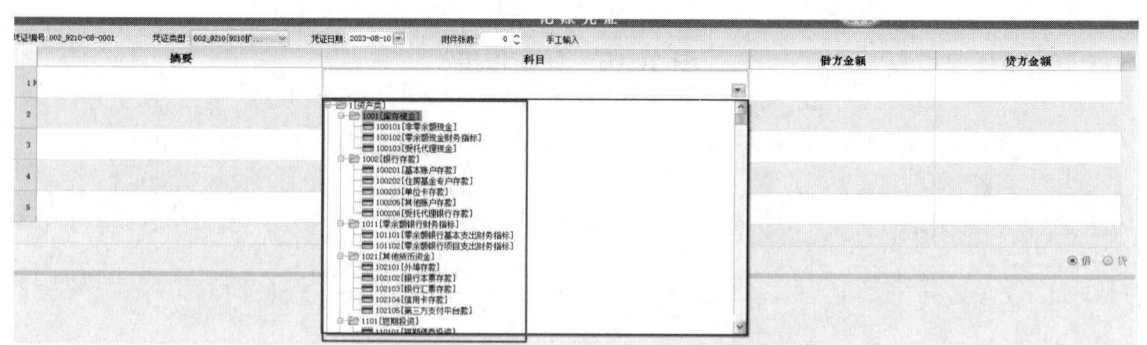

图 10-8 自动带出会计科目

同时,单位也可以使用凭证模板调用功能,如图 10-9 所示,将具有周期性且凭证内容较为固定的账务数据(如预收确认收入、资产处置、管理费扣款及工资等),通过保存为凭证模板的方式,在实际编制时直接调用后修改内容即可。

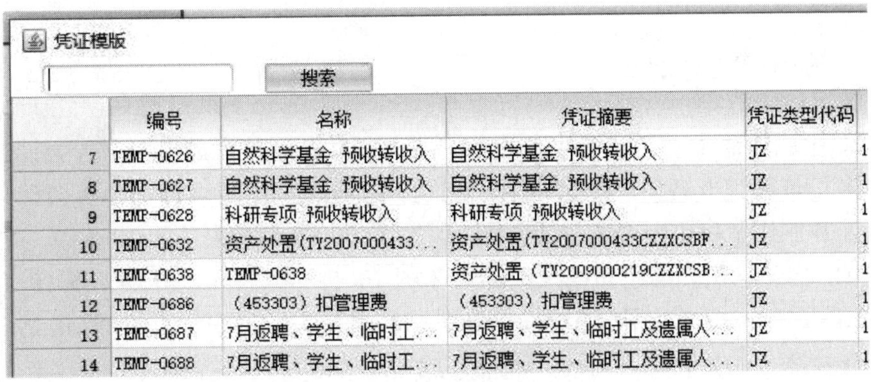

凭证模版

搜索

	编号	名称	凭证摘要	凭证类型代码	
7	TEMP-0626	自然科学基金 预收转收入	自然科学基金 预收转收入	JZ	1
8	TEMP-0627	自然科学基金 预收转收入	自然科学基金 预收转收入	JZ	1
9	TEMP-0628	科研专项 预收转收入	科研专项 预收转收入	JZ	1
10	TEMP-0632	资产处置(TY2007000433...	资产处置(TY2007000433CZZXCSBF...	JZ	1
11	TEMP-0638	TEMP-0638	资产处置（TY2009000219CZZXCSB...	JZ	1
12	TEMP-0686	（453303）扣管理费	（453303）扣管理费	JZ	1
13	TEMP-0687	7月返聘、学生、临时工...	7月返聘、学生、临时工及遗属人...	JZ	1
14	TEMP-0688	7月返聘、学生、临时工...	7月返聘、学生、临时工及遗属人...	JZ	1

图 10-9　凭证模板选择

5. 凭证打印及凭证展示

生成的凭证根据打印模板进行打印，将账表数据打印至预设的模板当中，会计人员可以根据需要自行修改打印模板。打印模板设置和电子凭证预览分别如图 10-10 和图 10-11 所示。

图 10-10　打印模板设置

记账凭证

1/1

2022年12月20日

记账

摘要：收APP居民水费水费

凭证号：JZ-12-0488

单位：

凭证类型：记账凭证

附单据数1张

摘要	科目	借方金额	贷方金额
收入PP居民水费水费	[100201]银行存款__基本账户存款		
收入PP居民水费水费	[23079999]其他应付款_其他_其他[[2210]基本支出/[2200503]机关服务/[004]其他资金/[022105]代收水费/[05001]个人]		
合计　合计壹佰玖拾伍元整			

会计主管：　记账人：　审核人：　录入人：

图 10-11　电子凭证预览

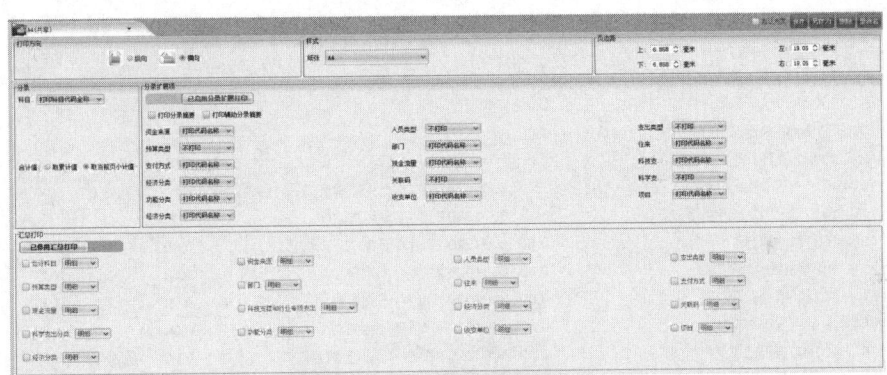

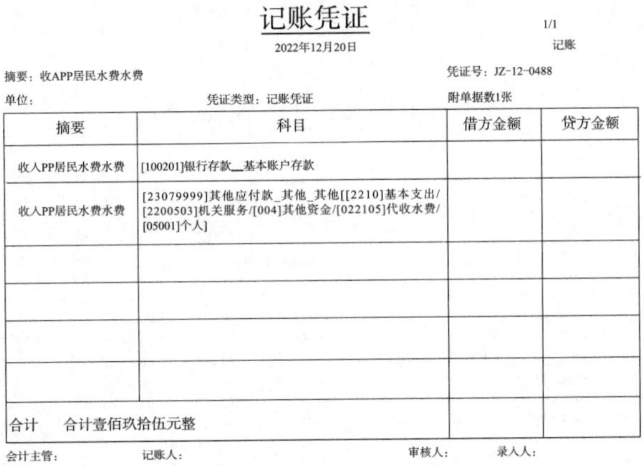

（三）特殊事项处理

由于自动生成凭证及手工录入凭证两种记账方式并行，较容易出现财务会计与预算会计一方少记、多记或漏记等现象。为解决这一问题，系统根据财务会计与预算会计科目间的对应关系，设计并制作了货币资金差异表（图10-12）、收支平衡表（图10-13）、报账与账务核对表（图10-14）、预算结余与盈余差异表（图10-15）、收入差异表（图10-16）、支出差异表（图10-17）、往来差异表（图10-18）、科目缺失差异明细表（图10-19），用来辅助会计人员查找账务差异，并在对应凭证中完成手工修改及补录等相关工作。

图10-12 货币资金差异表

图10-13 收支平衡表

第十章 行政事业单位政府会计制度信息化

卡号	预算科目代码	预算科目名称	资金性质	项目代码	项目名称	预算数 合计	本年预算	上年结转	全年预借	本期支出	余额	期初结转	本期收入	本期支出	期末余额	余额差异
1	450005	2060204	重点实验室及相关设施	上年结转	082020013801		0.00	0.00	0.00	0.00	0.00	0.00	0.00	0.00	0.00	0.00	0.00
2	450006	2060204	重点实验室及相关设施	上年结转	082020013802	夏投式探空仪资料的实时传输系统项目	0.00	0.00	0.00	0.00	0.00	0.00	0.00	0.00	0.00	0.00
3	450007	2060204	重点实验室及相关设施	上年结转	082020013803	C波段双线偏振雷达系统资料通讯和供电系统改造项目	0.00	0.00	0.00	0.00	0.00	0.00	0.00	0.00	0.00	0.00
4	450008	2060204	重点实验室及相关设施	上年结转	082020013804	灾害天气临近和业务运行硬件环境的建设	0.00	0.00	0.00	0.00	0.00	0.00	0.00	0.00	0.00	0.00
5	450009	2060204	重点实验室及相关设施	上年结转	082020013805	X波段相控阵气象雷达技术研制	0.00	0.00	0.00	0.00	0.00	0.00	0.00	0.00	0.00	0.00
6	450010	2200509	气象服务	上年结转	1520200151	气象服务媒介及资料制发	0.00	0.00	0.00	0.00	0.00	0.00	0.00	0.00	0.00	0.00
7	450011	2200508	气象预报预测	上年结转	1520200108	气象预报预测经费	0.00	0.00	0.00	0.00	0.00	0.00	0.00	0.00	0.00	0.00

图 10-14 报账与账务核对表

预算结余与盈余差异表

	项目	金额
1	一、本期预算结余（本期预算收支差额）	
2	二、差异调节	
3	（一）重要事项差异	
4	加：1.当期确认为收入但没有确认为预算收入	
5	（1）应收款项、预收账款确认的收入	
6	（2）接受非货币性资产捐赠确认的收入	
7	2.当期确认预算支出但没有确认为费用	
8	（1）支付应付款项、预付账款的支出	
9	（2）为取得存货、政府储备物资等计入物资成本的支出	
10	（3）为构建固定资产等的资本性支出	
11	（4）偿还借款本息支出	
12	减：1.当期确认为预算收入但没有确认为收入	
13	（1）收到应收款项、预收账款确认的预算收入	
14	（2）取得借款确认的预算收入	
15	2.当期确认为费用但没有确认为预算支出	
16	（1）发出存货、政府储备物资等确认的费用	
17	（2）计提的折旧费用和摊销费用	
18	（3）确认的资产处置费用（处置资产价值）	
19	（4）应付款项、预付账款确认的费用	
20	（二）其他事项差异	
21	三、本期盈余（本期收入与费用的差额）	
22	四、差异	

图 10-15 预算结余与盈余差异表

619

	财务会计权责发生制			预算会计收付实现制			差异
	科目	公式说明	金额	科目	公式说明	金额	
1	账面差异合计		0.00			0.00	0.00
2	4001财政拨款收入	本期贷方发生额	0.00	6001财政拨款预算收入	本期贷方发生额	0.00	0.00
3	4201上级补助收入	本期贷方发生额	0.00	6201上级补助预算收入	本期贷方发生额	0.00	0.00
4	4601非同级财政拨款收入	本期贷方发生额	0.00	6601非同级财政拨款预算收入	本期贷方发生额	0.00	0.00
5	2001+2501小计	本期贷方发生额-本期借方发生额	0.00	6501债务预算收入	本期贷方发生额	0.00	0.00
6	2001短期借款	本期贷方发生额-本期借方发生额	0.00				
7	2501长期借款	本期贷方发生额-本期借方发生额	0.00				
8	4101事业收入	本期贷方发生额	0.00	6101事业预算收入	本期贷方发生额	0.00	0.00
9	4301附属单位上缴收入	本期贷方发生额	0.00	6301附属单位上缴预算收入	本期贷方发生额	0.00	0.00
10	4401经营收入	本期贷方发生额	0.00	6401经营预算收入	本期贷方发生额	0.00	0.00
11	4602投资收益	本期贷方发生额	0.00	6602投资预算收入	本期贷方发生额	0.00	0.00
12	4603+4604+4605+4609小计	本期贷方发生额	0.00	6609其他预算收入	本期贷方发生额	0.00	0.00
13	4603捐赠收入	本期贷方发生额	0.00				
14	4604利息收入	本期贷方发生额	0.00				
15	4605租金收入	本期贷方发生额	0.00				
16	4609其他收入	本期贷方发生额	0.00				
17	合理差异合计		0.00			0.00	0.00
18	1211应收票据	本期借方发生额-本期贷方发生额	0.00				
19	1212应收账款	本期借方发生额-本期贷方发生额	0.00				
20	2101应交增值税	本期贷方发生额	0.00				
21	2305预收账款	本期贷方发生额-本期借方发生额	0.00				
22	差额		0.00			0.00	0.00

图 10-16　收入差异表

	财务会计权责发生制			预算会计收付实现制			差异
	科目	公式说明	金额	科目	公式说明	金额	
1	账面差异合计		0.00			0.00	0.00
2	5001+5101小计	本期借方发生额	0.00	7201事业支出	本期借方发生额	0.00	0.00
3	5001业务活动费用	本期借方发生额	0.00				
4	5101单位管理费用	本期借方发生额	0.00				
5	5201经营费用	本期借方发生额	0.00	7301经营支出	本期借方发生额	0.00	0.00
6	5401上缴上级费用	本期借方发生额	0.00	7401上缴上级支出	本期借方发生额	0.00	0.00
7	5501对附属单位补助费用	本期借方发生额	0.00	7501对附属单位补助支出	本期借方发生额	0.00	0.00
8	5801所得税费用	本期借方发生额	0.00				
9	5901+5301小计	本期借方发生额	0.00	7901其他支出	本期借方发生额	0.00	0.00
10	5901其他费用	本期借方发生额	0.00				
11	5301资产处置费用	本期借方发生额	0.00				
12	1101+1501+1502小计	本期借方发生额－本期贷方发生额	0.00	7601投资支出	本期借方发生额	0.00	0.00
13	1101短期投资	本期借方发生额－本期贷方发生额	0.00				
14	1501长期股权投资	本期借方发生额－本期贷方发生额	0.00				
15	1502长期债券投资	本期借方发生额－本期贷方发生额	0.00				
16	2001+2501小计	本期贷方发生额－本期借方发生额	0.00	7901债务还本支出	本期借方发生额	0.00	0.00
17	2001短期借款	本期贷方发生额－本期借方发生额	0.00				
18	2501长期借款	本期贷方发生额－本期借方发生额	0.00				
19	合理差异合计		0.00			0.00	0.00
20	1214预付账款	{本期借方发生额}减 (1.若对方科目只有支出没有资产,则取1214贷方发生额-（2401本期借方发生额,且对方科目是1214）; 2.若对方科目既有资产又有支...	0.00			0.00	0.00

图 10-17　支出差异表

第十章 行政事业单位政府会计制度信息化

图 10-18 往来差异表

图 10-19 科目缺失差异明细表

（四）资产折旧处理

《〈政府会计准则第 3 号——固定资产〉应用指南》明确了行政事业单位固定资产的折旧年限、折旧时点。行政事业单位在执行相关准则时，将对应要求嵌入信息系统，信息系统自动实现涉及资产系统与账务系统的对接。下面以中国气象局该项业务为例具体阐述。

1. 计算折旧

在资产系统中计提折旧后，数据会自动推送至基础数据账套，如图 10-20 所示。

图 10-20 固定资产折旧推送总账平台

2. 凭证生成

对于自动记账的凭证，信息系统会将相关记账数据自动推送至总账平台，在总账平台根据凭证类型自动生成凭证，如图10-21所示。

图10-21 自动生成凭证

对于手工录入的凭证，可以通过调用凭证模板或复制已编制的凭证进行修改录入，如图10-22和图10-23所示。

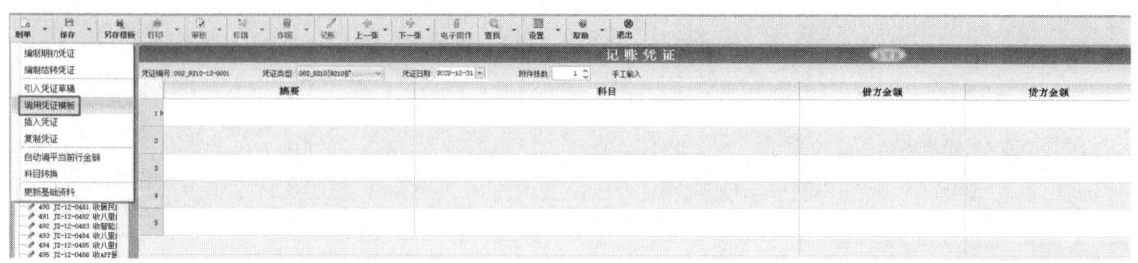

图10-22 调用凭证模板

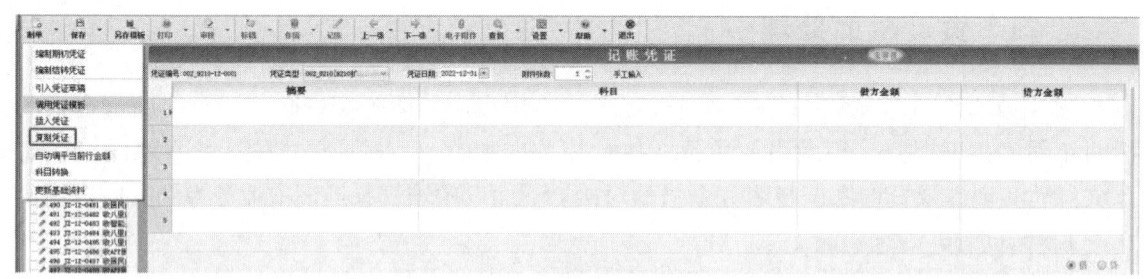

图10-23 复制已编制的凭证

（五）工资业务

政府会计制度在执行过程中，工资业务在信息化落地时，需要账务系统与工资系统关联，实现自动生成工资凭证。下面以中国气象局为例具体阐述。

1. 工资分解

财务人员在系统中可以对已经编制完成的工资报销单（图10-24）按照其工资项，根据实际支付资金及指标来源进行对应的工资分解，如图10-25所示。系统根据预设的工资相关记账规则自动生成工资凭证。

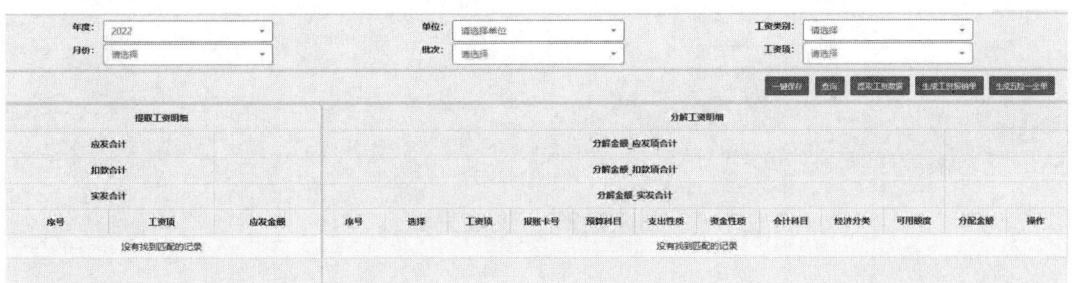

图 10-24　工资报销单

图 10-25　工资分解界面

2. 工资凭证手工记账

与会计账务处理相同，工资凭证的生成同样包含自动生成和手工生成两种生成方式。

信息系统可以根据工资分解后的数据按照记账规则自动生成工资凭证。将工资项与对应的工资过渡科目项对应，自动生成使用过渡科目的工资记账凭证。同时，信息系统支持调用模板进行工资电子凭证的编辑功能。

3. 税金、社会保险费的扣减与支付

对于税金及"五险两金"的账务处理，需先进行扣减，将所涉及的指标额度进行预扣，然后将其转入代扣账户，等待银行自动扣款或前往相关部门自行缴纳。

信息系统根据所涉及业务场景，通过在不同环节设计不同报销单据，完成相关业务。

首先，提取工资中“五险一金”部分，生成报销单（图 10-26），并人工补录单位部分数据，向总账平台推送“五险一金”扣款凭证及向代扣账户转账凭证（图 10-27）。

五险一金单

单位:	气象中心	工资类别:	中央在编在职-参公	单据号*:	WXYJ-2022-02-141040001-025
标题:	202202-中央在编在职-参公-全部-025			创建人:	测试用户
				创建时间:	2022-07-21

个人部分

工资项	报账卡号名称	预算科目	支出性质	资金性质	借方会计科目	贷方会计科目	政府经济分类	支付码	分配金额	付款方账号	付款方单位名称	付款方开户行
本次扣税	40200	2101101	100201	001001	基本账户存款		测试单位1	121011015050181	90	1000008	[141040001]国	中国工商银行
合计												90.00

单位部分

序号	工资项	报账卡号名称	预算科目	支出性质	资金性质	借方会计科目	贷方会计科目	政府经济分类	支付码	分配金额	付款方开户行	付款方账号	付款方单位
1	本次扣税	4000001	2210201	100101	001001				222102015050181	100	交通银行北京阜外	1000009	[141040001]国
合计													100.00

支付方式

序号	付款方账号	付款方单位名称	付款方开户行	收款方账号	收款方开户行	金额	支付码	报
1	1000008	[141040001]国家气象中心	中国工商银行股份有限公司北京分行营业			90	121011015050181	40200
2	1000009	[141040001]国家气象中心	交通银行北京阜外支行			100	222102015050181	4000001

图 10-26 “五险一金”及税金报销单

	摘要	科目	借方金额	贷方金额
1	1-6月个税转出	2102089902[零余额个税]	[illegible]	
2	1-6月个税转出	800105[待处理税款]	[illegible]	
3	1-6月个税转出	2102089901[非零余额个税]		[illegible]
4	1-6月个税转出	800105[待处理税款]		[illegible]
5	1-6月个税转出	100201[基本账户存款]	[illegible]	
6	1-6月个税转出	80010202[银行存款]	[illegible]	
7	1-6月个税转出	101101[零余额银行基本支出财务指标]		[illegible]
8	1-6月个税转出	80010101[零余额银行基本支出预算指标]		[illegible]

图 10-27 生成凭证

其次，在资金实际缴纳完成后，通过“五险一金”托收单（图 10-28）生成税费缴纳凭证（图 10-29）。

托收单 - “五险一金”

单位	中国气象局地球系统数值预报中心	单据号	
业务日期	2023-05-12	* 选择五险一金单	+
* 事由			

报销明细

序号	会计科目	报销金额	核定金额	备注	操作
暂无数据					

+ 添加行

图 10-28 “五险一金”托收单

摘要	科目	借方金额	贷方金额
1 缴纳6月个人所得税	2102089901[非零余额个税]		
2 缴纳6月个人所得税	800105[待处理税款]		
3 缴纳6月个人所得税	100201[基本账户存款]		
4 缴纳6月个人所得税	80010202[银行存款]		
5			

图 10-29 税费缴纳凭证

(六)期末结转

信息系统根据对应关系设置对应的结转方案,按照具体的结转步骤进行操作,每一步需区分自动结转和手工结转。自动结转选择"账务处理系统—定期处理—年底收支结转"功能板块;手工结转需在凭证箱中手工录入凭证,注意新增凭证时选择"录入结转凭证",如图 10-30 所示。

图 10-30 录入结转凭证

1. 收入类

第一步,将收入转入结转结余。选择结转方案"01 收入类第一步",自动生成凭证,并审核、记账。

第二步,将结余转入盈余分配。选择结转方案"02 收入类第二步",自动生成凭证,并审核、记账。

2. 费用类

第一步,将费用转入结转结余。首先选择结转方案"03 费用类第一步",自动生成凭证,其次将"5801 所得税费用"科目的余额手工录入凭证进行结转,最后将自动结转和手工结转的凭证进行审核、记账。

第二步,结余转入盈余分配。选择结转方案"04 费用类第二步",自动生成凭证,并审核、记账。

3. 预算收入类

第一步,将预算收入转入结转结余。选择结转方案"05 预算收入类第一步",自动生成凭证,并审核、记账。

第二步,将本年结转转入累计结转,结余转入结余分配。选择结转方案"06 预算收入类第二步",自动生成凭证。

4. 预算支出类

第一步，将预算支出转入结转结余。

（1）自动结转：选择结转方案"07 预算支出类第一步"，自动生成凭证。

（2）手工结转：将"7101 行政支出""7201 事业支出"科目的资金来源"004 其他资金"科目的余额，以及"7901 其他支出"科目的资金来源"001 中央财政拨款""002 地方财政拨款""004 其他资金"科目的余额，手工录入凭证进行结转。

第二步，将本年结转转入累计结转、结余转入结余分配。选择结转方案"08 预算支出类第二步"，自动生成凭证。

第三步，计提基金。将"330201 本年盈余分配——事业相关盈余分配""330202 本年盈余分配——经营相关盈余分配"按基金计提金额手工记入"3101 专用基金"科目；将"8701 非财政拨款结余分配"按基金计提金额手工记入"8301 专用结余"科目，并将结转的凭证进行审核、记账。

第四步，将盈余分配转入累计盈余、结余分配转入累计结余。依次选择结转方案"09 收入类和费用类第四步""10 预算收入类和预算支出类第四步"，自动生成凭证，并将结转的凭证进行审核、记账。

第五步，其他内容结转。

（1）自动结转：选择结转方案"11 第五步（其他）"，自动生成凭证。

（2）手工结转：

年末将"3302 本年盈余分配""3401 无偿调拨净资产""3501 以前年度盈余调整""330101 本期盈余——经营结余"科目借方余额手工转入"3001 累计盈余"科目下相关明细科目。

年末将"810101 财政拨款结转——年初余额调整""810102 财政拨款结转——归集调入""810103 财政拨款结转——归集调出""810104 财政拨款结转——归集上缴""810105 财政拨款结转——单位内部调剂"科目余额手工转入"810107 财政拨款结转——累计结转"科目下相关明细科目。

年末将"820101 非财政拨款结转——年初余额调整""820102 非财政拨款结转——缴回资金""820103 非财政拨款结转——项目间接费用或管理费""820104 非财政拨款结转——本年收支结转"科目余额手工转入"820105 非财政拨款结转——累计结转"科目下相关明细科目。

年末将"820201 非财政拨款结余——年初余额调整""820202 非财政拨款结余——项目间接费用或管理费""820203 非财政拨款结余——结转转入"科目余额手工转入"820204 非财政拨款结余——累计结余"科目下相关明细科目。

年末结账前，将"710103 行政支出——待处理支出""720103 事业支出——待处理支出"科目借方余额转入"800104 资金结存——待处理支出"科目，下一年初从"800104 资金结存——待处理支出"科目转回"710103 行政支出——待处理支出""720103 事业支出——待处理支出"科目；年末结账后，"710103 行政支出——待处理支出""720103 事业支出——待处理支出"科目应无余额。

第六步，将第五步中自动结转和手工结转的凭证进行审核、记账。

结转科目的对应关系如表 10-3 所示。

表 10-3 结转科目对应关系

科目类别	转出科目	资金来源	转入科目			
			第一步	第二步	第三步	第四步
收入类	4001		300101			
	4101（除1010901、1010902和10110）		330102	330201	3101（手工）	30010403
	4201		330102	330201	3101（手工）	30010403
	4301		330102	330201	3101（手工）	30010403
	4602		330102	330201	3101（手工）	30010403
	4603		330102	330201	3101（手工）	30010403
	4604		330102	330201	3101（手工）	30010403
	4605		330102	330201	3101（手工）	30010403
	4609		330102	330201	3101（手工）	30010403
	41010901、1010902和10110		30010202			
	4401		330101	330202	3101（手工）	300105
	460101和6010202		30010202			
	46010201		30010201			
费用类	5001（除00105和00106）	001	300101			
		002	30010201			
		003	30010202			
		004	330102	330201	3101（手工）	30010403
	5101（除10105和10106）	001	300101			
		002	30010201			
		003	30010202			
		004	330102	330201	3101（手工）	30010403
	5301	001	300101			
		002	30010201			
		003	30010202			
		004	330102	330201	3101（手工）	30010403

（续表）

科目类别	转出科目	资金来源	转入科目			
			第一步	第二步	第三步	第四步
费用类	5401	001	300101			
		002	30010201			
		003	30010202			
		004	330102	330201	3101（手工）	30010403
	5501	001	300101			
		002	30010201			
		003	30010202			
		004	330102	330201	3101（手工）	30010403
	5901	001	300101			
		002	30010201			
		003	30010202			
		004	330102	330201	3101（手工）	30010403
	5201		330101	330202	3101（手工）	300105
	5801（手工）					
	500105 和 10105		30010602			
	500106 和 10106		30010604			
预算收入类	60010101		8101060101	8101070101		
	60010102		8101060102	8101070102		
	600102		81010602	81010702		
	6101（除1010901、1010902和10110）		8501	8701	8301（手工）	82020402
	620102		8501	8701	8301（手工）	82020402
	630102		8501	8701	8301（手工）	82020402
	650102		8501	8701	8301（手工）	82020402
	6602		8501	8701	8301（手工）	82020402
	6609		8501	8701	8301（手工）	82020402
	61010901、61010902和10110		82010402	82010502		

（续表）

科目类别	转出科目	资金来源	转入科目			
			第一步	第二步	第三步	第四步
预算收入类	620101		82010402	82010502		
	630101		82010402	82010502		
	650101		82010402	82010502		
	6401		8401	8701	8301（手工）	82020402
	66010101	002	820104010101	820105010101		
	66010102	002	820104010102	820105010102		
	660102	002	8201040102	8201050102		
	6601	003	82010402	82010502		
		004	82010402	82010502		
预算支出类	71010101、1010103、2010101、2010103	001	8101060101	8101070101		
	71010102、1010104、1010105、2010102、2010104、2010105	001	8101060102	8101070102		
	710102、20102	001	81010602	81010702		
	71010101、1010103、2010101、2010103	002	820104010101	820105010101		
	71010102、1010104、1010105、2010102、2010104、2010105	002	820104010102	820105010102		
	710102、20102	002	8201040102	8201050102		
	7101、201	003	82010402	82010502		
	710101、20101	004	8501	8701	8301（手工）	82020402
	710102、20102（手工）	004				
	7301		8401	8701	8301（手工）	82020402
	7401		8501	8701	8301（手工）	82020402
	7501		8501	8701	8301（手工）	82020402
	7601		8501	8701	8301（手工）	82020402
	7701		8501	8701	8301（手工）	82020402
	7901（手工）					

（七）账表查询

信息系统根据对应会计科目，可自动提取账务数据，生成并查询资产负债表（表10-4）、收入明细表（表10-5）、支出明细表（表10-6）等常用账表。

表10-4 资产负债表

编制单位： 单位：元

资产	期末余额	负债和净资产	期末余额
流动资产：	借方期末余额	流动负债：	贷方期末余额
货币资金		短期借款	
其中：库存现金		应交增值税	
银行存款		其他应交税费	
零余额账户用款额度		应缴财政款	
其他货币资金		应付职工薪酬	
短期投资		应付票据	
财政应返还额度		应付账款	
应收票据		应付政府补贴款	
应收账款净额		应付利息	
预付账款		预收账款	
应收股利		其他应付款	
应收利息		预提费用	
其他应收款净额		其他流动负债	
坏账准备		流动负债合计	
在途物品		非流动负债：	
库存物品		长期借款	
加工物品		长期应付款	
存货跌价准备		预计负债	
待摊费用		其他非流动负债	
其他流动资产		非流动负债合计	
流动资产合计		受托代理负债	
非流动资产：		负债合计	
长期股权投资			
长期债券投资		净资产：	

（续表）

资产	期末余额	负债和净资产	期末余额
固定资产原值		累计盈余	
减：固定资产累计折旧		专用基金	
固定资产净值		权益法调整	
工程物资		以前年度盈余调整	
在建工程		无偿调拨净资产	
无形资产原值		非限定性净资产	
减：无形资产累计摊销		限定性净资产	
无形资产净值		本期盈余	
研发支出		净资产合计	
文物资源		负债和净资产总计	
长期待摊费用		收入：	
待处理财产损溢		本期收入：	
固定资产清理		（一）财政拨款收入	
其他非流动资产		（二）事业收入	
非流动资产合计		（三）上级补助收入	
受托代理资产		（四）附属单位上级收入	
资产总计		（五）经营收入	
费用：		（六）非同级财政拨款收入	
本期费用：		其中：本级横向转拨财政款	
（一）业务活动费用		地方财政拨款收入	
（二）单位管理费用		其他专项资金收入	
（三）经营费用		（七）投资收益	
（四）资产处置费用		（八）捐赠收入	
（五）上缴上级费用		（九）利息收入	
（六）对附属单位补助费用		（十）租金收入	
（七）所得税费用		（十一）其他收入	
（八）其他费用		（十二）会费收入	
（九）业务活动成本		（十三）提供服务收入	
（十）管理费用		（十四）政府补助收入	
（十一）筹资费用		（十五）商品销售收入	
资产部类合计		负债部类合计	

表 10-5 收入明细表

科目	行次	合计	小计	财政拨款预算收入	事业预算收入	事业单位收入				企业收入
						经营预算收入	其他预算收入	上级补助预算收入	附属单位上交预算收入	
一、中央财政拨款	01									
二、气象有偿服务收入合计	02				贷方累计发生额					
（一）专业气象服务收入	03					—	—			
其中：气象预报服务	04					—	—			
气象资料服务	05					—	—			
气象航危报服务	06									
气候资源评价	07									
气候可行性论证	08									
大气环境预测评价	09									
农业气象与卫星遥感服务	10									
气象仪器计量检定、修理	11									
人工影响天气服务	12									
（二）气象信息服务	13					—	—			
其中：96121电话收入	14									
手机短信服务	15									
（三）防雷收入	16					—	—			
其中：防雷工程	17									

防雷装置设计技术评价	18											
防雷竣工检测	19	—	—									
防雷定期检测	20	—	—									
防雷风险评估	21	—	—									
防雷产品测试	22	—	—									
（四）广告收入	23	—	—									
其中：影视信息广告	24	—	—									
气球广告	25	—										
（五）培训收入	26	—										
（六）后勤服务收入	27	—	—									
（七）软件开发及技术服务收入	28											
（八）租金预算收入	29	—			—							
其中：不动产租金收入	30				—							
动产租金收入	31				—							
（九）气象仪器设备生产销售	32	—										
（十）投资预算收益	33											
（十一）宾馆招待所收入	34				—							
（十二）代理服务收入（仅限企业填）	35				—							
（十三）其他	36											
三、其他业务收入合计	37											

(续表)

科目	行次	合计	事业单位收入							附属单位上交预算收入	企业收入
			小计	财政拨款预算收入	事业预算收入	经营预算收入	其他预算收入		上级补助预算收入		
（一）科研课题收入	38										
（二）科研预算收入（科研单位填）	39					—					
（三）非科研预算收入（科研单位填）	40					—					
（四）财政专户返还收入	41					—	—				
（五）地方财政拨款收入	42				—	—					
其中：人工影响天气经费收入	43				—	—					
（六）利息预算收入	44				—	—					
（七）捐赠预算收入	45				—	—					
（八）其他单位补助收入（含政府特贴）	46				—	—					
（九）债务预算收入	47				—						
（十）其他	48					—					
四、上级补助收入	49										
五、附属单位上缴收入	50										

表 10-6 支出明细表

行次	科目	合计	基本支出			项目支出			待处理支出	经营支出	上缴上级支出	对附属单位补助支出	其他支出
			小计	中央财政拨款 资金来源 001	地方财政拨款 资金来源 002	小计	中央财政拨款 资金来源 001	地方财政拨款 资金来源 002					
001	合计												
002	（一）工资和福利支出												
003	基本工资												
004	津贴补贴												
005	奖金												
006	伙食补助费												
007	绩效工资												
008	机关事业单位基本养老保险缴费												
009	职业年金缴费												
010	职工基本医疗保险缴费												
011	公务员医疗补助缴费												
012	其他社会保障缴费												
013	住房公积金												
014	医疗费												
015	其他工资福利支出												
016	其中：外聘人员基本工资												

(续表)

行次	科目	合计	基本支出			项目支出			待处理支出	经营支出	上缴上级支出	对附属单位补助支出	其他支出
			小计	中央财政拨款	地方财政拨款	小计	中央财政拨款	地方财政拨款					
017	外聘人员津贴补贴												
018	外聘人员社保缴费												
019	外聘人员职业年金												
020	外聘人员住房公积金												
021	外聘人员其他工资福利支出												
022	地方编制人员基本工资												
023	地方编制人员津贴补贴												
024	地方编制人员社保缴费												
025	地方编制人员职业年金												
026	地方编制人员住房公积金												
027	地方编制人员其他工资福利支出												

编号	项目														
028	（二）商品和服务支出														
029	办公费														
030	印刷费														
031	咨询费														
032	手续费														
033	水费														
034	电费														
035	邮电费														
036	取暖费														
037	物业管理费														
038	差旅费														
039	因公出国（境）费用														
040	维修（护）费														
041	租赁费														
042	会议费														
043	培训费														
044	公务接待费														
045	专用材料费														
046	专用燃料费														
047	劳务费														
048	其中：外聘人员基本工资														
049	外聘人员津贴补贴														

(续表)

行次	科目	合计	基本支出			项目支出			待处理支出	经营支出	上缴上级支出	对附属单位补助支出	其他支出
			小计	中央财政拨款	地方财政拨款	小计	中央财政拨款	地方财政拨款					
050	社保缴费												
051	职业年金												
052	住房公积金												
053	其他工资福利支出												
054	其他劳务费												
055	委托业务费												
056	其中：用于劳务派遣的委托业务费												
057	其他委托业务费												
058	工会经费												
059	福利费												
060	公务用车运行维护费												
061	其他交通费用												
062	税金及附加费用												
063	其他商品和服务支出												

编号	项目												
	（三）对个人和家庭的补助												
064													
065	离休费												
066	退休费												
067	退职（役）费												
068	抚恤金												
069	生活补助												
070	救济费												
071	医疗费补助												
072	助学金												
073	奖励金												
074	其他对个人和家庭的补助支出												
	（四）债务利息及费用支出												
075													
076	国内债务付息												
077	国外债务付息												
078	国内债务发行费用												
079	国外债务发行费用												
080	（五）资本性支出（基本建设）												
081	房屋建筑物购建												
082	办公设备购置												
083	专用设备购置												
084	基础设施建设												
085	大型修缮												

(续表)

行次	科目	合计	基本支出			项目支出			待处理支出	经营支出	上缴上级支出	对附属单位补助支出	其他支出
			小计	中央财政拨款	地方财政拨款	小计	中央财政拨款	地方财政拨款					
086	信息网络及软件购置更新												
087	物资储备												
088	公务用车购置												
089	其他交通工具购置												
090	文物和陈列品购置												
091	无形资产购置												
092	其他基本建设支出												
093	(六) 资本性支出												
094	房屋建筑物购建												
095	办公设备购置												
096	专用设备购置												
097	基础设施建设												
098	大型修缮												
099	信息网络及软件购置更新												
100	物资储备												
101	土地补偿												
102	安置补助												
103	地上附着物和青苗补偿												

104	拆迁补偿	
105	公务用车购置	
106	其他交通工具购置	
107	文物和陈列品购置	
108	无形资产购置	
109	其他资本性支出	
110	（七）对企业补助（基本建设）	
111	资本金注入	
112	其他对企业补助	
113	（八）对企业补助	
114	资本金注入	
115	政府投资基金股权投资	
116	费用补贴	
117	利息补贴	
118	其他对企业补助	
119	（九）其他支出	
120	赠与	
121	国家赔偿费用支出	
122	对民间非营利组织和群众性自治组织补贴	
123	其他支出	
124	（十）待处理支出	

(续表)

科目	行次	合计	基本支出			项目支出			待处理支出	经营支出	上缴上级支出	对附属单位补助支出	其他支出
			小计	中央财政拨款	地方财政拨款	小计	中央财政拨款	地方财政拨款					
（十一）上缴上级支出	125												
（十二）对附属单位补助支出	126												
（十三）投资支出	127												
（十四）债务还本支出	128												
（十五）其他支出	129												
利息支出	130												
对外捐赠现金资产	131												
现金盘亏损失	132												
非现金资产无偿流动税费支出	133												
资产置换税费支出	134												
其他支出	135												
（十六）业务活动成本	136												
（十七）管理费用	137												
（十八）筹资费用	138												

信息系统可根据不同辅助项进行分类筛选设置查询方案，进行分类查询，如图10-31和图10-32所示。

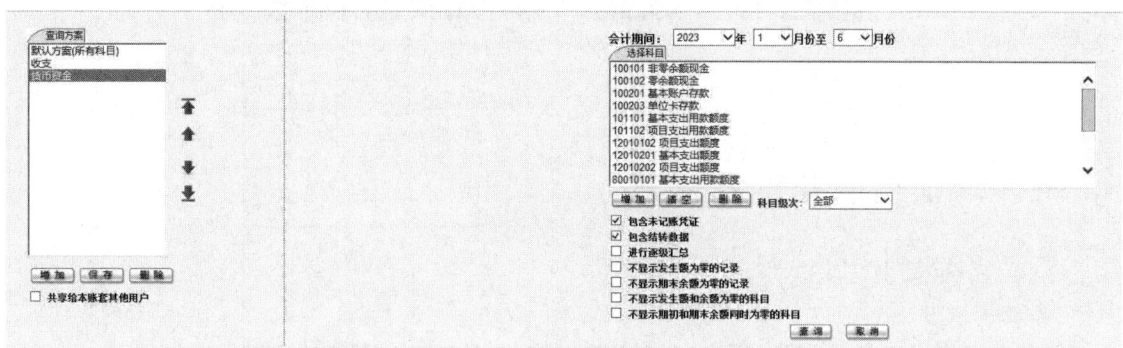

图 10-31　科目余额汇总表生成条件

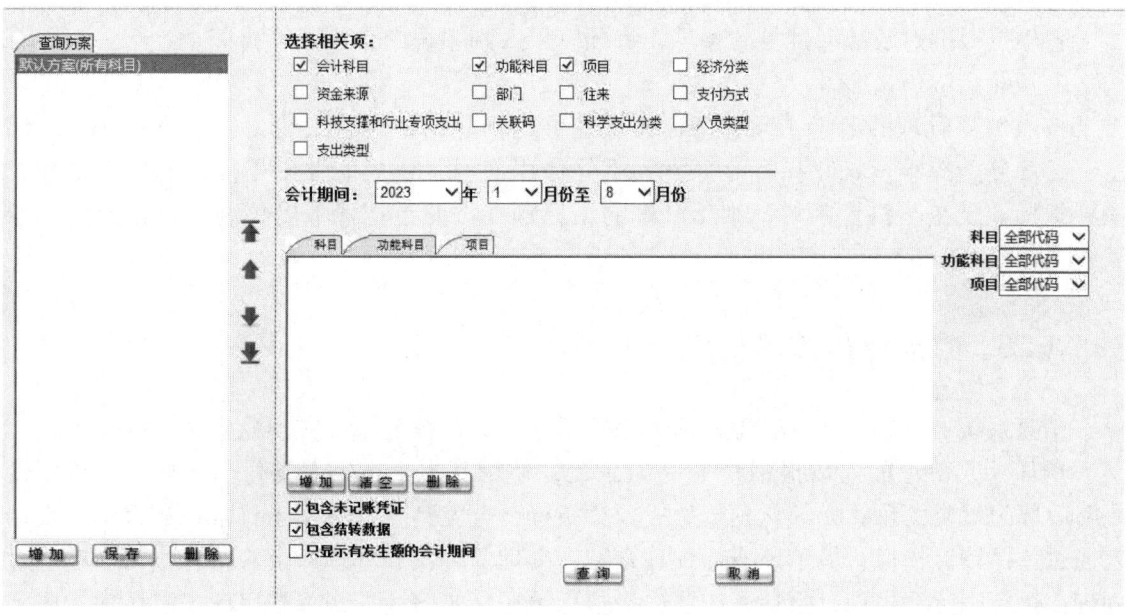

图 10-32　辅助总账余额表查询方案设置

第三节　数据共享信息化解决

一、计财信息化业务实现

（一）预算控制支撑

行政事业单位财务信息化系统通过预算指标模块实现以预算为龙头，控制经济事项的支出，杜绝无预算、超预算支出。预算指标模块的功能是完成预算的录入并生成指标，对指标进行分解、调剂、追加、追减，变更指标的操作。

1. 预算指标录入

各单位根据财政部门批复的预算，将预算录入到系统中生成预算指标。

2. 预算指标细化

按照预算管理的要求，预算指标模块能够将预算指标进行细化，以单位、项目、部门、经济分类等维度细化指标，分发到具体使用部门，生成能够用于报销的预算指标。预算指标额度是严格控制的，细化分解的指标额度按照总指标额度控制，禁止超出指标额度支出。

（二）收支业务核算支撑

信息系统通过预算指标管理、财务报销系统、会计核算系统实现业务全流程管控。

例如，某单位的人员报销邮寄费71.1元，使用基本支出经费支付。年初，该单位按照财政部门批复的预算，细化预算生成预算指标，分发到各部室用于日常业务报销。报销人通过选择预算指标，提示该指标预算金额、办理前金额和办理后余额，若报销额度超过办理前金额则无法报销。报销人按照选择指标填写报销事由、选择费用项（费用项对应后台会计科目）、报销金额、支付方式，提交会计审核、领导审批，完成后进行报销业务办理，同时该单据（图10-33）会自动传送到记账平台生成待记账数据，会计打开后系统根据记账规则自动生成财务会计分录和预算会计分录。

以上为该单位报销业务的全流程，其中的控制点在于：一是提前确定报销预算来源，即有预算才有支出；二是报销环节根据经济事项发生的实际情况选择的费用项后台确定会计记账科目；三是报销系统根据报销单填写的信息自动生成记账凭证，防止随意篡改。

第十章 行政事业单位政府会计制度信息化

图 10-33 财务报销业务

（三）资产业务支撑

1. 系统协同运行机制原理

行政事业单位资产管理信息系统是财政部委托久其公司开发建设的，它涵盖了资产日常业务管理、产权登记、辅助决策等三大功能，目前在全国各级行政事业单位运行。下面以 A 事业单位购置设备为例来说明资产与财务协同管理模式的运行机制原理。

A 事业单位在预算范围内购置了一台 W 设备，A 事业单位资产管理部门对 W 设备购入价值、购入时间、品牌，资金渠道进行登记并验收入库，财务管理部门同时也要对 W 设备进行会计入账处理，同时按照要求进行计提折旧等会计核算。在一般情况下，A 事业单位资产管理人员按照要求进行资产登记入库，而后经办人拿到资产入库凭证及发票进行财务报销，财务也要根据要求进行资产的账务处理，资产系统与财务系统分别进行业务处理，容易造成两者的金额不一致，导致资产决算与财务决算数据的差异。在本例中，资产与财务是分别进行处理，数据信息无法实时动态与财务实现同步，如果通过资产系统与财务系统的衔接，就可以彻底解决资产与财务数据信息的一致性和唯一性的问题，同时可以实现资产生命周期全覆盖管理及数据实时归集共享。

2. 系统协同的技术解决

解决资产与财务衔接的方式是采用中间库。通过中间库解决两个系统信息数据交互问题，采取各自互相主动抓取信息的方式，将单位财务系统与久其资产系统进行对接，实现财务账与资产账的账账相符，需要解决以下问题：

（1）基础信息标准化问题。首先要保证两个系统中的单位基础信息的一致性，也就是单位树结构标准统一；其次是财务核算科目体系的标准统一。

（2）资产分类与财务科目一致性问题。梳理资产分类，按照资产系统中的资产分类进行整理,并完成与会计科目的对应关系,保证数据交换后能够自动记账。

(3)数据推送标准问题。对资产业务类型进行归类,梳理业务流程。目前资产业务类型包括资产新增、减少、处置、报废、转移、调拨、在建工程转固定资产、折旧等,按照不同的资产业务类型,核对财务核算需要的信息,将这些信息作为中间库推送或抓取的信息,由资产系统定时推送这些信息,财务完成核算后将相关信息反推回中间库,最终完成数据信息的交互。

(四)资产与财务系统动态协同实务应用

1. 资产与财务数据信息交互原理

以某事业单位为例,资产接口为用友 A＋＋系统与久其资产系统的数据衔接功能,实现财务数据与资产数据的相互交换,达到财务账与资产账账账相符的目的。我们将资产业务分为两大类:一类为新增购置;另一类为不涉及资金支付的资产业务。图 10-34 是资产与财务流程图,从中可以看出整个系统衔接的原理。首先,资产系统将登记入账的资产卡片相关信息推送至中间库,对于新购资产,因为涉及资金支付,报销人在进行财务报销办理时,选择相应的资产卡片,进行关联,经过会计审核、记账后,将入账日期、凭证号、金额推送至中间库,资产系统收到财务入账信息后,会自动进行审核,确定后记入资产账;其次,对于不涉及资金支付的资产业务,系统会将卡片信息推送至中间库,会计在凭证箱中选择相应的信息,直接记账,系统会将账务信息自动推送至中间库,通过中间库实现资产与财务的衔接。

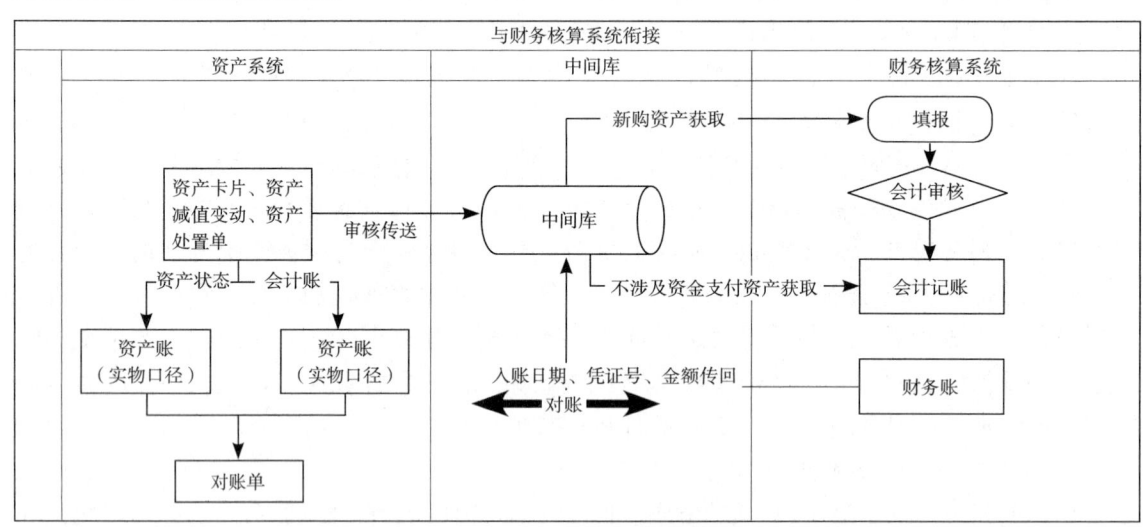

图 10-34 资产与财务流程图

2. 业务应用

(1)资产新增类业务。新增资产且资产取得方式为新购的业务,此类业务的流程为:资产—报销—凭证—资产。购入资产时,资产管理部门登记入库后,将单位、资产编码、资产名称、资产分类、资产大类、卡片金额等信息同步到中间库中,在用友账务系统中,报销人录入报销单,选择资产新增的卡片,报销完成且会计记账后,系统自动将凭证的日期、凭证号、金额、项目、资金来源等信息更新到中间库对应资产卡片的内容里,资产系统获取到财务信息后即可对该卡片进行审核,凭证反传到资产的金额作为资产原值。例如,某单位购买家具,已经登记入库,报销人在填写报销单据时,涉及资产新增业务,他需要选择对应资产卡片,如图10-35所示。

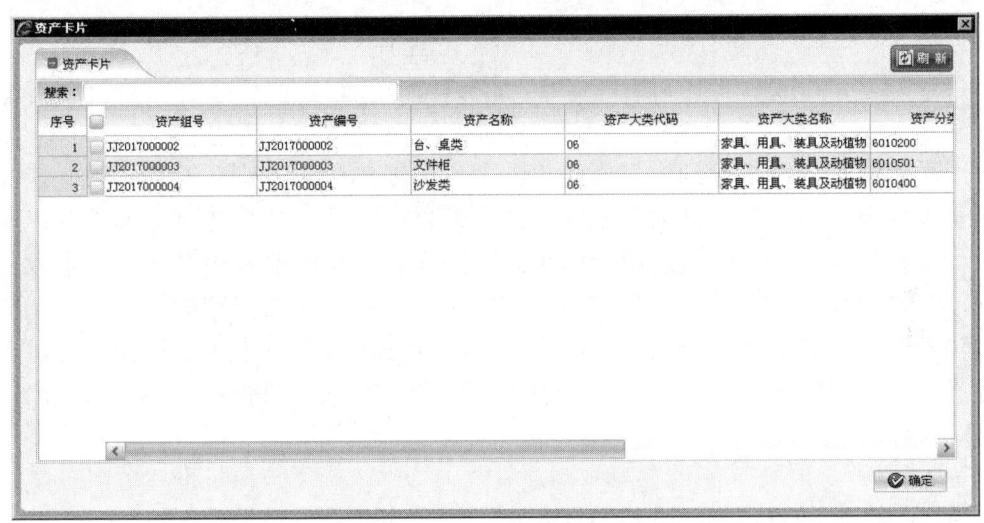

图 10-35　资产卡片选取

报销人在弹出的资产卡片窗口中找到对应的资产卡片进行勾选,根据实际情况勾选一条或多条。若显示的条数过多不易查找,报销人可在搜索框中按编号或名称进行检索,系统支持模糊搜索,勾选后点击"确定"按钮即可。报销业务完成后可自动生成资产账。

(2)其他类业务。此类业务主要涉及取得方式不是新购的新增资产,以及资产变动、资产处置、资产报废、资产转移、资产纠错、资产维修、资产调拨、资产折旧等。这类资产不涉及资金支付,不需要经办人报销,但需要会计记账,业务流程为:资产—凭证—资产。

由于这类资产不涉及资金的流入或流出,经办人进行资产登记后,会计直接进行账务处理,在资产系统录入卡片后,将单位、资产编码、资产名称、资产分类、资产大类、卡片金额等信息同步到中间库中,在账务系统中根据卡片信息自动生成记账凭证。财务核算系统将生成后的凭证的日期、凭证号、金额、项目、资金来源信息更新到中间库对应卡片的内容里。资产系统获取到财务信息后即可对该卡片进行审核,将凭证反传到资产的金额作为资产原值。

单位会计进行业务单据记账时,打开总账平台,点击"单据记账—业务单据记账",如图10-36所示,选择单据日期,点击查询,找到需要记账的数据进行勾选,可勾选一条或多条。图10-36右上方的凭证日期、凭证类型、科目合并、汇总生成凭证等选项根据实际情况进行选择,点击直接生成。

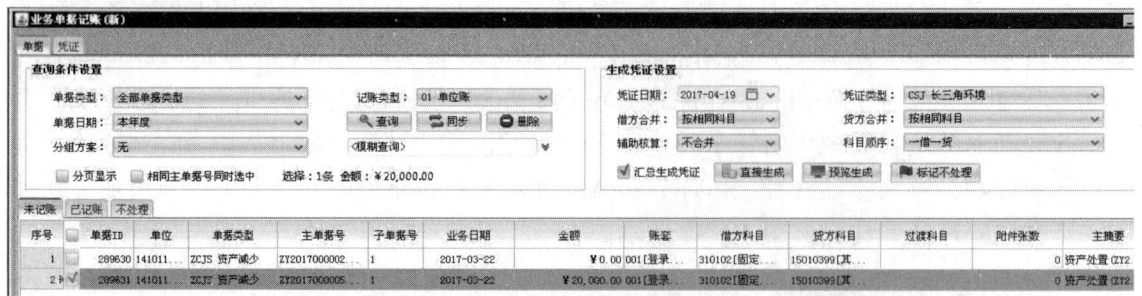

图 10-36　业务单据记账

资产系统同步卡片信息到中间库时，涉及价值增加的业务则金额为正数，涉及价值减少的业务则金额为负数，自动生成的凭证金额也以正数和负数体现。如果资产属于在建工程，此时资产系统中的信息不会同步到中间库，发生的业务由会计手工录入凭证进行记账；在之后竣工决算后进行在建工程转固定资产时，新增资产的取得方式选择"在建工程转入"，相关信息同步到中间库中，由会计在记账平台中生成凭证。通过资产中间库将资产系统与财务系统衔接，有效解决了资产与财务"两张皮"的问题，保证了资产账与财务账的一致性。

（五）财务报告和决算报表支撑

财务报告和决算报表的大部分表格都可以通过系统自动生成。以某事业单位举例，财务报告由财务报告系统支撑，预置财务报告报表，按照取数规则提取单位相关财务会计科目；决算报表由报表系统支撑，预置决算报表表样，按照取数规则提取单位相关预算会计科目。所有的表样根据财政部标准格式，设计报表格式及取数公式。

1. 财务报告

财务报告的流程如图 10-37 所示。

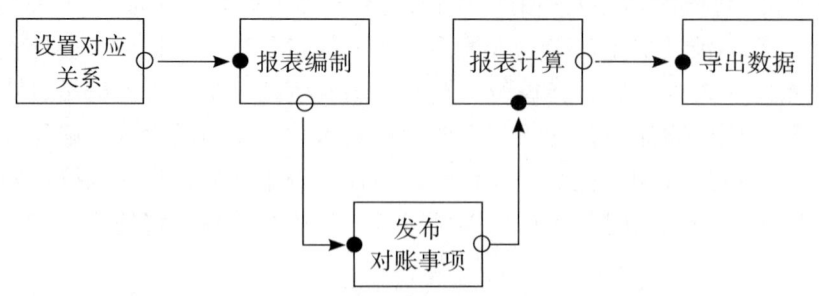

图 10-37　财务报告的流程

编制财务报告需要先设置基础对应关系，财务报告需要用到的对应关系，一是辅助核算对应系统单位,二是会计科目对应费用类型。

(1)设置辅助核算对应关系(图10-38),即往来的设置,用于部门内和部门间抵销往来事项,为后续在中央预算管理一体化系统的财务报告模块中发布抵销事项提供支撑。

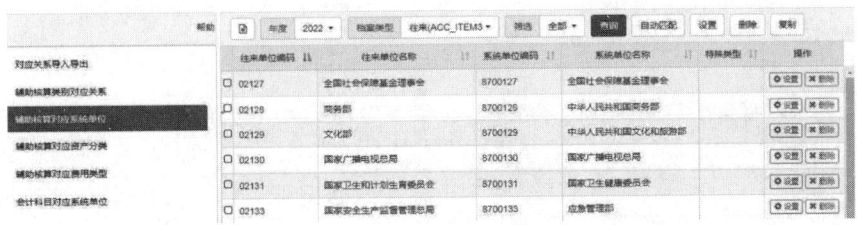

图 10-38　辅助核算对应关系设置

(2)设置会计科目对应费用类型(图10-39),即费用类科目对应财务报告某些报表中的费用类型,按照费用类型汇总。

图 10-39　会计科目对应费用类型设置

以单位管理费用明细表为例,按照财务系统中费用类型设置对应的规则,通过会计核算系统,自动提取各单位相关业务活动费、单位管理费等科目下的工资和福利费用等财务会计科目数据,生成图10-40所示单位管理费用明细表。

图 10-40　单位管理费用明细表

2. 决算报表

如图 10-41 所示，部门决算报表取数规则，根据取数规则提取各单位预算会计科目，生成决算报表。

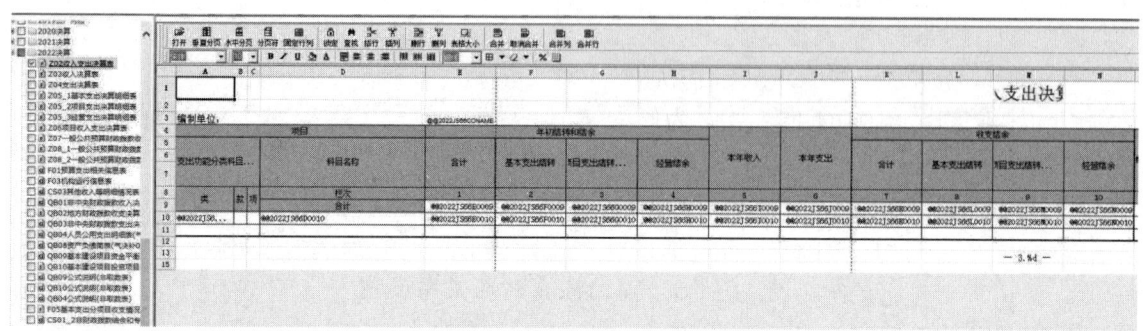

图 10-41　收支决算报表

如图 10-42 所示，以收支决算报表为例，提取年初结转和结余中的基本支出结转数据，具体取数公式为：提取事业科目体系、会计科目为"81010701 基本支出结转"的贷方余额、年初数。按照此种方式，系统中预置的表样都能够自动生成，剩余一些表需要手工分析填写。

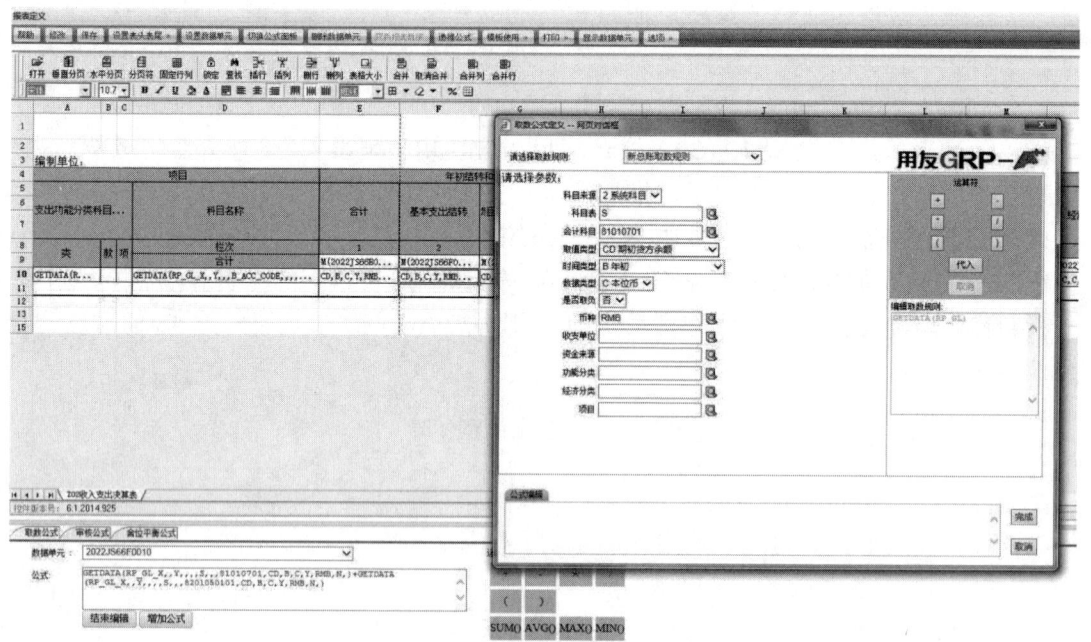

图 10-42　决算报表规则

二、预算管理一体化的支撑

(一)新技术应用

自中央预算管理一体化系统上线后,导致报销与支付割裂,无法实现全流程一体化支付,大大增加了出纳的工作量。为解决此问题,单位可以引入RPA机器人技术,实现抓取报销系统报销支付数据,通过机器人完成在一体化系统里的制单工作。此项应用部分行政事业单位在尝试,除了对RPA机器人个性化开发,行政事业单位需要厘清数据来源和去向,例如,RPA机器人抓取报销系统具体哪一个环节报销数据,获取整理加工怎么写入一体化系统中。

另外,受限于网络问题,预算管理一体化系统在政务外网,行政事业单位报销系统多数在局域网,如何克服网络连接和网络波动的问题,这些都是需要继续探索,从而挖掘RPA机器人在行政事业单位的应用场景。

(二)接口对接思路

按照财政部提供的预算管理一体化系统与单位报销系统、核算系统衔接方案,逐条梳理接口找到系统对接的切入点,在报销系统对接方面,一是要改变现有预算指标管理方式;二是要实现账户额度校验前置单位报销系统;三是优化完善报销填报信息,与一体化资金支付无缝衔接。在核算系统对接方面,一是获取支付退回更正等信息,用于报销和记账;二是接收资产相关信息,生成资产凭证和反写资产卡片;三是推送记账数据。

根据财政提供的涉及单位报销系统对接的14个接口,从预算管理一体化系统获取预算信息、调取公务卡消费明细记录、推送支付、资金退回、资产卡片信息等,用来单位报销系统补充报销信息,生成满足推送一体化系统的全部报销支付信息,如预算指标编码、是否政府采购、合同是否备案、公务卡消费明细等信息。

通过对接口的分析,可以基本满足部门对接预算管理一体化系统的需求,双方按照接口约定的数据格式交互数据。

同时,在接口对接上,我们也提出了几点对接思考,能够更好地跟各行政事业单位系统融合,数据充分交互共享:

(1)报销指标可用额度校验。接口增加获取指标的功能分类科目用款计划可用金额信息,用于校验支出是否超出账户用款额度。

(2)政府采购备案校验。接口增加获取某预算指标下备案的合同编号和收款方信息。用于在行政事业单位报销系统填报涉及政府采购指标支出时,在报销单填写环节根据选择的预算指标通过接口勾选合同编号并自动带出收款方信息。

(3)大额支出备案校验。接口增加获取非政府采购合同编号和收款方信息。用于在行政事业单位报销系统填报大于100万元的支出时,在报销单填写环节选择的预算指标通过接口勾选合同编号并自动带出收款方信息。

（4）资产凭证反传资产卡片。接口增加报销单选择相应资产卡片状态反写资产卡片锁定，办结生成凭证反写资产卡片金额、入账日期凭证号等信息。

三、支付业务信息化支撑

部分行政事业单位通过开发财务报销系统和会计核算系统，初步实现了财务全流程信息化操作。但支付环节还存在一个断点，即部门财务系统与银行的对接，也就是说需要主动与银行或者预算管理一体化系统对接，此问题不解决就无法实现财务业务全流程闭环操作，相应的在财务系统的支付环节就会缺少信息化内控措施。

随着信息化和新技术不断发展，我们可以通过标准接口直接对接银行完成支付，也可以利用 RPA 机器人实现自动制单审核支付，支付过程没有人为参与，完全是数据的流转，既补充上报销与支付间的控制的风险单，又实现了报销、支付、记账闭环全流程业务链条。

银企直联主要应用于行政事业单位实有资金账户的支付，财务机器人可应用中央财政资金和实有资金账户支付，通过设置不同的支付场景，实现在预算管理一体化系统和网银的支付。

（一）银企直联的应用

1. 银企直联的功能框架

银企直联的功能框架由银行账户管理、交易明细查询、账户额度查询、支付管理四大功能组成，如图 10-43 所示。通过对接银行接口，可以实现银企直联支付和获取电子回单。

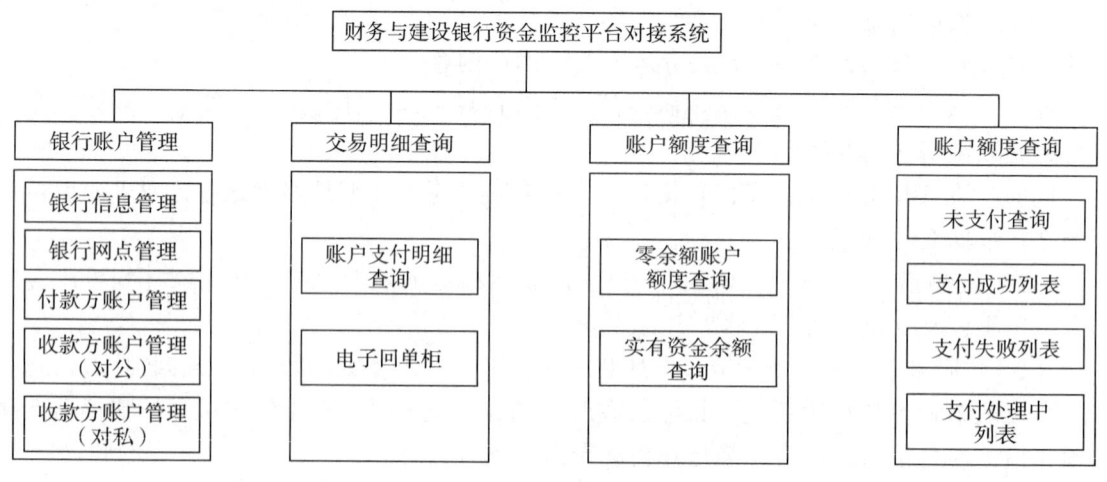

图 10-43 银企直联的功能框架

2. 银企直联的业务流程

如图 10-44 所示，银企直联功能框架是基于财务报销网上审批开发的，业务发起从填写报销单开始，经过领导审批、会计复核、出纳办理，完成网上审批流程，再生成支付结算单进入银企直联支付流程，通过银企复核后，向银行发送支付请求，完成支付。

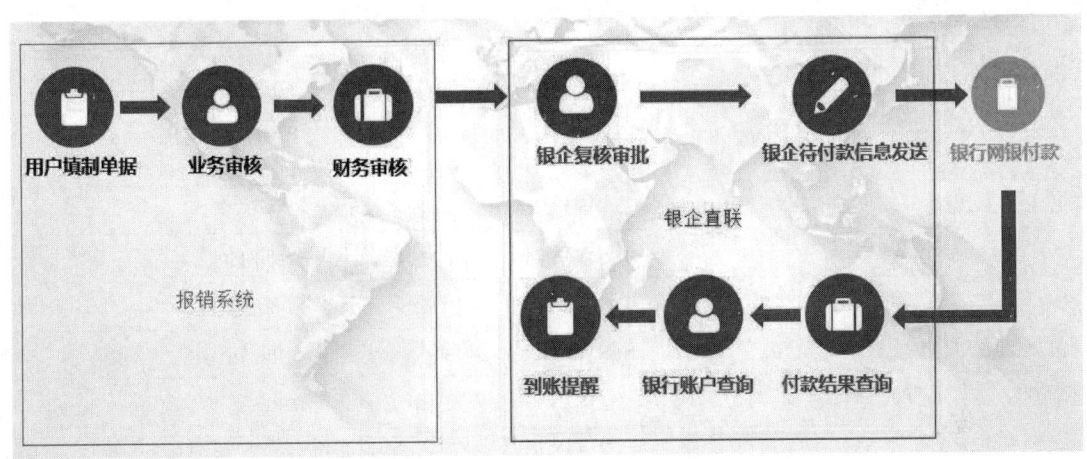

图 10-44　银企直联的业务流程

3. 网络环境及连接方式

银企直联和银行对接，要保证双方系统和数据的安全性。系统间的连接方式有两种：一是互联网连接；二是银行专线直连。互联网连接安装方便且不需要相关费用支持，银行专线直连网络稳定，但需要专线租用费。

（1）互联网连接。因涉及局域网与外部互联网的连接，数据的安全性的问题，需要在局域网的 DMZ 区部署银行前置机，通过前置机来进行数据的交互，即支付信息推送至前置机，然后再传到银行支付系统。

（2）银行专线直连。为单位和银行提供点对点连接，需要网络服务商（移动、联通、电信）提供指定 IP，把 IP 提供给银行备案，实现点对点的稳定连接。

4. 银行接口开发

根据单位的需要，按照银行提供的标准接口进行接口开发，先要梳理业务与银行接口的对应关系，具体业务调用哪些接口。以建设银行接口为例，接口包含基本户、零余额交易和查询等，报销一笔业务可能会涉及多个银行接口调用。表 10-7 为某单位梳理的具体业务对应银行调用的接口。

表 10-7　银企直联接口对应关系

对应业务	接口编号	接口名称
实有资金余额查询	NWJK01	余额查询

(续表)

对应业务	接口编号	接口名称
零余额额度查询	NWJK02	账户额度查询
零余额额度自用明细	NWJK03	对账单查询接口
实有资金交易明细	NWJK04	历史明细
零余额交易明细	NWJK05	零余额历史明细查询
实有资金查询	NWJK06	基本户支付查询
实有资金提交	NWJK07	基本户支付交易
公务卡还款提交	NWJK08	公务卡还款指令提交
公务卡交易流水	NWJK09	消费及退款明细查询
公务卡还款结果查询	NWJK10	公务卡还款指令查询
该付款账号对应的公务卡	NWJK11	公务卡列表查询
零余额支付结果查询	NWJK12	零余额支付查询
零余额支付提交	NWJK13	零余额支付交易
跨行的联行号查询	NWJK20	外联联行号查询
零余额额度汇总查询	NWJK21	对账单汇总查询
零余额额度明细	NWJK22	对账单明细查询
电子回单	NWHD01	电子回单信息查询
	NWHD02	批量回单文件查询
	NWHD03	单笔回单文件查询

5. 实务举例

银企直联对接时要考虑业务的多样性问题。以混合业务举例，张某报销一笔差旅费，付款账号使用实有资金账户报销，报销付款方式为公务卡还款、个人储蓄卡领取交通伙食补助。填写这笔业务报销单时，张某需要使用到的接口有三个：一是填写公务卡消费明细时需要调用 NWJK09 消费及退款明细查询，找到该条消费记录进行还款；二是公务卡还款时需要调用 NWJK10 公务卡还款指令查询，向银行推送还款命令；三是个人储蓄卡方式，需要调用 NWJK07 基本户支付交易，使用实有资金账户支付差旅费补助。

（二）财务机器人应用

1. 部署架构

财务机器人系统部署在三个网络里，中控平台部署在局域网，财务机器人部署在互联网 DMZ 区，办公终端在办公内网，财务机器人通过中控平台给财务机器人发送支付指令，执行网银支付和一体化支付。财务机器人架构如图 10-45 所示。

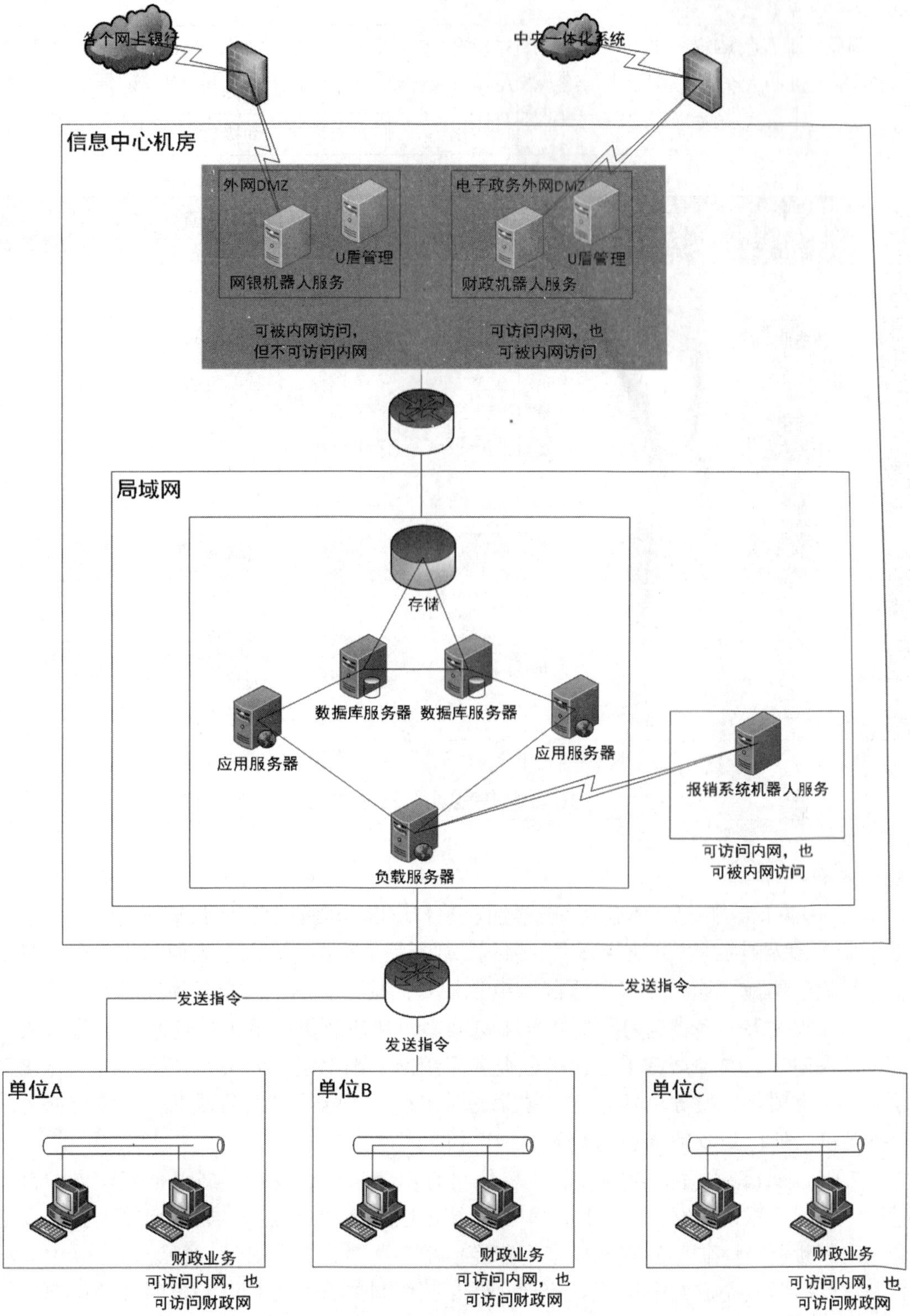

图 10-45 财务机器人架构

2. 业务流程

财务机器人获取财务报销网上审批系统的报销数据，存入数据库，中控平台根据调度规则给财务机器人分配任务，财务机器人接收到指令后，启动相应单位的U盾，登录网银系统或一体化系统，完成制单、支付等工作。财务机器人网银支付流程如图10-46所示。

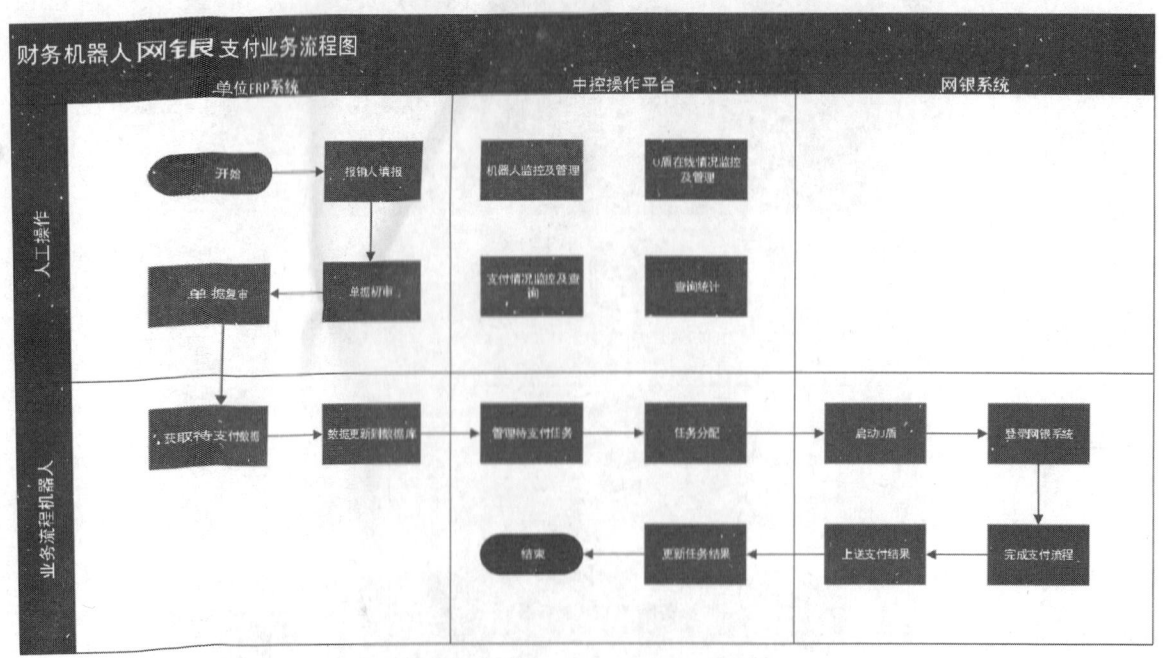

图10-46 财务机器人网银支付流程

3. 实务举例

（1）中央预算管理一体化系统支付制单自动化。利用财务机器人登录财务报销网上审批系统，读取报销办结出纳待办理的数据，判断资金来源。若资金来源为中央财政资金，则记录付款单位预算编码、支出项目、功能分类、经济分类、政府经济分类、资金来源、支付用途和收款人的各类信息，财务机器人再登录中央预算管理一体化系统，进入集中支付申请录入环节，选择预算单位，筛选财务报销网上审批系统与中央预算管理一体化系统相对应的支出项目，财务机器人逐笔填写支付用途和收款类信息后保存，待设定的时间节点中报销单据处理完成后统一提交下一步审核。

（2）出纳日记账登账自动化。①单位自有资金。完成报销单据银企直联支付自动化流程后，财务机器人在财务报销网上审批系统出纳环节直接点击生成日记账，按照设定的记账规则判断资金性质，分别选择基本账簿、学会账簿和工会账簿进行记账。②中央财政资金。财务机器人完成对中央预算管理一体化系统制单后，记录已完成的报销单据号，再登录财务报销网上审批系统进入出纳环节打开报销单，将已完成制单的报销单据点击生成日记账，根据支出类型选择对应中央零余额基本账簿或项目账簿登记日记账。